Kirchliches Immobilienmanagement
Der Leitfaden

Kirchliches Immobilienmanagement

Der Leitfaden

Herausgegeben von Dagmar Reiß-Fechter für das
Evangelische Siedlungswerk in Deutschland und
die Evangelische Kirche in Deutschland

Lektorat: Uwe Birnstein
Umschlag: Wichern Design/Dietmar Silber
Satz: NagelSatz, Reutlingen
Druck und Verarbeitung: ilmprint, Langewiesen
ISBN 978-3-88981-277-3

Inhalt

Geleitwort

In Siena, als junger Mensch, sah ich wie ein paar Bauleute eine tausendjährige Gepflogenheit, Granitblöcke zu bewegen, durch eine neue und zweckmäßigere Anordnung der Seile ersetzten, nach einem Disput von fünf Minuten. Da und dann wusste ich: die alte Zeit ist herum und es ist eine neue Zeit.

Bert Brecht, Leben des Galilei

Wir leben in einer schnelllebigen Zeit, in der scheinbar alles einem immer rascheren Wandel unterzogen ist. Auch unsere Immobilien? Immobilien im Wandel – welch ein Widerspruch: Was fest steht, kann nicht wandeln ... Aber stehen sie wirklich fest, wenn sich alles um uns her verändert?

Jahrzehnte konnten wir darauf vertrauen, dass die alten Seile halten: Das Leben in der Kirche schien stabil, das Verhältnis der Menschen zu ihrer Kirche war konstant, die Kirchensteuereinnahmen stiegen sogar... Nun ist vieles anders geworden: Aufgrund der demografischen Entwicklung sind die Mitgliederzahlen rückläufig. Wie man sich zur Kirche hält, überlegt man sich genauer und die Kirchensteuereinnahmen sind längst keine Konstante mehr.

Da ist es gut, wenn wenigstens die Kirche im Dorfe bleibt. Doch das ist so einfach nicht mehr zu leisten. Was also tun?

Eine von vielen nötigen Antworten ist die: Mit dem uns Anvertrauten bewusster umgehen. Das gilt für die inhaltlichen Aufgaben ebenso wie für die kirchlichen Gebäude, die 21 000 Kirchengebäude deutschlandweit ebenso wie weitere 75 000 Gebäude, die der kirchlichen Arbeit dienen, wie Gemeindehäuser, Pfarrhäuser oder Kindergärten. Das erfordert nicht mehr Arbeit als früher, aber vielleicht ein anderes Herangehen: Über den Umgang mit Immobilien kann man durchaus viel von der Wirtschaft lernen, die mit ihren Gebäuden und Grundstücken schon lange wie mit einem Wirtschaftsgut umgeht, ein Gut, dass man wirtschaftlich einsetzen und wirtschaftlich behandeln muss. Auch Autos bringt man regelmäßig zur Wartung, man kümmert sich um den Benzinverbrauch und erneuert die wichtigsten Verschleißteile – ehe es zu spät ist. Das alles geht mit Immobilien auch: Rechtzeitig und langfristig über den richtigen Gebrauch nachdenken, es von den richtigen Händen mit den richtigen Methoden machen lassen.

Davon handelt dieses Buch: Es will Basiswissen über den rechten Umgang mit Immobilien vermitteln, Praxistipps geben, ein Wegweiser durch ein scheinbar unübersichtlich gewordenes Gestrüpp von Möglichkeiten und Notwendigkeiten sein.

Das sind mehr als Ansatzpunkte zum Handeln. Der Leitfaden hilft in Theorie und Praxis dazu, dass es weitergehen kann und das heißt eben auch: Kirche geht weiter …

Thomas Begrich
Finanzabteilungsleiter
im Kirchenamt der EKD

Vorwort

Die Kirche und ihre Immobilien – das ist ein spannungsreiches Thema. Muss Kirche nicht von ihrem Auftrag her grundsätzlich mobil, also beweglich sein? Am Ende des Matthäusevangeliums (28,19) heißt es: „Geht hin und macht zu Jüngern alle Völker …" Ist der Christ in dieser Welt nicht nur Gast und Pilger? „Unsere Heimat aber ist im Himmel", schreibt Paulus im Philipperbrief (3,20). „Denn wir haben hier keine bleibende Stadt, sondern die zukünftige suchen wir." (Hebräer 13,14) Schonungslos gefragt: Braucht die Kirche eigentlich Grundstücke?

Nach evangelischer Theologie lautet die klare Antwort: Nein. In Artikel VII der Augsburgischen Konfession von 1530 heißt es: „Es wird auch gelehret, dass alle Zeit müsse eine heilige christliche Kirche sein und bleiben, welche ist die Versammlung aller Gläubigen, bei welchen das Evangelium gepredigt und die heiligen Sakramente laut des Evangelii gereicht werden." Deutlicher noch äußert sich Martin Luther in seiner Kirchenpostille von 1522: „Denn keine andere Ursache gibt es Kirchen zu bauen, als … dass die Christen mögen zusammenkommen, beten, Predigt hören und Sakramente empfangen. Und wo diese Ursache aufhört, sollte man dieselben Kirchen abbrechen, wie man es mit allen anderen Häusern tut, wenn sie nicht mehr nützlich sind." Grundsätzlich also braucht die Kirche zu ihrer Existenz keine Immobilien.

Entgegen dieser theologischen Einsicht aber besitzt sie eine Fülle von Immobilien, und den Kirchgebäuden kommt auch in der evangelischen Kirche ein hoher Symbolwert zu. Sie sind ihr zugefallen in einer Zeit, da nahezu alle Mitglieder der Gesellschaft Christen waren: die Kirchen zum Gottesdienst, die übrigen Immobilien als wirtschaftliche Grundlage ihrer irdischen Existenz.

Heute leben wir in einer offenen Gesellschaft, in der zur Zeit nur noch ein abnehmender Teil der Bevölkerung Mitglied einer der beiden großen Kirchen ist. Säkularisierung und die demografische Entwicklung führen zu Mitgliederschwund und Steuermindereinnahmen.

Wie gehen die Kirchen in einer veränderten Situation mit ihren Immobilien um? Sind sie als kräfteverschleißende Vergangenheitslast abzustoßen oder können sie zum renditeträchtigen Zukunftspotential entwickelt werden? Ein Drittel des kirchlichen Immobilienbestands sind sakrale Gebäude, für die es als mentales geistliches und hochwertig kulturelles Gut keinen „Markt" gibt, und die Kirche sollte alles tun, dass ein „Markt" für Kirchen nicht entsteht. Zwei Drittel aber des kirchlichen Immobilienbesitzes werden meist zersplittert, oft unprofessionell und daher unwirtschaftlich verwaltet, obwohl der Bestand dringend arrondiert und den veränderten Verhältnissen angepasst werden muss und das Immobilienmanagement außerhalb der Kirche in den vergangenen Jahren zunehmend ausdifferenziert und professionalisiert worden ist. Sollte die Kirche nicht selbst bessere Instrumente entwickeln können, um ihr Immobilienpotential fruchtbarer werden zu lassen?

Die komplexen kirchlichen Rahmenbedingungen sowie die Kenntnis der innerkirchlichen Strukturen und Prozessabläufe veranlassten das Evangelische Siedlungswerk in Deutschland und seine Mitgliedsunternehmen im Jahre 2004, das Projekt „Kirchliches Immobilienmanagement" zu starten. An sechzehn in ganz unterschiedlichen Regionen der Bundesrepublik angesiedelten Pilotprojekten wurde untersucht, welche Kerninformationen kirchliche Entscheidungsträger zur Beurteilung ihrer Immobilien brauchen. Diese Pilotprojekte sind abgeschlossen und dokumentiert.

Die Erfahrungen aus den Pilotprojekten und die erkennbare Absicht der Kirchen hin zu effektiverer Immobilienverwaltung haben das Evangelische Siedlungswerk in Deutschland in Zusammenarbeit mit der Evangelischen Kirche in Deutschland und der Grundstückskommission der evangelischen Kirchen veranlasst, ein Kompetenz-Netzwerk rund um die kirchliche Immobilie zu knüpfen und dort vorhandenen Sachverstand zu bündeln. Im vorliegenden Buch sind erstmals alle wesentlichen Aspekte zum Thema des kirchlichen Immobilienmanagements auf aktuellem Niveau zusammengefasst. Ziel dieses Werkes ist es, die Potentiale der der Kirche anvertrauten Grundstücke und Gebäude zu erschließen und fruchtbar werden zu lassen, damit sie bestmöglich dem dienen können, dessentwegen es die Kirche gibt: der Verkündigung des Evangeliums von Jesus Christus.

Steffen Heitmann
Präsident des Evangelischen Siedlungswerkes
in Deutschland

Teil 1
Die Kirche und ihre Immobilien

1/I
Kirche im Wandel – Aufgaben im beginnenden 21. Jahrhundert

Bischof Dr. Wolfgang Huber

Zeiten des Umbruchs – auch für die Kirchen. Sie haben sich neuen Anforderungen zu stellen, müssen die alten Antworten immer wieder neu in eine sich wandelnde Gesellschaft hinein vermitteln. Nicht nur der Verkündigungsstil und die Organisation der Kirchen ändern sich. Auch der Umgang mit den Immobilien erfordert neue Ideen und Konzepte.

Auf diese Zusammenhänge macht der Berliner Bischof Dr. Wolfgang Huber, der Ratsvorsitzende der Evangelischen Kirche in Deutschland, aufmerksam.

Als einmal ein Heide zu Rabbi Schammaj kam und sich dem jüdischen Glauben anschließen wollte, band er das an die Voraussetzung, dass der Rabbi ihn die ganze Tora in einer so kurzen Zeit lehre, dass er dabei auf einem Bein stehen könne. Schammaj wies dieses Ansinnen zurück; doch Rabbi Hillel entsprach dieser Aufforderung mit dem Satz: „Was dir verhasst ist, das tue deinem Nächsten nicht. Das ist die ganze Tora; das andere ist Auslegung. Geh, lerne!"

Mit dieser rabbinischen Geschichte sind wir nah bei dem Ursprung dessen, was Jesus seinen Jüngern geboten hat, vielleicht etwas weniger eingängig und doch gleichwohl tiefer: „Alles nun, was ihr wollt, dass die Menschen euch tun sollen, das tut ihnen auch" (Matthäus 7,12). Stellen wir diesen Satz in den Zusammenhang mit dem Missionsauftrag Jesu: „Geht hin in alle Welt ...", dann sehen wir die Aufgabe einer christlichen Gemeinde vor uns. Man kann das auf einem Bein stehend lernen; aber man braucht ein ganzes Leben, es umzusetzen. Und es bedarf der Energie und der Phantasie, daraus die richtigen Schlussfolgerungen für die Gestaltung der kirchlichen Arbeit zu ziehen. In einigen Aspekten sollen deshalb im Folgenden heutige und künftige Herausforderungen kirchlichen Handelns in einer Zeit des Wandels beleuchtet werden.

*

Wir leben in einer Zeit drängender gesellschaftlicher Herausforderungen. Hier seien nur drei davon genannt: der sich abzeichnende Klimawandel mit seinen für manche Regionen lebensbedrohlichen Auswirkungen, die auf einander folgenden Finanzkrisen mit ihren existenzgefährdenden Folgen für Millionen von Menschen und schließlich die unzureichende Fähigkeit der politischen Systeme, aber auch die als zu gering empfundene Kraft der politisch Verantwortlichen, gesellschaftliche Veränderungen wirksam voranzubringen.

Worin besteht der Beitrag christlicher Gemeinden zum Umgang mit solchen Herausforderungen? Welches ist die Antwort, die von niemand anderem erbracht werden kann als von Christen? Was tun Christen, was andere nicht genauso tun könnten? Wenn man so fragt, stößt man auf die Antwort: Von allen anderen Gemeinschaften unterscheidet die christliche Gemeinde sich dadurch, dass sie Gottesdienst feiert. Von der Lebensgestaltung anderer Menschen unterscheidet sich die Lebensgestaltung von Christen zu allererst dadurch, dass sie beten.

Insofern kann man sagen: Der wichtigste Beitrag christlicher Kirchen für die Gestaltung und die Kultur der Gesellschaft ist – aus dieser Perspektive betrachtet – das Lob Gottes, in ihm liegt der Schlüssel auch zum

Verständnis der Verantwortung, die Christen in der Gesellschaft wahrnehmen. Denn wer betet, weiß sich Gott und den Menschen gegenüber verantwortlich. „Der Beter lernt das Wünschen, er wächst in die Gabe des Zorns gegen das Unrecht, er verliert seine Gleichgültigkeit. Er lernt den Willen Gottes. In diesem Sinne bildet Beten" (Fulbert Steffensky). In diesem Sinne bildet Beten Werte. Indem der Beter in Klage und Dank, in Bitte und Fürbitte vor Gott tritt, sieht er seine Welt mit Gottes Augen. Der Beter weiß um die Grenze, die allem menschlichen Tun und Wollen gesetzt ist. Er weiß zugleich, dass sein Leben auf Voraussetzungen beruht, die er sich nicht selbst geben oder schaffen kann, und dass es deshalb auch über die jedem menschlichen Leben gesetzten Grenzen hinausweist. Beten macht verantwortlich; es stimmt in die Aufgabe ein, Verantwortung für das Geschehen um mich herum zu übernehmen. Wer betet, weiß sich der Welt in Gottes Namen verantwortlich. Er lernt, Unrecht beim Namen zu nennen und nach dem Weg der Gerechtigkeit inmitten der Konflikte unserer Zeit Ausschau zu halten.

Beten ist die Quelle des christlichen Beitrags zur Wertebildung und zur Gestaltung der Gesellschaft! Die christlichen Kirchen sind daher neu gefordert, „Lehrer des Betens" zu werden, nicht zuletzt aus dem Wissen heraus, dass „das Beten und das Tun des Gerechten" (Dietrich Bonhoeffer) in einem tiefen inneren Zusammenhang stehen. Das Gebet für sich allein führt aus der Weltverantwortung heraus, das Tun des Gerechten allein lässt die Quellen versanden, aus denen sich nicht nur die Werte und Orientierungen, sondern auch die innere Herzensbildung und Motivation speisen.

Die christlichen Kirchen werden gleichsam in ihrer „Vorzeigedisziplin" – dem Lob Gottes – gefordert, um ihren Beitrag zur Wertebildung unserer Tage zu geben. Denn das Beten, das Stillewerden vor Gott, die Unterbrechung des gehetzten Alltags, in diesem Sinn die Kultur des Sonntags und in all dem die Stärkung des „inwendigen Menschen" (Martin Luther) sind elementare Aufgaben, die der christlichen Gemeinde immer schon zukamen. Als „Lehrer des Betens" sind die christlichen Kirchen im Kernbereich ihrer ureigensten Kompetenzen angefragt. Die innige und stimmige Feier eines Gottesdienstes, die zuverlässige und kompetente Gestaltung einer Amtshandlung, die sensible Wahrnehmung einer Seelsorgesituation, die einladende Gestaltung eines Glaubensgespräches, – alle diese „Grundsportarten" der Verkündigung des Evangeliums stehen heute als Beitrag zur Wertebildung in unserer Welt im Focus der Aufmerksamkeit.

Die christlichen Kirchen entdecken diesen Auftrag neu; sie öffnen ihre Räume für die Begegnung mit dem Heiligen, sie schaffen neue

Anlässe zur Vergewisserung im Gebet, und sie entdecken in ihren eigenen Traditionen die großen Schätze christlicher Spiritualität.

„Geht hin in alle Welt ...“ Das meint uns direkt: Wenn du nicht willst, dass deine Enkel ohne Zugang zu den Quellen des Glaubens dastehen, dann müssen wir mitbauen an den Ritualen der Frömmigkeit bei uns selbst wie in der Gemeinde. Dafür müssen wir auch die materiellen Voraussetzungen schaffen, pflegen und erhalten.

Aber wissen unsere Gemeinden und Mitglieder den Glanz und die Kraft unserer eigenen Traditionen wirklich immer hinreichend zu schätzen? Es ist, als liege ein Schatten auf unseren Gebeten und Ritualen, auf unseren Liedern und Texten, als hindere alte Schuld oder früherer Missbrauch daran, die elementare Tiefe unser eigenen Traditionen freizulegen. In manchen Gemeinden ist eine eigentümliche Verhaltenheit zu spüren, mit der wir uns auseinandersetzen und die wir überwinden müssen. Denn es ist unverzichtbar, die eigenen Traditionen stark zu machen und die Grundformen des christlichen Glaubens weiterzugeben.

Wir können uns nicht damit abfinden, dass Menschen meinen, sie würden Formen für ihre Spiritualität nur noch im fernen Osten finden und nicht hier. Blühen denn – um ein anderes Bild von Fulbert Steffensky aufzunehmen – nur im Garten des Nachbarn schöne Blumen?

Ohne die Impulse der sogenannten Achtundsechziger zu verkennen, ist doch eine Kurskorrektur angebracht: Der Satz „Unter den Talaren der Muff von 1000 Jahren“ läuft doch heute ins Leere. Heute müssten wir eher formulieren: „Unter den Talaren der Schatz von 2000 Jahren“. Auch wenn es damals um Universitätstalare ging, ist dieser Vergleich heute notwendig. Denn in einer radikalen Optionsgesellschaft gelten Traditionsbestände nicht mehr als Feinde der Freiheit und der Selbstverwirklichung, sondern als deren Basis und Voraussetzung. „Ohne Tradition keine Emanzipation“, ließe sich als Grundsatz formulieren.

Eine neue geistige Situation richtet in unserem Land auch die Aufgaben der christlichen Kirche und ihrer Gemeinden neu aus. Dass im Rahmen des vielfältig und vielgestaltig anhebenden Reformprozesses unserer Kirche in den Gemeinden und Kirchenkreisen, den Landeskirchen und der EKD immer wieder auch von einer Konzentration auf die Kernaufgaben gesprochen wird, dass die Frage nach dem Grundbestand an Liedern und Gebeten gestellt wird, die von Berchtesgaden bis Flensburg die Erkennbarkeit des Evangelischen ermöglichen, dass der Reformationstag nirgends mehr kampflos an Halloween verloren gegeben wird, sondern mit Projekten wie „Hallo-Luther“ als spezifisch reformatorischer Festtag wieder erkennbar gemacht wird – diese und viele andere Reformanstrengungen signalisieren die Einsicht in die neue

Gesamtlage. Dass das Stichwort Mission nicht mehr Abwehrreaktionen auslöst, dass auch ganz volkskirchlich geprägte Gemeinden nach den Chancen und Grenzen von Glaubenskursen fragen, dass die Frage nach dem Wachstum von Gemeinden bis hinein in universitäre Forschungen dringt – dies alles und vieles mehr sind Signale einer neuen kirchlichen Reaktionsweise auf die geistigen Herausforderungen unserer Zeit. In zunehmendem Maß stellen sich die evangelischen Gemeinden mit ihren ehrenamtlich wie beruflich Engagierten diesen Herausforderungen; sie reagieren auf die Wiederkehr der religiösen Neugier und bieten sich als geistliche „Orte des Gebets" an. Sie lassen erkennen, dass das Beten und das Tun des Gerechten zusammengehören.

*

Dieser Aufbruch geschieht allerdings in einer angespannten, keineswegs einfachen Situation.

Zum einen fordern uns die demographische Entwicklung und die damit verzahnte finanzielle Situation heraus. Die etwas plakative, aber griffige Formel dafür lautet: Bis 2030 könnten wir ein Drittel weniger Gemeindeglieder haben; unsere Finanzkraft könnte gar um die Hälfte sinken. Wer eine solche Entwicklung korrigieren will, muss die missionarischen Kräfte in unserer Kirche stärken. Zugleich müssen wir die demographischen Faktoren in dieser Entwicklung nüchtern in unsere Planungen einbeziehen. Aus beiden Gründen ist es notwendig, die Strukturen und Organisationsformen unserer Kirchen auf allen Ebenen umzuformen und anzupassen. Das ist eine Generationenaufgabe; ihr Gewicht wird dadurch, dass es in der jüngsten Vergangenheit aufgrund der guten wirtschaftlichen Situation in Deutschland ein finanzielles Zwischenhoch gab, nicht kleiner.

Es ist unvermeidlich, dass die Gemeinden und ihre Mitarbeiterschaft, insbesondere auch Pfarrerinnen und Pfarrer, die Last dieser Umstrukturierungen zu einem erheblichen Teil zu tragen haben. Vorhaben der Fusion, Kooperation oder Koordination zwischen Gemeinden haben zur Folge, dass Gewohntes und Vertrautes aufgegeben werden muss – um es zu erhalten. Die geistliche Gefahr besteht bei diesen unvermeidlichen Veränderungen darin, dass die Gemeinden, die ehrenamtlich wie beruflich Mitwirkenden und insbesondere die Pfarrerinnen und Pfarrer lediglich als Manager eines Umbaus erscheinen. Die Herausforderung besteht jedoch darin, den Umbau so zu gestalten, dass sich aus ihm eine neue geistliche Ausstrahlung entfaltet. Auch die Arbeit an den Strukturen, dem Recht und der Verwaltung der Kirche ist von unmittelbarer geistlicher Bedeutung. Diese Bedeutung kommt allerdings am besten zur Geltung, wenn diese Arbeit selbst transparent ist für den geistlichen Auftrag, wenn sie also in ihrer dienenden Funktion wahrgenommen und gerade so ernst genommen wird. Beim internen Umbau werden viele Kräfte gebunden, die sich nicht nach außen richten können. Das erweckt den Eindruck, als ob die Kirche zu sehr mit sich selbst beschäftigt ist. Aber es ist notwendig, auch diesen Teil der kirchlichen Arbeit zu würdigen und viele Menschen an der Umgestaltung zu beteiligen und für diese zu gewinnen. Mögen Veränderungen in einer Diktatur manchmal schneller gehen – dies ist nicht der Weg in der Kirche.

Aber entscheidend ist, dass unsere Strukturen der Weitergabe des Evangeliums dienen. Darum sind die Gemeinden, die ehrenamtlich Engagierten und die beruflich für die Kirche Tätigen dazu herausgefordert, die neu aufbrechenden Fragen nach dem Glauben, nach seinen Gründen, nach seinen Quellen und nach seinen Formen intensiv aufzunehmen. Die Erwartungen wachsen, die Ansprüche werden höher, die Qualitätsanforderungen steigen. Gute Predigten und eine überzeugende Gestalt der vertrauten Liturgie werden ebenso erwartet wie neue Gottesdienstformen. Auch durch andere wird die Bedeutung von Religion entdeckt – beispielsweise durch charismatische Gemeinden oder durch freie Ritualredner. Die Herausforderung für unsere Generation ist eingespannt zwischen die Notwendigkeit innerer Umbaumaßnahmen und neue Konkurrenz von außen.

Deshalb ist es unerlässlich, Aufgaben zu begrenzen, Handlungsfelder zu konzentrieren und gerade so neue Ausstrahlungskraft zu entfalten. Besonders wichtig ist eine Neugestaltung des Kernbereichs der Verkündigung; er wird durch einen stärkeren Anteil anlassbezogener Gottesdienste, durch eine bewusste Arbeit an den Kasualien und durch neue Freude an der Qualität von Liturgie und Predigt geprägt sein. Dabei werden benachbarte Gemeinden verstärkt auf einander ergänzende Angebote und damit auf eine verbesserte Arbeitsteilung achten. Das gehört zu den wichtigen Zielen in dem Reformprozess, der mit dem Impulspapier des Rates der EKD „Kirche der Freiheit" angestoßen wurde. Neue Freiräume für die Aufgabe der Verkündigung zu schaffen, ist freilich nur möglich, wenn Management und Verwaltung neu organisiert werden.

Deswegen gehören zu dem EKD-weiten Reformprozess in der Gemeinschaft der Landeskirchen unterstützende Angebote, die den Gemeinden und ihren Ehrenamtlichen wie Hauptamtlichen die Arbeit erleichtern sollen. Dabei geht es um Qualitätsentwicklung und -stärkung besonders im Bereich von Gottesdienst und Kasualien, es geht um die Stärkung der missionarisch-einladenden Atmosphäre unserer

Gemeinde und Regionen und es geht um die Frage, wie in unserer Kirche so geleitet werden kann, dass Führung und Verantwortung, Beteiligung und Entschlossenheit in einem guten Ausgleich zusammenwirken.

Wie das konkret umgesetzt werden kann, soll an vier Beispielen verdeutlicht werden:

Seit dem 31. Oktober 2008 gibt es eine Internetplattform **www.Kirche-im-Aufbruch.de**, auf der jeder Interessierte eine Liste von Beispielen guter Praxis zu verschiedenen missionarischen Feldern finden kann. Zwar gibt es schon lange gute Ideen und Anregungen – aber sie sind nicht hinreichend bekannt. Diese Unkenntnis der guten Ideen muss überwunden werden, damit nicht jede Gemeinde und jede Region meint, das Rad neu erfinden zu müssen.

Im September 2009 wird in Kassel eine Art „Fachmesse für innovative Ideen" der missionarischen Gemeindearbeit durchgeführt, eine große Zukunftsveranstaltung, die verdeutlichen soll, dass die evangelische Kirche die geistigen und geistlichen Herausforderungen annehmen will und auf sie antwortet.

Ferner bietet die Arbeitsgemeinschaft Missionarischer Dienste unter dem Titel „erwachsen glauben – eine missionarische Bildungsinitiative" ein Programm an, in dem jede Gemeinde je nach ihrer kulturellen und sozialen Zusammensetzung geeignete Angebote an Glaubenskursen Gesprächen zu Glaubensfragen finden kann, um sie ohne allzu große Mühe im eigenen Bereich einzusetzen. Dazu wird die Möglichkeit gehören, sich durch Experten in den Einsatz solcher Angebote einführen zu lassen.

Mit dem Mut zum Aufbruch wollen wir schließlich die Erinnerung an die Wurzeln verbinden. Dieses Miteinander wird den nächsten zehn Jahren eine besondere Prägung geben. Die historische Erinnerung an die geschichtlichen Anfänge und Wirkungen der Reformation soll in der Vorbereitung auf das Reformationsjubiläum 2017 mit der Arbeit an aktuellen Reformvorhaben verbunden werden. Dadurch sollen sich zugleich an vielen Orten in Deutschland und in Europa ökumenische und internationale Perspektiven eröffnen.

*

Die Antworten auf die geistlichen und kulturellen Herausforderungen unserer Zeit brauchen eine materielle Basis. Dabei geht es nicht schlicht ums Geld, sondern um viel mehr, nämlich um die Voraussetzungen kirchlichen Dienstes, ohne die all diese Arbeit nicht geschehen kann. Dazu bedarf es gut qualifizierter und engagierter Mitarbeiterinnen und

Mitarbeiter; es bedarf ebenso der Gebäude, in denen dieser Dienst geschehen kann. Wir könnten das Evangelium auch auf den Elbbrücken verkündigen, meinte Martin Luther und erteilte damit der Vorstellung eine Absage, als ob die Verkündigung des Wortes Gottes auf besondere Orte beschränkt sei. Das Wort Gottes wirkt überall. Aber: Menschen brauchen besondere Orte. Und wir haben sie ja. Über 21 000 Kirchen verfügen unsere evangelischen Kirchengemeinden – ein Reichtum an Stätten der Predigt und des Gebets. Aber: Brauchen wir noch alle Kirchen? Können wir noch alle bezahlen? Wie viele Kirchen sind nötig? Darauf lässt sich nicht rational antworten. Kirchen sind keine Fabriken oder Konzertsäle. Sie sind in Jahrhunderten entstanden; sie sind Zeugen des Glaubens vieler Generationen und Teil unseres kulturellen Erbes. Einerseits lässt sich voraussagen, dass die Lösung der damit verbundenen Finanzfragen angesichts der demografischen Entwicklung in Deutschland nicht einfacher wird. Andererseits identifizieren sich die Gemeinden – die politischen wie die kirchlichen – mit „ihren" Kirchengebäuden und sind bereit, sich durch praktischen Einsatz oder mit Spenden an der Erhaltung der Kirche vor Ort zu beteiligen (sehen wir einmal von mancher Betonkirche oder manchem Gemeindezentrum aus dem vergangenen Jahrhundert ab). Dieses Engagements wegen werden Kirchengebäude nicht in großer Zahl aufgegeben werden; vielmehr ist – gerade auch im Osten Deutschlands – dankbar zu bestaunen, wie viele Kirchengebäude in den letzten Jahren vor dem Verfall bewahrt und wiederhergestellt werden konnten.

Um dieses Engagement zu fördern, haben die Evangelische Kirche in Deutschland und die Landeskirchen vor zehn Jahren die Stiftung zur Bewahrung kirchlicher Baudenkmäler in Deutschland (Stiftung KiBa) gegründet. Diese fördert die Sanierung von Kirchen und konnte bis 2006 über 320 Projekte mit über 3,2 Millionen Euro fördern. Allein im Jahr 2007 waren es weitere 100 Projekte mit einer Gesamtfördersumme von über 2 Millionen Euro. Durch diese Förderung werden zusätzliche Drittmittel im Verhältnis 1:10 erschlossen; die Einrichtung einer eigenen Stiftung für den Erhalt der Kirchen zeigt sich als Erfolgsmodell. Durch den Einsatz kirchlicher Mittel wird die Beteiligung der öffentlichen Hände ermöglicht; private Spender und die Menschen am Ort werden darin ermutigt, sich für ihre Kirche einzusetzen.

Die evangelische Kirche kennt keine „heiligen Räume" an und für sich; heilig werden sie vielmehr durch ihren Gebrauch für die Verkündigung von Gottes Wort und für die Feier der Sakramente. Deshalb kommt den Kirchen als Stätten jahrhundertelangen Gebets eine ganz besondere Bedeutung zu. Menschen identifizieren sich mit „ihrer"

Kirche, sind in dieser Kirche getauft, konfirmiert und getraut. Eine auftragswidrige Umnutzung kann zu einem Identitätsverlust führen – wer will in der Kirche, in der er einst getraut wurde, morgen eine Diskothek vorfinden? Man spricht deswegen von der Eindeutigkeit der Nutzung und der „Lesbarkeit" von Kirchengebäuden.

Den Schwerpunkt weiterführender Überlegungen bilden deshalb nicht die Aufgabe oder Umnutzung von Kirchengebäuden, sondern die Erweiterung ihrer Nutzungsmöglichkeiten. Wie kann man Kirchengebäude – auch baulich – dafür in den Stand setzen, für verschiedene, aber durchweg kirchengemäße Zwecke genutzt zu werden, ohne ihren Charakter als Orte der gottesdienstlichen Versammlung zu verlieren? Verkauf oder Abriss sind nur alleräußerste Möglichkeiten. Vorrangig muss man alle in Frage kommenden anderen Möglichkeiten prüfen. Dabei muss *eine* Frage immer bedacht werden: Haben wir das Recht, das Erbe, welches wir übernommen haben, wegen finanzieller Fragen, auf die wir heute keine Antwort wissen, unseren Nachkommen vorzuenthalten? Wichtige Stimmen schlagen in Fällen, in denen die Wiederherstellung und aktuelle Nutzung einer – oft noch immer in Folge des Zweiten Weltkriegs – schwer zerstörten Kirche als unmöglich erscheinen, einfach eine Notsicherung vor. So kann selbst eine notgesicherte Kirchenruine als „Denkmal" zur Erinnerung dienen, dass der Mensch nicht über alles verfügt. Doch solche Überlegungen sind nur zu verantworten, wenn sie in eine sorgfältige Planung der Nutzung und Erhaltung kirchlicher Gebäude in einer Region eingebunden sind. Eine kirchliche Gebäudeplanung, die Kirchen, Gemeindehäuser, Pfarrhäuser, aber auch Kindergärten und andere Gebäude einschließt, gehört heute zu den vordringlichen Aufgaben kirchlicher Planung. Eine solche Planung sollte weit vorausschauen, einen missionarischen und ökumenischen Horizont haben, die Bedürfnisse der Gemeinden berücksichtigen, Aufwand und Nutzen abschätzen, Kosten- und Umweltmanagement einbeziehen und so fort. Diese Aufgaben kann in aller Regel eine Gemeinde nicht für sich allein lösen. Der Ort für solche Planungen ist die kirchliche Region, in der die Kräfte sich ergänzen und gerade so entfalten können. Dies ist auch die Ebene, auf der die notwendigen professionellen Hilfen für solche Planungen gefunden und in Anspruch genommen werden können.

Die Gestaltung von Zukunft beginnt damit, dass wir die Gegenwart zukunftsfähig machen. Sie beginnt ebenso damit, dass wir das uns anvertraute Erbe wert schätzen. Wenn wir beides berücksichtigen, können wir heute so leben und handeln, dass darin schon das Morgen hervorscheint.

1/II
Immobilien der Kirche – eine Übersicht

Adalbert Schmidt, Oberlandeskirchenrat

Worum geht es eigentlich? Um zigtausende Gebäude und Grundstücke. Und um die besondere Herausforderung, die deren Verwaltung bedeutet. Kreativität und ein nötiges Maß an Wissen im Immobilienmanagement sind nötig, um diese Werte der Kirche für künftige Generationen zu bewahren und nützlich werden zu lassen. Am Beginn des Nachdenkens steht eine Bestandsaufnahme.

Kirchlicher Immobilienbesitz wird in der Öffentlichkeit und in den Medien regelmäßig nur sehr pauschal oder anhand einzelner spektakulärer Fälle in den Blick genommen. Mal ist die Rede von einem riesigen Immobilienbesitz der Kirche oder es sind einzelne Fälle kirchlicher Gebäude – insbesondere Sakralgebäude –, deren Schicksal eine besondere öffentliche Wahrnehmung erlangt.

Unabhängig davon, dass bereits der Begriff „Kirche" die vorhandene Eigentümerstruktur mit der Eigenständigkeit der verschiedenen Rechtspersönlichkeiten im kirchlichen Umfeld völlig unzureichend abbildet, wird eine pauschale Einordnung der Vielfältigkeit des kirchlichen Immobilienbesitzes und insbesondere der Vielschichtigkeit der damit verbundenen Probleme keinesfalls gerecht. Notwendig ist vielmehr eine sehr differenzierte Betrachtungsweise, die das Spannungsfeld zwischen der Herkunft und der Bedeutung des Immobilienbesitzes sowie die theologischen und ethischen Rahmenbedingungen einerseits und andererseits die ökonomischen Anforderungen und die Nutzererwartungen einbezieht, in dem sich der kirchliche Immobilienbesitz ständig bewegt.

So ist der bebaute kirchlicher Grundbesitz oft nur sehr eingeschränkt zur Erzielung von Erträgen nutzbar oder verwertbar. Zudem stehen diesen Immobilienwerten in aller Regel hohe Aufwendungen und/oder Belastungen für deren Er- und Unterhaltung gegenüber.

Der nachfolgende Beitrag soll hier in der gebotenen Kürze einen Überblick über den Bestand, die Strukturen und die Verwaltung des kirchlichen Immobilienbesitzes im Bereich der EKD und ihrer Gliedkirchen geben.

Unterschieden wird dabei zwischen dem unbebauten Grundbesitz und dem vorhandenen Gebäudebestand.

1 Grundbesitz der Kirche

1.1 Art und Umfang des Grundbesitzes

Eine aktuelle, detaillierte und vollständige Aufstellung des Grundbesitzes der evangelischen Kirchen gibt es – wie auch bei der römisch-katholischen Kirche – nicht. Dies liegt daran, dass der vorhandene Grundbesitz von den kirchlichen Körperschaften autonom verwaltet wird und eine zentrale Erfassung zuletzt mit Datum vom 1.1.1986 erfolgt ist. Möglicherweise wird sich jedoch hier in absehbarer Zeit eine Änderung ergeben, da die im Bereich der Gliedkirchen der EKD geplante Einführung der Doppik bzw. die Umstellung der Buchführungssysteme eine Bewertung des Grundbesitzes erforderlich macht.

Nach der Statistik der Evangelischen Kirche in Deutschland (www.ekd.de/Kirchenfinanzen) die ca. 16 000 Kirchengemeinden der Evangelischen Kirchen in der Fortschreibung der Erfassung von 1985/86 unter Berücksichtigung auch der Herstellung der kirchlichen Einheit Deutschlands über einen Grundbesitz von ca. 325 000 ha.[1]

Rund 80 % des Grundbesitzes entfallen auf landwirtschaftlich genutzte Grundstücke, ca. 10 % auf Waldflächen, etwa 5 % auf bebaute Grundstücke und Friedhöfe sowie im Übrigen auf Ödland und Wegeflächen.

1.2 Herkunft des Grundbesitzes

Seinen Ursprung findet das heutige kirchliche Grundvermögen im frühen Mittelalter. Zu dieser Zeit wurden von weltlichen Landesherren sogenannte „Parochien“ als Vorläufer der heutigen Kirchengemeinden errichtet und mit Landbesitz (Dotationen) ausgestattet. Durch den Grundbesitz sollte der dauerhafte Erhalt der kirchlichen Aktivitäten sichergestellt werden. Neben den Abgaben der Gemeindeglieder wurde in erster Linie aus dem Ertrag des Grundbesitzes der Lebensunterhalt der Prediger bestritten und auch die Unterhaltung der kirchlichen Gebäude gewährleistet. Im Laufe der Zeit hat sich das kirchliche Grundvermögen durch Schenkungen, Stiftungen, Erbschaften und Zukäufe regelmäßig vermehrt.

Der kirchliche Grundbesitz gliedert sich in das Pfarrvermögen (für die Pfarrbesoldung und Pfarrversorgung), das Kirchenvermögen (für die allgemeinen kirchlichen Bedürfnisse, insbesondere die Unterhaltung der kirchlichen Gebäude) und das sonstige Zweckvermögen (etwa das Diakonievermögen zur Unterstützung sozialer Zwecke in der Gemeinde). Die entsprechenden Zweckbestimmungen sind auch heute noch regelmäßig in den Grundbüchern dem jeweiligen Grundbesitz zugeordnet und spielen im innerkirchlichen Bereich für die Verwendung von Erträgen und Verkaufserlösen eine nicht unerhebliche Rolle.

1.3 Rahmenbedingungen für die Nutzung und Verwaltung des Grundbesitzes

Träger des Grundvermögens können auf kirchlicher Seite die unterschiedlichsten Rechtspersönlichkeiten (Kirchengemeinden, Kirchenkreise/Dekanate, Landeskirchen, Klöster, Stiftungen, Vereine, Gesellschaften) sein.

Der Grundbesitz der öffentlich-rechtlichen kirchlichen Körperschaften wird von den jeweils Verantwortlichen autonom im Rahmen der staatlichen und (landes-)kirchlichen Bestimmungen verwaltet. Die Verwaltung ist der kirchlichen Selbstordnung überlassen, die durch das im Grundgesetz verankerte kirchliche Selbstbestimmungsrecht (Art. 137 Abs. 3 Weimarer Reichsverfassung in Verbindung mit Art. 140 Grundgesetz) geschützt ist. Staatlichen Stellen kommen hier keinerlei Aufsichtsbefugnisse zu. Soweit die Kirchen am Rechtsverkehr teilnehmen, sind sie jedoch den einschlägigen staatlichen Regelungen unterworfen.

Maßstab für die Verwaltung des Grundvermögens sind in erster Linie die einschlägigen Regelungen der Gliedkirchen der Evangelischen Kirche in Deutschland. Einheitliche Vorgaben im Hinblick auf die Verwaltung existieren insoweit nicht. Eine Richtlinie der Evangelischen Kirche in Deutschland über die Verwaltung des kirchlichen Grundbesitzes[2] hat lediglich empfehlenden Charakter.

Derjenige Grundbesitz, der nicht unmittelbar der Durchführung kirchlicher Aufgaben dient (das Kirchenfinanzvermögen im Gegensatz zum Kirchenverwaltungsvermögen wie etwa Kirchengrundstücke, Pfarrhausgrundstücke, Friedhöfe etc.) oder durch Widmung dem Gebrauch für weltliche Zwecke entzogen ist, ist nach wirtschaftlichen Gesichtpunkten zu verwalten, um aus dem Grundvermögen dauerhaft angemessene Erträge zu erzielen, die für die Erfüllung der kirchlichen Aufgaben im Rahmen der Zweckbestimmung zur Verfügung stehen. Angesichts zunehmend rückläufiger Einnahmen aus der Kirchensteuer aufgrund der wirtschaftlichen und demografischen Entwicklung kommt der Erzielung von Erträgen aus dem Grundvermögen dabei eine wachsende Bedeutung zu.

Andererseits unterliegt der kirchliche Grundbesitz auch einer besonderen Bindung an gemeinwohlorientierten und sozialen Zwecken. Dies findet seinen Niederschlag vorwiegend in den Bedingungen für die Verpachtung kirchlicher Grundstücke und die Vergabe von kirchlichen Grundstücken im Wege des Erbbaurechts.

In besonderem Maße prägend für die Verwaltung des kirchlichen Grundbesitzes und übereinstimmend in den geltenden kirchlichen Rechtsquellen der römisch-katholischen Kirche und der evangelischen Landeskirchen in Deutschland verankert ist der Grundsatz der Unveräußerlichkeit kirchlichen Vermögens. Dieser historisch gewachsene Grundsatz ist aus der Widmung des kirchlichen Grundbesitzes abgeleitet. Zur Erfüllung der Zweckbestimmung sollen in erster Linie die Erträge und nicht das Vermögen selbst eingesetzt werden, da dieses sonst aufgezehrt würde. In der Rechtsprechung und Rechtsliteratur ist anerkannt, dass der Grundsatz der Unveräußerlichkeit kirchlichen Vermögens als gesetzliches Verbot mit Genehmigungsvorbehalt gemäß § 134 BGB geschützt ist.

Unter bestimmten Voraussetzungen, die in den einzelnen Gliedkirchen der EKD unterschiedlich ausgestaltet und an die Genehmigung der zuständigen kirchlichen Aufsichtsbehörden geknüpft sind, ist eine Durchbrechung des Unveräußerlichkeitsgrundsatzes möglich (etwa bei Wahrung der kirchlichen Interessen oder bei Vorliegen besonderer kirchlicher, öffentlicher oder sozialer Gründe). Aber auch bei einer Abgabe von Grundstücken setzt sich das Prinzip der Unveräußerlichkeit in der grundsätzlichen Verpflichtung der kirchlichen Körperschaften zur rentierlichen Anlage des Verkaufserlöses fort.

Als Konsequenz aus dem Grundsatz der Unveräußerlichkeit folgt für den kirchlichen Bereich, dass im Umgang mit kirchlichen Grundstücken Rechtskonstruktionen bevorzugt werden, die Dritten die Möglichkeit zur entgeltlichen Nutzung von Grundstücken einräumen, ohne dass das Eigentum des kirchlichen Rechtsträgers aufgegeben werden muss. Insoweit kommen, neben der Einräumung von Erbbaurechten oder der Verpachtung von kirchlichen Grundstücken für landwirtschaftliche Zwecke – beispielsweise der Abschluss von Nutzungsverträgen zur Erzielung von Einnahmen – in Betracht.

2 Gebäudebestand der Kirche

2.1 Art und Umfang des Gebäudebestandes

Die Körperschaften der Evangelischen Kirche in Deutschland besitzen nach der Statistik der EKD (**www.ekd.de/Kirchenfinanzen**) etwa 75 000 Gebäude, davon ca. 27 000 Kirchen, Kapellen und Gemeindezentren mit Gottesdiensträumen.

Insgesamt handelt es sich um eine extrem breite Palette von Gebäudetypen (Sakralgebäude, Gemeindehäuser, Pfarrhäuser, Wohnhäuser, Wohnungen, Verwaltungsgebäude, Kindergärten und Kindertagesstätten, Schulgebäude, Predigerseminare, Tagungsstätten und Bildungseinrichtungen, Garagen, Scheunen, Krankenhäuser, Altenheime, Pflegeeinrichtungen und -stationen etc.).

Die Aufteilung im Einzelnen ergibt sich aus nachfolgender Tabelle:

Kirchen	21 088
Friedhofskapellen	2 536
Gemeindezentren mit Gottesdienstraum	3 148
Gemeindehäuser mit Gemeindesaal	9 409
Pfarrhäuser	17 186
Sonstige Wohngebäude	6 650
Eigentumswohnungen	1 320
Verwaltungsgebäude	808
Kindertagesstätten	5 156
allgemeinbildende Schulen	143
sonstige Gebäude (Nebengebäude, Garagen)	7 618
	75 062

Bei knapp einem Drittel des Bestandes handelt es sich um denkmalgeschützte Gebäude, deren Verfügbarkeit und Umnutzung aufgrund einschlägiger denkmalrechtlicher Regelungen häufig stark eingeschränkt ist. Zudem erfordert der denkmalgeschützte Gebäudebestand oftmals ein umfangreicheres Maß an Aufwendungen für die bauliche Unterhaltung.

2.2 Rahmenbedingungen für die Nutzung und Verwaltung des Gebäudebestandes

Der von den kirchlichen Körperschaften als Eigentümer in der Regel autonom verwaltete Gebäudebestand stellt in hohem Maße einen identitätsstiftenden Faktor dar. Insbesondere die exponierten Sakralgebäude sowie auch die Pfarr- und Gemeindehäuser sichern der Kirche öffentliche Wahrnehmung. Gleichzeitig stellt aber der (in der Regel überalterte) Gebäudebestand sich langfristig als hoher und noch steigender Kostenfaktor dar.

Daneben sinken die Nutzerzahlen der kirchlichen Gebäude kontinuierlich. Nach den Prognosen zur demografischen Entwicklung wird dieser Rückgang auch noch zunehmen. Gleichzeitig stellen aber die vorhandenen Nutzer und Nutzungsarten immer höhere Anforderungen an die Qualität und verlangen ebenfalls ein hohes Maß an Flexibilität des Gebäudebestandes. Zudem besteht ungeachtet der konkreten Zahl an Kirchengliedern örtlich grundsätzlich ein Bedarf für die Vorhaltung bestimmter Gebäude (Kirchen, Pfarrhäuser, Gemeindehäuser) zur angemessenen Ausstattung der kirchlichen Arbeit.

Die gebäudebezogenen Ausgaben nehmen in den Vermögenshaushalten der Gliedkirchen der Evangelischen Kirche in Deutschland und der ihnen zugehörigen kirchlichen Körperschaften einen maßgeblichen Anteil ein (nach der EKD-Statistik ca. 12,3 % der Ausgaben im Gesamtbudget der Gliedkirchen der EKD; die Ausgaben für die Unterhaltung und Pflege des Gebäudebestandes betrugen etwa 2004 ca. 1,2 Milliarden Euro). Neben den Personalkosten sind die Bauunterhaltungskosten regelmäßig der höchste Einzelposten in den kirchlichen Haushalten. Besonders belastet sind dabei die östlichen Gliedkirchen mit ihrer sehr großen Zahl an dringend sanierungsbedürftigen Baudenkmälern.

Aufgrund der vorhandenen Gebäudestrukturen und der sehr uneinheitlichen und nicht strategisch gesteuerten Gebäudenutzung sind die Kirchen auch den steigenden Energiekosten bei der Gebäudebewirtschaftung in besonderem Maße ausgesetzt.

2.3 Probleme und Perspektiven der Nutzung und Verwaltung kirchlicher Gebäude

Die Probleme bei der Verwaltung des Gebäudebestandes resultieren in erster Linie aus den vorhandenen kirchlichen Strukturen.

Die hochdiversifizierte Eigentümersituation, die Art und Weise der Entscheidungsfindung in Gremienstrukturen sowie die Existenz eines oft mehrstufigen Verwaltungsaufbaues führen dazu, dass es im Hinblick auf die Verwaltung der Gebäude einschließlich der notwendigen Unterhaltung und Modernisierung oftmals an der Zuordnung und Wahrnehmung von Verantwortung fehlt.

In den letzten Jahrzehnten ist der Gebäudebestand weitestgehend unstrukturiert aufgebaut worden. Kennzeichnend für die aktuelle Gebäudesituation ist allerdings nun aufgrund des Mitgliederrückganges und des auf andere Kapazitäten ausgerichteten Gebäudeportfolios eine geringe Auslastung der Gebäude bei gleichzeitig steigenden Betriebskosten. Hinzu kommt ein erheblicher Modernisierungs- und Sanierungsstau.

Im Rahmen der Einführung der Doppik bzw. der Einführung eines an kaufmännischen Regeln orientierten Buchführungssystems werden die vorhandenen Probleme im Gebäudebereich und der daraus resultierende Handlungsdruck noch sehr viel deutlicher zutage treten.

Notwendig ist die Einführung neuer Denk- und Handlungsstrukturen im Bereich der Gebäudeverwaltung. Neben der Ausbildung von mehr Verantwortungsbewusstsein bei den jeweiligen Eigentümern, müssen auch einheitliche und stringente Strukturen für die Verwaltung des Gebäudebestandes geschaffen werden.

In der Öffentlichkeit und der Literatur sind Fragen der kirchlichen Gebäudeverwaltung umfangreich aufgegriffen worden und es gibt eine Reihe von Handlungsempfehlungen und Lösungsansätzen von Verbänden, Unternehmen und Einrichtungen aus der Wirtschaft.[3]

Die Übernahme klassisch-ökonomischer Konzepte der Gebäude- und Liegenschaftsverwaltung scheitert jedoch oftmals an dem sehr uneinheitlichen Gebäudebestand, der oben bereits beschriebenen hochdiversifizierten Eigentümerstruktur sowie den vorhandenen Entscheidungsstrukturen im kirchlichen Bereich. Zudem spielen bei weitreichenden Entscheidungen häufig starke emotionale Bindungen sowie kulturelle Interessen an den Gebäuden eine bestimmende Rolle, die eine sachliche und an ökonomischen Kriterien orientierte Diskussion über den Bestand nicht zulassen.

Schwierigkeiten bei einer Abgabe von Gebäuden ergeben sich ferner aus dem Umstand, dass es sich oftmals um Spezialimmobilien (Tagungsstätten, Altenheime etc.) handelt, für die kein Markt existiert. Bereits die Bewertung dieser Gebäude ist ausgesprochen schwierig.

3 Resümee

Der vorhandene Immobilienbesitz der Kirche sollte sowohl als Chance wie auch als Risiko wahrgenommen werden. Notwendig ist die Entwicklung eines hohen Maßes an Kreativität und Fantasie bei der Verwaltung des Immobilien-Portfolios im Hinblick auf die nachhaltige Erzielung von Einnahmen sowie die Unterhaltung und Auslastung des Gebäudebestandes. Vor allem ist darauf zu achten, dass gerade unter Berücksichtigung der vorhandenen und kurzfristig kaum zu ändernden kirchlichen Strukturen realistische und auch umsetzbare Konzepte entworfen werden.

Anmerkungen

1 In der Literatur wird teilweise ein erheblich umfangreicherer Grundbesitz angenommen: vgl. C. Ferk, Finanzen und Vermögen der Kirchen in Deutschland, Aschaffenburg 2002, S. 203 ff, 206.

2 Amtsblatt der Evangelischen Kirche in Deutschland 1985, S. 431 ff.

3 Vgl. etwa: Evangelisches Siedlungswerk in Deutschland: Die Kirche und ihre Immobilien. Kirche im Wandel – den Wandel gestalten, Berlin 2008; Manfred Keller / Kerstin Vogel (Hrsg.): Erweiterte Nutzung von Kirchen – Modell mit Zukunft. Evangelische Hochschuldialoge, Band 3, Berlin 2008.

1/III
Kirchengebäude – mehr als eine Immobilie

Prof. Dr. Thomas Erne

Was macht eigentlich eine Kirche aus, eine evangelische zudem? Was unterscheidet sie in theologischer Hinsicht von profanen Bauten? Fest steht: Kirchengebäude ziehen auch Kirchendistanzierte an. Sie sind eine eigenständige Form der Verkündigung des Evangeliums.

1 Sakraler und spiritueller Raum

1.1 Sakraler Raum

Kirchen an sich, unabhängig von ihrem religiösen Gebrauch, sind keine heiligen Räume. Die evangelische Auffassung vom Kirchenraum beginnt mit dieser Einsicht Martin Luthers. Luther, ein Gelegenheitsschriftsteller par excellence, hat sich auch zum Kirchenbau bei Gelegenheit geäußert. Konkreter Anlass war die Einweihung der Schlosskirche in Torgau: „Also soll dieses Haus geweiht sein, nicht um sein, sondern um unseren willen, dass wir selber durch Gottes Wort geheiligt werden und bleiben."[1] Luther hatte nichts gegen Kirchen. Die Schlosskirche, die er einweihte, ist ein qualitätsvoller und repräsentativer Raum im Torgauer Schloss. Aber seine Weihe erhält der Raum nicht durch eine bestimmte rituelle Handlung, sondern durch das Evangelium, dem er dient. Sakral ist also nicht die Substanz, das Gebäude, sondern die Funktion, die religiöse Kommunikation, das göttliche Wort, das Menschen heiligt.

Mit dieser Auffassung knüpft Luther an eine Traditionslinie an, die bis ins Alte Testament reicht. Dort finden sich zwei Konzepte, die Heiligkeit Gottes räumlich zu denken. Entweder wird sie im Tempel lokalisiert oder in der Synagoge. Der Tempel ist ein Präsenzraum, *domus Dei*, das Haus Gottes, in dem er wohnt und das er mit seiner Heiligkeit erfüllt wie mit einer Wolke. Die kann so dicht sein, dass die Priester den Tempel zu ihrem Dienst nicht mehr betreten können (vgl. 1. Könige 8,11). Wie problematisch dieses Konzept im Blick auf den Gott Israels war, wusste allerdings auch schon Salomo, der Erbauer des Jerusalemer Tempels: „Wie soll Gott wirklich auf Erden wohnen, wenn der Himmel ihn nicht fassen kann?" (1. Könige 8,27).

Die Synagoge dagegen ist ein Funktionsraum, *domus ecclesiae*, das Haus der Gemeinde, die sich dort versammelt, um Gottes Heiligkeit in der religiösen

Evangelische Schlosskirche Torgau

Universitätskirche in Marburg, Liturgische Performance „Goldfahnen und Steine" von Gabi Erne 2008

Kommunikation, der Lesung der Thora und ihrer Auslegung zu erfahren. Das geht auch außerhalb der Synagoge, etwa „auf dem Platz vor dem Wassertor" (Nehemia 8,1).

Dieser synagogalen Linie ist die evangelische Theologie in ihrem Verständnis des Kirchenraums bis heute mehrheitlich gefolgt. Luther gewinnt mit der Entscheidung gegen eine substanzielle Sakralität des Raumes zweierlei: Zum einen findet er Anschluss an das biblisch-neutestamentliche Zeugnis, das besagt, dass Gott keinen Wohnort in der Welt kennt außerhalb des Geistes der Gemeinde, deren Haupt Christus ist. Zum anderen erlaubt die Option für die Sakralität der religiösen Kommunikation eine pragmatische Perspektive auf die katholischen Kirchengebäude, die in der Folge der Reformation bis heute von evangelischen Gemeinden genutzt werden. Wenn in einer katholischen Kirche die Kommunikation des Evangeliums möglich ist, dann gibt es keinen Grund, sie nicht zu nutzen.

Der Adaption vorhandener katholischer Kirchen stand prinzipiell nichts im Weg – allerdings nur zu bestimmten Zeiten. Da der Raum an sich nicht religiös ist, sondern nur die religiöse Kommunikation, die in ihm stattfindet, muss eine Kirche außerhalb der Gottesdienstzeiten auch nicht geöffnet werden. Bis heute kann man davon ausgehen, dass Kirchengebäude dann evangelisch sind, wenn sie wochentags geschlossen bleiben.

Architektonisch ist die Reformation zunächst ein Ereignis der Möblierung.[2] Die Sitzordnung, die Kanzel und die Stellung des Altars werden neu positioniert im Blick auf Gemeinde, die als Subjekt im Gottesdienst handelt. Entweder kommt die Kanzel zum Altar an der Chorseite oder der Altar vor die Kanzel an der Langseite. Damit beginnt ein Prozess der wechselseitigen Einschreibung von religiöser Kommunikation in das materielle Dispositiv des Kirchenraums und umgekehrt. Die religiöse Rede schafft einen Raum, der seinerseits Raum schafft für die religiöse Rede, die neuen Raum schafft – und so weiter.

Die wechselseitige Beziehung von „liturgischer und architektonischer Spannung im Raum" nimmt dann Otto Bartning programmatisch für ein spezifisch evangelisches Verständnis des Kirchenraums in Anspruch. „Bei liturgischer oder freier Redehandlung auf offenem Feld pflegt sich vor dem Redner oder Liturgen ein Inkreis zu bilden, der frei bleibt".[3] Wenn dieser Inkreis den Grundriss einer Kirche bildet, wie in Bartnings Auferstehungskirche in Essen, dann kann man sagen: „Die Liturgie ist die Bauherrin",[4] und zwar eine Bauherrin, die durch den Raum, den sie baut, selber gebaut wird.

Martin Luther ist allerdings nicht ganz unschuldig an einem hartnäckigen Vorurteil, dass nämlich eine Theologie des evangelischen Kirchenbaus ein Selbstwiderspruch sei, weil Räume für die reformatorische Kirche nicht heilsnotwendig sind. Denn Luther empfiehlt in der Tat da, wo keine religiöse Kommunikation mehr stattfindet, „sollte man dieselbe Kirche abbrechen, wie man alle anderen Häusern tut, wenn sie nimmer nütz sind".[5] Kein Wunder, dass dann auch für Friedrich Schleiermacher die „Umgrenzung des Raumes nur eine äußere Bedingung, mithin Nebensache, nicht ein Teil des Kultus selbst ist".[6] Nebensachen sind aber nicht nebensächlich. Das Kirchengebäude ist zwar nach evangelischer Lehre nicht konstitutiv für die Kirche. Nach der Confessio Augustana (CA VII) sind das nur die verbale und die sakramentale Kommunikation des Evangeliums. Aber für eben diese

Auferstehungskirche (Rundkirche) Essen von Otto Bartning, 1929/1930

religiöse Kommunikation ist das Kirchengebäude ein wichtiges Strukturierungsangebot, und zwar in pragmatischer und symbolischer Hinsicht. Die Kirche ist ein öffentliches Zeichen der Transzendenz. Sie trägt nicht nur zur Erkennbarkeit einer Stadt oder eines Dorfes bei, sondern auch zur öffentlichen Erkennbarkeit der religiösen Kommunikation. Der Kirchturm und das Glockengeläut markieren verlässlich den Ort und Zeitpunkt des Gottesdienstes, während die Fassadengestaltung und die Form des Gebäudes im äußeren Erscheinungsbild den Bezug zur Transzendenz verkörpert, der im Inneren der Kirche die religiöse Kommunikation strukturiert. Im Innenraum der Kirche ist das Evangelium gut zu hören, würdigt die Sitzordnung das Priestertum aller Gläubigen, denn „Gott will alle Stände und Personen zugleich haben und sie alle

Französische Kirche Potsdam von Georg Wenzeslaus von Knobelsdorff, 1752/53, umgebaut von Karl Friedrich Schinkel 1832

versorgen als seine Gäste"[7] und der Altarraum lädt die Gemeinschaft der Heiligen zu einer kommunitären Feier des Abendmahls ein. Da die Kirche aber nicht nur pragmatisch der religiösen Kommunikation dient, sondern diese zugleich darstellt, leistet ein Kirchengebäude beides, Funktion und Darstellung, und zeigt, was in ihm geschieht. Indem eine Kirche zeigt, was in ihr geschieht, wird sie zum Symbol der Sakralität religiöser Kommunikation.

Auch die katholische Kirche hat sich in der Moderne vom Verständnis einer „anagogischen Sakralität" des Kirchenraums verabschiedet, der in seiner Schönheit die Seele in Richtung des Himmels „hochhebt".[8] In der Konstitution über die heilige Liturgie „Sacrosanctum Concilium" des

II. Vatikanischen Konzils wird der Kirchenraum nur insofern als ein heiliger Ort verstanden, als dort die Gemeinde ein heiliges Geschehen vollzieht. Die Weihe der Kirche bewirkt folglich keine wesensmäßige Veränderung des Raumes, sondern nimmt den Ort in feierlichen Gebrauch für den Gottesdienst. Sakral sind kirchliche Räume daher nur weil und insofern „sie aus Achtung vor dem heiligen Geschehen des Gottesdienstes diesem Gebrauch vorbehalten sind."[9] Man könnte von einer katholischen „Kommunionssakralität" sprechen, die dem evangelischen Verständnis einer „Sakralität der Kommunikation" erstaunlich nahe kommt.

1.2 Spirituelle Räume

Rechnet man den Kerzenverbrauch von St. Christophorus, einer der meist besuchten Autobahnkirchen bei Baden-Baden, auf die Besucherzahlen hoch, so sind es über eine Million Besucher, die in Deutschland jedes Jahr eine Autobahnkirche besuchen. Autobahnkirchen sind Schutzräume für moderne Nomaden, die dort eine Kerze anzünden, sich in das Gästebuch mit ihren Anliegen eintragen, für einem Moment der Ruhe verweilen und Schutz suchen, nicht vor Räubern und anderer Gefahr, sondern vor der extremen Beschleunigung ihrer Lebensverhältnisse – ohne auf dieses hohe Tempo vollständig verzichten zu können oder zu wollen.

Die Besucher einer Autobahnkirche wollen in der Regel keinen Pfarrer sehen oder sich in die Feier einer Gemeinde integrieren. Das entscheidende Motiv ihres Besuches ist der Kirchenraum selber. Denn dieser bietet ihnen einen Zugang zur Transzendenz, den sie als Einzelne mit dem eigenen Leib erspüren und erkunden können, unbesehen ihrer konfessionellen Bindung oder religiösen Präferenzen. Für dieses situative Bedürfnis nach Transzendenz diesseits der religiösen Kommunikation der Gemeinde sind Besucher von Autobahnkirchen typisch. Dabei ist es die Besonderheit der religiösen Architektur, die Poesie, Schönheit oder auch Fremdheit einer Kirche, die anziehend ist für moderne Nomaden, Flaneure, Distanzierte, letztendlich aber auch für viele kirchlich Engagierte.

Dieses neue spirituelle Bedürfnis nach einer Religiosität im Raum zeigt sich nicht nur in Autobahnkirchen, Krankenhaus- und Stadionkapellen. Auch die Zuwachszahlen der Kirchenraumpädagogik oder das Projekt „Offene Kirche", das die evangelischen Kirchen in Kurhessen-Waldeck flächendeckend für Besucher öffnen[10] möchte, sprechen für den Raum als eigenes Medium religiöser Erfahrung. Dabei vereint der

Trinitatiskirche Mannheim von Helmut Striffler, 1959

postmoderne Hunger nach Spürbarkeit des Heiligen in Kirchenräumen ein protestantismuskritisches Moment, das leibliche Erleben, mit einem katholizismuskritischen Moment, der Betonung des unvertretbar Einzelnen.

Der Kirchenraum gewinnt in der ausdifferenzierten Religionspraxis der Moderne mit verschiedenen religiösen Milieus und Frömmigkeitsstilen an Attraktivität gegenüber anderen Formen der religiösen Kommunikation, weil er ein offenes Forum der Begegnung mit der Transzendenz bietet. Hier kann jeder in „unterschiedlichen Graden religiöser Verbindlichkeit"[11] zur Kirche gehen, ohne an bestimmte Milieus gebunden zu sein, ja ohne bereits zur Kirche zu gehören. Im selben Kirchenraum findet das Kirchenmitglied in den regelmäßigen Gottesdiensten

Halt und Orientierung im Kirchenjahr, während der konfessionslose Flaneur für einen Augenblick die zweckfreien „Räume der Stille"[12] genießt. Der religiös Anspruchsvolle kann in experimenteller Spielfreude seinen religiösen Horizont erweitern, während sich der Kasualchrist bei Taufen, Konfirmationen, Hochzeiten und Bestattungen in die familiäre Folge der Generationen einreiht.

Die Kirchengebäude in ihrer Formenvielfalt fungieren dabei für die verschiedenen Benutzer als diachrone Vorratskammern. Sie bieten in der Gleichzeitigkeit des global vernetzten Alltagsbewusstseins ein Moment der Ungleichzeitigkeit. In Kirchen materialisieren sich in räumlicher Konfiguration die religiösen Erfahrungen vergangener Epochen. Die Mystik des frühen Mittelalters wird in der Lichtekstase gotischer Chorfenster nachvollziehbar, die Erfahrung des Krieges und des Wiederaufbaus in den Kirchen der Nachkriegszeit. Die Betonsteine der Trinitatiskirche in Mannheim von Helmut Striffler von 1959 wurden aus dem gemahlenen Schutt der Stadt gegossen.

Es sind die nicht mehr oder noch nicht entdeckten Möglichkeiten, um Transzendenz in Gemeinschaft oder als Einzelne zu erleben, die der eigentliche Schatz der Kirchengebäude für die Religionspraxis einer ganzen Gesellschaft darstellt, denn „die Leidenschaft, das Leben selbst braucht [solche] Rückgriffe und sammelt Kräfte aus Reichen, die vergangen sind, aus geschichtlichem Gedächtnis."[13] Mitunter sind Kirchen die einzigen Erinnerungsorte, in denen auch die politische Geschichte einer Stadt oder eines Dorfes greifbar wird. Insofern sind die Kirchengemeinden als Eigentümer der Kirchen Treuhänder von Räumen, deren Bedeutung über den Nutzen hinausgeht, die das Gebäude für die Kirchengemeinde erfüllt. An der Erhaltung von Kirchen ist deshalb die Allgemeinheit auch zu Recht beteiligt.

Blickt man in dieser Perspektive auf die Kirchen als ein unausgeschöpftes Reservoir religiöser und kultureller Artikulationsformen, dann kommt man zu der (provokanten) These: „Wir haben nicht zu viele Kirchen, wir haben zu wenig Ideen."[14]

2 Herausforderungen

2.1 Theologisch

Es entbehrt nicht einer gewissen Ironie, dass die postmoderne Sehnsucht nach Heiligkeit in Räumen in dem Augenblick aufbricht, da sich beide christlichen Kirchen einig sind, dass dem biblisch-neutestamentlichen Zeugnis kein substanziell heiliger Raum entspricht, sondern ein durch die religiöse Kommunikation der Gemeinde geheiligter Raum. Die individuelle Religionspraxis scheint das aber wenig zu kümmern. Die Menschen suchen in den Räumen der Kirche den Tempel, nicht die Synagoge, eine Atmosphäre der Heiligkeit, die sie wie eine Wolke spüren und erleben können.

Eine der theologischen Herausforderungen in dieser Situation besteht darin zu zeigen, dass die Wahrnehmung auratischer Atmosphären in Kirchen nichts mit einer Resakralisierung des heiligen Raumes[15] zu tun hat, sondern es sich bei dieser Intuition um eine explorative Erweiterung protestantischer Leitkategorien handelt, also um ein Moment in der Kommunikation des Evangeliums.

Hier nur ein Hinweis: Die heilige Atmosphäre in Kirchenräumen, ein „unbestimmt in die Weite ergossenes Gefühl“ und „Ausgleiten des Leibgefühls ins Unendliche“[16] ist vergleichbar dem prinzipiell unübertragbaren religiösen Gefühl, das nach Friedrich Schleiermacher den Einzelnen in religiöser Hinsicht bestimmt. Seinem Inhalt nach ist dieses Gefühl völliger Abhängigkeit die „unmittelbare Gegenwart des ganzen ungeteilten Daseins“.[17] Diese an sich unübertragbare Atmosphäre ist aber nur in und mit der Übertragung in konkrete Zeichen „da“ für den, der von ihr berührt wird. In bildlicher Sprache: Gott ist mehr als wir je von ihm sagen können, aber nur indem wir etwas von ihm sagen. In einer solchen kommunikativen Fassung ist die Atmosphäre in Kirchenräumen gleich ursprünglich mit ihrer Darstellung und Mitteilung. Die Artikulation, und sei es nur ein suchendes Stammeln, tut daher der Atmosphäre keinen Abbruch, sondern bringt sie überhaupt erst zur Geltung. Was folglich der Einzelne bei seinem gelegentlichen Zwischenstopp als heilige Atmosphäre im Kirchenraum wahrnimmt, ist eine Form der religiösen Kommunikation. Und es kann der Besuch eines Kirchenraumes ebenso eine Form der Kommunikation des Evangeliums sein wie der Gottesdienst am Sonntag, unterschieden nur im Medium oder in der Art der Erbauung durch die Gemeinschaft, nicht aber prinzipiell.

2.2 Historisch

2.2.1 Zahlen

Es gibt etwa 27 000 evangelische Kirchen und Kapellen in Deutschland. Die EKD und ihre Gliedkirchen verfügen damit über ein dichtes flächendeckendes Netz an öffentlichen Zeichen der Transzendenz. Die Kosten der Bauerhaltung tragen im Wesentlichen 25 Millionen evangelische Christen. 12,3 Prozent des Gesamtbudgets der Gliedkirchen der EKD in Höhe von 9,95 Milliarden Euro werden für Erhaltung und Sanierung der kirchlichen Gebäude aufgewendet. Das sind 1,223 Mrd. Euro auf der Basis der Einnahmen von 2004. Doch die Herausforderung, die sich mit diesen Zahlen[18] verbindet, wird erst deutlich, wenn man die Demografie hinzunimmt. In Deutschland schrumpft die Bevölkerung und mit ihr schrumpft auch die Evangelische Kirche. Verstärkt wird dieser Trend durch Kirchenaustritte, auch wenn diese rückläufig sind. Setzten sich diese Trends ungebrochen fort, so würde die evangelische Kirche im Jahr 2030 ein Drittel weniger Kirchenmitglieder und nur die Hälfte der heutigen Finanzkraft haben. Für die Gebäudeunterhaltung würden dann im Jahre 2030 zwei Drittel der heutigen Mitglieder mit der Hälfte der Finanzkraft diese Baulast tragen müssen. Sie müssten folglich im Jahr 2030 die doppelte Summe aufbringen, um die gleiche Anzahl der Gebäude zu unterhalten. Hinzu kommt die ungleiche Verteilung der Baulast auf die einzelnen Gliedkirchen der EKD. So leben im Bereich der östlichen Landeskirchen nur 8 % der Mitglieder, während sich hier 40 % der Kirchenbauten befinden, die zudem überwiegend unter Denkmalschutz stehen. Angesichts dieses Mitgliederbestandes sind die Kirchen in den neuen Bundesländern „auf die Solidarität der Konfessionslosen angewiesen".[19] Und schließlich sind die vorhandenen Kirchengebäude ungleich auf die verschiedenen Bauepochen verteilt. Die Euphorie des Wiederaufbaus führte etwa dazu, dass der Anteil der Nachkriegskirchen am Bestand überproportional hoch ist, während seit der Millenniumswende kaum mehr neue Kirchen gebaut werden.

2.2.2 „Intelligent Shrinking"

Das quantitative Problem des Bevölkerungsrückgangs erfordert von der evangelischen Kirche wie von allen anderen Institutionen der Gesellschaft eine kluge Anpassung ihrer Struktur an schrumpfenden Ressourcen.

Dieses „Intelligent Shrinking" stößt, sofern davon auch die Kirchengebäude betroffen sind, auf breiten innerkirchlichen wie öffentlichen Widerstand. Kirchen sind eben mehr als eine Immobilie. Ihr Verkehrswert ist eher bescheiden, ihr Symbolwert dagegen so bedeutend, dass der finanzielle Nutzen, wenn ein Kirchengebäude verkauft, als Restaurant genutzt oder abgerissen wird, in keinem Verhältnis zum Imageschaden für die Kirche steht. Die EKD reagiert auf diese Herausforderung, indem sie ihren Gliedkirchen empfiehlt, ihre symbolischen Zentren, die Kirchengebäude, vor Verkauf, Abriss oder Fremdnutzung zu schützen, stattdessen über widmungsgemäße Nutzungserweiterungen nachzudenken, die den Symbolwert der Kirche nicht antasten und den Verkauf von Gebäudebestand an der symbolischen Peripherie, bei kirchlichen Wohnhäusern, Gemeindehäusern, Pfarrhäusern zu beginnen.[20]

„Geschrumpfte" Dornbuschkirche in Frankfurt am Main von Meixner, Schlüter, Wendt (1962), 2002

Intelligent ist dieses Schrumpfen aber nur, wenn es dem qualitativen Wachstum dient. Die Herausforderung besteht nicht nur darin den Schatz der Kirchengebäude unter der Bedingung von schrumpfenden Haushaltsmitteln zu erhalten, sondern es muss auch neuer Spielraum geschaffen werden. Denn Kirchen müssen nicht nur erhalten, sondern auch neu gestaltet werden. Profilkirchen wie die Kulturkirchen, Jugendkirchen, Citykirchen reagieren konzeptionell auf die komplexen Bedingungen der Kommunikation des Evangeliums in einem urbanen Umfeld. Neue Kirchen an Urlaubsorten, Kapellen in Fußballstadien, Gemeindekirchen in neu entstehenden Wohngebieten sind Zeichen dafür, dass die Kirche intelligent schrumpft, um intelligent wachsen zu können.

2.2.3 Ziele

Erhaltung, Umgestaltung, Nutzungserweiterung und Neubau von Kirchen sind mit einer Vision eines zukunftsfähigen Protestantismus verbunden. Eine Kirche, die sich nicht innerlich renoviert, braucht auch keine Kirchen zu renovieren. Kirchengebäude markieren zwar in der Öffentlichkeit, *wo* Kirche zu finden ist. Für die Zukunft der Kirchengebäude, ihre künftige Zahl wie ihre zukunftsfähige Gestalt, ist aber entscheidend, *wohin* die Kirche gehen will. Nur im Zusammenhang mit dem Ziel, auf das die Kirche zugeht, ist die Frage nach dem künftigen Umgang mit den Kirchengebäuden zu lösen. Auf diese Herausforderung reagiert der Rat der EKD mit dem Impulspapier „Kirche der Freiheit".[21] Dieser Titel formuliert ein erstrebenswertes Ziel, das nicht nur die Mitglieder der Kirche wollen,[22] sondern auch die Öffentlichkeit der Kirche nicht abschlagen kann, ohne dass Konsens bestehen muss über die kon-

Ökumenisches Gemeindezentrum Maria-Magdalena, Freiburg-Rieselfeld, von Kister-Scheithauer-Gross, 2004

kreten Vorschläge, wie dieses Ziel zu erreichen ist.[23] Aber die Perspektive erlaubt es, für die einzelnen Kirchengebäude ein tragfähiges Konzept für ihre Zukunft zu entwickeln.

2.3 Architektonisch

Architektonisch scheint die Herausforderung zu Beginn dieses Jahrtausends darin zu bestehen, dass es im Kirchenbau keine architektonischen Herausforderungen mehr gibt. Für Generationen von Architekten wird sich die Aufgabe selten oder nie stellen, dem protestantischen

Geist einen repräsentativen und zeitgemäßen Ausdruck in einem Kirchengebäude zu verleihen. Eine der herausragenden Bauaufgaben in der Geschichte der Architektur droht so aus dem Anforderungsprofil des Architekten herauszufallen. Das zeigt sich auch in der Ausbildung. Es gibt in Deutschland keinen Architektur-Lehrstuhl, an dem Kirchenbau als Schwerpunkt gelehrt wird. Umso wichtiger sind die Neubauten[24] im deutschsprachigen Raum, ökumenische Gemeindezentren, Kirchen und Kapellen für besondere Gelegenheiten und an besonderen Orten. In diesen Gebäuden und an diesen Orten erfährt der Besucher, dass der christliche Glaube im 21. Jahrhundert noch in der Lage ist, innovative Ideen freizusetzen und anspruchsvolle religiöse Räume zu gestalten.

2.4 Ästhetisch

Herausforderungen für Architekten gibt es gleichwohl bei der Erhaltung, Umgestaltung und Nutzungserweiterung vorhandener Kirchen. Die ausdifferenzierte Religionspraxis braucht Kirchenräume, die dem komplexen Anspruchsniveau in der Moderne gewachsen ist. Die größte Herausforderung besteht darin, Ausdrucksformen zu entwickeln, in denen sich Menschen aus unterschiedlichen Milieus und mit verschiedenen Frömmigkeitsstilen beheimatet fühlen. Kirchengebäude können ein einigendes Band sein, das Menschen mit unterschiedlichen religiösen Bedürfnissen verbindet, ohne ihre unterschiedlichen Prägungen zu dementieren. Eine milieuspezifische Gestaltung von Kirchen[25] gewinnt zwar eine größere Trennschärfe und größere Bindungskraft, aber der Kirchenraum als Symbol der Einheit und Universalität des Glaubens ginge verloren.

Anmerkungen

1 Martin Luther, Predigt zur Einweihung der Torgauer Schlosskirche 1544, WA 49, 592.
2 Vgl. R. Wex, Ordnung und Unfriede. Raumprobleme des protestantischen Kirchenbaus im 17. und 18. Jahrhundert, Marburg 1984
3 Otto Bartning, Vom Raum der Kirche, 1958, 114.
4 H. Schwebel, Art. Kirchenbau V, TRE Bd. 18 (1989), 514 mit Hinweis auf C. Gurlitt.
5 Martin Luther, Kirchenpostille 1522, WA 10/I, 1, 252.

6 Friedrich Schleiermacher, Kurze Darstellung des theologischen Studiums, hg. v. H. Scholz, 1830/1910, 111.
7 Martin Luther, Predigt zur Einweihung der Torgauer Schlosskirche 1544, WA 49, 592.
8 A. Stock, Gottes Häuser in der Stadt, in: A. Gerhards / M. Struck [Hg.], Umbruch – Aufbruch – Abbruch? Nutzen und Zukunft unserer Kirchengebäude, Regensburg 2008, 35–44, 39.
9 Josef Meyer zu Schlochtern, Interventionen. Autonome Gegenwartskunst in sakralen Räumen, Paderborn 2007, 64.
10 Aktion Offene Kirche Kurhessen Waldeck, **www.ekkw.de/gemeinden/offenekirchen**.
11 U. Wagner-Rau, Mit den Kirchenräumen eine Tür zu den Menschen öffnen, PTh 95/2006, 399–402, 401.
12 S. Kraft, Räume der Stille, Marburg 2007.
13 Botho Strauß, Paare, Passanten, München 1984, 26.
14 11. These der Dortmunder Erklärung des 26. Evangelischen Kirchbautages 2008.
15 So in der Konsequenz M. Josuttis, Der Weg in das Leben, München 1991, 75 ff.
16 G. Böhme, Anmutungen. Über das Atmosphärische, Stuttgart 1998, 97.
17 F. Schleiermacher, Glaubenslehre, CG §3 I,17.
18 Die Zahlen stammen aus: Evangelisch in Deutschland. Zahlen, Fakten, Entwicklungen hrsg. v. Kirchenamt der EKD, Hannover 2007.
19 R. Schieder, Dorfkirchen als Orte der Identifikation. Kirchenbaufördervereine in praktisch-theologischer Perspektive, PTh 95/2006, 440–453, 443.
20 Vgl. K. Pfleiderer, Nutzungsmöglichkeiten von Gottesdiensträumen, in: H. Herrmanns / L. Tavernier [Hg.], Das letzte Abendmahl. Umnutzung, Verkauf und Abriss von Kirchengebäuden in Deutschland, Weimar 2008, 125–130, 128.
21 Kirche der Freiheit. Impulspapiers des Rates der EKD, Hannover 2006.
22 „Ziele implizieren systematisch den Bezug auf diejenigen, die sich auf sie richten", D. Thomä, Selbstbestimmung und Desorientierung des Individuums in der Moderne, in: W. Stegmaier [Hg.], Orientierung, Frankfurt a.M. 2005, 289–308, 300. Das gilt besonders in einer Kirche der Freiheit, vgl. F. Schleiermacher, Kurze Darstellung, Darmstadt 1982, §1.
23 Vgl. J. Hermelink / G. Wegner [Hg.], Paradoxien kirchlicher Organisation. Niklas Luhmanns frühe Kirchensoziologie und die aktuelle Reform der evangelischen Kirche, Würzburg 2008.
24 Vgl. M. Nitschke, Gottes neue Räume, Salzburg 2005.
25 Vgl. P.-A. Ahrens / G. Wegner, „Hier ist nicht Jude noch Grieche ..." Erkundungen der Affinität sozialer Milieus zu Kirche und Religion, Hannover 2008.

Teil 2
Immobilienmanagementlehre

2/I
Einführung

Dagmar Reiß-Fechter, Rechtsanwältin

„Immobilienmanagement"? Muss die Kirche jetzt etwa wirtschaftliche Methoden übernehmen, um ihre Gebäude und Grundstücke zu „managen"? Um ein treuer Verwalter der anvertrauten Güter zu sein ist es unerlässlich, effektive Methoden kennen zu lernen und anzuwenden. Und dann heißt es: „Prüfet alles und die besten behaltet".

„Nach reformatorischem Verständnis ist aber nicht der Ort entscheidend, sondern Kirche ist da, wo Verkündigung und Sakramentsverwaltung vollzogen werden. Trotzdem sind Kirchenbauten im wörtlichen und übertragenen Sinne Orte der Orientierung. Damit gehört es auch zum Auftrag der Kirche, ‚geistliche Orte der Begegnung mit Gott' bereitzuhalten."[1] Gleichwohl stellte der Landessynodalausschuss der Evangelisch- Lutherischen Kirche in Bayern schon im Jahr 2004 fest: „Auch die als ‚brisant' zu bezeichnende Lage im Bereich kirchlicher Immobilien ist dem Landessynodalausschuss wie auch dem Landeskirchenamt mehr als bewusst".[2]

Die Erkenntnis, dass die Immobilien zu einer erheblichen Kostenbelastung geworden sind, ist in allen Landeskirchen und Bistümern angekommen. Gleichwohl zeigt sich, dass bisher nur vereinzelt in den kirchlichen Organisationen ein Wechsel von der Verwaltung der Immobilie zum Management der Immobilie konsequent vollzogen wurde. Die Auseinandersetzung mit der besonderen kirchlichen Vermögensressource Immobilie ist meist noch gekennzeichnet von der operativen Notwendigkeit der Kosteneinsparung (z.B. Energiekosten), ohne dass grundlegende strategische Anfangsüberlegungen erarbeitet werden.[3] Und dann wundert man sich über Fehlentscheidungen. Typische Fälle sind z.B. die energetische Sanierung einer kirchlichen Tagungsstätte, die kurz darauf verkauft werden soll, weil sie nicht wirtschaftlich betrieben werden kann. Es geht bei der Immobilie daher nicht nur darum etwas richtig zu machen, sondern das Richtige richtig zu machen.

1 Immobilienmanagementlehre

Das Evangelische Siedlungswerk in Deutschland hat in den Jahren 2004 bis 2006 an Pilotprojekten[4] untersucht, ob trotz der Vielfalt der Immobilien und der kirchlichen Strukturen eine einheitliche Immobilienmanagementlehre entwickelt werden kann.

1.1 Kirchliches Immobilienmanagement

Die Weiterentwicklung der Erkenntnisse aus den Pilotprojekten führt zur Lehre des kirchlichen Immobilienmanagements (Ecclesiastic Real Estate Management – EREM). Sie ist die Lehre von der Gestaltung, Lenkung und Entwicklung zweckorientierter Systeme, von der Planung, Organisation, Durchsetzung und Kontrolle der immobilienwirtschaftlich relevanten Prozesse im kirchlichen Bereich. Die Umsetzung dieser Lehre in kirchliche Organisationsstrukturen geschieht mithilfe des integrierten kirchlichen Immobilienmanagements (Integrated Ecclesiastic Real Estate Management – I-EREM).

Immobilienmanagement bedeutet dabei nicht nur das Verwalten und Vermarkten von Immobilien, sondern die Betrachtung der Immobilie über den gesamten Lebenszyklus. Dazu gehören das Analysieren des Nutzungsbedarfs oder der Kundenwünsche, umfassende Kenntnisse des Immobilienmarktes, die Kenntnisse der besonderen Verwaltungs- und Entscheidungsstrukturen in der Kirche, die Anpassung der Immobilien an die finanzielle Leistungsfähigkeit und die Fähigkeit, die vielfältigen Komponenten zu verstehen und konzeptionell zu vernetzen.[5]

1.2 Immobilienmanagement in Wirtschaft und öffentlichem Sektor

Nicht nur kirchliche Organisationseinheiten sind mit Immobilienmanagementfragen konfrontiert, sondern auch Unternehmen und die öffentliche Hand. In Unternehmen wurde lange Zeit verkannt, dass eine strategisch orientierte Auseinandersetzung mit dem Potenzialfaktor „Immobilie“ notwendig ist. Hier setzt das Corporate Real Estate Management an, das als eine Führungskonzeption für den Immobilienbereich in Industrie-, Dienstleistungs- und Handelsunternehmen verstanden wird.

Aufgrund der angespannten Finanzlage der öffentlichen Haushalte erlangen jetzt auch die wesentlichen Vermögens- und Kostenblöcke der öffentlichen Hand zunehmend Aufmerksamkeit. Die immobilienbezogenen Kosten gehören zu den größten Ausgabenblöcken des Verwaltungshaushaltes. Ein wirtschaftlicher Umgang mit den öffentlichen Immobilien ist daher von großer Bedeutung. Somit ist auch für den öffentlichen Sektor eine strategische Gesamtkonzeption notwendig (Public Real Estate Management), die den heterogenen Immobilienbestand auf Bundes-, Landes- und Kommunalebene im Hinblick auf die politischen Ziele optimieren soll.

Beide Managementlehren werden unter Teil 2 II und III vorgestellt, weil die Erkenntnisse aus beiden Bereichen auch für kirchliche Organisationseinheiten gewinnbringend sind, denn kirchliche Organisationen arbeiten auch wie Unternehmen (z.B. Alten- und Pflegeheim, Behindertenwerkstatt) und wie der öffentliche Sektor (z.B. Schule, Krankenhaus). Daher sind im kirchlichen Bereich alle drei Managementlehren anzuwenden, wobei die Beiträge zeigen, dass die methodische Vorgehensweise sich kaum unterscheidet.

2 Wesentliche Unterschiede von Kirche zu Wirtschaft und öffentlichem Sektor

Die größten Differenzen zwischen Unternehmen und öffentlicher Hand einerseits sowie der Kirche andererseits bestehen im Auftrag, in der (Verwaltungs-)Organisationsstruktur, der Eigentümerstruktur, dem Führungsverständnis und der starken Partizipation des Ehrenamtes.

2.1 Auftrag

Der Auftrag der verfassten Kirche wird in den jeweiligen Kirchenverfassungen der Landeskirchen, Kirchenkreise und Gemeinden formuliert. Auch wenn sich diese textlich unterscheiden, ist der Inhalt identisch, nämlich Sorge zu tragen für den Dienst am Evangelium von Jesus Christus in Wort und Sakrament, für die geschwisterliche Gemeinschaft im Gebet und in der Nachfolge Jesu Christi, für die Ausrichtung des Missionsauftrages, für das Zeugnis in der Öffentlichkeit, für den Dienst der helfenden Liebe und der christlichen Erziehung und Bildung[6] oder, wie es Bischof Axel Noack ausdrückte: „Die Aufgabe der Kirche: den Menschen zu helfen, christlich zu leben und getröstet zu sterben."[7] Aus diesem Auftrag entwickeln sich alle Aufgaben.

2.2 Kirchliche Organisations- und Eigentümerstruktur

Die Evangelische Kirche in Deutschland (EKD) ist der Zusammenschluss der lutherischen, reformierten und unierten Landeskirchen in der Bundesrepublik Deutschland. Die Gliedkirchen der EKD sind geprägt durch ihr Bekenntnis und die Begrenzung auf ein regionales Gebiet (ausgenommen die reformierte Kirche). Die geschichtliche Wurzel dieser Tatsache beruht auf der Neuordnung des kirchlichen Lebens durch die protestantischen Landesherren zur Zeit der Reformation, dem System des landesherrlichen Kirchenregiments. Obwohl das landesherrliche Kirchenregiment 1918 entfiel, blieb das landeskirchliche Prinzip weiterhin für den deutschen Protestantismus bestimmend.

Die Kirchengebiete decken sich auch heute noch weitgehend mit denen der deutschen Staaten in der Zeit von 1815 bis 1866. Größere Gebietsveränderungen erfolgten später lediglich durch Zusammenschlüsse. Die Grenzen der Bundesländer und die katholischen Bistumsgrenzen weichen zum Teil erheblich von denen der Landeskirchen ab.

Die Verwaltungsstrukturen der Landeskirchen und ihre Begrifflichkeiten sind unterschiedlich. Neben der zentralen Leitungsebene gibt es in der Regel eine mittlere Verwaltungsbehörde – Kirchenkreis, Kirchenbezirk, Dekanat oder Propstei genannt –, das kirchliche Leben spielt sich in den über 16 350 selbstständigen Kirchengemeinden ab.[8] Diese sind auch die Eigentümer des Großteils der kirchlichen Immobilien und damit Entscheidungsträger für Immobilien.

Landeskirchen, ihre mittleren Verwaltungsebenen und Kirchengemeinden sind Körperschaften des öffentlichen Rechts, mit eigener Rechtssetzungsbefugnis, die sich in den jeweiligen Kirchenverfassungen widerspiegelt. Abzugrenzen sind davon alle anderen kirchlichen selbstständigen Organisationen, wie z.B. diakonische Träger, die in der Regel als Vereine oder gemeinnützige Gesellschaften mit beschränkter Haftung organisiert sind. Beide Bereiche sind in der Praxis eng miteinander verbunden, unterscheiden sich aber in Aufbau und Organisation.

2.3 Kirchliches Führungsverständnis und Ehrenamt

„Die verschiedenen Ämter in der Kirche begründen keine Herrschaft der einen über die anderen, sondern die Ausübung des der ganzen Gemeinde anvertrauten und befohlenen Dienstes."[9] Die Folge dieser Führungsvorstellung ist eine enge Verzahnung der verschiedenen Handlungs- und Leitungsebenen. Landeskirche, mittlere Ebene und Kirchengemeinde werden durch gewählte Parlamente vertreten, Landessynode, Kirchenkreissynode und Kirchengemeinderäte, auch Kirchenvorstände genannt. Insgesamt sind etwa 123 000 Gemeindeglieder[10] ehrenamtlich in den kirchlichen Leitungsgremien tätig und damit auch entscheidungsverantwortlich für alle Fragen, die mit den Immobilien zusammenhängen.

Die hohe Partizipation des Ehrenamtes fordert eine ausgesprochen effiziente Verwaltung, ein hohes Maß an Transparenz sowohl von der höchsten Leitungsebene zur Kirchengemeinde als auch umgekehrt. Vielfach wird bisher versucht, durch Genehmigungsvorbehalte die Qualität der Entscheidungen zu steuern. Im kirchlichen Immobilienmanagement reicht dies aber nicht mehr aus. Vielmehr sind alle von den Immobilienfragen Betroffenen zu informierten und zu ausreichend sachkundigen Beteiligten zu machen, unabhängig davon, ob sie auf kirchengemeindlicher Ebene, in mittleren Verwaltungsorganisationen oder auf landeskirchlicher Ebene Verantwortung tragen.

3 Wirtschaftliche Rahmenbedingungen

Die Lebensverhältnisse der unterschiedlichen Regionen spiegeln sich auch in den Landeskirchen wieder. Von den rund 53 Millionen Christen in Deutschland sind knapp 25 Millionen (rd. 30 %) Angehörige der Gliedkirchen der EKD. Während in den alten Bundesländern 74 % der Bevölkerung Christen sind, gehören in den neuen Bundesländern nur 27 % der Bevölkerung einer christlichen Kirche an. Der Anteil der christlichen Bevölkerung wird sich mit der prognostizierten demografischen Entwicklung noch weiter reduzieren. Schon jetzt gibt es in Ostdeutschland Kirchengemeinden mit nur noch wenigen Gemeindegliedern, aber mit der Verantwortung für mehrere Kirchengebäude. In Großstädten gibt es Gemeinden mit Kirchen, die für mehrere Tausend Gemeindeglieder gebaut wurden. Heute gehören der Gemeinde aber nur noch knapp tausend Gemeindeglieder an. In der Evangelischen Kirche im Rheinland sind durchschnittlich 2.250 Gemeindeglieder für eine Immobilie verantwortlich, in der Evangelischen Kirche Berlin-Brandenburg-schlesische Oberlausitz 811 Gemeindeglieder. Die Konsequenzen für den Immobilienbereich sind regional daher auch sehr unterschiedlich.

4 Kommunikation und Information

Neben dem betriebswirtschaftlichen „Handwerkszeug" wird erfolgreiches Immobilienmanagement von zwei weiteren Faktoren beeinflusst. Dies ist einerseits die kommunikative Komponente und andererseits das Informationssystem, das die verschiedenen Anforderungen von Landeskirche bis Kirchengemeinde, vom ehrenamtlichen Kirchenvorsteher bis zum Verantwortlichen auf kirchenleitender Ebene befriedigt. Daher werden die Themen Kommunikation und Immobilieninformationssystem ausführlich unter Teil 2 Kapitel V. und VI. dargestellt.

5 Immobilienwirtschaftliche Fachbegriffe

Die Immobilienwirtschaftslehre hat sich in den letzten zwanzig Jahren grundlegend verändert und professionalisiert – mit der Folge, dass eine Reihe von Fachbegriffen aus dem englischen Sprachraum übernommen wurden. Diese sind nicht nur einfache Übersetzungen von deutschen Begriffen, sondern Konkretisierungen komplexer Sachverhalte. Dabei wird das operative Geschäft der Gebäudebewirtschaftung/Immobilienbewirtschaftung (neu: Immobilienmanagement oder Real Estate Management) – vereinfachend dargestellt – in die Bereiche der kaufmännischen Hausbewirtschaftung (Property Management) und technischen Bewirtschaftung (Facility Management) getrennt. Unter Portfolio-Management wird die Aufgabe des Eigentümers verstanden, seine Immobilien so auszurichten, dass sie der strategischen Zielvorstellung seiner Organisation, unabhängig davon, ob es sich um ein Unternehmen, um eine Landeskirche oder Kirchengemeinde handelt, dauerhaft entspricht. Die Verbindung der strategischen und operativen Dimension wird als Asset-Management bezeichnet.

Anmerkungen

1 Der Ratsvorsitzende der Evangelischen Kirche in Deutschland, Bischof Dr. Wolfgang Huber, anlässlich des Abschlussgottesdienstes des Neunten Landower Musiksommers am 17. August 2008 auf Rügen.

2 Rechenschaftsbericht des Landessynodalausschusses Herbstsynode in Amberg am 22. November 2004 der Evangelisch-Lutherischen Kirche in Bayern.

3 Hier wackelt der (operative) Schwanz mit dem (strategischen) Hund.

4 Bogenstätter, Ulrich / Reiß-Fechter, Dagmar / Zeilinger, Thomas: Ergebnisbericht Kirchliches Immobilienmanagement KIM, 2. Aufl. Nürnberg, 2007.

5 Studiengänge der Immobilienbetriebswirtschaft und der Ausbildungsberuf zum Immobilienkaufmann sowie eine Vielzahl berufsbegleitender Qualifikationsmöglichkeiten haben diese Anforderungen aufgenommen. Vgl. auch Bundesagentur für Arbeit; Berufenet: **http://berufenet.arbeitsagentur.de/berufe/simpleSearch.do**

6 Art. 1 Abs. 1 und Abs. 2 der Bayerischen Kirchenverfassung lauten z.B."Die Evangelisch-Lutherische Kirche in Bayern hat die Aufgabe, Sorge zu tragen für den Dienst am Evangelium von Jesus Christus in Wort und Sakrament, für die geschwisterliche Gemeinschaft im Gebet und in der Nachfolge Jesu Christi, für die Ausrichtung des Missionsauftrages, für das Zeugnis in der Öffentlichkeit, für den Dienst der helfenden Liebe und der christlichen Erziehung und Bildung. Alle Kirchenmitglieder und die kirchlichen Rechtsträger tragen die Verantwortung für die rechte Lehre und für die zeit- und sachgemäße Erfüllung des Auftrages der Kirche."

7 Evangelische Kirche in Deutschland, Zahlen und Fakten zum kirchlichen Leben, Herausgeber Kirchenamt der EKD, Hannover, 2004, Seite 11.

8 Ebd., Seite 6.

9 Barmer Theologische Erklärung von 1934.

10 Evangelische Kirche in Deutschland, Zahlen und Fakten zum kirchlichen Leben, Herausgeber Kirchenamt der EKD, Hannover, 2004, Seite 10.

2/II
Immobilienmanagement in der Wirtschaft (Corporate Real Estate Management/CREM)

Prof. Dr. Wolfgang Schäfers
und Asc. Prof. (FH) Dipl.-Kfm. Michael Trübestein

Auch für Unternehmen der freien Wirtschaft stellen Immobilien einen bedeutenden Wertfaktor dar, deren effektive Verwaltung sie vor hohe Anforderungen stellt. Für die Unternehmen, die hier keine Strategie entwickeln und verfolgen, können Immobilien schnell zur großen finanziellen Belastung werden. Das „Corporate Real Estate Management" (abgekürzt: „CREM") bietet eine zielorientierte Strategie für das Management.

1 Einführung

Die aktive und zielgerichtete Lenkung und Gestaltung der langfristigen Unternehmensentwicklung durch Aufbau und Erhaltung dauerhafter Wettbewerbsvorteile steht im Mittelpunkt der Führung von Industrie-, Dienstleistungs- und Handelsunternehmen, sog. Non-Property Companies. Eine nachhaltig positive Unternehmensentwicklung wird sowohl durch die Wettbewerbsfähigkeit der Unternehmensleistungen als auch durch die Wettbewerbsfähigkeit der Unternehmensressourcen erreicht, wobei eine Auseinandersetzung mit der Unternehmensressource „Grundstücke und Gebäude" lange Zeit vernachlässigt wurde bzw. wird. Diese Vernachlässigung spiegelt sich auch in den durch das Unternehmen gewählten Organisationsbezeichnungen wie beispielsweise „Liegenschaftsabteilung" oder „Liegenschaftsverwaltung" wider, d.h. eine strategisch orientierte Auseinandersetzung mit dem Potentialfaktor „Immobilie" wird trotz der fundamentalen Vermögens- und Kostenwirksamkeit der Immobilienbestände im Unternehmen weitgehend vernachlässigt.

Vor diesem Hintergrund stellt sich verstärkt die Herausforderung nach einer managementorientierten Gesamtkonzeption zur systematischen Planung, Steuerung und Kontrolle der unternehmerischen Aktivitäten im Immobilienbereich.

Hier setzt das Corporate Real Estate Management an, das als eine Führungskonzeption für den Immobilienbereich in Industrie-, Dienstleistungs- und Handelsunternehmen verstanden werden kann. Corporate Real Estate Management bezeichnet dabei das aktive, ergebnisorientierte, strategische wie operative Management betriebsnotwendiger und nicht betriebsnotwendiger Immobilien in Unternehmen, deren primäres Kerngeschäft nicht im Immobilienbereich liegt.

2 Notwendigkeit eines Corporate Real Estate Managements

Ein erster Grund für die fehlende konzeptionelle Auseinandersetzung mit Immobilien in den Unternehmen liegt darin, dass Immobilien scheinbar keinen oder kaum einen unmittelbaren Markt- oder Wettbewerbsbezug haben. Darüber hinaus erschweren die Besonderheiten des Immobilienmarkts im Allgemeinen – wie beispielsweise regionale und sektorale Teilmärkte oder Immobilienzyklen – und der Immobilie im Speziellen – zum Beispiel Heterogenität oder Spezifität – im Gegensatz zu „herkömmlichen" Produktionsfaktoren eine rein marktwirtschaftliche Betrachtungsweise.

Darüber hinaus ist der Informations- und Organisationsgrad im Immobilienbereich der Unternehmen oft gering, d.h. die Zuständigkeiten und Verantwortlichkeiten hinsichtlich der Immobiliendimension sind in den Unternehmen zersplittert und es bestehen informatorische Defizite hinsichtlich Verfügbarkeit, Aktualität und Zuverlässigkeit immobilienspezifischer Daten.

Schließlich wird der Immobilienbereich durch das Top-Management häufig nicht ausreichend gewürdigt; vielmehr wird dieser eher als ein reiner Genehmigungsapparat in immobilienbezogenen Entscheidungsprozessen angesehen. Basierend auf den beschriebenen Faktoren dominiert i.d.R. eine funktionserhaltende, technikorientierte Verwaltung von Immobilien das immobilienbezogene Denken und Handeln vieler Unternehmen. Reaktive, auf einzelne Transaktionen ausgerichtete Adhoc-Entscheidungen dominieren die immobilienbezogene Realität. Erst in unternehmerischen Krisenzeiten rückt das Immobilien-Portfolio in das Blickfeld der Unternehmensführung, um „zeitnah" Werte, d.h. versteckte Reserven, zu heben.

Die Vermögens- bzw. finanzwirtschaftliche Bedeutung von Unternehmensimmobilien spiegelt sich in den Jahresabschlüssen der Unternehmen wider. Es lassen sich Belege dafür finden, dass Immobilien i.d.R. einen Anteil von etwa 10–15 % am Gesamtvermögen der Unternehmen einnehmen – teilweise liegt dieser Anteil deutlich darüber. In diesem Zusammenhang ist hervorzuheben, dass in den Bilanzen der Unternehmen nach Handelsrecht – aufgrund der einschlägigen handelsrechtlichen Bilanzierungs- und Bewertungsvorschriften – die um planmäßige Abschreibungen verminderten historischen Anschaffungs- und Herstellungskosten des Immobilienvermögens ausgewiesen sind. Dabei bleibt unberücksichtigt, dass die Buchwerte im allgemeinen von den jeweiligen Verkehrswerten der Immobilien abweichen und mit einem niedrigeren Wert ausgewiesen werden. Dies entspricht nicht der Realität, da – im Gegensatz zu den meisten Betriebsmitteln, die in ihrer Lebensdauer an Wert einbüßen – Immobilien in aller Regel eine Wertsteigerung erfahren bzw. im Wert konstant bleiben. Die Differenz zwischen bilanziellen Buchwerten und auf dem Markt erzielbaren Verkehrswerten („stille Reserven") kann unternehmensindividuell beträchtliche Größenordnungen annehmen: im Durchschnitt – so schätzen Branchenexperten – sind die Verkehrswerte zwei- bis dreimal höher als die bilanziellen Buchwerte.

Neben der bereits erwähnten Vermögensdimension kommt der Kostendimension von Unternehmensimmobilien eine hohe Bedeutung zu. Studien konnten zeigen, dass Immobilienkosten („Occupancy

Costs") i.d.R. einen Anteil von 3–10 % an den Umsatzerlösen p.a. bzw. 5–15 % an den Gesamtkosten p.a. aufweisen. Im Falle eines Umsatzes von € 50 Mrd. wären – bei einem angenommen Kostenanteil i.H.v. 5 % – Immobilienkosten i.H.v. € 2,5 Mrd. p.a. einzuplanen. Weitere Studien und Erfahrungswerte aus der Praxis belegen, dass durch einen effektiven Umgang mit Grundstücken und Gebäuden Unternehmen bis zu 10 %, unter Umständen sogar bis zu 30 % der immobilienbezogenen Kosten einsparen können, was signifikante Auswirkungen auf den Unternehmensgewinn hätte. Gleichwohl mangelt es den Unternehmen – wie bereits angedeutet – an einem ausreichenden Bewusstsein für die Dimension der Kosten von Unternehmensimmobilien. Trotz vorliegender Normen werden die Immobilienkosten in den Unternehmen nicht einheitlich erhoben und zugeordnet, was im Grundsatz darauf zurückzuführen ist, dass diese Schnittmengen mit den traditionellen primären Kostenarten bilden. In vielen Unternehmen ist die Existenz und Bedeutung dieser Kosten (vgl. Abbildung 1) weitgehend unbekannt (Laisser-faire-Haltung). Traditionelle Kostenerfassungs- und -verrechnungssysteme verhindern eine wirksame Kostenverantwortung bzw. eine verursachungsgerechte Zuteilung beim Immobilien-Nutzer sowie eine Kostenkontrolle durch das verantwortliche Immobilienmanagement.

3 Begriff und Konzeption eines Corporate Real Estate Managements

Basierend auf der angloamerikanischen Literatur werden Konzepte einer konzeptionellen, strategisch orientierten Auseinandersetzung mit der Immobiliendimension in den Unternehmen i.d.R. als „Corporate

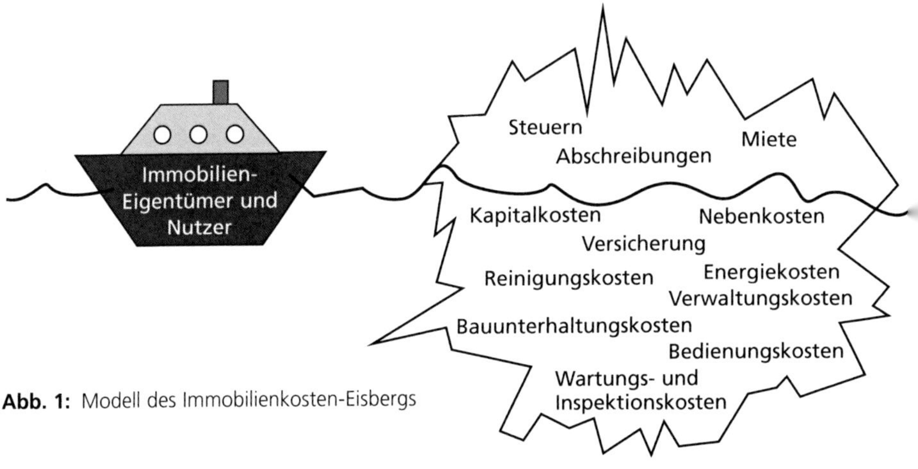

Abb. 1: Modell des Immobilienkosten-Eisbergs

Kriterien	Traditionelle Liegenschaftsverwaltung	Corporate Real Estate Management
Managementphilosophie	Technikorientierte Betrachtungsweise	Managementorientierte Betrachtungsweise
Fristigkeit	Kurz- bis mittelfristiger Entscheidungshorizont	Langfristiger Entscheidungshorizont
Ausrichtung des Denkens	Denken in Technik- und Objektkategorien	Denken in Eigentümer- und Portfoliokategorien
Verhaltensausrichtung	Reaktiv	Proaktiv
Selbstverständnis der Immobilien-Manager	Techniker Verwalter	Problemlöser Stratege
Informations- und Organisationsgrad	Gering	Hoch
Erfolgsorientierung	Implizite Erfolgskriterien	Explizite Erfolgskriterien
Markt- und Wettbewerbsbezogenheit	Fehlender Wettbewerbs- und Marktdruck	Orientierung an Markt- und Wettbewerbsanforderungen
Grundhaltung des Top-Managements	Immobilien als „notwendiges Übel"	Immobilien als „strategische Ressource"

Abb. 2: Paradigmen im Immobilienmanagement

Real Estate Management" bezeichnet. Damit unterscheidet sich dieses Verständnis in wesentlichen Punkten von einer eher passiven, traditionellen Liegenschaftsverwaltung (vgl. Abbildung 2).

Während im Rahmen der traditionellen Liegenschaftsverwaltung der Immobilienbestand eher als „notwendiges Übel" bezeichnet wird und eine technikorientierte Betrachtungsweise vorherrscht mit einem kurz- bis mittelfristigen Entscheidungshorizont, fokussiert sich der Corporate Real Estate Manager auf die Immobilie als „strategische Ressource", bei der eine managementorientierte Betrachtungsweise mit einem langfristigen, strategischen Entscheidungshorizont vorherrscht. Der Immobilien-Manager ist nicht Techniker oder Verwalter, sondern Problemlöser und Stratege.

Die Entwicklung hin zu einem strategischen Immobilienmanagement lässt sich nach der Systematik einer Forschergruppe des Massachusetts Institute of Technology (MIT) in fünf Stufen beschreiben, die aufeinander aufbauen und sich ergänzen (vgl. Abbildung 3).

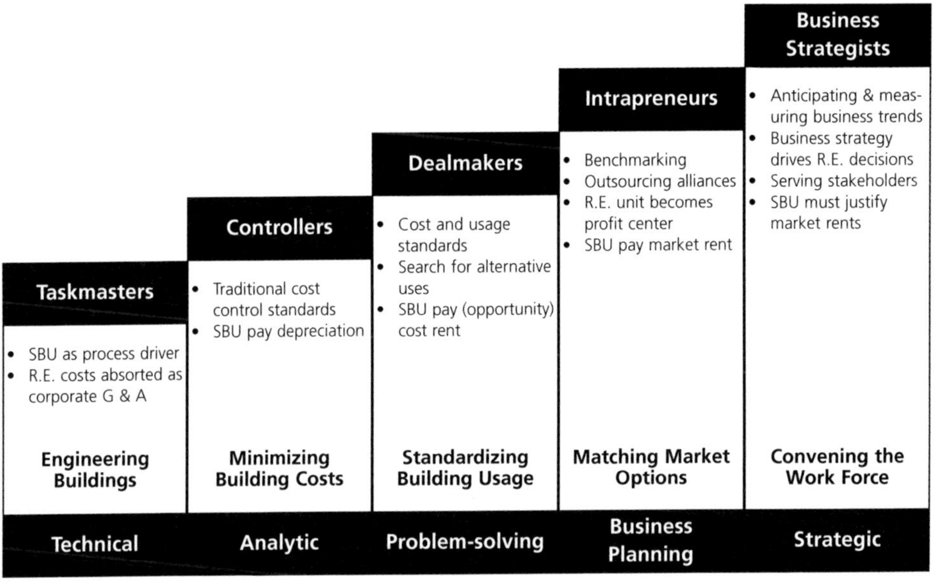

Abb. 3: Entwicklungsstufen im Immobilienmanagement (Quelle in Anlehnung an Joroff et al. (1993))

Demnach kann in Abhängigkeit von verschiedenen Professionalisierungsgraden das Rollenverständnis eines

- Taskmasters
- Controllers
- Dealmakers
- Intrapreneurs und
- Business Strategists

unterschieden werden. Das beschriebene Modell enthält wichtige Merkmale eines strategisch verfassten Immobilienmanagements, die mittels geeigneter Bausteine, Methoden und Instrumente weiter inhaltlich ausgestaltet werden müssen.

4 Bausteine eines Corporate Real Estate Managements

4.1 Gestaltung einer informatorischen Grundlage

Den Ausgangspunkt eines konzeptionellen Ansatzes im Immobilienmanagement der Unternehmen bildet die Beschaffung und Verarbeitung geeigneter Informationen. Die Gestaltung einer effizienten Informationsgrundlage ist mit Schwierigkeiten bei der Informationsbeschaffung und -verwertung verbunden. Im Rahmen des Informationsbedarfes im Immobilienmanagement werden dabei interne und externe Informationsquellen ausgewertet.

Im Rahmen der Analyse unternehmensinterner Quellen werden Daten bspw. bezüglich der gegenwärtigen und zukünftigen Flächeninanspruchnahme und -freisetzungen, der nötigen Grundstücks- und Gebäudegröße, die wichtigsten Standortvoraussetzungen, des Gebäudelayouts oder des Investitionsbedarfs gesammelt und ausgewertet. Informationen hierfür können aus Umsatz-, Personal-, Maschinen-, Anlagen-, Fertigungsfluss- bzw. bei Bürobetrieben aus Betriebsplanungen der Unternehmen sowie aus Informationen aus dem betrieblichen Rechnungswesen abgeleitet werden.

Im Rahmen der Analyse externer Informationsquellen werden Veröffentlichungen der statistischen Ämter, der Stadtplanungsämter, der Gutachterausschüsse, ferner Marktberichte von Immobilienberatern und -maklern oder Untersuchungen von Marktforschungsinstituten benötigt.

Die gesammelten Informationen werden im Rahmen von differenzierten Analysen ausgewertet wie bspw. im Rahmen des/der

- Immobilien-Benchmarking
- Methoden der Immobilien-Bewertung
- Methoden der Immobilien-Investitionsrechnung
- Methoden der Markt- und Standortanalyse für Immobilien
- bzw. im Rahmen von Immobilien-Portfolio-Matrizen.

4.2 Entwicklung eines strategischen Immobilien-Zielsystems

Die Integration von immobilienorientierten Zielen in das unternehmerische Zielsystem stellt eine notwendige Voraussetzung dafür dar, die Aktivitäten im Immobilienbereich der Unternehmen aus einer konzeptionellen Gesamtsicht heraus den veränderten Rahmenbedingungen anzupassen. Im Rahmen der Operationalisierung der strategischen Ziele im Immobilienmanagement ist eine Spezifizierung der Zielinhalte erforderlich. Vor diesem Hintergrund verdeutlicht Abbildung 4 (s. S. 61) den Kontext, innerhalb dessen sich der Prozess der Zielbildung und -operationalisierung im Immobilienmanagement vollzieht. Wie verdeutlicht, stehen Unternehmensober- und Immobilienziele in einer hierarchischen Beziehung zueinander. Die auf Gesamtunternehmensebene getroffenen Entscheidungen über generelle Unternehmensziele und Stoßrichtungen bilden den Ausgangspunkt für die Festlegung der Immobilienstrategie und damit der Ziele des Immobilienmanagements.

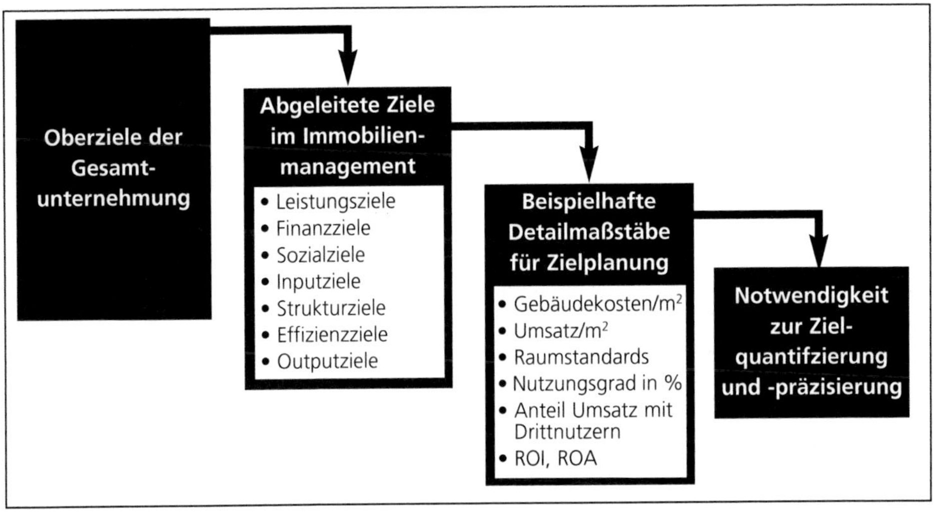

Abb. 4: Prozess der Zielbildung und -operationalisierung im Immobilienmanagement

4.3 Formulierung von zielführenden Immobilienstrategien

4.3.1 Vorbemerkung

Entscheidungen über die Immobilienstrategie gehören – aufgrund zukünftiger Belastungen – zu den strategisch(st)en Entscheidungen in Unternehmen. Die Auswirkungen der Entscheidung binden insbesondere finanzielle und personelle Ressourcen in erheblichen Umfang, besitzen meist eine hohe Bedeutung für die Vermögens-, Ertrags- und Finanzlage, haben langfristige Auswirkungen und sind aufgrund der besonderen Charakteristika von Immobilien mit hohen Risiken behaftet. Daher sind Immobilienstrategien nicht – wie im Rahmen der traditionellen Liegenschaftsverwaltung – als isolierte, unabhängige Einzelentscheidungen, sondern vielmehr im Kontext der Unternehmens- bzw. Wettbewerbsstrategien zu betrachten.

Im Rahmen der Immobilienstrategie ist zu berücksichtigen, dass diese auf der einen Seite die generelle Unternehmens- bzw. Geschäftsfeldstrategie unterstützt, zum anderen Immobilien an sich aber auch ein Erfolgs- bzw. Chancenpotential darstellen, welches es zu nutzen gilt. Dies bedeutet, dass im Rahmen des Immobilienmanagements die Immobilie nicht mehr als reiner „Kostenfaktor" oder „Investitionsobjekt ohne Rendite" anzusehen ist, sondern vielmehr sind marktbezo-

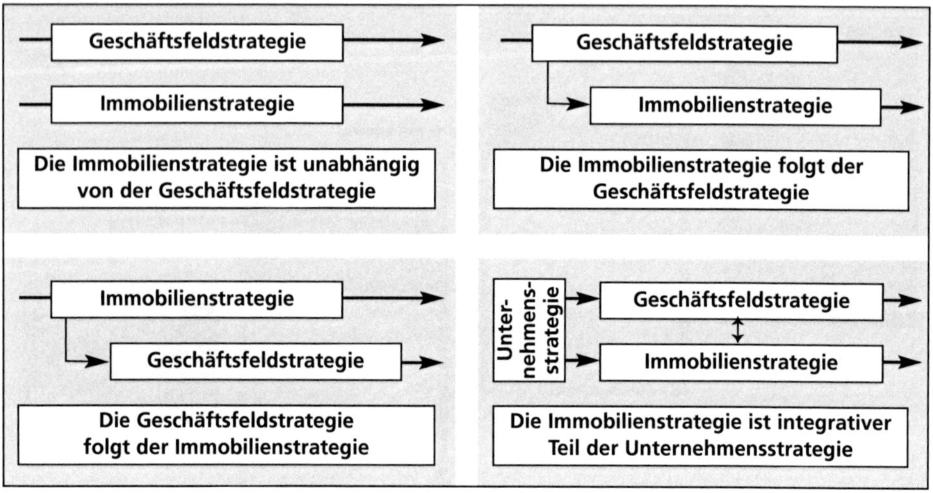

Abb. 5: Stellung der Immobilienstrategie im Spektrum der Unternehmensstrategien

genen Erfolgspotenziale im Immobilien-Portfolio konsequent wahrzunehmen und zu nutzen.

Zusammenfassend kann subsumiert werden, dass Immobilienstrategien und Unternehmens- bzw. Geschäftsfeldstrategien in einem Wechselverhältnis zueinander stehen, d.h. Immobilienstrategien sind ein integratives Element der strategischen Ausrichtung der Unternehmen (vgl. Abbildung 5) und beeinflussen die Geschäftsfeldstrategie(n), die wiederum die Immobilienstrategie(n) beeinflusst.

Im Rahmen der Strukturierung und damit besseren Erfassbarkeit von immobilienorientierten Unternehmensstrategien ist eine Unterteilung dieses strategischen Entscheidungsbedarfes in einzelne abgrenzbare Bereiche anzustreben, die sich mit gleichen inhaltlichen Entscheidungsschwerpunkten befassen. Als Grundlage einer Unterteilung kann die lebenszyklusorientierte Betrachtung von Unternehmensimmobilien herangezogen werden, d.h. die Einteilung der Bereiche in die Entscheidungsfelder

- Immobilien-Bereitstellung,
- Immobilien-Bewirtschaftung und
- Immobilien-Verwertung.

Im Rahmen dieser Einteilung gilt es, einzelne phasenspezifische Strategien bzw. Strategiealternativen auszuformen, die in ihrer Gesamtheit die Basisstrategien im Immobilienmanagement darstellen.

4.3.2 Strategien der Immobilien-Bereitstellung

Im Rahmen der Bereitstellung von Immobilienressourcen lassen sich mehrere unterschiedliche Möglichkeiten für Unternehmen identifizieren wie bspw. Projektentwicklungen, Kauf, Leasing oder Miete. Die unterschiedlichen Möglichkeiten der Immobilien-Bereitstellung sind mit unternehmensindividuellen Vor- und Nachteilen verbunden, die im Folgenden kurz dargestellt werden.

❑ *Projektentwicklung*
Im Rahmen der Immobilien-Bereitstellung kommt dem Unternehmen die Rolle des „developer-user" bzw. „developer-occupier" zu, der unter Einsatz eigener finanzieller Mittel sowie materieller und personeller Ressourcen die benötigten Bauprojekte entwickelt, die langfristig im Eigentum des Unternehmens zur Eigennutzung verbleiben. Projektentwicklungen sind dabei als eine komplexe, dynamische und multidisziplinäre unternehmerische Aufgabe zu interpretieren, in deren Rahmen Entscheidungen über die Auswahl der zu realisierenden Projektkonzeptionen, die Beschaffung bzw. Sicherung des Entwicklungsgrundstücks, die Personal-, Finanz- und Ressourcenausstattung des Projektes, die Auswahl der an der Entwicklung beteiligten Bau-Leistungsträger und die Einrichtung eines funktionstüchtigen Projekt-Controlling durch die Unternehmung als Bauherr zu treffen sind. Vorteilhaft bei eigener Projektentwicklung ist die Möglichkeit zur konkreten Ausrichtung des Projektvorhabens auf die spezifischen Unternehmens- bzw. Geschäftsfeldbedürfnisse und -anforderungen. Nachteilig wirken sich der Aufbau eigener Personalkapazitäten zur Projektentwicklung aus sowie die mit dem Bau verbundenen Risiken.

❑ *Kauf*
Durch den Kauf erwirbt die Unternehmung das wirtschaftliche und rechtliche Eigentum und damit das alleinige Nutzungsrecht an der ihr übertragenen Immobilie. Dabei ist der Kauf im vorliegenden Zusammenhang lediglich auf die Übereignung eines fertigen Kaufobjektes gerichtet. Vorteilhaft beim Kauf einer Immobilie ist die rasche Verfügbarkeit des Objektes. Nachteilig ist der i.d.R. fehlende Einfluss bei der Gebäudegestaltung zu werten sowie der hohe Kapitalbedarf bzw. die Kapitalbindung.

❑ *Leasing*
Immobilienleasing ist eine Form der mittel- bis langfristigen Anmietung von Grundstücken, Gebäuden und sonstigen Betriebsanlagen mit einer

Kaufoption am Ende der Mietlaufzeit. Positiv wirkt sich die Möglichkeit aus, das Objekt entsprechend den unternehmens- bzw. geschäftsfeldspezifischen Anforderungen bereitzustellen. Als nachteilig ist die unkündbare Grundmietzeit bei sich verändernden Unternehmensstrategien/Immobilienstrategien zu werten.

❑ *Anmietung*
Vergleichbar zum Immobilien-Leasing erfolgt mit der Anmietung keine eigentumsrechtliche Abtretung, sondern es wird lediglich ein zeitlich begrenztes Nutzungsrecht gegen Zahlung einer monetären Gegenleistung vollzogen. Vorteilhaft ist, dass die Raumkapazität relativ kurzfristig aufgebaut werden kann und die Kapitalbindung gering ist. Nachteilig ist der mangelnde Einfluss auf die Gestaltung des Gebäudes sowie evtl. Konflikte mit dem Vermieter.

Die lediglich kurz dargelegten strategischen Optionen zeigen generelle Vorgehensweisen auf, die im konkreten Einzelfall weiter detailliert bewertet und ausgewählt werden müssen. Die strategische Entscheidungsfindung basiert im Regelfall auf der Wahl zwischen „lease-or-own" oder „buy-or-build". Voraussetzung für die Bewertung und Auswahl ist die Analyse der prognostizierten Wirkungen der verschiedenen Alternativen sowie die Bestimmung von Beurteilungskriterien. Dabei müssen sowohl quantitative als auch qualitative Kriterien berücksichtigt werden bzw. die unternehmensspezifischen Kriterien und Anforderungen an die bereitzustellenden Immobilien.

4.3.3 Strategien der Immobilien-Bewirtschaftung

Neben der Bereitstellung der Immobilien ist die Bewirtschaftung der im Einsatz befindlichen Immobilienressourcen („Facility Management") ein zweiter zentraler Bereich. Im Rahmen dieser Entscheidung stellt sich die Frage nach der optimalen Leistungstiefe, d.h. es wird für den Aufgabenbereich der Immobilien-Bewirtschaftung das bestmögliche Verhältnis zwischen den intern zu beherrschenden und zu verantwortenden Eigenaktivitäten einerseits und den von externen Dienstleistern zu erfüllenden Teilaufgaben andererseits gesucht. Die Unternehmen können hierbei zwischen den beiden Extrema Eigenerstellung („Make") bzw. Fremdbezug („Buy") verschiedene strategische Optionen wählen, die vereinfacht zu den grundlegenden Alternativen Autonomie-, Kooperations- und Beauftragungsstrategie zusammengefasst werden.

❑ *Autonomiestrategie*

Im Rahmen der Autonomiestrategie tritt das Unternehmen als alleiniger Träger der Immobilien-Bewirtschaftung auf. Die vom Unternehmen formulierte Politik zur Gebäudebewirtschaftung wird selbstständig und eigenverantwortlich verwirklicht, indem die hierfür notwendigen Aktivitäten mit eigenen finanziellen, personellen und materiellen Ressourcen durchgeführt werden. Voraussetzung hierfür ist, dass die (personellen) Ressourcen im eigenen Haus in dafür ausreichendem Maße zur Verfügung stehen.

❑ *Beauftragungs- und Kooperationsstrategie*

Im Rahmen eines Fremdbezugs von Dienstleistungen des Facility Managements bestehen strategische Wahlmöglichkeiten, die durch die Intensität der eingegangenen Bindungen und ihre Dauer charakterisiert werden. Generell kann zwischen der Beauftragungs- und der Kooperationsstrategie unterschieden werden.

Unter der Beauftragungsstrategie wird die fallweise, objektbezogene Fremdvergabe einzelner Leistungen im Rahmen der Immobilien-Bewirtschaftung an externe Dienstleister auf der Basis kurzfristiger Verträge oder spontaner Einkäufe am Markt verstanden. Diese, eher als traditionell zu kennzeichnende Strategiealternative wird in der angloamerikanischen Literatur auch als „Outtasking" bezeichnet.

Die Kooperationsstrategie kennzeichnet eine stärker strategisch motivierte, kontinuierliche Fremdvergabe von Leistungen im Facility Management an externe Marktteilnehmer, die vielfach im Zusammenhang mit betrieblichen Sekundärleistungen auch als „Outsourcing" umschrieben wird. Die Externalisierung kann sich dabei auf Einzelleistungen, auf Leistungsbündel oder auf nahezu alle Aufgaben der Gebäudebewirtschaftung beziehen. Die Zusammenarbeit ist Ausdruck eines bewussten langfristigen und zielgerichteten gemeinsamen Handelns, das auf der Grundlage langfristiger Verträge bis hin zu Gemeinschaftsunternehmen bzw. strategischen Allianzen begründet wird.

4.3.4 Strategien der Immobilien-Verwertung

Abschließend sei auf die Verwertung oder auch „Monetarisierung" von Unternehmensimmobilien eingegangen. Der Begriff der Monetarisierung beschreibt einen Prozess, bei dem illiquide Vermögensgegenstände in Geld bzw. Kaufkraft umgewandelt werden. Sie gewinnt mit steigendem Wettbewerbsdruck auf Produkt- und Kapitalmärkten zunehmend an Relevanz und ist demzufolge ein wesentliches Entscheidungsfeld im Corporate Real Estate Management. Verwertungsüberlegungen beziehen sich sowohl auf die Verwertung nicht betriebsnotwendiger Immobilien als auch auf die Verwertung betriebsnotwendiger Immobilien. Überlegungen zur Monetarisierung des Immobilienbestandes sind insbesondere dann zu diskutieren, wenn die Betriebsnotwendigkeit der Immobilien nicht mit der Notwendigkeit des Eigentums einhergeht und die hohe Kapitalbindung in Immobilien den Wert des betreffenden Unternehmens mindert sowie das in Immobilien gebundene Kapital wertsteigernd im Kerngeschäft eingesetzt werden könnte, einhergehend mit einer Eliminierung von Fixkosten.

Im Rahmen der Verwertung bzw. Monetarisierung betriebsnotwendiger Immobilien wird eine simultane Entscheidung über die Veräußerung der betrieblichen Immobilien im Regelfall von einer gleichzeitigen Rückmietung begleitet, was in der angloamerikanischen Literatur auch als „Property Outsourcing" oder „Corporate Real Estate Outsourcing" bezeichnet wird. Das „Property Outsourcing" beinhaltet ein über die reine Veräußerung hinausgehendes Outsourcing sämtlicher immobilienbezogener Flächen- und Serviceleistungen.

Die Monetarisierung im Rahmen eines Verkaufes großer betriebsnotwendiger Immobilienbestände durch Unternehmen hat in den letzten Jahren zunehmend – national wie international – an Zuspruch gewonnen, wie zahlreiche Beispiele aus Reihen großer deutscher und internationaler Konzerne zeigen, die insbesondere in den Jahren 2005 bis 2008 zahlreiche Immobilien-Portfolien an internationale Investoren veräußerten. Stellvertretend sind hier Daimler, die Deutsche Bank oder Arcandor zu nennen, die zahlreiche Büro- und Handelsimmobilien im Rahmen der Monetarisierung mit gleichzeitiger Rückmietung veräußert haben.

Im Rahmen der Verwertung bzw. Monetarisierung nicht betriebsnotwendiger Immobilien kann je nach Intensität der Aufbereitung der Immobilien und den damit verbundenen Konsequenzen zwischen aktiven und passiven Verwertungsstrategien unterschieden werden. Passive Verwertungsstrategien zielen auf eine unmittelbare Verwertung einzelner nicht betriebsnotwendiger Immobilien ohne Inhalts- und Strukturveränderungen ab. Aktive Verwertungsstrategien haben eine Verwertung nicht betriebsnotwendiger Immobilien nach Inhalts- und Strukturveränderungen zum Ziel. Entsprechen die im Rahmen der Verwertung dem Markt angebotenen Objekte bspw. in Bezug auf Standort, Gebäude- und Flächenstruktur, Bausubstanz, Architektur oder Wirtschaftlichkeit nicht den geforderten marktlichen Anforderungen,

Phasenschema zur organisatorischen Gestaltung	Erforderliche Aktivitäten
Identifizierung immobilienbezogener Aufgaben und Prozesse	▪ z.B. Liegenschaftsverwaltung, An- und Verkauf ▪ Planen und Bauen (Architektur, Planung, Baurealisierung) ▪ Instandhaltung/Wartung
Verlagerung der Aufgaben und zugehörigen Tätigkeiten bzw. Mitarbeiter in eine zu gründende CRE-Einheit	▪ Einrichtung einer zentralen CRE-Einheit zur Wahrnehmung immobilienbezogener Kernaufgaben als selbständige Tochterunternehmung oder Einheit mit Holdingfunktion
Verlagerung der Verantwortlichkeit für Immobilien in CRE-Einheit	▪ Wahrnehmung der Eigentümerfunktion durch CRE-Einheit ▪ Aufbau eines internen Verrechnungssystems, d.h. andere Geschäftsbereiche haben nur noch Nutzungsrechte
Schaffung einer Profit-Center-Struktur mit Ergebnisverantwortung	▪ Einrichtung als Organisationseinheiten mit separater Erfolgsrechnung ▪ Bewertung der Leistungen durch Verrechnungspreise (inkl. interne Mietverrechnung)

Abb. 6: Phasenschema zur Gestaltung einer effizienten Immobilienorganisation

besteht mit dem Re-Development vorhandener Bestandsimmobilien eine alternative strategische Option.

Die Ermittlung optimaler Verwertungsstrategien basiert auf einer klaren Strukturierung des zugrunde liegenden Immobilien-Portfolios. Eine Strukturierung nach Betriebsnotwendigkeit und Marktfähigkeit ist dafür von entscheidender Bedeutung.

4.4 Schaffung einer effizienten Immobilienorganisation

Eine systematische, konzeptionell verfasste Ausrichtung des Managements von Unternehmensimmobilien verlangt in aller Regel die Schaffung geeigneter organisatorischer Voraussetzungen. Mithin stellt sich die Frage nach der organisatorischen Verankerung des Immobilienmanagements als vorwiegend sekundäre Unternehmensfunktion. Die Organisationsgestaltung im Corporate Real Estate Management fußt grundsätzlich auf Entscheidungen bezüglich der formalen Organisation und der Erfolgsverantwortung im Immobilienmanagement. In Abbildung 6 wird exemplarisch eine mögliche Organisationsentwicklung für das betriebliche Immobilienmanagement sowie die hierfür erforderlichen Aktivitäten dargestellt von der Identifizierung immobilienbezogener Aufgaben und Prozesse über die Verlagerung der Aufgaben und zugehörigen Tätigkeiten bzw. Mitarbeiter in eine zu gründende Corporate Real Estate-Einheit zu der Verlagerung der Verantwortlichkeit für Immobilien in der Corporate Real Estate-Einheit sowie abschließend zur Schaffung einer Profitcenter-Struktur mit Ergebnisverantwortung.

4.5 Einführung eines internen Immobilien-Verrechnungspreissystems

Verrechnungspreise finden Anwendung bei der internen Nutzung und Überlassung von Kapital, (Vor-)Produktlieferungen oder Dienstleistungen sowie Gegenständen des Anlagevermögens, die als Objekte der Bepreisung gelten. Dabei erfüllen Verrechnungspreise durch die Zuweisung eines monetären Betrages die Grundfunktionen der Planungs- und Abrechnungsfunktion, der Lenkungsfunktion und der Erfolgsermittlungsfunktion.

Überträgt man diese Grundgedanken der Verrechnungspreise „herkömmlicher" Produktionsfaktoren auf die Anwendung im Immobilienmanagement, so dienen immobilienspezifische Verrechnungspreise dem Zweck, die Überlassung bzw. Nutzung (der im Unternehmenseigentum befindlichen) Immobilien zwischen der Immobilieneinheit und den operativen Geschäftseinheiten im Sinne eines Eigentümer-Mieter-Verhältnisses marktnah, d.h. mit am freien Markt erzielbaren Preisen (Mieten), abzubilden. Basis des Immobilien-Verrechnungspreissystems ist somit die Übertragung des marktlichen Preismechanismus auf die Unternehmung, um eine optimale Allokation und Nutzung der Immobilienressourcen zu erzielen (vgl. Abbildung 7). Dies impliziert den Aufbau einer Marktfiktion im Unternehmen.

5 Schlussbetrachtung

Immobilien stellen einen bedeutenden, aber von den Industrie-, Dienstleistungs- und Handelsunternehmen lange vernachlässigten Produktionsfaktor dar. Dabei sind vielen Unternehmen die Vermögens- und Kostendimension ihres Immobilienbestandes und die daraus resultierenden Möglichkeiten nicht bewusst bzw. wurden lange Zeit ignoriert.

Corporate Real Estate Management ist eine Managementkonzeption zum aktiven, ergebnisorientierten, strategischen und operativen Management von Unternehmensimmobilien, um den aufgezeigten Missständen zu begegnen.

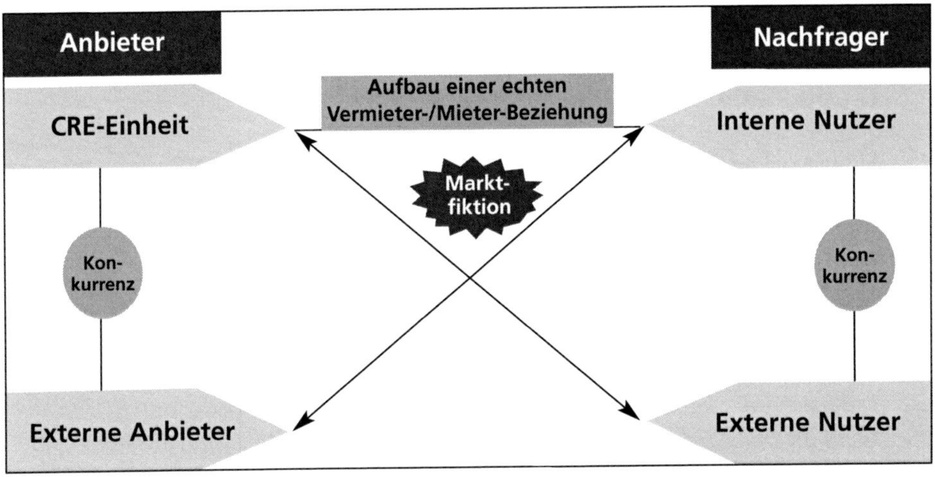

Abb. 7: Funktionsweise eines Immobilien-Verrechnungspreissystems

Dabei kann das Corporate Real Estate Management wertvolle Hinweise für ein kirchliches Immobilienmanagement liefern. Eine uneingeschränkte Übertragung des Managementwissens für Unternehmensimmobilien ist jedoch aufgrund der unterschiedlichen Rahmenbedingungen nicht möglich und erfordert daher eine weitergehende differenzierte und wissenschaftliche Betrachtung.

Literaturverzeichnis

Brown, R K, et al (1993): Managing Corporate Real Estate, New York u.a., 1993

Joroff, M. et al. (1993): Strategic Management of The Fifth Resource: Corporate Real Estate, o.O. 1993

Nourse, H.O. (1989): Corporate Real Estate, in: Seldin, M. / Boykin, J.H. (Hrsg.): The Real Estate Handbook, 2. Aufl., Homewood/Illinois, 1989, S. 1014–1030

Nourse, H.O. / Roulac, S.E. (1993): Linking Real Estate Decisions to Corporate Strategy, in: The Journal of Real Estate Research, 1993, Nr. 4, S. 475–494

Schäfers, W. (1999): Strategisches Management von Unternehmensimmobilien: Bausteine einer theoretischen Konzeption und Ergebnisse einer empirischen Untersuchung, Köln, 1999, zugleich Diss. Oestrich-Winkel, 1996 (!)

Schäfers, W. / Schulte, K.-W. et al. (Hrsg.) (2004): Handbuch Corporate Real Estate Management, 2. Aufl., Köln, 2004

Schäfers, W. / Gier S. (2005): Corporate Real Estate Management in: Schulte et al. (Hrsg.): Immobilienökonomie: Betriebswirtschaftliche Grundlagen: Band 1, 3. vollst. überarb. und erw. Aufl., München 2005, S. 841–894

2/III
Immobilienmanagement der öffentlichen Hand (Public Real Estate Management/PREM)

Prof. Dr. Petra Brockhoff

Welche Auswirkungen hat es, wenn Immobilien ohne Gewinnabsichten des Eigentümers verwaltet werden? Öffentliche Immobilienverwaltungen arbeiten größtenteils unter ganz anderen Rahmenbedingungen als freie Wirtschaftsunternehmen. Was nicht bedeutet, dass sie sich nicht professionalisieren müssten. Immer mehr setzt sich die Erkenntnis durch: Aus ehemals bürokratischen Verwaltungen werden innovative Dienstleister.

1 Grundlagen des Public Real Estate Management

Die öffentliche Hand reagiert seit vielen Jahren auf Haushaltsdefizite mit Steuererhöhungen und Leistungskürzungen. Obwohl sie der größte Immobilieneigentümer der Bundesrepublik Deutschland ist, wird den Milliardenwerten, die in öffentlichen Immobilien schlummern, sowie den daraus induzierten Kosten kaum Beachtung geschenkt. Aufgrund der angespannten Finanzlage der öffentlichen Haushalte erlangen nun die wesentlichen Vermögens- und Kostenblöcke der öffentlichen Hand zunehmend Aufmerksamkeit. Da gerade die immobilienbezogenen Kosten zu den größten Ausgabenblöcken des Verwaltungshaushaltes zählen, ist ein wirtschaftlicher Umgang mit den öffentlichen Immobilien von großer Bedeutung.

Die zur Leistungserstellung notwendigen Immobilienbestände stellen eine der strategischen Ressourcen aller Arten von Organisationen – zu denen auch die öffentliche Hand zählt – dar. Ebenso wie die anderen Ressourcen Personal, Kapital, Technologie und Information haben Immobilien einen maßgeblichen Einfluss auf den Erfolg von Organisationen.

In diesem Zusammenhang gerät die öffentliche Verwaltung zunehmend in Kritik. Nicht immer scheint sie in der Lage zu sein, die ihr übertragenen Aufgaben, zeit-, sach- und kostenadäquat zu bearbeiten. Ohne die Nutzung von Grundstücken und Gebäuden ist eine Bereitstellung des öffentlichen Leistungsangebotes nicht möglich. Dennoch können gerade im Bereich der öffentlichen Immobilienbereitstellung und -nutzung ungeahnte Optimierungs- und Rationalisierungspotenziale genutzt werden, die positiven Einfluss auf die Kostensituation des Verwaltungshaushaltes haben.

Der föderale Aufbau der Bundesrepublik Deutschland mit seiner Dreiteilung ist charakteristisch für die Tätigkeit der öffentliche Hand und trägt zur Komplizierung des Immobilienmanagement im öffentlichen Sektor bei. Der Begriff der öffentlichen Verwaltung (Exekutive) wird in der Regel negativ definiert, als Aufgaben des Staates oder eines Trägers öffentlicher Gewalt, die weder der Rechtsetzung (Legislative) noch der Rechtsprechung (Judikative) zuzuordnen sind. Der Träger der Verwaltung kann hierbei der Bund (Bundesverwaltung), das Bundesland (Landesverwaltung) oder die Gemeinde (Gemeindeverwaltung) sein.

Eine Lösung für die neuen Herausforderungen der öffentlichen Hand auf immobilienwirtschaftlicher Ebene stellt ein nutzerorientiertes Immobilienmanagement dar, das die langfristigen Anforderungen der Verwaltung an die Immobilienbereitstellung, -bewirtschaftung und -verwertung antizipiert.

Im privaten Sektor wurde das Konzept des Corporate Real Estate Management als Führungskonzeption für die Optimierung des Immobilienbestandes von Non-Property-Companies entwickelt. Ausgehend von der strategischen Zielsetzung des privaten Unternehmens soll über die Identifikation und Realisation von Erfolgssteigerungspotenzialen ein Beitrag zur nachhaltigen Wettbewerbsfähigkeit der Non-Property-Company geleistet werden. Eine ähnliche Problemstellung wie im privaten Sektor wird in jüngster Zeit bei der öffentlichen Hand deutlich. Auf Bundes-, Landes- und Kommunalebene werden nun die Potenziale des Immobilienbestandes erkannt, ohne jedoch eine Konzeption zur Ausnutzung der Optimierungsmöglichkeiten vorweisen zu können. Eine den ganzen Lebenszyklus der öffentlichen Immobilien umfassende Sichtweise ist gefordert, welche die Immobilienressourcen als strategische Erfolgsfaktoren erkennt, die einen positiven Beitrag zur Erfüllung der politischen Zielsetzung leisten können. Die reine Verwaltung der Liegenschaften wird durch ein aktives Immobilienmanagement abgelöst, das auf den gegenwärtigen und zukünftigen Flächenbedarf ausgerichtet ist. Dies kann durch die Konzeption des Public Real Estate Management erreicht werden.

Im Folgenden soll unter „Public Real Estate Management" eine strategische Gesamtkonzeption für den öffentlichen Sektor verstanden werden, die den heterogenen Immobilienbestand auf Bundes-, Landes- und Kommunalebene im Hinblick auf die politischen Ziele optimieren soll. Durch die systematische Aufnahme, Strukturierung und Optimierung der öffentlichen Immobilien lassen sich erhebliche Flächen freisetzen und somit immobilienbezogene Kosten reduzieren. Der Schwerpunkt liegt hierbei auf einer bedarfsgerechten und wirtschaftlichen Immobilienbereitstellung und -nutzung aller Grundstücke und Gebäude, die zur Erfüllung öffentlicher Aufgaben notwendig sind.

Im Rahmen der folgenden Ausführungen sollen nur grundsätzliche Verwaltungsschemata auf Länderebene dargestellt werden. Insbesondere der Föderalismus ist ein Grund für die großen Unterschiede in den spezifischen Regelungen von Bund, Ländern und Kommunen. Diese haben jedoch für die Grundsatzüberlegungen des Public Real Estate Management keine entscheidende Bedeutung. Ebenso bleibt die Verwaltung der als Sonderimmobilien bezeichneten Liegenschaften wie Schlösser, Parkanlagen u.ä. außer Betracht.

Die Liegenschaftsverwaltungen der einzelnen Bundesländer sind derzeit meist zweistufig aufgebaut:

- Die *Ministerialinstanz* stellt die obere Instanz dar. In der Regel ist diese bei dem entsprechenden Fachressort angegliedert, das Eigentümer der jeweiligen Grundstücke und Gebäude ist. Sie sollen Planung zur Deckung des Immobilienbedarfs der Verwaltungen erstellen, d.h. der Behördenunterbringung sowie des Ankaufs und Verkaufs von Immobilien.
- Die *Ortsinstanzen* sind in das entsprechende Fachressort eingegliedert. Ihre Aufgabe besteht in der operativen Durchführung der Gebäudebewirtschaftung.

Da das Parlament die definitive Entscheidungsgewalt in Form des Budgetrechts inne hat sowie die Bauverwaltung baurechtliche Fragestellungen zu klären hat, können die Liegenschaftsverwaltungen ihre Entscheidungen nicht eigenständig treffen. Einen Überblick über die Verbindungen zwischen den unterschiedlichen Entscheidungsträgern und deren Aufgabenbereichen liefert die folgende Tabelle.

Entscheidungsträger	Aufgabe	Beispiel
1. Liegenschaftsverwaltung	Was passiert grundsätzlich mit einem Grundstück?	Verlagerung eines Finanzamtes aus der Stadtmitte an die Peripherie und gewerbliche Nutzung des Innenstadtgrundstückes.
2. Nutzende Verwaltung	Ist die von der Liegenschaftsverwaltung vorgeschlagene Nutzung im Rahmen der Erfüllung der übertragenen Aufgaben sinnvoll?	Es ist (nicht) sinnvoll, einen anderen Standort für das Finanzamt zu wählen.
3. Bauverwaltung	Ist die von der Liegenschaftsverwaltung und von der nutzenden Verwaltung vorgeschlagene Nutzung der Immobilie aus baurechtlicher Sicht sinnvoll?	Es sprechen keine baurechtlichen Überlegungen gegen eine gewerbliche Nutzung des jetzigen Finanzamtsgebäudes.
4. Parlament	Das Budgetrecht und die definitive Entscheidungsgewalt, ob das Projekt durchgeführt wird, liegen beim Parlament	Ausgehend von den derzeitigen politischen Zielsetzungen ist eine Verlagerung des Finanzamtes sinnvoll.

Tab. 1: Entscheidungsträger über Liegenschaften der öffentlichen Hand

Hieraus wird erkennbar, dass die Grundstücke und Gebäude der öffentlichen Hand den Aufgabenbereich einer nicht unerheblichen Anzahl von Entscheidungsträgern auf den verschiedenen Hierarchieebenen berühren. Weiterhin lassen sich eine mangelnde Informationsversorgungsstruktur zwischen den zuständigen Behörden sowie eine Zersplitterung und Intransparenz von Leistungen und Verantwortungsbereichen im öffentlichen Immobilienmanagement konstatieren.

Wird eine Klassifizierung des zu verwaltenden Liegenschaftsvermögens der Länder hinsichtlich der Nutzung vorgenommen, können Verwaltungsgrundvermögen in Behördenzentren, allgemeines Grundvermögen sowie Grundvermögen der Landesbetriebe unterschieden werden.

- Das **Verwaltungsgrundvermögen** vereint alle landeseigenen Grundstücke und Gebäude, welche unmittelbar für Verwaltungszwecke oder im Rahmen des Gemeingebrauchs bereits genutzt oder in absehbarer Zeit benötigt werden. Der jeweilige Nutzer betreibt das Verwaltungsgrundvermögen.
- Die **Behördenzentren** bilden in der Regel eine wirtschaftliche Einheit. Genutzt werden sie jedoch von den Landesdienststellen verschiedener Geschäftsbereiche. In den meisten Bundesländern erfolgt eine Zurechnung zum Haushalt der jeweils größten nutzenden Behörde, die ebenso für die Verwaltung der Immobilie zuständig ist. Hessen bildet diesbezüglich eine Ausnahme, da die Verwaltung dem Ministerium der Finanzen und den ihm nachgeordneten Behörden zugeordnet wird.
- Das **allgemeine Grundvermögen** umfasst die „nicht-betriebsnotwendigen" Grundstücke und Gebäude, die nicht oder nicht mehr unmittelbar für Verwaltungszwecke oder für bestimmte Landeszwecke benötigt werden. Finanziell als auch organisatorisch sind sie dem Ministerium der Finanzen zugeordnet.
- Alle Grundstücke und Gebäude von organisatorisch ausgegliederten Dienststellen aus dem Verwaltungsbereich sind dem **Grundvermögen der Landesbetriebe** zugeordnet. Das Grundvermögen wird dem jeweiligen Landesbetrieb zugerechnet und auch von ihm verwaltet.

Zur Abgrenzung des öffentlichen Sektors von der Privatwirtschaft sollen nun die Rahmenbedingungen von öffentlicher und privatwirtschaftlicher Leistungserstellung gegenübergestellt werden.

- Während es bei der öffentlichen Verwaltung Aufgaben der Daseinsvorsorge zu beachten gilt, ist die Gewinnmaximierung unter bestimmten Nebenbedingungen, wie beispielsweise der Orientierung am Unternehmenswert die primäre **Zielsetzung** privatwirtschaftlicher Unternehmen. Private Unternehmen erbringen in erster Linie Leistungen, um Gewinn zu erzielen (erwerbswirtschaftliche Orientierung); die öffentliche Hand hingegen ist gemeinwohlorientiert. Sie muss im öffentlichen Interesse ihrer Bürger handeln und für Interessenausgleich, gerechten Zugang zu gesetzlich festgelegten Grundleistungen, Schutz der Schwachen und gesunde Lebensbedingungen sorgen. Die bei der öffentlichen Aufgabenerfüllung zu beachtenden Leistungsgesetze sowie die Aufgaben des Rechts-, Kultur- und Sozialstaates verpflichten die Verwaltung die ihr übertragenen Aufgaben auch dann zu erfüllen, wenn private Unternehmen sie wegen mangelnder Rentabilität ablehnen würden.

- Private Unternehmen unterliegen in der Regel einer anderen **Wettbewerbssituation** als öffentliche Anbieter. Effizienzvorteile haben direkten Einfluss auf die Wettbewerbs- und Erfolgsposition des privatwirtschaftlichen Unternehmens, da es in Konkurrenz mit anderen Anbietern steht. Im öffentlichen Sektor entziehen sich insbesondere hoheitliche Aufgaben und bestimmte Leistungen der Daseinsvorsorge der Konkurrenz zu externen Anbietern, da aus rechtlichen Gründen ein Fremdbezug unmöglich ist und somit kein Wettbewerb existiert. Die Organisation öffentlicher Verwaltungen ist grundsätzlich so zugeschnitten, dass nur eine Verwaltungsstelle für eine spezielle Aufgabe in einem bestimmten Gebiet zuständig ist, was einer staatlichen Monopolstellung gleichkommt. Aufgrund derer muss sich der Staat nicht dem Wettbewerb stellen. Folglich führt Ineffizienz weder zu Wettbewerbsnachteilen noch gefährdet sie die Existenz der Verwaltungseinheit.
- Die Rentabilität des eingesetzten Kapitals bildet bei privatwirtschaftlich agierenden Unternehmen die Basis der **Erfolgsmessung**. Auf der Grundlage der doppelten Buchführung wird die Berechnung der Rendite durchgeführt. Sie dient weiterhin der Erstellung des Jahresabschlusses als Element der externen Rechnungslegung sowie der Kosten- und Leistungsrechnung als Bestandteil der internen Rechnungslegung. Ein ausgeglichener Haushalt stellt die Basis für den Erfolg der öffentlichen Hand dar. Mit Hilfe der Kameralistik wird nachgewiesen, ob der im Haushaltsplan vorausbestimmte Ausgleich zwischen notwendigen Ausgaben und erzielbaren Einnahmen erfolgreich verwirklicht wurde.
- Von zentraler Bedeutung für effizientes Wirtschaften ist die Kopplung von **Ressourcen- und Erfolgsverantwortung**, da der Grad der

Wirtschaftlichkeit von dem sparsamen Verbrauch aller Ressourcen abhängig ist. In der Privatwirtschaft liegen die Ressourcen- und Erfolgsverantwortung grundsätzlich in einer Hand; eine Tatsache, die jedoch im derzeitigen Haushaltsrecht nicht gewährleistet ist, da die Ressourcen zentral zugewiesen werden. Sind die Ressourcen bis zum Jahresende nicht vollständig verbraucht, wirkt sich dies nicht positiv auf den Erfolg der Behörde aus. Das Gegenteil ist der Fall: wurden die zugeteilten Ressourcen nicht voll ausgeschöpft, kann es im folgenden Jahr zu einer unerwünschten Haushaltskürzung kommen. Diese Art der Budgetgestaltung im Rahmen der öffentlichen Leistungserstellung bietet daher wenig Anreiz zur wirtschaftlichen Nutzung der Ressourcen.

- Die freie **Preisgestaltung** ist ein wesentliches Merkmal der privaten Wirtschaft. Der Markt, der aus anderen Anbietern und den Nachfragern besteht, bestimmt die angemessene Entlohnung für angebotene Leistungen. Die Entgelte für staatliche Leistungen müssen aufgrund der staatlichen Gebührenpolitik unabhängig von den entstehenden Kosten im ganzen Bundesgebiet gleich hoch sein. Diese Einheitsgebühren können zu Unwirtschaftlichkeit und Subventionierung führen.
- Erhebliche Unterschiede zwischen den beiden Sektoren können in der Art der **Personalführung** festgestellt werden. Funktionierende Anreize und Sanktionssysteme existieren bislang nur in der freien Wirtschaft. Materielle Belohnungen in Form von Prämien oder Gehaltserhöhungen sowie immaterielle Anreize wie Beförderungen werden gezielt zur Steigerung der Motivation eingesetzt. Fast bedenkenlos unwirtschaftlich kann man dagegen in Bereichen der öffentlichen Verwaltung arbeiten: es liegt eine weitgehende Entkopplung von persönlicher Leistung und Entlohnung vor. Auch gab es lange keine Möglichkeit, Spitzenbeamte einer Behörde bei Leistungsmängeln abzulösen. Seit Ende der neunziger Jahre ist das Gesetz zur Reform des öffentlichen Dienstrechts in Kraft, welches das öffentliche Dienstrecht in solcher Art und Weise neu strukturiert, dass zukünftig Leistungsanreize auch im öffentlichen Sektor stärker etabliert werden können. Durch die Einführung von Amtsübertragungen auf Probe und Führungspositionen auf Zeit soll durch die Bewertung von Beamten und öffentlichen Angestellten eine motivierte Arbeitsweise erzielt werden. Ferner sind Änderungen im Besoldungsrecht sowie im Dienstaltersaufstieg vorgenommen worden, so dass eine flexiblere, dynamischere Anreizstruktur aufgebaut werden kann, die den Leistungsgedanken der öffentlichen Verwaltung unterstützt.

2 Elemente des Public Real Estate Management

2.1 Schaffung eines immobilienbezogenen Informationsversorgungssystems

Ein effizientes immobilienspezifisches Informationsversorgungssystem bildet den Ausgangspunkt für die Einführung eines auf die Erfüllung von politischen Zielen ausgerichteten Immobilienmanagements für die öffentlichen Grundstücke und Gebäude. Dabei sind die immobilienbezogenen Daten mit anderen verwaltungsinternen Informationen, wie zum Beispiel der Personalentwicklung, sowie mit externen Umweltdaten zu vernetzen. Das Informationsversorgungssystem sollte behördenübergreifend ausgestaltet und zentral zugänglich sein.

Eine gezielte Unterstützung der Leistungserstellungsprozesse und deren Vernetzung innerhalb der Verwaltung wird mit Hilfe des Informationsversorgungssystems ermöglicht. Neben den einzelnen Aufgaben der verschiedenen Behörden sollte die Ausgestaltung des Systems das Anforderungsprofil der gesamten Verwaltungsleistung berücksichtigen. Um Funktionalität und Verlässlichkeit sicherzustellen, sollte man auf die Implementierung eines Informationsversorgungssystems mit untereinander kompatiblen Modulen besonderen Wert legen. Schnittstellen zu bereits bestehenden Datenverarbeitungssystemen sind offen zu definieren. Die Datenpflege sollte dabei möglichst von den Mitarbeitern durchgeführt werden, die mit den Daten arbeiten.

2.2 Ausarbeitung strategischer Optionen im Public Real Estate Management

Vom Konzept des Immobilienlebenszyklus ausgehend, lassen sich innerhalb des Public Real Estate Managements die Phasen der Standortwahl, der Immobilienbereitstellung, der Immobilienbewirtschaftung sowie der Verwertung der für die öffentliche Leistungserstellung nicht notwendigen Immobilien unterscheiden. Für diese Phasen sollen im Folgenden die verschiedenen strategischen Optionen dargestellt werden.

Die **Standortwahl** für den öffentlichen Flächenbedarf stellt die erste Phase des Immobilienlebenszyklus dar. Standortentscheidungen beinhalten die Veränderung des Bedarfs an Flächenkapazitäten sowie ihre räumliche Verteilung. Somit wird die räumliche Dimension von Investitions- und Desinvestitionsentscheidungen abgebildet. Während private Unternehmen ihre strategischen Standortentscheidungen in Abstimmung mit der Unternehmensplanung und der Investitionsrechnung treffen, wird die Standortwahl der öffentlichen Hand eher politisch-subjektiv als strategisch beeinflusst. Die Wahl des Standorts sollte daher in die politische Planung und Zielsetzung eingepasst und mit den Investitionsvorhaben der Bundes- und Landesregierung abgestimmt werden. Allerdings gibt es für die Standortwahl keine zentrale Zuständigkeit: Die Entscheidungskompetenz hängt von dem zukünftigen Nutzer, d.h. der jeweiligen Bundes- oder Landesbehörde und von der Art der Immobilie ab. Bei wechselnden Amtsperioden und -personen kann sich die langfristig ausgerichtete politische Planung und Zielsetzung verändern, so dass schon getroffene Standortentscheidungen revidiert werden müssen.

Grundsätzlich kann man jedoch davon ausgehen, dass die Politik eine ausgewogene Verteilung der Bundes- und Landesbehörden sowie der nachgeordneten Stellen im Bundesgebiet bzw. in dem jeweiligen Bundesland anstrebt. Behördenansiedlungen werden dann nach rein objektiven Kriterien wie beispielsweise der Einwohnerzahl und Wirtschaftsstärke bestimmter Regionen vorgenommen. Werden starke wirtschaftliche Gefälle innerhalb eines Bundeslandes festgestellt, kann eine Behördenansiedlung gezielt zur Schaffung von Arbeitsplätzen in dieser bestimmten Region durchgeführt werden.

In welcher Form soll nun die **Bereitstellung** der für die öffentliche Leistungserstellung notwendigen Immobilien erfolgen? Miete, Leasing, Kauf und eigene Projektentwicklung sind hierbei die Alternativen, die der öffentlichen Hand zur Verfügung stehen. Bei der Entscheidungsfindung sind dieselben quantitativen und qualitativen Kriterien wie beim Corporate Real Estate Management zu berücksichtigen. Als geeignetes Verfahren zur Beurteilung quantitativer Daten bietet sich hierfür der vollständige Finanzplan an, da ihm, im Gegensatz zu den klassischen Methoden der Investitionsrechnung, transparente, differenzierte und realitätsnahe Annahmen zugrunde liegen. Alle Zahlungen, die den einzelnen Bereitstellungsalternativen während des gesamten Lebenszyklus der Immobilie direkt oder indirekt zuzuordnen sind und die somit in die Finanzplanung des Haushaltes eingehen, sind in ihm enthalten.

Auch qualitative, d.h. nicht in Geldeinheiten auszudrückende Kriterien sind bei der Entscheidungsfindung zu berücksichtigen, die in einer Nutzwertanalyse zusammengeführt werden können. Umweltbezogene Kriterien – wie zum Beispiel die aktuelle Lage auf dem Immobilienmarkt – und immobilienbezogene Kriterien – zum Beispiel Einsatzflexibilität und die Reversibilität – stellen innerhalb des Public Real Estate Management Kriterien dar, die besondere Aufmerksamkeit verlangen. Die Entscheidung für eine der Bereitstellungsalternativen wird oftmals von der politischen Zielsetzung beeinflusst. Art, Form und Dauer der Immobilieninvestition sind hierbei entscheidend. Der Flächenbedarf der öffentlichen Hand ist oft so speziell, dass nutzungsoptimale Immobilien in den seltensten Fällen erworben werden können. Weiterhin kann der Flächenbedarf für hoch sensible Bereiche wie Verteidigung oder Staatsschutz in der Regel weder durch Miete noch durch Leasing gedeckt werden.

Die **Projektentwicklung** stellt in solchen Fällen eine geeignete Alternative der Immobilienbereitstellung für die öffentliche Hand dar. Strebt man hierbei eine Kooperation mit der Privatwirtschaft an, kommt ein Public Private Partnership in Betracht. Dabei liegt eine besondere Form der gemeinsamen Verantwortung von öffentlicher Hand und Privatwirtschaft vor. Fachwissen und Geldmittel des privaten Unternehmens werden mit Verwaltungskompetenz und politischer Steuerung der Verwaltung verknüpft. Verwaltungstätigkeiten werden sodann gebündelt, koordiniert und kostengünstiger erbracht. Eine gemeinsame Gesamtverantwortung zwischen öffentlicher und privater Hand kann entstehen und eine größere Wirtschaftlichkeit sowie Synergie- und Beschleunigungseffekte sind die Folge. Nachteilig könnten sich die Vernachlässigung von sozialen und gemeinwesenorientierten Aspekten sowie die Verringerung von Partizipations- und Kontrollmöglichkeiten der Bürger auswirken.

Aufgaben einer effizienten **Bewirtschaftung** der in öffentlicher Hand befindlichen Grundstücke und Gebäude ergeben sich aus der Immobilienbereitstellung. Kaufmännische, technische und infrastrukturelle Dienstleistungen im Rahmen eines modernen Facility Managements, das als ein ganzheitlicher Ansatz zur Bewirtschaftung von Gebäuden gesehen wird, bieten sich hierzu an. Die Zielsetzung des Facility Managements umfasst die Erhöhung der Nutzungsintensität, der Kostentransparenz und der Ertragsfähigkeit von Immobilien. Des Weiteren ist die Immobilie an die sich wandelnden Bedürfnisse der öffentlichen Hand anzupassen. Zunächst stellt sich jedoch das Problem der Instandhaltung der öffentlichen Liegenschaften. Kosten der Bauunterhaltung werden nicht als Investitionen, sondern als Instandhaltungsmaßnahmen klassifiziert. Angesichts der angespannten Haushaltslage von Bund und Ländern können oftmals keine Mittel aus dem laufenden Haushalt für notwendige Instandhaltungsmaßnahmen aufgebracht werden. Ausscheiden muss des Weiteren eine Kreditaufnahme zur Beschaffung der finanziellen Mittel, da für Instandhaltungsmaßnahmen keine Kredite aufgenommen werden dürfen.

Probleme bereiten die zersplitterten Zuständigkeiten der öffentlichen Liegenschaften für die Einführung des Facility Managements. Die Implementierung des Facilities Management verlangt eine eindeutige Regelung von Entscheidungskompetenzen, damit Entscheidungen bezüglich der optimalen Leistungstiefe getroffen werden können. Ähnlich wie beim Corporate Real Estate Management stehen der öffentlichen Hand neben der Autonomie- die Beauftragungs- und die Kooperationsstrategie zur Verfügung.

Im Rahmen des Corporate Real Estate Management wird weiterhin die **Verwertung** nicht betriebsnotwendiger Immobilien durch die aktive Strategie des Re-Development sowie die passiven Strategien der Vermietung und des Verkaufs erörtert. Die öffentliche Hand bediente sich bisher vornehmlich der passiven Verwertungsstrategien.

Im Falle des Verkaufs werden die betreffenden Liegenschaften öffentlich ausgeschrieben und zum Höchstgebot veräußert. Die Ermittlung des Ausschreibepreises wird durch das zuständige Staatsbauamt in einem Wertgutachten vorgenommen. Führt der Käufer die Immobilie nach Abschluss des Kaufvertrages einer geänderten Nutzung zu, sichert sich die öffentliche Hand durch vertragliche Nachzahlungsklauseln eine Partizipation an möglichen Ertragssteigerungen.

Eine Bereitstellung von Geldern für die aktive Verwertungsstrategie des Re-Development erfolgt angesichts der angespannten Finanzlage der öffentlichen Hand nur dann, wenn andernfalls eine Verwertung nicht möglich wäre. Dies liegt beispielsweise bei einer Belastung der Grundstücke mit Altlasten vor. Somit wird die Strategie des Verkaufs zur Verwertung öffentlicher Immobilien derzeit bevorzugt.

2.3 Organisatorische Umsetzung des Public Real Estate Management

Zur Gewährleistung eines ökonomisch sinnvollen und an den langfristigen Zielen ausgerichteten Public Real Estate Management ist es unabdinglich, die einzelnen Verantwortungsstrukturen innerhalb der öffentlichen Verwaltung neu zu gliedern. Eine zentrale Steuerung durch die Verwaltungsführung hätte eine Abstimmung zwischen der politischen Zielsetzung und den daraus resultierenden immobilienspezifischen Bedürfnissen der öffentlichen Hand zur Folge. Eine übergreifende Zielerreichung und Wirtschaftlichkeit kann nur durch eine solche zentrale Steuerung gesichert werden. Sie gibt die Rahmenbedingungen für die dezentrale Entscheidungskompetenz und Budgetverantwortung vor. Innerhalb dieser können die flächennutzenden Verwaltungseinheiten eigenverantwortlich handeln. Die Kosten der Immobiliennutzung gehen voll zu Lasten des Budgets des Immobiliennutzers.

Zur organisatorischen Umsetzung stehen der Verwaltung das Mieter-/ Vermieter-Modell, das Eigentümer-Modell sowie das Management-Modell als Zwischenform zur Verfügung.

- Die Rolle der nutzenden Verwaltung im **Mieter-/Vermieter-Modell** ist die des Mieters. Verwaltungsintern oder gegebenenfalls verwaltungsextern mietet sie die benötigten Grundstücke und Gebäude an. Alle weiteren notwendigen Leistungen werden vom Vermieter oder von externen Dienstleistern in Anspruch genommen und die anfallenden Kosten werden aus dem Budget des Mieters beglichen. Der Vermieter erhält vom Nutzer die Miete, Nebenkosten sowie sonstige in Anspruch genommene Leistungen. Der Vermieter hat die Eigentümerfunktion und die damit verbundene Pflicht inne, die Verantwortung für die Substanzerhaltung zu tragen. Er hat weiter die Aufgabe, die Immobilie gemäß den mit dem Nutzer getroffenen Vereinbarungen zu bewirtschaften und die Kosten zu erfassen, die er sodann mit dem Mieter abzurechnen hat. Die Umsetzung der staatlichen Gebäudepolitik obliegt dem Vermieter ebenso wie die Optimierung des Immobilienbestandes. Daher sollte der Eigentümer über immobilienspezifisches Fachwissen verfügen. Vorteilhaft wirkt sich der Anreiz zu wirtschaftlicher Raumnutzung und zu Kostenreduzierung aus. Ferner wird der Mieter nicht mit für ihn fachfremden immobilienspezifischen Aufgaben konfrontiert. Die Schnittstelle zwischen Mieter und Vermieter kann sich allerdings als Nachteil erweisen. Diese kann zu einem Optimierungshemmnis werden, wenn der Druck zu kostengünstiger Immobiliennutzung nicht von dem Mieter auf den Vermieter übertragen werden kann. Der Vermieter könnte beispielsweise Investitionen in Energiesparmaßnahmen vermeiden, da die Investition zu Lasten seines Haushalts geht, die hohen Energiekosten hingegen im Rahmen der Nebenkostenabrechnung auf das Budget des Mieters abgewälzt werden können.
- Die raumnutzende Verwaltungseinheit übernimmt im Rahmen des **Eigentümer-Modells** die Eigentümerfunktion. Sie erfüllt alle notwendigen Leistungen für die Bereitstellung und Bewirtschaftung der Grundstücke und Gebäude. Die Eigentümerfunktion umfasst weiterhin Maßnahmen zur Substanzerhaltung und gegebenenfalls zur Sanierung. Kosten von Leistungen Dritter werden von dem Nutzer erfasst und belasten sein Budget. Die staatliche Gebäudepolitik wird durch die nutzende Verwaltungseinheit umgesetzt, die zu einer wirt-

schaftlichen Raumnutzung und -bewirtschaftung verpflichtet ist. Der Nutzer trägt außerdem die volle Verantwortung für die ihm übertragenen Grundstücke und Gebäude. Vorteile bietet dieses Modell durch die Reduzierung organisatorischer Schnittstellen und die sofortige Realisierung aller immobilienbezogenen Entscheidungen. Die nutzende Verwaltungseinheit sollte zur Erfüllung der ihr übertragenen Aufgaben über immobilienspezifisches Fachwissen verfügen. Das Eigentümer-Modell erweist sich nur dann als sinnvoll, wenn der von einem Eigentümer zu verwaltende Immobilienbestand groß genug ist, um einen wirtschaftlichen Einsatz zu gewährleisten.

- Das **Management-Modell** stellt eine Mischform der bisher erörterten Modelle dar. Es wird eine eigenständige Management-Organisationseinheit eingeführt, deren Aufgabe in der teilweisen oder vollständigen Durchführung des Immobilienmanagement besteht. Dies kann beispielsweise die komplette Bewirtschaftung inklusive Nebenkostenabrechnung umfassen. Der Eigentümer wird entlastet und kann sich somit auf die Optimierung des öffentlichen Immobilienbestandes konzentrieren, ohne eigenes Personal für die Bewirtschaftung zu benötigen. Dieses Modell erscheint insbesondere dann interessant, wenn die Bewirtschaftungsleistungen vollständig vom Markt bezogen werden.

3 Einführung des Public Real Estate Management

Die Einführung der Gesamtkonzeption Public Real Estate Management verlangt eine systematische Vorgehensweise, um eine vollständige Erfassung aller immobilienspezifischen und politischen Einflussfaktoren zu gewährleisten. Daher bietet sich eine Implementierung des Public Real Estate Management in drei aufeinander folgenden Phasen an. Hierbei wird zunächst eine Bestandserfassung durchgeführt, dann eine Gesamtkonzeption entwickelt und schließlich in mehreren Schritten umgesetzt.

3.1 Bestandserfassung der Immobilien in der öffentlichen Hand

In Form einer **Ist-Analyse** wird zunächst von den einzelnen Verwaltungen eine Analyse und Dokumentation des gesamten Leistungserstellungsprozesses durchgeführt. Hierbei sind insbesondere die Strukturen der verschiedenen Arbeitsplätze und Abteilungen sowie die behördenspezifischen Arbeitsabläufe zu untersuchen. Raumaufteilungen und

Flächenzuordnungen sind in den meisten Bundesländern bereits dezentral erfasst und müssen nun aktualisiert und mit den neu gewonnenen Daten in ein zentrales Informationsversorgungssystem eingegeben werden. Die Aufgaben und Ziele der öffentlichen Verwaltung sind vorgegeben und können sich mit Ablauf der Legislaturperiode ändern, wenn die politische Spitze abgelöst wird und es zu einer Änderung der bisher verfolgten Ziele und somit der Flächennachfrage kommt. Daher gestaltet sich eine Prognose der langfristigen Entwicklung der Flächennachfrage für die öffentliche Leistungserstellung schwierig. Allerdings wird es kaum vorkommen, dass sich Ministerien und größere Landesbehörden mit jedem Regierungswechsel stark verändern. Somit ist zumindest mittelfristig eine gewisse Konstanz der Behördengrößen und der Leistungserstellung gegeben.

In einem zweiten Schritt werden sämtliche **immobilienspezifischen Daten** systematisch in einer zentral zugänglichen Datenbank erfasst. Neben den im Eigentum gehaltenen Immobilien sollten auch alle angemieteten Flächen in diese Datei eingehen. Erfasst werden neben den Verkehrswerten, soweit sie ermittelt werden können, die Anschaffungskosten, Größenstrukturen, Nutzungsarten, geografische Verteilung, Mieterträge, Nutzungskosten, Kapitalkosten, mögliche Altlasten und andere Beschränkungen sowie weitere relevante Immobiliendaten.

Anhand der Daten des Leistungserstellungsprozesses sowie der immobilienspezifischen Informationen lassen sich veraltete Strukturen und Arbeitsabläufe aufdecken und die Immobilienbereitstellung und -nutzung optimieren. Ein Vergleich mit anderen öffentlichen Verwaltungen mittels Benchmarking ermöglicht die Aufdeckung von Rationalisierungs- und Kostensenkungspotenzialen.

Schließlich wird eine **Bewertung** der öffentlichen Liegenschaften durchgeführt. Die deutschen Verfahren zur Verkehrswertermittlung basieren auf der Annahme, dass ein Markt für die zu bewertende Immobilie existiert. Dieser liegt jedoch für eine Vielzahl öffentlicher Liegenschaften nicht vor, da es weder potenzielle Käufer gibt noch alternative Nutzungsarten wirtschaftlich vertretbar wären. Dies liegt in dem ökonomischen Prinzip begründet, dass die öffentliche Leistungserstellung genau dann erfolgen sollte, wenn Marktversagen vorliegt. Des Weiteren gehen in die deutschen Bewertungsverfahren lediglich finanzielle Aspekte ein, während soziale und ökologische Elemente vernachlässigt werden. Öffentliche Immobilien werden grundsätzlich nicht erstellt, um Erträge zu erwirtschaften, sondern um öffentliche Aufgaben zu erfüllen. Folglich werden die deutschen Bewertungsverfahren den besonderen Aufgaben öffentlicher Liegenschaften nicht gerecht.

3.2 Entwicklung einer umfassenden Gesamtkonzeption

Der zweite Schritt zur Implementierung des Public Real Estate Management besteht in der Entwicklung einer Gesamtkonzeption für den öffentlichen Immobilienbestand. Die einzelnen Liegenschaften sind unter Berücksichtigung der politischen Vorgaben hinsichtlich ihrer Notwendigkeit zur Erfüllung der übertragenen Aufgaben zu bewerten. Die zukünftigen Anforderungen an die öffentliche Leistungserstellung, die zukünftige Anzahl der Beamten und der daraus resultierende Flächenbedarf sind hierbei ebenso zu beachten wie neue Arbeitsformen und die Auswirkungen der modernen Kommunikationstechnologie auf die Verwaltungsstrukturen.

Ist der Standort einer Behörde nicht von Bedeutung, können die Vorteile einer Verlegung der Dienststelle und der Verwertung des bisherigen Standortes eruiert werden. Beispielsweise könnten einige der in der Innenstadt befindlichen Finanzämter an kostengünstige Standorte an der Peripherie mit guter Verkehrsanbindung verlagert werden. Bisher wurden solche Überlegungen vernachlässigt, da mangels eines Verrechnungspreissystems kein ausreichender Leidensdruck bei den Nutzern entstanden ist. Weitere Sach- und Personalkosteneinsparungen im Bereich der Finanzämter könnten beispielsweise verwirklicht werden, wenn das Finanzamt einen Internetserver betreiben würde und der Steuerpflichtige seine Steuererklärung online eingeben könnte.

Aus diesen verschiedenen Analysen können sich Diskrepanzen zwischen dem Immobilienbedarf und dem aktuellen Raumangebot ergeben. Daher wird in die Gesamtkonzeption ein Stufenplan zur Optimierung der öffentlichen Liegenschaften während aller Phasen des Immobilienlebenszyklus unter Beachtung der politischen Vorgaben und der externen Umweltbedingungen integriert. Die Zielsetzung der Regierungspolitik soll durch die Immobilienaktivitäten unterstützt werden. Unter der Annahme, dass es einen gewissen politischen Konsens auch bei einem Regierungswechsel gibt, sollte die Entwicklung einer mittel- bis langfristigen Gesamtkonzeption möglich sein.

3.3 Umsetzung der Gesamtkonzeption

Der letzte Schritt zur Implementierung des Public Real Estate Management besteht in der Durchführung der Gesamtkonzeption durch eine Reihe von Einzelmaßnahmen. Verlagerungen, Zusammenfassung oder Aufgabe öffentlicher Standorte, die Ausrichtung der gesamten

Immobilienstruktur an den öffentlichen Zielsetzungen und an den spezifischen Arbeitsabläufen, eine optimale Verwertung der nicht für die öffentliche Leistungserstellung notwendigen Liegenschaften sowie ein aktives und durchgreifendes Flächenmanagement zur quantitativ und qualitativ optimierten Ausnutzung aller Flächen finden in dieser Phase Anwendung.

Die einmalige Durchführung der drei Phasen zur Implementierung des Public Real Estate Management optimiert das Immobilien-Portfolio allerdings nur bezüglich der heutigen Anforderungen der Verwaltungen und der aktuellen Umweltsituation. Die dynamische Umweltentwicklung, der sich auch die öffentliche Hand nicht entziehen kann, erfordert eine kontinuierliche Pflege des Datenbestandes sowie eine laufende Eruierung von Rationalisierungs- und Effizienzsteigerungspotenzialen. Ein aktives Immobilienmanagement ist somit eine fortwährende Aufgabe für die öffentliche Hand.

4 Konsequenzen für die Zukunft

Im Hinblick auf den internationalen und regionalen Standortwettbewerb sowie die anhaltende Finanznot der öffentlichen Hand steht es außer Zweifel, dass die öffentlichen Leistungen wirtschaftlich, effektiv, ressourcenschonend und kundenorientiert ausgeführt werden sollten. Wie die Erfahrungen anderer westlicher Industriestaaten zeigen, ist die Zielsetzung, die öffentliche Verwaltung in ein Dienstleistungsunternehmen umzuwandeln, durchaus erreichbar. Zu diesem Zweck wurden die öffentlichen Leistungen transparenter gestaltet, die Verwaltungen dezentralisiert und den Fachbereichen ganzheitliche Managementverantwortung für ihre Aufgaben übertragen.

Zentral für den Paradigmenwechsel von einer bürokratischen Verwaltungsauffassung zu einem innovativen und dienstleistungsorientierten Selbstverständnis mit marktwirtschaftlichen Elementen ist die Veränderung von Werten, Einstellungen und Verhaltensweisen der Mitarbeiter und Führungskräfte.

Die Bereitstellung öffentlicher Grundstücke und Gebäude in adäquater Quantität und Qualität ist für eine effiziente und effektive öffentliche Leistungserstellung notwendig. Das Konzept des Public Real Estate Management bietet der öffentlichen Hand Ansatzpunkte zur Bewältigung der neuen Herausforderungen auf immobilienwirtschaftlicher Ebene.

Literaturverzeichnis

Armbruster, G.: Öffentliches Recht für Wirtschaftswissenschaftler, München 1978

Banner, G. u.a.: Das Neue Steuerungsmodell. Begründung, Konturen, Umsetzung, in: Kommunale Gemeindestelle für Verwaltungsvereinfachung, Bericht 5/1993, Köln 1993

Bauer, S.: Wohin führen die Modelle für die Reform der Verwaltung?, in: Kommunal-Kassenzeitschrift, 47. Jahrgang (1996), Heft 7, S. 129–132

Behrendt, D.: Aufgabenwandel und Personalstrukturanalyse am Beispiel der Stadt Suhl/Thüringen, in: Forschungsinstitut für öffentliche Verwaltung bei der Hochschule für Verwaltungswissenschaften Speyer (Hrsg.): Speyerer Forschungsbericht Nr. 141, Speyer 1994

Diekmann, C.: Instandhaltung und Bewirtschaftung kommunaler Gebäude durch private Dienstleister, in: Stadt und Gemeinde, 51. Jg. (1996), Heft 2, S. 35–39

Kersting, R.: Die Gründung einer Baugesellschaft mbH am Beispiel des Kreises Kleve, in: Die innovative Verwaltung, 1996, Heft 2, S. 6–9

Frutig, D. / Reiblich, D.: Facility Management. Erfolgsfaktoren der Immobilien- und Anlagenbewirtschaftung, Stuttgart 1995

Grillhofer, D.: Workflow-Management: Unterstützung erprobter Arbeitsabläufe, in: Der Gemeinderat Spezial, Sonderheft 9, September 1996, S. 41

Hartwig, J.: Bremen steuert den Haushalt künftig dezentral, in: Verwaltung, Organisation, Personal, 18. Jahrgang (1996), Heft 8, S. 26–31

Nowak, K.: Öffentliche Verwaltung und private Wirtschaft im Vergleich – am Beispiel der Wirksamkeit der Personalarbeit, München und Mering 1988

Pitschas, R.: Verwaltungsmodernisierung und Verwaltungsrecht im schlanken Staat, in: Verwaltung und Management, 2. Jg. (1996), Heft 3, S. 163–165

Pook, M.: Organisation der Gebäudewirtschaft, in: Kommunale Gemeindestelle für Verwaltungsvereinfachung, Bericht 4/1996, Köln 1996

Schmithals, E. u.a.: Erfahrungen der Kreise mit der Einführung des Neuen Steuerungsmodells, in: Kommunale Gemeindestelle für Verwaltungsvereinfachung, Bericht 1/1996, Köln 1996

Skulimma, K.: Praktische Ansätze zur Leistungsorientierung in der öffentlichen Verwaltung, in: Verwaltung, Organisation, Personal, 17. Jg. (1995), Heft 3, S. 173

Thieme, W.: Voraussetzungen einer wirtschaftlichen Verwaltung, in: Verwaltung und Management, 1. Jg. (1995), Heft 2, S. 88–91

Wichmann, M.: Mit großem Aufwand geringe Wirkung – Das neue Beamtenrecht, in: Städte- und Gemeinderat, 51. Jg. (1997), Heft 5, S. 124–129

2/IV
Immobilienmanagement in der Kirche (Ecclesiastic Real Estate Management/EREM)

Jörn von der Lieth, Diplom-Volkswirt

Sind die Immobilien eine Last für die Kirche? Das könnten sie werden, wenn sie ohne Strategie und Konzept verwaltet werden. In der Kirche mit ihren langen Entscheidungswegen, mit ihren vielen haupt- und ehrenamtlichen Mitarbeitern, ist ein Konzept besonders wichtig. Kirche kann dabei vom Umgang von Wirtschaftsunternehmen und von öffentlichen Verwaltungen lernen, dort, wo sie wie ein Wirtschaftsunternehmen (z.B. Erholungsstätte) oder wie die öffentliche Verwaltung (z.B. Kindergarten) handeln muss und gleichzeitig für ihre spezifischen Gebäude (Sakralbauten) eigene, kirchliche Wege gehen.

1 Einleitung

Die verfasste Kirche verfügt über eine Vielzahl unterschiedlichster Immobilien. Aktuelle Informationen wie Zustand, Nutzung und zu erwartende Veränderungen über diese Immobilien liegen in der Regel nicht vor. So liegt die letzte Gebäudezählung der EKD über zehn Jahre zurück.

Die finanziellen Ressourcen der verfassten Kirche werden langfristig dramatisch zurückgehen. Dies beinhaltet auch die Mittel, die für die Erneuerung, den Erhalt und die Bewirtschaftung der vorhandenen Immobilien zur Verfügung stehen.

Die Fragestellung, die sich für die verfasste Kirche aus diesen beiden Rahmenbedingungen ergibt, lautet: „Wie komme ich zu den Informationen, die ich benötige, um die vorhandenen finanziellen Mittel richtig auszugeben?"

2 Kirchliches Immobilienmanagement – eine Führungsaufgabe

Kirchliches Immobilienmanagement ist eine Teilaufgabe der gesamten aktiven Führungsaufgabe in Kirchengemeinden, Kirchenkreisen und Landeskirchen. Sie verbindet strategische Vorstellungen mit operativen Maßnahmen. Die strategische Planung ist kein einmaliger Akt, sondern ein vielstufiger, immer wieder zu leistender Prozess. Sie legt fest, in welchen Handlungsfeldern (Landeskirche, Kirchenkreis und Kirchengemeinde) der Auftrag der Kirche umgesetzt wird. Sie bildet den Orientierungsrahmen für zentrale Entscheidungen und ist Orientierung für das tägliche Handeln.

Im kirchlichen Bereich wird diese komplexe Führungsaufgabe durch folgende Faktoren erschwert:

- Die strategischen Vorstellungen einer Kirchengemeinde, des Kirchenkreises und der Landeskirche müssen untereinander verzahnt sein. Die dafür nötigen Abstimmungsprozesse sind hochkomplex.
- Das demokratische Prinzip der Entscheidungsfindung erschwert schnelle Entscheidungen.
- Veränderungen der Mitglieder in Entscheidungsgremien durch Stellenneubesetzung bei Pfarrer und Pfarrerinnen sowie durch Neuwahlen nach Ablauf der Wahlperioden bergen das Scheitern der konsequenten Umsetzung strategischer und operativer Ziele.

In einer solch komplexen Struktur müssen Entscheidungsprozesse in einer anspruchsvollen Weise vorgenommen und kommuniziert werden,[1] um nachhaltig Erfolg zu haben. Entscheidungen im Immobilienbereich stehen dabei immer im Zusammenhang mit der Gesamtentwicklung der jeweiligen Organisationseinheit und können nicht isoliert betrachtet werden.

Für die Entwicklung und Umsetzung dieser Entscheidungsprozesse ist eine bestimmte, aufeinander aufbauende Struktur notwendig. Dabei ist der Anfangspunkt die Lageanalyse und der Endpunkt das entsprechend der Vision entwickelte Ziel. Der Weg, auf dem das Ziel erreicht werden soll, ist die Strategie.[2] Das Leitbild leitet sich aus Vision und Mission ab und enthält die klar gegliederte, langfristige Zielvorstellung einer Organisation, beinhaltet die Gesamtziele und Handlungsgrundsätze und erläutert, mit welchen Strategien diese Ziele erreicht werden sollen.

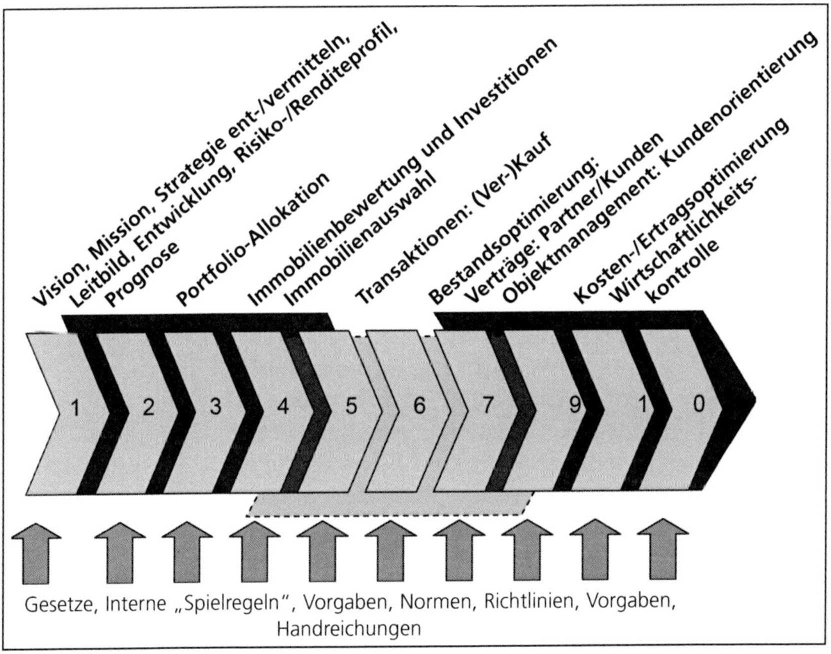

Abb. 1: Kaskade der Strategien[3]

Für die Evangelische Kirche in Deutschland wurde zum Beispiel eine Vision mit dem Impulspapier des Rates der Evangelischen Kirche in Deutschland EKD (Kirche der Freiheit, Perspektiven für die evangelische Kirche im 21. Jahrhundert) zur Diskussion gestellt.

3 Kirchliche Immobilien – die notwendige Klassifizierung

3.1 Vorbemerkung

Sämtliche genannten Handlungsfelder können mit Immobilieneigentum verbunden sein. In der Regel wird jedoch die Kirchengemeinde oder der Kirchenkreis Eigentümer der kirchlichen Immobilien sein.

Zu den kirchlichen Immobilien gehören Kirchen, Pfarrwohnungen und Gemeindehäuser. Daneben sind auch Schulen, Krankenhäuser, Mietwohnungen, land- und forstwirtschaftliche Grundstücke und anderes mehr im Eigentum der Kirche zu finden.

Um ein kirchliches Immobilienmanagementsystem einzuführen, ist es notwendig, diesen heterogenen Immobilienbestand bezüglich verschiedener Kriterien zu bewerten. Diese Kriterien werden in der Regel Portfolio-Dimensionen genannt. Es hat sich als sinnvoll erwiesen, drei Hauptdimensionen zu untersuchen.

Die Immobiliendimension hat eine gegenständliche Betrachtungsweise. Sie untersucht u.a. die Qualität der Immobilie hinsichtlich des Gebäudezustands und des Gebäudestandards. Aus der Sicht des Nutzers wird die Eignung der Immobilie für die gedachte Nutzung (Nutzungskonzept und Funktionalität) analysiert.

Die Standortdimension umfasst die wirtschaftlichen, politischen und rechtlichen Rahmenbedingungen. Daneben erfolgt die Eingliederung in demografische und sozialökonomische Faktoren. Kriterien aus dem Bereich Immobilienangebot und -nachfrage, Preisniveau sowie weiche Standortfaktoren (z.B. Wohnumfeld) werden hier gebündelt.

Die wirtschaftliche Dimension enthält neben Erträgen und Einnahmen Daten zur aktuellen Miethöhe und Leerstand.

Bei Vergleich der einzelnen kirchlichen Immobilien ist festzustellen, dass die Immobiliendimension und die Standortdimension für alle bebauten Immobilien wirksam ist. Nur für unbebaute Grundstücke, für Forst- und Landwirtschaft und Erbbaurechte haben diese Faktoren eine untergeordnete Bedeutung.

Bei der wirtschaftlichen Dimension ergeben sich jedoch erhebliche Unterschiede in der Betrachtung der Immobilien. Bei den Kirchen und Kapellen sind, eine sparsame Verwendung der Mittel vorausgesetzt, Renditeüberlegungen nicht von Bedeutung. Bei den Gemeindehäusern, Pfarrwohnungen, Kindergärten, Schulen und Verwaltungsgebäuden überwiegen Fragestellungen der Bedarf- und Kostendeckung. Nur die hier aufgeführten Kategorien der Wohnhäuser, der unbebauten Grundstücke für Forst- und Landwirtschaft und die Erbbaurechte sind unter

Kirchliche Immobilien			
Immobilienklasse	**Immobilien zur unmittelbaren Auftragserfüllung**	**Immobilien zur mittelbaren Auftragserfüllung**	**Immobilien des Kirchenfinanzvermögens**
EKD Immobilien	Kirchen	Verwaltungsgebäude, Schulen, Krankenhäuser, Hotels u.a.	Wohn- und Gewerbeimmobilien Land- und Forstwirtschaft, Erbbaurechte, andere
Landeskirche	Kirchen	Verwaltungsgebäude, Pfarrwohnungen, Schulen, Krankenhäuser, Hotels u.a.	Wohn- und Gewerbeimmobilien Land- und Forstwirtschaft, Erbbaurechte, andere
Mittelbehörde		Verwaltungsgebäude	
Kirchengemeinde	Kirchen, Friedhofskapellen	Gemeindezentren, Gemeindehäuser, Pfarrwohnungen, Schulen, Krankenhäuser Hotels u.a.	Wohn- und Gewerbeimmobilien, Land- und Fortwirtschaft, Erbbaurechte, andere
Anzahl (%) nach EKD Statistik 1994	~ 24 000 Gebäude (32 %)	~ 36 000 Gebäude (48 %)	~ 16 000 Gebäude (20 %)
REM Ansatz	**EREM**	**PREM**	**CREM**
Zielsetzung	Flächenoptimierung/Kostensenkung		Ertragssteigerung/ Kostensenkung
Handlungsalternativen	„make"	„make or buy"	„buy" „make", nur wenn optimale Unternehmensgröße/ Professionalisierung erreicht wird

Abb. 1: Klassifizierung kirchlicher Immobilien

Renditegesichtspunkten zu betrachten. Damit kann der heterogene Bestand an kirchlichen Grundbesitz und Gebäuden wie in Abbildung 1 dargestellt, in drei Klassen gegliedert werden.

3.2 Immobilien zur unmittelbaren Auftragserfüllung

Zu dieser Kategorie gehören nur sakrale Gebäude wie Kirchen und Friedhofskapellen. In dieser Gebäudeklasse sollten die Immobilien mittel- oder unmittelbar im Eigentum und Bewirtschaftungsbereich der Kirche liegen.

Die strategischen Vorgaben und Fragestellungen betreffen insbesondere die Flächenoptimierung und Kosteneinsparpotenziale.

3.3 Immobilien zur mittelbaren Auftragserfüllung

In dieser Immobilienklasse werden alle anderen auftragsbezogenen Immobilien zusammengefasst. Hierzu gehören insbesondere Gemeindehäuser, Gemeindesäle, Pfarrwohnungen und -häuser, Verwaltungsgebäude, Schulen, Kindergärten, Senioreneinrichtungen u.a.m. Die Notwendigkeit des Mittel- oder unmittelbaren Eigentums und Bewirtschaftungseinflusses der Kirche lässt sich hier nicht aus dem kirchlichen Auftrag begründen. Die kirchliche Nutzung ist hier nicht an das Eigentum gebunden.

Die strategischen Vorgaben und Fragestellungen betreffen insbesondere die Flächenoptimierung und Kosteneinsparpotenziale. Hinzu kommt die Frage, ob die Immobilie im Eigentum des kirchlichen Rechtsträgers sein soll und selbst bewirtschaftet wird (make) oder ob eine Anmietung (buy) sinnvoller ist.

In einem Portfolio-Managementsystem wird für diese Immobilienklasse zusätzlich die wirtschaftliche Dimension der Kostendeckung notwendig. Es muss untersucht werden, ob die Bewirtschaftung durch eigenes Personal oder Fremdbewirtschaftung sinnvoller ist. Weiterhin muss geklärt werden, ob für einzelne oder alle Immobilien eine Anmietung sinnvoll ist, sofern strategische Überlegungen dem nicht entgegenstehen.

3.4 Kirchenfinanzvermögen

Hier werden alle Immobilien zusammengefasst, die im Rahmen einer Vermögensverwaltung Erträge erwirtschaften sollen. Diese, den Auftrag der Kirche finanzierenden Immobilien werden auch Fiskalvermögen genannt. Dass ein bestimmter Anteil an Immobilien am Vermögen sinnvoll ist, ist unbestritten. Institutionelle Anleger halten in der Regel einen Anteil um 10 % ihres Vermögens in Immobilien.

Die strategischen und operativen Vorgaben und Fragestellungen betreffen insbesondere die Renditesteigerung. Hinzu kommt die Frage, ob die Bewirtschaftung der Immobilien durch die eigene Organisation oder Dritte erfolgen soll. Diese Entscheidung hängt davon ab, ob eine wirtschaftliche, effektive und sinnvolle Organisation aufgebaut werden kann. Optimale Unternehmensgrößen in der Wohnungswirtschaft können unter 1000 Wohnungen bei den heutigen Anforderungen an Organisation, Personalqualifizierung und -flexibilität sowie moderner Informationstechnik kaum erreicht werden.

Das Portfolio-Managementsystem muss den klassischen Systemen mit einer renditeorientierten wirtschaftlichen Dimension entsprechen.

3.5 Gemischt genutzte Immobilien

In der Praxis kommen Gebäude vor, die Anteile aller genannten Immobilienklassen enthalten. Hier muss die Einzelbetrachtung entscheiden, welche Verfahrensweise strategisch sinnvoll ist.

4 Kirchliches Immobilienmanagementsystem – Ecclesiastic Real Estate Management (EREM)

Die beschriebene Komplexität kirchlicher Strukturen und Heterogenität kirchlicher Immobilien müssen durch ein kirchliches Immobilienmanagement-System aufgebrochen werden. Die beschriebene Klassifizierung der Immobilien ermöglicht dies durch die Übertragung bereits funktionierender Immobilienmanagementansätze auf kirchliche Immobilien.[4]

Die Klasse der mittelbar zur Auftragserfüllung notwendigen Immobilien weisen starke Ähnlichkeiten zum öffentlichen Sektor auf. Als öffentlich rechtliche Körperschaft, die selbstständig ihre Angelegenheiten regeln kann, zeigt die evangelische Kirche darüber hinaus ein dem öffentlichen Dienst ähnliches Selbstverständnis. Auch die Organisation der Kirche ist aus historisch gewachsenen Gründen dem des öffentlichen Sektors ähnlich. Aus den genannten Gründen soll auf eine Entwicklung eigener Immobilienmanagement-Ansätze für die Klasse der nicht unmittelbar zur Auftragserfüllung/Zielerreichung notwendigen Immobilien verzichtet werden. Für diese Immobilien eignet sich der in Teil 2/III beschriebene Ansatz des Immobilienmanagements in der öffentlichen Hand (PREM).

Die Immobilien des Kirchenfinanzvermögens sollen unter den strategischen Zielsetzungen einen finanziellen Beitrag (Rendite) zur nachhaltigen Existenzsicherung der Kirche leisten. Diese Immobilienklasse weist damit erhebliche Ähnlichkeiten mit den Immobilien eines Unternehmens auf, die einen ähnlichen Auftrag zu leisten haben. Für diese Immobilien eignet sich der in Teil 3. II beschriebene Ansatz für Immobilienmanagement in der Wirtschaft (CREM).

Der Auftrag der Kirchen und die Grundlage ihres Handelns unterscheiden sich wesentlich von denen eines Unternehmens und der öffentlichen Hand. Der in den Grundartikeln der jeweiligen Kirchenverfassung und den Verfassungen der nachgeordneten Organisationseinheiten wie z.B. der Kirchengemeinde festgeschriebene besondere Auftrag muss in einem immobilienbezogenen Führungssystem für die Kirchen und kirchlichen Organisationen seinen Ausdruck finden. Erster Schritt ist daher eine Systematisierung der Objekte, die unmittelbar mit diesem besonderen Auftrag verbunden sind.

Mit dem Ecclesiastic Real Estate Management[5] (EREM) soll eine konzeptionelle Gesamtsicht des Immobilienbestandes erreicht werden. Aufgrund eines für die Immobilienklassen einheitlichen Analyserasters zur qualitativen Bestandsbewertung können die Chancen und Risiken der Objekte in der jeweiligen Immobilienklasse bewertet werden. Unter Berücksichtigung der nutzerbezogenen Anforderungen können somit Hinweise zur Lenkung der „Ressource Immobilie" gezogen werden.

Das Ecclesiastic Real Estate Management beinhaltet die Schaffung eines immobilienbezogenen Informationssystems (Betriebskosten, Instandhaltungs-/Modernisierungskosten, Nutzungsintensität u.a.), das mit anderen kirchlichen Informationen (Pfarrstellenentwicklung, Gemeindeentwicklung, Finanzentwicklung usw.) verbunden ist. Damit wird die Ausarbeitung strategischer Optionen hinsichtlich der Immobilien (Standortwahl/Immobilienvorrang, Bewirtschaftung, Immobilienentwicklung/Umwidmung/Verwertung) und eine geeignete Organisationsumsetzung (make: Eigentümermodell, buy: Mieter-/Vermietermodell, Managementmodell) möglich.

5 Kirchliche Immobilienanalyse – Portfolio-Analyse

Im Rahmen eines Portfolio-Managementsystems[6] wird versucht, über die definierten Bewertungsaspekte Objekte zu klassifizieren, die gemeinsame Merkmale haben. Hieraus können dann unter Berücksichtigung der strategischen Vorgaben Immobilienstrategien entwickelt werden.

Damit dient das Portfolio-Management auch der zielführenden Verteilung der knappen Ressource Geld für Investitionen auf die richtigen Objekte (Allokation).

In der Regel erfolgt eine Darstellung in einem zweidimensionalen Modell. Diese wird dann vor einer Investition mit entsprechenden Berechnungen ergänzt. Bei Immobilien zur unmittelbaren Auftragserfüllung wäre dies eine Liquiditätsberechnung, um zu prüfen, ob genügend finanzielle Mittel vorhanden sind. Bei Immobilien zur mittelbaren Auftragserfüllung wäre eine Kostendeckungsrechnung und Berechnung der alternativen Kosten bei Anmietung (Opportunitätskostenanalyse) notwendig, um festzustellen, welches die richtige Maßnahme ist. Bei den Immobilien des Kirchenfinanzvermögens ist eine dynamische Investitionsrechnung wie die in Teil 3 VI.b beschriebene Methode des vollständigen Finanzplans notwendig.

Die genutzten Begriffe können in den verschiedenen Klassifizierungen unterschiedliche Inhalte und Ausprägungen haben. So wird die Qualität der Lage bei Immobilien zur mittelbaren Auftragserfüllung insbesondere von der Erreichbarkeit für die Nutzung abhängig sein. Bei den renditeorientierten Immobilien wird der alte Spruch „Lage, Lage, Lage“ gelten. Welche Kriterien in welcher Ausprägung in einer Portfolio-Analyse enthalten sein sollen, ist von der Strategie des Eigentümers abhängig.

Ein zweidimensionales Modell (Vier-Felder-Matrix) sollte die Immobiliendimension und die Standortdimension beinhalten (Abbildung 2).

5.1 Analyse der Immobilien zur unmittelbaren Auftragserfüllung

Bei Immobilien zur unmittelbaren Auftragserfüllung sind in die Immobiliendimension auch bauhistorische Aspekte wie Denkmalschutz und Funktionalität (Erreichbarkeit, Behinderten-WC, Fahrstuhl u.a.) mit aufzunehmen. In der Standortdimension sollten kirchenspezifische Aspekte wie Anzahl der Gemeindeglieder und Intensität des Gemeindelebens enthalten sein.

Damit ergibt sich folgende Interpretation für Immobilien zur unmittelbaren Auftragserfüllung:

❑ Gute Qualität der Immobilie und schlechter Standort (oben links)

Dieses Feld bedeutet, dass Investitionen in Objekte geflossen sind, die aufgrund Ihres Standortes nur wenige Menschen nutzen. Hier sollten

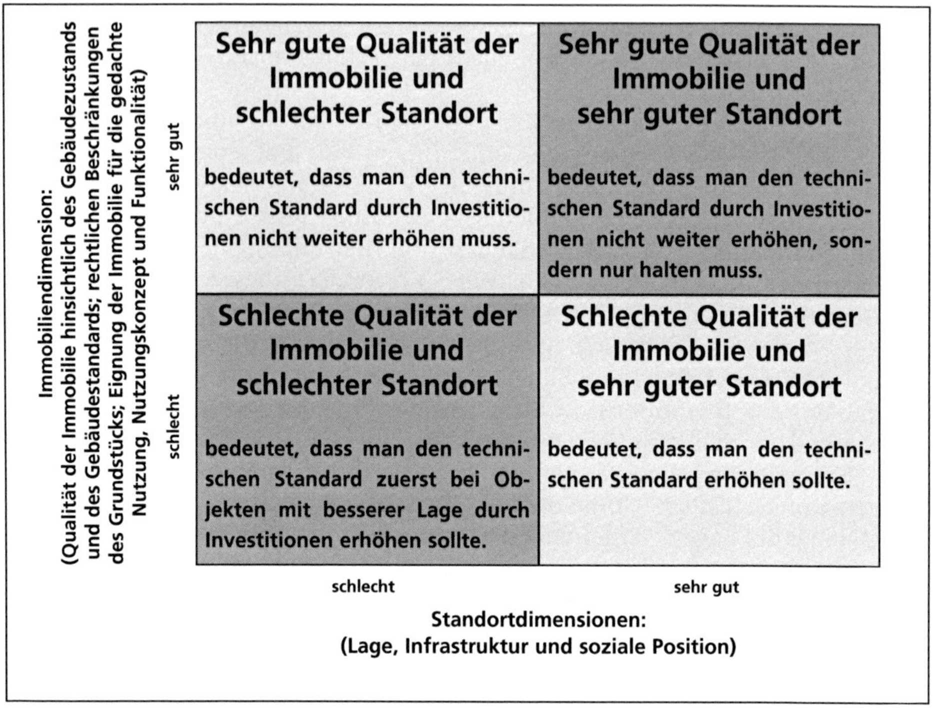

Abb. 2: Portfolio-Matrix

Diese Matrix ist eine andere Darstellung des auch gängigen Ampelmodells:
Rechts oben entspricht **grün**: → Lage und Qualität der Immobilie sind in Ordnung;
links oben und rechts unten entspricht **gelb**: → Lage oder Immobilie ist schlecht → es muss gehandelt werden;
rechts unten entspricht **rot:** → Lage und Immobilie ist schlecht → die dauerhafte Aufgabe der Immobilie ist zu prüfen.

Diese Matrix lässt sich mit unterschiedlichen Parametern auf alle Immobilienklassen anwenden.

erst dann Immobilien enthalten sein, wenn alle Objekte in guten Lagen eine hohe Qualität aufweisen. Ein guter Zustand und damit die Erhaltung von Objekten auch in schlechten Lagen entspricht grundsätzlich dem kirchlichen Auftrag, „geistliche Orte der Begegnung mit Gott" bereitzuhalten. Ob diese Aufgabe Priorität hat oder andere Aufgaben einen höheren Stellenwert besitzen, muss jeder Eigentümer für sich selbst entscheiden.

❑ Schlechte Qualität der Immobilie und schlechter Standort (unten links)
Dieses Feld bedeutet, dass Investitionen in diese Objekte erst dann fließen sollten, wenn alle Objekte in guten Lagen eine hohe Qualität aufweisen. Bei begrenzten finanziellen Spielräumen sollte ein Standardszenario der „ordnungsgemäßen Stilllegung" entwickelt werden. In diesem Szenario sollten mit geringem Aufwand die Objekte und Inventare geschützt und für eine Verwendung in späteren Zeiten erhalten werden.

❑ Schlechte Qualität der Immobilie und guter Standort (unten rechts)
Dieses Feld bedeutet, dass in diese Objekte zuerst investiert werden sollte, da aufgrund Ihres Standortes viele Menschen diesen Ort nutzen können.

❑ Gute Qualität der Immobilie und guter Standort (oben rechts)
Dieses Feld bedeutet, dass die Objekte in gutem Zustand viele Menschen nutzen können. Investitionen sind nicht notwendig. Der Erhalt des Zustandes ist die Hauptaufgabe.

5.2 Analyse der Immobilien zur mittelbaren Auftragserfüllung

Bei Immobilien zur mittelbaren Auftragserfüllung wären in die Immobiliendimension Aspekte der Funktionalität für die vorgesehene Nutzung (Erreichbarkeit, Behinderten WC, Fahrstuhl u.ä.) mit aufzunehmen. In der Standortdimension sollten kirchenspezifische Aspekte wie Anzahl der Gemeindeglieder und Intensität des Gemeindelebens enthalten sein. Darüber hinaus sind nutzungsbedingte Daten wie Entwicklung der Einwohnerzahl, Altersentwicklung u.ä. mit aufzunehmen.

Damit ergibt sich folgende Interpretation für Immobilien zur mittelbaren Auftragserfüllung:

❑ Gute Qualität der Immobilie und schlechter Standort (oben links)
Dieses Feld bedeutet, dass Investitionen in Objekte geflossen sind, die aufgrund Ihres Standortes dauerhaft nur wenige Menschen nutzen. Ob eine dauerhafte Nutzung aufgrund des schlechten Standortes möglich ist, sollte überprüft werden. Wenn dies nicht der Fall ist, wäre eine technische Desinvestition und/oder Veräußerung sinnvoll.

- Schlechte Qualität der Immobilie und schlechter Standort (unten links)
Dieses Feld bedeutet, dass Investitionen in diese Objekte aufgrund der schlechten Lage nur dann sinnvoll sind, wenn eine dauerhafte Nutzung gewährleistet ist. Wenn dies nicht der Fall ist, wäre eine technische Desinvestition und/oder Veräußerung sinnvoll.

- Schlechte Qualität der Immobilie und guter Standort (unten rechts)
Dieses Feld bedeutet, dass in diese Objekte zuerst investiert werden sollte, sofern eine Kostendeckung erreicht und eine alternative Anmietung nicht sinnvoller ist.

- Gute Qualität der Immobilie und guter Standort (oben rechts)
Dieses Feld bedeutet, dass sich diese Objekte in gutem Zustand befinden und Investitionen nicht notwendig sind. Der Erhalt des Zustandes ist die Hauptaufgabe.

5.3 Analyse für Immobilien des Kirchenfinanzvermögens

Bei Immobilien des Kirchenfinanzvermögens wären in die Immobiliendimension Aspekte der Funktionalität für die vorgesehene Nutzung mit aufzunehmen. In der Standortdimension sind insbesondere wirtschaftliche Aspekte aufzunehmen.

Damit ergibt sich folgende Interpretation für Immobilien zur mittelbaren Auftragserfüllung:

- Gute Qualität der Immobilie und schlechter Standort (oben links)
Dieses Feld bedeutet, dass Investitionen in Objekte geflossen sind, die aufgrund Ihres Standortes dauerhaft keine Ertragssteigerungen zulassen. Ob eine dauerhafte wirtschaftliche Nutzung aufgrund des schlechten Standortes möglich ist, sollte überprüft werden. Wenn dies nicht der Fall ist, wären eine technische Desinvestition bis zum Abriss und/oder eine Veräußerung sinnvoll.

- Schlechte Qualität der Immobilie und schlechter Standort (unten links)
Dieses Feld bedeutet, dass Investitionen in diese Objekte aufgrund der schlechten Lage nicht erfolgen sollten um eine Fehlinvestition zu vermeiden. Es ist zu überprüfen ob eine technische Desinvestition bis zum Abriss und/oder Veräußerung sinnvoll ist.

❑ Schlechte Qualität der Immobilie und guter Standort (unten rechts)
Dieses Feld bedeutet, dass in diese Objekte zuerst investiert werden sollte, sofern eine Ertragssteigerung möglich ist.

❑ Gute Qualität der Immobilie und guter Standort (oben rechts)
Dieses Feld bedeutet, dass sich diese Objekte in gutem Zustand befinden und Investitionen nicht notwendig sind. Der Erhalt des Zustandes ist die Hauptaufgabe.

6 Kirchliches Immobilienmanagement – die Umsetzung

Untersuchungen zur Einführung eines kirchlichen Immobilienmanagements auf Gemeindeebene liegen vom evangelischen Siedlungswerk in Deutschland e.V. vor.[7]

Ausgangspunkt aller Überlegungen ist die Weisheit, dass die Struktur der Strategie folgen sollte. Sind die strategischen Vorgaben (Mission, Vision, Leitbild) bekannt, kann der Aufbau entsprechend dem folgenden Schaubild[8] folgen:

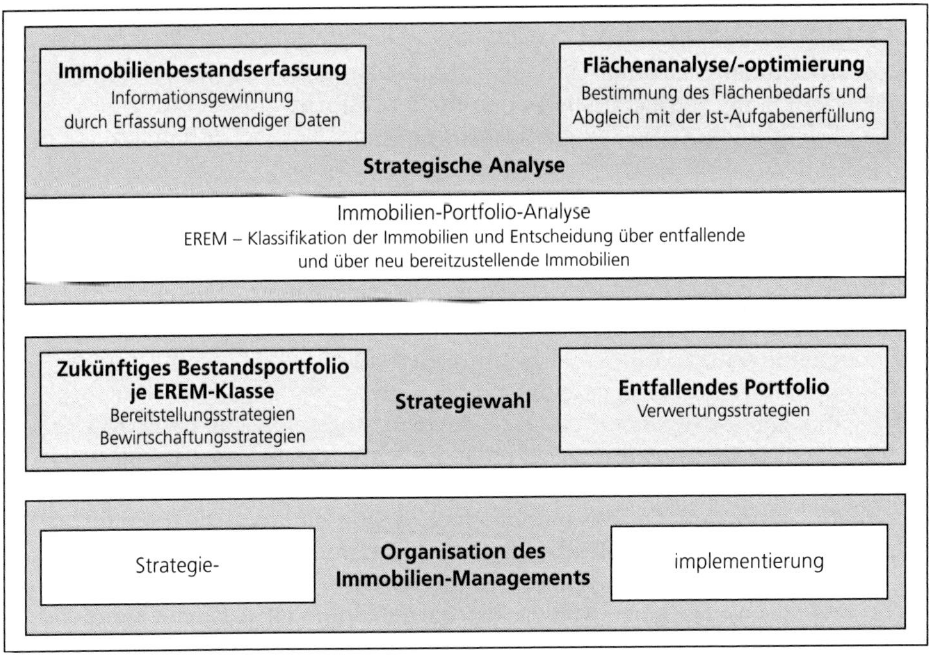

Abb. 3: Norm, Vision, Leitbild, Unternehmenskultur, Aufgabenvorgabe …

Die notwendigen Daten und die Erfassungstiefe einer strategischen Bestandserfassung kirchlicher Immobilien und Rahmenbedingungen sind von der Größe der Institution und den bereits vorhandenen Daten abhängig. Dabei ist zu beachten, dass für die strategische Analyse nur eine geringe Datentiefe benötigt wird. Erst für operative Fragestellungen ist eine Datenkenntnis für das Gebäude (Asset Management) oder ein bestimmtes Bauteil (Facility Management) notwendig. Auch im Immobilienmanagement gilt die Regel, dass zu viele (nicht mehr zu verarbeitende) Informationen nicht das Wissen sondern das Unwissen fördern.

Folgende Daten könnten für strategische Fragestellungen zum Standort (Standortdimension) abgefragt werden:
- Kirchliche Daten (Kirchenaustritte, Kirchensteuerentwicklung u.a.)
- Demografische Daten (Alter, Sterberate, Zuzüge u.a.)
- Soziale Daten (durchschnittliches Gehalt, Sozialhilfeempfänger u.ä.)
- Infrastruktur (Gemeindegrenzen, andere Kirchen, Versorgungsmöglichkeiten u.ä.)
- Nutzungsintensität.

Für die strategische Betrachtung der Immobiliendimension wären nachfolgende Daten hilfreich:
- Vorhandene Gebäude und deren Klassifikation
- Denkmalschutzeigenschaft oder kirchenhistorische Bedeutung
- Erhaltungszustand (geschätzte Kosten sofern bereits vorhanden).

Bei einer strategischen Analyse für große Immobilienbestände wie bei einer Landeskirche sollten, wenn möglich, nur wenige vorhandene und eindeutige Daten abgefragt werden. Nur so können ehrenamtliche Helfer in die Datenaufnahme mit einbezogen werden. Der Wunsch nach vielen Daten („Wenn ich schon vor Ort bin, kann ich auch noch kurz das Kircheninventar aufnehmen") führt zu Datenfriedhöfen und unüberschaubaren Bearbeitungszeiten.

Bei der strategischen Analyse der Nutzungsintensität einer Kirche könnten z.B. in einer „Flächenkirche" Kategorien wie: mindestens wöchentliche Nutzung / mindestens wöchentliche Nutzung im Sommerhalbjahr / mindestens monatliche Nutzung / mindestens monatliche Nutzung im Sommerhalbjahr / teilweise Nutzung / teilweise Nutzung im Sommerhalbjahr / keine Nutzung ausreichen.

Bei der strategischen Analyse des Bauzustandes einer Kirche könnten z.B. Kategorien wie: in den letzten fünf Jahren vollsaniert / in den letzten fünf Jahren teilsaniert (mind. gesamtes Dach oder gesamte Fassade oder gesamter Innenraum) / in den letzten zehn Jahren vollsaniert / in den letzten zehn Jahren teilsaniert (mind. gesamtes Dach oder gesamte Fassade oder gesamter Innenraum) / in den letzten 15 Jahren vollsaniert / in den letzten 15 Jahren teilsaniert (mindestens gesamtes Dach oder gesamte Fassade oder gesamter Innenraum) / in den letzten 25 Jahren vollsaniert / in den letzten 25 Jahren teilsaniert (mindestens gesamtes Dach oder gesamte Fassade oder gesamter Innenraum) / unsaniert / aus baulichen Gründen stillgelegt ausreichen.

Die Wahl der beschriebenen Strategiemöglichkeiten hängt unter anderem von der Immobilienklasse, der alternativen Anmietungsmöglichkeit und der Organisationsgröße ab.

Zum Immobilienmanagement gehört auch die Schaffung einer leistungsfähigen Organisation. Hierzu gehört die Schaffung von eindeutigen Kernprozessen; Effiziente Supportprozesse (Marketing, Rechnungswesen, Controlling, Risikomanagement); Effektivität der Leistungsprozesse (wie standardisierte Vergabeprozesse und Sicherstellung der Verkehrssicherheit) und eine effektive Unterstützung aller Prozesse durch Informations- und Kommunikationstechnik.

Die Organisationsform und die dafür notwendigen Ressourcen (Personal, Informationen, Informationstechnik, Ausstattung und Finanzen) können über Geschäftsprozessmodelle entwickelt werden.

Dabei sind bekannte Prinzipien der Prozessorganisation wie Vorgangseinheitlichkeit, fallabschließende Arbeitsorganisation, resultatorientierte Prozessverantwortung und transparente, eindeutige Verantwortung für ein nachvollziehbares Ergebnis zu beachten. Der beschriebene Wandel hat auch Einfluss auf die notwendigen Anforderungsprofile der Mitarbeiter und die Führungsorganisation. Teamorientierte und geschäftsprozessorientierte Zusammenarbeitsformen, Qualitätsmanagement-Ansätze, verhaltenssteuernde Kennzahlen und entscheidungsorientiertes Berichtswesen sind nur einige der zu beachtenden Führungsorganisationen.

7 Konsequenzen für die Zukunft

Kirchliches Immobilienmanagement wirkt in einer komplexen und heterogenen Struktur. Nur wenn es gelingt, diese Strukturen zu ordnen, zu vereinfachen und sprachlich zu vereinheitlichen, wird kirchliches Immobilienmanagement gelingen.

Gerechtigkeit bedeutet, Gleiches gleich zu behandeln, aber nicht alle gleich zu behandeln: Dieser Grundsatz wird zu einer unterschiedlichen

Behandlung der kirchlichen Immobilien führen. Um ein strategisches Immobilienmanagement auch operativ umsetzen zu können, werden Landeskirchen Anreize geben müssen, damit Kirchengemeinden auch auf die Nutzung ihrer Immobilien verzichten.

In Zeiten eines immer enger werdenden finanziellen Spielraums sollte kirchliches Immobilienmanagement dafür genutzt werden, dass zuallererst durch wirtschaftliches Handeln an den Ausgaben für die Immobilien und nicht an den kirchlichen Aufgaben gespart werden muss.

Anmerkungen

1 Vgl. Zeilinger, Thomas in Teil 2 V. Die kommunikative Aufgabe.
2 Vgl. Abromeit, Hans Jürgen (Hg.), Spirituelles Gemeindemanagement, S. 56, Göttingen 2001.
3 in Anlehnung an Bogenstätter, Ulrich: Property Management und Facility Management; München 2008, S. 33 mit erweitertem Fokus auf Gesetzgebung.
4 „Die evangelische Kirche ist natürlich auch kein Wirtschaftsunternehmen; aber was sie dort an geeigneten Methoden und Erfahrungen lernen konnte, wird noch zu wenig genutzt." Kirche der Freiheit, Perspektiven für die evangelische Kirche im 21. Jahrhundert, ein Impulspapier des Rates der EKD, Hannover, S. 28.
5 Vgl. Reiß-Fechter, Dagmar; Modell III: Eigenbetrieb – Kirchliches Wohnungsunternehmen in: Die Kirche und Ihre Immobilien, Partner im Gespräch, Schriftenreihe des Evangelischen Siedlungswerks in Deutschland, 2007.
6 Vgl. InWIS Forschung und Beratung GmbH, Leitfaden Portfolio Management (Teil 2), im Auftrag der Deutsche Energie Agentur, Bochum, 28.10.2003.
7 Vgl. Bogenstätter, Ulrich / Reiß-Fechter, Dagmar / Zeilinger, Thomas; Ergebnisbericht Kirchliches Immobilienmanagement, Evangelisches Siedlungswerk in Deutschland, 2007.
8 In Anlehnung an Uwe Heller, Immobilien-Management in kirchlichen und karitativen Organisationen, Vortrag anlässlich des 1. Münchner Verbändetages vom 29.07.08 der Hypo Vereinsbank mit erweitertem Fokus auf Normen und EREM-Klassifikation.

2/V Die kommunikative Aufgabe im kirchlichen Immobilienmanagement

Dr. Thomas Zeilinger

Wie setzt man die Pläne für eine neue Immobilienstrategie um? Schritt für Schritt – und mit Bedacht und Strategie, wissend: Einsame Entscheidungen sind – gerade im kirchlichen Bereich – nur schwer möglich und auch nicht empfehlenswert. Der Prozess von der ersten Idee bis zu deren endgültiger Umsetzung dauert lang, erfordert Geduld und eine gute Verständigung zwischen allen Beteiligten.

„Man kann nicht nicht kommunizieren."
(Paul Watzlawick, 1921–2007)

1 Kommunikation: Mehr als Information

In der Kirchengemeinde Musterhausen wurden im Rahmen eines landeskirchlichen Immobilienprojekts umfassend Gebäudedaten zu allen kirchlichen Gebäuden erfasst. Sämtliche vernünftigerweise zu erhebenden Informationen liegen vor, nicht nur Details wie Verbrauchsdaten, sondern auch die wirtschaftlichen und demografischen Rahmendaten. Doch trotz knapper Kassen gelingt es der Kirchengemeinde (bzw. ihrem gewählten Leitungsgremium) nicht, sich zu wirksamen Entscheidungen zur Zukunft ihrer Gebäude zu entschließen.

Man kann dieses keineswegs nur fiktive Beispiel mit guten Gründen als Beleg dafür heranziehen, wie komplex die kirchlichen Strukturen in der evangelischen Kirche sind, und wie sie gerade deshalb Entscheidungen erschweren. Man kann sich an diesem Beispiel aber auch verdeutlichen, warum es im kirchlichen Immobilienmanagement keinesfalls genügt, Informationen bereit zu stellen, sondern weshalb gerade hier das Management der Kommunikation eine eigene Aufgabe darstellt. Allein die Fülle an Information gewährleistet offensichtlich nicht notwendig das Gelingen der Kommunikation.

Kommunikation funktioniert nicht einfach nach dem Modell der Wissens- oder Informationsvermittlung vom Sender zum Empfänger, als käme es nur darauf an, eine Botschaft von Punkt A nach Punkt B zu befördern. Mag eine solche Vorstellung nach wie vor populär und in Grenzen auch hilfreich sein, so legt die moderne Kommunikationswissenschaft ihr Augenmerk doch verstärkt auf die Austauschprozesse, die sich in sozialen Zusammenhängen ereignen.[1] Rückkopplungen, Störungen und Beziehungsaspekte erhalten von hier aus eine eigene Bedeutung. Anders als im Modell der Informationsübertragung von A zu B gedacht, beschränkt sich Kommunikation nicht auf die intendierte Wirkung, vielmehr geht es in ihr immer auch um die Darstellung von Sachverhalten, die Klärung von sozialen Beziehungen und den Ausdruck dessen, was A und B „im Inneren" bewegt: Hoffnungen, Befürchtungen, Wünsche und Träume.[2]

Vor diesem Hintergrund besteht die kommunikative Aufgabe im kirchlichen Immobilienmanagement nicht nur darin, instrumentell nach optimierten Vermittlungsstrategien für immobilienwirtschaftliches Know-how zu fragen, sondern von vornherein Wege der Verständigung anzubahnen, damit die Beteiligten entscheidungsfähig werden. Dabei verdeutlichen die kommunikationswissenschaftlichen Einsichten ebenso wie die praktische Erfahrung, dass hier neben der Sachverhaltsklärung Raum für die Beziehungsebene und die Arbeit an Visionen und Zielen, aber auch an Ängsten und Befürchtungen sein muss.

2 Kommunikation: Eine Managementaufgabe

Im sachbezogenen Kontext Immobilienmanagement mögen diese Themen vorderhand ungewöhnlich erscheinen. Doch lenkt auch die Managementtheorie ihrerseits den Blick in diese Richtung, wo sie nach den *kulturellen* und nach den *normativen* Aspekten von Unternehmen und Organisationen fragt. Am deutlichsten wird dies im St. Gallener Managementmodell, wie es in den siebziger Jahren von Hans Ulrich begründet und seitdem von verschiedenen Forschern weiter entwickelt wurde.[3]

Auf der Ebene der *Unternehmensführung* sieht das St. Gallener Modell eine dreifache Aufgabe: Neben dem strategischen und dem operativen Management braucht es als oberste Ebene des Managements das normative Management, das „sich (beschäftigt) mit den generellen Zielen der Unternehmung, mit Prinzipien, Normen und Spielregeln, die darauf ausgerichtet sind, die *Lebens- und Entwicklungsfähigkeit* der Unternehmung zu ermöglichen.“[4] Der strategischen Frage der Ausrichtung und der operativen Frage der angemessenen Durchführung steht also dort, wo Management gefordert ist, stets auch die begründende Frage nach der Legitimation zur Seite. Gerade aufgrund der gegebenen komplexen Struktur der (Eigentums-)Verhältnisse im Bereich kirchlicher Immobilien muss die Aufgabe des normativen Managements hier präzise als *kommunikative* Aufgabe begriffen werden: Die Frage der Entwicklung der Immobilien ist als Frage der Entwicklung der Gemeinde stets auch eine Frage gemeinsamer Verständigung über den mit den Immobilien der Kirche verbundenen Auftrag.

Dass zu dieser Verständigung über Auftrag und Ziel gerade auch emotive und imaginative Dimensionen dazugehören, unterstreicht auf seine Weise der klassische Managementdreiklang von *Kultur, Struktur und Strategie*. Im St. Gallener Managementmodell sind dies die drei Ordnungsmomente einer jeden Unternehmung.[5] Während die Strategie dabei die inhaltlichen Fragen nach dem *Was* und dem *Wohin* bezeichnet, leistet die Struktur die instrumentelle Koordination im Sinne dessen, *wie* die Dinge richtig zu tun sind. Die Kultur schließlich liefert Antworten auf die Fragen des *Warum* und *Wozu* und stellt damit den gemeinsamen Sinnhorizont bereit, in dem die Organisation agiert. Gerade dieser Sinnhorizont ist seinerseits nun nicht allein objektiv zu fassen und sachlich zu beschreiben, sondern stellt eine kommunikative Realität sui generis dar: „Menschen müssen sich somit je von Neuem *kommunikativ* auf die *Angemessenheit bestimmter Beschreibungen* einigen, d.h., die Angemessenheit und Gültigkeit einer Beschreibung muss gewissermaßen in Streitgesprächen *ausgehandelt* werden."[6]

Der kommunikative Prozess der (Selbst-)Verständigung über den Auftrag, dem kirchliche Immobilien zu dienen haben und die Ziele, die sie erfüllen sollen, gehört also integral zum Immobilienmanagement hinzu. Zur Veranschaulichung wähle ich das Bild des menschlichen Organismus[7] und formuliere: Kirchliche Immobilien wollen mit *Kopf, Hand und Bauch* gemanagt sein. Es bedarf der strategischen Arbeit des Kopfes (vgl. *Was?* und *Wohin?*), der Koordination instrumenteller Fertigkeiten durch die Hand (vgl. Struktur: *Wie?*), aber auch der kulturbezogenen Bearbeitung der Fragen des *Warum* und *Wozu* durch den Bauch. „Bauch" deshalb, weil gerade an dieser Stelle auch die impliziten und oft unausgesprochenen Hintergrundannahmen ihre Wirkung zeitigen, die zunächst eher in Gefühlslagen und Stimmungen, denn in rationalen Beschreibungen zum Ausdruck kommen.[8]

Es genügt nicht, im (kirchlichen) Immobilienmanagement nur die strategische und die strukturelle Dimension mit Aufmerksamkeit zu belegen, hinsichtlich Planung und Ressourcen also Kopf und Hand zu bedenken, sondern neben Kopf und Hand fordert in einem integralen Managementverständnis auch der Bauch sein Recht: Die kommunikativ-kulturelle Dimension will eigens und mit eigenen Mitteln als Teil der Managementaufgabe verstanden und bearbeitet sein.

Vor diesem Hintergrund stellen sich im Blick auf das Thema „Kirchliches Immobilienmanagement" die in der folgenden Grafik festgehaltenen Fragen:

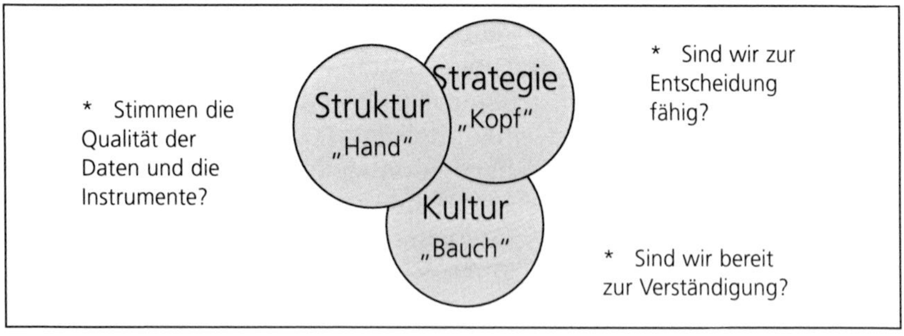

Abb. 1: Die drei Ordnungen der Organisation (in Anlehnung an das St. Gallener Managementmodell)

3 Voraussetzungen: Wissen und Erfahrung mit Veränderungsprozessen und Kirchen

Um die kommunikativ-kulturelle Dimension im kirchlichen Immobilienmanagement kompetent bearbeiten zu können, sprich: um Fähigkeit und Willen zur Verständigung herzustellen, sind über die immobilienfachwirtschaftlichen Aspekte hinaus zumindest zwei weitere Qualifikationen zu erfüllen. Zum einen braucht es *Wissen und Erfahrung in der Begleitung von Veränderungsprozessen.* Denn Immobilienmanagement bedeutet Veränderung des Bestehenden. Dabei sind die theoretischen Beschreibungen der organisationspsychologischen Dynamik die relativ einfach darzustellende Seite: das grundlegende Schema organisationaler Veränderung ist seit den Arbeiten Kurt Lewins weitgehend unverändert geblieben. Auf die Phase des Auftauens (des alten Zustands) folgt eine mitunter chaotisch-turbulente Phase der Bewegung, in der der alte Status Quo verlassen und ein neues Gleichgewicht gesucht wird. In der dritten Phase des Wiedereinfrierens werden die gefundenen Lösungen implementiert und die Gesamtorganisation stabilisiert und etabliert sich in einem neuen Zustand.[9] Wesentlich schwieriger gestaltet sich die praktische Arbeit angesichts der wechselnden emotionalen Zustände, die mit diesen drei Phasen der Veränderung einhergehen. In Anlehnung an die von der schweizerisch-amerikanischen Psychiaterin und Autorin Elisabeth Kübler-Ross beschriebenen Phasen des Umgangs mit dem Sterben, lässt sich die Logik der Gefühle im Veränderungsprozess, als Kurve mit acht Stationen beschreiben.[10]

Die in Abbildung 2 dargestellte Kurve vermag zu verdeutlichen, dass auch bei Veränderungsprozessen, bei denen nicht gleich die ganze Organisation, sondern lediglich Teile derselben verändert werden, mit erheblichen emotionalen Bewegungen und entsprechenden Widerständen zu rechnen ist, die im Prozess bearbeitet sein wollen.[11]

Worauf dabei zu achten ist, wird im folgenden Abschnitt dargestellt.

Eine Voraussetzung für die erfolgreiche Wahrnehmung der kommunikativen Aufgabe im *kirchlichen* Immobilienmanagement dürfte in einer guten Kenntnis der kirchlichen Kultur und Struktur zu suchen sein. Zwar mag zu viel Nähe zum kirchlichen Milieu ihrerseits mit der Gefahr der „Betriebsblindheit“ einhergehen. Doch hilft die Vertrautheit mit kirchlichen Strukturen einerseits und mit kirchlichen Kommunikationsgewohnheiten andererseits schon dabei, in kommunikativer Hinsicht den „passenden Ton“ zu treffen, zumal mit entsprechenden Vorbehalten gegenüber betriebswirtschaftlicher Terminologie und managementorientiertem Denken zu rechnen ist.

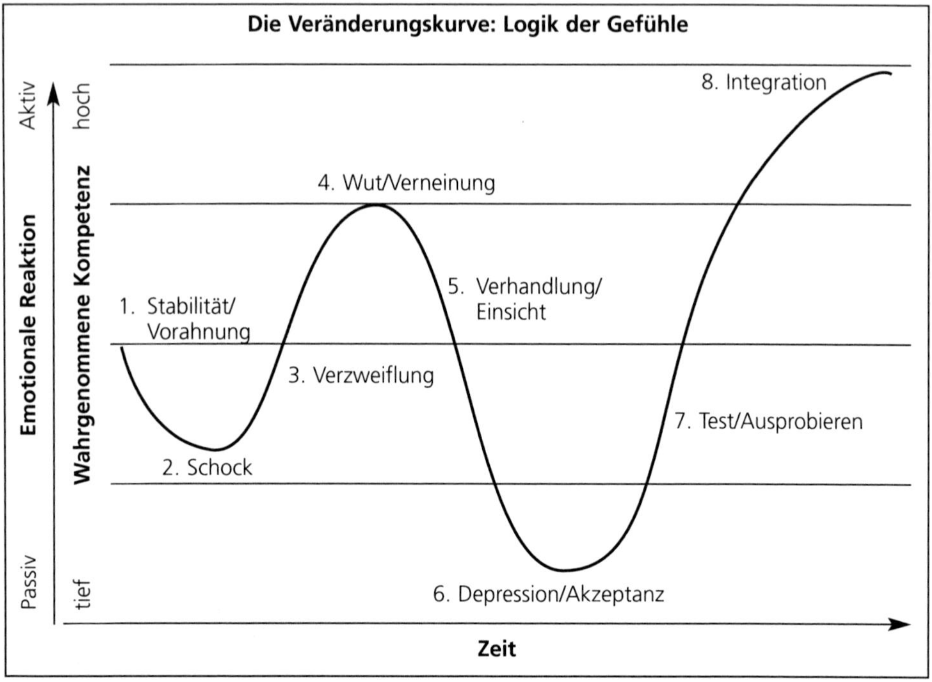

Abb. 2: Die Veränderungskurve: Logik der Gefühle (Quelle: Faerber und Turck 2006)

Dass sich Kirche beim Thema ihrer Immobilien mit Veränderung besonders schwer zu tun scheint, hat nicht nur mit der tendenziellen Unbeweglichkeit von Immobilien, sondern auch mit einigen Besonderheiten im Umgang mit dem kirchlichen Eigentum zu tun, die es vor allem auf evangelische Seite im Blick zu behalten gibt. Hier gibt es eine komplexe Vielfalt von Zuständigkeiten und von Eigentumsformen. Egal ob man die in diesem Buch immer wieder erwähnte Dreigliederung von *Landeskirche, Mittelbehörde und Gemeinde* „von der Basis" oder „von oben" her aufbaut: Da sind nicht nur verschiedene Eigentumsformen, sondern auch sehr unterschiedliche Interessenlagen im Spiel. Häufig werden die unterschiedlichen Interessen und Ihr Vorhandensein im kirchlichen Kontext nicht offen angesprochen. Damit einher geht nicht selten das Thema wechselseitigen Misstrauens und wechselseitigen Verdachts der Inkompetenz.

Die Arbeit an der kommunikativen Aufgabe ergebnisorientierter Verständigung profitiert davon, wenn diese Themen nicht tabuisiert und unterschiedliche Interessen auch benannt werden. Und sie profitiert davon, wenn die normative Frage nach dem Warum und Wozu kirchlicher Immobilien nicht nur von technischen Kennzahlen, sondern auch im Horizont theologischer Argumente und geistlicher Bilder erörtert wird. Gerade dort, wo mit dem kirchlichen Immobilienmanagement strategische Entscheidungen über Umwidmung oder Veräußerung kirchlicher Gebäude zur Debatte stehen, erfordert der kommunikative Prozess wechselseitiger Verständigung besondere Aufmerksamkeit, um entscheidungsfähig zu werden.

4 Die kommunikativen Aufgaben in den einzelnen Phasen kirchlicher Immobilienmanagementprojekte

4.1 Vorklärung: Die Beteiligten ins Boot holen

Wo kirchliches Immobilienmanagement nicht nur Instrumente zur systematischen und strukturierten Beurteilung gemeindlicher oder anderer kirchlicher Immobilien bereitstellen, sondern auch strategisch Konzepte zu deren zukünftiger Nutzung und Bewirtschaftung entwickeln will, muss von Beginn an darauf geachtet werden, Verbindlichkeit und Akzeptanz für die Aufgabe herzustellen. Noch vor der Erarbeitung technischer Details steht deshalb aus Sicht des kommunikativen Managements die wechselseitige Verpflichtung der beteiligten Ebenen und Gremien. Hier gilt es, Interesse und Bewusstsein für die Dringlichkeit des Themas zu schaffen. Dies ist Aufgabe des- oder derjenigen, der/die an bestimmter Stelle das Immobilienmanagement zielorientiert einführen will. Klarheit und Transparenz hinsichtlich der Interessen der treibenden Kraft sind dabei eher hilfreich als hinderlich für den Gesamtprozess.

Vor dem Hintergrund bereits durchgeführter Projekte ist zu unterstreichen, wie wichtig es an dieser Stelle ist, Verantwortliche auf den unterschiedlichen Ebenen von Gemeinde, kirchlicher Mittelbehörde und Landeskirche für das Thema zu gewinnen und in einem Projektteam zusammen zu bringen. Gerade, wegen der zwischen Gemeindeleitungen, Kirchenverwaltungen und (wohnungs-)wirtschaftlichen Dienstleistern immer wieder anzutreffenden gegenseitigen Vorbehalte, scheint es für einen nachhaltigen Erfolg des Immobilienmanagements entscheidend, dass im Vorfeld konkreter Immobilienmanagementprojekte Verbindlichkeit hergestellt und Vertrauen aufgebaut wird. Die hier im Vorfeld konkreter Planungen investierte Energie befördert am Ende wesentlich die Fähigkeit, aussagekräftige Entscheidungen zu fällen.

Wichtige Fragen in der Vorklärung sind:

- Ist bei den verschiedenen Beteiligten der Wille vorhanden, dem Thema Immobilienmanagement (für einen bestimmten Zeitraum) Priorität einzuräumen?
- Sind die Ressourcen vorhanden, das Projekt tatsächlich anzugehen? – Wie können oder sollen sie (gegebenenfalls von anderer Ebene) bereitgestellt werden?
- Sind die Voraussetzungen gegeben, damit ein wechselseitiges Commitment eingegangen werden kann? Wer muss sinnvollerweise beteiligt sein, damit dies gewährleistet ist?[12]
- Wer muss aus kirchlicher Verwaltungsbehörde, Kirchenkreisgremien und von der gemeindlichen Ebene an Bord des Veränderungsprozesses genommen werden?
- Haben wir Verantwortliche im Boot, die ihrerseits Bereitschaft zu Engagement und Veränderung mitbringen?

Je besser Repräsentanten der für das jeweilige Immobilienmanagementprojekt benötigten Entscheidungsträger (oft werden diese sowohl auf der mittleren Verwaltungsebene und zugleich auf der Gemeindeebene zu suchen sein) in die Vorklärung einbezogen werden, desto wahrscheinlicher ist der Erfolg dieses Projektes. Genau prüfen sollte man dabei, dass nicht parallele Prozesse verabredet oder im Laufen sind, die in der Durchführung verhindern und dass zeitliche Ressourcen im nötigen Umfang zur Verfügung stehen.

4.2 Vereinbarung: Den Startschuss geben und das Tempo festlegen

Geht es in der Phase der Vorklärungen darum, im kleinen Kreis die Voraussetzungen herzustellen, um strategische Immobilienmanagementprojekte überhaupt ins Laufen zu bringen, so bedarf das erwähnte Commitment der Beteiligten in der Folge in größerer Runde seines eigenen Ausdrucks. Dieser erfolgt am besten im Rahmen einer Veranstaltung mit demjenigen Gremium, das am Ende des Prozesses die nötigen Entscheidungen zu treffen hat.[13] Denn wie schon in der ersten Phase bemerkt hilft es, die Entscheider so früh und so motivierend als möglich in genügend großer Breite mit ins Boot zu nehmen.

Kommunikativ ist an dieser Stelle von entscheidender Bedeutung, dass die Befürchtungen, die im Raum sind, auch zur Sprache gebracht werden. Wenn die Befürchtungen keinen Raum haben, dann stehen die folgenden Schritte vor großen Hürden. Erwartet werden sollte dabei nicht, dass alle Mitglieder der Entscheidungsgremien selbst aktiv zum Ruder greifen und das entsprechende Projekt freudig begrüßen werden. Allerdings ist darauf zu achten, dass neben der Artikulation der Ängste auch die Hoffnungen benannt werden können, die sich mit dem spezifischen Managementprojekt verbinden.

Hilfreich für den weiteren Weg ist es, wenn bereits an dieser Stelle die Notwendigkeit von Änderungen offensichtlich ist, sprich, im Blick auf den Immobilienbestand ein entsprechendes Problembewusstsein vorhanden ist. Der *Kurs*, auf dem das Problem bearbeitet werden soll, ist transparent und nachvollziehbar darzustellen. Die *Rollen* und *Verantwortlichkeiten* aller beteiligten Personen sind dabei so klar als möglich zu benennen. Aber auch ein realistischer *Zeitplan* ist vorzustellen und zu vereinbaren, am besten dadurch, dass möglichst wirklichkeitsnah im Vorfeld bereits die Möglichkeiten wie die Schwierigkeiten der Erhebung und Erkundung vor Ort mit ein kalkuliert werden.

Eine präzise schriftliche Vereinbarung zwischen den Beteiligten kann verhindern, dass zu viele Themen in ein bestimmtes Vorhaben hinein gepackt werden. Sie sollte sowohl „Spielregeln" als auch Zeitplan benennen. Damit wird nicht nur der Umfang abgegrenzt, sondern auch vereinbart, wie bei im Projektverlauf auftretenden Schwierigkeiten vorzugehen ist.

Als kommunikative Faustregel lässt sich für die Startphase von Immobilienmanagementprojekten im kirchlichen Raum formulieren: Je breiter das Entscheidungsgremium am Anfang mit der Thematik und den zugehörigen Herausforderungen konfrontiert wird, desto besser scheinen am Ende die Aussichten für eine produktive Umsetzung der Ergebnisse.

4.3 Erkundung: Die Ruder in die Hand nehmen

Auf der emotionalen Kurve angesichts anstehender Veränderungen spielt auch die rationale Einsicht eine wichtige Rolle. Sollten zu Beginn eines strategischen (Immobilien-)Managementprozesses die Hoffnungen und die Befürchtungen angesichts möglicher Veränderungen ihren Raum haben, so gilt es in der folgenden Phase, auch in kommunikativer Hinsicht auf die „Daten" und ihre Analyse zu fokussieren.

Dabei ist einerseits auf die Datenqualität bei der Analyse des Immobilienbestands zu achten, um so unnötiger Unzufriedenheit vorzubeugen. Sehr hilfreich ist es in diesem Zusammenhang, wenn die kirchlichen Verwaltungen in der Lage sind, Gemeinden und Kirchenkreisen mit den geeigneten Instrumenten zu einer aussagekräftigen Einschätzung ihrer Immobilien zu verhelfen. Umgekehrt sind an dieser Stelle auch Gemeinden gefordert, ihre Beiträge zur Datenaufnahme in Form etwa von Nutzungszahlen in angemessener Qualität zu leisten.

Andererseits ist bei der in dieser Phase anstehenden Felderkundung ein Bereich wesentlich, der über der Begeisterung für die Erfassung quantitativer, „objektiver" Daten gern übersehen wird: Auch die „weichen" Faktoren (z.B. die im Blick auf die eigenen Immobilien leitenden Bilder und Einstellungen) wollen und sollen neben den „hard facts" zu ihrem Recht kommen. Etwa in Gestalt eines eigenen Workshops, der die bereits vorhandenen Überlegungen aufnimmt und klärt, in welche Richtung(en) die kirchlichen Immobilien vor Ort entwickelt werden könnten und sollten. Die in der nächsten Phase anstehende „Sinngebung" setzt nicht nur den Blick auf die Gebäude- und Nutzungsdaten voraus, sondern auch den Blick auf die in der Gemeinde handlungsleitenden Annahmen und Zielvorstellungen.[14] Sie sollten entweder bereits in einem dem Immobilienmanagementthema vorausgegangenen Gemeindeentwicklungsprozess erhoben sein, oder im kommunikativen Zusammenhang des Immobilienmanagements erhoben werden. Nicht sinnvoll erscheint an dieser Stelle das Nebeneinander mehrerer paralleler Prozesse zur Immobilien- und Gemeindeentwicklung.

Die Qualität der „Datenaufnahme" im kirchlichen Immobilienmanagement misst sich auch an der Offenheit für solche Fragestellungen. Dabei liegt die kommunikative Kunst darin, mit „Kopf" und „Hand" die Daten so genau wie nötig und mit dem „Bauch" die Atmosphäre samt der handlungsleitenden Motive und der im Raum schwebenden Zielvorstellungen so gut wie möglich zu erfassen.

4.4 Sinngebung: Den Kurs bestimmen – Handlungsalternativen profilieren

Um sich auf neue Gedanken und mitunter schmerzhafte Entscheidungen in Veränderungsprozessen einlassen zu können, braucht es ein geklärtes Bild dessen, wohin der Kurs geht. Deshalb ist in kommunikativer Hinsicht die „Sinngebung" entscheidend, innerhalb derer das Immobilienmanagement seine strategischen Alternativen formuliert. Es braucht dazu die eingangs beschriebene Verknüpfung der strategischen Frage nach dem Wohin (dem Ziel mit den eigenen Immobilien) mit den normativen Fragen Warum und Wozu (dem kirchlichen Auftrag am eigenen Ort zum jetzigen Zeitpunkt).

An dieser Stelle muss Zeit für die Formulierung einer Zukunftsvision sein. Die gemeinsame Verständigung über die Richtung, in die die Immobilien der Kirchengemeinde(n) entwickelt werden sollen, braucht Aufmerksamkeit. Alternativen und Szenarien müssen durchgespielt werden können. Vor dem Hintergrund der allgemeinen Einsichten zu Veränderungsprozessen geht es darum, eine produktive Angst zur Veränderung zu nutzen, aber die andere, unproduktive und lähmende Angst zu überwinden.[15] Die lähmende Angst stellt sich in Kirchen leicht ein. Dann etwa, wenn zur Diskussion steht, Gebäude aufzugeben. Gemeinhin dokumentiert sich darin ja ein Bedeutungsschwund der Kirche(ngemeinde) in der Öffentlichkeit und es ist verständlicherweise emotional sehr schwierig, die Aufgabe eines Gebäudes als möglichen Schritt in Richtung eines Bedeutungsgewinnes zu sehen. Genau ein solcher Gewinn an Bedeutung im Sinne von Zukunftsfähigkeit aber ist das Ziel, letztlich auch dort, wo der Abschied von Gebäuden zu beschließen ist. Damit dies gelingen kann, müssen unterschiedliche Möglichkeiten vor Augen gestellt werden. Und es müssen Prioritäten formuliert werden, was oft der schwierigste Schritt ist, weil er mit schmerzhaften Entscheidungen einhergeht.

Für den Prozess kommunikativer Verständigung ist in dieser Phase Folgendes hilfreich:

- Eine Übereinkunft zu den Fragen: Welche Räume und Ressourcen brauchen wir, um unserem Profil entsprechend arbeiten zu können – und umgekehrt: Welche Räume prägen und ermöglichen auch unser Handeln?
- In Abstimmung mit der Gemeinde gelingt eine aussagekräftige Szenario-Bildung, die Alternativen erkennen lässt. Je mehr die Immobilienexperten an dieser Stelle (ggf. im Rahmen einer Arbeitsgruppe) mit der Gemeindeebene im Gespräch sind, desto aussichtsreicher.
- Einüben und Unterstützen einer *„Kultur abschiedlichen Lebens"* im Blick auf Immobilien als Voraussetzung dafür, Immobilien ggf. auch loslassen zu können. Dies setzt unter Umständen einen längeren theologischen-pastoralen und psychologischen Bildungsprozess voraus.[16]

Die kommunikative Herausforderung liegt darin, bei der Diskussion von Entwicklungszielen und der Bildung von Zukunftsszenarien die Gemeinde bzw. den Kirchenkreis einzubeziehen, ohne darüber die Ergebnisorientierung aus den Augen zu verlieren. Ein nur extern entwickeltes Konzept ist hier zwar vielleicht in den angebotenen Szenarien präziser, dafür steht es vor der möglicherweise unüberwindbaren Hürde, von den Entscheidungsgremien als „eigenes“ Konzept angeeignet und übernommen zu werden. Zudem können die darin vorgeschlagenen Veränderungen die gemeindlichen Gremien leicht überfordern. Kaufmännische, technische, juristische und ekklesiologische Aspekte müssen bei der Bildung unterschiedlicher Szenarien Berücksichtigung finden. Je schwieriger die zu erwartenden Entscheidungen – insbesondere im Zusammenhang der Aufgabe von Kirchengebäuden – sind, desto mehr Aufmerksamkeit muss den theologischen und den seelsorgerlichen Faktoren gewidmet werden. Und umso sorgfältiger ist darauf zu achten, dass die interne Kursbestimmung abgeschlossen ist, ehe die öffentliche Diskussion (unpopulärer) Entscheidungen beginnt.

4.5 Abschluss und Perspektive: Das Ziel erreichen

Erst die verbindliche Vereinbarung von Zielen für die Entwicklung des eigenen Immobilienbestands ermöglicht einer Kirchengemeinde am Schluss eines Immobilienmanagementprojekts, Perspektiven für ihre Immobilien nicht nur theoretisch in Erwägung zu ziehen, sondern diese auch zu beschließen und in konkreten Maßnahmen umzusetzen. War das kommunikative Management als Teil des kirchlichen Immobilienmanagements erfolgreich, dann ist die Entscheidung der zuständigen Gremien sein vornehmstes Ergebnis und – zumal unter den komplexen Strukturen im evangelischen Bereich – der Ausweis seines Gelingens.

Dennoch seien unter kommunikativem Aspekt auch im Blick auf die Integration der Ergebnisse noch einige Anmerkungen und Hinweise gegeben.

- Je besser die Schlüsselfiguren des Entscheidungsgremiums vorher in die Visionsarbeit und die Diskussion der Szenarien einbezogen waren, desto zügiger wird in der Regel die Beschlussfassung vonstatten gehen.
- Gemeinsam mit der Entscheidungsebene ist zu überlegen, was diese an Voraussetzungen für das Treffen einer Entscheidung benötigt und was sie zukünftig benötigt, um im Sinn der erarbeiteten Vision und der vereinbarten Ziele handeln zu können.
- Andere kirchliche Ebenen können durch Zur-Verfügung-Stellen ihrer juristischen, theologischen oder kaufmännischen Kompetenz im Vorfeld die Entscheidungen erleichtern.
- Es lohnt sich, bei der Vereinbarung von Maßnahmen darauf zu achten, dass kurzfristige Erfolge mit eingeplant und gezielt herbeigeführt

werden. Die motivierende Funktion der sogenannten „Early Wins" kann kaum überschätzt werden. So wird erfahrbar, dass Neues tatsächlich auch positive Effekte hat.[17]
- Gerade bei kontroversen Entscheidungen wie Umwidmungen oder Veräußerungen tauchen die Hürden für die Entscheidungsgremien manchmal erst nach der Entscheidung auf, wenn sich etwa in der kirchlichen oder kommunalen Öffentlichkeit Widerstand formiert. Je motivierter die Entscheidungsebene am bisherigen Prozess beteiligt war, desto leichter wird sie sich nicht nur bei ihrer Entscheidung tun, sondern auch damit, diese gegen solche Widerstände durchzusetzen.
- Im Sinne der Nachhaltigkeit wird sich kirchliches Immobilienmanagement nicht nur um energetische Belange kümmern, sondern auch fragen, wie neue Betrachtungsweisen fest etabliert und in neue Routinen überführt werden können.
- Das Erreichen eines Ziels soll und darf auch in kirchlichen Immobilienmanagementprojekten öffentlich kommuniziert werden.

Alle fünf Schritte in einem Schaubild zusammengefasst:

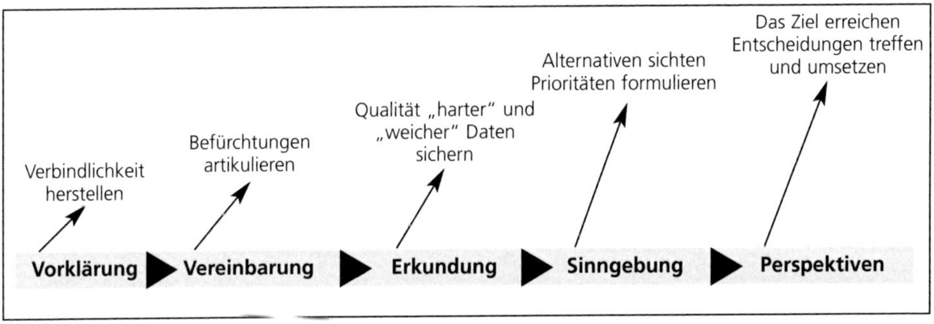

Abb. 3: Phasen und Aufgaben im Kommunikationsprozess bei kirchlichen Immobilienprojekten

5 Integrales Management: Abgestimmtes Arbeiten auf unterschiedlichen Ebenen

Der vorangegangene Abschnitt hat die kommunikative Aufgabe im Immobilienmanagement vor allem im Blick auf die Verständigungsprozesse in regionalen und lokalen Entscheidungsgremien beschrieben. Blickt man auf das gesamte Bild kirchlicher Akteure im Feld Immobilienmanagement, so empfiehlt sich darüber hinaus ein abschließender Blick auf die kommunikativen Aspekte „zwischen" den verschiedenen kirchlichen Ebenen und Akteuren. Die komplexe Aufgabe des kommunikativen Managements wird hier noch einmal besonders sichtbar.

Um Immobilienmanagement erfolgreich in das kirchliche Handeln zu integrieren, braucht es das Wissen um und das Handeln in den beschriebenen Dimensionen von Kopf, Bauch und Hand an allen drei Orten: bei der Gemeinde, bei der Mittelbehörde und bei der Landeskirche. Strategie, Kultur und Struktur erfordern jeweils spezifische Aufmerksamkeit, gerade in der Interaktion zwischen den verschiedenen kirchlichen Ebenen und Akteuren. In kommunikativer Hinsicht stellt dies an die jeweiligen Orte und Ebenen besondere Anforderungen und Erwartungen:

Von *landeskirchlicher Seite* ist gerade auch unter kommunikativen Aspekten zu fordern, dass unterstützende Systeme für die mittlere und die örtliche Ebene bereitgestellt werden. Wenn und wo das Thema Immobilienmanagement als dringlich eingestuft wird, sollte die Dringlichkeit nicht nur verbal formuliert, sondern auch praktisch durch den Ausweis von Ressourcen realisiert werden. Nur so wird landeskirchliches Immobilienmanagement seine Botschaft glaubwürdig entfalten können. Die Erfahrungen mit kirchlichen Projekten zeigen, wie wichtig dabei klare Zuständigkeiten und mit dem Thema identifizierte Personen sind, die der Sache in der kirchlichen Öffentlichkeit „ein Gesicht geben". Zur Erfüllung der kommunikativen Aufgabe wechselseitiger Verständigung im Immobilienmanagement leisten darüber hinaus auch einheitliche Regelungen, etwa zur Verwendung von Verkaufserlösen, einen wichtigen Beitrag, da sie zu Vergleichbarkeit und Transparenz beitragen.

In mancherlei Hinsicht stellen die in diesem Buch beschriebenen Ansätze zum kirchlichen Immobilienmanagement für die kirchlichen Verwaltungen gerade in den *Mittelbehörden* Neuland dar. Gegenüber den dort etablierten Feldern kirchlicher Verwaltung liegt in der strategischen Ausrichtung des Immobilienbestandes an Zielfragen und vergleichenden Kenngrößen eine spezielle Zumutung. Dies betrifft nicht nur die interne Kommunikation des Themas innerhalb der mittleren Verwaltungsebene, wo es gilt, eingefahrene Muster zu überwinden und das Arbeiten in Projekten zu integrieren. Vielmehr sieht sich die traditionell von „Verwaltung" und „Bürokratie" geprägte Mittelbehörde im Rahmen von Immobilienmanagementprojekten mit der für sie bis dato ungewöhnlichen Aufgabe konfrontiert, auch in ihren externen Bezügen ihrerseits an der Zielbestimmung mitzuwirken, bzw. diese selbst zu managen. An dieser Stelle kommen auf Verwaltungskräfte eigene kommunikative Anforderungen zu: Wie können wir Zielfragen im Managementprozess thematisieren? Wie arbeiten wir Zielkonflikte zwischen Beteiligten heraus und wie bearbeiten wir sie? Wo für solche Themen

Know-how und Erfahrung fehlen, empfiehlt es sich, für die kommunikative Begleitung größerer Prozesse und Projekt in dieser Hinsicht kompetente Unterstützung durch externe Moderatoren, etwa aus dem Bereich der Gemeindeberatungen in Anspruch zu nehmen.

Auch die *gemeindliche Ebene*, die im evangelischen Bereich den größten Teil des kirchlichen Immobilienbestands ihr Eigen nennt, steht im Zusammenhang des Immobilienmanagements vor der Herausforderung, Verständigung über den Horizont des eigenen Kirchturms hinaus zu suchen. Denn die mit zielorientiertem Immobilienmanagement einhergehende Transparenz und Vergleichbarkeit erzeugt – im besten Fall – eine Dynamik, in der Region nach Kooperation(en) zu suchen. Damit nicht der entgegengesetzte Fall eintritt und eine Gemeinde sich noch mehr als zuvor nur noch auf den eigenen Kirchturm zu konzentriert, braucht es im praktischen Ablauf des kirchlichen Immobilienmanagements Einübung in vorausschauendes Denken und die Entdeckung, dass das Zusammenwirken unterschiedlicher Ebenen und Kompetenzen für die eigene Gemeinde einen Nutzen bringt.

Gerade wegen der Komplexität der Managementaufgabe wird besonders bei umfangreicheren Projekten und Prozessen im kirchlichen Immobilienmanagement zu Recht auf externe Kompetenzen zurückgegriffen. Im Zusammenhang *externer Begleitung* sollte dabei auch auf die kommunikative Aufgabe geachtet werden. Die Herausforderung an die externe Begleitung liegt hier in erster Linie darin, Betroffene zu Beteiligten zu machen und die beschriebenen Phasen kontinuierlich, zielgerichtet und sensibel zu moderieren. Gespür für spezifische Situationen wird daher einhergehen mit dem Ziel, durch den Prozess kommunikativer Verständigung zu nachhaltigen Entscheidungen zu befähigen. Während die Notwendigkeit externer Begleitung für die strategischen und operativen Aspekte – im Bild gesprochen: die Kopf- und Handarbeit – in der Regel rasch gesehen wird, gilt dies nicht immer in gleiche Weise für die Bauch- und Beziehungsarbeit an den kulturell-kommunikativen Aspekten. Allzu oft glaubt man an dieser Stelle in Kirche und Gemeinden irrtümlich, dies mit Bordmitteln selbst bestreiten zu können.

6 Schluss

Die kommunikative Aufgabe im kirchlichen Immobilienmanagement dient dem Ziel, auf dem Weg der Verständigung entscheidungsfähig zu werden. In theoretischer Hinsicht steckt in dieser Bestimmung ein – bereits eingangs notierter – Widerspruch: Das kommunikative Management dient dem strategischen Interesse, zu immobilienwirtschaftlichen Entscheidungen zu kommen. Wo sich Kommunikation auf wechselseitige Verständigung orientiert, sieht sie freilich ihrerseits von strategischen Interessen ab. Paradoxerweise erfüllt in der Praxis das kommunikative Management in den gegebenen kirchlichen Strukturen diese strategische Aufgabe dann am aussichtsreichsten, wenn es das strategische Interesse (des „Kopfes“) nach hinten rückt und das Interesse an gemeinsamer Verständigung ins Spiel bringt und so der („Bauch-„)Arbeit an Visionen und Hoffnungen, aber auch an Ängsten und Befürchtungen, Raum und Zeit gibt.

Die moderne Managementtheorie unterstreicht, wie wichtig die Aufmerksamkeit für die kulturellen Faktoren ist, um sich erfolgreich mit der normativen Frage nach dem Warum und dem Wozu zu befassen. Für kirchliches Immobilienmanagement steckt darin der Hinweis, dass es dort auf verheißungsvollem Wege ist, wo es als integraler Managementprozess alle drei Momente der Kultur, der Strategie und der Struktur bearbeitet, also mit Kopf, Bauch und Hand betrieben wird. Gerade weil sich in der Praxis rasch unterschiedliche Schwerpunkte ergeben, mitunter auch einfach „stillschweigend“ einschleichen, ist dieser Zusammenhang außerordentlich wichtig, um problematische Engführungen zu vermeiden, wie sie sich in einer rein kaufmännischen, technischen, juristischen oder theologischen Herangehensweise nahe legen.

Anmerkungen

1 Dies gilt unbeschadet der erheblichen Unterschiede, die näherhin zwischen *systemtheoretischen* und *handlungstheoretischen* Konzeptionen bestehen. Für die kommunikationspsychologischen Folgerungen aus den systemtheoretischen Einsichten einschlägig ist der eingangs zitierte Paul Watzlawick (am bekanntesten im deutschsprachigen Raum sein populäres Werk „Anleitung zum Unglücklichsein“, München 1983).

2 Damit beziehe ich mich auf ein handlungstheoretisches Verständnis von Kommunikation, wie es von Jürgen Habermas in seiner Theorie des kommunikativen Handelns (2 Bde. Frankfurt/M. 1981) entwickelt wurde. In theologischer Hinsicht ist in diesem Zusammenhang an das Modell der *Konziliarität* zu erinnern, vgl. dazu z.B. Wolfgang Huber, Kirche, Stuttgart 1979, 102: „Die Lebensprobleme der christlichen Gemeinde werden auf allen Ebenen der Kirche durch gemeinsames Hören und Handeln, deshalb aber auch durch gleichberechtigte Beratung geklärt und entschieden.“

3 Vgl. *Bleicher*, Das Konzept Integriertes Management, 7. Aufl., Frankfurt/New York 2004.

4 Ebd., 80.

5 Vgl. dazu *Rüegg-Stürm*, Das neue St. Galler Management-Modell, in: *Dubs, u.a. (Hrsg.)*, Einführung in die Managementlehre, 1. Aufl., Bern 2004, 80 ff.

6 *Rüegg-Stürm*, a.a.O., 101.

7 Vgl. zum Bild von Kopf, Bauch und Hand von motivationspsychologischer Seite auch: Kehr, Für Veränderungen motivieren mit Kopf, Bauch und Hand, Organisationsentwicklung 2008 (3), 23–30.

8 In der Organisationstheorie wird an dieser Stelle gern das Bild des zum wesentlich größeren Teil unter der Oberfläche verborgenen Eisbergs gebraucht, um die unsichtbare und doch höchst wirksame Macht der kulturellen Komponenten einer Organisation zu illustrieren, vgl. z.B. Ruegg-Stürm, a.a.O., 104.

9 So erstmals Lewin, *Frontiers in Group Dynamics*, 5–41 in Human Relations, H. 1, 1947.

10 Nach Turck/Faerber, Coaching als Instrument der Personal- und Organisationsentwicklung, Stuttgart 2007, 98 ff. (dort auch 98 die abgebildete Grafik).

11 So z.B. *Geyer/Kohlhofer*, Emotionen in M&A-Projekten, Organisationsentwicklung 2008 (3), 31–37.

12 Das viel strapazierte angelsächsisch formulierte „Commitment" drückt das auf seine Weise aus: Wer bindet sich an das Thema und lässt sich dabei auch behaften?

13 Je nach Art und Größe ist an eine Kirchenkreis-/Dekanatskonferenz oder an die gemeindlichen Gremien zu denken.

14 Vgl. zur Begründung oben in Abschnitt II.

15 Vgl. Edgar Schein, Angst und Sicherheit. Die Rolle der Führung im Management des kulturellen Wandels und Lernens, Zeitschrift OrganisationsEntwicklung, Heft 3, 2003.

16 Zur Rede von der Abschiedlichkeit als Lebenshaltung vgl. z.B. aus philosophischer Perspektive: W. Weischedel, Der Gott der Philosophen, Bd. 2, Darmstadt 1975, 256.

17 Wenn etwa energetische Verbesserungsvorschläge mit eingebracht werden, motiviert dies in vielen Gemeinden auch zu anderen Maßnahmen. Auf die Wichtigkeit der *„Early Wins"* weist hin: John P. Kotter, Leading Change: Why Transformation Efforts Fail, in: Harvard Business Review No. 2, 1995. Darin benennt Kotter acht Schritte zum Veränderungserfolg (eigene Übersetzung): *1. Bewusstsein für die Dringlichkeit schaffen; 2. Verantwortliche mit Veränderungsbereitschaft gewinnen und zusammenbringen; 3. Die Zukunftsvision ausformulieren und eine Strategie entwickeln, wie Sie dahin kommen; 4. Die Zukunftsvision bekannt machen; 5. Handeln im Sinne der neuen Vision und der Ziele ermöglichen; 6. Kurzfristige Erfolge planen und gezielt herbeiführen; 7. Erreichte Verbesserungen systematisch weiter ausbauen; 8. Das Neue fest verankern.*

2/VI
Informationssystem für das kirchliche Immobilienmanagement

Prof. Dr. Ulrich Bogenstätter

Um eine tragkräftige Immobilienstrategie einzuführen, ist eine Bestandsaufnahme nötig: Welche Gebäude und Grundstücke gibt es eigentlich im eigenen Verantwortungsbereich? Welche Daten sind vorhanden – und wo liegen sie vor? Um eine reibungslose Kommunikation zwischen den verschiedenen kirchlichen Instanzen herzustellen, ist die Anschaffung und Einrichtung eines leistungsfähigen und kompatiblen Datenverarbeitungssystems unerlässlich.

Der Informationsbedarf der Immobilienverantwortlichen ist abhängig von der Art und Anzahl der Immobilien und der Art der bestehenden Vertragsbeziehungen. Die Vielfalt der kirchlichen Immobilien wird in Teil I/II dieses Buches ausführlich beschrieben. Es lassen sich z.B. unterscheiden: „angemietete Flächen in Verwaltungsgebäuden", „vermietete Wohneinheiten in Wohnhäusern", „Gebäude einschließlich Kirchen im Eigentum der Kirchengemeinde", „Liegenschaften" und „Erbbaurechte" usw. Bei der Anmietung von Büroflächen sind z.B. der Mietpreis, die Nebenkosten und die Vergleichsmieten von Interesse. Bei der Betriebskostenabrechnung für Wohnimmobilien müssen gesetzlich normierte Anforderungen erfüllt werden. In Kindergärten sind der Platzbedarf und die Auslastung kennzeichnend für die Arbeit. Dabei befinden sich diese Gebäude häufig im Eigentum der Kirchengemeinde, aber auch im Eigentum von Vereinen oder Kommunen. Die Liegenschaftsverwaltung benötigt Informationen zu den Grundstücken und ihre Verwendung, ob es sich um land- und forstwirtschaftliche Flächen handelt oder um bebaute bzw. zukünftig bebaubare Grundstücke. Erbbaurechte sind geprägt von Erbbaurechtsverträgen mit den unterschiedlichsten Konditionen.

Auch die unterschiedlichen Größen der Kirchengemeinden und kirchlichen Verwaltungseinheiten führen zu unterschiedlichem Informationsbedarf. Eine kleine (Land-)Gemeinde besitzt unter Umständen bis zu fünf Gebäude, z.B. Kirche, Gemeindehaus, Pfarrhaus oder Gemeindezentrum mit Mehrfachnutzung, Kindergarten, eventuell noch Mietwohngebäude. Eine mittlere (Gesamt-)Kirchengemeinde hat mehrere Pfarrstellen und kann über einen Immobilienbestand bis ca. 20 Gebäude verfügen. Großgemeinden haben viele Pfarrstellen und mehr als 20 Gebäude mit einer unbegrenzten Vielfalt an Gebäudenutzungen, wie z.B. Verwaltungsgebäude, ggf. Alten- bzw. Pflegeheim, Freizeitheim, Jugendhaus, kirchlicher Friedhof, Sozialberatungsstelle, Diakonie-/Sozialstation, Tafel-/Möbelladen. Landeskirchen verfügen häufig über Verwaltungsgebäude, Hochschulen, Gebäude zur Erholung und Genesung, Kurheime, Schulen, Ausbildungsstätten, Bildungsstätten mit Unterkunft, Wohnhäuser, Studentenwohnheime[1] usw.

1 Verantwortungsfelder bei kirchlichen Immobilien

Die Tätigkeiten im Zusammenhang mit Immobilien lassen sich grundsätzlich in drei Strategiebereiche einteilen: Investment-Strategie (Portfolio-Strategie), Immobilientransaktionsstrategie (Asset-Management) und Bestandsimmobilienmanagement (Property-Management). Sie werden unterschiedlichen Geschäfts- und Verantwortungsfeldern zugeordnet (s. Abbildung 1). In der gewerblichen Immobilienwirtschaft sind eine Vielzahl von Geschäftsmodellen oder Verantwortungsfelder vorhanden, die sich auch im kirchlichen Immobilienbereich wiederfinden, wenn dies auch nicht immer gleich deutlich wird. Es sind dies: „Immobilienfonds“ (z.B. Kauf und Verkauf von Immobilienfondsanteile), „Eigentümer“ (z.B. Verpachtung von forstwirtschaftlichen Flächen, Vergabe von Erbbaurechten), „Projektentwickler“ (z.B. Umsetzen einer Projektidee „Altersgerechtes Wohnen“), „Bauträger“ (z.B. Erstellung und Verkauf von Reihenhäuser für kinderreiche Familien auf

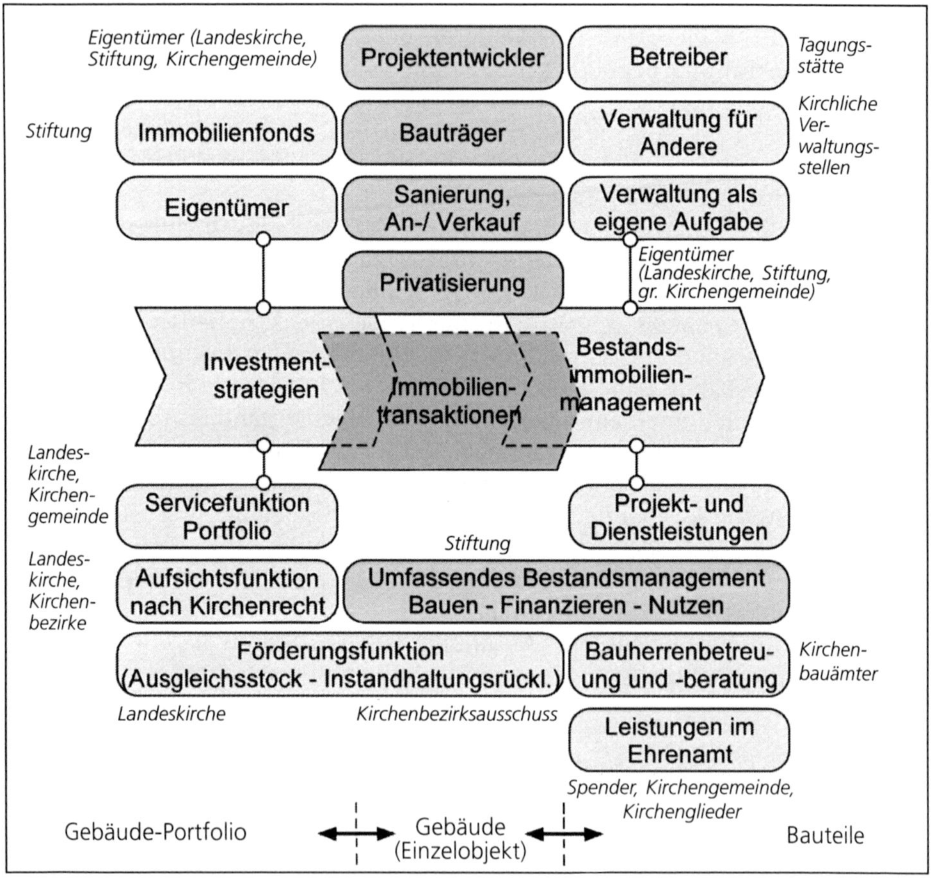

Abb. 1: Geschäftsmodelle in der kirchlichen Immobilienwirtschaft

Erbbaugrundstücken), „Sanierung" (z.B. Stilllegung des sanierungsbedürftigen Pfarrhauses mit Nebengebäuden, mit dem Ziel es zu sanieren und anschließend zu verkaufen), „Privatisierung" (z.B. Verkauf eines ehemaligen Pfarrhauses in Teilen als abgeschlossene Wohnungen), „Betreiben" (z.B. von Kindergärten im kommunalen Eigentum), „Verwaltung für Andere" (z.B. die Übernahme von gebäudebezogenen Verwaltungsaufgaben für kleinere Kirchengemeinden durch kirchliche Verwaltungsstellen), „Verwaltung als eigene Aufgabe",[2] „Projektleistungen- und Dienstleistungen" (z.B. die Dienst- und Bauleistungen werden professionell oder als Eigenleistung erbracht) und/oder „umfassendes Bestandsmanagement" (im kommunalen Umfeld als Private-Public-Partnership-Modell bekannt), bei dem z.B. der Bau einer evangelischen Schule durch eine Stiftung erfolgt. Darüber hinausgehende Verantwortungsfelder sind speziell im kirchlichen Bereich: „Portfolio-Servicefunktion" (z.B. das Herbeiführen strategischer Investitionsentscheidungen im Immobilienbestand einer Kirchengemeinde[3]), die Aufsichtsfunktion (z.B. die Wahrnehmung der hoheitlicher Aufgaben nach Kirchenrecht), „Förderungsfunktion" (z.B. Verteilung der Mittel des Ausgleichsstocks oder der Instandhaltungsrücklage an die Kirchengemeinden), „(Bauherren-)Betreuungs- und Beratungsleistungen", die vielfach von den Kirchenbauämtern für Kirchengemeinden erbracht werden. Leistungen der „Ehrenämter", die kostenfrei erbracht werden und wesentliche Beiträge bei der Umsetzung von (Bau-)Aufgaben in Kirchengemeinden leisten und Aktivitäten in einer Kirchengemeinde freisetzen.

Die unterschiedlichen Geschäfts- und Verantwortungsfelder erfordern einen unterschiedlichen Detaillierungsgrad an Informationen für den Umgang mit den Immobilien. Im Geschäftsbereich Investment-Strategien liegt der Schwerpunkt des Informationsbedarfs bei Gebäudegruppen (Gebaude-Portfolio), bei Immobilientransaktionen sind zusätzlich detaillierte Informationen zu den einzelnen Gebäuden erforderlich, beim Bestandsimmobilienmanagement bedarf es außerdem der Kenntnis des Zustandes der Bauteile (vgl. Abbildung 1) eines Gebäudes.[4]

Die Geschäfts- und Verantwortungsfelder werden von einer Vielzahl unterschiedlicher kirchlicher Organisationen ausgefüllt, z.B. Landeskirche, Stiftungen, Kirchenbauämter, Kirchenbezirke, kirchliche Verwaltungsstellen, Kirchengemeinden in unterschiedlichen Größen oder selbstständig agierende Organisationseinheiten wie z.B. Tagungsstätten. Es ist eine über Jahrzehnte gewachsene Vielfalt anzutreffen, die unter den heutigen Anforderungen an ein professionelles Immobilienmanagement an ihre Grenzen stößt. So finden sich in vielen Landeskirchen Überlegungen der Organisationsverbesserung, z.B. wird überlegt, die

Förderungsfunktion aus der Landeskirche herauszulösen und in eine Stiftung zu überführen. Kleinere Kirchengemeinden werden bei der Erstellung der Haushaltspläne durch kirchliche Verwaltungsstellen unterstützt („Verwaltung für Andere"), während größere Kirchengemeinden die Verwaltungsaufgaben selbst erbringen (Verwaltung als eigene Aufgabe).

2 Festlegung des Informationsbedarfs als Managementaufgabe

Die Zuordnung der kirchlichen Immobilientätigkeiten zu Geschäfts- und Verantwortungsfeldern ermöglicht es einerseits, Branchenbezüge zu EDV-Lösungen herzustellen, andererseits ergibt sich daraus, verbunden mit den organisatorischen Gegebenheiten, der Informationsbedarf der Immobilienverantwortlichen. Er orientiert sich dabei an den langfristigen Strategien, den mittelfristigen Zielen und den täglichen Aufgaben. Ohne eine solide Datengrundlage ist ein verantwortungsvolles Handeln nicht vorstellbar.

2.1 Aufgabenorientierte Datenerfassung und -pflege

In Abbildung 2 werden wesentliche Aufgaben einer Kirchengemeinde benannt: Diese Aufgaben beruhen auf der Strategieentwicklung der Gemeinde, in der Evangelischen Landeskirche in Baden z.B. Gemeindezielfoto[5] genannt. Die Kirchenglieder und der gemeindliche Haushalt werden dazu in einem Gemeinde- und Haushaltsentwicklungsplan dargestellt. Dabei ist es unverzichtbar auch eine Einschätzung der Immobilien vorzunehmen, und zwar aus Sicht der Nutzung (Nutzungs-, Auslastungsquote) aus der Sicht des Gebäudezustand (Instandhaltungsmaßnahmen) und/oder aus der Sicht der Bewertung (z.B. Verkehrswert). Diese Einschätzung muss für alle zu vergleichende Immobilien nach gleichen Kriterien erfolgen. Damit soll ermöglicht werden, dass für eine Auswahl von Objekten entschieden werden kann, ob diese im Bestand gehalten oder aufgegeben werden. Ob es sinnvoll ist in die Gebäude zu investieren oder ob der Verkauf der Gebäude sinnvoll ist, ob andere Gebäude angekauft oder angemietet werden sollten (Portfolio-Management).

Das Bestandsimmobilienmanagement beinhaltet die Vertragsverwaltung mit Mietern und Nutzern (z.B. Vermietung von Gemeindesälen), den „Einkauf" von Bauleistungen (z.B. Abwicklung von kleinen und größeren Baumaßnahmen), das Belegungsmanagement (z.B. für das Gemeindezentrum) und die wiederkehrende Prüfung der Gesamtwirtschaftlichkeit der Immobilie.

Aus den Aufgaben lässt sich ableiten, welche Arbeitsabläufe (Prozesse) sinnvoll durch EDV unterstützt werden können. Durch eine detaillierte Prozessbeschreibung[6] werden die Anforderungen für das EDV-System formuliert, die nicht nur wünschenswert (Lastenheft), sondern notwendig (Pflichtenheft) sind. Die Verbindung der Aufgaben zu den EDV-Lösungen zeigt Abbildung 2. So unterstützen z.B. Portfolio-Mana-

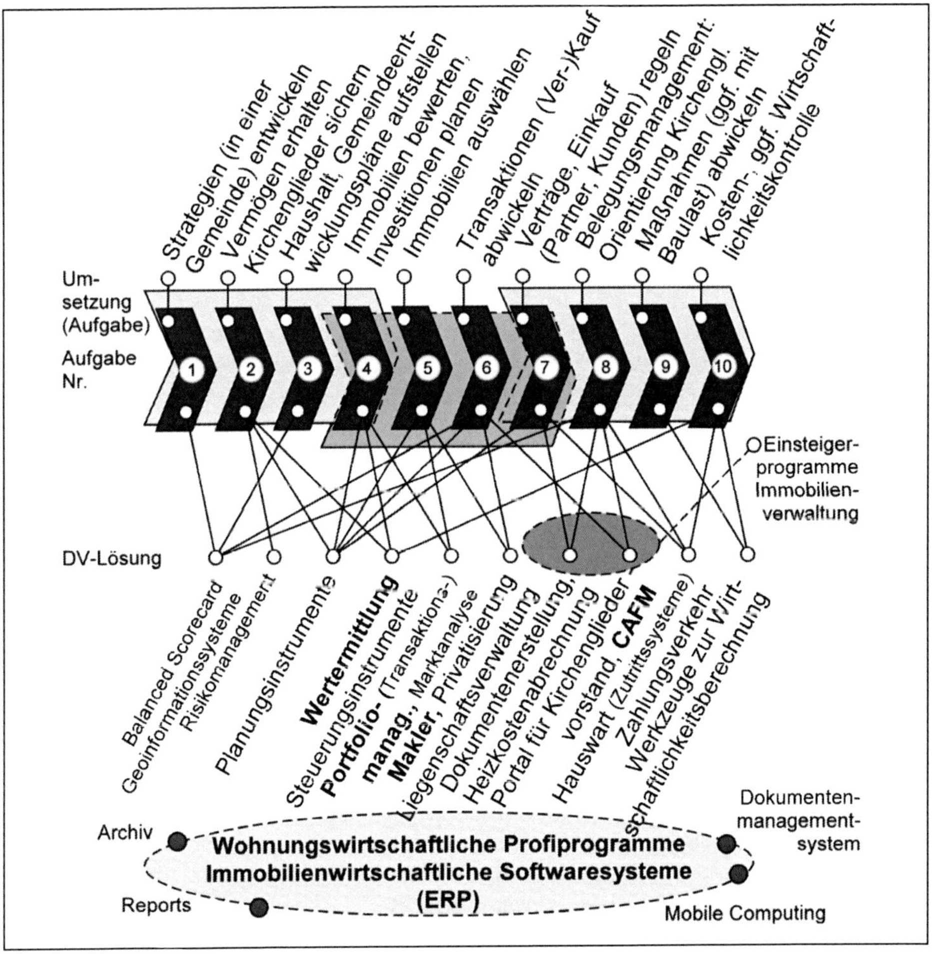

Abb. 2: Von den Aufgaben zu den EDV-Lösungen

gement-Systeme die Bewertung und Auswahl von Immobilien nach Selektionskriterien und gleichzeitig zeigt die Darstellung, dass die verschiedenen Anforderungen wiederum miteinander vernetzt sind und diese Vernetzung auch die EDV unterstützen muss.

2.2 Daten zur Deckung des Informationsbedarfs

Erfolgreiches kirchliches Immobilienmanagement beinhaltet, im Unterschied zur kirchlichen „Verwaltung", das „Führen" einer kirchlichen Unternehmung. Grundlage hierfür sind Berichts-, Kontroll- und Planungssysteme. Wesentlich dabei ist, Ziele aus einer gemeindlichen Strategie abzuleiten und die Beteiligten, z.B. den Bauausschuss der Kirchengemeinde, umfänglich zu informieren. Das heißt, der Immobilienbestand ist im Gemeindehaushalt abzusichern (Strategie), eine angemessene Instandhaltungsrücklage (Ziel) ist anzulegen, die Zielerreichung ist regelmäßig zu überprüfen. Standardisierte Berichte und Auswertungen des EDV-Systems führen zur Transparenz. Sie melden in festgelegten zeitlichen Abständen den Status quo der Zielerreichung, wie z.B. die tatsächlichen und geplanten Ausgaben für Instandsetzung und Modernisierung. Mit diesen professionellen Auswertungs- und Vergleichsmöglichkeiten werden nicht nur die hauptamtlichen Mitarbeiter im kirchlichen Bereich unterstützt, sondern auch Alle, die ehrenamtlich Verantwortung tragen. Sie erhalten damit Grundlagen für nachvollziehbare und sachgerechte Entscheidungen.

Berichts- und Kontrollsysteme werden gespeist von „täglichen" Dateneingaben und laufend angewandten Verfahren. Nur wenn dies sicher gestellt ist, können die positiven Effekte von EDV-Lösungen auch genutzt werden.

Heute sind die Landeskirchen noch nicht in der Lage, aus der „täglichen" Dateneingabe Auswertungen zu generieren. Eine notwendige objektbezogene Kostenleistungsrechnung lässt sich zurzeit in allen Landeskirchen kaum erstellen. Zwar sind eine Vielzahl von Daten vorhanden, es fehlt aber in der Regel an der digitalen Verfügbarkeit, an den Verknüpfungen der verschiedenen Datenbereiche und an Auswertungsmöglichkeiten. Die Beurteilung, ob 120 000 € pro Jahr für Instandhaltungskosten und 80 000 € pro Jahr für die laufenden Gebäudebetriebskosten angemessen und ausreichend sind, bedarf der Überprüfung mittels plausibler Vergleichsgrößen, z.B. in € pro m^2 Brutto-Grundfläche.[7]

Die Daten für die Beurteilung von Immobilien lassen sich in vier Kategorien unterteilen: Gemeindedaten, Kosten, Einnahmen und auswertbare Strukturdaten.

- Zu den Gemeindedaten gehören z.B. die Anzahl der Kirchenglieder.
- Zu den Kosten zählen objektunabhängige Kosten (z.B. Pfarrstellen), objektbezogene Kosten (z.B. Betriebs- und Instandsetzungskosten) und Mietkosten.
- Zu den Einnahmen zählen objektunabhängige Einnahmen (z.B. Kirchensteuer) und objektbezogene Einnahmen (z.B. Spenden, Mieteinnahmen, Einnahmen aus Nutzungsrechten).
- Bei den auswertbaren Strukturdaten sind (juristische) Personendaten (z.B. Eigentumsverhältnisse), Grundstücksmerkmale (z.B. Bodenrichtwert), Gebäudemerkmale (z.B. Nutzfläche) oder Nutzungsdaten (z.B. Veranstaltungen, Anzahl der Veranstaltungsteilnehmer) zu nennen.

Weitere Hinweise finden sich auch im Handbuch der Konferenz der Bauamtsleiter der Gliedkirchen der EKD.[8]

3 Aufbau eines Informationssystems

3.1 Zentrale oder dezentrale Datenhaltung

Bei der Entwicklung einer EDV-Lösung für den Immobilienbereich in einer Landeskirche ist auch zu klären, ob eine Anbindung an eine zentrale Datenverarbeitung (ERP: Enterprise Ressource Planning – System, z.B. Navision-K bei der Evangelischen Landeskirche in Württemberg oder SAP) oder Insellösungen bzw. eigenständige ERP-Systeme sinnvoll sind. Eine zentrale Datenverarbeitung kann z.B. über „(Web-)Services“ die Haushaltspläne der Kirchengemeinden einbinden. Ergänzende Module („Add-Ons“) können dabei Funktionalitäten bieten, z.B. wohnungswirtschaftliche Betriebskostenabrechnungen, ohne die Vorteile einer Integration in das ERP-System zu verlieren. Daneben sind Insellösungen oder eigenständige ERP-Systeme denkbar, für die nicht zwingend eine Anbindung an die zentrale Datenverarbeitung benötigt wird, z.B. Belegungsmanagement bei Bildungsstätten mit Unterkunft. Die Darstellung von Belegungsraten ist für eine Bildungsstätte mit Hotelbetrieb unbedingt notwendig, auf der Ebene der Landeskirche im Vergleich zu kaufmännischen Kennzahlen nur von geringerem Wert. Für Kirchengemeinden sind Insellösungen nicht anzustreben, da Fragestellungen der Kirchengemeinden ähnlich gelagert sind, z.B. zum Gemeindezielfoto oder Instandhaltungsplanung. Die Methoden und Verfahren sind dort vielfach gleich, lediglich die Inhalte unterschiedlich. Das Vorhalten von EDV-Lösungen in jeder Kirchengemeinde oder Verwaltungseinheit als Insellösung ist unrentabel. „(Web-)Services" können hier Mehrwerte insbesondere für die Immobilienverantwortlichen in Ehrenämtern bieten.

Tatsächlich befinden sich in der kirchlichen Praxis die unterschiedlichsten EDV-Systeme im Einsatz. Eine Bestandsaufnahme wäre hilfreich, auch eine Bündelung auf EKD-Ebene, die zu Kosten- und Ressourceneinsparungen führen könnte.

3.2 Störfeuer im Datenfluss

Wie der Datenfluss zu gestalten ist, ist in der Theorie sehr einfach: es geht von den Kirchengemeinden (KG) zu der mittleren Ebene, z.B. Kirchenbezirken (KB), von den Kirchenbezirken zu der Landeskirche (OKR), und den gleichen Weg wieder zurück. Im Falle der Liegenschaften im direkten Verantwortungsbereich der Landeskirche ist der Datenfluss auf landeskirchlicher Ebene sicher zu stellen. In der Praxis unterliegt dieses einfache Prinzip einem vielfachen „Störfeuer". Bei Störfeuer (1) und (2) in Abbildung 3 werden Daten nicht weitergeleitet, da der Mehrwert der

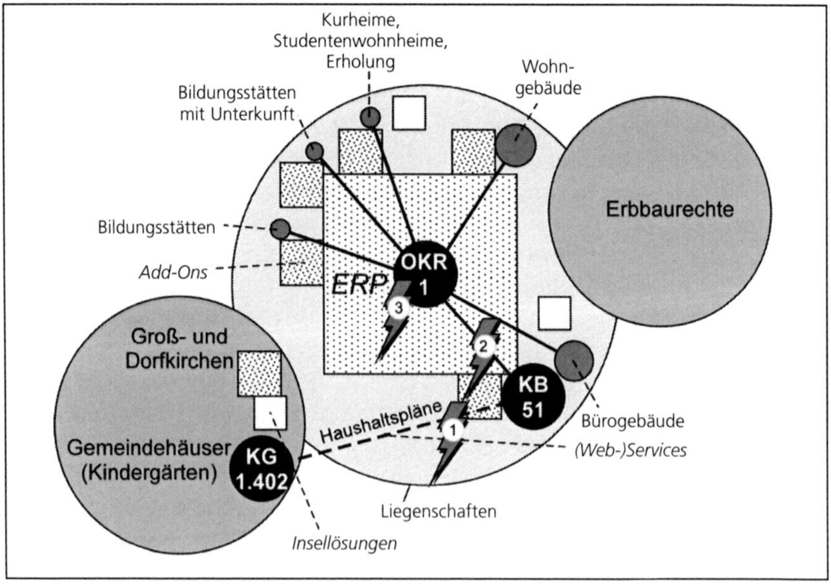

Abb. 3: Irritationen beim Informationsfluss

Informationslieferung von den Kirchengemeinden an die Kirchenbezirke und/oder Landeskirche nicht vermittelt werden kann. Vielmehr kann die Sorge ungewollter Transparenz oder Vergleichsmöglichkeiten unter den Kirchengemeinden zu einer Abwehrhaltung führen. Ebenso kann die Transparenz bei der Mittelvergabe oder Priorisierung der Mittel durch die Kirchenbezirke/Landeskirche unerwünscht sein. Daneben erschwert Störfeuer (3) den Zugriff, z.B. die Datenverteilung in unterschiedlichen Organisationseinheiten, weil Schnittstellen zwischen den Datenbanken fehlen (dieses Problem ist nicht zu unterschätzen!), die Daten als Informationsquelle unzureichend konsolidiert sind, Datenschutzgesetze die Verbindung erschweren oder weil ein Statistikgesetz fehlt. Selbst bei „gutem" Willen aller Beteiligten sind heute die Daten vielfach zu unvollständig, um die gewünschten Auswertungs- und Vergleichsmöglichkeiten einfach, zeitnah und verständlich bereit zustellen.

4 Auswahl von Datenverarbeitungssystemen

4.1 Vom langfristigen Informationsbedarf zur EDV-Lösung

Zur ersten Einschätzung der IST-Situation kann sich ein Immobilienverantwortlicher nachfolgende Fragen stellen, diese beantworten und dann den EDV-Bedarf einschätzen:

- Werden die Prioritäten bei den Geschäfts- und Verantwortungsfeldern richtig gesetzt (z.B. auf der Ebene „Verwaltung als eigene Aufgabe")?
- Kann auf verlässliche und transparente Zahlen aufgebaut (z.B. gebäudebezogen Kostenleistungsrechnung) werden? Liegen die Bewirtschaftungskosten vor?
- Können Optimierungspotenziale erkannt und als Ziele nachvollziehbar kommuniziert werden (z.B. Senkung des Energieverbrauchs und der -kosten, Bündelung von Projekten für bessere Einkaufspreise)?
- Kann der gemeindliche Haushalt in einer 5-, 10- oder 15 Jahresplanung sicher(er) geplant werden (z.B. Entwicklung der Anzahl der Kirchenglieder, des Kirchensteueraufkommens und der anstehenden Instandhaltungsmaßnahmen)?
- Wird über Risiken einfach und zeitnah informiert (z.B. „schiefe" Haushaltslage bei unvorgesehenen Baumaßnahmen)?
- Werden Entscheidungen und Strategien (z.B. durch Darstellung von Auswertungen, Alternativen, Vergleichsmöglichkeiten, Normstrategien in der Instandhaltung) unterstützt? Ist der Instandsetzungsbedarf bei den Kirchen bekannt, gibt es Alternativen?

- Können Trends (z.B. Haushaltsentwicklung, Heizkostenentwicklung) im laufenden Jahr erkannt werden?

4.2 Der Markt der EDV-Anbieter

Die dargestellten Geschäfts- und Verantwortungsfelder zeigen Wege zu Branchenlösungen, die bei Einführung einer integrierten und aufeinander abgestimmten EDV-Lösung in einer Landeskirche geprüft werden können und sollten. Unter Beachtung von Branchenlösungen lässt sich der EDV-Anbietermarkt segmentieren nach Bauträgerlösung, Energiemanagement, FM-Dienstleister, Gebäudeautomation, Geoinformation, Kirchen, Makler, Portfolio-Management, Liegenschaftsmanagement, Wertermittlung und Wohnungswirtschaft. Überschneidungen sind häufig und deuten die Integrationsfähigkeit vielfältiger Geschäfts- und Verantwortungsfelder an. Eine nicht abschließende Darstellung der EDV-Anbieter ist in Abbildung 4 dargestellt. Der Branchenbezug wird in dem Schaubild andeutungsweise berücksichtigt. Die Schriftgröße entspricht – soweit ermittelbar – der Unternehmensgröße nach Anzahl der Mitarbeiter.

Das Schaubild zeigt die Vielfalt von Anbietern und vermittelt anschaulich die Schwierigkeit bei der Auswahl der „richtigen“ DV-Lösung mit dem „richtigen“ DV-Dienstleister.

5 Implementierung in die kirchliche Verwaltungspraxis

Bevor eine Entscheidung, welches EDV-Produkt das richtige ist, gefällt werden kann, ist daher dringend geboten, eine genaue Analyse durchzuführen. Einerseits sollte geprüft werden, welche Systeme bereits vorhanden sind, und andererseits, was neue Systeme können müssen. Diese Klärung ist der erste Baustein für die erfolgreiche Einführung eines Informationssystems. Beide Schritte dienen dazu, typische Fehler bei der Implementierung von EDV-Systemen zu vermeiden, nämlich:

- neue Module oder Programme werden gekauft aber nicht genutzt:
- zusätzliche Anforderungen der Fachabteilungen werden erst nach der Einführung neuer Programme bekannt;
- Datenmigration und Datenschnittstellen wurden unterschätzt und müssen als Nachträge teuer bezahlt werden;
- Erwartungen der Anwender werden nicht erfüllt.

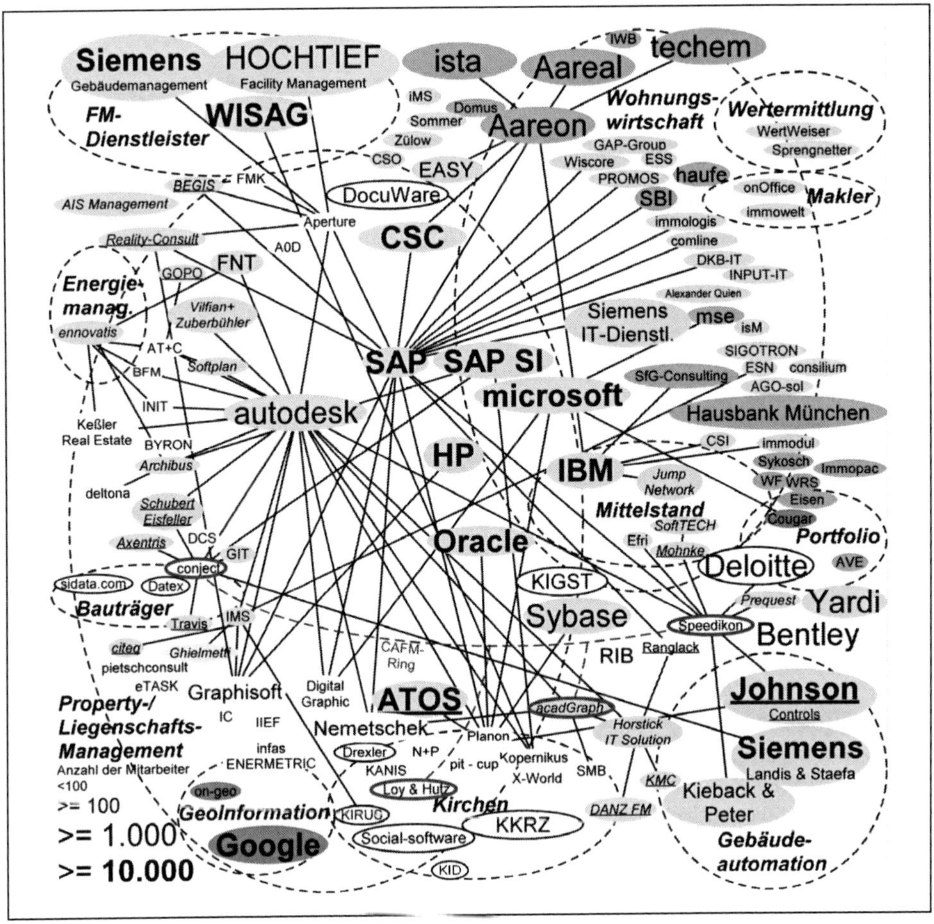

Abb. 4: Anbieter von EDV-Lösungen

Die Folgen dieser Fehler sind eine Steigerung der Fehlerquoten nach der Einführung, ineffektive Abläufe und Rückgang der Zufriedenheit der Mitarbeiter. Um diese Folgen zu vermeiden, ist ein strukturierter Evaluierungsprozess notwendig, wie er zum Beispiel in der Evangelischen Landeskirche in Württemberg vorgenommen wurde.[9] Das ist der zweite Baustein . Die Prozessschritte sind dabei:

Zieldefinition:

- der Systemauswahl,
- der (Neu-)Beschaffung,

- der Einführung,
- der Begleitung und
- Zielerreichungskontrolle.

Der mögliche DV-Anbieterkreis wurde im Laufe der Evaluierung in der Evangelischen Landeskirche in Württemberg durch einen Auswahltrichter von 13 auf einen Auftragnehmer eingegrenzt. Eine Projektgruppe steuerte den Evaluierungsprozess, machte Betroffene zu Beteiligten, informierte diese regelmäßig und bezog diese regelmäßig ein. Obwohl die EDV-Lösung nicht vollständig im gewünschten Ausmaß in Betrieb genommen werden konnte, lassen sich einige Schlussfolgerungen für den Evaluierungsprozess ziehen. Er beinhaltet folgende wesentliche Elemente:

- die Wunschliste (Lastenheft),
- ein Organisationsmodell (Soll-Modell),
- Beschreibung der (zukünftigen) Kernprozesse,
- Darstellung der Prozessabläufe und Funktionsanforderungen an eine EDV-Lösung,
- eine Entscheidungsvorlage der Projektgruppe,
- Angebote und Angebotsprüfung sowie Vertrag.
- Danach ist das abschließende Fachkonzept zu erstellen und dem Produktivstart steht nichts im Wege.
- Eine begleitende Nachbetreuung ist notwendig.

Der (ideale) Arbeitsflussplan des Evaluierungsprozesses ist in Abbildung 5 dargestellt.[10]
Aus den Erfahrungen lassen sich zehn „goldene Gebote“ aufstellen:

1. Aus Betroffenen Beteiligte machen (Alle fachlich Betroffenen von an Anfang beteiligen und begleiten).
2. Nur so viel wie nötig, so wenig wie möglich ((Soll-)Kernfunktionen umfassend bestimmen).
3. Die wichtigen Aufgaben richtig machen (Die wichtigen Aufgaben auswählen und Mengengerüste bestimmen).
4. Nur wer weiß, was er braucht, kann formulieren, was er will ((Soll-)Kernprozesse beschreiben).
5. Keine Äpfel mit Birnen vergleichen, daher definierte (Kern-)Prozesse von Anbietern zeigen lassen.
6. Eigene Organisation im Vorfeld klären.
7. Auswahlprozess zügig durchziehen (An einem Tag mehrere Anbieter, Prozesse vergleichbar vorgeführt).

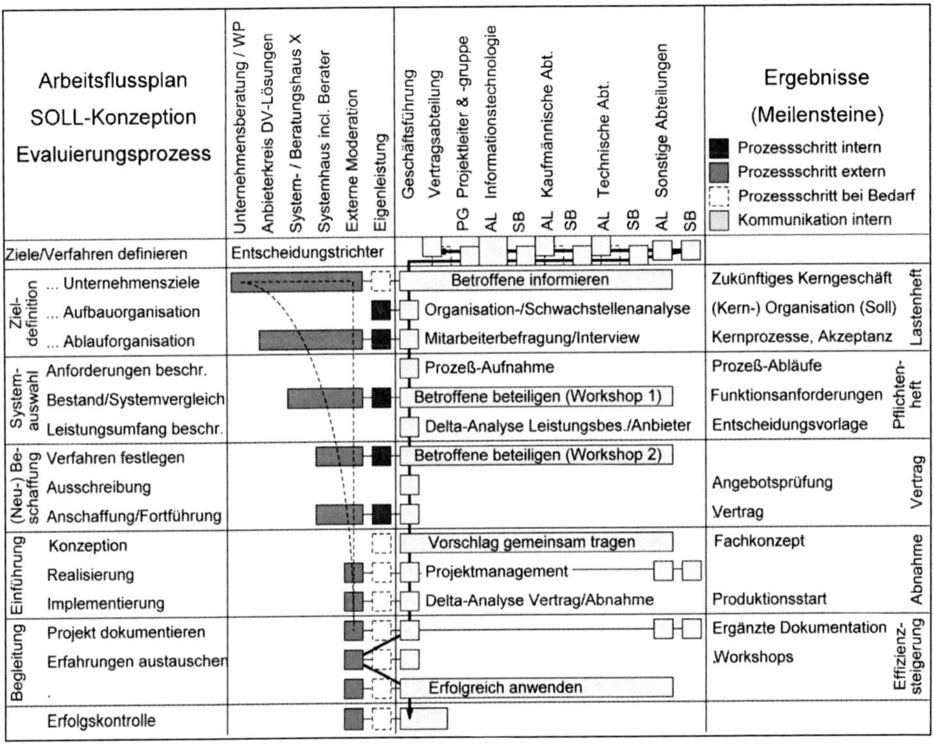

Abb. 5: Evaluierungsprozess einer (DV-)Lösung

8. Vor Vertragsschluss alle Leistungen klären.
9. Nicht die Software ist das Problem, „es menschelt“ im Unternehmen bzw. Verwaltungsstrukturen einer Kirche (Strukturiertes Vorgehen mit Beteiligung der Anwender reduziert das Risiko und erhöht die Erfolgschancen).
10. Für das gesamte Projekt ausreichend zeitliche und kompetente Ressourcen bereitstellen.

Anmerkungen

1 Vgl. auch Gräf, Ulrich; Bogenstätter, Ulrich: Einführung eines zentralen Gebäudemanagements für alle Objekte der Evangelischen Landeskirche in Württemberg: Arbeitsgruppe Immobilienmanagement; unveröffentlichter Schlussbericht, 4.11.2005.

2 Z.B. Belegungsmanagement – vgl. Konferenz der Bauamtsleiter der Gliedkirchen der EKD (Hrsg.): Kirchliches Bauhandbuch: Energiesparendes und umweltschonendes Bauen in der Evangelischen Kirche; Ergänzungswerk, Stuttgart: Evangelischer Presseverband für Westfalen und Lippe 2.2007, Kapitel 3.1: 1 (8) – wird von großen Kirchengemeinden selbst erbracht.

3 Vgl. auch Zeilinger, Thomas; Reiß-Fechter, Dagmar: Ergebnisbericht Kirchliches Immobilienmanagement KIM; Ergebnisbericht; Nürnberg 9.2007.

4 Vgl. für die Immobilienwirtschaft generell: Bogenstätter, Ulrich: Property Management und Facility Management, 1. Aufl., München, 2008, Seite 30.

5 Rapp, Erich, Reduktion auf das Notwendige, in: Dokumentation 1. Berliner Forum, hrsg. von ESWiD durch Reiß-Fechter, Dagmar, Nürnberg 2007, Seite 17.

6 Vgl. Teil 4/V dieses Buches: Bestandspflege und Erhaltung.

7 Vgl. Bogenstätter, Ulrich: Erkenntnisgewinn und Handlungsempfehlungen, in: Ergebnisbericht Kirchliches Immobilienmanagement KIM, hrsg. von ESWiD durch Bogenstätter, Ulrich; Reiß-Fechter, Dagmar, Zeilinger, Thomas, 2. Aufl., Nürnberg, 2007, hier werden die für Kirchengemeinden hilfreichen Daten dargestellt, Nürnberg, 2007, Seite 31 ff iVm. Seite 88 ff.

8 Konferenz der Bauamtsleiter der Gliedkirchen der EKD (Hrsg.): Kirchliches Bauhandbuch: Energiesparendes und umweltschonendes Bauen in der Evangelischen Kirche; Ergänzungswerk, Stuttgart: Evangelischer Presseverband für Westfalen und Lippe 2.2007, Kapitel 3.1/Anhang, z.B. Teil B und C.

9 Der Evaluierungsprozess einer EDV-Lösung ist dargestellt in: Bogenstätter, Ulrich: Property Management und Facility Management, 1. Aufl., München, 2008, Seite 313. Das Verfahren wurde 2004 bei der Evangelischen Landeskirche in Württemberg (Pfarrgutsverwaltung) angewandt.

10 Bogenstätter, Ulrich: Property Management und Facility Management, 1. Aufl., München 2008, Seite 313.

Teil 3

Beurteilung und Entwicklung der Immobilienbestände

3/I
Einführung

Dagmar Reiß-Fechter, Rechtsanwältin

Woher weiß man eigentlich, wie viel eine Immobilie wert ist? Wie viel darf zum Beispiel eine Kirche kosten, wem könnte sie beim Verkauf – aus welchen Gründen – etwas wert sein? Die horrenden Summen, die in der Öffentlichkeit etwa für den Kölner Dom kursieren, verzerren die Sachlage enorm. Für die wirklichkeitsnahe Bewertung von Immobilien gibt es anerkannte Methoden.

Die nachfolgenden Beiträge befassen sich mit den Grundlagen der Beurteilung und Bewertung von Immobilien und mit den Problemen, die im Zusammenhang mit der Veräußerung von Immobilien bzw. mit der Entwicklung des Immobilienbestandes stehen. Sie beschränken sich auf kaufmännische Fragestellungen. Es werden einerseits Managementmethoden der Immobilienwirtschaft vorgestellt, die als Anregung für die Weiterentwicklung im kirchlichen Bereich verstanden werden. Andererseits werden konkrete Hinweise zur Umsetzung von Maßnahmen gegeben, die den Verantwortlichen Hilfestellung bei der Lösung eines Problems geben.

Ausgangspunkt ist, dass kirchliche Organisationen in der Regel von der Frage betroffen sind, dass der Immobilienbestand mittel- und langfristig nicht finanziert werden kann und daher der Immobilienbestand an die finanzielle Leistbarkeit angepasst werden muss. Trotz dieser sehr häufig vorhandenen Erkenntnis gelingt es in der Praxis nur schwer, die nötigen Entscheidungen herbeizuführen. Neben der Notwendigkeit einer guten Kommunikation bei all diesen Prozessen (vgl. Kapitel 2/V: Die kommunikative Aufgabe im kirchlichen Immobilienmanagement) sind Werkzeuge der Immobilienwirtschaft und Kenntnisse aus der immobilienwirtschaftlichen Wissenschaft und Praxis auch im kirchlichen Umfeld sinnvoll einzusetzen. Damit wird die Professionalisierung des Immobilienmanagements befördert und die Chancen erhöht, zu tragfähigen Entscheidungen und Umsetzungsmaßnahmen zu gelangen.

1 Portfolio-Analyse, Benchmark und Balanced Scorecard

Die Portfolio-Analyse und Benchmarkanalysen sind Arbeitsmethoden, mit denen es gelingt, einen vorhandenen Immobilienbestand in seiner Tauglichkeit für die Ziele, die die jeweilige Organisation anstrebt, zu bewerten. Damit können Rangfolgen festgelegt werden, die entsprechende Handlungsnotwendigkeiten nach sich ziehen. Entscheidungen können so transparent und nachvollziehbar getroffen und kommuniziert werden. Gerade in den komplexen und demokratisch organisierten evangelischen Kirchen ist ein solches Vorgehen von existenzieller Notwendigkeit, damit auch Veränderungen möglich sind und umgesetzt werden können.

Beide Methoden lassen sich im kirchlichen Bereich sehr gut einsetzen, auch wenn das Gerüst der Kennzahlen erst zu erarbeiten ist, denn ein solches ist bisher nicht vorhanden. Die positiven Effekte des

Führens mit Portfolio- und Benchmarkinstrumenten sollten auch für kirchliche Organisationen genutzt werden.

Die Balanced Scorecard ist eine Managementmethode, die vollständigkeitshalber aufgeführt wird, aber, zumindest zum heutigen Zeitpunkt, im kirchlichen Bereich noch zu komplex sein dürfte.

2 Bewertung der Immobilien

Die Finanzen und das Vermögen der Kirchen stehen auch im Interesse der Öffentlichkeit. So verwundert es nicht, dass zum Beispiel im „Immobilienmanager" vom 15.4.2008 eine Rangliste des Bodenwertes von Kirchen dargestellt wird, der Kölner Dom mit € 79 Millionen und die Münchner Jesuitenkirche „St. Michael" mit € 210 Millionen. Solche Werte geben ein vollkommen falsches Bild.

Wie eine Immobilie zu beurteilen ist und was die Immobilie wert ist, hängt jeweils von dem Gesichtspunkt ab, unter dem die Beurteilung vorgenommen wird. Die Frage, was dem Eigentümer eine Immobilie wert ist, ist anders zu beurteilen, als die Frage nach dem Verkehrswert, wenn eine Immobilie verkauft werden soll oder die Frage nach dem richtigen Wert in der Bilanz oder im Vermögenshaushalt.

Daher befassen sich die Beiträge unter diesem Kapitel mit der Fragestellung: Wie müssen sinnvollerweise die Immobilienwerte in den Bilanzen bzw. Vermögenshaushalten abgebildet werden und wie sind Verkehrswerte zu ermitteln?

Der Beitrag über die bilanzielle Behandlung der Immobilien ist für alle von Interesse, die sich mit der Haushaltsaufstellung bzw. Bilanzplanung, Jahresrechnung oder Jahresabschluss befassen. D.h. jeder Kirchenvorsteher, jede Kirchenvorsteherin, jeder Synodale und jede Synodale sollten darüber informiert sein, wie dieses Thema grundsätzlich behandelt wird und wie mit praxisorientierten Verfahren gearbeitet werden kann. Ausgangspunkt ist das Prinzip der Wiedererwirtschaftung des Ressourcenverbrauchs, das sich wesentlich von den Regelungen des Handelsgesetzbuches oder der internationalen Rechnungslegung unterscheidet, aber gerade deshalb die besonderen kirchlichen Bedürfnisse berücksichtigt.

Das Thema der Wertermittlung im Sinne der Verordnung der Ermittlung der Verkehrswerte, auch normiertes Wertermittlungsverfahren genannt, ist für all diejenigen gedacht, die Verkehrswertgutachten in Auftrag geben. Häufig wird das Ziel, das mit den Erkenntnissen aus den Verkehrswertgutachten erreicht werden soll, nicht klar definiert oder die Aufgabenstellung an den Gutachter unklar formuliert, so dass die

Ergebnisse der Gutachten keinen wirklichen Nutzen für den Auftraggeber haben. Der Beitrag stellt die verschiedenen Ermittlungsverfahren vor und zeigt die Grenzen der einzelnen Verfahren auf. Er widmet sich außerdem den besonderen Herausforderungen der Wertermittlung bei Kirchengebäuden. Der Beitrag verdeutlicht, dass Wertermittlungen entsprechend der Verordnung der Ermittlung der Verkehrswerte nur dort sinnvoll sind, wo Gebäude zur Disposition stehen und in der Planungs- und Entscheidungsphase, die gewonnen Informationen helfen, zu besseren Entscheidungen zu kommen. Ansonsten haben die Werte allenfalls nachrichtlichen Informationswert.

3 Erwerb, Veräußerung und Belastung von kirchlichen Grundstücken

Die mit Grundstücksgeschäften verbundenen gesetzlichen und innerkirchlichen Regelungen sind vielfältig und für Immobilienverantwortliche oft auch unübersichtlich. Gleichzeitig ist es notwendig, die Interessen der kirchliche Rechtsträger bei Grundstücksgeschäften ausreichend, auch vertraglich zu sichern. Hinweise werden in diesem Beitrag gegeben.

Sollen Grundstücke auf dem freien Markt veräußert oder auch angekauft werden, helfen Hinweise zum Thema Vertrieb und Marketing, da damit Potenziale des Marktes auch für kirchliche Organisationen genutzt werden können.

4 Investitionen

Die Anpassung des Immobilienbestandes an die Bedürfnisse des kirchlichen Rechtsträgers und seine finanzielle Leistbarkeit erfordert auch die Weiterentwicklung des vorhandenen Immobilienbestandes. Um die Entwicklung eines Grundstückes oder Gebäudes vornehmen zu können, bedarf es einer soliden Finanzierung, die entsprechende Geldmittel voraussetzt.

Beide Beiträge befassen sich mit diesem Thema. Es wird die Sicht einer Landeskirche dargestellt, die im Rahmen langfristiger Finanzplanung die Geldmittel schaffen möchte, um notwendige Entwicklungsmaßnahmen durchführen zu können. Auch wenn das Modell nicht für alle Landeskirchen 1:1 übernommen werden kann, so bietet der strategische Ansatz und die operative Umsetzung Anregung für Verantwortungsträger in anderen Landeskirchen.

Außerdem wird dargestellt, wie Investitionsrechnung und Wirtschaftlichkeitsberechnung durchgeführt werden, um schon in einem frühen Stadium beurteilen zu können, ob eine Investition langfristig finanziell tragbar ist. Gerade hier zeigt sich, dass in kirchlichen Organisationen, bevorzugt auf landeskirchlicher Ebene, Kriterien entwickelt werden sollten, wie die Wirtschaftlichkeit von Investitionen berechnet werden muss, da die Berechnungsmethoden sehr unterschiedlich schwierig sind und unterschiedliche Aussagen damit getroffen werden. Mit einer Vereinheitlichung können verschiedene Investitionsvorhaben bezüglich der Wirtschaftlichkeit miteinander vergleichbar gemacht und damit Finanzressourcen gesteuert werden.

3/II
Portfolio-Analyse, Benchmark, Balanced Scorecard

Herwig Teufelsdorfer, Diplom-Ingenieur, MRICS

Benchmarking und Cluster, Portfolios und Scorecards: Was für Laien wie böhmische Dörfer klingt, sind für eine effektive Bewertung von Immobilien hilfreich Begriffe und Methoden. Wer sie anwendet, kann Entscheidungen transparent und nachvollziehbar machen.

1 Portfolio-Analyse

1.1 Einführung in das Portfolio-Management

Der Begriff des Portfolios setzt sich aus den beiden französischen Wörtern „porter" – tragen und „feuilles" das Blatt, zusammen. Es kann damit die Gesamtheit von Wertanlagen, oder Wertpapieren genauso gemeint sein wie Sammlung von Methoden, Anwendungen, Verfahren in beliebigen Anwendungsbereichen.

Im Bereich der Finanz- und Immobilienwirtschaft wird darunter die Gesamtheit der Vermögenswerte einer natürlichen oder juristischen Person umfasst. Die Portfolio-Analyse als erforderliche Voraussetzung für die dauerhafte erfolgreiche Bewirtschaftung eines Portfolios umfasst die gleichzeitige Betrachtung der Wertanlagen/Immobilien und deren Wechselwirkung zueinander. So gilt es, die Qualität des Objektes in seiner Gesamtheit (Alter, Zuschnitt, Drittverwendungsfähigkeit, Betriebskosten, Erreichbarkeit, etc.) selbst zu betrachten, wie auch den weiteren (Makro-) und engeren (Mikro-)Standort des Objektes. Es kann nach der ersten Definition und Erfassung der zu betrachtenden Faktoren und deren Ausprägung (konkrete Werte) dem jeweiligen Objekt eine Stellung im Portfolio zugewiesen werden und aus dieser Betrachtung die Strategie für den weiteren Umgang mit dem konkreten Objekt oder ein eventueller Zukauf oder Verkauf entschieden werden.

Dies hängt jedoch – über die reine Betrachtung des Einzelobjektes hinaus – auch wesentlich von der Wechselwirkung der Objekte untereinander ab (wenn bereits ein Gemeindezentrum im Portfolio vorhanden ist und dieses nicht in der erhofften Frequenz angenommen wird, so wird kein zweites in unmittelbarer Umgebung dazu zu kaufen oder zu bauen sein).

Immobilien-Portfolio-Management ist somit der methodische, wertoptimale Umgang mit Immobilien unter Analyse der einzelnen Objektgegebenheiten ebenso wie deren Wechselwirkung untereinander.

1.2 Typologisierung des Portfolio-Managements

Die Portfolio-Managementmethoden lassen sich grundsätzlich in zwei Gruppen unterteilen:
- Managementorientierte Ansätze
- Finanztheoretische Ansätze

Die Managementorientierten Methoden sind in den 70er und 80er Jahren im Rahmen der Optimierung von Produkt-Portfolien entstanden. Es sind dies die sogenannte 4-Felder-Matrix der Boston Consulting Group (BCG-Matrix) und die 9-Felder-Matrix von McKinsey (McKinsey-Matrix).

Ziel der Portfolio-Analyse anhand von Matrizen ist die Ermittlung der Stellung des einzelnen Objektes in der Matrix und die Ableitung von Strategien für den Umgang mit dem jeweiligen Objekt.

Die BCG-Matrix fokussiert auf den Markt und die eigene Stellung (des Objektes) im Markt, was sich in der Definition der Achsen: Relativer Marktanteil (horizontal) und Marktwachstum (vertikal) widerspiegelt.

Die Qualität des Objektes selbst wird also nur mittelbar mit abgebildet. Da im Immobilienbereich, vielleicht mit Ausnahme von Sonderimmobilien, der eigene Marktanteil meist verschwindend gering ist und eine Änderung desselben immenser finanzieller Mittel bedarf, ist die Verwendung der Vier-Felder-Matrix (Abbildung 1) im Rahmen der Immobilienwirtschaft eher unüblich und nur in Ausnahmefällen zielführend, sie ist sinnvoller z.B. im Bereich der Konsumgüter anwendbar.

Die 9-Felder-Matrix (Abbildung 2) bezieht in ihrer Darstellungsform den Markt, in dem sich ein Objekt befindet, ebenso ein wie das Objekt selbst. Auf den Achsen werden entsprechend der „Relative Wettbewerbsvorteil" als Maß für die Qualität eines Objekts (horizontal) abgebildet wie auch die Marktattraktivität als Maß für den Markt. Die Achsen haben eine Skalierung von 0 bis 100, die jeweiligen Werte werden über ein Multifaktorenmodell ermittelt. Es ist so die fallbezogene Anpassung des Modells über unterschiedliche Gewichtungen der einzelnen Faktoren möglich; angemerkt sei, dass die Auswahl der zu berücksich-

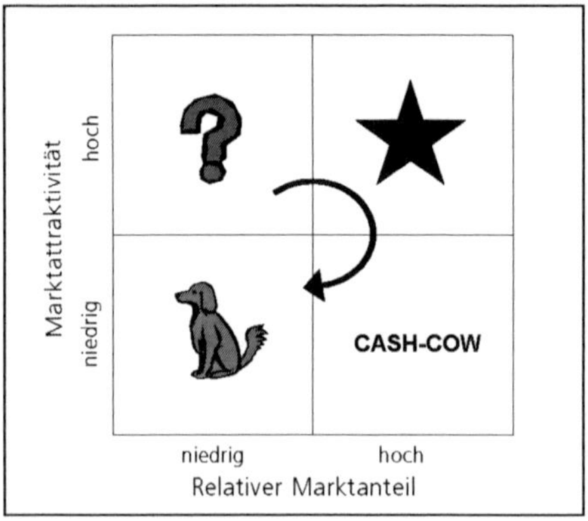

Abb. 1: Relativer Marktanteil

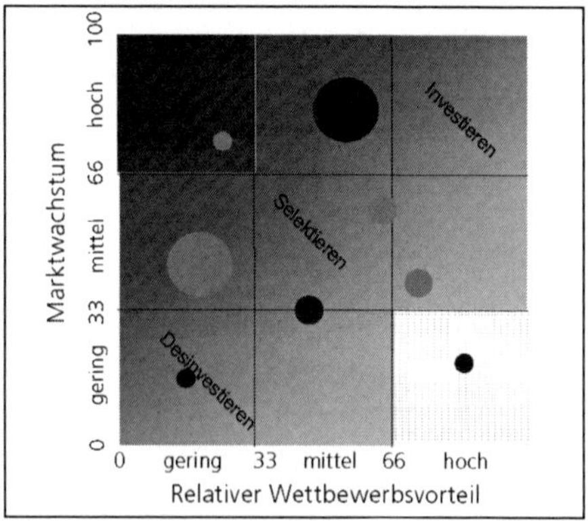

Abb. 2: Relativer Wettbewerbsvorteil

tigenden Faktoren im Team erfahrener Fachleute mit Kenntnis der einzelnen Objekte und Märkte durchgeführt werden sollte, wie auch die Gewichtung der Faktoren. Über die Zuordnung der Objekte/des Portfolios in der Matrix lassen sich sehr rasch sog. Normstrategien erkennen, die es ermöglichen in einem nächsten Schritt konkrete Handlungen abzuleiten. Ein weiterer Vorteil der Portfolio-Analyse über die 9-Felder-Matrix ist die Möglichkeit die einzelnen Objekte als Kreise darzustellen und über den Durchmesser des Kreises eine weitere Messgröße in die Darstellung zu verpacken. So könnte z.B. die Miete/m^2 ebenso wie die Betriebskosten/m^2, oder der Reinertrag/m^2 eine darstellbare Analysegröße sein, die Einfluss auf die abzuleitenden Maßnahmen hat. So wird man sich im Bedarfsfall eher von Objekten mit höheren Betriebskosten und geringerem Reinertrag trennen als umgekehrt; je größer der Kreis, umso eher muss das Objekt weg. Weiter ist es in dieser Darstellungsform möglich, durch die Normierung der Achsen auch unterschiedliche Nutzungsarten miteinander in Beziehung zu setzen.

Neben den managementorientierten Methoden sind die finanzmathematischen Methoden zu nennen, wie z.B. die Moderne Portfolio-Theorie nach Henry M. Markowitz, deren wesentlicher Ansatz auf einer Diversifizierung eines Portfolios nach Risiko und Renditegesichtspunkten ist: „Don't put all eggs in one basket." Dabei wird nach den optimalen Kombinationen mehrerer Anlagen gesucht, bei denen in Summe die höchste Rendite mit dem geringsten Risiko zu erzielen ist; dies funktioniert über die möglichst negative Korrelation der Anlagen untereinander (Korrelation = -1: Ich spezialisiere mich auf den Verkauf von zwei Produkten: Regenschirme und Sonnencreme, i.d.R. ist es mir immer möglich zumindest mit einem der beiden Produkte Umsatz zu erwirtschaften).

Weitere finanzmathematische Ansätze sind das Capital Asset Pricing Model und die Arbitrage Pricing Theorie, die beide aufgrund der im Vergleich zum Aktienmarkt sehr geringen Anzahl an Transaktionen nur sehr beschränkt zum Einsatz kommen.

1.3 Definition der Analyseziele

Um Immobilien-Portfolios dauerhaft erfolgreich bewirtschaften zu können ist es wesentlich, laufende Analysen durchzuführen, diese zu interpretieren und gegebenenfalls auch an geänderte Rahmenbedingungen anzupassen.

So sollte vor Beginn klar abgeklärt werden, was mit dem Ergebnis der Analyse bewerkstelligt werden soll. Geht es z.B. darum, den Betrieb der

Objekte zu optimieren oder soll das Potenzial einzelner frei werdender Objekte – z.B. im Rahmen von Flächenzusammenlegungen – ermittelt werden? Die Fragestellung nach dem Ziel der Analyse ist ebenso wesentlich für den Erfolg geplanter Maßnahmen wie die Ermittlung der zur Analyse notwendigen Daten.

- Definition des Analyse Zieles – Wozu soll analysiert werden?
- Definition des Analysegegenstandes – Welche Objekte, Aspekte genau sollen analysiert werden?
- Definition der zielführenden Vorgehensweise – Wie kommen wir zum Ergebnis?
- Definition der zur Analyse erforderlichen Daten – Was brauchen wir zum durchführen der Analyse?
- Überprüfung des Vorhandenseins der Daten? – Wer hat die Daten in welcher Form?
- Überprüfung der Aktualität der Daten? – Sind die Daten zeitnah?
- Überprüfung der Richtigkeit der Daten? – Sind die Daten belastbar?
- Überprüfung der späteren Reproduzierbarkeit der Daten – Können wir die gleiche Analyse in einem Jahr nochmals machen?

1.4 Methoden und Tools zur Analyse

Die systematische, laufende und strukturierte Pflege der Daten zu den Objekten stellt die Basis für die wertoptimale Bewirtschaftung des Portfolios dar. So können die Daten zum Bestand z.B. in folgende Gruppen unterteilt werden:

- Wirtschaftseinheit (Nutzungsart, Gebäudezustand, Grundbuchdaten, Anzahl und Umfang der Mieteinheiten, Mieterdaten);
- Kosten und Erlösdaten (Mieten, Pachten, sonstige Erlöse, Betriebskosten – verrechenbar – nicht verrechenbar, Instandhaltungskosten, Anschaffungskosten, Leerstandskosten);
- Markt- und Standortdaten (Lage, Marktmieten, Entwicklung der Marktmieten, Bodenwertverzinsung, wirtschaftliches Umfeld);
- Unternehmensdaten (Standortprogramm, Bedarfsprogramm, Raum- und Funktionsprogramm).

In Ergänzung dazu lassen sich alle Daten in die Gruppen der Stammdaten und Bewegungsdaten unterteilen. Während erstere von langfristigem Bestand sind, ändern sich die Bewegungsdaten in (regelmäßigen) Abständen.

Wesentliche Daten zur Erstbeurteilung eines Objektes/Portfolios sollten sein:
- Adresse;
- Referenz/Bezeichnung;
- Ausmaß der Grundstücksfläche;
- Ausmaß der überbauten Grundstücksfläche;
- aktuelle Nutzung (welche Nutzung dominiert);
- Art und Ausmaß der vermietbaren/nutzbaren Flächen;
- Bebaubarkeit/Flächennutzungsplan;
- Erschließung des Grundstückes;
- Makrolage des Objektes (hoch/mittel/gering);
- Mikrolage des Objektes (hoch/mittel/gering);
- Eigentumsverhältnisse (Eigentum, Erbbaurecht, o.ä.);
- Belastungen (Dienstbarkeiten, Besicherungen, etc.).

Eine breit angewandte Methode zur Analyse großer Bestände ist die sogenannte Clusterung, bei dieser geht es um die Ermittlung von Gruppen mit gleichen Eigenschaften innerhalb des Clusters nach unterschiedlichen Parametern. Diese können u.a. sein: Performance-Parameter, Risiko-Profile, Cashflow-Profile, Marktbedingungen, Objekteigenschaften. Eine wesentliche Aufgabe der Clusterung ist auch das Aufdecken von Quersubventionen innerhalb vorhandener Bestände. Anforderungen, denen eine Clusterung standhalten muss, sind Strategiekonsistenz, Ausrichtung auf die Kernkompetenzen, Schaffung von mehr Transparenz und Aufzeigen von möglichen Synergien.

Die Clusterung eines Bestandes sollte einen Immobilienbestand im Ist abbilden, um so den erhaltenswerten Bestand zu identifizieren und etwaige Verwertungsnotwendigkeiten wie Verkauf, Entwicklung oder Nachvermietung aufzuzeigen. Darüber hinaus ist die Identifikation von Kosten- und Werttreibern sinnvoller Nebeneffekt ebenso, wie sie auch in weiterer Folge die Steuerung und Optimierung des Portfolios ermöglicht. Die prinzipielle Vorgehensweise ist in Abbildung 3 (s. S. 148) – Clusterung eines Immobilienbestands – dargestellt.

Die Vorgehensweise im Rahmen der Analyse beginnt mit der aus den Unternehmenszielen abgeleiteten Immobilienstrategie und der Merkmale, nach denen geclustert werden soll; die so gebildeten Cluster können danach mit Strategien zum Umgang mit den darin befindlichen Objekten belegt werden. Nach der Ableitung der Szenarien, die sich aus der Ableitung der Ziele für die Cluster ergeben, sollten die so erhaltenen Ergebnisse wieder „bottom up" bis zur Immobilien- und Unternehmensstrategie zurückgespielt werden.

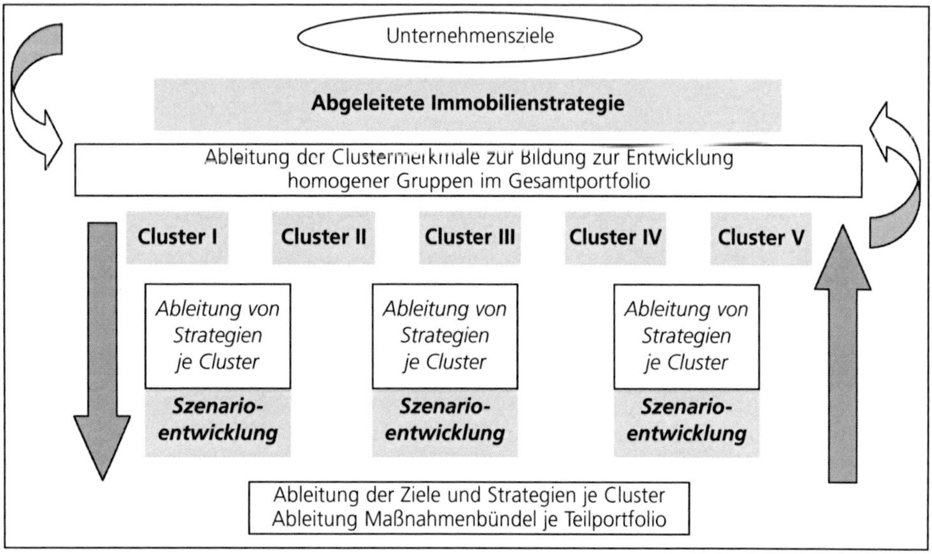

Abb. 3: Clusterung eines Immobilienbestands

Wie konkret eine mögliche Clusterung eines gemeinnützigen Bestandes aussehen könnte, sei an folgenden Überlegungen festgemacht: In einem ersten Schritt wird im gemeinnützigen Bereich die Frage zu stellen sein, ob es bei dem betrachteten Objekt erforderlich ist, einen Überschuss zu erwirtschaften, oder ob der Non-Profit Gedanke im Vordergrund steht. In einem weiteren Schritt wird man jene Merkmale herausarbeiten, die eine weitere sinnvolle Unterteilung in Gruppen erlauben, diese können z.B. sein:

- Eigentum oder Anmietung;
- bebautes oder unbebautes Grundstück;
- Drittverwendungsfähigkeit oder Sonderimmobilie;
- Eigennutzung oder Vermietung;
- Gebäudezustand (gut/mittel/schlecht).

So könnten nach der Erfassung des Gesamtbestandes für weitere Betrachtungen auch Objekte mit bestimmten Eigenschaften von der weiteren Analyse ausgeschlossen werden – Einmietungen bei Dritten, erhaltene Erbbaurechte, Einmietungen bei verbundenen Unternehmen – damit wird in einem ersten Schritt das unmittelbare Eigentum ermittelt. Im nächsten Schritt stellt sich die Frage, ob das betrachtete Eigentum aus Grundstücken besteht, diese werden sofort in einem Cluster „Grundstücke“ zusammengefasst. Danach werden Wohnimmobilien in einem eigenen Cluster zusammengeführt, desgleichen kann mit Kindertagesstätten u.ä. verfahren werden. Danach werden die entsprechenden Sonderimmobilien definiert wie z.B. Kirchen, Krankenhäuser, Pflegeeinrichtungen, o.ä.

Quer über alle Cluster können nun Kriterien wie z.B. Mieteinnahmen oder jährlicher Instandhaltungsaufwand pro Quadratmeter herangezogen werden. Dabei ist es wie bereits eingangs erwähnt notwendig, das Ziel der Analyse definiert zu haben; dies ist wichtig, da es um die grundsätzliche Unterscheidung in Cashflow- und Kosten-Portfolio geht. So wird die Intention in der Betrachtung einer Kirche nicht in der Maximierung der Mieteinnahmen liegen, sondern eindeutig in der kostenoptimalen Verwendung der zur Verfügung stehenden Mittel für den Betrieb der Kirche und deren Instandhaltung. Für die Clusterung des Cashflow-Portfolios könnten so z.B. weitere Cluster nach Miethöhen gebildet werden, während für das Kosten-Portfolio eine weitere Unterteilung nach Kriterien wie z.B. Gebäudezustand im Vordergrund stehen.

Bei der Bildung von Clustern sollte grundsätzlich nach dem Prinzip „So viel wie nötig, aber so wenig wie möglich" vorgegangen werden, da eine zu große Anzahl an Clustern dazu führt, dass sich tendenziell zu wenige Objekte pro Cluster ergeben oder einzelne Cluster nicht befüllt werden können. Umgekehrt ist es sehr schwierig, treffsichere Aussagen aus den Analysen abzuleiten, wenn die Clusterung zu wenig differenziert ausfällt. Das vorhandene Portfolio wird nun auf die zuvor ermittelten Cluster aufgeteilt. Ist dies geschehen, so werden die einzelnen Cluster auf ihre Konsistenz hin überprüft:

- Passen die Objekte in die Cluster?
- Wie verhält sich die Anzahl der Objekte eines Clusters zu denen anderer?
- Wäre es sinnvoll, Cluster zusammenzufassen?

Sind die Cluster definiert, so erfolgt in einem nächsten Schritt die Ableitung der Strategie für den Cluster, inklusive der Definition möglicher Szenarien.

1.5 Definition und Ableitung von Normstrategien

Normstrategien dienen der groben übergeordneten Zuordnung von Handlungsempfehlungen, die sich an der Unternehmensstrategie orientieren und je nach Struktur des Bestandes über mehrere Ebenen bis hin zu den einzelnen Clustern heruntergebrochen werden.

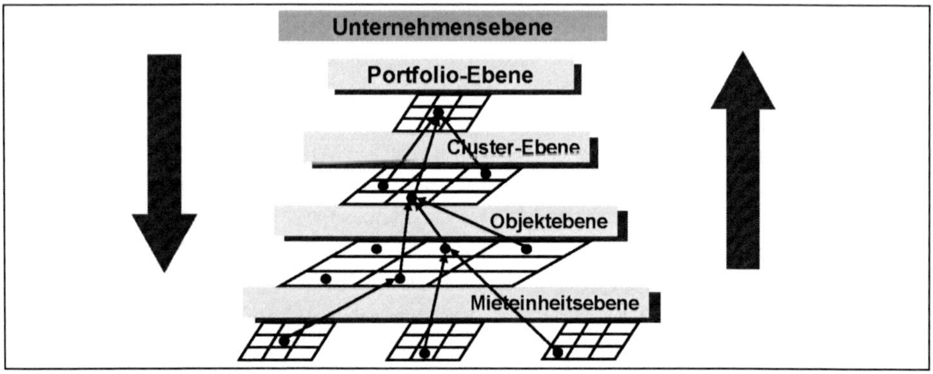

Abb. 4: Normstrategie

Im Wesentlichen lassen sich diese Normstrategien immer auf drei Grundentscheidungen zurückführen:
- Bestand konstant halten;
- Eingriff am Objekt;
- Bestand verändern.

Im Falle der Beibehaltung des Bestandes bietet sich die Einführung eines effizienten Kostenmanagements an; hierbei werden die am Objekt anfallenden Kosten in ihrer Art und Höhe analysiert und danach Maßnahmen zur Verringerung der Kosten definiert. Der Nutzer/Mieter rechnet immer den Gesamtbetrag (Miete und Betriebskosten) für die Ausgaben im Zusammenhang mit der Anmietung von Flächen; so ist es nahe liegend, dass jede Verbesserung der Relation zwischen Miete und Betriebskosten („Zweite Miete") dem Eigentümer zugute kommt. Sind die Betriebskosten entsprechend gering, verbleibt ein Mehr an Miete für den Vermieter. Im Falle von eigengenutzten Immobilien trifft dies im gleichen Ausmaß zu, da als einzige auszahlungswirksame Komponente die Betriebskosten übrig bleiben. Für den Fall, das es sich bei der betrachteten Immobilie um eine vermietete oder durch Dritte genutzte Immobilie handelt, bieten sich auch Maßnahmen zur Bindung der Mietern bzw. der Nutzer an. Damit kann die Nachhaltigkeit der Mieteinnahmen abgesichert werden.

Lautet die Entscheidung auf „Eingriff am Objekt", so eröffnet sich eine Vielzahl an Ansatzpunkten zur Optimierung des Bestandes. So ist in diesem Handlungsfeld ein optimales Leerstandsmanagement mit den Fragen, an wen, wie lange und zu welchen Konditionen vermietet werden soll, geboten, aber auch die Frage einer möglichen Sanierung oder umfangreicheren Instandhaltungsmaßnahme des Objektes.

	Rentabilität		
	Hoch – sehr hoch	Mittlere	niedrig – sehr niedrig
Gebäudezustand	Gebäudezustand		
	gut	gut	gut
	mittel	mittel	mittel
	schlecht	schlecht	schlecht

Cash cow	*Optimieren*	*Selektieren*
Halten	*Halten*	*reduzieren*

- Halten ohne Modifikation
- Halten und Optimieren
- Selektion mit Optionen (reduzieren/optimieren)
- Bestand und/oder Kosten des Clusters (Verkauf, Aufwertung)

Abb. 5: Zuordnung von Normstrategien

Soll der Bestand verändert werden, so kann dies durch einen Verkauf von Objekten ebenso erfolgen wie durch Ankauf oder Projektentwicklung.

Eine erste Tabelle zur Zuordnung von Normstrategien könnte wie vorstehend aussehen, in einem nächsten Schritt sollten dann die möglichen Vorgehensweisen als Handlungsempfehlungen ausformuliert werden, dies könnte zum Beispiel wie folgt aussehen:

- Halten/Optimieren: „Verringerung der Leerstandsquote, Risikoanalyse";
- Optimieren/Investieren: „Überprüfung der Objektqualität, Verbesserung der Qualität, aktives Leerstandsmanagement";
- Halten: „Behandlung als „Cash Cow", langfristige Strategie überprüfen".

1.6 Standards für nachvollziehbare Entscheidungen

Da in der Regel die aktive Arbeit am Objekt Kosten auslöst und diese von den entsprechenden Gremien entweder als Einzelantrag oder aber im Zuge der jährliche Budgetierung des Bestandes freigegeben werden müssen, ist es erforderlich die zugehörigen Informationen in eine verständliche Form zu bringen und soweit zu verdichten, dass eine erstmals mit der konkreten Thematik befasste Person schnell, umfänglich und ausreichend informiert wird. So sollte die Entscheidungsvorlage mindestens drei Bereiche enthalten:

- Darstellung der Ausgangssituation;
- Erklärung der geplanten Maßnahme;
- Darstellung des Situation nach Durchführung der Maßnahme.

Je kostenintensiver die zu genehmigende Maßnahme ausfällt, umso umfangreicher sollte die Entscheidungsvorlage ausfallen, so zum Beispiel, wenn ein Objekt angekauft oder verkauft werden soll. Dazu die nachstehende Gliederung:

- Ist-Situation (Stellung im Portfolios, Standort und Lage, Flächen, Zustand, Instandhaltung, aktuelle Vermietungssituation);
- Marktsituation;
- Maßnahmen (Beschreibung und Kostenschätzung der Varianten, präferierte Variante);
- Mietkalkulation (Ergebnisblatt, Diskussion der Faktoren der Kalkulation);
- Umsetzung (Projektauftrag und -organisation, Projektplan);
- Risiken und Chancen (Stärken/Schwächen, Chancen/Gefahren);
- Empfehlung an das Gremium.

Die Beigabe von Bildern und ergänzenden Unterlagen ist hilfreich und wird vom Einzelfall abhängen. Eine Unterrichtung der Entscheidungsträger vor der Gremiensitzung ist in jedem Fall empfehlenswert.

2 Benchmark

Unter dem Begriff Benchmarking versteht man die Gegenüberstellung von Kennwerten unterschiedlicher Objekte zur Feststellung, welche Abweichungen zu sehen sind und inwieweit diese Abweichungen im Sinne einer Optimierung beseitigt werden können. Um das gesamte Potenzial im Rahmen einer derartigen Vorgehensweise heben zu können, ist es sinnvoll, sich am „Best in Class" zu orientieren, wobei die Identifikation dieses zugegebenermaßen nicht immer einfach ist.

2.1 Ziele und Bedingungen für die Anwendung von Benchmarking

Benchmarking dient als Instrument zur standardisierten Betrachtungsweise des Bestandes mit dem Ziel des Aufzeigens von Verbesserungspotenzialen und dem Feststellen der eigenen Position. Der Vergleich kann sowohl mit eigenen Objekten als auch mit Objekten fremder Bestände erfolgen oder durch den Vergleich mit branchenüblichen Werten. Dies könnte in Bezug auf Kosten der Bewirtschaftung von Büroimmobilien zum Beispiel der jährlich von den Unternehmen Jones Lang Lasalle und CREIS herausgegebene Bericht „OSCAR" sein (vgl. www.creis.net).

Ein zielführendes Benchmarking besteht aus:

- Definition der Benchmark-Ziele (in Abstimmung auf Bestandsstrategien);
- Ableiten der zu vergleichenden Kennwerte;
- Strukturieren des Datenbestands;
- Akzeptanz bei Führung und betroffenen Mitarbeitern.

2.2 Daten und Informationen

Das Benchmarking kann einen wesentlichen Beitrag im Rahmen der Portfolio-Analyse darstellen. Voraussetzung dafür ist aber auch hier eine belastbare Datenbasis. Unter Zuhilfenahme des nachstehenden Strukturbaums (Abbildung 6) empfiehlt es sich in einem ersten Schritt

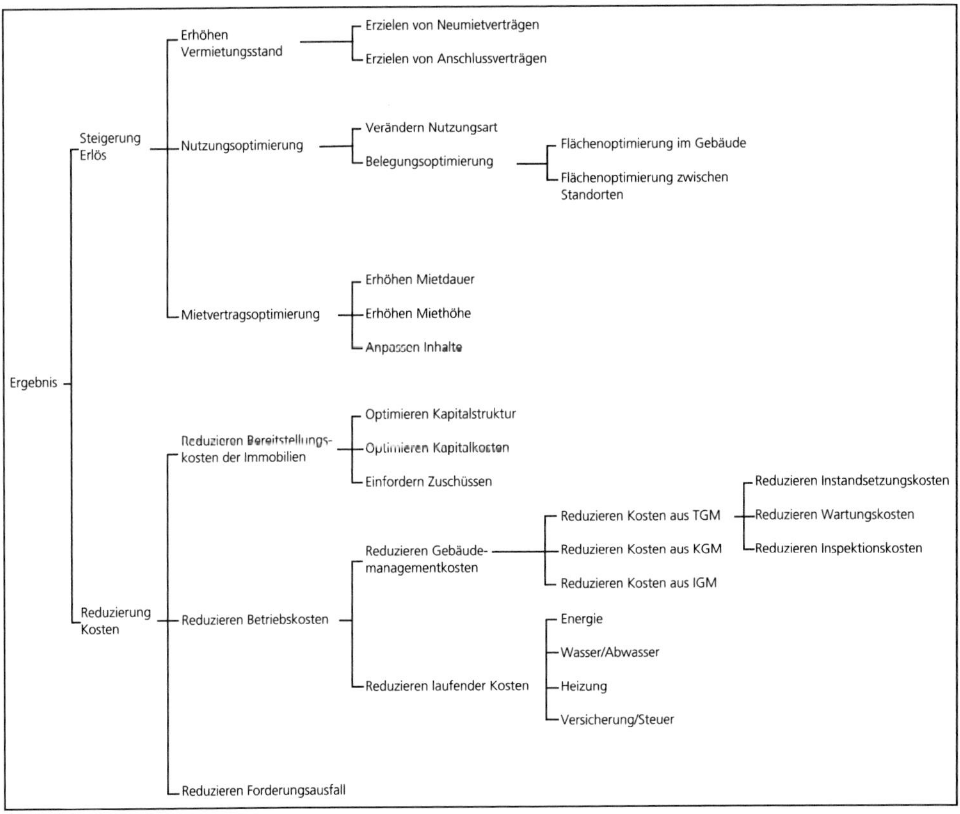

Abb. 6: Strukturbaum

zu eruieren, ob die grundsätzliche Stoßrichtung die Steigerung von Erlösen sein soll. Dies wird am ehesten bei drittmarktfähigen Objekten der Fall sein, oder ob die Verbesserungen in Richtung Reduktion der Kosten gehen soll.

Ist diese erste Entscheidung getroffen, so wird entlang der Struktur versucht, für die einzelnen Maßnahmen Kennwerte zu definieren, die in das Benchmarking einfließen können. Folgende Fragestellungen sollen die zielgerichtete Definition der Kennwerte unterstützen:

- Welche Daten brauche ich, um das Ziel zu erreichen?
- Sind die Daten:
  - Vorhanden – wenn ja, wo?
  - Generierbar – mit welchem Aufwand?
  - Aktuell – in welcher Frequenz werden diese Daten generiert?
  - Repräsentativ – spiegeln die Daten die tatsächliche Situation wieder?
- Ist der Datenumfang für ein portfolioweites Benchmarking geeignet?

2.3 Kennzahlen im Rahmen des Benchmarking

Mögliche Kennzahlen für das Objektbenchmarking können sein:

- Rendite des Objektes
- Instandhaltungskosten/m^2
- Leerstandskosten
- Betriebs-, Heizungs-, Aufzugskosten
- Energiekosten, Reinigungskosten
- Fläche pro Arbeitsplatz bzw. Mitarbeiter, Bett, betreutem Patienten, etc.

Anhand dieser Kennzahlen können nun die einzelnen Objekte miteinander verglichen werden und über eine weitere Analyse ermittelt werden, welche Ursachen für Abweichungen der Kennwerte vorhanden sind. Die so durchgeführte Analyse wird weitergeführt zur Identifizierung von möglichen Ansatzpunkten der Verbesserung und zu Maßnahmen der operativen Umsetzung. Die dabei erarbeiteten Erkenntnisse können in einem weiteren Schritt innerhalb des Unternehmens/der Gruppe gesammelt und systematisiert werden und so im Sinne einer lernenden Organisation weitergegeben und ständig ausgebaut werden. Diese systematische Aufbereitung hilft auch bei wiederkehrend durchgeführtem Benchmarking, weil auf den Erkenntnissen und Mustern der vorangegangenen Durchgänge aufgebaut werden kann.

Solange es sich bei den zu vergleichenden Objekten um drittmarktfähige Objekte wie z.B. Bürogebäude handelt, sind diesbezügliche Kennwerte am Markt besorgbar, z.B. die jährlich erscheinende Studie „Oscar“ (**www.joneslanglasalle.com**). Für den Bereich der Sonderimmobilien, insbesondere der kirchlichen Immobilien, ist der Vergleich mit dem Markt nicht immer möglich. Hier empfiehlt es sich auf Kirchenkreisebene, noch besser landeskirchlicher Ebene Benchmarking einzuführen oder im Verbund mit artverwandten Organisationen (z.B. andere diakonische Träger) Kooperationen in Hinblick auf das Benchmarking einzugehen. In allen Fällen bedarf es einiger Zeit bis ein Gespür für die „richtigen“ Werte erarbeitet worden ist.

Soll das Benchmarking nicht nur auf der Ebene des Einzelobjektes durchgeführt werden, so ist es auch möglich dies auf der Ebene der Bestandssteuerung, sprich dem Gesamtportfolio zu tun. Die Kennzahlen verschieben sich dabei erfahrungsgemäß in Richtung Unternehmenskennzahlen und könnten z.B. sein:

- Total-Return;
- Eigenkapital (EK) – Rendite;
- Cash Flow (CF) – Rendite;
- Kapitalwert Lebenszyklus;
- Internal Rate of Return (IRR);
- Flächeneffizienz;
- Return on Investment (ROI);
- Leerstandsrate des Bestandes.

Für den kirchlichen Bereich wäre es notwendig eigene „Organisationskennzahlen“ zu entwickeln, die Richtschnur für Maßnahmen, insbesondere im Immobilienbereich wären.

3 Balanced Scorecard (BSC)

Aufgrund ihrer flexiblen und damit umfassenden Gestaltungsmöglichkeit ist die Balanced Scorecard ein Instrument zur Einrichtung eines integrierten Managementsystems.

3.1 Ziele und Anwendungsmöglichkeiten

Die Strategiepyramide eines Unternehmens geht von oben nach unten und beginnt an der Spitze der Pyramide mit der Vision eines Unternehmens. Die Vision spiegelt die Werte und Politik eines Unternehmens wieder. In der darunter liegenden Ebene werden die kritischen Erfolgsfaktoren über die sogenannte SWOT-Analyse (Strength/Weakness, Opportunities/Threats) ermittelt, um in der dritten Ebene die Kernkompetenzen zu definieren und auszuarbeiten. Auf der vierten Ebene werden sowohl die strategischen als auch die operativen Ziele des Unternehmens erarbeitet, dies unter Anwendung der sogenannte Balanced Scorecard.

3.2 Kernfelder der Balanced Scorecard

Beginnend mit der Definition der Vision und der Strategie des Unternehmens werden vier Perspektiven eingenommen:

- Kundenperspektive – Wie sehen unsere Kunden aus?
- Finanzwirtschaftliche Perspektive – Wie sehen uns unsere Shareholder?
- Prozessperspektive – Wie leistungsfähig sind unsere Prozesse?
- Lern- und Entwicklungsperspektive – Wie innovations-, veränderungs- und verbesserungsfähig sind wir?

Aus der Verknüpfung dieser vier Perspektiven sollen strategische Initiativen abgeleitet werden, deren Auswirkungen sich nach der Umsetzung in einem aktionsorientierten Reporting messen lassen.

3.3 Voraussetzungen für die Entwicklung einer BSC

- Klare Definition der Strategie;
- Überzeugung des Managements von der Notwendigkeit der Einführung;
- Bewusstsein über die Komplexität des Objektes;
- Definition der wirkungsbreite des Projektes (Pilot oder ges. Unternehmen).

Sind die Voraussetzungen gegeben, so kann man mit den fünf Schritten der BSC-Entwicklung beginnen:

❑ *Festlegung eines Strategiekomitees*

Das Strategiekomitee hat die Aufgabe, sämtliche strategischen Eckpunkte des Unternehmens zu diskutieren und deren Sinnhaftigkeit zu überprüfen. Wird festgestellt, dass strategische Eckpunkte fehlen, so werden diese neu definiert. Das Strategiekomitee schließt mit der Festlegung von sog. Grundsatzstatements, wie z.B.: „Wir wollen im Bereich der Betriebskosten best in class werden", „Wir wollen unseren Heimbewohnern das angenehmste Umfeld bieten".

- *Ableitung und Verknüpfung der strategischen Ziele*

Aus den Grundsatzstatements werden nun Ziele definiert, diese müssen konkrete Handlungen erfordern und die Wettbewerbsrelevanz der Ziele definieren. Sind die strategischen Ziele definiert, so können Ursache-Wirkungsketten definiert werden. Diese beginnen immer mit der Lern- und Entwicklungsperspektive und führen über die interne Prozessperspektive und die Kundenperspektive zur finanziellen Perspektive.

- *Bestimmung der Messgrößen*

Wie auch beim Benchmarking, so ist auch bei der BSC die Auswahl der relevanten Kennzahlen, die Produzier- und Wiederholbarkeit, wie der Aufwand der regelmäßigen Ermittlung (z.B. Reinigungskosten/m^2) zu berücksichtigen.

- *Festlegen der Zielwerte*

Nach der Definition der Messgrößen werden nun deren Zielwerte definiert, diese sollten ambitioniert aber erreichbar sein, Werte aus der Vergangenheit und Benchmarks dienen dabei als Orientierung.

- *Definition von strategische Initiativen*

Hierbei werden Maßnahmen und Projekte entwickelt und formuliert, die dazu beitragen, die strategischen Ziele umzusetzen. Jeder Maßnahme/jedem Projekt wird eine Person zugeordnet, die für die Umsetzung und den gesamten Umsetzungsprozess verantwortlich ist und die die laufende Kontrolle der Zielerreichung sicherstellt.

Die betriebliche Umsetzung einer Balanced Scorecard ist nur unter fachlich versierter Anleitung sinnvoll und erfolgreich, da nur so eine gute Relation zwischen Aufwand und nachhaltigem Ergebnis sichergestellt werden kann.

3/III
Bewertung und Bilanzierung der kirchlichen Immobilien

Silvia Marianek, Diplom-Kauffrau (FH)

Bei der Bilanzierung von Immobilien haben Kirchenverwaltungen einige Besonderheiten zu berücksichtigen. Wie sie am sinnvollsten durchzuführen ist, hängt auch mit den langfristigen Zielen der jeweiligen kirchlichen Körperschaft zusammen.

1 Ausgangspunkt: Klärung der Ziele

Aufgrund ihres verfassungsrechtlich geschützten Selbstbestimmungsrechtes sind die evangelischen Kirchen in Deutschland bei der Gestaltung ihres Rechnungswesens nicht unmittelbar an die Vorschriften des Handels- oder Steuerrechts gebunden. Allerdings werden im Sinne eines Referenzmodells wichtige betriebswirtschaftliche und allgemein anerkannte Grundlagen übernommen, sofern die spezifischen Anforderungen der Kirchen dem nicht entgegenstehen. Dasselbe gilt z.B. auch für die von der Innenministerkonferenz für den kommunalen Bereich empfohlenen Konzepte.

Ziele des neuen kirchlichen Finanzwesens sind die Umsetzung eines Ressourcenverbrauchskonzeptes zur Verbesserung der Steuerungsfähigkeit kirchlichen Handelns, die Gewährleistung von Generationengerechtigkeit, die Erhöhung der Transparenz für die Gemeinde sowie die Verbesserung der Auskunftsfähigkeit für die Öffentlichkeit. Dazu gehört unabweisbar, im kirchlichen Rechnungswesen das Vermögen und die Schulden sowie sonstige Finanzierungslasten – wie unterbliebene Instandhaltung und nicht finanzierte Rückstellungen – vollständig auszuweisen.

Aus diesen Zielen des neuen kirchlichen Finanzwesens resultieren die Ziele der Bewertung und Bilanzierung auch in Bezug auf Immobilien. Ein vollständiger Ausweis aller Immobilien und eine angemessene Bewertung sind gefordert, die kirchliche Ziele und Bedingungen berücksichtigen. Dabei gilt es nicht, einen Marktwert zu dokumentieren, denn kirchliche Arbeit wird nicht generell von einem Markt bestimmt. Markteinflüsse sind nur für bestimmte Teile kirchlicher Immobilien relevant.[1]

Die Erfassung allen Vermögens für die Eröffnungsbilanz erfolgt durch eine Inventur. Hierzu gibt es Richtlinien und Vereinfachungsregeln, um den Erfassungsaufwand in den nötigen Grenzen zu halten.[2] Um u.a. eine einheitliche Vorgehensweise bei der Bilanzierung zu erreichen, wurden vom Rat der EKD am 5.9.2008 die Ordnungen für das kirchliche Finanzwesen auf der Basis der erweiterten Kameralistik und auf der Basis der kirchlichen Doppik (HHO) in aktualisierter Form erlassen. Beide Ordnungen sind in Bezug auf Bewertung und Bilanzierung gleichlautend, die Bilanzgliederung (Anlage II zu den Ordnungen) ist einheitlich.

Die Gliedkirchen der EKD übernehmen diese Richtlinien in die jeweils für ihre Kirche geltenden Regelungen nach Ihren Zielen und Maßgaben. Die jeweils geltenden Regelungen müssen für die Bewertung und Bilanzierung kirchlicher Immobilien beachtet werden.

Die Gestaltung des Bewertungskonzepts zieht erhebliche Folgewirkungen für die spätere kirchliche Finanzwirtschaft nach sich. Daher sollen hier für die konkrete Vorgehensweise Anregungen und Hilfestellungen gegeben werden. Folgende Aspekte gilt es, hierbei zu berücksichtigen:

- Höhe der planmäßigen und zu erwirtschaftenden Abschreibungen
- Berechnungsgrundlage für die laufende Instandhaltung bzw. für eine (zukünftige) Reinvestition
- Höhe der Internen Leistungsverrechnung (z.B. Mieten, kalkulatorische Abschreibung)
- Höhe von ggf. außerplanmäßigen Abschreibungen
- Gewinn bzw. Verlust bei evtl. (zukünftigem) Verkauf von Grundstücken und Gebäuden
- Umfang des ausgewiesenen Vermögensgrundstocks/Vermeidung einer bilanziellen Überschuldung
- Kenngrößen für Bilanzanalyse und Bilanzpolitik, beispielsweise für Bankkonditionen

Nicht alle diese Faktoren sind durch landeskirchliche Regelungen vorgegeben, teilweise hängen sie von den konkretisierten Zielen der jeweiligen kirchlichen Körperschaft ab. Sie haben somit neben den Zielen des kirchlichen Finanzwesens einen erheblichen Einfluss auf die Bewertung und Bilanzierung und müssen zuvor geklärt werden.

2 Durchgängiges Prinzip: Wiedererwirtschaftung des Ressourcenverbrauchs

In der kirchlichen Bilanz ist die Trennung in realisierbares Vermögen und nicht realisierbares Vermögen vorgesehen. Kirchen und Kapellen, sakrale Gegenstände sowie überwiegend für Gottesdienste genutzte Gemeindehäuser sind nach kirchlichen Selbstverständnis nicht veräußerbar und werden in den kirchlichen Bilanzen daher getrennt von den übrigen Anlagegütern als nicht realisierbares Vermögen dargestellt. Werden sie durch Beschluss kirchlicher Gremien doch einmal umgewidmet, werden sie dem realisierbaren Sachanlagevermögen zugeordnet. Anders als bei den Kommunen ist die Zuordnung zum nicht realisierbaren Vermögen durch die Widmung eindeutig bestimmt.

Diese Differenzierung bedingt nicht notwendigerweise eine unterschiedliche Bewertung für realisierbare und nicht realisierbare Anlagegüter. Das kirchliche Haushaltsrecht gewährt den evangelischen Landeskirchen jedoch auch die Möglichkeit, Kirchen und Kapellen und sakrale Gegenstände als nicht realisierbares Vermögen mit einem Wert von einem Euro in die Bilanz aufzunehmen (§ 67 Abs. 2 HHO).

Dabei ist zu berücksichtigen, dass das Ressourcenverbrauchskonzept in jedem Fall bedient werden muss. Das heißt, dass auch bei einer Bewertung mit einem Euro der einer kalkulatorischen Abschreibung entsprechende Betrag der Substanzerhaltungsrücklage zugeführt werden soll. Dieser Betrag muss durch Finanzmittel gedeckt sein, wie alle in der kirchlichen Bilanz ausgewiesenen Rücklagen (Finanzdeckung der Rücklagen: siehe § 69 Abs. 7 HHO).

Im Gegensatz zur Beschränkung auf die Ein-Euro-Bewertung wird durch eine Bilanzierung von Kirchen mit einem an der Substanz orientierten Wert der gewollte Kreislauf im Zeitverlauf deutlich aufgezeigt: Bewertung in der Bilanz – Abschreibung mit Liquiditätsbildung in der Substanzerhaltungsrücklage – Sanierung/Neuerwerb mit entsprechender Aktivierung. Während der Nutzungsdauer der Kirche wird durch die Abschreibung der Wert der Kirche in der Bilanz reduziert, im Gegenzug wird die Substanzerhaltungsrücklage – durch Finanzanlagen gedeckt – aufgebaut. Eine Sanierung wird nun durch die Finanzanlagen zur Deckung der Substanzerhaltungsrücklage ermöglicht, der laufende Haushalt wird nicht belastet. Die Ausgaben für die Sanierung werden der Kirche wieder zugeschrieben, die Nutzungsdauer entsprechend verlängert. Entsprechendes gilt für einen Neuerwerb.

Erhaltene Investitionszuschüsse werden nicht vom Wert des Anlagegutes abgezogen, sondern sie werden unter den Sonderposten passiviert. Sie werden im Laufe der Nutzungsdauer – ggf. nach Vorgabe des Zuschussgebers – aufgelöst und mindern als Ertrag somit die Abschreibungen.

3 Differenzierungskriterium für die Bewertung: Langfristige Nutzung

Bei nicht realisierbarem Vermögen ist die langfristige Nutzung durch die kirchliche Körperschaft aufgrund der Widmung vorgegeben. Bei realisierbarem Sachanlagevermögen ist dies nicht vorgegeben. Daher soll geprüft werden, ob eine kirchliche Eigennutzung weiterhin langfristig infrage kommt oder ob es sich um marktgängige Objekte handelt. Diese werden für kirchliche Bedarfe langfristig nicht mehr benötigt oder sie werden zur Erzielung von Rendite für die kirchliche Arbeit gehalten (sogenanntes Fiskalvermögen). Für marktgängige Objekte können kaufmännische Bewertungskonzepte angewandt werden – z.B. das Ertragswertverfahren.[3]

Für die kirchlich langfristig selbst genutzten Immobilien steht die Substanzerhaltung im Vordergrund der Bewertungsfrage, keine Marktgängigkeit. Das Ertragswertverfahren kann diesen Zielen nicht dienlich sein, da es unter bestimmten Umständen zu niedrige Werte ergibt, sodass für einen Substanzerhalt nicht genug Liquidität durch die Abschreibungswerte gebildet wird.

Daher wird unter Berücksichtigung der im kommunalen Bereich dazu diskutierten Modelle grundsätzlich das folgende Bewertungskonzept empfohlen:

Für die Erfassung und Bewertung sind für neu zugehende Vermögensgegenstände grundsätzlich die Anschaffungs- und Herstellungskosten zugrunde zu legen (§ 67 Abs. 1 HHO). Zur Ermittlung der Anschaffungs- und Herstellungskosten sind die handelsrechtlichen Vorschriften entsprechend anzuwenden (§ 255 Abs. 1 HGB – Anschaffungskosten und § 255 Abs. 2 bis 3 HGB – Herstellungskosten).

Die Anschaffungs- und Herstellungskosten bilden die wertmäßige Obergrenze für die Bewertung in der Bilanz. Ein Wertansatz höherer Wiederbeschaffungswerte zum Ausgleich von inflationären Effekten und technischem Fortschritt wird grundsätzlich ausgeschlossen. Es soll keine regelmäßige Neubewertung erfolgen, da dies mit einem zu hohen Aufwand und einem dauerhaften Widerspruch zum handelsrechtlichen Anschaffungswertprinzip verbunden wäre.

Für die Abschreibung sind realistische Nutzungszeiten zugrunde zu legen und nicht die steuerlichen Sätze, denn die vergleichsweise kurzen Nutzungsdauern der steuerlichen Sätze würden die zu erwirtschaftenden Abschreibungen deutlich höher ausfallen lassen. Es würde der kirchlichen Arbeit damit zu viel Liquidität entzogen werden. Für die Ermittlung von realistischen Nutzungsdauern von Sachanlagen werden Anhaltswerte vorgeschlagen (Anlage IV HHO).

Grundsatz für die Bewertung kirchlicher Immobilien ist – wie kaufmännisch üblich – die Trennung in Grundstück und Gebäude, denn nur letzteres unterliegt einer planmäßigen Abnutzung. Wenn zeitnahe Anschaffungskosten nicht vorliegen, können für die Ermittlung eines Grundstückswertes die örtlichen Bodenrichtwerte des Katasteramtes herangezogen werden. Weichen die den Wert beeinflussenden Merkmale der Grundstücke, für die Bodenrichtwerte abgeleitet worden sind, vom Zustand des zu bewertenden Grundstücks ab, so ist dies durch Zu- oder Abschläge zu berücksichtigen (§ 14 WertV).

Bei der Ermittlung von Abschlägen zum angegebenen Bodenrichtwert ist eine grundsätzliche Berücksichtigung der Höhe des angegebenen Bodenrichtwertes zu beachten. Nach Abzug der Abschläge muss ein angemessener Abstand vom ermittelten Grundstückswert zu Ackerwerten übrig bleiben, ebenso sollen eingeflossene Ressourcen, wie z.B. Erschließungskosten, noch im Wert abgebildet werden.

Insbesondere bei Grundstücken, die dem nicht realisierbaren Vermögen zugeordnet werden, kann der Wert an Gemeinbedarfsflächen gemäß der städteplanerischen Widmung ausgerichtet werden. Sie können mit 10 % des Bodenrichtwertes, mind. jedoch mit 1 €/m^2 bewertet werden. Bei Grundstücken, auf denen Gebäude stehen, die nicht mehr genutzt werden sollen, sind eventuelle Rückbaukosten zu berücksichtigen.

Für Gebäude, die langfristig für die kirchliche Arbeit genutzt werden, ist die Ermittlung des Gebäudewerts für die Eröffnungsbilanz auf der Grundlage vorsichtig geschätzter Zeitwerte mit zweckmäßigen Vereinfachungsregeln vorzunehmen (§ 73 Abs. 3 HHO). Dabei sind folgende drei Abstufungen sinnvoll:

Soweit Unterlagen darüber vorliegen, sollen jüngere Gebäude (z.B. nach 1974 angeschaffte/fertig gestellte Gebäude) mit den fortgeschriebenen Anschaffungs-/Herstellungskosten aktiviert werden.

Bei älteren Gebäuden oder wenn Unterlagen über Anschaffungs/Herstellungskosten nicht vorliegen, kann der auf den Bilanzstichtag indizierte Gebäudeversicherungswert 1914 herangezogen werden. Die Gebäudeversicherungssumme 1914 für eine Kirche wird für das Jahr 2008 beispielsweise wie folgt ermittelt: Der vom Statistischen Bundesamt herausgegebene Euro-Baupreisindex des Jahres 2008 beträgt 11,777.[4] Er wird mit dem Mark-Wert 1917 multipliziert. Für 800 000 Mark Wert 1914 bedeutet dies einen Gebäudeversicherungswert von 9 421 600 Euro. Eine jährliche Anpassung der Bewertung in der Bilanz, aufgrund einer Änderung des Index findet nicht statt.

Es ist zu prüfen, ob eine Pauschalwertberichtigung von 20–30 % vom Gebäudeversicherungswert abgezogen wird. Ein Grund für eine Pauschalwertberichtigung liegt vor, wenn kirchliche Sammelverträge für die Feuerversicherung nicht auf einzelnen Wertgutachten oder auf Kostenberechnungen nach der DIN-Norm 276 aufbauen, sondern wenn über die zu versichernden Gebäude eine Pauschalbewertung vorgenommen wurde, die geschätzte Kubikmeterwerte verwendet. Diese geschätzten Kubikmeterwerte sind eine sehr grobe Näherung, die ursprünglich für Wohngebäude vorgesehen ist, ebenso wie der statistische Baupreisindex. Die für Kirchen zu versichernden Gebäude entsprechen jedoch diesen

Stereotypen nicht, da häufig keine Geschosse enthalten sind und die Innenausstattung einfacher ist.

Die Ermittlung des Sachwertes nach der Wertermittlungsverordnung (§§ 21–25 WertV), indiziert auf den Bewertungsstichtag, kommt ebenfalls in Betracht.

Für sehr alte Gebäude oder Gebäude mit einem besonderen Kunstwert kann in Verbindung mit der kirchlichen Bauverwaltung eine Wertermittlung auf Basis von indizierten und nach Gebäudegattungen differenzierten Raummeter- bzw. Kubaturpreisen erfolgen. Vergleichbare Indizes werden auch vom Bundesministerium für Raumordnung, Bauwesen und Städtebau für eine Vielzahl unterschiedlicher Gebäudearten veröffentlicht.

Für alle vereinfachten Verfahren gilt: Je nach Instandhaltungsgrad sollen Abschläge um 10 %, 20 % oder mehr Prozent vorgenommen werden. Diese Abschläge sind zudem als Finanzierungslasten zu passivieren (siehe unter IV.)

Maßgeblicher Hintergrund für die genannten Vereinfachungsregelungen zur Wertermittlung ist die in § 63 Abs. 3 HHO vorgesehene Realisierung des Ressourcenverbrauchskonzeptes. Deshalb kommt es bei der Wertermittlung nach diesen Methoden nicht darauf an, möglichst präzise einen „echten“ Wert zu ermitteln. Im Vordergrund steht für langfristig selbst genutzte Immobilien vielmehr die Erlangung einer Bemessungsgrundlage für die Erwirtschaftung des mit der Gebäudenutzung verbundenen Ressourcenverbrauchs (§ 69 Abs. 4 HHO) nach einheitlichen Grundsätzen.

4 Steuerungsbedarf: Aufzeigen von Finanzierungslasten

Ist bei der Erfassung kirchlicher Immobilien ein Instandhaltungsstau zu verzeichnen, oder steht nicht genug Liquidität aus der Abschreibung zur Verfügung, um die Substanzerhaltungsrücklage entsprechend aufzubauen, sind in der kirchlichen Bilanz die daraus entstandenen Finanzierungslasten als Sonderposten „Lasten aus unterbliebener Instandhaltung und nicht erwirtschafteten Abschreibungen“ auszuweisen.

Durch diese Finanzierungslasten wird der Vermögensgrundbestand reduziert. Damit jedoch der zu erhaltende Vermögensgrundstock deutlich wird, wird ein den Finanzierungslasten entsprechender Korrekturposten zum Vermögensgrundstock („Ansprüche an die künftige Haushaltswirtschaft zur Deckung der Substanzerhaltungsrücklage“) zusätzlich negativ ausgewiesen. Dieser darf nicht mit dem Vermögens-

Evangelisches Kirchspiel

Bilanz per 31.12.2007

Aktiva (in Tausend Euro)		
A Anlagevermögen		
I Immaterielle Vermögensgegenstände		
II Nicht realisierbares Sachanlagevermögen		
1. Unbebaute Grundstücke	0	
2. Bebaute Grundstücke	2.999	
5. Anlagen im Bau, geleistete Anzahlungen	1	
III Realisierbares Sachanlagevermögen		
1. Unbebaute Grundstücke, Erbbaugrundstücke	527	
2. Bebaute Grundstücke	408	
3. Technische Anlagen und Maschinen	3	
4. Einrichtung und Ausstattung	1	
7. Anlagen im Bau, geleistete Anzahlungen		
IV Sonder- und Treuhandvermöge		
V Finanzanlagen		
1. Finanzanlagen vom Vermögensgrundstock	124	
2. Absicherung von Versorgungslasten		
4. Sonstige Finanzanlagen und Ausleihungen	14	
		4.077
B Umlaufvermögen		
I Vorräte		
II Forderungen	5	
III Liquide Mittel		
1. Kurzfristig veräußerbare Wertpapiere		
2. Kassenbestand, Bankguthaben, Schecks	8	
		13
C Aktive Rechnungsabgrenzungsposten		
D Nicht durch Vermögensgrundbestand und Rücklagen gedeckter Fehlbetrag		
Summe Aktiva:		**4.090**

Passiva (in Tausend Euro)		
A Vermögensgrundbestand		
I Vermögensgrundstock	3.743	
II Korrekturposten Vermögensgrundstock		
1. Ansprüche an die künftige Haushaltswirtschaft zur Deckung von Substanzerhaltungsrücklagen	-1.860	
2. Ansprüche an die künftige Haushaltswirtschaft zur Deckung von Rückstellungen		
III Ergebnisvortrag	1	
IV Bilanzergebnis	0	
		1.884
B Rücklagen, sonstige Vermögensbindungen		
I Pflichtrücklagen		
1. Betriebsmittelrücklage		
2. Ausgleichsrücklage		
3. Substanzrücklage	48	
II Budgetrücklagen, Kollekten und weitere Rücklagen	75	
III Zweckgebundene Haushaltsreste		
		123
C Sonderposten		
II Zweckgebundene Spenden, Vermächtnisse, usw.		
III Erhaltene Investitionszuschüsse	215	
IV Lasten aus unterbliebener Instandhaltung und aus nicht erwirtschafteten Abschreibungen	1.860	
		2.075
D Rückstellungen		
I Finanzierte Rückstellungen		
1. Versorgungsrückstellungen		
3. Sonstige Rückstellungen		
III Nicht finanzierte Rückstellungen		
		0
E Verbindlichkeiten		
4. Darlehensverindlichkeiten	5	
		5
F Passive Rechnungsabgrenzungsposten	3	3
Summe Passiva:		**4.090**

Tab. 1: Beispiel: Kirchliche Bilanz mit Echtzahlen

grundstock saldiert werden, sondern ist durch Überschüsse der nächsten Haushaltsjahre auszugleichen. In Tabelle 1 ist dies am Beispiel einer kirchlichen Bilanz mit Echtzahlen dargestellt.

Das Anlagevermögen (A Aktiva) wurde komplett bewertet, die 4 Kirchen des Kirchspiels mit ihren ermittelten Werten als nicht realisierbares Sachanlagevermögen (A.II.1 Aktiva) in die Bilanz eingestellt. Dem Wert des Anlagevermögens stehen jedoch Erhaltene Investitionszuschüsse (C.III Passiva) gegenüber und in erheblicher Höhe Lasten aus unterbliebener Instandhaltung und nicht erwirtschafteten Abschreibungen (C.IV Passiva) und somit Ansprüche an die künftige Haushaltswirtschaft (A.II.1 Passiva). Die Rücklagen (B Passiva) sind durch Finanzanlagen (A.V.1 Aktiva) gedeckt, sie entsprechend damit den Ordnungen. Wäre hier eine Bewertung der Kirchen mit einem Euro erfolgt, wie das Wahlrecht in der Haushaltsordnung den Gliedkirchen der EKD gestattet, wäre die Bilanz überschuldet, am Ende der Aktivseite müsste ein „nicht durch Vermögensgrundbestand und Rücklagen gedeckter Fehlbetrag" ausgewiesen werden.

5 Nicht zu vernachlässigen: Auswirkungen auf Haushalt und Bilanz

Bei der Erstellung der Eröffnungsbilanz sind die Auswirkungen der Bewertung von Immobilien auf künftige Haushalte und auf die Entwicklung der Bilanzen zu berücksichtigen. Wurde das Vermögen bereits differenziert danach bewertet, ob das langfristige Ziel für das Objekt ein Substanzerhalt oder z.B. ein Verkauf ist, sind erhebliche Auswirkungen auf den künftigen Haushalt und auf die Bilanz weniger zu befürchten.

Werden die Immobilien tendenziell niedrig bewertet, ist die Gefahr einer bilanziellen Überschuldung sehr groß, insbesondere, wenn ein Instandhaltungsstau oder nicht finanzierte Rückstellungen zusätzlich den Vermögensgrundbestand reduzieren. Dies gilt nicht nur für die Eröffnungsbilanz, sondern eine bilanzielle Überschuldung kann sich bei niedriger Bewertung auch leichter in den Folgejahren entwickeln als bei einer Bilanzierung mit einem Wert, dem der Gedanke der Substanzerhaltung zugrunde liegt. Den ggf. durch neue Finanzierungslasten zu bilanzierenden Passiva stehen nämlich weniger Aktiva gegenüber. Dies gilt insbesondere bei der Bilanzierung von Sakralgebäuden zu einem Euro.

Werden niedrig bilanzierte Immobilien nicht mehr benötigt, stellt ein Verkauf ggf. einen Zuwachs an Vermögen dar, der tatsächlich nicht stattgefunden hat. Eine Sanierung oder ein Neuerwerb aus der Substanzerhaltungsrücklage stellt bei ungenügender Aktivierung dagegen einen Verlust des Vermögens dar, der tatsächlich nicht stattfindet.

Bei zu niedrig bewerteten Gebäuden reicht die durch die Abschreibungen gebildete Liquidität nicht zum Substanzerhalt, zusätzliche Systeme müssen für den Substanzerhalt geschaffen werden, wenn künftige Haushalte nicht belastet werden sollen.

Das spricht natürlich nicht für einen zu hohen Ausweis an Vermögen. Dieser würde bei einem Verkauf in jedem Fall zu einem Verlust führen, eine Liquiditätsbildung durch die zu hohen Abschreibungen würde der kirchlichen Arbeit unnötig viel Kapital entziehen.

Nötig ist daher vor der Aufnahme in die Eröffnungsbilanz eine sorgfältige Vorüberlegung über die langfristigen Ziele der bilanzierenden kirchlichen Körperschaft und über die Ziele für die jeweilige Immobilie. Darauf basiert das Bewertungskonzept und letztendlich der Ausweis in der Bilanz.

Anmerkungen

1 Vgl. auch Teil 2/IV in diesem Buch: Immobilienmanagement in der Kirche (EREM).

2 Die Konzepte und Richtlinien zur Novellierung des kirchlichen Finanzwesens können unter www.kirchenfinanzen.de heruntergeladen werden.

3 Vgl. hierzu Kapitel 3/IV in diesem Buch: Kleiber, Wolfgang: Grundlagen der Bewertung von Spezial- und Sonderimmobilien.

4 Quelle: http://www.destatis.de/jetspeed/portal/cms/Sites/destatis/Internet/DE/Content/Statistiken/Preise/Baupreise/Tabellen/Content75/Wiederherstellungswerte,templateId=renderPrint.psml, vom 27.02.2009.

3/IV
Grundlagen der Bewertung von Spezial- und Sonderimmobilien

Wolfgang Kleiber

Eine Kirche zum Schnäppchenpreis von einem Euro? Was auf den ersten Moment obskur aussieht, ist doch vernünftig erklärbar. Denn bei der Wertermittlung kirchlicher Gebäude, insbesondere bei Kirchen, ermittelt sich der Marktwert nach besonderen Regeln. Sie zu kennen, ist nicht nur bei Verkäufen wichtig.

1 Grundlagen der Bewertung von Spezial- und Sonderimmobilien

1.1 Allgemeines

Kirchen und kirchlichen Zwecken dienende Immobilien können den Spezial- bzw. Sonderimmobilien (specialised properties, special-purpose bzw. special-design properties) zugerechnet werden, unter denen

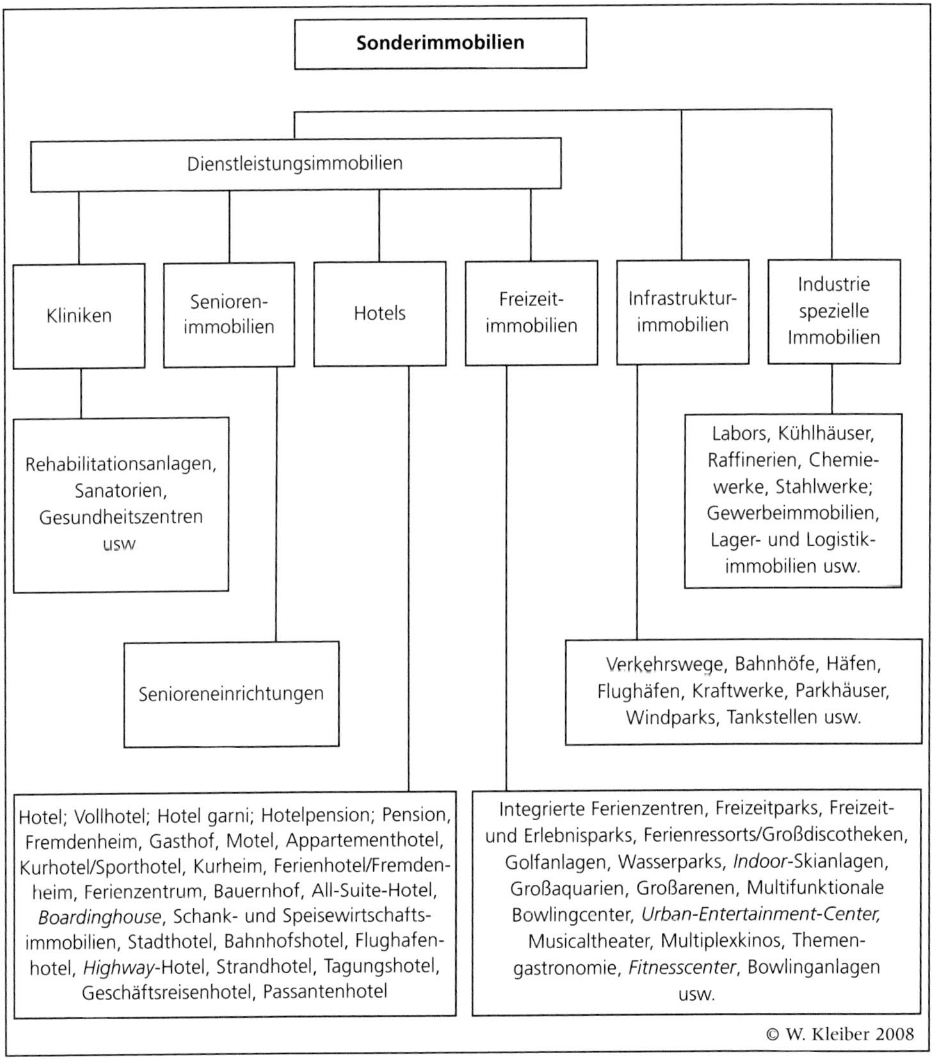

Abb. 1: Sonderimmobilien

gemeinhin Immobilien verstanden werden, die (nach Lage, Baugestaltung einschließlich Raumgestaltung und Architektur) auf eine spezielle Nutzung mit einer mehr oder minder eingeschränkten Drittverwendungsfähigkeit ausgerichtet sind.

Sonderimmobilien weisen insbesondere bei monofunktionaler Ausrichtung ein im Vergleich zu „gängigeren" Immobilien oftmals höheres Risikopotenzial auf; dies gilt vor allem dann, wenn ihre Umnutzung mit hohen Umstrukturierungskosten verbunden ist. Sonderimmobilien werden mithin auf einem begrenzten Teilmarkt (limited market property) gehandelt, der sich vielfach auf wenige Interessenten reduziert und mitunter sind Sonderimmobilien sogar nur für einen bestimmten Nutzer von Interesse.

Der Teilmarkt der Sonderimmobilien ist aus vorstehenden Gründen durch einen vergleichsweise geringen „Handelsumsatz" mit geringer Transparenz gekennzeichnet. Dies stellt die Wertermittlung vor besondere Herausforderungen. Gleichwohl wird man diesem Marktsegment nicht per se einen „gewöhnlichen Geschäftsverkehr" absprechen dürfen.

Es kann dahin stehen, ob sog. Gemeinbedarfsnutzungen den Sonderimmobilien zurechenbar sind. Diese sind i.d.R. auf die Belange des Trägers der Gemeinbedarfsnutzung ausgerichtet und nehmen bei entsprechender Nutzungsbindung nicht am allgemeinen Grundstücksverkehr teil; sie stehen damit extra commercium und haben von daher keinen Marktwert (Verkehrswert). Diese Gemeinbedarfsflächen weisen enge Verwandtschaften mit solchen Sonderimmobilien auf, für die sich der Grundstücksmarkt auf ebenfalls nur einen einzigen Nutzer verengt. In dieses Segment fallen auch die einer kirchlichen Nutzung vorbehaltenen Immobilien. Auf die allgemeinen Grundsätze der Bewertung von Gemeinbedarfsflächen der Richtlinien für die Ermittlung der Verkehrswerte (Marktwerte) von Grundstücken[1] kann verwiesen werden.[2]

1.2 Kirchen als Sonderimmobilien

Der Grundbesitz der Kirchen[3] wird mit 825 100 ha bei einem Schätzwert des Grund und Bodens von etwa 143 Mrd. € angegeben. Der geschätzte Wert kirchlicher Gebäude wird uneinheitlich angegeben, die Schätzungen variieren zwischen 66 Mrd. € und 298 Mrd. DM.[4]

Diese Angaben müssen als fragwürdig gelten. Kirchliche und kirchlichen Zwecken dienende Flächen (Kirchengrundstücke) nehmen üblicherweise nicht am allgemeinen Grundstücksverkehr teil (extra commercium) und können insoweit Gemeinbedarfsflächen gleichgesetzt werden. Sie sind – wie Gemeinbedarfsflächen – einem privatwirtschaftlichen Gewinnstreben entzogen und quasi unveräußerlich. Die Festsetzung eines Werts für derartige Flächen war in Deutschland wie auch in den Vereinigten Staaten stets kontrovers.[5] Im amerikanischen Schrifttum[6] wird in diesem Zusammenhang von einem „Public Interest Value“ und „Non-market Value“ gesprochen. Dementsprechend hat der BGH[7] im Zusammenhang mit entgeltlichen Zuwendungen an die Stiftung Dresdner Frauenkirche festgestellt, dass die Kirche, auch wenn sie in privatrechtlichem Eigentum stehe, aufgrund ihrer Widmung zu Zwecken des Kultus in ihrer Verkehrsfähigkeit eingeschränkt sei.

Kirchliches Grundeigentum dient entsprechend seiner Zweckbestimmung der Erfüllung kirchlicher Aufgaben und ist nach Herkunft und Widmung grundsätzlich unveräußerlich. Veräußerungen sind nur zulässig, wenn besondere öffentliche oder wirtschaftliche Gründe vorliegen. Bemessungsgrundlage für den Erwerb und die Veräußerung ist dann der Verkehrswert i.S. des § 194 des Baugesetzbuchs (BauGB).[8]

2 Sondierung von Kirchenflächen

2.1 Bauplanerische Grundlagen

Die bauplanungsrechtlich zulässige Nutzung von Grundstücken bestimmt sich nach den Vorschriften des Baugesetzbuchs (BauGB) i.V.m. der Baunutzungsverordnung (BauNVO). Danach ist grundsätzlich zu unterscheiden nach der Lage des Grundstücks im sogenannten Innen- und Außenbereich.

- Dem Innenbereich zuzurechnen sind alle im Geltungsbereich eines Bebauungsplans sowie in einem im Zusammenhang bebauten Ortsteil nach § 34 BauGB gelegenen Grundstücke. Ihre bauliche Nutzbarkeit bestimmt sich nach den Festsetzungen des Bebauungsplans bzw. den Regelungen des § 34 BauGB.
- Dem Außenbereich sind die übrigen Flächen zuzurechnen. Die Zulässigkeit von Vorhaben bestimmt sich dort nach § 35 BauGB.

Die Regelung des § 9 BauGB über den Inhalt von Bebauungsplänen kennt keine besondere Festsetzung für „Kirchenflächen“, jedoch sind nach § 1 Abs. 5 Satz 2 Nr. 6 BauGB bei der Aufstellung der Bauleitpläne insbesondere die „von den Kirchen und Religionsgemeinschaften des öffentlichen Rechts festgestellten Erfordernisse für Gottesdienst und

Seelsorge" zu berücksichtigen.[9] Das verfassungsrechtlich mit Art. 140 GG garantierte Recht der autonomen Bedarfsfeststellung (Kirchenautonomie) bedeutet für die abwägende Gemeinde eine verbindliche Vorgabe. Hat die Kirchengemeinde eine entsprechende ausdrückliche Feststellung getroffen,[10] so muss die Gemeinde im Rahmen ihrer Abwägung entscheiden, wo diesen Erfordernissen im Plangebiet Rechnung getragen werden kann. Dabei kommt es nicht darauf an, ob es sich um eine Kirche oder um eine Religionsgemeinschaft handelt, die als öffentlich-rechtliche Körperschaft oder als privatrechtliche Religionsgemeinschaft verfasst ist. Kirchen können aufgrund dieser rechtlichen Gegebenheiten auch als Sonderimmobilien sui generis angesehen werden.

Anlagen für kirchliche Zwecke *(religious facilities)* sind zulässig im
- Allgemeinen Wohngebiet (§ 4 Abs. 2 Nr. 3 BauNVO),
- Besonderen Wohngebiet (§ 4a Abs. 2 Nr. 5 BauNVO),
- Dorfgebiet (§ 5 Abs. 2 Nr. 7 BauNVO),
- Mischgebiet (§ 6 Abs. 2 Nr. 5 BauNVO) und
- Kerngebiet (§ 7 Abs. 2 Nr. 4 BauNVO).

Anlagen für kirchliche Zwecke sind ausnahmsweise zulässig im
- Reinen Wohngebiet (§ 3 Abs. 2 Nr. 2 BauNVO),
- Gewerbegebiet (§ 8 Abs. 3 Nr. 2 BauNVO) und
- Industriegebiet (§ 9 Abs. 3 Nr. 2 BauNVO).

2.2 Kirchliche Nutzungen

Anlagen und Einrichtungen, die kirchlichen Zwecken dienen, können eine vielfältige Ausprägung haben:[11]
- Kirchengebäude,
- Kapellen,
- Gemeindesäle,
- Klöster mit den dazugehörigen Einrichtungen,
- Friedhöfe, aber auch
- Wohnhäuser (Mutterhäuser) zur Unterbringung des kirchlich beschäftigten Personals,
- das Pfarrhaus,

sowie karikative bzw. diakonische Einrichtungen, wie
- Kindergärten,
- konfessionelle Beratungs- und Betreuungsstellen,
- Altersheime,

- Tagesstätten und
- Schulen,

soweit sie nicht unter Anlagen für soziale Zwecke fallen.[12]

Kirchliche oder kirchlichen Zwecken dienende Flächen sind nach den vorstehenden Ausführungen grundsätzlich nach den Flächen zu unterscheiden, die

- im engeren Sinne als res sacra (Kirchengebäude, Klöster, Tempel, Bethaus oder auch als Friedhofskapelle) und
- Nutzungen dienen, die auch auf nicht kirchlichen Flächen zulässig sind.

Dass Kirchengebäuden wie Gemeinbedarfsflächen keinen Verkehrswert haben, weil sie dem allgemeinen Grundstücksverkehr entzogen sind, kann nur für kirchliche oder kirchlichen Zwecken dienende Flächen im engeren Sinne gelten. Dennoch sind diese Flächen i.d.R. nicht ohne Wert. Die für die Bewertung von Gemeinbedarfsgrundstücken geltenden Grundsätze können entsprechend Anwendung finden, denn sie sind gleichermaßen dem privaten Gewinnstreben entzogen.

Soweit die von einer Kirche ausgeübte Nutzung nicht von vornherein die Gewinnerzielung ausschließt (wie z.B. die Nutzung als Pfarr- oder Wohnhaus, zur Unterbringung des kirchlich beschäftigten Personals, Kindergarten oder Koranschule), wird man die Flächen indessen nicht den privatem Gewinnstreben entzogenen Gemeinbedarfsflächen gleichstellen können. Selbst wenn z.B. für ein dem Wohnen dienendes Pfarrhaus keine Mietentgelte entrichtet werden, wird man dies zumindest dann nicht bejahen können, wenn dies als geldwertgleicher Vorteil für den Pfarrer im Rahmen seiner Entlohnung anzusehen ist bzw. ein Nutzungsentgelt erzielt werden könnte.[13] Die allgemeinen für privatwirtschaftlich nutzbare Grundstücke geltenden Grundsätze der Verkehrswertermittlung können entsprechend Anwendung finden. Die nachfolgenden Ausführungen beschränken sich deshalb auf die besondere Problematik der Marktwertermittlung von als res sacra gewidmeten Kirchenflächen.

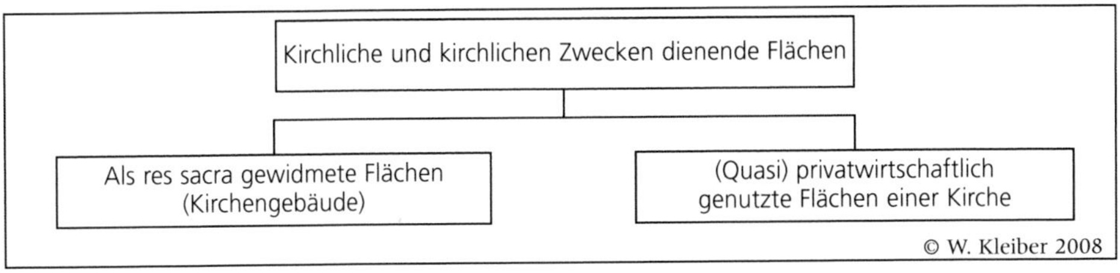

Abb. 2: Kirchliche und kirchlichen Zwecken dienende Flächen

Die Grenze zwischen den Flächen, die durch ihre Widmung oder nach Gewohnheitsrecht zur res sacra einer wirtschaftlichen Betrachtungsweise entzogen sind und solchen, die zumindest teilweise einer wirtschaftlichen Betrachtungsweise zugänglich sind, muss nach den konkreten Umständen des Einzelfalls beurteilt werden und ist eng zu ziehen. Jedenfalls hat das Bundesverwaltungsgericht (BVerwG) allein die Tatsache, dass Kirchengebäude (einer christlichen Konfession) mitunter gegen Entrichtung eines Geldbetrags einer anderen christlichen Konfession zur Verfügung gestellt werden, als unbedeutsam angesehen, da damit das Kirchengebäude nicht „entweiht" wird.[14] In dieser Entscheidung wurde zugleich festgestellt, dass es mit dem Wesen einer sakralen Sache (res sacra) unvereinbar wäre, sie als potenzielle Einnahmequelle zu betrachten und mithin das Ertragswertverfahren zur Ermittlung des Verkehrswerts von Kirchen ungeeignet ist.

Soweit die von einer Kirche ausgeübte Nutzung nicht von vornherein die Gewinnerzielung ausschließt, sind die Immobilien mit sonstigen privatwirtschaftlich nutzbaren Grundstücken vergleichbar. Die kirchliche Trägerschaft der ausgeübten Nutzung kann keine andere Betrachtungsweise begründen. Der Marktwert der sonstigen kirchlichen Zwecken dienenden aber auch privatwirtschaftlich nutzbaren Kirchenflächen kann nach den allgemeinen Grundsätzen der Verkehrswertermittlung unter Anwendung der Verordnung über Grundsätze für die Ermittlung der Verkehrswerte von Grundstücken (Immobilienwertermittlungsverordnung – ImmoWertV).[15] Hieran lehnen sich auch entsprechende Rechtsvorschriften der Kirchen an.[16] In einem Marktwertgutachten über Kirchen und kirchlichen Zwecken dienende Immobilien ist eine entsprechende Sondierung der Immobilien nach Kirchenflächen im engeren Sinne (res sacra) und den sonstigen kirchlich genutzten Flächen unabdingbar.

3 Wertermittlung

3.1 Allgemeines

3.1.1 Wertermittlungsverfahren

Für die Bewertung kirchlicher Immobilien kommen grundsätzlich alle international gebräuchlichen Wertermittlungsverfahren in Betracht. Dies sind

a) das Vergleichswertverfahren,

b) das Ertragswertverfahren und
c) das Sachwertverfahren
in allen ihren bekannten Variationen und Kombinationen, einschließlich deduktiver Verfahren (Extraktion, das auf Prognosen basierende Ertragswertverfahren – Discounted Cashflow-Verfahren –, Pachtwertverfahren usw.).

Nach § 8 Abs. 1 ImmoWertV (§ 7 Abs. 2 WertV) ist das Verfahren „unter Berücksichtigung der im gewöhnlichen Geschäftsverkehr bestehenden Gepflogenheiten und den sonstigen Umständen des Einzelfalls zu wählen“. Alle nach der WertV zur Anwendung kommenden Wertermittlungsverfahren stehen unter dem Gebot, die darin eingehenden Ansätze in möglichst marktorientierter Weise einzuführen, d.h. in der Höhe, wie sie sich im gewöhnlichen Geschäftsverkehr wertmäßig im Bewertungsobjekt niederschlagen. Eine fundierte am Markt orientierte Verkehrswertermittlung erfordert zudem eine nachvollziehbare Begründung der Höhe von Zu- und Abschlägen.

a) Vergleichswertverfahren

Das Vergleichswertverfahren scheidet für Kirchengrundstücke wie für Sonderimmobilien zumeist aus, da sie aufgrund ihrer „Spezialisierung“ wenig gehandelt werden. Auch die Ertrags- und Sachwertverfahren können als ein Vergleichswertverfahren angesehen werden, wobei sich der Wert aus dem Vergleich der wertbestimmenden Parametern, insbesondere der erzielbaren und erzielten Erträge, der Verzinsung aber auch der Herstellungskosten hergeleitet wird. Wo eine direkte Anwendung dieser Methoden mangels geeigneter Vergleichsdaten versagt, bedarf es darüber hinaus vielfach plausibler „Hilfskonstruktionen“, um den Wert zu ermitteln.

b) Sachwertverfahren

Dem Sachwertverfahren wird in der modernen Marktwertermittlung eine geringe Bedeutung beigemessen, weil es zu einem Wert führe, den die Sache nun einmal nicht wert sei. Es ist im Wesentlichen nur noch für die Ermittlung des Verkehrswerts von Ein- und Zweifamilienhäusern von Bedeutung, denn hier steht für den Grundstücksmarkt die Annehmlichkeit des „schönen Wohnens“ und nicht die Rendite im Vordergrund. Die Anwendung des Verfahrens ist aber selbst in diesem Segment umstritten, da erhebliche Marktanpassungsabschläge vorzunehmen sind.[17] Das Sachwertverfahren hat selbst in der Beleihungswertermittlung nur noch eine marginale Bedeutung, denn die sog. „Zwei Säulen-Theorie“, nach der sich der Beleihungswert auf Ertrags-

und Sachwertverfahren stützen soll, ist mit der Beleihungswertverordnung (BelWertV) praktisch aufgegeben worden. Dem Sachwert kann nach den Regelungen der BelWertV nur noch die Bedeutung eines Kontrollwerts beigemessen werden.

In der Praxis stand das Sachwertverfahren im Vordergrund, wenn es um die Ermittlung einer Enteignungsentschädigung für Kirchen ging. Dies war in erster Linie darin begründet, dass mit der Enteignungsentschädigung die Kirche in den Stand zu versetzen ist, sich gleichwertigen Ersatz zu verschaffen.

Das Sachwertverfahren kann für Kirchengrundstücke, deren kirchliche Nutzung aufgegeben werden soll (sog. abgehende Kirchengrundstücke) nicht gelten. Hier bestimmt sich im Falle der Aufgabe der Nutzungsbindung das Verkehrswertermittlungsverfahren nach der künftigen Nutzung.

Das Sachwertverfahren wird vor allem im Rahmen der Bilanzierung öffentlicher Immobilien angewandt. Dies geht auf eine bereits 1997 von der Kommunalen Geschäftsstelle für Verwaltungsmanagement (KGSt) ausgesprochene Empfehlung zurück, die im Wesentlichen damit begründet wird, dass es sich um eigen genutzte Grundstücke handele und für die Anwendung des Ertragswert- und Vergleichswertverfahrens kein ausreichender Markt bestünde.[18]

Dieser Hinweis ist nicht belastbar, da die „Eigennutzung“ schon seit langem keine Rechtfertigung für die Anwendung des Sachwertverfahrens ist. Darüber hinaus sprechen auch fehlende Vergleichsdaten gegen die Anwendung des Sachwertverfahrens, denn bei diesem Verfahren ist die Anwendung marktkonformer Marktanpassungsfaktoren (§ 14 ImmoWertV; § 7 WertV) unverzichtbar, um über den Sachwert zum Verkehrswert (Marktwert) und damit zu Aufschlüssen über die „tatsächlichen Vermögensverhältnisse“ zu gelangen, und die können eben nur aus tatsächlich getätigten Verkaufsfällen abgeleitet werden.

In einem Gutachten des ifo-Institut für Wirtschaftsforschung e.V. an der Universität München[19] wurde das gesamte Immobilienvermögen der Gemeinden Baden- Württembergs (Anfang 2003) auf der Grundlage des Wiederbeschaffungswerts sämtlicher Bauten auf einen Grundstückswert von 7.217 Milliarden € geschätzt. Sinn und Zweck der Aktion sind mehr als fragwürdig, denn die „tatsächlichen Vermögenswerte“ spiegeln sich darin jedenfalls nicht wieder und so muss das Ergebnis der Sachwertermittlung eine Illusion sein. Die öffentliche Hand rechnet sich so reich. Wenn es an die Sanierung der Haushalte durch Veräußerung eben dieser Immobilien ginge, müsste man schnell erkennen, dass z.B. durch den Verkauf einer unterhaltungsaufwendigen Straße keine Einnahmen erzielt werden könnten; das Beispiel ließe sich an anderen öffentlich genutzten Grundstücken beliebig fortsetzen. Wenn gleichwohl das öffentliche Vermögen im großen Stile im Sachwertverfahren bewertet wurde, so gibt das Ergebnis jedenfalls nicht die *„tatsächlichen"* Vermögensverhältnisse wider. Die auf der Grundlage des Sachwertverfahrens ermittelten „Zeitwerte" sind also nicht dem Marktwert (Verkehrswert) gleichzusetzen, denn die Werte sind im Falle der Immobilienveräußerung nicht realisierbar. Auch eine Ermittlung des Vermögensbestands der Kirchen im Wege des Sachwertverfahrens muss ein falsches Bild geben.

c) Ertragswertverfahren
Das Ertragswertverfahren ist in der modernen Marktwertermittlung das Standardverfahren insbesondere bei renditeorientierten Immobilien. Die Anwendung des Ertragswertverfahrens auf Kirchen scheitert in aller Regel jedoch daran, dass Kirchen nun eben gerade nicht auf die Erzielung einer Rendite ausgerichtet sind und es mithin auch an entsprechend erzielbaren Erträgen mangelt. Das Verfahren ist aber auf sonstige kirchlichen Zwecken dienende Immobilien anwendbar, die bei privatwirtschaftlicher Trägerschaft Erträge erwirtschaften können (z.B. das Pfarrhaus, Wohnhäuser zur Unterbringung des kirchlich beschäftigten Personals, Kindergärten, Altenpflegeheime usw.). Des Weiteren ist es anzuwenden, soweit bei Aufgabe der kirchlichen Nutzung eine ertragswirtschaftliche Folgenutzung absehbar ist.

3.1.2 Wertermittlungsmodell

Bei der Marktwertermittlung von Spezialimmobilien und mithin auch für Kirchenimmobilien kommt neben dem anzuwendenden Wertermittlungsverfahren aufgrund ihrer speziellen Ausrichtung und der damit verbundenen eingeschränkten Marktfähigkeit der Frage des anzuwendenden Wertermittlungsmodells eine besondere Bedeutung zu. In Betracht kommt hierbei

a) eine Marktwertermittlung auf der Grundlage der ausgeübten Nutzung und
b) eine Marktwertermittlung auf der Grundlage einer alternativen (marktgängigen bzw. marktgängigeren) Nutzung (Umnutzungsmodell).

Zu dem zuletzt genannten Umnutzungsmodell wird man greifen (müssen), wenn für die ausgeübte Nutzung keine Vergleichsdaten zur Verfü-

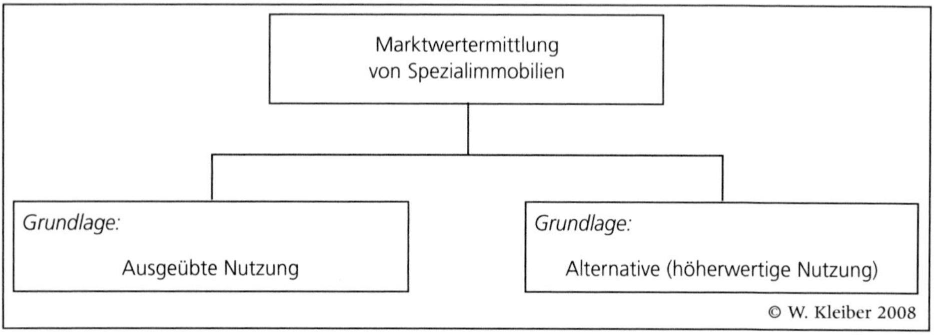

Abb. 3: Wertermittlungsmodelle für Spezialimmobilien

gung stehen, weil die ausgeübte Nutzung eben keinen Markt hat (extra commercium). Die Vorgehensweise lässt sich damit rechtfertigen, dass sich für eine Immobilie, die in nicht marktgängiger Weise genutzt wird, ein Marktwert erst mit ihrer Umnutzung bilden kann, der dann auf der Grundlage einer alternativen marktgängigen Nutzung ermittelt werden kann.

Soweit eine alternative Nutzung zu einem höheren Marktwert (Verkehrswert) führt, kann die Bewertung auf der Grundlage einer alternativen Nutzung (Umnutzungsmodell) sogar geboten sein, denn der Verkehrswert (Marktwert) versteht sich begrifflich als „Zukunftserfolgswert"; Nutzungspotenziale müssen deshalb unter Berücksichtigung von möglicherweise erheblichen Umstrukturierungskosten, bis hin zu einem Abriss des vorhandenen Gebäudebestands, in eine fundierte Wertermittlung eingehen, soweit sie bei objektiver und nüchterner Betrachtungsweise rechtlich zulässig, technisch realisierbar und wirtschaftlich vernünftig sind. Die Berücksichtigung vorhandener Nutzungspotenziale ist im gewöhnlichen Geschäftsverkehr immanent und mithin marktwertrelevant.

Bei der Marktwertermittlung auf der Grundlage einer alternativen (marktgängigen bzw. marktgängigeren) Nutzung ist grundsätzlich das Prinzip des sog. *„highest and best use"* anzuwenden. Soweit sich verschiedene Alternativnutzungen anbieten, ist regelmäßig die Nutzung der Verkehrswertermittlung zu Grunde zu legen, die bei geringstem Risiko die höchste Ertragsfähigkeit *(maximally productive)* verspricht. Die Kosten einer Umnutzung müssen dabei gegengerechnet werden. Der Verkehrswertermittlung sollte in solchen Fällen deshalb eine Kosten-Nutzen-Analyse vorausgehen. Bei alledem kann es nicht auf bloße Wunschvorstellungen des Eigentümers ankommen; vielmehr sind die vorhandenen und absehbaren rechtlichen und wirtschaftlichen Möglichkeiten realitätsbezogen ohne spekulative Momente anzuhalten (*physically possible, legally permissible und financially feasible*).

Die Wertermittlung auf der Grundlage einer alternativen (marktgängigen bzw. marktgängigeren) Nutzung muss allerdings dann außer Betracht bleiben, wenn die ausgeübte Nutzung erhalten und selbst bei unterstellter Veräußerung fortgeführt werden soll. In diesem Fall würde die Bewertung auf der Grundlage einer höherwertigen Alternativnutzung das Wertbild verzerren.

Die vorstehenden für die Marktwertermittlung von Sonderimmobilien angewandten Methoden sind auch für die Bewertung von Kirchen von Bedeutung.

Grundsätzlich ist wie bei der Bewertung von Gemeinbedarfsflächen zu unterscheiden zwischen:

a) *künftigem Kirchenbedarf:* Kirchenflächen, die sich in dieser Eigenschaft (noch) nicht im Eigentum der Kirche befinden und ggf. im Wege einer Enteignung erworben werden können;
b) *bleibendem Kirchenbedarf:* Kirchenflächen im Eigentum der Kirche, die auf absehbare Zeit einer sakralen Zweckbindung vorbehalten bleiben;
c) *abgehendem Kirchenbedarf:* Kirchenflächen im Eigentum der Kirche, deren sakrale Zweckbindung aufgegeben wird.

Diese Unterscheidung ist sowohl für die Ermittlung des Bodenwerts als auch für die baulichen Anlagen von Bedeutung.

Weitgehend unproblematisch sind die Flächen des künftigen Kirchenbedarfs, wobei es hier zumeist nur um die Ermittlung des Bodenwerts geht. Dieser bestimmt sich nach den Zustandsmerkmalen, die die Fläche vor ihrer Widmung zu sakralen Zwecken aufwies und kann nach den allgemeinen, hier nicht näher behandelten Grundsätzen der Marktwertermittlung hergeleitet werden (vgl. Abbildung 4).[20]

3.1.3 Gesamt- und Restnutzungsdauer von Kirchen

Die internationale Rechnungslegung gemäß IAS 16 § 9 definiert die Nutzungsdauer als eine Prognose, nämlich als eine Prognose[21]

(a) des Zeitraums, in dem ein Vermögenswert voraussichtlich von einem Unternehmen nutzbar ist; oder
(b) der voraussichtlich durch den Vermögenswert im Unternehmen zu erzielenden Anzahl an Produktionseinheiten oder ähnlichen Maßgrößen.

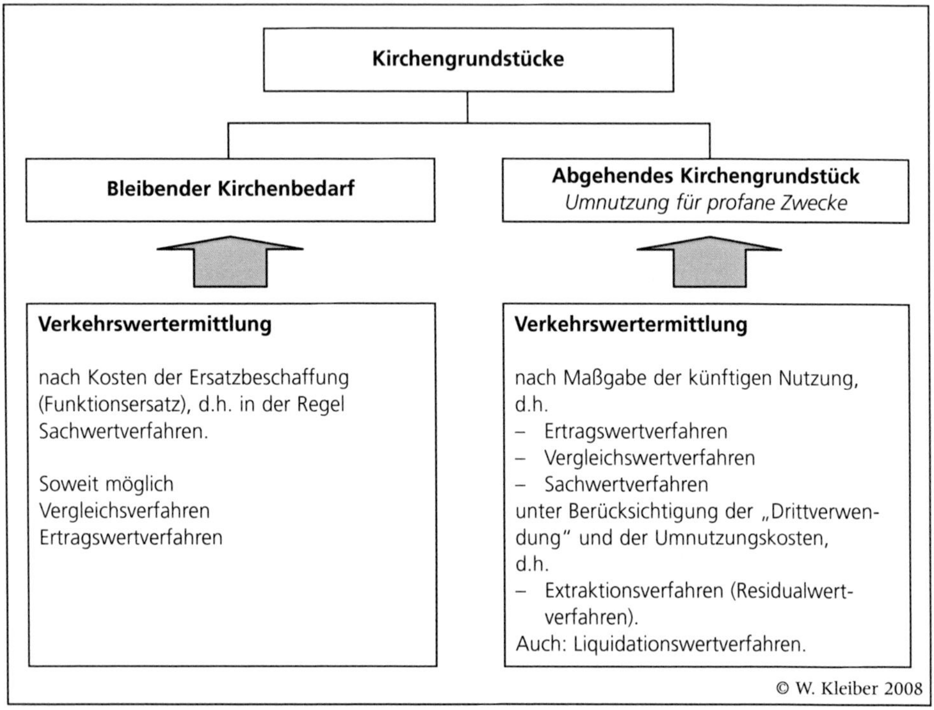

Abb. 4: Wertermittlungsverfahren für Kirchengrundstücke

Die Gesamt*nutzungs*dauer (economic life) eines neu errichteten Gebäudes und die Rest*nutzungs*dauer (remaining economic life) eines älteren Gebäudes ist von der Gesamt- und Rest*lebens*dauer eines Gebäudes zu unterscheiden.

- Bei der Gesamt- und Rest*nutzungs*dauer handelt es sich um den prognostizierten Zeitraum der wirtschaftlichen Nutzbarkeit einer Immobilie, der sich nach dem Zeitraum bemisst, für den erwartet werden kann, dass das Gebäude nach Art und Ausstattung den Anforderungen einer wirtschaftlichen Nutzung entspricht.
- Gesamt- und Res*tlebens*dauer bestimmt sich dagegen nach dem Zeitraum, über den ein Gebäude physisch existent ist, auch wenn es wirtschaftlich verbraucht ist, weil es den sich mit der Zeit gewandelten Anforderungen trotz laufender Instandhaltung nicht mehr entspricht. Die Gesamt- und Rest*lebens*dauer ist für die Bewertung von Immobilien weitgehend bedeutungslos, da eine physisch existente, aber wirtschaftlich verbrauchte Bausubstanz ihren Wert verloren hat.

§ 6 Abs. 6 ImmoWertV (§ 16 Abs. 4 Satz 1 WertV) definiert die (Rest-)Nutzungsdauer deshalb präziser als die vorgenannte IAS-Bestimmung, nämlich als die prognostizierte Anzahl von Jahren, in denen die bauliche Anlage (das Gebäude) *„bei ordnungsgemäßer Bewirtschaftung"* voraussichtlich noch (wirtschaftlich) genutzt werden kann. Eine ordnungsgemäße Bewirtschaftung bedeutet, dass das Gebäude instand gehalten wird. Instandhaltungskosten (repairs & maintanance) sind dabei die Kosten, die während der Nutzungsdauer zur Erhaltung des bestimmungsgemäßen Gebrauchs der baulichen Anlagen aufgewendet werden müssen, um Schäden zu beseitigen, gesetzliche Auflagen zu erfüllen und um die Qualität und damit die Ertragsfähigkeit des Renditeobjekts zu erhalten (§ 19 Abs. 2 Nr. 2 ImmoWertV (§ 18 Abs. 4 WertV); § 3 Nr. 11 HOAI[22]; § 28 II. BV[23], § 1 Abs. 2 Satz 2 BetrKV).

Die Gesamt- und Restnutzungsdauer eines Gebäudes ist trotz laufender Instandhaltung zeitlich limitiert, weil es mit fortschreitender Zeit den sich wandelnden Anforderungen nicht mehr entspricht. Für verschiedene Gebäudearten ändern sich die Anforderungen unterschiedlich, damit ergeben sich für unterschiedliche Gebäudearten auch unterschiedliche Erfahrungssätze über deren Gesamt- und Restnutzungsdauer bei unterstellter Instandhaltung.

- Wohngebäude sind hinsichtlich des Wandels der Anforderungen relativ stabil; ihnen wird deshalb eine Gesamtnutzungsdauer von 60 bis 100 Jahren beigemessen,[24] wenn das Gebäude laufend instand gehalten wird.
- Gewerbliche Gebäude und so auch Büro- und Verwaltungsgebäude unterliegen bereits einem schnelleren Wandel der Anforderungen (*functional* oder *external obsolescence*). Isenhöfer/Väth[25] geben für Bürogebäude eine wirtschaftliche Gesamtnutzungsdauer von nur 30 bis 40 Jahren an und prognostizieren für die Zukunft bereits 20 Jahre.

Kirchen können als Gebäude gelten, die nach Art und Ausstattung einem vergleichsweise geringen Wandel der Anforderungen unterworfen sind. Gleichwohl wird ihnen in einem Forschungsbericht, der im Auftrag des Bundesministeriums für Verkehr, Bau und Stadtentwicklung zum Thema „Aktuelle Gebäudesachwerte in der Verkehrswertermittlung" vorgelegt wurde, eine Gesamtnutzungsdauer von nur 60 bis 80 Jahren zugeordnet. Dies ist bei richtigem Verständnis der Definition der Gesamtnutzungsdauer unverständlich. Bei Kirchen ist mindestens von einer 100 jährigen Gesamtnutzungsdauer auszugehen, die bei ertragswirtschaftlicher Betrachtung einer „ewigen" Nutzungsdauer entspricht.

Die Gesamt- und Restnutzungsdauer lässt sich durch Modernisierungen theoretisch beliebig verlängern, allerdings auch nur insoweit, wie die Modernisierung wirtschaftlicher als ein Abriss des Gebäudes und sein Neubau ist.

Die für die unterschiedlichen Gebäudearten angegebenen Regelsätze der Gesamt- und Restnutzungsdauer können sich drastisch verkürzen, wenn für die Gebäude auf dem örtlichen Grundstücksmarkt der Markt wegbricht, weil z.B. ein Überangebot besteht (*oversupply in the market*), sei es aufgrund Abwanderung der Bevölkerung (so z.B. in einigen Orten der neuen Bundesländer) oder sei es aufgrund überhitzter Bautätigkeit. Ein Überangebot führt zu einem überdurchschnittlichen Leerstand und zu einer reduzierten Gesamt- und Restnutzungsdauer des prekären Gebäudebestands. Selbst für ein neu errichtetes Gebäude kann sich im Extremfall eine Restnutzungsdauer von 0 Jahren ergeben, wenn der Markt völlig weggefallen ist und eine Umnutzung nicht in Betracht gezogen werden kann. Dieser Aspekt ist in Anbetracht der allgemeinen Situation der Kirchen und ihren Überkapazitäten nicht unbedeutsam und muss beachtet werden.

3.2 Wertermittlung von Kirchen als res sacra

3.2.1 Allgemeines

Sowohl in den evangelischen Kirchen als auch in der katholischen Kirche befassen sich die Verantwortlichen mit dem Thema der Entwidmung von Kirchengebäuden. Die Anlässe können vielfältig sein, wie z.B. fehlender Bedarf, mangelnde finanzielle Leistungsfähigkeit oder auch planungsrechtliche Einflüsse.

Es ist deshalb im Falle einer Entschädigung grundsätzlich zu fordern, dass zunächst geprüft wird, ob der Verlust der kirchlich genutzten Immobilie einen „Funktionsersatz" erfordert (bleibender Kirchenbedarf) oder im Zuge des zurückgehenden Kirchenbedarfs als eine über kurz oder lang ohnehin wegfallende Nutzung einzuordnen ist (wegfallender Kirchenbedarf). In einem fundierten Wertgutachten müssen deshalb von einem Sachverständigen dahingehende Untersuchungsergebnisse dargelegt werden, denn das Ergebnis ist von entscheidender Bedeutung für das anzuwendende Wertermittlungsverfahren. Ob mit einem „Funktionsersatz" zu rechnen ist, ist in erster Linie nach der bisherigen und künftig zu erwarteten Entwicklung zu beurteilen. Parameter hierfür sind:

- Zahl der Kirchengänger (pro Quadratmeter „vorgehaltener Kirchennutzfläche") im „Einzugsgebiet",
- Entwicklung des Kirchensteueraufkommens,
- Kosten (pro Quadratmeter) der „vorgehaltenen Kirchennutzfläche" auch im Vergleich zu den durchschnittlichen Kosten.

3.2.2 Marktwertermittlung bei abgehendem Kirchenbedarf

3.2.2.1 Allgemeines

Steht die religiöse Nutzung eines Kirchengrundstücks vor der Aufgabe, bestimmt sich der Verkehrswert – entsprechend den Grundsätzen, die für Flächen mit „abgehendem Gemeinbedarf" gelten (vgl. 5.1.2 WERTR). Derartige Grundstücke gelangen wie andere privatwirtschaftliche Grundstücke auf den Markt.[26] Zur Ermittlung des Verkehrswerts ist im ersten Schritt der Verkehrswert auf der Grundlage der künftigen bzw. zu erwartenden privatwirtschaftlichen Nutzung unter Anwendung des Vergleichs-, Ertrags- oder Sachwertverfahrens zu ermitteln.[27]

3.2.2.2 Bodenwertanteil

Das Vergleichswertverfahren ist das Regelverfahren für die Ermittlung des Bodenwertanteils. Dies gilt gleichermaßen für die Bodenwertermittlung unbebauter als auch bebauter Grundstücke (§ 16 ImmoWertV; § 13 Abs. 2; § 15 Abs. 2 und § 21 Abs. 2 WertV). Dieser Bodenwertanteil wird grundsätzlich mit dem Bodenwert ermittelt, der sich für das unbebaute Grundstück ergeben würde (vgl. § 16 Abs. 1 ImmoWertV). Dazu können Kaufpreise von Vergleichsgrundstücken oder geeignete Bodenrichtwerte herangezogen werden.

Der Bodenwert wird auf der Grundlage der wertbestimmenden Eigenschaften des Grund und Bodens ermittelt, die nach Aufgabe der kirchlichen Nutzung absehbar ist und unterstellt werden kann. Dies betrifft insbesondere Art und Maß der baulichen Nutzung.

❑ Wird bei Profanierungen die Verwendung von Kirchengebäuden für öffentlich- kulturelle Zwecke in Betracht gezogen, kann sich für die abgehende Kirchenfläche auch kein Bodenwert „einstellen", obwohl sich ein solcher für privatwirtschaftlich nutzbaren Grund und Boden an gleicher Lage ergäbe. Denn die Umnutzung kann mit nicht unerheblichen Kosten der Umstrukturierung des Gebäudes verbunden sein, die vielfach so erheblich sind, dass letztlich sogar die Freilegung des Grund-

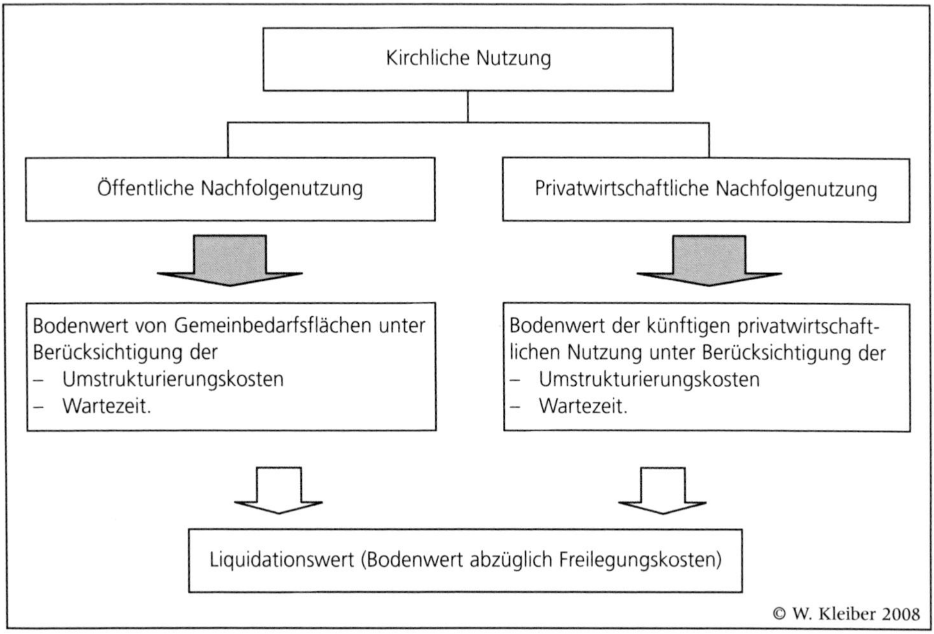

Abb. 5: Bodenwert bei Umnutzung von Kirchengebäuden

stücks unvermeidbar wird. Von daher ist es abwegig, den Bodenwert etwa aus dem Bodenrichtwert oder entsprechenden Vergleichspreisen für die angrenzende Nachbarschaft abzuleiten. Es macht in diesen Fällen keinen Sinn, die Kirche dadurch „reich" zu rechnen, dass der Bodenwert nach dem Bodenrichtwert der angrenzenden Nachbarschaft bemessen wird, zumal bei Erhalt des Kirchengebäudes auch allenfalls das auf dem Grundstück realisierte Maß der baulichen Nutzung und die realisierte Art maßgeblich sein kann und nicht Art und Maß der baulichen Nutzung eines Grundstücks, über das frei disponiert werden kann.[28]

Ein falsches Bild vermittelt von daher auch eine Veröffentlichung des „Immobilienmanager" vom 15.4.2008, in der eine Rangliste des Bodenwerts von Kirchen ohne Berücksichtigung des Werts der Bauwerke und der Kunstschätze mit folgenden nach dem Bodenrichtwert der angrenzenden Grundstücke bemessenen „theoretischen Marktwerten" angegeben werden:.

1. Münchener Jesuitenkirche „St. Michael"	210,0	Mio. €,
2. Kölner Dom	79,0	Mio. €,
3. Münchner Frauenkirche	69,0	Mio. €,
4. Berliner Dom	63,0	Mio. €,

5.	Frankfurter Kaiserdom	14,0 Mio. €,
6.	Stuttgarter Stiftskirche	13,5 Mio. €,
7.	Hamburger „Michel"	4,8 Mio. €.

Ist eine öffentlich-kulturelle Nachfolgenutzung zu erwarten, stellt sich die Frage, ob die Fläche werthaltig ist. Eine bisher sakral genutzte und künftig öffentlich genutzte Fläche ist „ertragslos" und der Bodenwert eines Grundstücks korreliert mit dem darauf erzielbaren Ertrag. Es kommt hinzu, dass die mit der öffentlichen Zweckbindung verbundenen Folgekosten für den Eigentümer eine wirtschaftliche Belastung darstellen. In diesem Zusammenhang wird deshalb von einem Unwert (nil-value) gesprochen werden. Deswegen kann es nicht verwundern, dass nach Presseberichten die Gnadenkirche in Hamburg St. Pauli und eine Kirche der Martini-Gemeinde in Bielefeld für einen symbolischen Betrag von 1 € veräußert wurden,[29] während für die St.-Johannes-Capistran-Kirche in Berlin-Schöneberg, die mit dem Ziel der Errichtung eines Seniorenzentrums veräußert wurde, ein Betrag von 2,5 Millionen € bezahlt wurde.[30]

❑ Kann hingegen von einer privatwirtschaftlichen Folgenutzung ausgegangen werden, bemisst sich der Bodenwert im unbeplanten Innenbereich gemäß § 34 BauGB nach
- der künftig realisierbaren Art der Nutzung,
- dem künftig realisierbaren Maß der baulichen Nutzung,
- der Bauweise und
- der Grundstücksfläche, die überbaut werden soll

nach einer Nutzung, die sich in die Umgebung einfügt. Wird die Fläche hingegen beplant, bestimmt sich die Nutzung nach den (künftigen) Festsetzungen des Bebauungsplans.

❑ Darüber hinaus sind Beeinträchtigungen der zulässigen Nutzbarkeit, die sich aus einer bestehen bleibenden Bebauung auf dem Grundstück ergeben, zu berücksichtigen, wenn es bei wirtschaftlicher Betrachtungsweise oder aus sonstigen Gründen geboten erscheint, das Grundstück in der bisherigen Weise zu nutzen. Vielfach ist die Umnutzung des bestehenden Kirchgebäudes mit derart hohen Kosten verbunden, dass die Bebauung im Ergebnis unwirtschaftlich ist und als Bodenwert stellt sich sein Liquidationswert ein.[31] Bodenwert ist mithin der künftige Bodenwert nach Umwidmung unter Berücksichtigung der Freilegungskosten, der Wartezeit und der aus der Bausubstanz erzielbaren Verwertungserlöse. Die aus der Umnutzung resultierende Wartezeit kann dabei durch

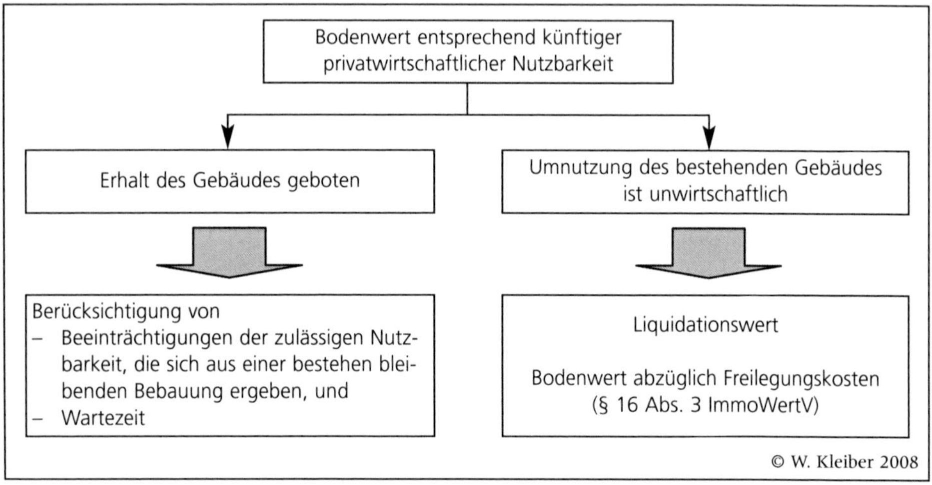

Abb. 6: Bodenwert bei Umwidmung von Kirchengebäuden zu privatwirtschaftlicher Nutzung unter Berücksichtigung der vorhandenen Bebauung

entsprechende Abzinsung des künftigen Bodenwerts berücksichtigt werden.[32]

3.2.2.3 Gebäudewertanteil

Der Gebäudewertanteil ist bei Aufgabe der kirchlichen Nutzung nach den allgemeinen Grundsätzen des § 8 Abs. 1 ImmoWertV (§ 7 Abs. 2 WertV), nach dem Verfahren zu ermitteln, das den allgemeinen „Gepflogenheiten des Grundstücksverkehrs und den sonstigen Umständen des Einzelfalls" entspricht. Bei bebauten Grundstücken führt dies i.d.R. zur Anwendung des Ertragswertverfahrens, denn die privatwirtschaftliche Nachfolgenutzung ist in der Regel auf die Erzielung einer möglichst hohen Rendite ausgerichtet.

Bei Anwendung des Ertragswertverfahrens auf Kirchengebäude, die einer privatwirtschaftlichen Nutzung zugeführt werden sollen, ist nach dem Prinzip des *highest and best use* eine (künftige) Nutzung zugrunde zu legen, die bei objektiver und nüchterner Betrachtungsweise rechtlich zulässig, technisch realisierbar und wirtschaftlich vernünftig ist. Der sich danach ergebende Wert stellt zunächst nur den vorläufigen Ertragswert dar. Er wird ermittelt auf der Grundlage der künftigen Nutzung, d.h. auf der Grundlage der künftigen Erträge bei einer Realisierung einer Nutzung für Wohnen, Gewerbe (Büro, Handelsfläche, Werkstätten und dgl.), als Ausstellungsfläche oder was immer zur Realisierung ansteht. Die Realisierung dieser künftigen Nutzung erfordert in aller Regel einen erheblichen Investitionsaufwand, der als nicht disponibler Kostenaufwand gegengerechnet werden muss. Das Verfahren stellt sich somit in seinem Kern als ein Extraktionswertverfahren (ertragswertorientiertes Residualwertverfahren) dar, d.h. als ein Ertragswertverfahren in Kombination mit sachwertorientierten Umstrukturierungskosten. Diese können derart erheblich sein, dass das Verfahren letztlich in ein Sachwertverfahren umschlägt. Auf der anderen Seite kann dem ein verhältnismäßig geringer (fiktiver) vorläufiger Ertragswert gegenüberstehen, da die überdimensionierte Bausubstanz einer aufwendig gebauten Kirche keinen entsprechenden Niederschlag in den Erträgen findet und zudem noch mit ungewöhnlich hohen Bewirtschaftungskosten verbunden ist.

Aus den vorstehenden Gründen ist ein rein *sachwertorientiertes* Residualwertverfahren (Extraktionswertverfahren) anwendbar, bei dem nicht von den üblichen Herstellungskosten eines Kirchengebäudes, sondern von den üblichen Herstellungskosten der zur Realisierung anstehenden Nachfolgenutzung ausgegangen wird. Der sich dafür ergebende

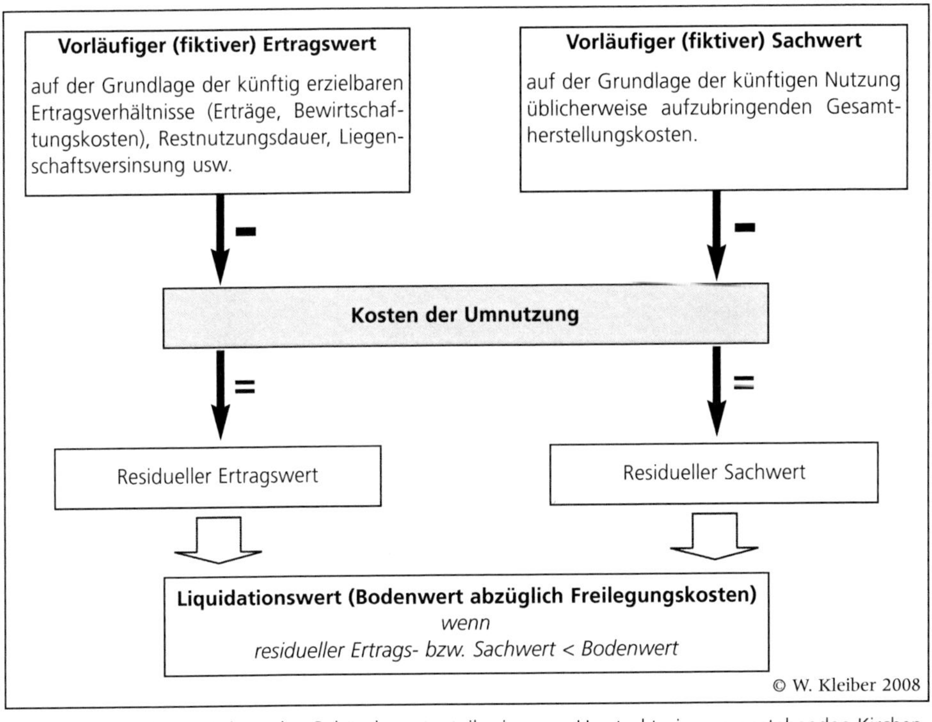

Abb. 7: Residuelle Ermittlung des Gebäudewertanteils eines zur Umstrukturierung anstehenden Kirchengebäudes

(fiktive) vorläufige Sachwert ist wiederum um den für die Umnutzung erforderlichen Investitionsaufwand zu vermindern. Auf diesem Wege erhält man einen wirtschaftlich verwertbaren Restwert der vorhandenen Bausubstanz, den ein bauwilliger Erwerber ohne Überschreitung der üblichen Gesamtkosten entrichten kann. Der Sachwert wird damit i.S. der ersparten Kosten für die Neuerrichtung eines entsprechenden Gebäudes ermittelt.

Soweit es sich bei einem „abgehenden" Kirchengebäude um ein Denkmal handelt, kann bei Anwendung des Ertragswertverfahrens
a) entsprechend dem Zustand des Gebäudes von einer endlichen Restnutzungsdauer oder
b) im Hinblick auf die umfassende Erhaltungspflicht von einer „unendlichen" Restnutzungsdauer

ausgegangen werden. Der „ewige" Erhalt eines Denkmals fordert im Unterschied zu Immobilien, denen wirtschaftlich eine endliche Gesamtnutzungsdauer zugeordnet wird, jedoch erhöhte Instandhaltungs- und Modernisierungskosten, die bei Anwendung des Ertragswertverfahrens auf der Grundlage einer „unendlichen" Restnutzungsdauer zusätzlich als Bewirtschaftungskosten angesetzt werden müssen. Entfällt die Denkmaleigenschaft, so ist die Anwendung des Ertragswertverfahrens auf der Grundlage einer endlichen Restnutzungsdauer angezeigt.

3.2.3 Marktwertermittlung bei bleibendem Kirchenbedarf

3.2.3.1 Allgemeines

Grundsätzlich kommen für die (Verkehrs-)wertermittlung eines auf Dauer kirchlich genutzten Grundstücks (*value in use = the value a specific property has for a specific use*) wiederum alle drei klassischen Wertermittlungsverfahren in Betracht. In der Wertermittlungspraxis stand bisher jedoch das Sachwertverfahren im Vordergrund, da es einerseits an geeigneten Vergleichspreisen mangelte und andererseits keine rentierliche Nutzung ausgeübt wird. Gleichwohl sollten das Vergleichs- und Ertragswertverfahren nicht gänzlich ausgeschlossen werden, denn

- eine kirchliche Nutzung mag im Einzelfall in angemieteten baulichen Anlagen ausgeübt werden und
- kirchliche genutzte Grundstücke können andererseits auch zum Zwecke der Ausübung einer anderen kirchlichen Nutzung am Grundstücksverkehr teilnehmen. Dies schließt die Nutzung als Kirche, Synagoge, Tempel, Moschee und anderes ein.

3.2.3.2 Bodenwertanteil

Die Ableitung des Bodenwerts für Flächen des bleibenden Kirchenbedarfs aus dem Bodenwert der angrenzenden (privatwirtschaftlich nutzbaren) Grundstücke ist grundsätzlich abzulehnen, weil eine der sakralen Nutzung vorbehaltene Kirchenfläche einer völlig anderen als der in der Nachbarschaft zulässigen (privatwirtschaftlichen) Nutzung vorbehalten ist. Das verfassungsrechtlich mit Art. 140 GG garantierte Recht der autonomen Bedarfsfeststellung (Kirchenautonomie) von Flächen als res sacra bedeutet nämlich umgekehrt, dass die Flächen einer sonstigen Nutzung entzogen sind und damit keinen mit den Nachbargrundstücken vergleichbaren Ertrag erwirtschaften können. Die Höhe des Bodenwerts eines Grundstücks ist nun einmal in erster Linie von dem darauf erzielbaren Ertrag abhängig und der hochwertige Bodenwert der privatwirtschaftlich nutzbaren Nachbargrundstücke mit hoher Ertragskraft lässt sich nicht auf die einer sakralen Nutzung vorbehaltene Flächen übertragen.

Der Grund und Boden von Kirchenflächen ist qualitativ vergleichbar mit dem der sog. bleibenden Gemeinbedarfsflächen. Beide Flächen werfen keinen Ertrag ab. Während Gemeinbedarfsflächen einer öffentlichen Nutzung vorbehalten sind, sind die Kirchenflächen einer sakralen Nutzung vorbehalten. Für die Bodenwertermittlung können deshalb die für bleibende Gemeinbedarfsflächen entwickelten Grundsätze entsprechend angewandt werden.

Man bedient sich hier einer Reihe von „Hilfskonstruktionen".[33] Wie eingangs unter Ziff. 2.3 dargestellt, kommt vor allem eine Marktwertermittlung auf der Grundlage des Wertermittlungsmodells einer alternativen (marktgängigen bzw. marktgängigeren) Nutzung in Betracht, und zwar einer Nutzung, wie sie sich nach Aufgabe der ausgeübten Nutzung unter Beachtung der Lage des Grundstücks, der gemeindlichen Planungshoheit und der wirtschaftlichen Realisierbarkeit für die konkrete Fläche ergeben würde. Bei dieser Vorgehensweise ist zunächst von der Qualität des Bodens auszugehen, den die Fläche nach Aufgabe der bisherigen Nutzung hätte. Bei kleineren Kirchengrundstücken könnte sich ein Bebaubarkeit nach § 34 BauGB einstellen und in diesem Falle wäre tatsächlich der Bodenwert nach Art und Maß der Nutzung der Umgebungsbebauung zu ermitteln. Bei größeren Kirchenflächen kann hingegen nicht ausgeschlossen werden, dass mit der Aufgabe der bisherigen Nutzung die Fläche als Außenbereich im Innenbereich mit einer dann zu konkretisierenden Bauerwartung einzustufen ist. Soweit für die Nachfolgenutzung ein Erfordernis für die Aufstellung eines Bebauungsplans besteht, kann nach den Erfahrungen, die bei der Aufgabe von

Gemeinbedarfsnutzungen gemacht werden mussten, auch nicht naturgesetzlich erwartet werden, dass die aufgegebenen Flächen in eine privatwirtschaftliche Nutzung überführt werden (können). Hier nehmen die Gemeinden ihre Chancen wahr, den öffentlichen Raum vor allem durch ökologisch bedeutsam angesehene Grünflächen „preisgünstig" zu erweitern.

3.2.3.3 Gebäudewertanteil

3.2.3.3.1 Verfahrenswahl

Der Gebäudewertanteil von Kirchen, die für kirchliche Zwecke auf Dauer erhalten bleiben sollen, wurde in der Praxis bislang vornehmlich mit seinem Gebäudesachwert ermittelt. Dies lässt sich damit begründen, dass es der Kirche nicht auf eine rentierliche Nutzung ankommt und die Kirche – wie öffentliche Gebäude – für Zwecke der (seelsorgerischen) Daseinsvorsorge vorbehalten werden. Im Rahmen dieser Daseinsvorsorge hat das Gebäude für die Kirche, die allein nutzungsberechtigt ist, mindestens den Wert, den die Errichtung der Kirche kosten würde. Ein geringerer Wert könnte sich allenfalls dann ergeben, wenn ein gleichwertiger Ersatz kostengünstiger beschafft werden könnte. Aus diesem Grunde ist die Anwendung des sich an den Herstellungskosten orientierenden Sachwertverfahrens (unter Berücksichtigung des Alters und des Zustands der abgehenden Kirche) angezeigt, soweit nicht kostengünstiger ein Ersatzbau erworben werden kann.

3.2.3.3.2 Sachwertverfahren

Bei Anwendung des Sachwertverfahrens setzt sich der Sachwert nach § 21 Abs. 1 ImmoWertV (§ 21 Abs. 5 WertV) aus dem Bodenwert zuzüglich des Wertanteils der baulichen und sonstigen Anlagen zusammen. Der Verkehrswert ist auch bei Anwendung des Sachwertverfahrens unter Berücksichtigung der Lage auf dem Grundstücksmarkt (Marktanpassung; vgl. § 8 Abs. 2 und 3 ImmoWertV) abzuleiten.

Im Übrigen darf auch das Sachwertverfahren nicht als ein Wertermittlungsverfahren verstanden werden, das sich in „reinrassiger" Weise auf eine ausschließlich kostenorientierte Betrachtungsweise stützt. Zwar stellen bei Anwendung dieses Verfahrens die gewöhnlichen Herstellungskosten die Ausgangsgröße der Sachwertermittlung dar, jedoch sind alle daran anschließenden weiteren Rechenschritte darauf gerichtet, die Sichtweise des Grundstücksmarktes und dabei vor allem auch ertragswirtschaftliche Sichtweisen in das Verfahren zu integrieren:

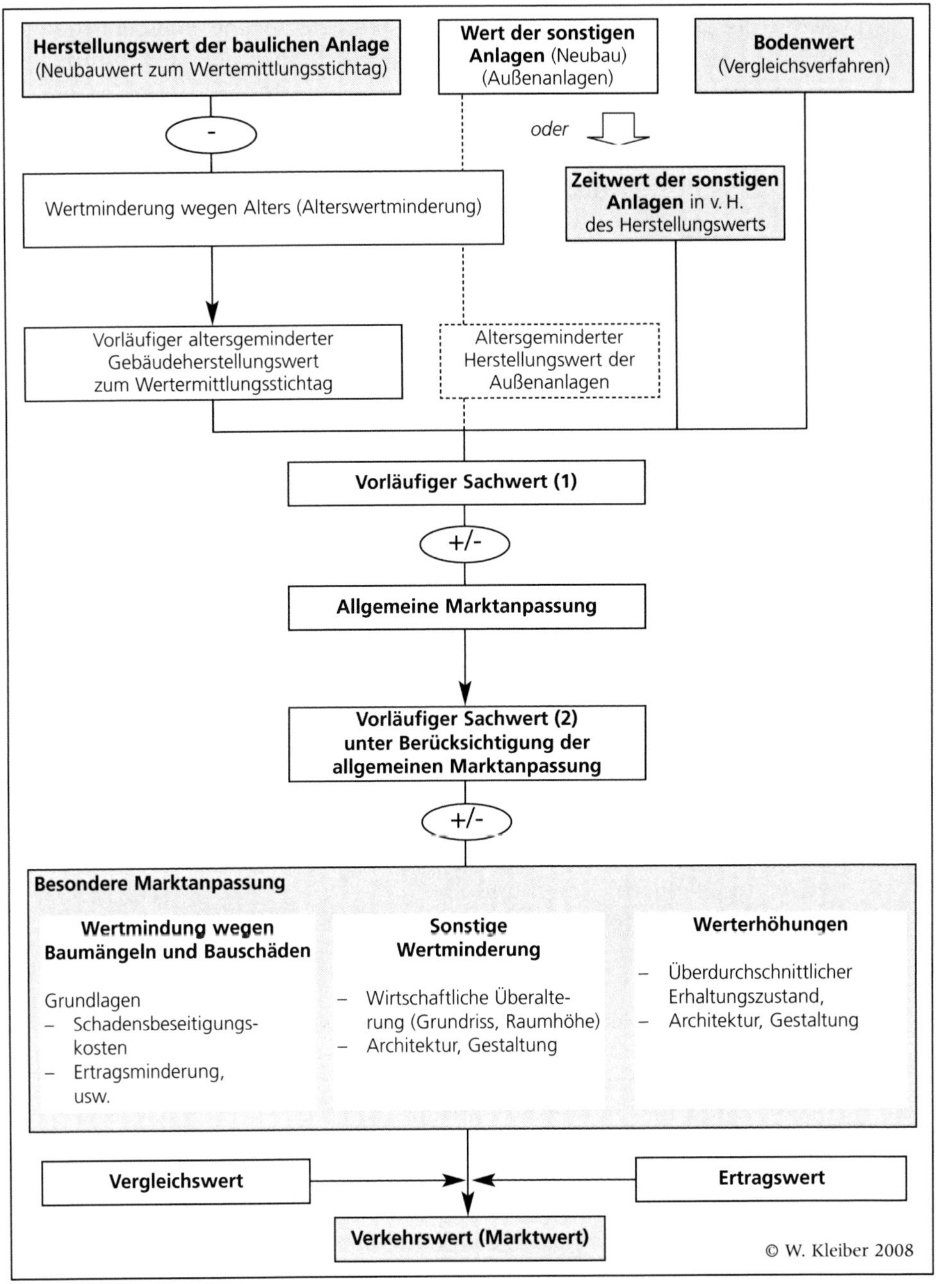

Abb. 8: Sachwertverfahren

a) Die für die Dimensionierung der Alterswertminderung maßgebliche Gesamt- und Restnutzungsdauer bestimmt sich auch bei Anwendung des Sachwertverfahrens nach dem prognostizierten Zeitraum, über den die bauliche Anlage voraussichtlich wirtschaftlich nutzbar ist; auf die technische Gesamt- und Restnutzungsdauer kommt es auch bei Anwendung des Sachwertverfahrens nicht an. Gesamt- und Restnutzungsdauer werden mithin bei allen in der Praxis zur Anwendung kommenden Verfahren nach gleichen – letztlich ertragswirtschaftlichen – Grundlagen dimensioniert.

b) Die bei Anwendung des Sachwertverfahrens zu berücksichtigende Alterswertminderung ist damit zugleich eine ertragswirtschaftliche ausgerichtete Marktanpassung. Mit der Alterswertminderung soll die Wertminderung erfasst werden, die sich für das Gebäude trotz ordnungsgemäßer Instandhaltung auf dem Grundstücksmarkt ergibt, weil das Gebäude – wie dargelegt – mit zunehmendem Alter hinter die sich wandelnden Anforderungen an Gebäude zurückfällt und die wirtschaftliche Nutzungsfähigkeit eines Gebäudes abnimmt.

c) Eine „richtig" dimensionierte Alterswertminderung muss bei alledem grundsätzlich darauf abzielen, den nach den gewöhnlichen Herstellungskosten eines Neubaus ermittelten Ausgangswert auf den Marktwert (Verkehrswert) zu reduzieren. Dies ist allerdings bislang noch nicht in der Wertermittlungspraxis gelungen und man zieht ersatzweise
   - theoretische Alterswertminderungen, wie z.B. die lineare Abschreibung (straight line depriacion) oder die Ross'sche Abschreibungskurve (parabolisch) heran und
   - unterwirft das Ergebnis einer zusätzlichen Marktanpassung (§ 8 Abs. 2 ImmoWertV; § 7 WertV).

d) Des Weiteren wird die Regelabschreibung durch den Regelungsgehalt des § 8 Abs. 3 ImmoWertV (§ 25 WertV besondere objektspezifische Grundstücksmerkmale) ergänzt. Nach dieser Vorschrift sind unter anderem zusätzlich zu berücksichtigen
   - eine wirtschaftliche Überalterung und
   - ein überdurchschnittlicher Erhaltungszustand.

   Die Berücksichtigung einer „wirtschaftlichen Überalterung" stellt eine die Alterswertminderung ergänzende Abschreibungsregelung dar, vergleichbar mit der international gebräuchlichen (wertermittlungstechnischen) Sonderabschreibung[34] aufgrund

- technischer und funktionaler Überalterung (functional obsolescence),
- äußerer Einflüsse (external obsolescence) und
- Substanz- und Materialverschlechterung (physical deterioration).

Gegenstand der Regelung des § 8 Abs. 3 ImmoWertV (§ 25 WertV) sind alle sonstigen, den Gebäudesachwert mindernden und erhöhenden Merkmale eines Grundstücks einschließlich Gebäudes, die weder mit den angesetzten Normalherstellungskosten, noch mit der Regelabschreibung erfasst sind. Hierzu gehört unter anderem beispielsweise

- eine besonders gute oder schlechte Architektur,
- eine besonders gute oder schlechte Grundrisslösung, außergewöhnliche Geschosshöhen
- und vieles mehr.

Die daraus resultierende Wertminderung bzw. Werterhöhung ist grundsätzlich in marktkonformer Weise zu dimensionieren. Soweit sie die wirtschaftliche Nutzbarkeit beeinträchtigen bzw. verbessern, können sie mithin am zuverlässigsten nach ihrer ertragswirtschaftlichen Bedeutung bemessen werden. Aus einem unwirtschaftlichen Grundriss, unwirtschaftlichen Geschosshöhen und sonstigen kostenintensiven, aber die Unterhaltung eines Gebäudes erheblich verteuernden Bauweisen resultierende Wertminderungen sind in angemessener Weise nach ihren ertragswirtschaftlichen Beeinträchtigungen zu berücksichtigen.

e) Soweit ein Gebäude Baumängel oder Bauschäden aufweist, soll die daraus resultierende Wertminderung auch bei Anwendung des Sachwertverfahrens nicht allein nach den kostenorientierten Schadensbeseitigungskosten ermittelt werden. Diese können lediglich eine Ausgangsgroße darstellen. Maßgeblich ist die sich daraus (im gewöhnlichen Geschäftsverkehr) ergebende Minderung des Marktwerts (Verkehrswert) und die fällt vielfach geringer aus, als die Schadensbeseitigungskosten. Auch hier wird darauf abgestellt, in wieweit die wirtschaftliche Nutzungsfähigkeit beeinträchtigt ist.

3.2.3.3.3 Herstellungskosten

Bei der Bewertung der baulichen Anlagen unter Anwendung des Sachwertverfahrens ist nach Nr. 3.6.1 WERTR ausdrücklich von den gewöhnlichen Herstellungskosten auszugehen, „die, unter Beachtung wirtschaftlicher Gesichtspunkte, für die Neuerrichtung des Wertermittlungsobjekts am Wertermittlungsstichtag aufzuwenden wären (Ersatzbeschaffungskosten, *replacement costs*)“. Nach herrschender Lehre und

95 SAKRALGEBÄUDE

Normalherstellungskosten (NHK) Kostenkennwerte einschl. MwSt: 1. Quartal 2005

95.234 Kirche												
Baujahr	**1925**	**1925–1945**		**1946–1959**		**1960–1969**		**1970–1984**		**1985–2004**		**2005**
300 Bauwerk Baukonstruktion	–	1260	1330	1335	1405	1410	1475	1480	1605	1615	1750	1765
400 Bauwerk Technische Anlagen	–	180	190	195	205	205	215	215	230	245	250	255
300 + 400 Bauwerk	–	1440	1520	1530	1610	1615	1690	1695	1835	1850	2000	2020

Merkmale der Stichprobe	
Mittlere Geschosshöhe	5,34 m
Geschosszahl	–
Dach	–
BGF / Nutzeinheit	–

Nebenkosten in % des Bauwerks[1]		
von	Ø	bis
20	**23**	25

Gesamtnutzungsdauer: 60–80 Jahre

Standardeinordnung siehe Anlage 2

94.235 Friedhofsgebäude												
300 Bauwerk Baukonstruktion	–	800	845	850	890	895	935	940	1020	1025	1110	1120
400 Bauwerk Technische Anlagen	–	90	95	95	100	100	105	105	115	115	125	125
300 + 400 Bauwerk	–	890	940	945	990	995	1040	1045	1135	1140	1235	1245

Merkmale der Stichprobe	
Mittlere Geschosshöhe	4,69 m
Geschosszahl	–
Wohnfläche / BGF	–
BGF / Nutzeinheit	–

Nebenkosten in % des Bauwerks		
von	Ø	bis
17	**19**	21

Gesamtnutzungsdauer: 60–80 Jahre

Ausstattungsmerkmale

Historische Kirchen und Kapellen		
Einfacher Ausbau	**Mittlerer, guter Ausbau**	**Sehr guter Ausbau**
Konventionell übliche Mauerwerks- oder Holzkonstruktionen, geringe Mauerstärken, einfache Holz- oder Rabitzputzdecken ohne Verzierungen und Fresken, Elektroinstallation in sehr geringem Umfang, keine Heizung bzw. nur Bankheizung in Teilbereichen	Mauerwerksbauten in stärkeren Mauerdicken, verputzt oder Naturstein; Natursteinböden in aufwendiger Verlegung, Decken mit Verzierung und kleineren Fresken, teilweise Buntglasfenster bzw. Bleiverglasung, Steingewände o.Ä.; Elektroinstallation in geringem bis mittleren Umfang; Warmluftheizung oder Bankheizung.	Aufwendigere Mauerwerkskonstruktionen, verputzt oder in Naturstein mit Gesimsen, Portalen, Türgewänden o.Ä.; hochwertige Böden (Marmor, Granit), Decken mit Stuck und Fresken, auch als gemauerte Gewölbe mit Natursteinrippen, Buntglasfenster mit Bleiverglasung, Maßwerkfenster, mittlere bis gute Elektroinstallation, Warmluft- oder Bankheizung

Moderne Kirchen und Kapellen		
Einfacher Ausbau	**Mittlerer, guter Ausbau**	**Sehr guter Ausbau**

Quelle: Metzmacher, Krikler, Gebäudeschätzung über die Bruttogeschossfläche, 2. Aufl. 2004 Köln

Praxis ist der Gebäudesachwert auf der Grundlage von Normalherstellungskosten zu ermitteln, die sich nicht als Rekonstruktionskosten, sondern als neuzeitliche Ersatzbeschaffungskosten definieren.[35] Der Ansatz von Ersatzbeschaffungskosten, der im Übrigen auch in der internationalen Sachwertermittlung üblich ist, ist darin begründet, dass ein Käufer nicht bereit ist, die möglicherweise höheren Kosten der Vergangenheit in seine Preisvorstellungen einfließen zu lassen, wenn eine Ersatzbeschaffung preisgünstiger ist. Die Ermittlung des Gebäudeherstellungswerts nach Rekonstruktionskosten (*reproduction costs*) würde insbesondere bei älteren künstlerisch und geschichtlich bedeutsamen Kirchengebäuden zu außerordentlich hohen Sachwerten führen, wenn ihr der historische Zustand zugrunde gelegt wird (konservativer Kirchenbau).

Nach § 22 Abs. 1 ImmoWertV ist im Regelfall von den gewöhnlichen Herstellungskosten (Normalherstellungskosten) in ihrer Gesamtheit je Raum- oder Flächeneinheit auszugehen, die mit der Anzahl der entsprechenden Raum- oder Flächeneinheit des Gebäudes zu vervielfachen ist. In dem im Auftrag des Bundesministeriums für Verkehr, Bau und Stadtentwicklung vorgelegten Forschungsbericht zum Thema „Aktuelle Gebäudesachwerte in der Verkehrswertermittlung" werden folgende Normalherstellungskosten – bezogen auf das 1. Quartal 2005 – empfohlen:[36]

Die Ermittlung des Gebäudeherstellungswerts (ganz oder teilweise) nach den gewöhnlichen Herstellungskosten einzelner Bauleistungen (Einzelkosten) lässt § 22 Abs. 2 ImmoWertV (§ 25 Abs. 4 WertV) ausdrücklich nur „ausnahmsweise" zu und sollte vermieden werden. So wäre z.B. auch ein Auto unbezahlbar, wenn man es sich durch Einzelvergabe zusammenbauen würde. Deshalb müsste eine Gebäudesachwertermittlung nach dem Tabellenwerk von Lohrmann[38] (für Einzelgewerke) zu unrealistisch überhöhten Gebäudesachwerten führen. Die Tabellen sind auch nicht für eine Gebäudesachwertermittlung, sondern für die Bemessung von Versicherungsschäden aufgestellt worden.

3.2.3.3.4 Wertminderung wegen Alters und sonstiger wertbeeinflussender Umstände

Die Ermittlung des Herstellungswerts einer Kirche auf der Grundlage von Normalherstellungskosten führt zunächst zu dem Gebäudesachwert einer baumängelfrei und neuerrichteten Kirche (Neubau). Die Verfahrensregelungen der ImmoWertV sehen deshalb eine Reduktion dieses Werts um die

- Wertminderung wegen Alters (§ 23 ImmoWertV) und
- um die Wertminderung wegen Baumängeln und Bauschäden (§ 8 Abs. 3 ImmoWertV; § 24 WertV) vor.

Des Weiteren sind nach § 8 Abs. 3 ImmoWertV (§ 25 WertV) sonstige besondere objektspezifische Grundstücksmerkmale zu berücksichtigen, wobei es sich um wertmindernde, aber auch um werterhöhende Besonderheiten handeln kann.

Wie dargestellt, handelt es sich bei allen diesen Rechenschritten letztlich um Marktanpassungen, denn ein älteres Gebäude mit Baumängeln und Bauschäden sowie sonstigen Besonderheiten hat einen gegenüber einem Neubau reduzierten Marktwert (Verkehrswert).

Die in der Praxis angewendet Regelabschreibung nach Ross bzw. linear (Wertminderung wegen Alters nach § 23 WertV) führt in der Regel nicht zum Marktwert (Verkehrswert). Marktanpassungsabschläge bei Objekten mit einem Sachwert von über 1 000 000 € bis zu einer Größenordnung von 50 % sind möglich. Es liegen allerdings keine empirischen Untersuchungen über Marktanpassungsfaktoren von Kirchen vor, jedoch hat sich dieses Bild empirisch bei allen sonstigen untersuchten Marktsegmenten ergeben, so dass nicht davon ausgegangen werden kann, dass für die Marktwertermittlung von Kirchen unter Anwendung des Sachwertverfahrens etwas Anderes gilt.

Eine besondere Bedeutung für Kirchen sind den „besonderen objektspezifischen Grundstücksmerkmalen" beizumessen. Dies betrifft insbesondere Wertminderungen aufgrund
- einer technischen und funktionalen Überalterung (functional obsolescence) sowie
- äußerer Einflüsse (external obsolescence).

Umgekehrt sind möglicherweise Werterhöhungen aufgrund eines architektonischen und kirchengeschichtlich besonderen Rangs bzw. eines herausragenden sakralen Denkmalwerts zu berücksichtigen.

Eine **Wertminderung wegen funktionaler Überalterung sowie aufgrund äußerer Einflüsse** kann sich daraus ergeben, dass insbesondere die aus der Jahrhundertwende stammenden Kirchen im Hinblick auf den schwindenden Gottesdienstbesuch überdimensioniert (Auslastung)[39] sind und unwirtschaftlich im Hinblick auf eine ordnungsgemäße Unterhaltung (Betriebskosten, Instandhaltung, Verwaltung). Sie können auch baulich nicht mehr den heutigen energetischen Anforderungen entsprechen. Die Wertminderung lässt sich nach ertragswirtschaftlichen Grundsätzen über die kapitalisierten Mehrkosten, im Verhältnis zu dem Wert der heutigen Auslastung und heutigen Bauweisen gerecht werdenden Kirchenbau ermitteln. Bei Überkapazität sind diese Mehrkosten über eine entsprechend reduzierte Restnutzungsdauer zu kapitalisieren.

Mit einer Sachwertermittlung auf der Grundlage von Ersatzbeschaffungskosten wird man **Kirchen mit (architektonisch, künstlerisch besonders wertvollen sakralen Denkmalwert bzw. kirchengeschichtlich) besonderem Rang** nicht unmittelbar gerecht, wenn ein gleichwertiger Ersatz für das Genommene gewährt werden soll. Gleichwohl kann in besonders gelagerten Fällen eine alternative Sachwertermittlung auf der Grundlage einer nachahmenden bzw. werkgetreuen Rekonstruktion (*reproduction cost*) in heutiger Bautechnik mit gleichem Material (Frauenkirche zu Dresden) anstelle von Ersatzbeschaffungskosten in Betracht kommen.

Die sich aus dem architektonischen, künstlerischen und kirchengeschichtlichen Rang ergebende Werterhöhung ist in nicht näher definierter Weise auch als „Symbolwert", „Geschichtswert" und „intangibler Wert"[40] bezeichnet worden. Darüber hinaus wird auch ein besonderer „geografischer Lagewert" bzw. „öffentlicher Freiraumwert" ins Feld geführt, der dem Schrifttum fremd ist und insoweit auch keine besondere Berücksichtigung finden darf, als er seinen Niederschlag bereits in der Lage des Grundstücks, d.h. im Bodenwert gefunden hat. Eine von einem Kirchengebäude ausgehende Werterhöhung auf die Lage der Grundstücke in ihrer Umgebung findet nämlich nach allgemeinen

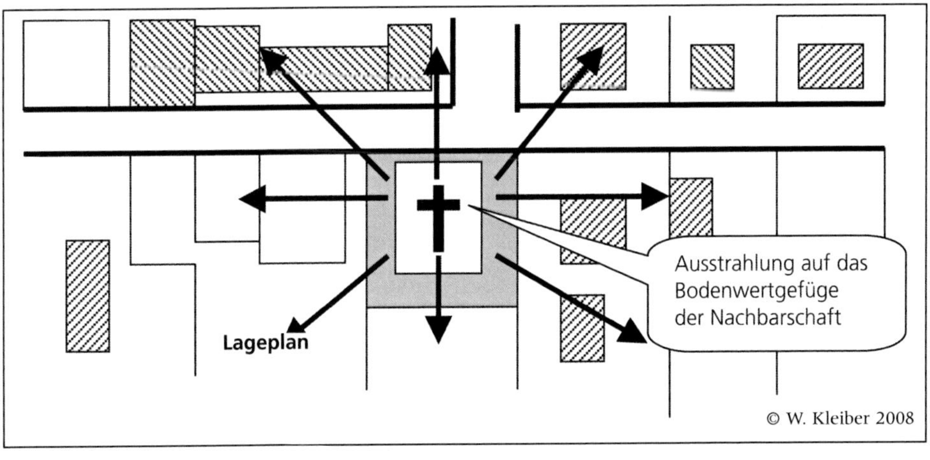

Abb. 9: Lageprägende Wirkung von Kirchengebäuden

Grundsätzen ihre Berücksichtigung mit den entsprechend (höheren) Bodenwerten der benachbarten Grundstücke. Bei den von historischen und künstlerisch wertvollen Gebäuden ausgehenden werterhöhenden Wirkungen auf ihre Umgebung handelt es sich um Lagemerkmale, die wertmäßig dort ihren Niederschlag im Bodenwert finden (Nachbarschaftslage).

Bei der Berücksichtigung eines architektonisch, künstlerisch und kirchengeschichtlich besonderen Rangs der Kirche kann es deshalb nur um die Werterhöhung, aber auch möglicherweise Wertminderungen des Kirchengebäudes selbst gehen. Diese Position kann sich recht problematisch darstellen und man kann hier durchaus Parallelen zu der Wertermittlung von sonstigen denkmalgeschützten Gebäuden ziehen, zumal derartige Kirchen vielfach auch unter Denkmalschutz stehen.

Die Unterschutzstellung einer baulichen oder sonstigen Anlage unter Denkmalschutz führt nicht zwangsläufig zu einer Wertminderung oder Werterhöhung des Grundstücks. Vielmehr müssen Vor- und Nachteile der Unterschutzstellung entsprechend der Anschauung des gewöhnlichen Geschäftsverkehrs miteinander „aufgerechnet" werden. Im Ergebnis kann sich der Denkmalschutz dabei auch wertneutral auswirken.

Denkmalschutzbedingte Einschränkungen eines Grundstücks führen überwiegend zu einem Minderwert gegenüber einem vergleichbaren unbelasteten Grundstück und können bei Überschreitung der Zumutbarkeitsgrenze Entschädigungsansprüche auslösen. Zur Ermittlung der Höhe der Wertminderung lassen sich keine allgemeingültigen Regeln aufstellen, jedoch waren Wertminderungen von 15 % und mehr vielfach Gegenstand der Entschädigungsrechtsprechung.[41]

Im Einzelfall wird man die Vor- und Nachteile, die sich aus einem architektonisch, künstlerisch und kirchengeschichtlich bedeutsamen Bauwerk ergeben, aufsaldieren müssen, um zu angemessenen Zu- bzw. Abschlägen zu kommen:

a) Soweit sich der besondere architektonische und künstlerische Rang aus einer besonders aufwendigen Bauweise ergibt, ist dies in der Regel auch mit vergleichsweise hohen Bewirtschaftungskosten, insbesondere Instandhaltungskosten und Baubeschränkungen verbunden. Diese wirtschaftlichen Nachteile werden in der Rechtsprechung zum Denkmalschutz nach ertragswirtschaftlichen Gesichtspunkten bewertet, d.h. die Wertminderung bestimmt sich nach den kapitalisierten Mehrkosten, soweit sie nicht durch eine Förderung aufgefangen wird.[42]
b) Umgekehrt weisen Gebäude mit besonderem architektonischen und künstlerischen Rang ein erhöhtes „Prestige" auf. Derartige privatwirtschaftlich nutzbare Gebäude werden deshalb auch mit einem

Prestigezuschlag gehandelt, der sich nach dem höheren dafür erzielbaren Nutzungsentgelt bemisst, soweit dieses nicht durch die höheren Bewirtschaftungskosten „aufgefressen" wird.

In Anlehnung an das im privatwirtschaftlichen zu beobachtende Preisgefüge, das zur Bemessung einer Werterhöhung bzw. Wertminderung aufgrund eines besonderen architektonischen und künstlerischen Rangs vergleichend herangezogen werden kann, ist der vorläufige Sachwert – nach den Gegebenheiten des Einzelfalls – zu modifizieren. Dass sich bei derartigen Objekten „unter dem Strich" Werterhöhungen ergeben, ist jedoch eher selten, da die Unterhaltung architektonisch aufwendiger Gebäude mit sehr hohen Instandhaltungs- und Betriebskosten verbunden ist und eine Anpassung des Gebäudes an heutige Anforderungen (Wärmedämmung und dergleichen) insbesondere bei Denkmälern auf rechtliche und wirtschaftliche Grenzen stößt. Bei wirtschaftlich

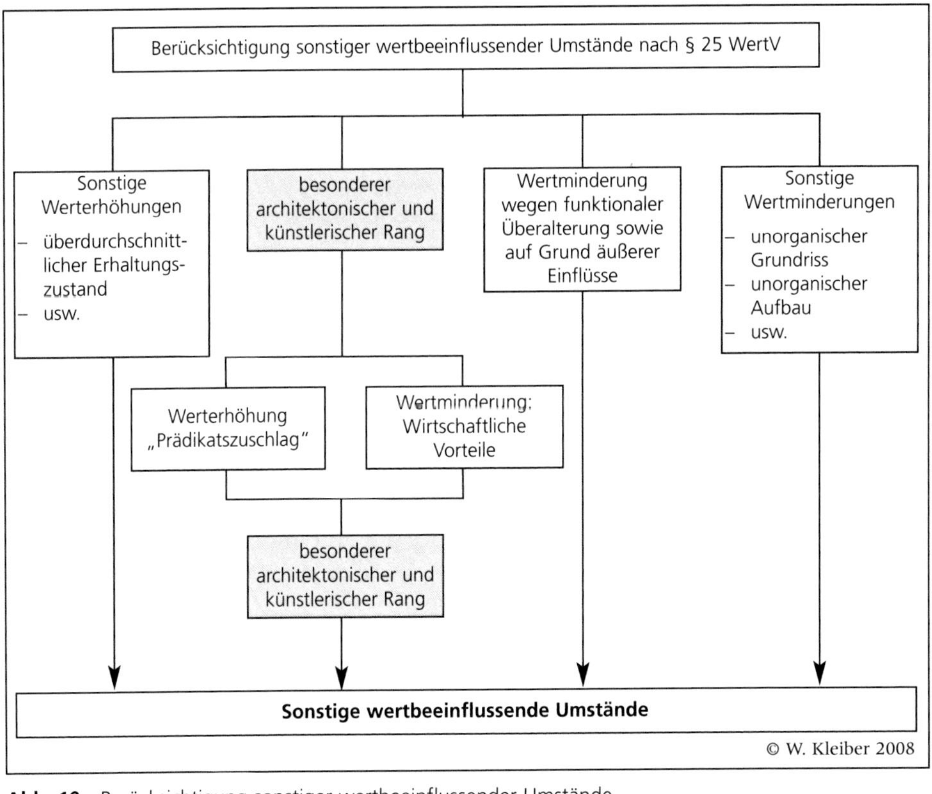

Abb. 10: Berücksichtigung sonstiger wertbeeinflussender Umstände

unterhaltsintensiven Objekten kann die Wertminderung so erheblich sein, dass sich der Wert schon leicht bis auf den in der Bilanzbewertung insbesondere für denkmalgeschützte Objekte vorgesehenen „Erinnerungswert" von 1 € reduziert.[43]

Im Übrigen entsprechen gerade die Kirchen von besonderem architektonischen, künstlerisch und kirchengeschichtlich Rang nach Anlage und Größe nicht mehr der zurückgegangenen Zahl der allsonntäglichen Gottesdienstteilnehmer, sodass sich die daraus resultierende Werterhöhung regelmäßig durch die Wertminderung wegen funktionaler Überalterung sowie aufgrund äußerer Einflüsse neutralisiert wird.

Schließlich ist darüber hinaus eine Wertminderungen wegen Baumängel und Bauschäden (Instandhaltungsstau) zu berücksichtigen.

3.2.3.3.5 Zusammenfassung

Bodenwert und Gebäudesachwert ergeben zusammen mit den sonstigen Anlagen (Außenanlagen) den Sachwert der Kirche. Dies mag nicht der Wert für „jedermann" sein, jedoch ist eine der sakralen Nutzung vorbehaltene Kirche auch nicht einer anderweitigen Nutzung zugänglich. Insoweit indiziert der Sachwert schon den Wert, der sich im Rahmen der Daseinsvorsorge für die Kirche ergibt.

3.3 Wertermittlung von sonstigen kirchlichen Zwecken dienenden Grundstücken (Fiskalvermögen)

3.3.1 Ertragswertverfahren als Regelverfahren

Wie einleitend dargestellt lässt sich der Marktwert sonstiger kirchlich genutzter aber auch privatwirtschaftlich nutzbarer Kirchengrundstücke nach allgemeinen Grundsätzen der Verkehrswertermittlung ableiten. Dies gilt insbesondere für das von den Kirchen (als Wirtschaftssubjekt) genutzte Grundvermögen (Fiskalvermögen). Dieses Grundvermögen dient unmittelbar der Erwirtschaftung einer Rendite (z.B. Wohn- und Geschäftshäuser) bzw. ist geeignet, eine Rendite zu erzielen (Alten- und Wohnheime, Kindergärten, Pfarrhäuser).

Für die Ermittlung des Marktwerts dieser Immobilien kommt die gesamte Palette der geeigneten Wertermittlungsverfahren in Betracht, wobei nach § 8 Abs. 1 ImmoWertV (§ 7 Abs. 2 WertV) das Verfahren zu wählen ist, das entsprechend der im Einzelfall vorliegenden Grundstücksart nach den „im gewöhnlichen Geschäftsverkehr bestehenden Gepflogenheiten und den sonstigen Umständen des Einzelfalls" (üblicherweise) anzuwenden ist. Das Bundesverwaltungsgericht (BVerwG) hat bereits 1996 klarstellend darauf hingewiesen, dass den in der WertV geregelten klassischen Wertermittlungsverfahren (Vergleichs-, Ertrags- und Sachwertverfahren) zwar eine Priorität einzuräumen sei; gleichzeitig aber darauf hingewiesen, dass auf andere geeignete Methoden ausgewichen werden kann, wenn eine in der WertV vorgesehene

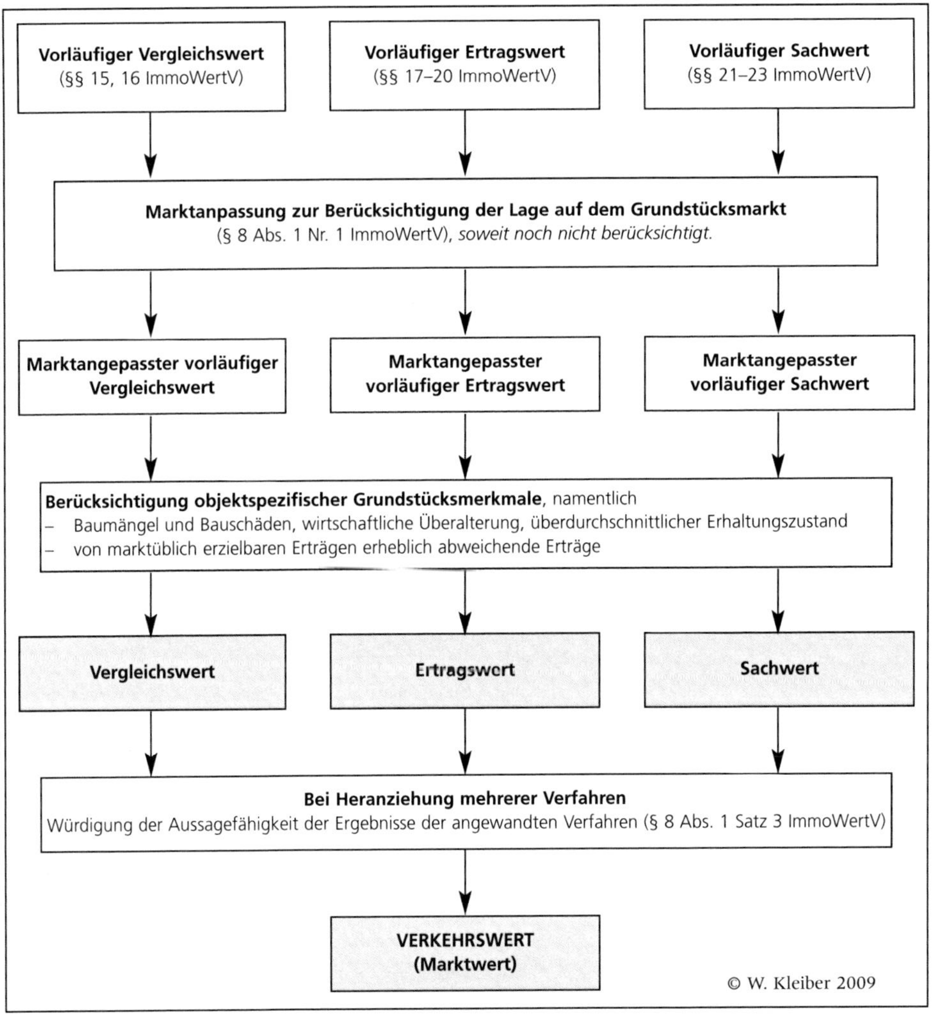

Abb. 11: Ableitung des Verkehrswerts aus dem Vergleichs-, Ertrags- und/oder Sachwertverfahren nach § 8 ImmoWertV

Methode nicht angewandt werden kann. Darüber hinaus ist zu beachten, dass die ImmoWertV die genannten Verfahren nicht abschließend regelt und entsprechende Varianten zulässt. Die in der ImmoWertV geregelten Verfahren sind zwar als die „normierten Verfahren" bezeichnet worden, jedoch darf aus dieser Einordnung nun einmal nicht gefolgert werden, bei den nicht geregelten („nicht normierten") Verfahrensvarianten handele es sich um unzulässige Verfahren.

Bei bebauten Grundstücken ist dies in aller Regel das Ertragswertverfahren, das in den unterschiedlichsten Varianten zur Anwendung kommen kann. Es kommt dafür nicht darauf an, ob das Grundstück eigen- oder fremdgenutzt ist. Lediglich bei Ein- und Zweifamilienhäuser kommt das Sachwertverfahren zur Anwendung (vgl. Ziff. 3.1.1.b), so dass beispielsweise der Marktwert entsprechender Pfarrhäuser unter Anwendung des Sachwertverfahrens ermittelt werden kann. Die Verfahren führen nicht direkt zum Verkehrswert (Marktwert), sondern zunächst zum Vergleichs-, Ertrags- oder Sachwert, aus dem jeweils der Verkehrswert unter Berücksichtigung der Lage auf dem Grundstücksmarkt und, soweit mehrere Verfahren zur Anwendung gekommen sind, aus den Ergebnissen der angewandten Verfahren abzuleiten ist.

Bei dem zur Bewertung bebauter Grundstücke vornehmlich zur Anwendung kommenden Ertragswertverfahren werden sämtliche über die wirtschaftliche Restnutzungsdauer erzielbaren künftigen Reinerträge (Roherträge abzüglich Bewirtschaftungskosten) auf den Wertermittlungsstichtag jahrgangsweise abgezinst und aufsummiert. Ertragswert (EW) ist mithin der Barwert aller künftig erzielbaren Reinerträge (RE_i).

$$EW = \sum_{1}^{n} RE_i \times q_i^{-i} \quad + \quad Restwert \times q^{-n}$$

$$\text{wobei } q = \text{Zinsfaktor} = 1 + \frac{\text{Liegenschaftszinssatz}}{100}$$

$$n = \text{Restnutzungsdauer}$$

Bei Anwendung des in der Wertermittlungspraxis üblichen und entsprechend in der WertV geregelten Ertragswertverfahrens auf der Grundlage eines Liegenschaftszinssatzes (*all over capitalization rate*), mit dem die zum Wertermittlungsstichtag erzielbaren Reinerträge „vernachhaltigt" werden, d.h. entsprechend der Anschauung des Grundstücksmarktes an die allgemeine Entwicklung auf dem Grundstücksmarkt angepasst werden, vereinfacht sich die Ertragswertformel zu

a) sog. zweigleisiges Ertragswertverfahren unter Aufteilung in einen Boden- und Gebäudewertanteil):

$$EW = (RE - p \times BW_{Umgriff}) \times V + BW_{Gesamtgrundstück} \qquad \pm \triangle EW$$

b) sog. eingleisiges Ertragswertverfahren (Gesamtwert)

$$EW = RE \times V + BW_{Umgriff} \times q^{-n} + BW_{Selbständig\ nutzbare\ Teilfläche} \pm \Delta EW$$

wobei

RE	der am Wertermittlungsstichtag erzielbare Jahresreinertrag,
V	Vervielfältiger (Rentenbarwertfaktor), tabelliert im Anhang zur WertV,
$BW_{Umgriff}$	Bodenwert der der Bebauung zurechenbaren Grundstücksfläche,
$BW_{Selbständig\ nutzbare\ Teilfläche}$	Bodenwert einer selbständig nutzbaren Grundstücksteilfläche,
q	Zinsfaktor,
Δ EW	Barwert der temporären Abweichungen der tatsächlichen Reinerträge von den am Wertermittlungsstichtag erzielbaren Reinerträge.

Beide Formeln führen zu ein- und demselben Ertragswert. Bei dem sog. zweigleisigen Ertragswertverfahren setzt sich dieser aus dem Gebäudewertanteil ($RE - p \times BW_{Umgriff}) \times V$) und dem Bodenwert ($BW_{Gesamtgrundstück}$) zusammen. Mit dem sog. eingleisigen Ertragswertverfahren gelangt man unmittelbar zum Gesamtwert ohne Aufteilung in einen Boden- und Gebäudewertanteil. Auf diese Berechnungsweise kann man zurückgreifen, wenn man den Bodenwert nicht kennt, weil das zweite Glied der Formel ($BW_{Umgriff} \times q^{-n}$) bei langer Restnutzungsdauer gegen Null geht und vernachlässigt werden kann.

Der Grundstücksbestand der Kirchen weist ein großes Spektrum unterschiedlich genutzter Immobilien auf. Das Ertragswertverfahren ist ein Standardverfahren für unterschiedlichste Grundstücksarten, jedoch kann es im konkreten Einzelfall erforderlich sein, besondere Gegebenheiten durch eine Modifikation bzw. Ergänzung des vorgestellten Ertragswertverfahrens zu berücksichtigen. Ohne Anspruch auf Vollständigkeit werden nachstehend eine Reihe von typischen Besonderheiten vorgestellt:

1. Die Ermittlung des Bodenwerts bereitet in aller Regel keine besonderen Schwierigkeiten, wenn die bauliche Anlage eine lange wirtschaftliche Restnutzungsdauer aufweist. Diesbezüglich kann man sich sogar grobe Fehler leisten, da selbst eine drastische Fehleinschätzung des Bodenwerts nur marginale Auswirkungen auf das Ergebnis hat.
2. Kirchlichen Zwecken dienende Grundstücke weisen oftmals eine sogenannte Übergröße auf, d.h. die Grundstücke sind deutlich größer, als baurechtlich erforderlich. In diesem Fall muss die Grund-

stücksfläche in den Bodenwertanteil der sog. „Umgriffsfläche“ der Bebauung und in die „selbständig nutzbare Teilfläche“ aufgeteilt werden (vgl. obenstehende Formeln).

3. Bei sogenannten Betreiberimmobilien (Managementimmobilien), wie z.B. ein Pflegeheim oder Kindergarten, kommen die Reinerträge in Höhe ortsüblicher Pachten zum Ansatz (Ertragswertverfahren in der Variante des Pachtwertverfahrens).
4. Wird eine Immobilie (aus karikativen oder sonstigen Gründen) unentgeltlich zur Nutzung überlassen oder steht sie leer, sind die üblicherweise erzielbaren Erträge in die Ertragswertermittlung einzuführen. Rechtliche Bindungen der unentgeltlichen Überlassung müssen dann allerdings mit ihrem Barwert der jährlichen Ertragsausfälle wertmindernd berücksichtigt werden (Δ EW).
5. Das Gleiche gilt für eine verbilligte Überlassung einer Immobilie (*underrented*). Umgekehrt ist ein Nutzungsverhältnis werterhöhend zu berücksichtigen, wenn der am Wertermittlungsstichtag tatsächlich erzielte Reinertrag den erzielbaren Reinertrag übersteigt (*overrented*).
6. Des Weiteren ist stets zu prüfen, ob eine Immobilie nach Art und Lage in angemessener Weise genutzt wird. Nutzungspotenziale, die in einer Immobilie „schlummern“, sind bei der Verkehrswertermittlung nach dem Prinzip des *„highest and best use“* zu berücksichtigen.

3.3.2 Extraktion (Residualwertverfahren)

Die Berücksichtigung von Nutzungspotenzialen einer Immobilie kann sich wertermittlungstechnisch aufwendig gestalten, wenn die Nutzungspotenziale erst durch Modernisierungen bzw. Umstrukturierungen der baulichen Anlage „aktivieren“ lassen. In derartigen Fällen muss zunächst sorgfaltig und mit gebotenem Realitätssinn geprüft werden, welche Nutzung wirtschaftlich vernünftig, rechtlich zulässig und technisch realisierbar ist. Die dafür aufzubringenden Modernisierungs- bzw. Umstrukturierungskosten sind den neu erzielbaren Erträge gegenüberzustellen.

Das dabei zur Anwendung kommende Residualwertverfahren (Extraktion) vollzieht sich dann in mehreren Schritten und zwar (in vereinfachter Darstellung) wie folgt:

	Ermittlung des fiktiven Ertragswerts auf der Grundlage der künftigen Nutzung
abzüglich	Kosten der Modernisierung/Umstrukturierung der baulichen Anlage
ergibt	Residualwert

„Wunde Punkte" der Extraktion sind

- einerseits die dem Sachverständigen möglichst vorzugebende (fiktive) Nutzung, die auf der Immobilie realisiert werden soll, und
- andererseits die dafür aufzubringenden Kosten der Modernisierung bzw. Umstrukturierung.

Die Kosten der Modernisierung bzw. Umstrukturierung müssen dem Sachverständigen für Grundstückswerte an die Hand gegeben werden, da er selbst nicht die Kompetenz für ihre Ermittlung hat. Die Sachwertermittlung auf der Grundlage von Normalherstellungskosten stellt eine „Kostenschätzung dar, die bereits mit einer Ungenauigkeit von +/- 25 % verbunden ist.[44] Die Kostenschätzung bei Modernisierungen stellt nach dem Schrifttum eine ungleich schwierigere und bei Bauherren auch als „unzuverlässig" geltende Aufgabe dar. Es kommt hinzu, dass es dabei nicht allein um die Kosten der Modernisierung bzw. Umstrukturierung, sondern auch um die damit verbundenen Nebenkosten geht, insbesondere

- Baunebenkosten (Genehmigungen, Gutachten usw.),
- Ertragsausfall während der Modernisierungs- bzw. Umstrukturierungsphase,
- Umzugskosten,
- Finanzierungskosten und vieles mehr.

Es ist deshalb üblich, die Kosten noch um einen Risikozuschlag von bis zu 20 % zu erhöhen.

Insgesamt gilt die Extraktion bei alledem als ein sehr unzuverlässiges und fehlerträchtiges Verfahren. Das Ergebnis hat auch mehr den Charakter eines Investitionswerts als den eines Marktwerts.

3.3.3 Liquidationswertverfahren

Die Kosten der Modernisierung bzw. Umstrukturierung können bei alledem sehr schnell eine Höhe erreichen, die den fiktiven Ertragswert übersteigt, denn die Kosten einer Modernisierung fallen in der Regel deutlich höher aus als Neubaukosten. Im Zuge einer Modernisierung muss einerseits die wirtschaftlich verbrauchte Bausubstanz zunächst in kostenintensiver Weise entfernt werden und auch die Kosten der Modernisierung eines bestehenden Gebäudes selbst fallen deutlich höher als die Errichtung eines Neubaus aus. „Rechnet" sich eine Modernisierung nicht und ist die auf dem Grundstück ausgeübte Nutzung derart unrentabel, dass die bloße Verzinsung des im Grund und Boden investierten Kapitals (der sogenannte Bodenwertverzinsungsbetrag) höher als der Reinertrag ist, so ist eine Freilegung des Grundstücks wirtschaftlich angezeigt. Als Vergleichswert ist deshalb nach § 16 Abs. 3 ImmoWertV (§ 20 Abs. 1 WertV) der Bodenwert abzüglich Freilegungskosten zu ermitteln, wenn:

Bodenwert x Liegenschaftszinssatz > Jahresreinertrag

ist. Der Bodenwert bestimmt sich dabei nach der Nutzung, die nach Freilegung der Bebauung realisierbar ist. Er wird im Wege des Vergleichswertverfahrens ermittelt.

Anmerkungen

1 Wertermittlungsrichtlinien – WERTR 2006 vom 1.3.2006, BAnz Nr. 108a vom 10.6.2006.
2 Vgl. Kleiber, WERTR 06, 9. Aufl. 2006 Bundesanzeigerverlag Köln; Kleiber/Simon, Verkehrswertermittlung von Grundstücken, 5. Aufl. 2007, **www.kleiber-digital.de**, Rn. 595 ff.
3 Vgl. auch Kapitel 1/II in diesem Buch: Schmidt, Adalbert: Immobilien der Kirche – eine Übersicht.
4 Frank, C., Finanzen und Vermögen der Kirchen in Deutschland, Aschaffenburg 2002.
5 Woodward, S., Public Interest Value and Non-Economic Highest and Best Use, The Appraisals Institute's Position, Valuation Insights and Perspectives Bd. 1 Nr. 2 (1996, S. 27); United States General Accounting Office, Federal Land Management: Consideration of Proposed Alaska Land Exchanges Should be Discontinued, GAO/RCED 88–179 Washington DC December 1988.
6 The Appraisal of Real Estate 12. Aufl. Chicago S. 649.
7 BGH, Urt. vom 10.12.2003 – IV ZR 249/02 –, BGHZ 157, 178; BayObLG, Urt. vom 23.9.1985 – BReg 3 Z 36/84 –, EzGuG 18.99b.
8 Vgl. beispielsweise Rechtsverordnung über die Verwaltung kirchlichen Grundvermögens (Grundvermögensverordnung – GrVVO) vom 30.8.2005 (ABl. Der Evangelischen Kirche in Hessen und Nassau 2005, 355).
9 Zur Ermittlung des Maßes der baulichen Nutzung vgl. OVG Münster, Urt. vom 25.5.1992 – 2 A 1546/90 –, KStZ 1992, 196 = NWVBl. 1992, 442 = ZKF 1992, 256 = KirchE 30, 238 = Gemeindehaushalt 1992, 442.
10 OVG Bremen, Urt. vom 10.3.1981 – 1 T 8/80 –, BRS Bd. 38, 94 = ZfBR 1981, 194; Kirchen in der Umlegung: Dieterich Baulandumlegung, 5. Aufl. S. 100.

11 Zu den Normalherstellungskosten von Kirchengebäuden vgl. Lohrmann, G., Bewertung von Kirchengebäuden und ihren Einrichtungen, Hess. Brandversicherungsanstalt 1989.

12 Fickert/Fieseler, BauNVO Komm., Vorbem. §§ 2 bis 9, 12 bis 15 BauNVO Rn. 13 S. 250.

13 Zur kostenrechtlichen Wertermittlung von Kirchen: BayObLG, Urt. vom 23.9.1985 – BReg 3 Z 36/84 –, EzGuG 18.99b; VG Berlin, Urt. vom 25.10.1995 – 1 W 5012/12/94 –, EzGuG 18.116 a.

14 BVerwG, Urt. vom 30.6.1965 – 5 C 151/63 –, EzGuG 20.40.

15 Die Wertermittlungsverordnung vom 6. Dezember 1988 (BGBl. I S. 2209), zuletzt geändert durch Artikel 3 des Gesetzes zur Änderung des Baugesetzbuchs und zur Neuregelung des Rechts der Raumordnung (Bau- und Raumordnungsgesetz 1998 – BauROG) vom 18. August 1997 (BGBl. I S. 2081) stand bei Redaktionsschluss vor einer Novellierung. Die vorgesehene Neufassung wird diesem Beitrag im Vorgriff zugrundegelegt. Die Neufassung – Immobilienwertverordnung, ImmoWertV – ist materiell mit der WertV identisch.

16 Vgl. beispielsweise Verordnung zur Bewertung von Grundstücken samt aufstehenden Gebäuden nach dem Ertragswertverfahren gemäß Anlage 4 KF-VO (DVO-EWV) der Evangelischen Kirche im Rheinland.

17 Wie das KG Berlin (KG Berlin, Urt. vom 1.11.1969 – III 1449/68 –, EzGuG 20.46; einen Abzug von 30 % bejahend VG Schleswig, Urt. vom 25.9.1974 – 2 A 108/74 –, EzGuG 15.1; bereits das Pr. OVG hat sich mit dieser Problematik eingehend beschäftigt; Urt. vom 2.11.1896, EzGuG 20.2) feststellte, könnten prozentuale Zu- und Abschläge in ihrer Höhe niemals nach einer vom Sachverstand geschaffenen Methode genau berechnet werden; in einem Rechtsstreit seien sie immer nur im Rahmen des dem Gericht nach § 287 ZPO zustehenden Ermessens zu schätzen und böten damit stets Raum für unterschiedliche Auffassungen. Das Gericht war des Weiteren der Auffassung, dass nicht alle Grundstücke mit Hilfe von Zu- und Abschlägen miteinander vergleichbar gemacht werden könnten, sondern nur die, bei denen verhältnismäßig geringfügige Differenzen zu überbrücken seien und bei denen die Zu- oder Abschläge die Größenordnung von höchstens 30 % oder allenfalls 35 % nicht überstiegen. Die Notwendigkeit von Korrekturen in Höhe von 40 % und mehr zeige dagegen, dass die angeblich vergleichbaren Grundstücke in Wahrheit nicht miteinander verglichen werden können.

18 Beschluss der Ständigen Konferenz der Innenminister in: Der Gemeindehaushalt, 2004, 36 ff.: „Von einem zahlungsorientierten zu einem ressourcenorientierten Haushalts- und Rechnungswesen".

19 Die volkswirtschaftliche Bedeutung der Immobilienwirtschaft, München 2005.

20 Vgl. z.B. zur Bewertung von Friedhofserweiterungsflächen: Kleiber, Simon, Verkehrswertermittlung von Grundstücken, 5. Aufl. 2007, **www.kleiber-digital.de** Rn 658.

21 Damit die Vergleichbarkeit zwischen mehreren Geschäftsberichten und ihren vorhandenen Ertragszahlen gewährt bleibt, müssen alle Quartals- und Jahresberichte bestimmten rechtlichen Grundlagen genügen, die strengstens kontrolliert werden müssen. Insgesamt gibt es drei Arten von Standards, die in Deutschland, Amerika und auch in Europa eine große Rolle spielen: IAS (International Accounting Standards), US-GAAP (United States Generally Accepted Accounting Principles) und HGB (Handelsgesetzbuch).

22 § 3 Nr. 11 HOAI: „11. Instandhaltungen sind Maßnahmen zur Erhaltung des Soll-Zustandes eines Objekts."

23 § 28 Abs. 1 II BV: „(1) Instandhaltungskosten sind die Kosten, die während der Nutzungsdauer zur Erhaltung des bestimmungsmäßigen Gebrauchs aufgewendet werden müssen, um die durch Abnutzung, Alterung und Witterungseinwirkung entstehenden baulichen oder sonstigen Mängel ordnungsgemäß zu beseitigen. Der Ansatz der Instandhaltungskosten dient auch zur Deckung der Kosten von Instandsetzungen, nicht jedoch der Kosten von Baumaßnahmen, soweit durch sie eine Modernisierung vorgenommen wird oder Wohnraum oder anderer auf die Dauer benutzbarer Raum neu geschaffen wird. Der Ansatz dient nicht zur Deckung einer Erneuerung von Anlagen und Einrichtungen, für die eine besondere Abschreibung nach § 25 Abs. 3 zulässig ist."

24 Nach Angaben der Deutschen Bundesbank belief sich 2002 die durchschnittliche Nutzungsdauer von Wohnimmobilien auf 74 Jahre und von Gewerbeimmobilien auf 52 Jahre (Deutsche Bundesbank, Bundesbankbericht Januar 2002 (Nr. 1/54), Der Wohnungsmarkt S. 30).

25 Immobilienökonomie I S. 143.

26 GuG-aktuell 2006, 44; vgl. **www.kirchengrundstuecke.de**

27 Arbeitshilfe der Deutschen Bischofskonferenz zur Umnutzung von Kirchen (2003).

28 Hierzu Kleiber/Simon, Verkehrswertermittlung von Grundstücken, 5. Aufl. 2007 – **www.kleiber-digital.de** –, Rn. 62.

29 Es kann davon ausgegangen werden, dass ein eventuell erwarteter Bodenwertanteil, durch die mit dem Kirchengebäude verbundenen wirtschaftlichen Belastungen „aufgefressen" wurde.

30 Financial Times 22.12.2005.

31 So zutreffend Pfarrer Armin von Eynern (Dinslaken). So auch Heinz-Peter Heidrich, Vorstandssprecher der Bank des Bistums Essen „Der Wert einer Kirche bemisst sich nach dem Grundstückswert minus Abrisskosten".

32 Vgl. hierzu das von Becherer in Grundstücksmarkt und Grundstückswert – GuG 2008, 105 (Bewertung einer Kirche) vorgestellte Beispiel.

33 Vgl. WERTR 06 Nr. 5.

34 Valuation Information Paper Nr. 10 (Guidance notes); abzulehnen Gondring (Immobilienwirtschaft, Handbuch für Studium und Praxis, München 2004, S. 1006), nach dem die WertV diese Wertminderung nicht zulasse.

35 Dem entspricht die Anlage 7 (Typ 24) zur WERTR. Die Hinweise von Lohrmann haben indessen keinen Eingang in die WERTR gefunden; weil sie für

eine marktorientierte Sachwertermittlung ungeeignet sind und sich mit ihrer Heranziehung – im Verhältnis zum Verkehrswert – völlig übersetzte Sachwerte ergeben müssen. Diesem Verständnis entspricht im Übrigen auch die internationale Praxis (replacement cost). Die vorgenannten Regelwerke gelten nach höchstrichterlicher Rechtsprechung gelten als anerkannte Grundsätze der Verkehrswertermittlung.

36 Vgl. auch Metzmacher, Krikler, Gebäudeschätzung über die Bruttogeschossfläche, 2. Aufl. 2004 Köln.

37 Im Sinne NHK (Kostengruppe 730 + 771) nach DIN 276–11: 2006.

38 Lohrmann, G., Bewertung von Kirchengebäuden und ihren Einrichtungen, Hess. Brandversicherungsanstalt, Kassel.

39 George Resenberg (Baureferent des Erzbistums München-Freising): „Viele (Kirchen) sind einfach für den heutigen Bedarf überdimensioniert."

40 Das „Konstrukt" *intangliber Wertanteile* bzw. eines *Geschichts- oder Symbolwerts* ist der allgemeinen Wertermittlungspraxis fremd und empirisch nicht nachweisbar. Pseudowissenschaftlichen Begründungsversuchen mangelt es an empirisch nachvollziehbaren Ergebnissen. Ein dahingehender Ansatz wäre deshalb mit einer marktkonformen Wertermittlung unvereinbar.

41 Der Eigentümer muss regelmäßig eine 10-prozentige Verkehrswertminderung im Rahmen der Sozialbindung hinnehmen (BayObLG, Urt. vom 8.12.1998 – 2 Z RR 363/97 –, BayObLGZ 1998, 321; OLG Hamm, Urt. vom 28.11.1996 – 16 U 3/96 –, NVwZ-RR 1998, 214). Ein Minderwert von 15 v.H. infolge des Denkmalschutzes ist nach Auffassung des OLG München auch noch nicht als enteignender Eingriff zu sehen (OLG München, Urt. vom 17.11.1983 – 1 U 2829/83 –, EzGuG 5.11; OLG Koblenz, Urt. vom 28.11.1984 – 1 U 266/84 –, EzGuG 5.15). Da nach der Rechtsprechung bei einer Wertminderung von > etwa 15 v.H. gegenüber dem „unbelasteten" Verkehrswert ein Entschädigungsanspruch ausgelöst werden kann, liegen die Abschläge auch nur in einem Bereich, wie dem Eigentümer zuzumuten ist, Beeinträchtigungen des Denkmalschutzes entschädigungslos hinzunehmen. Der BGH hat eine Grenze dort gezogen, wo der Eigentümer, um sich von ungewöhnlich hohen Bewirtschaftungskosten zu befreien, einen Verkaufspreis hinnehmen muss, der lediglich „etwa zwei Drittel des Verkehrswerts des unbebauten Grund und Bodens ausmacht" (BGH, Urt. vom 8.6.1978 – III ZR 161/76 –, EzGuG 5.5).

42 Auch Kirchen haben für die Erhaltung der Kulturdenkmale Anspruch auf angemessene Kostenerstattung (vgl. Art 10 des Kirchengesetzes vom 20.4.1994 im Freistaat Sachsen, ABl. 1994, A 94).

43 Vgl. Vorschläge der EKD zur Novellierung des kirchlichen Haushalts-, Kassen- und Rechnungswesens.

44 Schmitz/Krings/Dahlhaus/Meisel, Baukosten, 18 Aufl. S. 10.

3/V
Erwerb, Veräußerung und Belastung von kirchlichen Immobilien

a. Rechtsgrundlagen

Hans Mahlstedt

Welche Schritte sind eigentlich nötig für den Verkauf eines Grundstücks? Was muss man beachten, wenn es um einen Immobilienkauf geht? Was darf wer wann und warum in ein Grundbuch eintragen lassen?

1 Vorbemerkung

Im Bereich der Grundstücksverwaltung, namentlich auf dem Gebiet der Vermietung und Verpachtung oder sonstigen Nutzungsüberlassung von Grundstücksflächen an Dritte, aber auch bei Erwerb, Tausch oder Verkauf sowie der Belastung von Grundstücksflächen werden an die kirchlichen Grundstückseigentümer vielseitige Anforderungen gestellt. Rechtssicheres Handeln auf diesem Gebiet bedingt die Kenntnis der gesetzlichen Grundlagen. Dabei sind nicht nur das allgemeine Recht, z.B. aus dem Bürgerlichen Gesetzbuch (BGB) oder der Grundbuchordnung (GBO), sondern auch die kirchengesetzlichen Regelungen zu berücksichtigen.

2 Kirchliches Recht

2.1 Erhaltungsgebot

Kirchlicher Grundbesitz ist seit jeher nach Herkommen und Widmung unveräußerlich.[1] Dieser Grundsatz findet sich mehr oder minder stark ausgeprägt in allen kirchengesetzlichen Vorschriften der Vermögensverwaltung der Gliedkirchen der EKD. Beispielhaft sei an dieser Stelle die Verordnung für die Vermögens- und Finanzverwaltung (VwO) der Evangelischen Kirche der Union (nunmehr Union Evangelischer Kirchen – UEK) erwähnt.[2]

Kirchlicher Grundbesitz ist in aller Regel durch Widmung, Satzung oder sonstige bindende Regelung zweckbestimmt. So ist auch heute noch in vielen Kirchengesetzen vorgesehen, dass die Erträgnisse aus der Bewirtschaftung kirchlichen Grundbesitzes der Besoldung der Geistlichen oder den allgemeinen kirchlichen Bedürfnissen dienen (vgl. etwa § 15 Abs. 1 VwO).

Ausnahmen vom Unveräußerlichkeitsgrundsatz sind indes in einigen Kirchengesetzen dann vorgesehen, wenn eine Veräußerung unabdingbar notwendig ist (z.B. § 30 Abs. 1 VwO). Dies kann zur Erfüllung zwingender rechtlicher Pflichten, z.B. zur Meidung einer Enteignung auf der Grundlage eines Planfeststellungsbeschlusses, der die Bereitstellung von Grundstücksflächen für den Bau von Bundesstraßen und Bundesautobahnen nach dem Bundesfernstraßengesetz (FStrG) erfordert, der Fall sein.

Eine weitere Ausnahme vom Unveräußerlichkeitsgrundsatz wird in einigen kirchengesetzlichen Regelungen dann gesehen, wenn in der

Veräußerung ein erheblicher wirtschaftlicher Vorteil liegt. Dabei sollte in der Praxis darauf geachtet werden, dass vor einer Veräußerung geprüft wird, ob eine wirtschaftlich sinnvolle Teilung der Grundstücksfläche vor einer Gesamtabgabe möglich ist. Ist dies nicht der Fall, so wird zu prüfen sein, ob ein Grundstücksflächentausch möglich ist.

2.2 Genehmigungserfordernis

Jedes Rechtsgeschäft, insbesondere der Erwerb, die Veräußerung oder Belastung eines Grundstücks, erfordert neben der zustimmenden Beschlussfassung des Leitungsorgans des kirchlichen Rechtsträgers (z.B. Gemeindekirchenrat, Kirchenvorstand, Presbyterium) auch die Genehmigung der zuständigen kirchlichen Aufsichtsbehörde, z.B. des Landeskirchenamtes.

Dieses Genehmigungserfordernis ist durchgehend in allen Gliedkirchen der EKD kirchengesetzlich geregelt (vgl. z.B. § 31 Abs. 1 VwO). Hierin ist eine durchaus gewollte Beschränkung der Vertretungsbefugnisse der überwiegend mit ehrenamtlichen Laien besetzten Leitungsorgane der kirchlichen Rechtsträger zu sehen.[3] Sie dient nicht nur dem Schutz des Leitungsorgans vor Rechtshandlungen, deren Tragweite unter Umständen nicht oder nicht hinreichend bedacht oder erkannt werden könnte, sondern folgt auch dem Grundsatz der Unveräußerlichkeit kirchlichen Grundbesitzes.

Die Genehmigung der zuständigen kirchlichen Behörde ist eine absolute Voraussetzung für die Wirksamkeit eines Rechtsgeschäfts mit einem kirchlichen Rechtsträger. Die Regelung des § 134 BGB sieht nach ihrem Wortlaut vor, dass ein Rechtsgeschäft, das gegen ein gesetzliches Verbot verstößt, nichtig ist, wenn sich aus dem Gesetz nicht anderes ergibt. Nach dem Zweck des § 134 BGB führt ein Verstoß gegen den kirchenaufsichtlichen Genehmigungsgrundsatz zwar nicht unmittelbar zur Nichtigkeit des Rechtsgeschäftes. Das Rechtsgeschäft ist jedoch bis zur Erteilung der Genehmigung schwebend unwirksam.[4]

Mit Erteilung der Genehmigung wird das Rechtsgeschäft wirksam und kann durchgeführt werden. Wird die Genehmigung nicht erteilt, so wird das Rechtsgeschäft unwirksam und kann nicht durchgeführt werden.

Der Vorbehalt des Genehmigungserfordernisses ist allgemein anerkannt. Die Genehmigung wird grundsätzlich nicht nur von den Notariaten bei Beurkundung von Rechtsgeschäften, die den kirchlichen Grundbesitz betreffen, in den Verträgen als Wirksamkeitserfordernis benannt, sondern auch von den Grundbuchämtern bei den Amtsgerichten stets vor einer Änderung des Grundbuches angefordert.

3 Allgemeines Recht

3.1 Grundbuchrecht

Rechte an einem Grundstück sowie deren Begründung, Aufhebung oder Änderung finden sich im Grundbuch. Die Richtigkeit von Eintragungen im Grundbuch wird gesetzlich vermutet (§ 891 BGB); der öffentliche Glaube des Grundbuchs (vgl. §§ 892, 893 BGB) ermöglicht den gutgläubigen Erwerb. D.h. der Erwerber eines Grundstücks oder eines Rechts an einem Grundstück kann grundsätzlich dem Inhalt des Grundbuchs vertrauen. Ausnahmen gibt es allerdings noch in den sogenannten neuen Bundesländern. Regelungen über die Anlegung und Führung eines Grundbuchs finden sich in der Grundbuchordnung (GBO) sowie in der Verordnung zur Durchführung der Grundbuchordnung (Grundbuchverfügung – GBV). Rechte außerhalb des Grundbuchs können im Baulastenverzeichnis stehen.

3.1.1 Zuständigkeit für die Führung der Grundbücher

Für die Einrichtung und Führung der Grundbücher sind die Amtsgerichte zuständig, in deren Bezirk die Grundstücke liegen (§ 1 GBO). Bei den zuständigen Amtsgerichten sind zu diesem Zweck Grundbuchämter eingerichtet. Dort werden für die Grundstücke Grundbuchblätter geführt, die als die Grundbücher im Sinne des Bürgerlichen Gesetzbuches anzusehen sind (§ 3 Abs. 1 GBO). Grundbuchblätter werden grundsätzlich sowohl für Grundstücke als auch für grundstücksgleiche Rechte, wie dem Erbbaurecht, angelegt (vgl. § 116 GBO).

3.1.2 Das Grundbuchblatt

Jedes Grundbuchblatt besteht nach § 4 der Verordnung zur Durchführung der Grundbuchordnung (GBV) aus der Aufschrift, dem Bestandsverzeichnis und drei Abteilungen.

In der Aufschrift werden das Amtsgericht, der Grundbuchbezirk und die Nummer des Bandes und des Blattes angegeben (§ 5 GBV).

Das Bestandsverzeichnis ist in verschiedene Spalten unterteilt, die u.a. die laufende Nummer des Grundstücks, die Bezeichnung der Grundstücke sowie deren Größe enthalten (§ 6 GBV).

In den drei Abteilungen des Grundbuches sind folgende Eintragungen verzeichnet:

In Abteilung I:	der oder die Eigentümer (§ 9 GBV);
In Abteilung II:	die Belastungen des Grundstücks, z.B. ein bestelltes Erbbaurecht oder ein Wohnrecht;
In Abteilung III:	Hypotheken, Grundschulden und Rentenschulden (§ 11 GBV).

3.1.3 Einsichtnahme in das Grundbuch

Einsicht in das Grundbuch kann grundsätzlich jeder nehmen, der ein berechtigtes Interesse nachweisen kann (§ 12 GBO). Gleiches gilt für die Ausfertigung von Abschriften. So hat beispielsweise der kirchliche Grundstückseigentümer dann ein berechtigtes Interesse an der Einsicht in das Grundbuch, wenn er ein Recht an diesem Grundstück nachweisen kann – sei es als Eigentümer oder aufgrund anderer Rechte an dem Grundstück. Eine Einsichtnahme aus sonstigen Gründen wird im Einzelfall stets geprüft. Der Nachweis des berechtigten Interesses kann dann entfallen, wenn der Eigentümer der Einsichtnahme zugestimmt hat. In jedem Fall entscheidet der Urkundsbeamte der Geschäftsstelle des Grundbuchamtes über die Gestattung zur Einsicht in das Grundbuch (§ 12 c Nr. 1 GBO).

In den meisten Bundesländern werden die Grundbücher zwischenzeitlich elektronisch geführt. Soweit das elektronische Grundbuch eingeführt ist, kann via Internet Einsicht in das Grundbuch genommen werden. Näheres zur Möglichkeit der Einsichtnahme und zur Berechtigung hierzu kann bei der zuständigen Kirchenverwaltung erfragt werden.

3.1.4 Eintragungen in das Grundbuch

Zur Vornahme von Eintragungen in das Grundbuch gilt der Antragsgrundsatz (§ 13 GBO). Hiernach erfolgt eine Eintragung grundsätzlich nur, wenn ein entsprechender Antrag an das Grundbuchamt gerichtet wird. Ausnahmen vom Antragsgrundsatz finden sich außerhalb der GBO etwa im Baugesetzbuch (BauGB), z.B. in § 143 Abs. 2 BauGB.

Steht einem Eintragungsantrag ein Hindernis entgegen, so kann das Grundbuchamt den Antrag zurückweisen oder dem Antragsteller eine angemessene Frist zur Beseitigung des Eintragungshindernisses setzen (§ 18 Abs. 1 GBO).

Das Grundbuchamt kann gegenstandslose Eintragungen von Amts wegen löschen (vgl. § 84 GBO). Ein derartiges Verfahren zur Löschung wird nur aufgrund besonderer Umstände nach freiem Ermessen des Grundbuchamtes eingeleitet (§ 85 GBO). Andererseits können aber auch Beteiligte die Einleitung eines Löschungsverfahrens beantragen (§ 86 GBO).

Die näheren Voraussetzungen der Löschung einer gegenstandslosen Eintragung sowie das Verfahren hierzu ergeben sich aus §§ 87 ff. GBO.

3.2 Die Beurkundung des Grundstücksgeschäftes

Ein Vertrag, durch den sich ein Beteiligter verpflichtet, das Eigentum an einem Grundstück zu übertragen oder zu erwerben, bedarf der notariellen Beurkundung (§ 311b Abs. 1 BGB). Dabei stehen dem Grundstück Miteigentumsanteile, das Wohnungseigentum, das Erbbaurecht und das Sondereigentum nach dem Zivilgesetzbuch der DDR (ZGB) gleich.[5]

Maßgeblich für das notarielle Beurkundungsverfahren ist das Beurkundungsgesetz (BeurkG).

Über die Abgabe von Willenserklärungen anlässlich der Beurkundung muss eine Niederschrift über die Verhandlung aufgenommen werden (§ 8 BeurkG). Dabei muss diese Niederschrift die Bezeichnung des Notars und der Beteiligten sowie die Erklärungen der Beteiligten enthalten (§ 9 BeurkG). Die Personen der Beteiligten sind so genau zu beschreiben, dass Zweifel und Verwechselungen ausgeschlossen sind (§ 10 BeurkG).

Für den kirchlichen Rechtsträger, der an einem Rechtsgeschäft der Übertragung eines Grundstücks oder der Bestellung eines Erbbaurechts beteiligt ist, bedeutet dies, dass zum Termin der notariellen Beurkundung der zustimmende Beschluss (gesiegelter Protokollbuchauszug) des Leitungsorgans des kirchlichen Rechtsträgers und die Namen der zur Abgabe der Erklärungen bevollmächtigten Personen vorgelegt werden müssen. Darüber hinaus müssen sich die Bevollmächtigten durch Vorlage ihres Personalausweises ausweisen können, soweit diese dem beurkundenden Notar nicht von Person bekannt sind. Ferner kann es u.U. erforderlich sein, die Niederschrift zur Wahl in das Leitungsorgan des kirchlichen Rechtsträgers vorzulegen (vgl. hierzu auch § 12 BeurkG).

Der beurkundende Notar ist außerdem gehalten, sich über die Geschäftsfähigkeit (vgl. hierzu §§ 104 ff. BGB) der Beteiligten Gewissheit zu verschaffen und diese festzustellen (§ 11 BeurkG).

Die Niederschrift muss in Gegenwart der Beteiligten vorgelesen, von diesen genehmigt und eigenhändig unterschrieben werden (§ 13 BeurkG). Dabei kann die Beifügungs- und Vorlesungspflicht eingeschränkt werden (§§ 14 und 15 BeurkG).

Der Notar hat grundsätzliche Prüfungs- und Belehrungspflichten. So sollen der Wille der Beteiligten erforscht, der Sachverhalt geklärt und über die rechtliche Tragweite des Geschäfts belehrt werden (§ 17 BeurkG). Ebenso hat der Notar auf die gerichtlichen und behördlichen Genehmigungserfordernisse hinzuweisen und dies in der Niederschrift zu vermerken[6] (§ 18 BeurkG).

Ferner sind in der Niederschrift das Erfordernis der Unbedenklichkeitsbescheinigung des Finanzamtes (§ 19 BeurkG) und die gesetzlichen Vorkaufsrechte (§ 20 BeurkG) festzuhalten.

Darüber hinaus sollte im Termin zur notariellen Beurkundung der Grundbuchinhalt erörtert werden. Der Notar soll sich insoweit vor Beurkundung über den Grundbuchinhalt unterrichten (§ 21 BeurkG).

Die Urschrift der notariellen Urkunde bleibt in der Verwahrung des Notars (§ 45 BeurkG). Jeder der an der Beurkundung Beteiligten hat jedoch das Recht Ausfertigungen und Abschriften der Urkunde zu erhalten und Einsicht in die Urkunde zu nehmen (§ 51 BeurkG).

Zwar sieht § 17 Abs. 2a BeurkG lediglich bei Verbrauchergeschäften vor, dass dem beteiligten Verbraucher zwei Wochen vor Beurkundung der beabsichtigte Text des Rechtsgeschäfts zur Verfügung gestellt wird (§ 17 Abs. 2 BeurkG), doch sollte auch der kirchliche Rechtsträger sich dieses Recht ausbedingen. Meist wird indes – ohne besondere Bitte – der beabsichtigte Text des Rechtsgeschäfts allen Beteiligten fristgerecht zur Verfügung gestellt. Hierbei kann und sollte der fachkundige Rat der zuständigen Kirchenverwaltung zum Text und zu den Folgen der rechtsgeschäftlichen Erklärungen eingeholt werden.[7]

3.3 Die Übereignung eines Grundstücks

Die Übereignung eines Grundstücks erfolgt nach deutschem Recht in zwei Stufen: Zum einen durch das Verpflichtungsgeschäft und zum anderen durch das Verfügungsgeschäft.

Die Aufteilung eines nach allgemeiner Auffassung einheitlichen Rechtsgeschäfts ist eine Eigenart deutschen Rechts. Sie bewirkt aber, dass beispielsweise dem Veräußerer der Kaufpreis sofort gezahlt werden könnte und die grundbuchliche Änderung des Eigentumsverhältnisses am Grundstück erst später erfolgt.

Durch das Verpflichtungsgeschäft wird der Verkäufer einer Sache[8] verpflichtet, dem Käufer die Sache zu übergeben und das Eigentum an der Sache frei von Sach- und Rechtsmängeln zu verschaffen (§ 433 Abs. 1 BGB). Der Käufer hingegen ist verpflichtet, dem Verkäufer den vereinbarten Kaufpreis zu zahlen und die Sache abzunehmen (§ 433 Abs. 2 BGB).

Die Eigentumsverhältnisse an der Sache, d.h. vorliegend dem Grundstück, ändern sich hierdurch bereits noch nicht. Das Verpflichtungsgeschäft legt insoweit lediglich die Hauptpflichten der Vertragsbeteiligten fest.

Zur Änderung der Eigentumsverhältnisse an einem Grundstück bedarf es weiterhin noch des sogenannten Verfügungsgeschäfts, nämlich der Einigung des Berechtigten und des anderen Beteiligten über den Eintritt der Rechtsänderung und die Eintragung der Rechtsänderung in das Grundbuch (§ 873 Abs. 1 BGB).

Die Erklärung (Einigung) der Vertragsbeteiligten[9] über den Eigentumsübergang am Grundstück wird als Auflassung bezeichnet und muss bei gleichzeitiger Anwesenheit beider Teile vor der zuständigen Stelle (z.B. Notar) abgegeben werden (vgl. § 925 Abs. 1 BGB). Nur dann ist eine Erklärung über den Rechtsübergang an einem Grundstück verbindlich (s. hierzu und zur zuständigen Stelle § 873 Abs. 2 BGB).

Gleichzeitige Anwesenheit bedeutet indes nicht, dass jeder Beteiligte persönlich anwesend sein muss. Es reicht vielmehr ein bevollmächtigter Vertreter aus. Dabei bedarf die Vollmacht zwar grundsätzlich nicht der Rechtsform des Grundstücksübereignungsvertrages (§ 167 Abs. 2 BGB), doch ist auch zur Erteilung der Vollmacht die zustimmende Beschlussfassung des Leitungsorgans des kirchlichen Rechtsträgers erforderlich. Darüber hinaus kann es erforderlich sein, die Vollmacht gegenüber dem Grundbuchamt in öffentlicher Form nachzuweisen.

Es kann bei der Beurkundung eines Grundstücksgeschäfts auch eine vollmachtslose Vertretung ausreichend sein; diese bedarf allerdings der nachträglichen uneingeschränkten Bestätigung des Leitungsorgans des kirchlichen Rechtsträgers und der kirchlichen Genehmigung. Die nachträgliche Zustimmung und Genehmigung macht das Rechtsgeschäft dann von Anfang an wirksam (vgl. § 184 BGB).

Zusätzlich zur Einigung der Vertragsbeteiligten ist – wie ausgeführt – die Eintragung der Rechtsänderung in das Grundbuch erforderlich. Die Eintragung der Rechtsänderung in das Grundbuch und der dieser Eintragung zugrundeliegende Antrag müssen mit der Einigung inhaltlich übereinstimmen.

Anmerkungen

1 Weiterführend hierzu Burghard Winkel in: Zeitschrift für evangelisches Kirchenrecht (ZevKR), Band 46 (2001), S. 419–419.
2 Verordnung für die Vermögens- und Finanzverwaltung der Kirchengemeinden, Kirchenkreise und Kirchlichen Verbände in der Evangelischen Kirche der Union – Kirchliche Verwaltungsordnung (VwO) – vom 1. Juli 1998 (ABl. EKD 1999 S. 137); im Text mit VwO zitiert.
3 Vgl. hierzu Burghard Winkel, ebda (vgl. o. Fn. 1), S. 436 m. w. Nachw.
4 Palandt, Kommentar zum Bürgerlichen Gesetzbuch, 68. Aufl., 2009, Palandt-Ellenberger, § 134 Rn. 11a.
5 Palandt-Grüneberg, § 311b, Rn. 3.
6 Zum kirchlichen Genehmigungserfordernis vgl. Abschnitt IV a. Ziffer 2b.
7 Vgl. hierzu auch die Ausführungen in Abschnitt 2.2.
8 Zum Begriff „Sache“ vgl. §§ 90 ff. BGB.
9 Die Auflassung muss zwar nicht schriftlich abgegeben werden, doch ist dies zu Nachweiszwecken dringend anzuraten.

3/V
Erwerb, Veräußerung und Belastung von kirchlichen Immobilien

b. Immobilienverkauf und -ankauf

Hans Mahlstedt

Zwar regelt ein Notar vieles – die einzelnen Schritte eines Grundstücksverkaufs sollte der kirchliche Eigentümer dennoch kennen. Gerade in Hinblick auf das Erbbaurecht gibt es bei der Vertragserstellung viele Besonderheiten zu beachten, die bei eventuellen späteren Unregelmäßigkeiten hilfreich sein können.

1 Vorbemerkung

Der Grundstückskaufvertrag wird in aller Regel als notarieller Entwurf den Vertragsparteien mindestens 14 Tage vor der Beurkundung zugeleitet (§ 17 Abs. 2a Nr. 2 BeurkG). Da der Notar beurkundende Stelle ist, kann er die Beratung einer Vertragspartei nicht übernehmen. Der Notar wird jedoch Vertragsvereinbarungen, deren Auswirkungen nicht verstanden werden, im Beurkundungstermin auf Nachfrage erläutern, da er zur vollständigen Aufklärung verpflichtet ist (§ 17 BeurkG). In jedem Fall wird das beurkundende Notariat prüfen, ob der Kaufvertrag den gesetzlichen Vorschriften entspricht.

2 Der Grundstückskaufvertrag

Ein Grundstückskaufvertrag enthält aufgrund spezieller gesetzlicher Regelungen bei der Übertragung von Grundstücken regelmäßig bestimmte Angaben, die erforderlich sind, um das gewollte Rechtsgeschäft durchführen zu können.

Da Verträge über die Übertragung eines Grundstücks (Grundstückskaufverträge) für die Mehrzahl kirchlicher Rechtsträger nicht zum täglichen Brot gehören, werden nachstehend die für einen Grundstückskaufvertrag typischen Regelungen dargestellt.

2.1 Vertragsbeteiligte

Die notarielle Urkunde wird stets damit beginnen, dass der beurkundende Notar erklärt, dass heute vor ihm die Vertragsbeteiligten erschienen sind und auf deren Ansuchen die dann folgenden Erklärungen beurkundet werden. Dabei müssen die Vertragsbeteiligten ihre Identität nachweisen; sie sind unverwechselbar zu bezeichnen und werden den eigentlichen Erklärungen der Vertragsbeteiligten vorangestellt.

Die Identität der Vertragsbeteiligten wird durch Vorlage des Personalausweises oder des Reisepasses bewirkt. Die Vertreter des Leitungsorgans der kirchlichen Körperschaft müssen darüber hinaus ihre Vertretungsberechtigung, die auch die Vollmacht zu dem Rechtsgeschäft enthalten muss, nachweisen. Dieser Vertretungs- und Vollmachtsnachweis wird in den Grundstückskaufvertrag aufgenommen.

2.2 Grundbuchangaben

Nachdem die Vertragsbeteiligten eindeutig bezeichnet sind, wird in aller Regel der Vertragsgegenstand, nämlich das Grundstück nach Lage (Gemeinde sowie ggf. Anschrift) bezeichnet und die Grundbuchangaben festgehalten.

Der Normalfall dabei ist, dass ein Grundstück als Ganzes übertragen wird. In diesem Fall ist es zur Identifizierung des Grundstücks sowohl im grundbuch- als auch im katasterrechtlichen Sinn ausreichend, das Grundstück sowohl mit der Grundbuchangabe als auch mit der Liegenschaftsbezeichnung im Kataster wieder zu geben. Es muss dabei der vollständige Grundbuchinhalt in die notarielle Urkunde aufgenommen werden. Zur Grundbuchangabe gehören in aller Regel die Bezeichnung des Amtsgerichts, bei dem das Grundbuch geführt wird, die Gemarkung, die Flur, das Flurstück, die Größe und ggf. die Wirtschaftsart, die Angabe des Eigentümers sowie die Belastungen in Abteilung II und III des Grundbuches.

Zwar wird der Notar sich vor Beurkundung Gewissheit über den Grundbuchstand durch Einsichtnahme in das Grundbuch verschaffen, um die Richtigkeit der Angaben bestätigen zu können. Unterbleibt jedoch ausnahmsweise die Einsichtnahme durch den Notar, wird der Notar über die damit verbundenen Gefahren, insbesondere die mögliche Nichtigkeit des Grundstückskaufvertrages belehren. Es ist daher allen Vertragsbeteiligten letztlich nur dringend zu empfehlen, den aktuellen Grundbuchstand anhand eigener Einsichtnahme zu prüfen.

Besondere Sorgfalt ist geboten, wenn nicht das gesamte Grundstück, sondern eine noch nicht vermessene Teilfläche des Grundstücks übertragen werden soll. In diesem Fall wird eine genaue Beschreibung erforderlich, welcher Teil des Grundstücks in welchem Umfang übertragen werden soll. Neben der Beschreibung der Größe der Teilfläche sind dazu Lageskizzen hilfreich, die möglichst aus einem Flächenkartenausschnitt (Lageplan, Abzeichnung der Flurkarte) so präzise wie möglich den zu übertragenden Grundstückteil mit Eckbezeichnungen (Buchstaben oder Ziffern) und Angaben der Seitenlängen beschreiben und als Anlage zur Vertragsurkunde genommen werden. Diese Lageskizzen sollten von den Vertragsbeteiligten gesondert unterzeichnet werden.

2.3 Kaufpreis und Fälligkeit

Kommt für kirchliche Grundstückseigentümer ein Grundstücksflächentausch nicht in Betracht, so wird für die Vertragsbeteiligten die Höhe des Kaufpreises und dessen Zahlungstermin wesentlicher Bestandteil des Grundstückskaufvertrages sein. Der Verkäufer wird dabei sein Augenmerk auf eine möglichst zeitnahe Zahlung des Kaufpreises richten, währenddessen der Käufer darauf achtet, dass seiner Zahlung eine angemessene Sicherheit gegenübersteht.

Der Kaufpreis wird grundsätzlich als Einmalbetrag vereinbart; anderenfalls würde ein im kirchlichen Raum grundsätzlich unzulässiges Teilzahlungsgeschäft vorliegen.

Sollte es sich um eine noch zu vermessende Teilfläche handeln, so ist eine Vereinbarung über die Zahlung eines Mehr- oder Minderpreises bei abweichender Flächengröße erforderlich. Eine Kaufpreisanpassung kann auch für den Fall eines von den Vertragsparteien vorausgesetzten, jedoch später abweichenden Baurechts vereinbart werden.

In einem Grundstückskaufvertrag wird von den Vertragsparteien die Fälligkeit des Kaufpreises in aller Regel nach einem kalendermäßig bestimmten Zeitpunkt sowie vom Eintritt bestimmter, im Kaufvertrag genau bezeichneter Voraussetzungen vereinbart. Gebräuchlich ist, dass der Kaufpreis nach einer angemessenen Frist, die der freien Vertragsvereinbarung unterliegt, jedoch einen Zeitraum von zwei bis vier Wochen nicht überschreiten sollte, nach Eintragung der Auflassungsvormerkung in das Grundbuch zur Zahlung fällig ist (vgl. § 286 Abs. 2 BGB).

Üblicherweise wird die Fälligkeit des Kaufpreises nach Eintritt der vereinbarten Voraussetzungen durch den Notar den Vertragsparteien mitgeteilt.

Gleichzeitig mit der Vereinbarung über die Fälligkeit des Kaufpreises sind Vereinbarungen über die Höhe der durch den Käufer zu leistenden Zinsen im Falle der nicht rechtzeitigen Zahlung oder im Falle der weit hinausgeschobenen Kaufpreisfälligkeit zu empfehlen. Würde eine Verzugszinsenregelung nicht vereinbart, so hätte der Käufer grundsätzlich erst nach Mahnung Verzugszinsen zu zahlen (§ 286 Abs. 1 BGB).

Verbreitet und zu empfehlen ist wegen der Zahlung des Kaufpreises die Unterwerfung des Käufers unter die Zwangsvollstreckung in sein gesamtes Vermögen zu vereinbaren. Mittels dieser Erklärung kann der Verkäufer die Zwangsvollstreckung aus der notariellen Urkunde gegen den Käufer betreiben, ohne zuvor ein Gerichtsverfahren betreiben zu müssen (§ 794 Abs. 1 Nr. 5 ZPO).

Unüblich sind derartige Zwangsvollstreckungsunterwerfungsklauseln gegenüber Körperschaften des öffentlichen Rechts, wie z.B. dem Bund, einer Kommunalgemeinde oder auch einer Kirchengemeinde.

2.4 Gewährleistung

Der Käufer eines Grundstücks wird Wert darauf legen, dass er das Grundstück für seine Zwecke uneingeschränkt nutzen kann. Häufig steht dabei im Vordergrund die Bebaubarkeit mit Gebäuden. Sollte das Grundstück für die Zwecke des Käufers entgegen seinen Erwartungen nicht oder nicht in vollem Umfang nutzbar sein, so kann er bestimmte Ansprüche gegen den Verkäufer stellen, wie etwa Rücktritt vom Kaufvertrag oder Minderung des Kaufpreises. Der Verkäufer hingegen wird nicht für Eigenschaften des Grundstücks haften wollen, die er nicht kennt und daher nicht zusichern oder die er nicht beeinflussen kann.

Diese divergierenden Interessen können ausschließlich über eine vorherige gründliche Information der tatsächlichen Eigenschaften und Nutzungsmöglichkeiten des Grundstücks (Grundstücksmerkmale)[1] sowie über eine entsprechend präzise Gewährleistungsklausel gelöst werden.

Im Rahmen der Gewährleistung ist ein Haftungsausschluss für Sachmängel durch Vereinbarung wirksam, sofern der Verkäufer den Mangel nicht arglistig verschweigt (§ 444 BGB). Im Übrigen gilt für den Grundstücksvertrag mit einem Verbraucher das Klauselverbot des § 309 Nr. 7 BGB.

2.5 Besitzübergang

Häufig äußert der Käufer den Wunsch, das Grundstück bereits vor Eigentumsumschreibung im Grundbuch nutzen zu können – sei es für bauvorbereitende Maßnahmen oder zur Anpassung mitverkaufter Baulichkeiten nach seinen Bedürfnissen. Wird vereinbart, dass das Grundstück dem Käufer bereits vor Eigentumsumschreibung übergeben wird, so erlangt der Käufer die tatsächliche Gewalt (Sachherrschaft) über das Grundstück (vgl. § 854 BGB). Er kann ab dem Zeitpunkt des Besitzüberganges sämtliche Nutzungen aus dem Grundstück ziehen, d.h. er kann es selbst nutzen oder etwaige Miet- oder Pachtzinsen für sich beanspruchen. Demgegenüber trägt der Käufer ab Besitzübergang aber auch alle Lasten des Grundstücks, wie Verkehrssicherungspflichten, die Tragung der öffentlichen und privaten Abgaben und Lasten sowie die Versicherungspflicht.

Ein derartiger vorgezogener Besitzübergang sollte nur in Ausnahmefällen vereinbart werden, denn die Risiken für den Verkäufer sind nicht unerheblich. Sollte es zu Vertragsstörungen kommen (z.B. Nichtzahlung des Kaufpreises), so wird sich der Verkäufer, wenn der Vertrag rückabgewickelt wird, Forderungen des Käufers wegen der von ihm bereits getätigten Aufwendungen für das Grundstück und/oder die Baulichkeit ausgesetzt sehen, sofern vertraglich nicht wirksam etwas anderes vereinbart wurde.

Aus diesen Erwägungen und wegen der Vorteile, die der Käufer aus einem vorzeitigen Besitzübergang ziehen kann, sollte vereinbart werden, dass der Besitzübergang von der Zahlung des Kaufpreises abhängig ist, z.B. 14 Tage nach Eingang des Kaufpreises beim Verkäufer.

2.6 Löschung von nicht zu übernehmenden Rechten

Das Grundstück sollte grundsätzlich nur frei von allen Belastungen in Abteilung II und III des Grundbuchs (Nießbrauchrechte, Dienstbarkeiten, Grundschulden, Hypotheken) einschließlich im Grundbuch eingetragener Rechte, die nicht mehr bestehen, erworben werden.

Ist der kirchliche Rechtsträger Käufer und bestehen zum Zeitpunkt des Grundstückskaufs noch Grundpfandrechte in Abteilung III des Grundbuchs, so wird in der Mehrzahl der Fälle, als kirchliche Genehmigungsvoraussetzung, die Lastenfreistellung verlangt werden müssen. Der Verkäufer wird dabei anstreben, die Belastung in Abteilung III des Grundstücks aus dem Kaufpreis abzulösen. Hierzu wird empfohlen, dass der Teil des Kaufpreises, der zur Ablösung der Belastung benötigt wird, direkt an den Grundpfandrechtsgläubiger des Verkäufers (z.B. die Bank) überwiesen wird, und zwar Zug um Zug gegen Erteilung der Löschungsbewilligung. Ferner ist es ratsam, den Notar mit der Einholung der Löschungserklärung zu beauftragen. Dieser holt sich dann von den Gläubigern die notwendigen Erklärungen in einer grundbuchtauglichen Form ein.

Sofern ein Erwerb des Grundstücks unabdingbar für kirchliche Zwecke erforderlich ist, so wird, wenn ausnahmsweise eine Lastenfreistellung nicht möglich ist, die Belastung übernommen werden müssen. Die Übernahme der Belastung wird sich jedoch mindernd auf den Kaufpreis auszuwirken haben. Hierbei ist die Wertermittlung durch einen öffentlich bestellten und vereidigten Sachverständigen für bebaute und unbebaute Grundstücksflächen eine sichere Möglichkeit die Höhe der Wertminderung feststellen zu lassen.

Die Lastenfreistellung betrifft grundsätzlich alle Belastungen. Dies sind auch Belastungen in Abteilung II des Grundbuchs, wie z.B. Dienstbarkeiten. Hier ist zu klären, ob eine Ablösung überhaupt möglich ist. Sollte dies nicht der Fall sein, so verbleibt lediglich die Übernahme dieser Belastung gegen Minderung des Kaufpreises.

Aufgrund der Verpflichtung des Verkäufers zur Löschung der eingetragenen Rechte muss der Kaufvertrag Regelungen enthalten, welche Eintragungen vom Käufer übernommen werden. Dies wird sich insbesondere auf Dienstbarkeiten beziehen. Ferner sollte Einsicht in das Baulastenverzeichnis genommen werden.

2.7 Rücktritt vom Vertrag

Wird von einer der Vertragsparteien eine Leistung nicht oder nur schlecht erbracht, besteht grundsätzlich ein gesetzliches Rücktrittsrecht (vgl. §§ 323, 324 BGB). In nicht seltenen Fällen wird über die gesetzliche Regelung hinaus im Grundstückskaufvertrag ein Rücktrittsrecht vereinbart. Dabei können die Rücktrittsgründe frei vereinbart werden.

2.8 Kostentragung

Hier ist zu unterscheiden zwischen den Vertragskosten und der Grunderwerbssteuer.

Zwar trägt im Zweifel der Käufer die Kosten der Beurkundung, der Grundbucheintragung und der zu dieser Eintragung erforderlichen Erklärungen (§ 448 Abs. 2 BGB). Es wird jedoch empfohlen, dies ausdrücklich im Vertrag zu vereinbaren. Ebenfalls zu vereinbaren ist eine Regelung der Übernahme der Lastenfreistellungskosten.

Der Grundstückskauf unterliegt der Grunderwerbssteuer (§ 1 Abs. 1 Satz 1 GrEStG). Es ist jedoch nicht gesetzlich geregelt, wer diese zu tragen hat. Im Außenverhältnis haften beide Vertragsparteien als Gesamtschuldner für diese Steuer. Im Innenverhältnis ist jedoch eine vertragliche Regelung zu Lasten des Käufers üblich.

3 Sicherung der Interessen des kirchlichen Käufers/Verkäufers

Mit der Beschreibung der zu liefernden Sache (dem Grundstück) und der Vereinbarung über die Höhe des Kaufpreises sowie der weiter genannten Vereinbarungen sind die wesentlichen Pflichten der Vertragsparteien festgelegt.

Der Käufer hat mit der Beurkundung einen Anspruch auf Übertragung des Grundstücks, mit der Eintragung dieser Rechtsänderung in das Grundbuch wird er auch Eigentümer des Grundstücks.

Daher ist das Interesse des Käufers regelmäßig darauf gerichtet, den Kaufpreis erst bei erfolgter Eigentumsumschreibung im Grundbuch leisten zu müssen, währenddessen der Verkäufer des Grundstücks darauf Wert legen wird, vor Umschreibung der Eigentumsänderung im Grundbuch den vollständigen Kaufpreis zu erhalten.

Diese abweichenden Interessen des Käufers bzw. des Verkäufers bis zur Eintragung der Rechtsänderung in das Grundbuch bedürfen daher weiterer Vereinbarungen. Dabei muss es das Anliegen beider Vertragsparteien sein, wesentliche Risiken auszuschließen.

3.1 Käufersicherheit

Mit dem Grundstückskaufvertrag hat der Käufer zunächst lediglich einen Anspruch auf Übergabe des Grundstücks und Verschaffung des Eigentums hieran gegen den Verkäufer. Erst durch Eintragung der Rechtsänderung in das Grundbuch wird er auch Eigentümer. Weil zwischen Abschluss des Vertrages und der Eintragung des Eigentumswechsels im Grundbuch ein nicht unerheblicher Zeitraum verstreichen kann, ist die Auflassungsvormerkung (§ 883 BGB) ein geeignetes Sicherungsmittel für den Käufer. Die Auflassungsvormerkung sichert im Grundbuch den Anspruch des Käufers auf Übertragung des Eigentums bis zu seiner tatsächlichen Eintragung als Eigentümer. Die Auflassungsvormerkung dient dem Schutz des Käufers, weil durch diese Vormerkung der Verkäufer daran gehindert ist, über das Grundstück nochmals zu verfügen.

3.2 Verkäufersicherheit

Das Interesse des Verkäufers andererseits wird stets darauf gerichtet sein müssen, den Kaufpreis vor Eigentumsumschreibung im Grundbuch zu erhalten. Sollte die Eigentumsänderung im Grundbuch vollzogen sein, ohne dass der Verkäufer bis dahin den Kaufpreis erhalten hat, ist sowohl die Durchsetzung des Kaufpreiszahlungsanspruchs als auch die Rückübertragung des Grundstücks auf den Verkäufer mit nicht unerheblichen Schwierigkeiten verbunden und wird oft erst durch Zwangsvollstreckungsmaßnahmen gegen den Käufer, wenn dieser sich wegen des Kaufpreises in der Urkunde unter die Zwangsvollstreckung unterworfen hat ohne Gerichtsverfahren, durchsetzbar sein. Sollte die Zwangsvollstreckungsunterwerfung vom Käufer nicht erklärt worden sein, so wird der Zahlungsanspruch des Verkäufers, aber auch der Rückabwicklungsanspruch des Verkäufers in aller Regel nur in einem gerichtlichen Verfahren gelöst werden können.

Häufig wurde zur Sicherung der Interessen des Verkäufers eine Lösung darin gesucht, dass der Kaufpreis auf ein Konto des beurkundenden Notars (Notaranderkonto) hinterlegt wird. Dabei wurde der Notar angewiesen, die Eigentumsumschreibung erst zu beantragen, wenn der Kaufpreis hinterlegt war. Diese Form der Kaufpreissicherung wird heute nur noch in den Fällen genutzt, in denen dem Käufer das Grundstück bereits vor Eigentumsumschreibung zur Nutzung übergeben wird (Besitzübergang).

Eine heute vielfach geübte Praxis hingegen ist, dass die Vertragsparteien sich verpflichten, erst nach Zahlung des geschuldeten Kaufpreises die Auflassung zu erklären, wobei der Käufer dem Verkäufer entsprechende Vollmacht erteilt. Wird hingegen die Auflassung sofort zum Vertrag erklärt, sollte der Notar angewiesen werden, die Urkunde zur Eigentumsumschreibung dem Grundbuchamt erst dann vorzulegen, wenn ihm die Kaufpreiszahlung bestätigt oder nachgewiesen ist.

Nicht unerwähnt bleiben soll, dass eine weitere Möglichkeit der Sicherung des Interesses des Verkäufers z.B. in der Beibringung einer Bankbürgschaft durch den Käufer liegt.

3.3 Vorabbelastung des Grundstücks

Grundsätzlich ist die Belastung kirchlichen Grundeigentums in Abteilung III des Grundbuchs durch Grundschulden und Hypotheken unzulässig. Nicht selten benötigt jedoch der Käufer zur Finanzierung des Kaufpreises eine Belastungsvollmacht des Verkäufers. Der Käufer ersucht hierzu den Verkäufer, das Grundstück bereits vor Eigentumsumschreibung mit Grundpfandrechten belasten zu dürfen.

Sollte daher (nach vorheriger Rücksprache mit der kirchlichen Aufsichtsbehörde) eine Belastungsvollmacht erteilt werden, so ist regelmäßig im Grundstückskaufvertrag zu vereinbaren, dass der Darlehensauszahlungsanspruch bis zur Höhe des Kaufpreises an den Verkäufer abgetreten und diese Abtretung dem Darlehensgeber angezeigt wird. Im Grundstückskaufvertrag ist weiter sicherzustellen, dass die Zahlung bis zu einem kalendermäßig festgelegten Termin über ein Notaranderkonto erfolgt und der Vertrag wegen des weiteren Vollzugs eindeutige Regelungen für den Notar enthält.

Da nicht gänzlich ausgeschlossen werden kann, dass der Kaufvertrag nach notarieller Beurkundung nicht zur Durchführung gelangt, ist von derartigen *zeitweiligen* Belastungen abzuraten. Belastungen mit Grundpfandrechten vor Eigentumsumschreibung sollten die Ausnahme bleiben.

4 Belastungen von Grundstücken

4.1 Erbbaurecht

Neben der tatsächlichen Belastung eines Grundstücks, etwa durch Umweltlasten oder sonstige Gegebenheiten wie Einschränkungen der Nutzung durch Naturschutz oder tatsächliche Verhältnisse aufgrund natürlicher örtlicher vorhandener Umstände, kann ein Grundstück mit Rechten Dritter dinglich, d.h. grundbuchlich ersichtlich belastet sein. Darüber hinaus kann ein Grundstück auch außerhalb des Grundbuchs, z.B. durch eine Eintragung im Baulastenverzeichnis, in seiner Nutzung beschränkt sein.

Rechte Dritter an einem Grundstück, die im Grundbuch verzeichnet sind, werden dingliche Belastungen genannt. Die häufigsten Formen der dinglichen Belastung sind Grundpfandrechte (Grundschulden) und Hypotheken, Grunddienstbarkeiten und beschränkte persönliche Dienstbarkeiten aber auch das Erbbaurecht. Mit Ausnahme der Grundschulden und Hypotheken ist ihnen gemein, dass sie in Abteilung II des Grundbuchs verzeichnet sind.

4.1.1 Grundlagen des Erbbaurechts

Wesen und Inhalt des Erbbaurechtes ergeben sich aus dem Gesetz über das Erbbaurecht (ErbbauRG) vom 15. Januar 1919.[2] Das Erbbaurecht durchbricht den Grundsatz des BGB nämlich, dass die mit einem Grundstück fest verbundene Baulichkeit Grundstücksbestandteil ist und zum Grundstück gehört (vgl. § 94 BGB). Die Bestellung eines Erbbaurechts und dessen Entstehung mit Eintragung in das Grundbuch bewirken, dass Grundstückseigentum und Gebäudeeigentum verschiedenen Eigentümern zustehen.

Oft wird das Erbbaurecht umgangssprachlich irrtümlich als Erbpacht bezeichnet. Erbpacht ist aber ein historischer Begriff, der früher das Recht zur Nutzung an einem Bauerngut gegen Abgaben und Dienste sowie gegen Zahlung eines Erbzinses vorsah.

Das Erbbaurecht ist das veräußerliche und vererbliche Recht auf oder unter der Oberfläche eines Grundstücks ein Bauwerk zu haben (§ 1 Abs. 1 ErbbauRG). Dabei gilt, dass das aufgrund des Erbbaurechts errichtete Bauwerk wesentlicher Bestandteil des Erbbaurechts ist und die Bestandteile des Erbbaurechts nicht zugleich Bestandteile des Grundstücks (§ 12 ErbbauRG) sind. Dies gilt auch für ein anlässlich der Erbbaurechtsbestellung bereits vorhandenes Gebäude.

Für das Erbbaurecht wird von Amts wegen ein besonderes Grundbuchblatt (Erbbaugrundbuch) angelegt (§ 14 Abs. 1 Satz 1 ErbbauRG). Im Grundstücksgrundbuch wird das Erbbaurecht als dingliche Belastung in Abteilung II, und zwar ausschließlich zur ersten Rangstelle eingetragen (§ 10 Abs. 1 ErbbauRG).

Durch die Errichtung eines eigenen Grundbuchs für das Erbbaurecht entsteht ein grundstücksgleiches Recht. Das Erbbaugrundbuch kann also wie ein Grundstücksgrundbuch auch mit Grundschulden belastet werden.

Mit Entstehung des Erbbaurechts, d.h. mit Eintragung in Abteilung II des Grundstücksgrundbuchs und Errichtung eines Erbbaugrundbuchs überlagert das Erbbaurecht das Grundstück.

Die nachstehende Skizze soll dieses Prinzip veranschaulichen: Der Erbbauberechtigte ist mit Entstehung des Erbbaurechts Eigentümer der auf dem Grundstück aufstehenden oder aufgrund der Erbbaurechtsbestellung errichteten Gebäude.

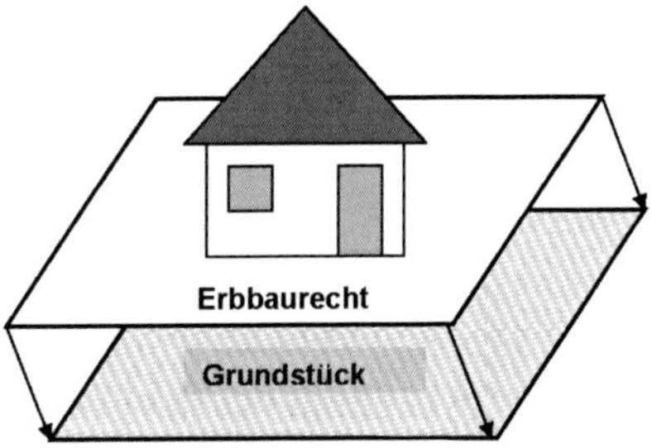

4.1.2 Der Erbbaurechtsvertrag

Obgleich dies gesetzlich nicht bestimmt ist, erfolgt die Bestellung eines Erbbaurechts für Wohnzwecke in aller Regel über einen Zeitraum von 75 bzw. 99 Jahre, währenddessen sich bei der Bestellung eines Erbbaurechts zu gewerblichen Zwecken kürzere Vertragszeiten, z.B. über 40 Jahre, herausgebildet haben.

Da die Bestellung eines Erbbaurechts somit in aller Regel langfristig erfolgt, sind zwischen dem Grundstückseigentümer und dem Erbbauberechtigten eindeutige vertragliche Vereinbarungen über die gegenseitigen Rechte und Pflichten erforderlich.[3]

Zu diesen erforderlichen Vereinbarungen können insbesondere folgende Bestimmungen gehören:

- *Eine Vereinbarung über die Erstreckung des Erbbaurechts über das gesamte Grundstück oder einen Teil davon:*
  Grundsätzlich wird zwar ein Erbbaurecht an einem Grundstück im Ganzen bestellt, doch ist dem Erbbauberechtigten zunächst einmal nur die Nutzung der bebauten Fläche gestattet. Da aber der restliche Teil des Grundstücks in aller Regel gleichfalls vom Erbbauberechtigten benötigt wird, z.B. für den Garten, eine Zufahrt oder dergleichen mehr, sieht § 1 Abs. 2 ErbbauRG vor, dass sich das Erbbaurecht auch auf den für das Bauwerk nicht erforderlichen Teil erstrecken kann. Voraussetzung hierfür ist, dass das Bauwerk wirtschaftlich die Hauptsache bleibt. Diese Vereinbarung ist notwendiger Teil der vertraglichen Regelung, und zwar durch Einigung der Vertragsbeteiligten und Grundbucheintragung.

- *Eine Vereinbarung über die Errichtung, Instandhaltung und Verwendung des Bauwerks:*
  Zunächst kann und sollte eine möglichst präzise Beschreibung des zu errichtenden Bauwerks und dessen (zulässige) Nutzung im Vertrag aufgenommen werden. Darüber hinaus sollte für die Errichtung des Bauwerks eine bestimmte Zeitspanne oder ein bestimmter Zeitpunkt vereinbart werden und die Folgen bei Nichteinhaltung der Baufrist.
  Da der Grundstückseigentümer in aller Regel bei Ablauf des Erbbaurechts das Bauwerk übernehmen muss und der Erbbauberechtigte nicht berechtigt ist, beim Heimfall oder Erlöschen des Erbbaurechts das Bauwerk wegzunehmen (§ 34 ErbbauRG), hat der Grundstückseigentümer ein Interesse an dem Erhaltungszustand des Bauwerks und dessen bestimmungsgemäße Errichtung und Verwendung.

- *Eine Vereinbarung über die Versicherung des Bauwerks und seinen Wiederaufbau im Falle der Zerstörung:*
  Im Erbbaurechtsbestellungsvertrag sollte der Erbbauberechtigte möglichst verpflichtet werden, auf seine Kosten die Bauwerke in vollem Umfang zum gleitenden Neuwert gegen Feuer-, Leitungswasser- und Elementarschäden zu versichern.
  Im ErbbauRG ist nicht geregelt, dass der Erbbauberechtigte im Falle der Zerstörung des Bauwerks zum Wiederaufbau verpflichtet ist. Eine vertragliche Vereinbarung hierüber ist daher dringend zu empfehlen.

- *Eine Vereinbarung über die Tragung der öffentlichen und privatrechtlichen Lasten und Abgaben:*
  Wie ausgeführt, überlagert im Zeitpunkt des Entstehens das Erbbaurecht das Grundstück. Würde im Erbbaurechtsbestellungsvertrag keine Vereinbarung über die Tragung der Lasten und Abgaben getroffen, müsste der Grundstückseigentümer diese Kosten tragen. Eine Vereinbarung darüber, dass der Erbbauberechtigte diese Kosten trägt, wird durch § 2 Nr. 3 ErbbauRG eröffnet und sollte genutzt werden.

- *Eine Vereinbarung über eine Verpflichtung des Erbbauberechtigten, das Erbbaurecht beim Eintreten bestimmter Voraussetzungen auf den Grundstückseigentümer zu übertragen („Heimfall"):*
  Da dem Erbbauberechtigten das Grundstück in aller Regel sehr langfristig zur Verfügung gestellt wird, wird der Grundstückseigentümer sich gegen vertragswidriges Verhalten des Erbbauberechtigten schützen wollen. Die Gründe, die einen Heimfallanspruch auslösen können, müssen vertraglich geregelt werden. Die Gründe für die Ausübung des Heimfallanspruchs können sehr verschieden sein. Sie dürfen jedoch nicht gegen ein Gesetz oder die guten Sitten verstoßen.
  Grundsätzlich sollte die Ausübung des Heimfallanspruchs mindestens für den Fall der Nichtzahlung des Erbbauzinses (vgl. hierzu § 9 Abs. 4 ErbbauRG), der Anordnung der Zwangsversteigerung oder die Zwangsverwaltung über das Erbbaurecht oder bei Eröffnung des Insolvenzverfahrens über das Vermögen des Erbbauberechtigten sowie der Nichteinhaltung wesentlicher Vertragspflichten vereinbart werden.[4]

- *Eine Vereinbarung über eine Einräumung eines Vorrechts für den Erbbauberechtigten auf Erneuerung des Erbbaurechts nach dessen Ablauf:*
  Diese Vereinbarung ist nicht zu verwechseln mit einer automatischen Verlängerung des Erbbaurechts, die im Übrigen nur schuldrechtlich,

also nicht als vertragsmäßiger Inhalt des Erbbaurechts (vgl. § 2 ErbbauRG) vereinbart werden kann.
Das Erbbaurecht wird stets für einen bestimmten Zeitraum bestellt. Nach Zeitablauf erlischt das Erbbaurecht. Das Grundbuch wird unrichtig. Das Erbbaurecht kann im Grundbuch gelöscht werden.
Andererseits kann der Grundstückseigentümer aber auch mit einem Dritten einen neuen Erbbaurechtsbestellungsvertrag abschließen. In diesem Fall hätte – die entsprechende Vereinbarung nach § 2 Nr. 6 ErbbauRG vorausgesetzt – der bisherige Erbbauberechtigte einen Anspruch auf Ausübung des Vorrechts auf Erneuerung des Erbbaurechts. Allerdings besteht dieses Recht nicht, wenn seit Erlöschen des Erbbaurechts mehr als drei Jahre verstrichen sind oder die neue Erbbaurechtsbestellung zu anderen Zwecken als bisher erfolgt.

- *Eine Vereinbarung über eine Verpflichtung des Grundstückseigentümers, das Grundstück an den jeweiligen Erbbauberechtigten zu verkaufen:*
  Sofern eine derartige Vereinbarung geschlossen wird, sollte im Erbbaurechtsbestellungsvertrag präzise vereinbart werden, wann und unter welchen Voraussetzungen eine Verpflichtung zum Verkauf an den Erbbauberechtigten für den Grundstückseigentümer besteht. Darüber hinaus sollte der Kaufpreis für das Grundstück bestimmt werden bzw. bestimmbar sein.
  In der überwiegenden Zahl der Erbbaurechtsbestellungen, die von kirchlichen Grundstückseigentümern erfolgen, wird ein Vorkaufsrecht für den Erbbauberechtigten im Falle des Verkaufs an einen Dritten vereinbart. Im Gegenzug räumt der Erbbauberechtigte seinerseits dem Grundstückseigentümer ein Vorkaufsrecht am Erbbaurecht ein.

- *Eine Vereinbarung über die Bestellung und den Inhalt des Erbbauzinses und dessen Anpassung:*
  Die Vergabe eines Grundstücks im Wege des Erbbaurechts kann nach den kirchlichen vermögensrechtlichen Vorschriften nicht unentgeltlich erfolgen. Für die Bestellung des Erbbaurechts wird daher ein regelmäßig zu zahlendes Entgelt, der Erbbauzins, vereinbart. Der Erbbauzins sollte unbedingt als dingliche, d.h. als im Erbbaugrundbuch einzutragende Belastung des Erbbaurechts ausgestaltet und entsprechend im Erbbaugrundbuch eingetragen werden (vgl. hierzu § 9 Abs.1 Satz 1 ErbbauRG). Dabei ist darauf zu achten, dass die Erbbauzinsreallast stets an rangerster Stelle in das Erbbaugrundbuch eingetragen wird.

Üblicherweise beträgt der Erbbauzins zwischen 3 % und 6 % des Bodenwerts im Zeitpunkt der Bestellung des Erbbaurechts. Im Hinblick auf die lange Laufzeit des Erbbaurechts ist eine Anpassung des Erbbauzinses geboten. Sofern nicht andere Gegebenheiten etwas anderes erfordern, ist zu empfehlen, dass sich die Erbbauzinsanpassung an der Veränderung des Verbraucherpreisindex orientiert.

- *Eine Vereinbarung über die zulässige Belastung des Erbbaurechts mit Grundpfandrechten:*
  Belastungen des Erbbaurechts werden grundsätzlich aus einer Hypothek, einer Grundschuld, einer Rentenschuld oder einer Reallast bestehen (vgl. § 5 Abs. 2 ErbbauRG). Sind die Belastungen mit den Regeln einer ordnungsgemäßen Bewirtschaftung vereinbar, so hat der Erbbauberechtigte gegen den Grundstückseigentümer einen Anspruch auf Zustimmung zur Belastung (§ 7 Abs. 2 ErbbauRG).

- *Eine Vereinbarung über eine Entschädigung und dessen Höhe für das Bauwerk bei Zeitablauf des Erbbaurechts:*
  Erlischt das Erbbaurecht durch Zeitablauf oder durch Ausübung des Heimfalls, hat der Erbbauberechtigte einen Anspruch auf Entschädigung für das Bauwerk. Der Entschädigungsanspruch ist jedoch in aller Regel auf die zulässigerweise errichteten Bauwerke beschränkt. Sollte der Erbbauberechtigte ohne Zustimmung des Grundstückseigentümers weitere Bauwerke auf dem Erbbaurechtsgrundstück errichtet haben, bleiben diese bei der Berechnung der Entschädigung daher grundsätzlich außer Betracht. Entsprechend § 27 Abs. 2 ErbbauRG wird in aller Regel vereinbart, dass die Entschädigungshöhe zwei Drittteile des „gemeinen Werts“[5] des Bauwerks beträgt.
  Zu empfehlen ist eine Vereinbarung, die dem Grundstückseigentümer ermöglicht, die Verpflichtung zur Zahlung der Entschädigung dadurch abzuwenden, dass er das Erbbaurecht vor dessen Ablauf für die voraussichtliche Standdauer des Bauwerks verlängert (vgl. § 27 Abs. 3 ErbbauRG).

4.1.3 Exkurs: Heimfall

Zwar in der Praxis selten, aber dennoch nicht gänzlich ausgeschlossen werden kann, dass der Grundstückseigentümer den Heimfall ausüben muss, da das vertragswidrige Verhalten des Erbbauberechtigten nicht mehr zumutbar ist und alle anderen Möglichkeiten, wie etwa eine (im

Erbbaurechtsbestellungsvertrag vereinbarte) Vertragsstrafe wirkungslos blieb oder nicht gezahlt wurde.

Ist das Erbbaurecht im Zeitpunkt der Ausübung des Heimfallanspruchs oder bei Erlöschen des Erbbaurechts z.B. noch mit einer Grundschuld oder Hypothek oder anderen in Geld ablösungsfähigen Rechten belastet, so entsteht für die berechtigten Gläubiger als Ersatz ein Pfandrecht an der Entschädigungsforderung des Erbbauberechtigten für das Bauwerk. Diese Entschädigungsforderung haftet auf dem Grundstück an Stelle des Erbbaurechts und mit dessen Range (§ 28 ErbbauRG), also an rangerster Stelle.

Es ist daher dringend anzuraten, im Falle noch bestehender Belastungen des Erbbaurechts die Entschädigung nicht an den Erbbauberechtigten zu zahlen, sondern die Entschädigungssumme bei einer öffentlichen Verwahrstelle (Amtsgericht) unter Verzicht auf die Rücknahme zu hinterlegen.

Die Ausübung des Heimfallanspruchs ist – sofern dieser im Falle eines Insolvenzverfahrens als Heimfallgrund im Erbbauvertrag vereinbart wurde – insbesondere von wirtschaftlichen Überlegungen des Grundstückseigentümers abhängig, und zwar insbesondere wegen der Risiken der Finanzierung des Erbbaurechts (Gebäude- und Grundstücksunterhaltung, andere Pflichten, die sich aus dem Erbbaurecht ergeben) sowie der gesetzlichen Schuldübernahme (Grundschulden etc.) gemäß § 33 Abs. 2 ErbbauVO (auch unter Berücksichtigung der Vergütung nach § 32 ErbbauVO).

4.1.4 Das Erbbaurecht in der Zwangsversteigerung

Nach § 864 Abs. 1 ZPO unterliegen der Zwangsvollstreckung in das unbewegliche Vermögen Grundstücke und die Berechtigungen, für welche auf Grundstücke bezogene Vorschriften gelten, wie z.B. das Erbbaurecht.

Das Zwangsversteigerungsgesetz (ZVG) regelt die Zwangsvollstreckung in das unbewegliche Vermögen. Mit dem Anordnungsbeschluss des zuständigen Versteigerungsgerichts (Amtsgericht) zur Zwangsversteigerung wird *zu Gunsten des Gläubigers*, der die Zwangsvollstreckung betreibt, das Erbbaurecht mit seinem gesetzlichen und vertraglich-dinglichen Inhalt beschlagnahmt. Mit Zustellung des Anordnungsbeschlusses an den Schuldner (Erbbauberechtigter) sind Verfügungen des Schuldners, wie z.B. die Veräußerung des Erbbaurechts, unzulässig (§ 20 ZVG).

Der Meistbietende (Ersteher) hat im Zwangsversteigerungsverfahren das Erbbaurecht mit seinem dinglichen Inhalt „qua Gesetz" zu übernehmen. Wenn im Erbbaugrundbuch auf die Eintragungsbewilligung Bezug genommen wurde, ergibt sich der vollständige, dingliche (grundbuchwirksame) Inhalt des Erbbaurechts aus der Erbbauvertragsurkunde.

In sonstige Vereinbarungen, die mit dem Erbbaurechtsnehmer im Erbbaurechtsvertrag mit schuldrechtlicher Wirkung vereinbart wurden, tritt der Ersteher grundsätzlich nicht ein, sofern nicht über einen entsprechenden Antrag des Grundstückseigentümers der Eintritt in diese Verpflichtungen durch abweichende Versteigerungsbedingungen (§ 59 ZVG) erreicht werden kann.[6]

Der dingliche Erbbauzins und der hierzu grundbuchlich gesicherte Anspruch des Grundstückseigentümers auf Anpassung des Erbbauzinses sind in der Zwangsversteigerung gleichfalls vom Ersteher zu übernehmen. Die Erbbauzinsreallast bleibt, wenn sie dem Recht des die Zwangsversteigerung betreibenden Gläubigers im Rang im Erbbaugrundbuch vorgeht, bestehen (§ 44 ZVG).

Der Grundstückseigentümer ist im Zwangsversteigerungsverfahren über das Erbbaurecht Verfahrensbeteiligter (§ 9 ZVG, § 24 ErbbauVO). Das Gesetz gewährleistet dem Beteiligten, dass er zu den entscheidenden Verfahrensumständen rechtliches Gehör erhält und damit Gelegenheit hat, sich zu äußern, Anträge zu stellen und ggf. Rechtsmittel einzulegen.[7]

Sollte ein Gläubiger im Rang der Erbbauzinsreallast im geringsten Gebot (vgl. zum Begriff § 44 ZVG) vorgehen (z.B. Rangklasse 3, § 10 ZVG), erlöschen nach den gesetzlichen Bestimmungen des ZVG durch den Zuschlag alle im Erbbaugrundbuch eingetragenen Rechte (auch die erstrangige oder gemäß § 9 Abs. 3 Nr. 1 ErbbauRG versteigerungsfeste Erbbauzinsreallast). Hier sollte ernsthaft die Ablösung dieser Forderung erwogen werden. Als letztes Mittel kann über die Verweigerung zum Zuschlag gemäß §§ 5 Abs. 1, 8 ErbbauRG versucht werden, den Zuschlag zu verhindern.

Der rückständige Erbbauzins ist beim Versteigerungsgericht geltend zu machen. Die Amtsgerichte halten hierzu in aller Regel Vordrucke bereit.[8] Neben der Forderungsanmeldung etwaig rückständiger Erbbauzinszahlungen sind auch weitergehende Anträge an das Versteigerungsgericht (Antrag auf abweichende Zwangsversteigerungsbedingung, Antrag auf Aussetzung der Entscheidung zum Zuschlag) zulässig.

Grundsätzlich setzt ein Zwangsversteigerungsverfahren erhebliche juristische Kenntnisse voraus. Nur wer z.B. die rechtlichen Eigenheiten des Erbbaurechts kennt und die wichtigsten Verfahrensregeln einer Zwangsversteigerung versteht, wird in der Lage sein, die jeweiligen tatsächlichen und rechtlichen Umstände in einem Zwangsversteigerungsverfahren richtig einzuschätzen und seine Interessen (als Grundstückseigentümer) durch entsprechendes Handeln zu wahren.[9] *Daher sollte in einem Zwangsversteigerungsverfahren über ein Erbbaurecht die Beratung der zuständigen Kirchenverwaltung in Anspruch genommen werden.*

4.1.5 Das Erbbaurecht in der Insolvenz

Die Insolvenzmasse umfasst nach § 35 der Insolvenzordnung (InsO) das gesamte Vermögen, das dem Insolvenzschuldner (Erbbauberechtigter) zur Zeit der Eröffnung des Insolvenzverfahrens gehört und das er während des Verfahrens erlangt. Die Insolvenzmasse dient der Befriedigung der Gläubiger im Insolvenzverfahren. Mit der Eröffnung des Insolvenzverfahrens verliert der Insolvenzschuldner die Verfügungsbefugnis über sein insolvenzbefangenes Vermögen (§ 80 InsO). An seiner Stelle ist nunmehr der Insolvenzverwalter oder im Verbraucherinsolvenzverfahren nach § 304 InsO der Treuhänder (§ 292 InsO) allein verfügungsbefugt.

Der kirchliche Erbbaurechtsausgeber ist Insolvenzgläubiger, wenn zur Zeit der Eröffnung des Insolvenzverfahrens ein Anspruch, wie z.B. auf rückständige und künftig fällig werdende Erbbauzinsen, gegen den Erbbauberechtigten besteht (§ 38 InsO).

Das Erbbaurecht gehört zur Insolvenzmasse. Allerdings sind Erbbauzinsen keine Masseverbindlichkeiten, die vom Insolvenzverwalter zu zahlen wären. Der Bundesgerichtshof (BGH) hat in einer Entscheidung vom 20.10.2005[10] festgestellt, dass Ansprüche auf Erbbauzinsen für die Zeit nach Eröffnung des Insolvenzverfahrens keine Masseverbindlichkeiten begründen, sondern bloße Insolvenzforderungen sind. Der BGH hatte in diesem Urteil jedoch auch festgehalten, dass der Grundstückseigentümer ein Absonderungsrecht hat. Absonderungsberechtigt sind Gläubiger, deren Forderungen durch ein dingliches Recht gesichert sind (vgl. §§ 49, 50, 51 InsO).

Absonderungsrechte bestehen u.a. an grundstücksgleichen Rechten, wie z.B. dem Erbbaurecht, und sind nach den Bestimmungen des Zwangsversteigerungsgesetzes (ZVG) zu realisieren (§ 49 InsO). Die Verwertung des Erbbaurechts erfolgt also durch die Zwangsversteigerung oder die Zwangsverwaltung, die durch den Gläubiger (Grundstückseigentümer) selbst außerhalb des Insolvenzverfahrens zu betreiben ist. Für nicht vom Insolvenzverwalter veranlasste Masseforderungen besteht jedoch in den ersten sechs Monaten nach der Verfahrenseröffnung eine Vollstreckungssperre (§ 90 InsO).

Zur Zwangsvollstreckung wird ein vollstreckbarer Titel benötigt. Dies ist beim Erbbaurecht die vollstreckbare Ausfertigung des Erbbauvertrages, der zuvor beim seinerzeit beurkundenden Notariat (kostenfrei) anzufordern ist. Vor Einleitung der Zwangsvollstreckung ist weiter der Nachweis der Zustellung erforderlich. Da eine Zwangsvollstreckung gegen die Schuldnerin oder den Schuldner mit Eröffnung des Insolvenzverfahrens unzulässig ist, müsste die vollstreckbare Ausfertigung des Erbbauvertrages auf den Insolvenzverwalter bzw. die Insolvenzverwalterin umgeschrieben werden (§ 727 ZPO).

Im Insolvenzverfahren wird durch die Absonderung die durch einen Gegenstand gesicherte Forderung bevorzugt befriedigt. Durch die Absonderung wird der Gegenstand verwertet, der Erlös wird bis zur Höhe der gesicherten Forderung an den Absonderungsberechtigten ausgezahlt, der Rest fließt in die Insolvenzmasse.

Die Ausübung des Heimfallanspruches ist – sofern dieser im Falle eines Insolvenzverfahrens als Heimfallgrund im Erbbauvertrag vereinbart wurde – insbesondere von wirtschaftlichen Überlegungen des Grundstückseigentümers abhängig, und zwar insbesondere wegen der Risiken der Finanzierung des Erbbaurechts (Gebäude- und Grundstücksunterhaltung, andere Pflichten, die sich aus dem Erbbaurecht ergeben) sowie der gesetzlichen Schuldübernahme (Grundschulden etc.) gemäß § 33 Abs. 2 ErbbauVO (auch unter Berücksichtigung der Vergütung nach § 32 ErbbauVO).

Forderungen sind nicht beim Gericht, sondern bei der Insolvenzverwaltung anzumelden.[11] Die angemeldeten Forderungen werden in einem Prüfungstermin geprüft. Im Verbraucherinsolvenzverfahren kann die Prüfung auf Anordnung des Gerichts auch im schriftlichen Verfahren stattfinden. Zum Bestreiten einer angemeldeten Forderung sind die Insolvenzverwaltung, der Schuldner sowie jede Insolvenzgläubigerin oder jeder Insolvenzgläubiger berechtigt. Die Forderungen können ganz oder teilweise nach ihrem Betrag oder ihrem Rang bestritten werden.

Die weiteren verfahrensrechtlichen Einzelheiten für das Vorgehen zur Feststellung streitiger Forderungen ergeben sich aus den §§ 179–185 InsO.

Gelangt die Insolvenzverwaltung zur Auffassung, dass das Erbbaurecht nicht sinnvoll wirtschaftlich verwertet werden kann, weil z.B. das Erbbaurecht mit hohen Verbindlichkeiten (z.B. Grundschulden) belastet ist, der Betrieb eines gewerblichen Erbbaurechts nicht fortgeführt werden kann, das Erbbaurechtsgrundstück kontaminiert (Bodenverseuchung) ist und dgl. mehr, so wird die Insolvenzverwaltung das Erbbaurecht aus der Insolvenzmasse freigeben.

Mit der Freigabe aus der Masse wird das Erbbaurecht in die Verfügungsgewalt der Schuldnerin oder des Schuldners (Erbbauberechtigter) übergeben. Es ist dann insolvenzfreies Vermögen.

4.2 Grunddienstbarkeiten

Grunddienstbarkeiten (vgl. hierzu die §§ 1018 ff. BGB) zeichnet das Verhältnis zwischen zwei oder mehreren Grundstücken in Bezug auf die gegenseitigen Rechte und Pflichten aus. Dabei ist eines der Grundstücke das sogenannte dienende Grundstück, d.h. das Grundstück zu dessen Lasten ein anderer Grundstückseigentümer dieses Grundstück in den verschiedensten Arten nutzen kann, währenddessen das sogenannte herrschende Grundstück das begünstigte Grundstück ist.

Mittels einer Grunddienstbarkeit kann also ein Grundstück eines Dritten in einzelnen Beziehungen genutzt werden. Dabei ist derjenige, zu dessen Gunsten die Grunddienstbarkeit bestellt wurde, zur schonenden Ausübung der Nutzung verpflichtet (§ 1020 BGB).

Die Nutzung des anderen Grundstücks kann in verschiedenster Weise erfolgen. So kann beispielsweise an einem Grundstück ein Geh- und Fahrrecht bestellt werden oder der Berechtigte darf auf dem Grundstück eine bestimmte Handlung vornehmen (z.B. Stromentnahme). Der Nutzungsberechtigte hat hierbei, wenn er die Anlage aufgebracht hat (z.B. einen Stromverteiler), die Anlage in einem ordnungsgemäßen Zustand zu erhalten (§ 1020 Satz 2 BGB).

Anderseits kann der Eigentümer des dienenden Grundstücks verpflichtet sein, bestimmte Handlungen zu unterlassen (§ 1018 BGB). Dies wäre etwa dann der Fall, wenn der Grundstückseigentümer des dienenden Grundstücks verpflichtet ist, eine vom Nachbarn nicht eingehaltene Abstandsfläche zu dulden.

Jegliche Bestellung einer Grunddienstbarkeit zu Gunsten eines Dritten mindert den Wert des eigenen Grundstücks, denn es ist nicht nur eine tatsächliche Belastung des eigenen Grundstücks. Diese Belastung wird darüber hinaus in aller Regel grundbuchlich gesichert. Der Begünstigte hingegen hat stets einen Vorteil aus der Nutzung.

4.3 Beschränkte persönliche Dienstbarkeit

Anders als die Grunddienstbarkeit, die unabhängig vom jeweiligen Eigentümer besteht und die Rechtsverhältnisse zwischen zwei oder mehreren Grundstücken regelt, ist die beschränkte persönliche Dienstbarkeit (§§ 1090 ff. BGB) ein ausschließlich persönliches Recht. Diese Art der Grunddienstbarkeit regelt somit grundsätzlich nicht das Verhältnis zwischen zwei oder mehreren Grundstücken, sondern besteht zugunsten einer natürlichen oder einer juristischen Person. Eine beschränkte persönliche Dienstbarkeit ist generell nicht übertragbar (§ 1092 Abs. 1 Satz 1 BGB), es sei denn, die Übertragung wurde gestattet (§ 1092 Abs. 1 Satz 2 BGB) oder der Begünstigte ist eine juristische Person[12] (vgl. hierzu § 1092 Abs. 2 BGB mit Verweis auf §§ 1059 a bis 1059 d BGB).

Überwiegend sind in der Praxis kirchlicher Grundstücksverwaltung Fälle der Gestattung der Nutzung eines kirchlichen Grundstücks durch ein Versorgungsunternehmen (z.B. durch Verlegung von Leitungen). Da Energieversorgungsunternehmen stets als juristische Person am Rechtsverkehr teilnehmen, erlangt in diesem Zusammenhang die Bestellung einer beschränkten persönlichen Dienstbarkeit wegen ihrer Übertragbarkeit (vgl. § 1092 Abs. 2 BGB) besondere Bedeutung.

Besonders zu beachten ist, dass kraft Gesetzes in den neuen Bundesländern unter bestimmten Voraussetzungen eine beschränkte persönliche Dienstbarkeit außerhalb des Grundbuchs entstehen kann (vgl. § 9 Grundbuchbereinigungsgesetz – GBBerG).

Die Bestellung von Grunddienstbarkeiten zu Gunsten Dritter sind im kirchlichen Raum ausschließlich dann zulässig, wenn sie unvermeidbar sind und wenn für die durch die Bestellung einer Grunddienstbarkeit eintretende Wertminderung des eigenen Grundstück eine angemessene Entschädigung gezahlt wird. Diese Entschädigung kann in einem einmaligen Betrag oder einer regelmäßigen Zahlung bestehen.

Die Höhe der Entschädigung sollte sowohl nach der tatsächlich auf dem Grundstück eintretenden Beeinträchtigung bemessen werden als dem Umstand Rechnung tragen, dass das kirchliche Grundstück in Abteilung II des Grundbuchs belastet wird. Darüber hinaus wird der wirtschaftliche Vorteil für den Begünstigten eine nicht unerhebliche Rolle bei der Bemessung der Entschädigung spielen.[13]

Da die einzelnen Rechtsbeziehungen einer Grunddienstbarkeit, welche die Rechtsverhältnisse zwischen zwei Grundstücken regelt, grundsätzlich auf Dauer angelegt sind, ist bei der Gestattung einer Grunddienstbarkeit stets besondere Sorgfalt hinsichtlich der vertraglichen Vereinbarungen geboten.[14]

Eine im Gesetz besonders hervorgehobene Form der beschränkten persönlichen Dienstbarkeit ist das Wohnungsrecht (§ 1093 BGB). Auf dieses Wohnungsrecht finden die Vorschriften über den Nießbrauch Anwendung (vgl. die Gesetzesverweise in § 1093 Abs. 1 Satz 2 BGB).

Diese Art der Bestellung einer beschränkten persönlichen Dienstbarkeit ist im kirchlichen Raum allenfalls vereinzelt anzutreffen.

4.4 Hypotheken und Grundschulden

Anders als Dienstbarkeiten, die in Abteilung II eines Grundbuchs eingetragen werden, sind Grundpfandrechte, mithin Hypotheken, Grund- oder Realschulden, in Abteilung III des Grundbuchs verzeichnet.

Eine Grundschuld ist die Belastung eines Grundstückes in der Form, dass an denjenigen, zu dessen Gunsten die Belastung erfolgt, eine bestimmte Geldsumme aus dem Grundstück zu zahlen ist (§ 1191 BGB).

Die Grundschuld wird zwar überwiegend zur Absicherung eines Darlehens bestellt, dennoch ist sie vom Bestand einer bestimmten Forderung nicht abhängig. Daher kann eine Grundschuld unverändert im Grundbuch bestehen bleiben, obgleich sie als Sicherheit für ein abbezahltes Darlehen nicht mehr erforderlich ist.

Anders verhält es sich bei einer Hypothek; diese ist vom Bestand einer Forderung abhängig (§ 1113 Abs. 1 BGB). Sie dient somit schon qua Gesetz der Absicherung einer Forderung und ist eng mit dieser verbunden (akzessorisch). Verändert sich die Forderung durch Abzahlung, hat dies unmittelbar Auswirkung auf die Hypothek.

Anmerkungen

1 Vgl. zu den notwendigen Informationen über Grundstücksmerkmale die Checkliste im Handbuch Immobilien EKD.

2 Bis zum 23.11.2007 lautete die Bezeichnung Erbbaurechtsverordnung (vgl. Art. 25 des 2.Gesetzes über die Bereinigung von Bundesrecht im Zuständigkeitsbereich des Bundesjustizministeriums (BMJ), abgedr. in BGBl. I S. 2614; eine inhaltliche Änderung war mit dieser Umbenennung nicht verbunden.

3 Ein sehr gutes, rechtlich sicheres Erbbauvertragsmuster mit Erläuterungen findet sich im Handbuch Immobilien EKD.

4 Vgl. auch hierzu das Erbbauvertragsmuster mit Erläuterungen im Handbuch Immobilien EKD.

5 Vgl. hierzu § 9 des Bewertungsgesetzes (BewG). Hiernach wird der gemeine Wert durch den Preis bestimmt, der im gewöhnlichen Geschäftsverkehr nach der Beschaffenheit des Wirtschaftsgutes erzielt werden kann.

6 Vgl. hierzu das Muster einer Forderungsanmeldung im Handbuch Immobilien EKD.

7 hierzu und zum Ablauf eines Zwangsversteigerungsverfahrens die weiterführenden Hinweise im Handbuch Immobilien EKD.
8 Auch hierzu ist ein Muster im Handbuch Immobilien EKD enthalten.
9 Vgl. zum rechtssicheren Handeln die Checkliste im Handbuch Immobilien EKD.
10 BGH, Urteil vom 20.10.2005 – IX ZR 145/04.
11 Vgl. Muster das einer Forderungsanmeldung im Insolvenzverfahren im Handbuch Immobilien EKD.
12 Z.B. ein eingetragener Verein, eine GmbH, eine Aktiengesellschaft oder eine Körperschaft des öffentlichen Rechts und dgl. mehr.
13 Vgl. die Empfehlungen zu den Mindestentschädigungen im Handbuch Immobilien EKD.
14 Vgl. hierzu die weiterführenden Hinweise im Handbuch Immobilien EKD, ebda. zu einem Mustervertrag zur Bestellung einer Grunddienstbarkeit.

3/V
Erwerb, Veräußerung und Belastung von kirchlichen Immobilien

c) Vertrieb und Marketing von kirchlichen Immobilien

Prof. Dr. rer. pol. Stephan Kippes

Wie lassen sich kirchliche Immobilien am effektivsten und gewinnbringendsten vermarkten?Um den richtigen Weg zu finden, stehen mehrere Instrumente zur Verfügung. Besondere Berücksichtigung sollte die Eingrenzung der Käufer-Zielgruppe sein. Wichtig bei allem ist außerdem eine durchdachte Öffentlichkeitsarbeit.

1 Kirchliche Immobilien – eine Einführung

Die Vielfalt und Unterschiedlichkeit der kirchlichen Immobilien sind Ausgangpunkt für Vertriebs- und Marketingüberlegungen. Bei Sonder- und Spezialimmobilien, wie sie sich im kirchlichen Bereich befinden, ist das eigentlich prägende Element, dass die Immobilie sich im hohen Maße an den spezifischen Nutzungserfordernissen eines bestimmten Nutzers orientiert. Eine andersartige Folgenutzung d.h. eine sogenannte Drittverwendung ist entweder nicht oder nur eingeschränkt möglich und damit faktisch letztendlich unmöglich – was das ökonomische Risiko derartiger Objekte ganz erheblich erhöht. Einige Fragen, die dieses Problem verdeutlichen: Wie kann eine Klosteranlage vermarktet werden, wenn der Orden keinen Nachwuchs mehr hat oder in finanzielle Schwierigkeiten gerät? Welche Möglichkeiten gibt es für ein kirchliches Bildungszentrum, wenn das ursprüngliche Nutzungskonzept gescheitert ist?

Neben der stark reduzierten, wenn überhaupt noch gegebenen Drittverwendungsmöglichkeiten, einer damit verbundenen wesentlich geringeren Fungibilität ist dieser Objekttyp durch die Notwendigkeit, einen vom fachlichen wie auch finanziellen Background geeigneten Betreiber[1] zu haben, der das Objekt nachhaltig erfolgreich betreibt, sehr risikobehaftet. Außerdem ist das Marketing, das im Zentrum dieses Beitrages steht, bei Sonder- und Spezialimmobilien wesentlich diffiziler.

Um einen größeren Interessentenkreis ansprechen zu können oder um den wirtschaftlichen Nutzen zu erhöhen, wird häufig versucht, die nicht oder nicht wirklich vorhandene Drittverwendungsfähigkeit einer Sonder-/Spezialimmobilie zu durchbrechen. Meist ist dies mit exorbitanten Kosten verbunden, die in keinem angemessenen Verhältnis zum erwarteten Nutzungsgewinn stehen. Dies gilt selbst für die Fälle, in denen eine solche Option bereits in den ursprünglichen Planungen vorgesehen wird. (Vgl. ausführlich Teil 3: Beurteilung und Entwicklung der Immobilienbestände, Kapitel IV Grundlagen der Bewertung von Spezial und Sonderimmobilien und Kapitel VI.b Investitionsrechnung: Vorteilhaftigkeit und Risiko kalkulieren).

Die Gründe für die zunehmende Bedeutung kirchlicher Immobilien und des Typusses „Sakralimmobilien" sind vielfältig. In Deutschland erfordern – so sehr man dies als Christ bedauern mag – speziell die Finanzsituation der Kirchen, die hohen Erhaltungsaufwendungen und Betriebskosten dieser in der Vergangenheit alles andere als unter Facility Management-Gesichtspunkten erstellten Objekte und eine schwindende Zahl von Gläubigen Folgenutzungskonzepte und Marketing-Strategien, die dem Charakter der Objekte gerecht werden.

Teilweise führten im Ausland auch Kirchenzusammenschlüsse, ähnlich wie bei großen Unternehmenszusammenschlüssen,[2] bei denen plötzlich wegen „Doppelbelegung" ganze Filialnetze überflüssig werden, zu Verkäufen. Während im Ausland, etwa in den USA, Kirchengebäude häufig an andere Kirchengemeinden übergehen, wird dies in Europa weniger der Fall sein. In Australien, wo teilweise zehn bis fünfzehn verschiedene Glaubensgemeinschaften in einer Stadt beheimatet sind, führen nicht selten Bevölkerungsverschiebungen etwa das Zuziehen griechisch-stämmiger und gleichzeitig der Wegzug englischstämmiger Australier dazu, dass die Kirchengebäude der einen überflüssig werden, während andere Kirchengemeinden entsprechende Objekte brauchen. Insofern wechselt die Kirche lediglich den religiösen Eigentümer hier etwa von der anglikanischen zur griechisch-orthodoxen Kirche; die Immobilie bleibt aber, was sie ist: nämlich eine Sakralimmobilie. Derartige Effekte wird es in Europa weniger geben, speziell in Deutschland. Die Zahl der Glaubensgemeinschaften ist überschaubarer und in den meisten Regionen bei weitem nicht so diversifiziert.

Abb. 1: „A rare slice of heaven", „Ein seltenes Stückchen Himmel" – eine Immobilienanzeige aus Neuseeland

2 Klassifizierung der kirchlichen Immobilien und Immobilienmarketing

Die Gruppe des Fiskalvermögens ist unter Vermarktungsgesichtspunkten weitestgehend unproblematisch. Dies trifft mit deutlichen Abstrichen auch für die zweite Gruppe – etwa den Verkauf eines Gemeindesaales – zu. Anders ist dies bei der Gruppe der Sakralbauten. Der Verkauf des eigentlichen Kirchengebäudes ist hochgradig problematisch. Die Fungibilität[3] ist hier stark eingeschränkt. Die Verkaufsabsicht bei derartigen Objekten resultiert vielfach auch nicht aus dem Wunsch, hohe Verkaufserlöse zu erzielen, sondern aus der Belastung durch hohe laufende Kosten oder durch rückläufige Kirchengemeindegrößen.

Eine Reihe weiterer Probleme erschweren bei Sakralbauten die Vermarktung deutlich:

- Vielfach gibt es konfligierende Interessen zwischen den Kirchengemeinden, übergeordneten Kirchengremien bis hin zu den jeweiligen Leitungen der Landeskirchen und Bistümer.
- Damit verbunden sind auch relativ lange Entscheidungsprozesse.
- Teilweise sind die Eigentumsverhältnisse auch nicht so klar, wie man im ersten Zugriff meinen würde.
- Es wird, wie bei kirchlichen Immobilien üblich, aus Substanzerhaltungserwägungen kein klassischer Verkauf, sondern eine Erbpacht, etwa auf 99 Jahre, angeboten. Erbpachtobjekte lassen sich aber deutlich schlechter vermarkten.
- Der Verkauf an andere Religionsgemeinschaften oder religiöse Gruppierungen ist teilweise sehr problematisch.

Wenn ein kirchlicher Eigentümer ein Kirchengebäude veräußern möchte, ist es besonders wichtig, sich im Vorfeld der Vermarktung intensiv mit möglichen, sozial verträglichen und wirtschaftlich sinnvollen Umnutzungen auseinanderzusetzen, die mit der Vornutzung und der vielfach historischen Bausubstanz angemessen umgehen. Beispiele aus den USA oder Australien lassen sich auf die Situation in Deutschland nicht übertragen. In den USA gibt es z.B. Umnutzungskonzepte, bei denen frühere Kirchenobjekte etwa in Hotels, Kaufhäuser, Fitnessstudios,[4] ja sogar Diskotheken, umgewandelt wurden. Im australischen Sydney wurde eine für australische Verhältnisse altehrwürdige Kirche in ein Appartementhaus umgewandelt.

Es gibt bei der Umnutzung bzw. Veräußerung derartiger Objekte zumeist zwei völlig gegenläufige Interessen. Einerseits eine der religiö-

Typ	Charakteristika	Restriktionen im Bereich Immobilienmarketing
Fiskalvermögen Beispiele: • Wohnungen, • Büros, • Läden, • Wohn- und Gewerbegrundstücke	Immobilien, die den kirchlichen Auftrag (mit) finanzieren. Objekte, die aus welchem Grunde auch immer in Kirchenbesitz sind (z.B. aufgrund von Erbschaften), aus historischen Gründen aber keinem eigentlichen religiösen Zweck dienen und vielfach eine soziale Funktion haben oder als Assets bzw. eine Art Kapitalanlage zu werten sind. Diese Immobilien generieren vielfach Einnahmen für die Kirchenorganisation. Werden speziell in innerstädtischen Lagen aus Gründen der Substanzerhaltung, nicht selten lediglich auf Erbpacht-Basis angeboten	sehr gering Kritisch wären z.B.: • Vermietung an Glücksspielunternehmen, Jugendsekten, Rotlichtbetriebe, u.U. Kneipen • übermäßige Mieterhöhungen • Erzielung von Spitzen-(Wucher)mieten, • unökologische Verhaltensweisen • unsensible Projektentwicklungen
Mittelbar zur Auftragserfüllung dienende Immobilien Beispiele: • Pfarr- und Gemeindesäle • Pfarrhäuser • Kindergärten /-tagesstätten • Studienzentren, Kirchenakademien und Bildungszentren • Kirchliche Wohnheime • Kirchliche Bibliotheken • Kirchliche Senioreneinrichtungen	Objekte, die den kirchlichen Auftrag unterstützen.	hoch besondere Problemstellungen: • deutlich höhere Medienbeachtung als bei dem Fiskalvermögen • ein Teil der Objekte ist besonders schwer zu vermarkten, da Betreiberimmobilie.
Sakralimmobilien Beispiele: • Kirchen • Kapellen • Klöster • Friedhöfe	Objekte, die für die kirchlichen Auftragserfüllung und Zielerreichung notwendig sind.	sehr hoch besondere Problemstellungen: • stark eingeschränkte Fungibilität • eine möglichst der religiösen Vorgeschichte und Historie des Objektes gerechte, weitestgehend pietätvolle Folgenutzung • Mitglieder der Kirchengemeinde, Anwohner und lokale Medien sind besonders sensibel. • Gebäude sind vielfach denkmalgeschützt; bauliche Veränderungen, verbunden mit Erdarbeiten, führen bei alten Gotteshäusern fast unweigerlich zu Problemen durch historische Funde im Erdreich.

Abb. 2: Klassifizierung und Restriktionen des Immobilienmarketing

Abb. 3: Umnutzung einer Sakralimmobilie in ein Appartementhaus und Einzelhandel in der australischen Metropole Sydney

sen Vorgeschichte und Historie des Objektes gerechte möglichst pietätvolle Folgenutzung und andererseits eine auf einer sehr weitgehenden Umnutzung basierenden möglichst hohen Rendite. Ein Mittelweg kann die teilweise Mehrfachnutzung der Gotteshäuser zum Beispiel durch Einbauten in den Kirchenraum sein (erweiterte Nutzung).[5]

Hierbei muss natürlich gesehen werden, dass eine weiterhin gewünschte religiöse Nutzung des Objektes der Umnutzung bzw. Vermarktung noch engere Grenzen setzt. Ein besonderes ökonomisches Potenzial erschließt sich für Kaufinteressenten erst dann, „wenn vollständig von der sakralen Nutzung Abstand genommen wird".[6] Das Wohnraumkonzept in der ehemaligen Friedenskirche in Mönchengladbach, die Stadtbibliothek in Bad Windsheim oder die Sparkasse in der Dorfkirche im brandenburgischen Milow sind hierfür Einzelbeispiele.

Welche Friktionen ein derartiger Kernverkauf auslösen kann, zeigt das Beispiel der Frankfurter Matthäuskirche, bei der über lange Jahre seitens des evangelischen Regionalverbandes versucht wurde, die in

Abb. 4: Eine zu einer Bibliothek umgenutzte ehemalige Kirche im kalifornischen Monterrey

bester Lage nahe der Friedrich-Ebert-Anlage gelegene Kirche zu verkaufen. Dies löste heftige Proteste der zwar deutlich geschwundenen, aber beim Kampf um die Erhaltung ihrer Kirche äußerst regen Kirchengemeinde aus. Und so prangte an der Kirche über Monate – statt eines Immobilienverkaufsschildes – ein ähnlich markantes Schild mit dem Titel „Matthäuskirche Verkauf und Abriss nein!" Insofern ist bei einer Vermarktung gerade bei Sakralimmobilien ein intensives Marketing nach innen, d.h. in Richtung der eigenen Kirchengemeinde und der kirchlichen Mitarbeiter, und nach außen in Richtung aller Bürger notwendig, damit eine Vermarktung nicht an deren Widerstand scheitert und ein Verkauf nicht zum PR-Desaster für die Kirche wird.

Die Gründe für den angestrebten Verkauf waren einerseits die geringe Gemeindezahl und zum anderen der angestrebte Verkaufswert von 30 Mio. €. Trotz des Versprechens, diese Einnahmen für die Erhaltung der übrigen Frankfurter Kirchen zu verwenden, wurde seitens der Kirchengemeinde heftig gekämpft und so drohte man – fast schon wie im Bereich der Atomwirtschaft bei Kastor-Transporten –, sich an das umkämpfte Kirchengebäude zu ketten. Im Brennpunkt der Diskussion stand auch die Intensität der zulässigen Nutzung; „im Hochhausent-

Abb. 5: Die Kirchengemeinde der Frankfurter Matthäuskirche protestiert gegen den Verkauf ihre Kirche – ein Beispiel, wie sensibel derartige Transaktionen im Falle des Sonderimmobilien-Typus „Sakralimmobilie" sind.

wicklungsplan der Stadt Frankfurt wurde die Fläche, um keinen zusätzlichen politischen Sprengstoff in die Diskussion zu bringen, seinerzeit ausgelassen. Im Augenblick erlaubt (schrieb die Immobilienzeitung damals) der Bebauungsplan lediglich ein sechsgeschossiges Bürohaus, (der Projektentwickler des evangelischen Regionalverbandes) Pfaff und der Regionalverband wollen 80 m herausholen."[7]

Der Immobilieneigentümer ist aufgefordert, sich mit dieser Problemstellung vertraut zu machen. Gefragt ist hier die Fantasie von Vertriebsspezialisten und Projektentwicklern, passende Nutzungskonzepte zu entwickeln und – da derartige Transaktionen für Kirchen im Hinblick auf ihre Öffentlichkeitswirkung nicht gerade unproblematisch sind – derartige Transaktionen professionell abzuwickeln. Nicht immer wird dies diskret und ohne Aufsehen möglich sein, sodass von Anfang an eine offene, transparente und effiziente Kommunikationsstrategie zwischen den Beteiligten zu erarbeiten und zu vereinbaren ist.

3 Marketing nach innen und Öffentlichkeitsarbeit

Bei kirchlichen Immobilien ist besonders bei Sakralgebäuden ein intensives Marketing nach innen, d.h. in Richtung der eigenen Kirchengemeinde bzw. den Gläubigen notwendig, damit eine Vermarktung nicht an deren Widerstand scheitert. Dies bedeutet eine frühzeitige Information der Kirchengemeinden und deren Mitglieder über den geplanten Verkauf und mögliche Umnutzungskonzepte.

Zudem sollte die Presse wie auch das kommunalpolitische Umfeld frühzeitig und umfassend Informationen über das geplante Vorhaben erhalten. Eine intensive Zusammenarbeit mit den Vertretern der Öffentlichkeit ist notwendig und verhindert, dass das Thema bereits von Anfang an eine ungewünschte, nicht kontrollierbare Dynamik erhält. Kritische Äußerungen sind aufzunehmen, Gegner des Projektes sind ernst zunehmen und in das Verfahren mit einzubeziehen. Bei schwierigen Umständen lohnt auch die Einbindung speziell geschulter Kommunikatoren oder die Anwendung mediativer Verfahren.

4 Auswahl von Immobilienunternehmen zur Vermarktung kirchlicher Immobilien

Angesichts der vielfach hohen Komplexität der Vermarktung von kirchlichen Immobilien ist es von besonderer Bedeutung, die richtigen Partner mit der Vermarktung zu beauftragen. In der Regel haben kirchliche Eigentümer mit der Vermarktung von Immobilien keine Erfahrung. Der oder die beauftragten Dienstleister sind den verkaufsbereiten kirchlichen Immobilieneigentümern bisher nicht bekannt. Die Qualität der Leistung ist für diese nur schwierig einzuschätzen.

Einige Qualitätsindikatoren helfen, die Unsicherheit weitestgehend abzubauen:
- Empfehlungen und Referenzen früherer Kunden;
- Fachliche und räumliche Spezialisierung entsprechen der gestellten Aufgabe;
- Erfahrungen und Kenntnisse im kirchlichen Umfeld;
- Berufsausbildung des Inhabers/zuständigen Mitarbeiters ist für die Aufgabe angemessen;
- Referenzobjekte bzw. -projekte;
- Professionalität des Marketingauftritts (Anzeigen, Exposés, Schilder ...);
- Internet-Auftritt;
- Firmensitz;
- Qualitätssicherungsinstrumente und ausreichende Bonität.

5 Das Marketing-Mix bei der Immobilienvermarktung

Nachfolgend sollen die vier Bereiche des Marketing-Mix[8] bei der Immobilienvermarktung umrissen werden. Sie umfassen:

5.1 Produktpolitik

Hier können und sollten externe Dienstleister die kirchlichen Gremien und Entscheidungsträger beraten, wie eine kirchliche Immobilie „verkaufsreif" gemacht werden sollte (Objektberatungspolitik). Speziell bei komplexen Immobilien, wie sie bei Sakralbauten im engeren Sinn aber auch bei sonstigen kirchlichen Sonderimmobilien vielfach vorliegen, sind Verwertungskonzepte zu erstellen und vorzuschlagen. Es können Listen von Verwertungsaspekten zusammengestellt werden und die Lösung favorisiert werden, die die besten Vermarktungschancen bietet. Am Ende entscheidet der Immobilieneigentümer, das heißt der kirchliche Rechtsträger, unter Berücksichtigung innerkirchlicher Verfahrens- und Genehmigungsvorbehalte.

Für den Immobiliennachfrager (Käufer oder Mieter) wird der Dienstleister andererseits bei Bedarf auch Nutzungskonzepte erarbeiten.

5.2 Preispolitik

Das zweite Instrument, das zur Verfügung steht, um die Marketingziele zu erreichen, ist die Preisgestaltung (Preispolitik). Da auch hier Objektanbieter – in diesem Fall die Kirchengremien – und -nachfrager über die Konditionen entscheiden, reduziert sich dieses Instrument auf die Einflussnahme auf die Preisvorstellungen der beiden Marktparteien. Dies setzt Beratungsstrategie und -kompetenz des Dienstleisters voraus. Der Dienstleister muss in der Lage sein, durch überzeugende Hinweise zu den wertrelevanten Faktoren des Objektes seinen Einfluss dahin gehend geltend zu machen, dass die Bedingungen, zu denen das Objekt angeboten werden soll, marktrealistisch sind. Die Preispolitik des Dienstleisters, stellvertretend für den Auftraggeber, setzt also Bewertungssicherheit voraus. Die Preispolitik ist quasi eine Objektpreisberatungspolitik.

5.3 Absatzwege-Politik (Vertriebspolitik)

Der Kunde, d.h. der kirchliche Eigentümer, schaltet den Dienstleister (Makler) – abgesehen von den seltenen Fällen, bei denen es nur darum geht Beratungsleistungen über die Objektgestaltung von ihm abzurufen – ein, wenn er ein Objekt auf dem Markt anbieten oder nachfragen will. Der Dienstleister verfügt über eine breite Marktübersicht und kann eine qualifizierte Vertriebs- sowie Kommunikationspolitik anbieten. Die

Typ	Schwergewicht der Marketingmaßnahmen	Spezielle Herausforderungen an das Marketing
Fiskalvermögen	Klassische Marketingmaßnahmen z.B. Anzeigen, Internetportale, Verkaufsschilder	• Bei Wohnungsverkauf bzw. Aufteilung • Besonders frühzeitige und intensive Kommunikation mit den Mietern
Mittelbar zur Auftragserfüllung dienende Immobilien	Beziehungsmarketing und teilweise klassische Marketing-Maßnahmen	• intensive Kommunikation mit den Kirchengemeinden • ggf. Information der Presse
Sakralimmobilien	Beziehungsmarketing und fallweise klassische Marketing-Maßnahmen	• Besonders intensive Zusammenarbeit mit Auftraggeber (Kirche) notwendig, um sozialverträgliche und wirtschaftlich sinnvollen Umnutzungskonzepte zu entwickeln, die mit der Vornutzung und der vielfach historischen Bausubstanz angemessen umgehen • intensive Kommunikation mit den Kirchengemeinden • frühzeitige und umfassende Information der Presse und auch des kommunalpolitischen Umfeldes • Vorbereitungsmaßnahmen für eine Krisen-PR, soweit es zu heftigen Protesten und zur Eskalation kommt.

Abb. 6: Übersicht über das Marketing-Mix von Immobilienunternehmen

Politik der Absatzwege hat einen hohen Stellenwert innerhalb des Instrumentariums des Marketing-Mix. In enger Absprache zwischen kirchlichem Auftraggeber und eingeschaltetem Dienstleister wird festgelegt, auf welchem Markt (regional oder überregional) das Objekt anzubieten, wie die Zielgruppe zu definieren und anzusprechen ist. Der Dienstleister prüft daraufhin, welcher Zugangsweg zu dieser Zielgruppe zu beschreiten ist (Möglichkeiten und Methoden der Kontaktanbahnung und -pflege).

Die Marketingleistung im Rahmen der Absatzwegepolitik ist vor allem der Fragenbereich der Vertriebsorganisation, konkret die Organisation des Außendienstes (angestellte Außendienstmitarbeiter, freie Mitarbeiter, Wege über das Gemeinschaftsgeschäft, Geschäft über einen Maklerverbund usw.).

5.4 Kommunikationspolitik

Zu den klassischen Instrumenten der Kommunikationspolitik zählen Werbung und Öffentlichkeitsarbeit. Objektwerbung ist Werbung für das Objekt, zur Erzielung des beabsichtigten Verkaufs- oder Vermietungserfolges. Bezogen auf den Auftraggeber steht die Festlegung eines Objektwerbeplanes im Vordergrund. Dabei sind sorgfältig die Werbeträger auszuwählen, der Inhalt der Werbeaussage zielgruppengerecht festzulegen und ein bestimmter Werbeetat einzuräumen.

Ergänzt wird die werbebetonte Kommunikationspolitik durch Maßnahmen der Öffentlichkeitsarbeit („Public Relations"). Öffentlichkeitsarbeit ist Werbung um öffentliches Vertrauen. Darüber hinaus ist die Kommunikation nach innen (vgl. unter Punkt 3) in die Gesamtkommunikation zu integrieren.

Der isolierte oder unkoordinierte Einsatz der oben beschriebenen Marketinginstrumente kann dazu führen, dass sich die Wirkungen beeinträchtigen oder gar gegenseitig aufheben. Deshalb ist es Aufgabe eines planvollen Marketing-Mix, die Marketinginstrumente so miteinander zu kombinieren und aufeinander abzustimmen, dass ein widerspruchsfreies Marketingkonzept entsteht.

Der Einsatz der Marketinginstrumente im Rahmen des Marketing-Mix erfordert also ein integriertes, sachlich und zeitlich aufeinander abgestimmtes Programm. Das bedeutet, dass nicht nur der Sachbezug, sondern auch der Zeitbezug hergestellt werden muss.

6 Zielgruppenabgrenzung

Ein zentraler Faktor für ein erfolgreiches Immobilienmarketing ist die Fähigkeit, sich bei den Marketing-Aktivitäten an den richtigen Zielgruppen auszurichten. Dennoch wird diese zielgruppenorientierte Werbearbeit in der Praxis – dies gilt speziell für Angebotsanzeigen – häufig missachtet. Vor allem zwei Phänomene sind erkennbar:

- Es wird geworben „koste es was es wolle"; an Zielgruppen wird dabei nur am Rande gedacht;
- es werden eine zu große Zielgruppe (z.B. die gesamte erwachsene Bevölkerung eines Großraums) oder teilweise mehrere gleichzeitig gewählt.

Die Wahl einer zu großen Zielgruppe erschwert die Werbearbeit. Je eingegrenzter die Zielgruppe ist, um so intensiver kann sie bearbeitet

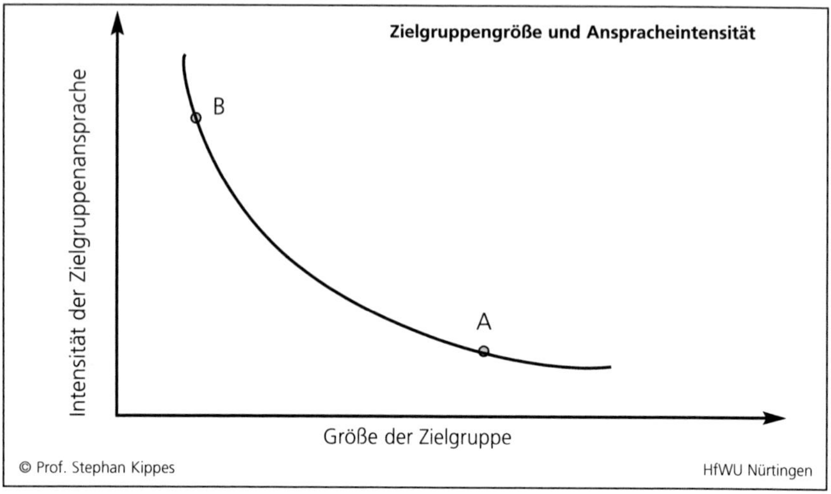

Abb. 7: Zusammenhang zwischen Größe der Zielgruppe und Anspracheintensität

werden; es sollen nicht möglichst viele Personen, sondern möglichst viele Zielpersonen angesprochen werden. Grundsätzliche Weichenstellungen der Zielgruppenabgrenzung können insbesondere sektoral (Gewerbe-, Wohn-, Kauf-, Mietobjekte), regional, personenspezifisch (junge Familien, Senioren, Singles etc.) oder nach der Kaufkraft getroffen werden.

Mit der Zielgruppenverdichtung sollen potenzielle Kunden herausselektiert werden, die auch wirklich nachhaltig interessiert oder hoch motiviert (hohe Antriebsstärke) sind, statt einer Vielzahl gering interessierter Personen (in der Abbildung Punkt A), die der Immobilienvermarktung nur unnötig Zeit und Geld in Form von Exposés und Besichtigungsterminen kosten. Gefragt ist also Qualität (Punkt B) hinsichtlich der Zielgruppe und nicht Quantität. Diese Grundsätze gelten umsomehr für Sonderimmobilien, für die nur ein begrenzter Nutzerkreis in Frage kommt.

❑ Raster zur Zielgruppenbestimmung/-abgrenzung

Als Raster zur Zielgruppenbestimmung-/abgrenzung bieten sich z.B. die folgenden Fragen an:[9]

Allgemein:

- Könnte der Erwerb der Immobilie direkten Nachbarn spezifische Vorteile bieten?
- Wie ist das Stellplatzangebot?
- Über welche Kaufkraft müssen potenzielle Interessenten verfügen?

- Legt die Infrastruktur (Schulen, Kindergärten, Schwimmbäder, Sportanlagen, etc.) eine bestimmte Zielgruppe oder spezifische Nutzung nahe?
- Wovon müssten Interessenten besonders überzeugt sein?
- An welchen Verkehrsverbindungen (ÖPNV, Auto, fußläufige Erreichbarkeit, etc.) ist Interessenten gelegen?
- Zu welcher Zielgruppe gehören die Nachbarn?
- Gibt es eine Clusterung von bestimmten Branchen (z.B. Neue Medien, Verbände, Anwälte/Steuerberater/Wirtschaftsprüfer) und Nutzungsformen im Umfeld der Immobilie?
- Gibt es Unternehmen im Umfeld der Immobilie, die durch die Immobilie Synergien nutzen können?

❑ **Bei einer Wohnnutzung:**

- Wie ist der „Life-Style" von Interessenten?
- Wo müssten Interessenten arbeiten, damit sie die Immobilie besonders anspricht?
- Wie ist der Familienstand der Interessenten?
- Ist das Objekt für Kinder geeignet?
- Ist es behindertengerecht?
- Für welche Angehörige bestimmter Berufe ist das Objekt geeignet/prädestiniert? (Kundennutzen)
- Wie alt/jung sollte der Interessent sein?
- Welche Freizeitaktivitäten entfaltet der Interessent?
- Welche Freizeitmöglichkeiten existieren im Umfeld des Objektes?

Anmerkungen

1 Michel, L., Strategien für ein langfristig ertragreiches Investment in Spezialimmobilien – Praxisbeispiele Hotel, hotelähnliche Immobilien und Senioenimmobilien, in: Zeitschrift für Immobilienökonomie 2/2003, S. 41.

2 In Australien wurden etwa Presbyterianer und Methodisten zur Uniting-Church vereint. Dies hatte dann hinsichtlich der benötigten Kirchen Standortbereinigungen zur Folge – wenn man in diesem Zusammenhang weltliche Termini verwenden darf. Teilweise gab es auch Bevölkerungsverschiebung von den Stadtkernen hin ins Umland. In den zunehmend von Läden aber vor allem Büros bei gleichzeitig schwindender Wohnbevölkerung dominierten Innenstädten gibt es dann zu viele Gotteshäuser.

3 Vgl. hierzu Kippes, S., Sonder- und Spezialimmobilien, 2004.

4 Vgl. GIM, Marktreport, 2002, S. 68.

5 Vgl. GIM, Marktreport, 2002, S. 68.

6 Vgl. GIM, Marktreport, 2002, S. 69.
7 Vgl. o.V., Kirchenverkauf, 2003, S. 53.
8 Vgl. Kippes, S. (Professionelles Immobilienmarketing 2001).
9 Vgl. Kippes, S. (Professionelles Immobilienmarketing 2001).

Literaturverzeichnis

Bienert, S. (Hrsg. 2005), Bewertung von Spezialimmobilien, Frankfurt a.M. 2005

Bogenstätter, U. et al. (2007), Ergebnisbericht kirchliches Immobilienmanagement KIM, im Auftrag des Evangelischen Siedlungswerkes, Nürnberg 2007

Gablenz, K. (2005), Bewertung von Kirchen und kirchlichen Zwecken dienenden Flächen, in: Bienert, S. (Hrsg. 2005)

GIM (Marktreport 2002), Neue Perspektiven – Marktreport 2002, S. 68

Heuer, B., Schiller, A. (Spezialimmobilien 1998), Spezialimmobilien – Flughäfen, Freizeitimmobilien, Hotels, Industriedenkmäler, Rehakliniken, Seniorenimmobilien, Tank- und Ratsanlagen/Autohöfe, Köln 1998

Kippes, S. (Lebenszyklen 1998), Lebenszyklen bei Sonder- und Spezialimmobilien werden immer kürzer ..., in: wohnen, Zeitschrift für Wohnungswirtschaft des VdW 3/98, S. 131–132

Kippes, S. (Professionelles Immobilienmarketing 2001), Professionelles Immobilienmarketing – Marketing-Handbuch für Makler, Bauträger/Projektentwickler und Immobilienverwalter, München 2001, Kapitel Sonder- und Spezialimmobilien

Kippes, S. (Sonder- und Spezialimmobilien 2004), Kapitel Sonder- und Spezialimmobilien, in: Sailer, E., Kippes, S. (Hrsg. 2004)

Michel, L. (Investment in Spezialimmobilien 2003), Strategien für ein langfristig ertragreiches Investment in Spezialimmobilien – Praxisbeispiele Hotel, hotelähnliche Immobilien und Seniorenimmobilien, in: Zeitschrift für Immobilien-Ökonomie 2/2003, S. 41

o.V. (Kirche und Immobilien 2004), Kirche und Immobilien – Wohnen mit Atmosphäre, in: Immobilien, Wirtschaft und Recht (IWR) 4/2004, S. 15

o.V. (Kirchenverkauf 2003), Das Kreuz mit dem Kirchenverkauf, in: Immobilienzeitung 20/2003, S. 53

o.V. (Säkularisierung 2004), Säkularisierung – die Kirche entdeckt den Markt, in: Immobilien, Wirtschaft und Recht (IWR) 4/2004, S. 10 ff.

Werning, A. (Fungibilität und Bonität 2003), Fungibilität und Bonität ein spannendes Verhältnis, in: Der Langfristige Kredit 15/2003, S. 512–513

3/VI
Investitionen

a) Finanzierung kirchlicher Immobilien – langfristige Perspektive

Erich Rapp, Kirchenoberverwaltungsrat

Wie viel Geld muss ein kirchlicher Träger für die Instandhaltung seiner Gebäude zurücklegen? Angesichts knapper werdender Kirchenkassen stellt sich diese Frage immer stärker. Die Antwort ist für Landeskirchen und Kirchengemeinden unterschiedlich zu beantworten.

1 Kirchliches Vermögen

Das kirchliche Vermögen dient der kirchlichen Aufgabenerfüllung.

Damit es diese Funktion erfüllen kann, ist das kirchliche Vermögen in seinem Bestand und Wert grundsätzlich zu erhalten.

1.1 Die Gebäude

Die etwa 16 000 evangelischen Kirchengemeinden verfügen zur Erfüllung der kirchlichen Aufgaben mit rund 75 000 Gebäuden über einen umfangreichen historisch gewachsenen Immobilienbestand. Dieser heterogene Gebäudebestand mit den vielen denkmalgeschützten Gebäuden bereitet den Gemeinden bei den zurückgehenden Finanzmitteln zunehmende Schwierigkeiten.

1.2 Finanzielle Ausgangssituation

Haushaltsanalysen haben deutlich gemacht, dass der Gebäudebestand einen Großteil der kirchengemeindlichen finanziellen Ressourcen bindet. Die Gebäudelasten betrugen im Jahr 2000 im Bereich der EKD insgesamt etwa eine Milliarde Euro. Die Instandhaltungskosten stellen mit rund 25 bis 30 Prozent der Gebäudebetriebskosten den größten Kostenfaktor dar und spielen damit eine wichtige Rolle hinsichtlich der Optimierung des Immobilienmanagements. Die Praxis zeigt, dass Mittelkürzungen bei knapper Haushaltslage bevorzugt bei der Instandhaltung der Gebäude durchgeführt werden und damit ein größerer wirtschaftlicher Schaden in Kauf genommen wird. Vielfach kann eine fristgerechte Instandhaltung nicht oder nur teilweise durchgeführt werden, weil zum entscheidenden Zeitpunkt die hierzu notwendigen Rücklagen fehlen.

Für die Entscheidungsgremien ist es wichtig, dass die tatsächlichen Gebäudekosten transparent abgebildet werden. Hierzu ist es notwendig, dass die Gebäudekosten vollständig erfasst werden. Dazu gehören nicht nur die laufenden Ausgaben, sondern es muss im laufenden Haushalt der Wertverzehr der Gebäude (Ressourcenverbrauch) erwirtschaftet werden und die Mittel zur erforderlichen Instandhaltung müssen zum rechten Zeitpunkt (Liquiditätsplanung) bereit stehen. Schon bei der Planung und Erstellung eines neuen Gebäudes ist der nachfolgenden Instandhaltung und den dadurch entstehenden Kosten mehr

Aufmerksamkeit zu schenken, da die Gebäudebetriebskosten während der Lebensdauer einer Immobilie deren Herstellungskosten um ein Mehrfaches übersteigen.

1.3 Überlegungen zum zukünftigen Gebäudebestand

Die Kirchengemeinden sind gefordert, ihren Gebäudebestand dem jetzigen und künftigen Bedarf unter Beachtung der Mitglieder- und Finanzentwicklung anzupassen. Die Kirchen sehen auch Handlungsbedarf bei der Rücklagenbildung zum Substanzerhalt ihrer Immobilien. Hierzu haben sie bereits wichtige Schritte eingeleitet, um den verbleibenden Gebäudebestand langfristig und nachhaltig zu bewirtschaften. Die Entwicklung und der Einsatz von Immobilienmanagementsystemen stehen derzeit auf der Agenda aller Landeskirchen.

1.4 Erfordernis der Rücklagenbildung

Um dem Werteverlust der Gebäude durch Werteverzehr und Instandhaltungsrückstau vorzubeugen, müssen finanzielle Mittel zum richtigen Zeitpunkt bereitgestellt werden.

Auch muss der mit der Nutzung einhergehende Ressourcenverbrauch fortlaufend erwirtschaftet werden. Dies bedeutet für die Haushaltswirtschaft:

- Bewirtschaftung des Vermögens im Einklang mit dem kirchlichen Auftrag;
- Vollständige Erfassung und Bewertung des Vermögens und der Schulden;
- Erwirtschaftung des Ressourcenverbrauchs durch Zuführung der Abschreibung an die Substanzerhaltungsrücklage;
- nicht erwirtschaftete Abschreibungen sind als Sonderposten zu passivieren und führen zu „Ansprüchen an die künftige Hauswirtschaft“.

2 Ressourcenverbrauchskonzept – neues kirchliches Finanzmanagement

Ziel des neuen kirchlichen Finanzmanagements ist es, den Ressourcenverbrauch einer Haushaltsperiode, sowohl mit Hilfe des erweiterten kameralen Haushalts- und Rechnungswesen bzw. alternativ auch mit einer doppelten Buchführung abzubilden. Während beim bisherigen Geldbewirtschaftungskonzept nur die geplanten und getätigten Einnahmen und Ausgaben einer Haushaltsperiode dargestellt werden, soll bei dem Ressourcenverbrauchskonzept durch die Vermögensübersicht/ Bilanz deutlich werden, ob ein Substanzerhalt durch die Mittelbewirtschaftung erreicht werden kann oder ob auf Kosten zukünftiger Haushalte gewirtschaftet wird.

Die Beantwortung der Frage „Kann die Gebäudesubstanz tatsächlich erhalten werden oder lebt die Gemeinde von der Substanz?“ soll den Entscheidungsgremien rechtzeitig einen Handlungsbedarf anzeigen. Kernpunkt der Realisierung des Ressourcenverbrauchskonzeptes ist also künftig die vollständige und periodengerechte Erfassung und Bewertung des kirchlichen Vermögens. Auf dieser Grundlage sollen Kirchen künftig genauso Abschreibungen zur Finanzierung der Bauunterhaltung berücksichtigen, wie es z.B. in der Wirtschaft aus gutem Grunde selbstverständlich ist.

2.1 Regelung in der Evangelischen Landeskirche in Baden

Die badische Landeskirche hat mit der Einführung der Substanzerhaltungsrücklage als Pflichtrücklage bereits zum 1.1.2000 richtungsweisend das Ressourcenverbrauchskonzept eingeführt.

Hierzu wurden folgende Bestimmungen und Regelungen geschaffen:

- Das Vermögen ist in seinem Bestand und Wert zu erhalten, soweit es mit seinem Ertrag oder seiner Nutzung und Erfüllung kirchlicher Aufgaben dient.
- Die Wertbeständigkeit soll bei Gegenständen des Anlagevermögens durch die Bildung von Substanzerhaltungsrücklagen in Höhe der Abschreibung gewährleistet werden.
- Um am Ende der Nutzungsdauer das Anlagegut wieder erneuern oder ersetzen zu können, soll das dafür notwendige Finanzvermögen als Substanzerhaltungsrücklage angespart werden.
- Für die Höhe der zu bildenden Substanzerhaltungsrücklage ist der Vermögenswert (Gebäudewert) zu ermitteln.
- Für Gebäude, die bereits im Bestand sind, errechnet sich der Gebäudewert nach der Formel:

$$\frac{\text{Gebäudebrandversicherungswert x Baukostenindex x 0,8}}{\text{Nutzungsjahre}}$$

- Die jährliche Rücklagenzuführung kann für den jeweiligen Vermögensgegenstand um den Betrag vermindert werden, der im laufenden Jahr für die Substanzerhaltung dessen aufgewendet wird.
- Für Gebäude, die neu errichtet werden, sind die Anschaffungs- bzw. Erstellungskosten als Gebäudewert zu Grunde zu legen.
- Der Verkehrswert für technische Anlagen kann nach Pauschalsätzen zu Grunde gelegt werden.
- Kann in begründeten Einzelfällen durch die zu erbringenden Substanzerhaltungsrücklagen der Haushaltsausgleich nicht erreicht werden, sind für dienstlich genutzte Gebäude (Kirchen, Gemeinde- und Pfarrhäuser etc.) in Höhe des nicht finanzierbaren Anteils Forderungen an die künftige Haushaltswirtschaft in der Vermögensrechnung auszuweisen.

2.2 Erfahrungen aus Praxis und Anwendung

Schnell hat es sich gezeigt, dass es nicht ausreicht, nur haushaltstechnisch eine Substanzerhaltungsrücklage nach der linearen Abschreibungsmethode zu bilden, die dann nicht der Realität der tatsächlich erforderlichen Instandhaltung entspricht. Planung der Instandhaltung heißt auch das Wissen, in welcher Höhe die voraussichtlich erforderlichen Finanzmittel zu welchem Zeitpunkt bereitgestellt werden müssen. Dabei ist die Frage der richtigen Berechnungsmethode (Budgetierungsverfahren) ebenso entscheidend wie die angewandte Instandhaltungsstrategie und genauso auch die Frage, ob die Kirchengemeinde letztlich überhaupt in der Lage ist, diese Rücklage tatsächlich zu erwirtschaften.

Nach Einführung der Substanzerhaltungsrücklage sind bei der badischen Landeskirche nachfolgende Fragenkomplexe immer noch offen bzw. werden derzeit neu überdacht:

1. Können Kirchengemeinden die errechnete Substanzerhaltungsrücklage tatsächlich voll aus eigener Finanzkraft erwirtschaften?
2. Welche Instandhaltungsstrategie ist anzuwenden?
3. Was ist die richtige Berechnungsmethode (Budgetierungsverfahren)

Zu 1: Können Kirchengemeinden die errechnete Substanzerhaltungsrücklage tatsächlich voll aus eigener Finanzkraft erwirtschaften?

❑ Rücklagenbildung SOLL/IST-Vergleich aus dem Rechnungsjahr 2007

Erforderliche Substanzerhaltungsrücklagen aller Kirchengemeinden in Baden:		
zu bilden sind jährlich	=	7,1 Mio. €
gebildet werden konnten	=	5,3 Mio. €
Forderungen an künftige Haushalte	=	1,8 Mio.

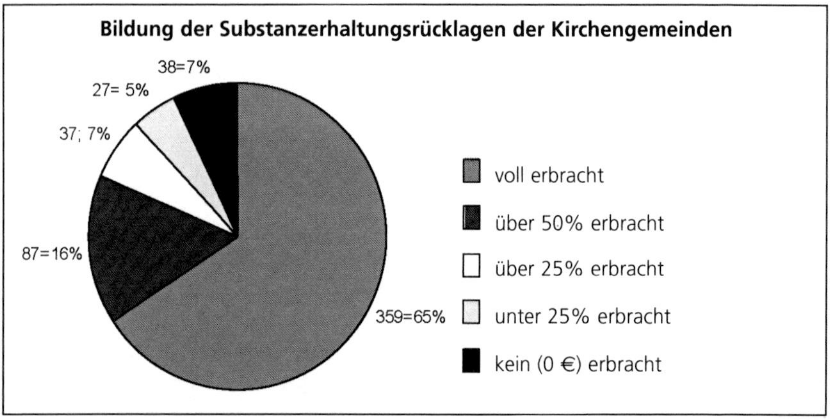

Abb. 1: Bildung der Substanzerhaltungsrücklagen der Kirchengemeinden

❑ Rückstellungen (Forderungen) an künftige Haushalte
Seit dem Haushaltsjahr 2000 wurden von den Kirchengemeinden für nicht erbrachte Substanzerhaltungsrücklagen Rückstellungen für Forderungen an künftige Haushalte von insgesamt 11,3 Mio. € gebildet.

❑ Umgang mit Kirchengemeinden, die keine oder nur teilweise Rücklagen bilden können
Dass sechs Jahre nach Einführung der Substanzerhaltungsrücklage nur 65 % der Kirchengemeinden die geforderte Substanzerhaltungsrücklage voll erbringen kann, ist bedenkenswert, leben doch rund 35 % der Kirchengemeinden, was die Gebäude betrifft, mit zur Zeit 11,3 Mio. € über ihre Verhältnisse. Dieser Betrag erhöht sich stetig von Jahr zu Jahr um weitere 1,8 Mio. €. Diese betroffenen Kirchengemeinden werden aufgefordert erforderliche Gebäudeoptimierungsmaßnahmen einzuleiten und ihr Immobilien-Portfolio neu zu ordnen.

Zu 2: Welche Instandhaltungsstrategie ist anzuwenden?
Zur verantwortlichen Gebäudebewirtschaftung ist eine Instandhaltungsstrategie erforderlich, um Maßnahmen der Instandhaltung auch bedarfsgerecht und zeitnah durchzuführen. Ziel einer Instandhaltungsstrategie ist die Bewahrung und Wiederherstellung des Sollzustandes eines Gebäudes und beinhaltet die vier Grundmaßnahmen der *Wartung, Inspektion, Instandsetzung* und *Verbesserung* nach der neuen DIN 31051 (06.03).

INSTANDHALTUNG			
Wartung	Inspektion	Instandsetzung	Verbesserung
Verzögerung des Abbaus des vorhandenen Abnutzungsvorrats	Feststellung und Beurteilung des Ist-Zustandes	Rückführen in den funktionsfähigen Zustand	Steigerung der Funktionssicherheit (ohne Funktionsänderung)

Abb. 2: Instandhaltung

In der heutigen Instandhaltung werden unterschiedliche Strategien genutzt. Die wichtigsten Instandhaltungsstrategien sind dabei:

- *Feuerwehrstrategie*
  Wohl am häufigsten wird auch im kirchlichen Bereich noch immer die Feuerwehrstrategie praktiziert. D.h. es wird erst dann gehandelt, wenn ein Schadensfall eingetreten oder augenscheinlich ist. Meist stehen dann aber die schnell erforderlichen Finanzmittel nicht zur Verfügung. Die Folge ist ein Instandsetzungsstau, der nur durch einen hohen finanziellen und personellen Aufwand abzubauen ist.

- *Präventivstrategie*
  Die Präventivstrategie hat die periodisch vorbeugende Instandhaltung zum Ziel, die sich jedoch durch die vorbeugenden Maßnahmen verhältnismäßig kostenintensiv gestaltet. Durch regelmäßige Überprüfung und rechtzeitiger Durchführung der erforderlichen Maßnahmen können hier größere Schäden vermieden werden.
  Die Präventivstrategie scheidet jedoch in der Praxis deshalb aus, weil die vorhandenen Baumittel meist nur für die zur Erhaltung der Bausubstanz dringenden erforderlichen Maßnahmen ausreichen.

- *Inspektionsstrategie*
  Die auf den ersten Blick optimal erscheinende Inspektionsstrategie stellt eine Mischstrategie dar und beinhaltet eine zustandsabhängige

und vorbeugende Instandhaltung. Sie setzt voraus, dass der Instandhaltungsbedarf mit vertretbarem Aufwand durch eine periodisch festgelegte Gebäudebesichtigung und -inspektion festgestellt werden kann. Bei dem flächenmäßig regional sehr verstreuten Grundbesitz einer Landeskirche ist diese Herausforderung in der Regel nicht erreichbar und zeigt die Grenzen einer zentralen kirchlichen Bauaufsicht.

Zu 3: Was ist die richtige Berechnungsmethode (Budgetierungsverfahren)
Die Frage stellt sich, ob die jährlichen Rücklagen zur Substanzerhaltung auf Basis des Gebäudewertes mit einem festgelegten prozentualen Anteil der richtige Ansatz ist. Die gewählte Berechnungsmethode entscheidet letztlich über die Höhe der zu bildenden Rücklage. Hier sollten auch die spezifisch kirchlichen Finanzströme, wie die Spendenbereitschaft der Kirchenmitglieder für die Renovierung ihrer Kirche, in die Betrachtung mit einbezogen werden. Die Spendenmotivation geht verloren, wenn die erforderlichen Instandhaltungsmittel jährlich durch die Erwirtschaftung der Substanzerhaltungsrücklage in voller Höhe vorhanden sind.

2.3 Zusammenhänge von Instandhaltungsstrategie, Höhe des erforderlichen Instandhaltungsbudgets und Liquiditätsplanung

Ungeachtet der Art der Instandhaltungsstrategie ist die Ermittlung und Festlegung der Höhe des letztlich erforderlichen Instandhaltungsbudgets nicht unbedeutend.

Die in der Literatur vorhandenen Kennwerte zur Instandhaltungsplanung von Gebäuden haben keine einheitliche Basis und müssen alle vor der Anwendung an die besonderen Rahmenbedingungen der Kirche angepasst werden. Auf die unterschiedlichen Verfahren werden wir im folgenden Abschnitt kurz eingehen.

3 Methoden zur Budgetierung von Instandhaltungsmaßnahmen

Die Fachliteratur beschreibt eine Vielzahl von Methoden zur Budgetierung der Instandhaltungsmaßnahmen, die zum Teil erheblich oder nur leicht voneinander abweichen. Generell kann man die Verfahren jedoch in vier grundlegend verschiedene Ansätze zur Ermittlung der notwendigen finanziellen Mittel aufteilen:

Art der Budgetierung:	**Beispiel:**
❑ Kennzahlen- bzw. historienbasierte Budgetierung	❑ z.B. 9,44 €/m²a (FM-Monitor)
❑ Wertorientierte Budgetierung – Basis Wiederbeschaffungswert (WBW) – Basis Herstellungskosten (HK) – Basis Friedensneubauwert	❑ Konstanter Prozentsatz – z.B. 1,0% des WBW – z.B. 1,5% der HK – ...
❑ Analytische Berechnung des Instandhaltungsbudgets	❑ z.B. AMEV, KGSt, ...
❑ Budgetierung durch individuelle Zustandsbeschreibung	❑ z.B. Gebäudebegehung *AMEV: Arbeitskreis Maschinen- und Elektrotechnik staatlicher und kommunaler Verwaltungen KGSt: Kommunale Gemeinschaftsstelle für Verwaltungsmanagement

Abb. 3: Art der Budgetierung[1]

Beim Vergleich der bestehenden Verfahren miteinander und untereinander und bei der Auswertung der einzelnen Verfahren hat sich gezeigt, dass die Ergebnisse, je nach gewähltem Verfahren erheblich voneinander abweichen. Fest steht, dass die realen Instandhaltungsaufwendungen zyklisch verlaufen und sich über die Lebensdauer des Gebäudes erheblich verändern. Entgegen dieser Erkenntnis ermitteln die kennzahlenorientierten und werteorientierten Methoden (z.B. lineare Abschreibung) einen konstanten Wert, was damit zu erheblichen Abweichungen gegenüber den Realkosten führt.

Die Erkenntnis ist, dass letztlich alle Verfahren eigentlich den Anforderungen an eine zuverlässige Etatplanung nicht gerecht werden.

3.1 Neuer Ansatz zur Budgetierung von Instandhaltungsmaßnahmen in Zusammenarbeit mit der Universität Karlsruhe (TH)

Vor diesem Hintergrund hat die Evangelische Landeskirche in Baden in Zusammenarbeit mit der Professur für Facility Management der Universität Karlsruhe (TH) die Rücklagenbildung zum Substanzerhalt ihrer Immobilien evaluiert. Seit 2003 beschäftigen sich die Forscher unter Leitung von Prof. Dr. Kunibert Lennerts intensiv mit dem Thema Gebäudeinstandhaltung. Im Rahmen des mehrjährigen Forschungsprojektes BEWIS (Optimierte Bewirtschaftungsstrategie zum Werterhalt von Bestandsimmobilien) wurden Immobilien mit typischen Gebäudehistorien und vollständiger Gebäude- bzw. Maßnahmendokumentation hinsichtlich der an ihnen durchgeführten Instandhaltungsmaßnahmen analysiert. Die Daten geben detailliert Auskunft darüber, zu welchem Zeitpunkt welche Art von Maßnahme, an welchem Bauteil aufgrund welchen Auslösers ausgeführt wurde.[2] Der Verlauf der relativen Instandhaltungskosten der Immobilien ist in nachfolgender Abbildung dargestellt.

Mit Hilfe dieser Daten konnten alle bisherigen Ansätze zur Budgetierung der für die Instandhaltung notwendigen Mittel hinsichtlich ihrer Genauigkeit und Praxistauglichkeit überprüft werden.[4]

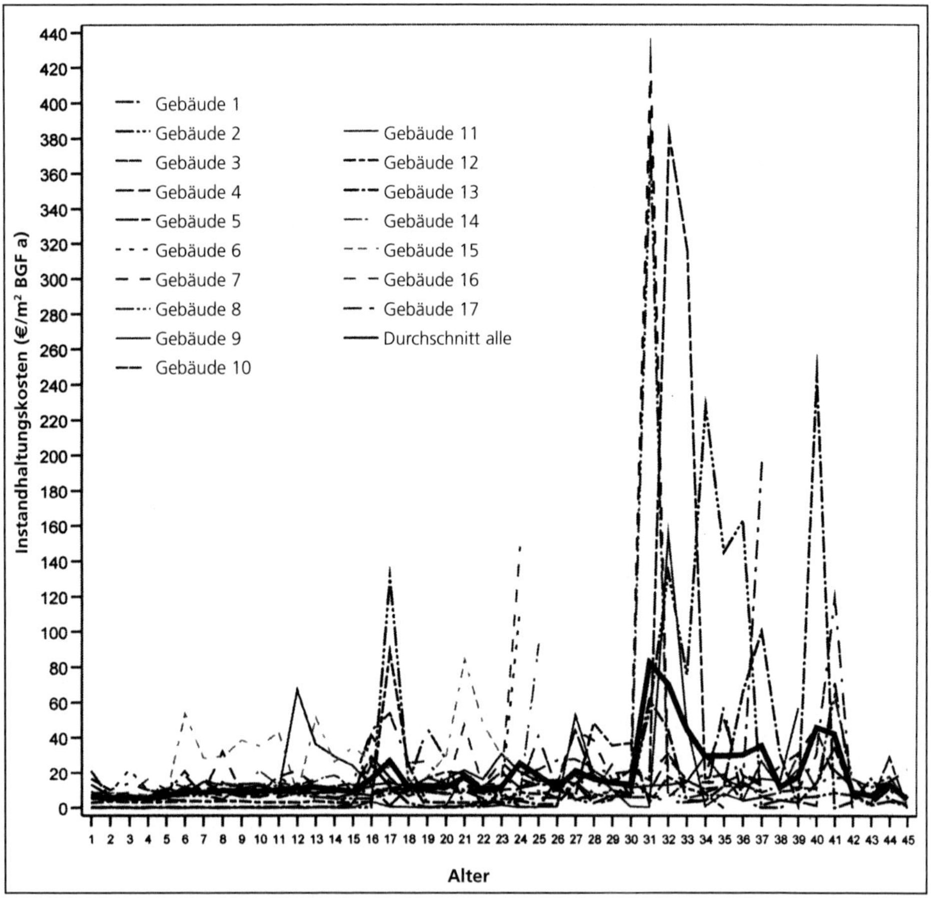

Abb. 4: Instandhaltungskosten der Immobilien über das Alter[3]

Abbildung 4 macht deutlich, dass es im Verlauf der Gebäudenutzung zu Spitzen des Instandhaltungsbedarfs kommt, an denen jeweils ein erhöhter Finanzbedarf erforderlich wird.

3.1.1 Erkenntnis der Untersuchung

Die bisherigen Ansätze der Evangelischen Landeskirche in Baden entsprechen laut Gutachter nicht den Instandhaltungsanforderungen in der Praxis!

Die jährlichen Rücklagen zur Substanzerhaltung wurden von der Evangelischen Landeskirche Baden bisher auf Basis des Gebäudewertes bestimmt. Als Messlatte für die Höhe der Instandhaltungsaufwendungen diente somit ein festgelegter prozentualer Anteil des ermittelten Wertes. Die Auswertung der erfassten Daten zeigt, dass diese Art der Budgetierung aufgrund der Vernachlässigung von wichtigen Einflussparametern, wie z.B. das Gebäudealter oder der Technikanteil einer Immobilie, nicht den Instandhaltungsanforderungen in der Praxis entsprechen.

3.1.2 PABI-Kirchen-Modul

Aufbauend auf das Forschungsprojekt BEWIS wurde an der Professur für Facility Management der Universität Karlsruhe (TH) das Budgetierungsverfahren namens PABI (praxisorientierte, adaptive Budgetierung von Instandhaltungsmaßnahmen) entwickelt. Bei dem Verfahren handelt es sich um ein wichtiges Hilfsmittel, um die für die Instandhaltung anfallenden Kosten prospektiv zu ermitteln und die notwendigen Mittel zum richtigen Zeitpunkt gezielt bereitzustellen. Gemeinsam mit den Forschern der Universität Karlsruhe wurde das Budgetierungsverfahren PABI für die Evangelische Kirche in Baden angepasst und weiterentwickelt. Das Berechnungsverfahren dient als Hilfsmittel für die prospektive Ermittlung des tatsächlichen Instandhaltungsbedarfes und ermöglicht, dass die notwendigen finanziellen Mittel zur Instandhaltung der kirchlichen Gebäude zum richtigen Zeitpunkt gezielt veranschlagt werden können.

Das Berechnungsverfahren stützt sich auf die DIN 31051: 2003–06: Grundlagen der Instandhaltung.[5] Hiernach wird Instandhaltung als Überbegriff der Grundmaßnahmen „Wartung", „Inspektion", „Instandsetzung" und „Verbesserung" verwendet. Im Rahmen der Budgetierung werden diese Maßnahmen in die beiden aufgeführten Gruppen eingeteilt:

- *Regelmäßige Instandhaltungsmaßnahmen* subsumieren die Grundmaßnahmen Wartung, Inspektion und Instandsetzung nach DIN 31051.

- *Außerordentliche Instandhaltungsmaßnahmen* umfassen die Maßnahmen der Verbesserung nach DIN 31051.

Das Budgetierungsverfahren umfasst die Baukonstruktion sowie die technischen Anlagen der Immobilien.

❑ *Berechnungsgrundlage*
Die Berechnungsgrundlage des Verfahrens bildet der Wiederbeschaffungswert der Immobilie. Die Forschungsarbeiten an der Universität Karlsruhe (TH) zeigen, dass die Höhe der Instandhaltungskosten von verschiedenen Einflussfaktoren abhängt. Im Rahmen der Budgetierung von Instandhaltungsmaßnahmen ist daher eine Gewichtung der Berechnungsgrundlage erforderlich, das die gebäudespezifischen Eigenschaften, wie z.B. das Alter oder die Nutzungsart von Immobilien, berücksichtigt. Die jeweils maßgeblichen Einflussparameter hängen dabei von der Art der durchgeführten Instandhaltungsmaßnahme ab.

❑ *Unterscheidung in regelmäßige und außerordentliche Instandhaltungsmaßnahmen*
Es ist eine Aufteilung der Budgetierung in regelmäßige und außerordentliche Instandhaltungsmaßnahmen notwendig. Der Bemessungsparameter für regelmäßige Instandhaltungsmaßnahmen beträgt 1,2 % des Wiederbeschaffungswertes und der für außerordentliche Maßnahmen 4,4 %.

$$B_{IH} = \underbrace{\sum_{i=1}^{n} 1{,}2\,\% \cdot WBW_i \cdot KF_r}_{\text{Regelmäßige Maßnahmen}} + \underbrace{\sum_{i=1}^{n} 4{,}4\,\% \cdot WBW_i \cdot KF_a}_{\text{außerordentliche Maßnahmen}}$$

B_{IH}	**Instandhaltungsbudget**
WBW	**Wiederbeschaffungswert**
KF	**Korrekturfaktor**
r	**regelmäßig**
a	**außerordentlich**
i	**Laufindex**
n	**Anzahl der Immobilien**

Abb. 5: PABI-Kirchen-Modul Grundschema

❑ *Korrekturfaktoren*

Die individuellen Eigenschaften der Immobilien werden durch sogenannte Korrekturfaktoren berücksichtigt. Der modulare Aufbau ermöglicht so eine Anpassung bzw. Modifizierung des Verfahrens an die spezifischen Eigenschaften des Immobilien-Portfolios.

Die Korrekturfaktoren berechnen sich durch Multiplikation von Gewichtungsfaktoren, entsprechend der Eigenschaften des Immobilien-Portfolios. Hinsichtlich der Einfachheit und der Anwendbarkeit in der Praxis, konzentriert sich das Verfahren auf die Berücksichtigung der wichtigsten Einflussparameter und vernachlässigt die unbedeutenden, wobei die nachfolgenden Parameter bei der entsprechenden Maßnahmenart zu berücksichtigen sind:

regelmäßige Maßnahmen*	**außerordentliche Maßnahmen****
Gebäudealter	Gebäudealter
Technikanteil	Gebäudegeometrie
Nutzungsart	Baustilkomplexität
Baustilkomplexität	Denkmalstatus
wirtschaftliche Konkurrenz	wirtschaftliche Konkurrenz

* Maßnahmen der Wartung, Inspektion und Instandsetzung
** Maßnahmen der Verbesserung

Abb. 6: Zu berücksichtigende Einflussparameter

❑ *Einflussparameter*

Für die aufgeführten Einflussparameter wurden im Rahmen des Projekts spezifische Gewichtungsfaktoren ermittelt.

Der Korrekturfaktor ($KF_{I,W,IS}$) für die *regelmäßigen Instandhaltungsmaßnahmen* der Wartung, Inspektion und Instandsetzung nach DIN 31051[6] wird hierbei durch die Multiplikation der Gewichtungsfaktoren für

- das Gebäudealter,
- den Technikanteil der Immobilien,
- der Nutzungsart, der Baustilkomplexitätsklasse
- sowie der wirtschaftlichen Konkurrenz

folgendermaßen ermittelt:

$KF_{I,W,IS} = G_{Ar} \times G_T \times G_N \times G_{BKr} \times G_{WKr}$

KF — Korrekturfaktor zur Berücksichtigung von Einflussfaktoren

I,W,IS — Regelmäßige Instandhaltung – Maßnahmen wie zum Beispiel Wartung, Inspektion und Instandsetzung nach DIN 31051

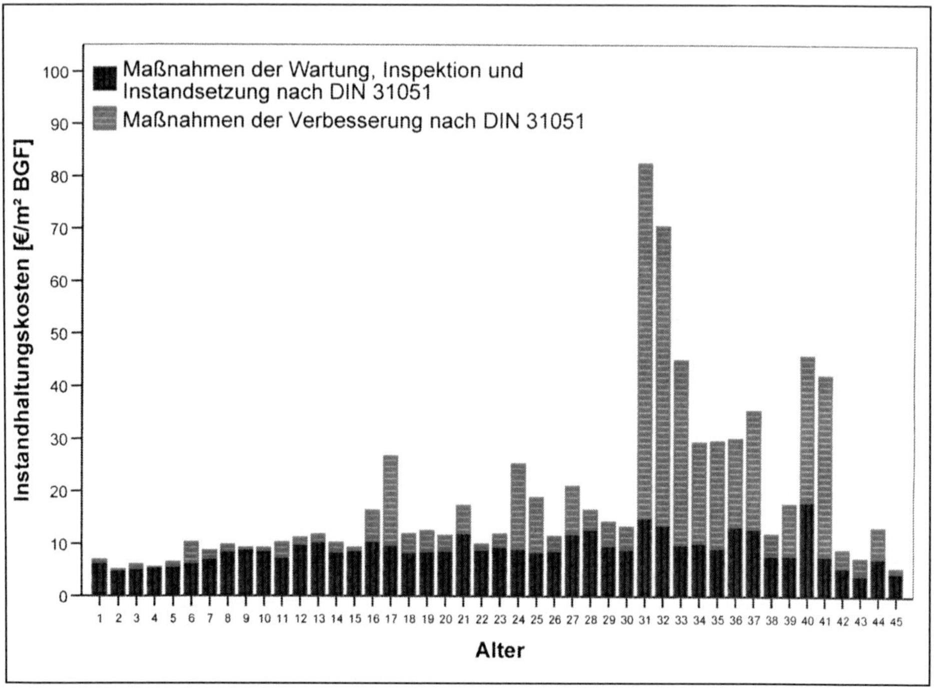

Abb. 7: Einfluss Maßnahmeart nach Gebäudealter (Bahr08)

G_A	Gewichtungsfaktor für das Gebäudealter
G_T	Gewichtungsfaktor für den Technikanteil
G_N	Gewichtungsfaktor für die Art der Nutzung
G_{BK}	Gewichtungsfaktor für die Baustilkomplexitätsklasse
G_{WK}	Gewichtungsfaktor für die wirtschaftliche Konkurrenz
r	regelmäßig

Der Korrekturfaktor (KF_V) für die *außerordentlichen Instandhaltungsmaßnahmen* berechnet sich hingegen aus

- *den Gewichtungsfaktoren für das Gebäudealter,*
- *die Gebäudegeometrie,*
- *der Baustilkomplexität,*
- *dem Denkmalstatus*
- *sowie der wirtschaftlichen Konkurrenz.*

KF_V	=	$G_{Aa} \times G_G \times G_{BKa} \times G_D \times G_{WKa}$
KF		Korrekturfaktor zur Berücksichtigung von Einflussfaktoren
V		Außerordentliche Instandhaltung – Maßnahmen mit Projektcharakter wie zum Beispiel Maßnahmen der Verbesserung nach DIN 31051
GA		Gewichtungsfaktor für das Gebäudealter
GG		Gewichtungsfaktor für die Gebäudegeometrie
GBK		Gewichtungsfaktor für die Baustilkomplexitätsklasse
GD		Gewichtungsfaktor für den Denkmalstatus
GWK		Gewichtungsfaktor für die wirtschaftliche Konkurrenz
a		außerordentlich

3.2 Ergebnis des Gutachtens

Der modulare Aufbau des Verfahrens und die Modifizierung mit Hilfe der Korrekturfaktoren zeigt rational und belastbar auf, warum welche Mittel zur Instandhaltung benötigt werden. Im Vergleich zur bisherigen Vorgehensweise erhöht diese Transparenz das Vertrauen und die Akzeptanz in das für die Instandhaltung ermittelte Budget seitens der hierfür Verantwortlichen. Das Berechnungsverfahren ist somit ein Hilfsmittel, das die Instandhaltungsverantwortlichen bei der Haushaltsanmeldung als Begründung der für die Instandhaltung notwendigen finanziellen Haushaltsmittel unterstützt. Die Evangelische Landeskirche in Baden setzt dieses Verfahren künftig bei der Planung der Mittel zum Erhalt ihres eigenen landeskirchlichen Gebäudebestandes ein, sodass zum entscheidenden Zeitpunkt die jeweils notwendigen Instandhaltungsmaßnahmen auch durchgeführt werden können und der Gebäudebestand der Landeskirche langfristig erhalten wird.

3.3 Fazit

Die strategische Zukunftsaufgabe zum Erhalt des kirchengemeindlichen Gebäudebestandes kann nur dann bewältigt werden, wenn gut begründete Verfahren zur Ermittlung des tatsächlich erforderlichen Instandhaltungsbudgets den verantwortlichen Entscheidungsträgern an die Hand gegeben werden können.

Zwei verschiedene Ansätze zur Berechnung des Instandhaltungsbudgets stehen sich gegenüber. Jeder Ansatz für sich kann den Bedürfnissen entsprechend zur Anwendung kommen.

Bei den *Gebäuden im eigenen Besitz der Landeskirche* ist es erforderlich, dass zum entscheidenden Zeitpunkt die notwendigen Mittel für Instandhaltungsmaßnahmen in voller Höhe zur Verfügung stehen. Weitere Fördermittel wie landeskirchliche Bauprogramme, Spenden usw. sind hier in der Regel nicht verfügbar und auch nicht einplanbar. Hier ist die Budgetermittlung nach dem *PABI- Kirchen-Modul* eine entscheidende Hilfe.

Beim *Gebäudebestand der einzelnen Kirchengemeinden* stößt das PABI-Kirchen-Modul jedoch an seine natürlichen Grenzen. Hier werden die jährlichen Rücklagen zur Substanzerhaltung weiterhin nach der werteorientierten Methode auf Basis des Gebäudeversicherungswertes mit einem festgelegten prozentualen Anteil (lineare Abschreibung) ermittelt. In diese Berechnung müssen als Korrekturfaktor die zum erforderlichen Zeitpunkt erzielbaren Drittmittel aus Spenden und Fundraising-Aktionen einfließen. Da nach wie vor offen bleibt, ob die Kirchengemeinden in der Lage sein werden, die erforderliche Substanzerhaltungsrücklage aus dem laufenden Haushalt zu erwirtschaften, wird weiterhin ein landeskirchliches Bauprogramm zur anteilsmäßigen Mitfinanzierung der Instandhaltungsmaßnahmen bei Kirchengemeinden erforderlich sein.

Sollte sich ergeben, dass die erforderlichen Finanzressourcen nicht zur Verfügung stehen oder Alternativen zum Erhalt der Gebäude nicht gefunden werden, stellt die Einführung des oben beschriebenen Verfahrens jedenfalls ein notwendiges und wichtiges Frühwarnsystem dar, um über Art und Umfang des vorgehaltenen Gebäudebestandes rechtzeitig nachzudenken. Die Entwicklung geeigneter Verfahren ist aus diesem Grunde ohne Alternative, wenn man Gebäudezahl und Gebäudeinstandhaltung der Kirchengemeinden transparent und nachvollziehbar steuern möchte.

Anmerkungen

1 Bahr, Carolin: Realdatenanalyse zum Instandhaltungsaufwand öffentlicher Hochbauten – Ein Beitrag zur Budgetierung. Dissertation des Instituts für Technologie und Management im Baubetrieb der Universität Karlsruhe (TH), veröffentlicht in der Karlsruher Reihe Bauwirtschaft, Immobilien und Facility Management, Universitätsverlag Karlsruhe, 2008, ISBN: 978-3-86644-303-7

2 Pfründer, U., Bahr, C., Lennerts, K.: „Lebenszyklusorientierte Strategie zur Instandhaltung öffentlicher Immobilien – Ergebnisse aus dem Forschungs-

projekt BEWIS", Tagungsband/Proceedings Facility Management Messe und Kongress, Frankfurt, Veranstalter: MESAGO Messe Frankfurt GmbH, Stuttgart, April 2007

3 Bahr, Carolin, a.a.O.

4 Ebd.

5 DIN 31051: Grundlagen der Instandhaltung, Deutsches Institut für Normung, Beuth Verlag, Berlin 2003.

6 Vgl. ebd.

3/VI
Investitionen

b) Investitionsrechnung: Vorteilhaftigkeit und Risiko kalkulieren

Prof. Dr.-Ing. Fritz Schmoll genannt Eisenwerth

Wie kann man schon in einem frühen Stadium beurteilen, ob eine Investition langfristig tragbar ist? Eine Vereinheitlichung der Berechnungsmethoden kann helfen, die Wirtschaftlichkeit von Investitionsvorhaben zu vergleichen. Alle Risiken lassen sich jedoch nicht kalkulieren.

1 Ziele der Investitionsrechnung

Investition ist die Verwendung von finanziellen Mitteln zur Beschaffung von Vermögensgegenständen. Üblicherweise wird in der Betriebswirtschaftslehre für die Vermögensverwendung das Formalziel Gewinnmaximierung unterstellt, aber Vermögen kann auch anderen Nutzen stiften, der monetär schwer messbar ist. Investitionsrechnungen sind Instrumente zur Beurteilung der Rentabilität oder Rendite und des Risikos von Investitionen

Investition ist Umwandlung von Kapital in Vermögen, Finanzierung ist Beschaffung von Kapital. Weniger anschaulich, aber zur Darstellung der finanzwirtschaftlichen Zusammenhänge besonders gut geeignet ist eine mehr abstrakte Definition: Eine Investition ist eine Zahlungsreihe, die mit Auszahlungen beginnt, auf die Einzahlungen folgen, und eine Finanzierung (gewissermaßen spiegelbildlich) eine Zahlungsreihe, die mit Einzahlungen beginnt, auf die Auszahlungen folgen. Dieser Zusammenhang ist in der nachfolgenden Abbildung visualisiert.

Dargestellt ist ein Zeitraum von n Perioden (vorstellbar als Wirtschaftsjahre 1 bis n) und die Mittelzu- und -abflüsse aus Sicht des Investors bzw. der Investition. Man geht also von einem bestimmten Zeithorizont aus, der beabsichtigten Nutzungsdauer der Investition. Dabei muss klar getrennt werden zwischen der Investitionsphase (Periode -1) und der Nutzungsphase, Perioden 1 bis n. Auszahlungen sind negativ, Einzahlungen positiv dargestellt. Die Anfangs-Auszahlung (A) veranschaulicht die Investitionsausgabe, z.B. die Bezahlung von Grundstück, Planung, Bau u.s.w., mit negativem Vorzeichen, denn aus Sicht des Investors handelt es sich um Mittelabfluss. Die positiven Einzahlungen (e) kommen über den gesamten Nutzungszeitraum der Investition herein. Außerdem ist am Ende der Nutzungsdauer meistens mit einem Restwert (R) zu rechnen, der beim Wiederverkauf der Immobilie erzielt werden kann. Die Finanzierung stellt aus Sicht des Investors eine Einzahlung (E) dar, er

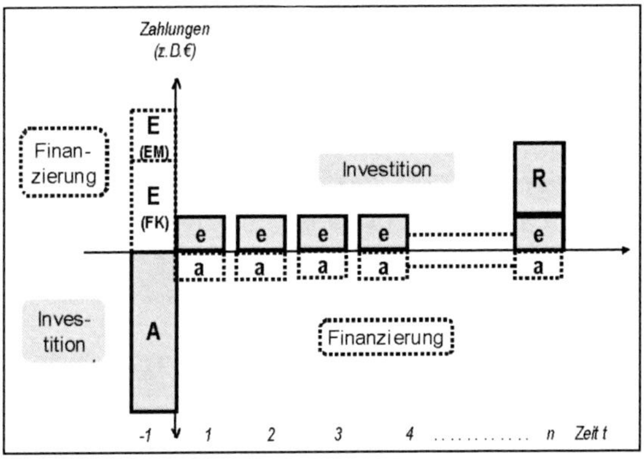

Abb. 1: Investition und Finanzierung als Zahlungsreihen (Quelle: Eigene Darstellung)

bekommt z.B. als Fremdkapital (FK) einen Darlehensbetrag von der Bank und setzt Eigenmittel (EM) ein. Auch die Eigenmittel werden als Einzahlung behandelt, dahinter steht die Vorstellung, der Investor könnte die Eigenmittel auch anderweitig verwenden, nun aber zahlt er sie für diese Investition ein. Die auf die Finanzierungs-Einzahlung folgenden Auszahlungen (a) sind der Kapitaldienst, in der Abbildung als Annuität (gleichbleibende Zahlung bestehend aus Zins- und Tilgungsanteil) dargestellt. Weitere Auszahlungskomponenten sind die laufenden Kosten für die Verwaltung, den Betrieb und die Unterhaltung des Gebäudes und der Außenanlagen. In unserem Beispiel soll das Fremdkapital genau im letzten Nutzungsjahr vollständig zurückgeführt sein; wenn eine Restschuld noch bestünde, wäre sie spiegelbildlich zum Restwert darzustellen, wenn schon vor Ende der Nutzungsdauer vollständig getilgt wäre, hörten die Auszahlungen (a) schon vor dem Jahr n auf. Die Differenz zwischen den laufenden Einzahlungen (e) und den laufenden Auszahlungen (a) über den Nutzungszeitraum n sind die Überschüsse, die der Investor erzielt.

Die laufenden Einzahlungen der Bewirtschaftungsphase bestehen aus den Zahlungen der Mieter. Bei Eigennutzung oder bei einer kostenlosen bzw. verbilligten Überlassung an Dritte können statt Mieteinnahmen die Opportunitätskosten der Nutzung angesetzt werden, d.h. das, was an einen Dritten zu zahlen wäre, wenn die Räume auf dem freien Markt angemietet werden müssten.

Will man steuerliche Aspekte mit berücksichtigen, so sind zu zahlende Steuern als Auszahlungen (in der Bauphase als Teil der Investitionsauszahlung, in der Bewirtschaftungsphase als Teil der laufenden Auszahlungen) anzusetzen und Steuerersparnisse (Steuererstattungen oder Steuerminderausgaben), die dieser Investition wirtschaftlich direkt zugeordnet werden können, als laufende Einzahlungen.

Als Auszahlung in der letzten Nutzungsperiode sind zusätzlich zu den sonstigen laufenden Zahlungen die Nebenkosten des Verkaufs (Vertriebskosten, Maklergebühren etc.) anzusetzen und – falls das Objekt nicht schuldenfrei ist – die Rückzahlung des Darlehens (einschließlich eventueller Nebenkosten wie Vorfälligkeitsgebühren für vorzeitige Rückzahlung eines Darlehens oder Kosten der Löschung von Grundpfandrechten).

Investition in Immobilien kann direkt erfolgen, indem ein Investor ein bebautes Grundstück kauft oder ein Baugrundstück erwirbt und dieses bebauen lässt, um danach kurzfristig Erträge aus der Veräußerung oder langfristig aus der Vermietung oder Eigennutzung zu ziehen. Außerdem kommen im Lebenszyklus von Immobilien Erneuerungsinvestitionen vor, beispielsweise in der Form der Modernisierung oder des Um- und Ausbaus eines bestehenden Gebäudes. Von indirekten Immobilieninvestitionen ist die Rede, wenn der Investor nicht Eigentümer im rechtlichen Sinne ist, sondern sich wirtschaftlich an der Investition beteiligt, beispielsweise indem er Anteile an einem Vermögen (einer Gesellschaft, einer Genossenschaft, einer Stiftung) erwirbt, das seinerseits Eigentümer von Immobilien ist.

Investitionen sind in die Zukunft gerichtet: jetzt werden Mittel verwendet, die künftig einen Nutzen(strom) abgeben sollen. Anhand der Kategorie **Vorteilhaftigkeit** soll beurteilt werden, ob die Verwendung der Mittel jetzt durch den erwarteten künftigen Nutzenstrom wirtschaftlich gerechtfertigt ist. Der Begriff Vorteilhaftigkeit schließt den Aspekt des Vergleichs ein: Es wird stets zwischen unterschiedlichen Investitionsmöglichkeiten verglichen. Wenn nur eine einzelne Investitionsmöglichkeit beurteilt werden soll, wird diese an einer **Referenzinvestition** gemessen (z.B. an einer Anlage der verfügbaren Mittel am Kapitalmarkt) oder auch an der **Unterlassungsalternative**, also daran, ob und welche Überschüsse mit den nicht ausgegebenen Mitteln erzielt würden, wenn die Investition unterbliebe. Wenn der Nutzenstrom in Geld gemessen werden kann, lässt sich die Vorteilhaftigkeit **berechnen**: Dies ist der Grundgedanke der Investitionsrechnung. Investitionsrechnungen sind sinnlos, wenn es nicht gelingt, Investitionssumme und Nutzenstrom in gleichen (am besten: in Geld-)Einheiten zu quantifizieren.

Für Investitionsrechnungen hat die Finanzwissenschaft verschiedene Methoden entwickelt. Zunächst wird zwischen Methoden bei Sicherheit und solchen bei Risiko unterschieden. Die Methoden bei Sicherheit sind wiederum differenziert in statische, bei denen nur eine Periode (z.B. ein Wirtschaftsjahr) betrachtet wird und dynamische, bei denen mehrere Perioden (z.B. die geplante Halte- oder Nutzungsdauer) betrachtet werden. Die Verfahren bei Risiko basieren ihrerseits auf dynamischen Investitionsrechnungen. Von all diesen Methoden werden im Abschnitt 3 zwei statische und im Abschnitt 4 zwei dynamische vorgestellt. Es handelt sich um diejenigen, die in der Immobilienwirtschaft die größte Verbreitung gefunden haben.

Investitionsentscheidungen sind stets Entscheidungen unter Unsicherheit. Soweit die Unsicherheit in einer (nachteiligen) Abweichung vom erwarteten Ergebnis besteht, deren Wahrscheinlichkeit angegeben werden kann, sprechen wir von **Risiko**. Bezüglich der Investitionssumme besteht das Risiko, dass sie falsch eingeschätzt wird (der Bau wird teurer als geplant), noch mehr Risiken bestehen hinsichtlich der künftigen Nutzenströme (die kalkulierten Mieten werden nicht erzielt, die laufenden Kosten steigen schneller als erwartet usw.). Obgleich es uns Menschen nicht gegeben ist, in die Zukunft zu schauen, kann doch versucht werden, diese **Risiken** zu **kalkulieren**, indem die zunächst als sicher angenommenen künftigen Rahmenbedingungen variiert und so quantitative Anhaltspunkte zur Beurteilung des Risikos gewonnen werden.

2 Investitionsausgabe (Grundstück, Baukosten, Nebenkosten) und Kostenvergleichsrechnung

Die Investitionssumme besteht bei Immobilieninvestitionen typischerweise aus Ausgaben für den Erwerb des Grundstücks, für dessen Erschließung, für die Errichtung eines Gebäudes sowie der Außenanlagen und für Nebenkosten, die mit dem Grundstückserwerb und dem Bau zusammenhängen. Es kommt darauf an, die Investitionsausgabe vollständig und realistisch zu erfassen. Eine zu niedrig kalkulierte Investitionsausgabe stellt ein hohes Risiko dar.

Zur Ermittlung der Höhe der erforderlichen Investitionsausgabe hat sich allgemein die Gliederung der DIN 276 „Kosten im Hochbau" (in der Wohnungswirtschaft auch die ähnlich aufgebaute II. BV §§ 5 ff.) durchgesetzt. Die DIN 276 ist zunächst lediglich eine Verständigungsgrundlage, damit die am Bau Beteiligten bei der Ermittlung von Baukosten die gleiche Sprache sprechen. Die Gliederung in Kostengruppen und Untergruppen in der DIN 276 ist nicht verbindlich, Vertragsparteien von Bau- und Architektenverträgen können andere Gliederungsprinzipien und Methoden der Kostenplanung und -ermittlung vereinbaren. Aber wenn die Gliederung der DIN 276 zugrunde gelegt wird, hat man damit eine ziemlich vollständige Checkliste für alle Ausgaben, die bei einer Immobilieninvestition anfallen können, vom Grundstückserwerb bis zur Fertigstellung. Im Einzelnen handelt es sich um folgende Kostengruppen:

Der Kaufpreis bzw. der Wert des Baugrundstücks stellt einen sehr großen Einzelposten der gesamten Investitionsauszahlung dar. Neben dem reinen Kaufpreis müssen auch alle anderen Kosten, die im Zusammenhang mit dem Eigentumswechsel anfallen, wie Grunderwerbsteuer, Notariatsgebühr, Gebühren des Grundbuchamts, Maklerprovision und andere Erwerbsnebenkosten erfasst werden. Einige dieser Kosten sind abhängig vom Grundstückspreis: je höher dieser, desto höher die Nebenkosten des Grunderwerbs. Allerdings ist die Abhängigkeit nicht in jedem Fall linear: die Gebührenordnungen des Grundbuchamts und der Notare sind degressiv gestaffelt, je höher der Kaufpreis, um so geringer der Prozentsatz dieser Gebühren. Die Grunderwerbsteuer ist mit derzeit 3,5 % (mit Ausnahme von Berlin, hier 4,5 %) vom Kaufpreis allerdings linear. Als grober Anhaltspunkt für kleinere bis mittlere Bauvorhaben kann ein Satz von ca. 1,5 % der Grundstückskosten für Notar und Grundbuch gelten. Maklerprovisionen bewegen sich derzeit häufig zwischen 3 % und 6 %, sie unterliegen der Umsatzsteuer, so dass der jeweilige Mehrwertsteuersatz hinzukommt. Die DIN 276 erfasst diese Kosten zusammen mit dem Grundstückswert in der Kostengruppe (KGr) 100.

Alle Kosten, die erforderlich sind, um das Grundstück selber baureif zu machen (die aber noch keine Kosten für Bauleistungen darstellen) werden in der KGr 200 erfasst. Für öffentliche Erschließung entstehen Erschließungsgebühren, die i.d.R. an die Gemeinde zu zahlen sind (und die bei neu erschlossenen Grundstücken oft erst Jahre nach der Fertigstellung der Straßen etc. abgerechnet werden), Gebühren für die Anschlüsse an Wasser, Abwasser, Energieversorgung (die oft von privaten Unternehmen und damit streng genommen nicht von der öffentlichen Hand erhoben werden). Zur privaten Erschließung gehören Zufahrtswege zum und auf dem Grundstück sowie die Leitungen für Wasser, Abwasser und Energie zwischen Grundstücksgrenze und Hausanschluss auf dem Grundstück. Unter Herrichten des Grundstücks versteht man die physische und rechtliche Vorbereitung der Bautätigkeit, also etwa Abstandszahlungen an Mieter oder Pächter zur vorzeitigen Aufhebung bestehender Verträge bzw. zur Ablösung sonstiger Rechte, der Abbruch vorhandener Gebäude, die nicht mehr genutzt werden sollen, und das Entfernen von Bewuchs, der nicht erhalten werden kann und muss. Die Sanierung von Bodenverunreinigungen ist ein Kostenfaktor, der zunehmend an Bedeutung gewinnt. Die Vorschriften zur Altlastensanierung wurden in den letzten Jahren mehrfach verschärft. Da immer häufiger auf Grundstücken gebaut wird, die in der Vergangenheit bereits genutzt waren, müssen frühere gewerbliche Nutzungen ermittelt werden, die Altlasten im Boden hinterlassen haben könnten. Je nach geplanter Nutzung kann der Eigentümer verpflichtet sein, aufwendige Bodensanierungen durchführen zu lassen.

Die eigentlichen Herstellungskosten des Gebäudes und der Außenanlagen sind in den KGr 300–600 erfasst. Die KGr 300 erfasst die Baukonstruktion, also die Kosten für die Gründung und für tragende und umhüllende Gebäudeteile (Fundamente, Wände, Stützen, Decken, Treppen, Fassaden und Dächer, Türen und Fenster), die KGr 400 die technischen Einrichtungen wie Installationen für Wasser, Abwasser, Heizung, Lüftung, Klima, Elektrizität, Datennetze, Aufzüge, Rolltreppen. In der KGr 400 werden die Kosten der Außenanlagen erfasst, also Geländemodellierung, Anpflanzungen, Wege, Kfz-Stellplätze und andere Befestigungen auf dem Grundstück, aber auch technische Einrichtungen außerhalb des Gebäudes wie Schranken- und Toranlagen, Außenbeleuchtungsanlagen. In der Kostengruppe 500 werden Einrichtungen und Kunstwerke erfasst, also die Teile der Gebäudeausstattung, die weder zur Baukonstruktion noch zu den technischen Einrichtungen gehören, neben den Kunstwerken selber also z.B. Einbauküchen, Wandschränke und andere Möblierung.

Angaben über Baukosten, vor allem auch als Kenngrößen wie Baukosten pro m^2 Nutzfläche oder pro m^3 Rauminhalt („umbauter Raum“) werden meist auf die KGr 300–400 bezogen: das reine Gebäude eignet sich am ehesten als Vergleichsgrundlage für die Kalkulation von Bauvorhaben. Wenn Baukosten verglichen werden, ist unbedingt darauf zu achten, dass die Kostenermittlung für alle Vergleichsobjekte auch auf der selben Grundlage erfolgt und nicht etwa Gesamtkosten (KGr 100–700) des einen Projekts mit Gebäudekosten (KGr 300–400) des anderen verglichen werden.

Im Zusammenhang mit der Errichtung des Gebäudes gibt es Kosten, die nicht direkt für die Herstellung des Gebäudes, seiner Anlagen und Einrichtungen aufgebracht werden müssen, sondern indirekt dem Bau zuzuordnen sind. Die DIN 276 fasst sie in der Kostengruppe 700 Baunebenkosten zusammen. Hier fallen Honorare für die planenden Architekten, Statiker und Fachingenieure an, für Gutachter (z.B. Baugrund, Denkmalschutz, Altlasten) sowie Gebühren, die die öffentliche Hand für die Baugenehmigung und andere Genehmigungen erhebt. Ferner sind die Grundsteuer und Versicherungen während der Bauzeit hier erfasst. Fast alle dieser Kosten sind abhängig von der Höhe der Bauwerkskosten: je teurer gebaut wird, desto höher auch die Nebenkosten.

Eine besonders beachtenswerte Position unter den Baunebenkosten sind die Finanzierungskosten. Hier ist aller Aufwand zu erfassen, der während der Bauzeit – bis zum Nutzungs- oder Vermietungsbeginn – anfällt, nicht aber Kosten (z.B. Zinsen) der Endfinanzierung, die erst in der Nutzungsphase fällig werden. Sowohl Kosten, Gebühren und Honorare für die Vermittlung, Beschaffung und Besicherung von Finanzierungsmitteln gehören dazu, also etwa Schätzgebühren für die Beleihungswertermittlung, Notariats- und Grundbuchgebühren für Grundschuldbestellung, Vermittlungsgebühren an Kreditmakler. Aber auch alle Zinsen und zinsähnliche Aufwendungen während der Bauzeit sind Baunebenkosten: Bauzeitzinsen bei Darlehen, die ab Abruf verzinst werden, Bereitstellungszinsen, Damna (als vorweggenommene Zinsen), Cap-Prämien als Entgelt für eingeräumte Zinsobergrenzen bei variabel verzinslichen Krediten. Die Finanzierungskosten hängen vom Zinssatz ab, von der Höhe des zu finanzierenden Betrags (und damit von der Höhe der Gesamtkosten) und von der Länge der Entwicklungs-, Planungs- und Bauzeit: je länger Mittel bis zur Erstvermietung in Anspruch genommen werden, um so höher ist der Zinsaufwand in der Investitionsphase. Daher ist die Entwicklungs- und Bauzeit ein bedeutender Faktor der Gesamtkosten. Bei mittleren und kleineren Bauvorhaben kann – je nach Aufwand und Schwierigkeitsgrad der Planung – mit Baunebenkosten (Planung, Gebühren, Finanzierung der Bauzeit) in Höhe von ca. 15 % der Kosten für Gebäude und Außenanlagen gerechnet werden.

Auch für das eingesetzte Eigenkapital – sei es als Grundstück, sei es als Geldmittel – sollte eine Eigenkapitalverzinsung angesetzt werden: die im Bauvorhaben gebundenen Mittel können nicht mehr anderweitig verwendet werden, der dadurch verursachte Zinsausfall gibt eine realistische Größenordnung für den Ansatz der Eigenkapitalverzinsung während der Bauzeit. Nur wenn mit den Mitteln auch bei anderer Verwendung keine Erträge erzielt werden könnten, wäre eine Eigenkapitalverzinsung von 0 angemessen. Die DIN 276 sieht zwar eine Position Eigenkapitalverzinsung nicht explizit vor, sie schließt den Ansatz aber auch nicht aus, daher ist darauf zu achten, dass dieser Punkt nicht übersehen wird.

Die DIN 276 liefert eine Art Checkliste, die gewährleisten soll, dass bei der Kostenplanung und der Abrechnung von Bauvorhaben nichts vergessen wird. Das Regelwerk der DIN 276 ist zwar in den letzten Jahren überarbeitet worden, geht aber immer noch von dem eher konservativen Grundgedanken aus, dass ein Bauherr ein Grundstück erwirbt und für den eigenen Bedarf ein Gebäude errichten lässt. Bei dieser Sichtweise sind bestimmte Kosten nicht in das Blickfeld geraten, die im Zusammenhang mit größeren Investitionsvorhaben anfallen können, beispielsweise Kosten für Untersuchungen über die Eignung eines Standorts bzw. Abwägung zwischen verschiedenen Standorten (Markt- und Standortanalysen), Wertermittlungen vor dem Ankauf von Grundstücken, Studien über die Wirtschaftlichkeit und Finanzierbarkeit von Vorhaben (Machbarkeitsstudien). Im Zusammenhang mit steuerlichen und gesellschaftsrechtlichen Fragen geht es ferner in der Konzeptionsphase oft um Vertragswerke, für deren Entwurf Steuer- und Rechtsberatungskosten anfallen. Ferner können Kosten für Eigenkapitalbeschaffung entstehen, das kann von Vertriebskosten für Fondsanteile bis zu Kosten der Einwerbung von Spendenmitteln gehen. Es sind also die in der Branche sogenannten „oft costs", die in der DIN 276 nicht vollständig berücksichtigt sind. Um so wichtiger ist es, darauf hinzuweisen, dass auch diese in die Kalkulation einbezogen werden.

Im einfachsten Fall kann die Beurteilung verschiedener Investitionsvorhaben durch eine schlichte **Kostenvergleichsrechnung** erfolgen: Wenn mit verschiedenen Investitionsmöglichkeiten über denselben Zeitraum ein identischer Nutzen bzw. identische Einzahlungsüberschüsse erzielt werden können, so ist diejenige Möglichkeit zu bevorzugen, die die geringste Investitionsausgabe verursacht. So einfach werden die Dinge aber selten liegen, daher sind meist differenziertere Methoden erforderlich.

3 Statische Investitionsrechnungen

Statische Investitionsrechnungen bilden die Rentabilität nur als Momentaufnahme ab. Vorteil dieser Methoden ist aber ihre Einfachheit.

Abgesehen von der erwähnten Kostenvergleichsrechnung, ebenfalls eine statische Methode, die aber nur die Investitionsphase berücksichtigt, setzen die anderen statischen Investitionsrechnungen die Investitionsausgabe ins Verhältnis zur Nutzungsphase, und zwar zu einer einzelnen, abgegrenzten Periode. Man nennt statische Verfahren daher auch **Einperiodenmodelle**. Als Variable werden abgegrenzte Größen verwendet: **Erträge** und **Aufwendungen** (Vermögensebene). Im Gegensatz dazu wird bei dynamischen Investitionsrechnungen mit (Ein- und Aus-)**Zahlungen** (Liquiditätsebene) gerechnet. Bei Immobilieninvestitionen bestehen die wichtigsten Unterschiede zwischen Vermögens- und Liquiditätsebene in der Behandlung der Gebäudeabschreibung und der Tilgung. Mit der Gebäudeabschreibung wird der Wertverzehr erfasst, den ein Gebäude durch seine Nutzung in einer Abrechnungsperiode erleidet. Wertverzehr vermindert das Vermögen, daher ist **Abschreibung Aufwand** aber keine Zahlung (das Gebäude ist ja bereits bezahlt, wenn es genutzt wird). Vom Bodenwert wird nicht abgeschrieben, da Boden durch Nutzung normalerweise nicht an Wert verliert. Tilgung ist die Rückzahlung von Schulden (einmalig oder in Raten). Durch **Tilgung** wird **kein** Wert verzehrt, vielmehr werden nur Mittel umgeschichtet: weniger Schulden und somit mehr (gebundene) Eigenmittel. Das Vermögen vermindert sich durch Tilgung nicht. **Tilgung ist** somit **Auszahlung**, aber kein Aufwand.

3.1 Rentabilitätsrechnung

Mit der Rentabilitätsrechnung wird der **Gewinn** einer Abrechnungsperiode (z.B. eines Jahres) als Prozentsatz des **gebundenen Kapitals** dargestellt. Das zeigt, ob mit dem investierten Kapital überhaupt ein Vermögenszuwachs erzielt wird und wenn ja, ob dieser höher ausfällt, als bei einer anderweitigen Verwendung derselben Mittel.

Die **Gesamtkapitalrentabilität** (GKR) bezieht Eigen- und Fremdkapital mit ein. Der Fremdkapitalgeber „verdient" die Zinsen, der Eigenkapitalgeber den Gewinn. Daher erscheint bei der Berechnung der GKR im Zähler Gewinn plus Zinsaufwand, die in Relation zum Gesamtkapital gesetzt werden. Das Gesamtkapital ist gleich der Investitionssumme. Die ermittelte Kennzahl ist eine Prozentzahl:

$$GKR = \frac{(Gewinn + Zinsaufwand) \bullet 100}{Gesamtkapital} \; [\%]$$

Die **Eigenkapitalrentabilität** (EKR) stellt nur den Gewinn dem gebundenen Eigenkapital gegenüber:

$$\text{EKR} = \frac{\text{Gewinn} \bullet 100}{\text{Eigenkapital}} \; [\%]$$

wobei Eigenkapital + Fremdkapital = Gesamtkapital.

In der Regel werden Rentabilitätsberechnungen für das erste Bewirtschaftungsjahr aufgestellt, sodass das gebundene Kapital der Investitionsausgabe entspricht. Die ermittelte Kennzahl Rentabilität ist also der Gewinn einer Periode als Prozentsatz des eingesetzten Kapitals. Da die Rentabilität periodenbezogen ermittelt wird, sind die Eingangsgrößen auch periodenbezogen abzugrenzen, das heißt, es werden Aufwendungen einschließlich Abschreibung (und bei GKR einschließlich Zinsaufwand) und Erträge ermittelt. Tilgungszahlungen, da kein Aufwand, bleiben unberücksichtigt. Gewinn kann im Sinne einer Gewinn- und Verlustrechnung als Überschuss der Erträge über die Aufwendungen definiert werden. Das Kriterium der Investitionsentscheidung ist bei dieser Methode die Höhe der Rentabilität. Wir sprechen von absoluter Vorteilhaftigkeit, wenn die Rentabilität nicht negativ ist. In diesem Fall ist am Ende der Nutzungsdauer das Vermögen nicht geringer, als zu Beginn. Wir sprechen von relativer Vorteilhaftigkeit, wenn die Rentabilität höher ist als die der Referenzinvestition bzw. der Unterlassungsalternative.

Mit einer Investitionsauszahlung (Gesamtkosten) in Höhe von 1 000 000 € wird ein bebautes Grundstück mit 500 m² Nutzfläche erworben. Es werden Mieterträge im Jahr in Höhe von 100.000 € erzielt (das entspricht 16,67 €/m² monatlich). Aufgrund der beispielhaft gewählten Aufwendungen und Finanzierungskonditionen ergeben sich die Rentabilitätskennzahlen gemäß Tabelle 1.

Der Gewinn kann (statt als Überschuss der Erträge über die Aufwendungen) auch als Überschuss der Erträge über die **Kosten** ermittelt werden. Unter Kosten verstehen wir alle Aufwendungen plus kalkulatorische Kostenpositionen. Hier ist insbesondere die kalkulatorische (Mindest-)Eigenkapitalverzinsung zu berücksichtigen. Die Eigenkapitalverzinsung wird angesetzt, um zu verdeutlichen, dass mit dem gebundenen Kapital nicht anderweitig Erträge erzielt werden können; diese entgangenen Erträge werden als Kosten (Opportunitätskosten) betrachtet. Ferner können weitere kalkulatorische Positionen (z.B. Wagnisse) in der Berechnung berücksichtigt werden. Als Wagnis bezeichnen wir die Kosten der Absicherung gegen eine Gefahr. Wenn man sich gegen die jeweilige Gefahr versichern könnte, entstünde eine Aufwandsposition in Höhe des Versicherungsbeitrags. Wenn man das Risiko selbst trägt, kann man sich vorstellen, man entrichte an sich selber einen Versicherungsbeitrag, um im Schadensfall Geld zu haben, den Schaden zu begleichen; diesen „Versicherungsbeitrag an sich selber" bezeichnet man als Wagnis. Werden statt Aufwendungen alle Kosten, also auch Eigenkapitalverzinsung und Wagnisse angesetzt, so ist der Gewinn dann als der Betrag definiert, der die (bereits einkalkulierte) Mindestverzinsung übersteigt.

1.000.000,00	**Gesamtkosten**	
200.000,00	Boden	
800.000,00	Gebäude	
500	m² Nutzfläche	
50	Jahre Nutzungsdauer	
Finanzierung		
600.000,00	Fremdkapital (FK)	
6,0%	FK-Zinssatz	
400.000,00	Eigenkapital	
Aufwendungen		
Instandhaltung		3.000,00
Verwaltung		1.500,00
Gebäudeabschreibung		16.000,00
Zinsaufwand		36.000,00
Aufwendungen		**56.500,00**
Erträge		
pro m² monatlich		16,67
Jahres-Mietertrag		100.000,00
Gewinn		**43.500,00**
Gesamtkapitalrentabilität (GKR)		
Gewinn + Zinsaufwand		79.500,00
Gesamtkapital		1.000.000,00
GKR	**7,95%**	
Eigenkapitalrentabilität (EKR)		
Gewinn		43.500,00
Eigenkapital		400.000,00
EKR	**10,88%**	

Tab. 1: Rentabilitätsrechnung (Quelle: Eigene Darstellung)

3.2 Wirtschaftlichkeitsberechnung

Während die Rentabilitätsrechnung die Frage beantwortet, wie hoch die Rentabilität ist, wenn Kapitaleinsatz, Erträge und Aufwendungen oder Kosten bekannt sind, wird die umgekehrte Frage von der Wirtschaftlichkeitsberechnung (WB) gestellt: wie hoch müssen Erträge sein, so dass mit dem Kapitaleinsatz eine bestimmte Rentabilität erzielt wird. Damit können die laufenden Nutzungskosten einer Investition ermittelt werden.

In der Wohnungswirtschaft ist die Wirtschaftlichkeitsberechnung im Sinne der Zweiten Verordnung über Wohnungswirtschaftliche Berechnungen, kurz: II. BV, verbreitet. Das stammt aus der Tradition des Sozialen Wohnungsbaus: für öffentlich geförderte Vorhaben musste eine WB aufgestellt werden, um die Kostenmiete zu ermitteln und Förderungsmittel zu beantragen. Die II. BV enthält sehr genaue Vorschriften, wie eine solche WB auszusehen hat. Danach können neben den Aufwendungen auch kalkulatorische Kosten für die Eigenkapitalverzinsung und für das Wagnis des Mietausfalls angesetzt werden. Für viele Positionen einer WB sind in der II. BV Pauschalen, Höchst- bzw. Mindestbeträge oder Prozentsätze vorgeschrieben, so auch für die anzusetzende Eigenkapitalverzinsung. Wenn die Vorschriften der II.BV nicht eingehalten werden müssen, sollten die Kostenansätze realistisch gewählt werden, beispielsweise entsprechend den eigenen betrieblichen Durchschnittswerten. Ergebnis der WB sind die **laufenden Kosten** (nicht die einmalige Investitionsausgabe) der Bewirtschaftung einer Immobilie. Sind diese durch Mieterlöse gedeckt, so wird die **Kostenmiete** erzielt. Sind die Mieterlöse höher, so ist die Eigenkapitalrentabilität größer als die kalkulatorisch angesetzte Eigenkapitalverzinsung.

Eine Wirtschaftlichkeitsberechnung ist ein geeignetes Instrument, um darzustellen, wie hoch die laufenden Kosten der Nutzung einer Investition sind. Auch dann, wenn mit der Nutzung keine Erträge erzielt werden (z.B. bei Eigennutzung oder kostenloser Nutzungsüberlassung), können mithilfe einer WB die Nutzungskosten angegeben werden.

Anhand der obigen Zahlen wird ermittelt, welche Miete erzielt werden muss, wenn sich das eingesetzte Eigenkapital (400 000 €) mit 7,5% verzinsen soll. (Im sozialen Wohnungsbau wäre hierfür nur ein Ansatz von 4% bzw. 6,5% zulässig.) Ferner ist ein kalkulatorischer Posten für das Wagnis des Mietausfalls einkalkuliert: Das Wagnis wird mit 4% der gesamten laufenden Aufwendungen angesetzt. (Im sozialen Wohnungsbau wäre hierfür nur ein Ansatz von 2% zulässig.) Das Ergebnis ist nach der Berechnung in Tabelle 2 mit 15,02 €/m² monatlich ausgewiesen; dies sind die laufenden Nutzungskosten. Wird eine solche Miete erzielt, so sind alle Kosten gedeckt, übersteigt die Miete diesen Betrag, so entsteht über die kalkulierte Eigenkapitalverzinsung von 7,5% hinaus ein Gewinn.

1.000.000,00	**Gesamtkosten**	
200.000,00	Boden	
800.000,00	Gebäude	
500	m² Nutzfläche	
50	Jahre Nutzungsdauer	
Finanzierung		
600.000,00	Fremdkapital (FK)	
6,0%	FK-Zinssatz	
400.000,00	Eigenkapital	
Kosten		
Instandhaltung		3.000,00
Verwaltung		1.500,00
Gebäudeabschreibung		16.000,00
Zinsaufwand		36.000,00
Eigenkapitalverzinsung 7,5%		30.000,00
Kosten ohne Mietausfallwagnis		86.500,00
Mietausfallwagnis 4%		3.604,17
Laufende Kosten gesamt		90.104,17
pro m² monatlich		**15,02**

Tab. 2: Wirtschaftlichkeitsberechnung (Quelle: Eigene Darstellung)

4 Dynamische Investitionsrechnungen

Mit den statischen Methoden können Veränderungen der Parameter im Laufe des Lebenszyklus einer Immobilie nicht erfasst werden; dazu dienen dynamische Investitionsrechnungen. Sie sind aussagekräftiger, aber auch komplizierter, als statische Modelle. Die beiden hier dargestellten Methoden liefern als Ergebnis die Kennzahl Rendite. Diese stellt die durchschnittliche Verzinsung des gebundenen Kapitals über den Betrachtungszeitraum dar, unter Berücksichtigung von Zinseffekten.

Während der Nutzung von Immobilien können sich zahlreiche Parameter verändern durch Kostensteigerungen und Ertragssteigerungen (z.B. Mietanstieg), es können Folgeinvestitionen (Umbau, Modernisierung) notwendig werden, und am Ende ergibt sich meistens ein Restwert (z.B. das wiederverwertbare Grundstück). **Mehrperiodenmodelle** (**dynamische Investitionsrechnungen**) erfassen diese unterschiedlichen Zahlungsströme im Zeitverlauf. Daher sind sie gerade zur Beurteilung von Immobilieninvestitionen unerlässlich. Allen dynamischen Verfahren ist gemeinsam, dass ein Betrachtungs**zeitraum** gewählt werden muss. Bei Immobilieninvestitionen ist es sinnvoll, die beabsichtigte Nutzungs- oder Haltedauer anzusetzen. Es ist dann zu ermitteln, welcher durchschnittlichen Verzinsung des eingesetzten Kapitals die Einzahlungsüberschüsse während der betrachteten Nutzungsdauer entsprechen. Üblich ist es, das **Eigenkapital** als Bezugsgröße zu wählen, prinzipiell kann jedoch auch das Gesamtkapital Bezugsgröße sein. Da nicht periodenbezogen abgegrenzt werden muss, werden bei dynamischen Verfahren nicht Aufwendungen oder Kosten den Erträgen gegenübergestellt, sondern stets **Zahlungsströme** (Ein- und Auszahlungen, Liquiditätsebene).

Betrachtet man mehrere Perioden, so ist zu berücksichtigen, dass die Einzahlungsüberschüsse zu unterschiedlichen Zeitpunkten anfallen, eine Berechnung des arithmetischen Mittels der Überschüsse wäre daher keine wirtschaftlich aussagefähige Größe, denn Zahlungen heute sind mehr wert, als spätere Zahlungen. Einzahlungen, die zu frühen Zeitpunkten fließen, können ihrerseits zinsbringend angelegt werden und führen daher am Ende zu einem höheren Vermögen. Gleiches gilt für Auszahlungen: Auszahlungen heute sind höher zu bewerten (belasten den Investor wirtschaftlich stärker), als Auszahlungen zu einem späteren Zeitpunkt. Die Zahlungen sind also in einer Weise zu bewerten, die diese Zinseffekte berücksichtigt. Grundsätzlich kann dabei auf den Investitionszeitpunkt (in Tabelle 1 (s. S. 284): $t = 0$) abgestellt werden, in diesem Fall wird der sogenannte **Barwert** K_0 ermittelt, oder auf das Ende des Betrachtungszeitraums ($t = n$), dann wird der **Endwert** K_n ermittelt.

Da Zahlungsströme betrachtet werden (Liquiditätsebene), sind als Auszahlung in der Investitionsphase die Eigenmittel (Investitionsausgabe minus Krediteinzahlung) anzusetzen. Ein etwa bei der Darlehensauszahlung einbehaltenes Damnum (Disagio) o.ä. sind bei der Krediteinzahlung zu berücksichtigen, nur der Betrag, der aus Sicht der Bank Auszahlungsbetrag ist, kann von der gesamten Investitionssumme als Krediteinzahlung abgezogen werden. Bei den laufenden Einzahlungen sind die Überschüsse zu ermitteln, auch hier auf der Liquiditätsebene: Es werden nur die Mieteinnahmen angesetzt, von denen zu erwarten ist, dass sie gezahlt werden; ein Nutzen, der nicht in Geldeinnahmen besteht, muss quantifiziert werden – nur wenn der monetäre Gegenwert des Nutzens (z.B. ersparte Mietzahlung an Dritte) in die Rechnung eingestellt wird, führt diese zu sinnvollen Ergebnissen. Bei den Auszahlungen sind außer den (zahlungswirksamen) Verwaltungs-, Instandhaltungs- und Bewirtschaftungskosten auch Tilgungsleistungen zu berücksichtigen (Tilgung ist kein Aufwand aber Zahlung!). Nicht angesetzt wird dagegen die Abschreibung (Aufwand aber keine Zahlung!).

Der Wertverlust des Gebäudes muss nicht periodenbezogen abgegrenzt werden, er wird aber in der Rechnung durchaus berücksichtigt. Dies geschieht dadurch, dass am Ende des Betrachtungszeitraums zuzüglich zum Mietüberschuss der letzten Periode der Restwert der Immobilie bei den Einzahlungen mit angesetzt wird: diesen kann man sich als Verkaufserlös für das bebaute oder abgeräumte Grundstück vorstellen. Der Wertverlust des Gebäudes ist dann in der Differenz zwischen Investitionsausgabe und Restwert enthalten. Beim Restwert ist ebenfalls auf sorgfältige Ermittlung der zu erwartenden Einzahlung zu achten: ggf. noch bestehende Verbindlichkeiten (Darlehensvaluta), Kosten der Veräußerung, der Ablösung von Rechten und ggf. des Abbruchs des Gebäudes (falls nur ein Bodenwert angesetzt werden soll) sind abzuziehen.

4.1 Kapitalwert und Methode des internen Zinsfußes

Eine in der Immobilienwirtschaft verbreitete dynamische Investitionsrechen-Methode ist die des internen Zinsfußes – es handelt sich um eine Barwertmethode. Dazu wird der Wert der Einzahlungsüberschüsse unter Berücksichtigung von Zinseszins auf den Investitionszeitpunkt t = 0 bezogen.

Der **Barwert** e_{bar} ist derjenige Betrag, den man im Zeitpunkt 0 zinsbringend und mit Wiederanlage der Zinserträge anlegen müsste, um am Ende der Periode n den Betrag en zur Verfügung zu haben. Die Einzahlungsüberschüsse der einzelnen Perioden 1 bis n werden „abgezinst" oder „diskontiert": eine Zahlung in Höhe (en), die am Ende der Periode (n) anfällt, hat den Barwert

$$e_{bar} = \frac{e_n}{q^n}$$

wobei q = 1 + i und i ein Zinssatz ist, der willkürlich, sinnvoller Weise aber in Höhe eines üblichen Zinssatzes gewählt wird. Wird bei der Barwertberechnung unterstellt, dass der Betrag e investiert wird, so ist für i ein Haben-Zinssatz zu wählen in einer Höhe, wie er üblicherweise für die Anlage derartiger Beträge erzielt wird. Wenn unterstellt wird, dass der Betrag e finanziert wird, so ist i in Höhe eines angemessenen Soll-Zinssatzes zu wählen. Soll-Zinsen sind – ceteris paribus – höher als Haben-Zinssätze. Die Summe der Barwerte aller Einzahlungsüberschüsse ist der Barwert K_0 der gesamten Zahlungsreihe, mithin:

$$K_0 = \sum_{t=0}^{n} \frac{e_t}{q^t}$$

Als **Kapitalwert** (C_0) bezeichnet man die Differenz zwischen der Anfangsauszahlung A_0 und dem Barwert K_0 der Einzahlungsreihe, mithin

$$C_0 = A_0 - K_0 = A_0 - \sum_{t=0}^{n} \frac{e_t}{q^t}$$

Ein positiver Kapitalwert sagt, dass die durchschnittliche Verzinsung des eingesetzten Kapitals über dem willkürlich (aber sinnvoll) gewählten Kalkulationszinssatz i liegt. Wenn der Kalkulationszinssatz die aus Sicht des Investors notwendige Mindestverzinsung (oder den Zinssatz der Referenzinvestition) darstellt, dann besagt ein positiver Kapitalwert, dass die Investition vorteilhaft ist.

Das obige Beispiel (vgl. Tabelle 1, s. S. 284) wird erweitert: Die Mieteinnahmen sollen jährlich um 500 € steigen. Die Kosten für Verwaltung und Instandhaltung sollen jährlich um 2% steigen.
Das Beispiel zeigt, dass bei dieser Berechnung Zahlungsströme, also die Auszahlung im Jahr 0 (Investitionsausgabe mit negativem Vorzeichen), die Mietüberschüsse (Mieteinnahmen minus Instandhaltungs- und Verwaltungsausgaben) und die Einzahlung im letzten Jahr (Mietüberschüsse plus Restwert) Grundlage

Investitionsausgabe	1.000.000,00		
Instandhaltung	3.000,00	2,0%	Anstieg jährlich
Verwaltung	1.500,00	2,0%	Anstieg jährlich
Mieteinnahmen	100.000,00	500,00	Anstieg jährlich
Haltedauer	10	Jahre	
Endwert	10	-faches der Jahresbruttomiete	
Diskontierungszinssatz	**7,50%**		
Fälligkeit der Zahlungen jährlich nachschüssig (=am Jahresende)			

Jahr	Mieteinnahmen	Instandhaltung Verwaltung	Zahlungsreihe nominal	Zahlungsreihe Barwerte
0			-1.000.000,00	-1.000.000,00
1	100.000,00	4.500,00	95.500,00	88.837,21
2	100.500,00	4.590,00	95.910,00	82.994,05
3	101.000,00	4.681,80	96.318,20	77.532,35
4	101.500,00	4.775,44	96.724,56	72.427,40
5	102.000,00	4.870,94	97.129,06	67.656,08
6	102.500,00	4.968,36	97.531,64	63.196,75
7	103.000,00	5.067,73	97.932,27	59.029,16
8	103.500,00	5.169,09	98.330,91	55.134,36
9	104.000,00	5.272,47	98.727,53	51.494,65
10	104.500,00	5.377,92	1.144.122,08	555.121,09
			Kapitalwert	**173.423,10**

Tab. 3: Kapitalwertberechnung (Quelle: eigene Darstellung)

der Berechnung sind. Bei der Ermittlung des Restwerts wurde davon ausgegangen, dass ein positiver Verkaufserlös erzielt wird. Im Beispiel wurde angenommen, dass dieser netto (also nach Abzug von Vermarktungskosten etc.) das Zehnfache der Bruttomiete des letzten Jahres beträgt. Die Annahme eines Restwerts als Vielfaches der letzten Mieteinnahmen erscheint realistischer als der Ansatz eines Buchwerts. Neben den Nominalbeträgen der Zahlungsreihe sind die Barwerte der Zahlungen, mit 7,5% abgezinst auf den Zeitpunkt t = 0, dargestellt. Die Summe der Barwerte ist positiv.

Zur Vereinfachung wird in der Beispielrechnung der Kapitalwert der Investition über einen Anlagehorizont von 10 Jahren ermittelt. Für Immobilieninvestitionen kann es sinnvoll sein, auch längere Anlagehorizonte zu betrachten. Aus der Beispielrechnung ergibt sich bei einem Kalkulationszinssatz von 7,5 % ein positiver Kapitalwert von 173.423,10. Beim Kapitalwert kommt es lediglich auf das Vorzeichen an, da es im Beispiel positiv ist, besagt dies lediglich, dass sich das eingesetzte Kapital mit mehr als 7,5 % verzinst. Auf den Betrag kommt es nicht an.

Das Beispiel wird erweitert: Das Vorhaben soll mit einem Kredit in Höhe von 600.000,00 finanziert werden. Als Auszahlung im Zeitpunkt t = 0 ist daher nur noch das Eigenkapital (Investitionsausgabe minus Fremdmitteleinzahlung) anzusetzen. Zur Ermittlung des Kapitalwerts ist die Zahlungsreihe um den Tilgungsplan für den Kredit zu erweitern. Das Darlehen soll mit 6% verzinst und mit 1% vom Ursprungsbetrag annuitätisch getilgt werden. Der Tilgungsplan besteht aus den Spalten Darlehensvaluta am Jahresanfang, Zins, Tilgung, Annuität und Darlehensvaluta am Jahresende. Lediglich die Reihe Annuität beeinflusst die Einzahlungsüberschüsse der Jahre 1 bis 9. Die Annuität muss aus den Mieteinnahmen bedient werden, die nominalen Überschüsse verringern sich entsprechend. Für den Restwert wird zudem die Darlehensvaluta am Ende des Jahres 10 benötigt. Denn das Darlehen muss aus dem Verkaufserlös zurückgeführt werden. Die Zahlung des Jahres 10 ergibt sich nun aus den Mietüberschüssen des Jahres 10 plus dem Verkaufserlös abzüglich Darlehensvaluta am Ende des Jahres 10. In der Variante mit Darlehensfinanzierung ergibt sich ein höherer Kapitalwert von 232.386,80. Die Variante mit Kreditfinanzierung ist also vorteilhafter als die ohne Fremdmittel.

Die beiden Beispiele veranschaulichen zugleich den Leverage-Effekt (Hebeleffekt der Verschuldung): so lange die Gesamtkapitalrentabilität einer Investition höher ist als der Fremdkapital-Zinssatz erhöht die Fremdmittelaufnahme die Eigenkapitalrentabilität – bildlich: der in-

Investitionsausgabe	1.000.000,00	
Darlehen	600.000,00	
Darlehenzinssatz	6,0%	
Annuität	7,0%	
Instandhaltung	3.000,00	2,0% Anstieg jährlich
Verwaltung	1.500,00	2,0% Anstieg jährlich
Mieteinnahmen	100.000,00	500,00 Anstieg jährlich
Haltedauer	10 Jahre	
Endwert	10 -faches der Jahresbruttomiete	
Diskontierungszinssatz	**7,50%**	
Fälligkeit der Zahlungen jährlich nachschüssig (=am Jahresende)		

			Tilgungsplan						
Jahr	Mieteinnahmen	Instandhaltung Verwaltung	*Darlehensvaluta (Jahresanfang)*	*Zins*	*Tilgung*	*Annuität*	*Darlehensvaluta (Jahresende)*	Zahlungsreihe nominal	Zahlungsreihe Barwerte
0							*600.000,00*	-400.000,00	-400.000,00
1	100.000,00	4.500,00	*600.000,00*	*36.000,00*	*6.000,00*	*42.000,00*	*594.000,00*	53.500,00	49.767,44
2	100.500,00	4.590,00	*594.000,00*	*35.640,00*	*6.360,00*	*42.000,00*	*587.640,00*	53.910,00	46.650,08
3	101.000,00	4.681,80	*587.640,00*	*35.258,40*	*6.741,60*	*42.000,00*	*580.898,40*	54.318,20	43.724,01
4	101.500,00	4.775,44	*580.898,40*	*34.853,90*	*7.146,10*	*42.000,00*	*573.752,30*	54.724,56	40.977,78
5	102.000,00	4.870,94	*573.752,30*	*34.425,14*	*7.574,86*	*42.000,00*	*566.177,44*	55.129,06	38.400,62
6	102.500,00	4.968,36	*566.177,44*	*33.970,65*	*8.029,35*	*42.000,00*	*558.148,09*	55.531,64	35.982,36
7	103.000,00	5.067,73	*558.148,09*	*33.488,89*	*8.511,11*	*42.000,00*	*549.636,97*	55.932,27	33.713,45
8	103.500,00	5.169,09	*549.636,97*	*32.978,22*	*9.021,78*	*42.000,00*	*540.615,19*	56.330,91	31.584,87
9	104.000,00	5.272,47	*540.615,19*	*32.436,91*	*9.563,09*	*42.000,00*	*531.052,10*	56.727,53	29.588,14
10	104.500,00	5.377,92	*531.052,10*	*31.863,13*	*10.136,87*	*42.000,00*	*520.915,23*	581.206,85	281.998,04
								Kapitalwert	**232.386,80**

Tab. 4: Kapitalwertberechnung mit Tilgungsplan/Fremdfinanzierung (Quelle: eigene Darstellung)

vestierte Euro bringt mehr, als der gepumpte Euro kostet. Von jedem kreditfinanzierten Euro bleibt ein bisschen Gewinn in der eigenen Tasche, die Bank kriegt nicht den ganzen Gewinn.

Der Kapitalwert sagt allerdings nichts über die Höhe der Verzinsung des eingesetzten Kapitals aus, er liefert lediglich einen Hinweis, ob diese über oder unter dem gewählten Zinssatz i liegt. Man kann diesen Gedanken aber umkehren: wenn man den Zinssatz i = ? sucht, bei dem der Kapitalwert genau $C_0 = 0$ ist, dann stellt dieser **interne Zinssatz** die durchschnittliche Verzinsung des eingesetzten Kapitals über den gesamten Betrachtungszeitraum unter Berücksichtigung von Zins und Zinseszins dar. Wir sprechen von der **Rendite nach der Methode des internen Zinsfußes**. Es gibt viele verschiedene Begriffe von Rendite, in diesem Zusammenhang sprechen wir nur dann von Rendite, wenn die durchschnittliche Verzinsung eines Kapitals über mehrere Perioden unter Berücksichtigung von Zinseffekten gemeint ist. Die Umstellung der Formel für den Kapitalwert nach i führt allerdings zu einer Gleichung n-ten Grades, für die es rein mathematisch n richtige Lösungen gibt. Bei einer größeren Zahl von Perioden (womit wir es in der Immobilienwirtschaft meist zu tun haben werden) sind nur Näherungsverfahren zur Lösung möglich. Dies war vor Entwicklung von PC und Tabellenkalkulationsprogrammen ein Problem, ist es seither aber nicht mehr.

Beispielsweise lässt sich mit MS Excel der interne Zinsfuß leicht berechnen. Dazu wird eine Tabelle aufgebaut wie im obigen Beispiel (Tabelle 2, s. S. 286), mit der zunächst der Kapitalwert für einen willkürlich gewählten Kalkulationszinsfuß (hier: i = 7,5%) ermittelt wird. Abbildung 2 zeigt die Bildschirmansicht zu der Tabelle des obigen Beispiels (Berechnung des Kapitalwerts). Der Einfachheit halber wird wiederum auf den Fall ohne Darlehensaufnahme zurückgegriffen. Es ergibt sich wieder der Kapitalwert von 173 423,10. Der Zinssatz muss nun so lange variiert werden, bis sich der Kapitalwert 0 ergibt. Man kann das durch Probieren „von Hand" erledigen. Beispielweise ergibt sich bei i = 10 % der Kapitalwert – 1 018,78. Der interne Zinsfuß muss also zwischen 7,5 % und 10 % liegen und zwar näher bei 10 %.

Einfacher wird das Probierverfahren mit der Funktion „Zielwertsuche", die Excel bereithält. Dabei wird iterativ (d.h. immer wieder) der Kapitalwert errechnet, bis das gewünschte Ziel (hier $C_0 = 0$) erreicht ist. Dazu wird im Menu Extras das Element „Zielwertsuche" aufgerufen.

Als Zielzelle wird die Adresse der Zelle des Kapitalwerts (Summe der Barwerte der Zahlungsreihe), als Zielwert wird 0 eingegeben, denn wir suchen den Kalkulationszinsfuß, bei dem der Kapitalwert genau = 0 ist. Als veränderbare Zelle

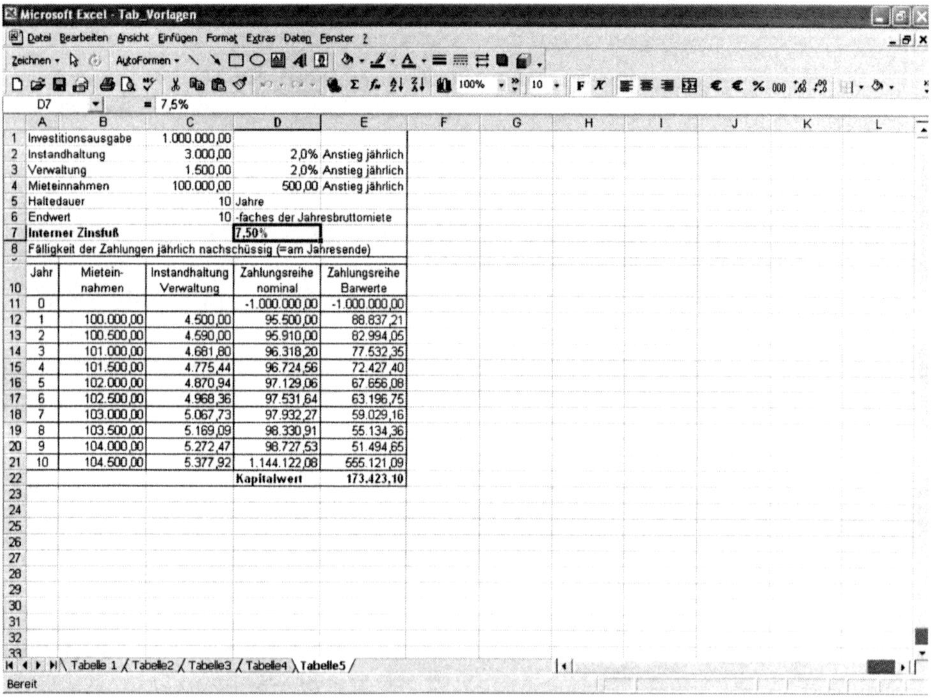

	A	B	C	D	E
1	Investitionsausgabe		1.000.000,00		
2	Instandhaltung		3.000,00	2,0%	Anstieg jährlich
3	Verwaltung		1.500,00	2,0%	Anstieg jährlich
4	Mieteinnahmen		100.000,00	500,00	Anstieg jährlich
5	Haltedauer		10	Jahre	
6	Endwert		10	-faches der Jahresbruttomiete	
7	**Interner Zinsfuß**			7,50%	
8	Fälligkeit der Zahlungen jährlich nachschüssig (=am Jahresende)				
10	Jahr	Mietein-nahmen	Instandhaltung Verwaltung	Zahlungsreihe nominal	Zahlungsreihe Barwerte
11	0			-1.000.000,00	-1.000.000,00
12	1	100.000,00	4.500,00	95.500,00	88.837,21
13	2	100.500,00	4.590,00	95.910,00	82.994,05
14	3	101.000,00	4.681,80	96.318,20	77.532,35
15	4	101.500,00	4.775,44	96.724,56	72.427,40
16	5	102.000,00	4.870,94	97.129,06	67.656,08
17	6	102.500,00	4.968,36	97.531,64	63.196,75
18	7	103.000,00	5.067,73	97.932,27	59.029,16
19	8	103.500,00	5.169,09	98.330,91	55.134,36
20	9	104.000,00	5.272,47	98.727,53	51.494,65
21	10	104.500,00	5.377,92	1.144.122,08	555.121,09
22				**Kapitalwert**	**173.423,10**

Abb. 2: Internen Zinsfuß berechnen mit Excel: Schritt 1 (Quelle: eigene Darstellung)

wird die Adresse der Zelle eingegeben, in der der zunächst willkürlich gewählte Kalkulationszinsfuß (hier i = 7,5%) steht. Mit anklicken der Schaltfläche „OK" berechnet das Programm so lange Werte für i, bis das Ergebnis hinreichend genau dem Zielwert 0 entspricht. Die folgende Abbildung 3 zeigt das so ermittelte Ergebnis, nämlich 9,98 %.

Der vom Programm automatisch ermittelte interne Zinsfuß, also die Rendite, beträgt 9,98 %. Im zweiten Fall, bei Fremdmittelfinanzierung mit einem Darlehensbetrag von 600 000 zu 6 % Zins und 1 % Tilgung, ergibt sich eine Eigenkapital-Rendite von 15,23 %. Allerdings ist eine Renditeermittlung bei einer Prognoserechnung in der Genauigkeit von zwei Nachkommastellen nicht sinnvoll: die Annahmen, auf denen die Rechnung basiert, sind ja alle risikobehaftet, die Genauigkeit ist nur scheinbar. Deutlich wird aber schon, dass sich unter diesen Annahmen eine Kennzahl ergibt, die über der oben ermittelten statischen Rentabilität (7,95 % bzw. 10,88 %) im ersten Jahr liegt, denn Mietsteigerungen, Wertsteigerungen (die sich im Verkaufswert nach 10 Jahren aus-

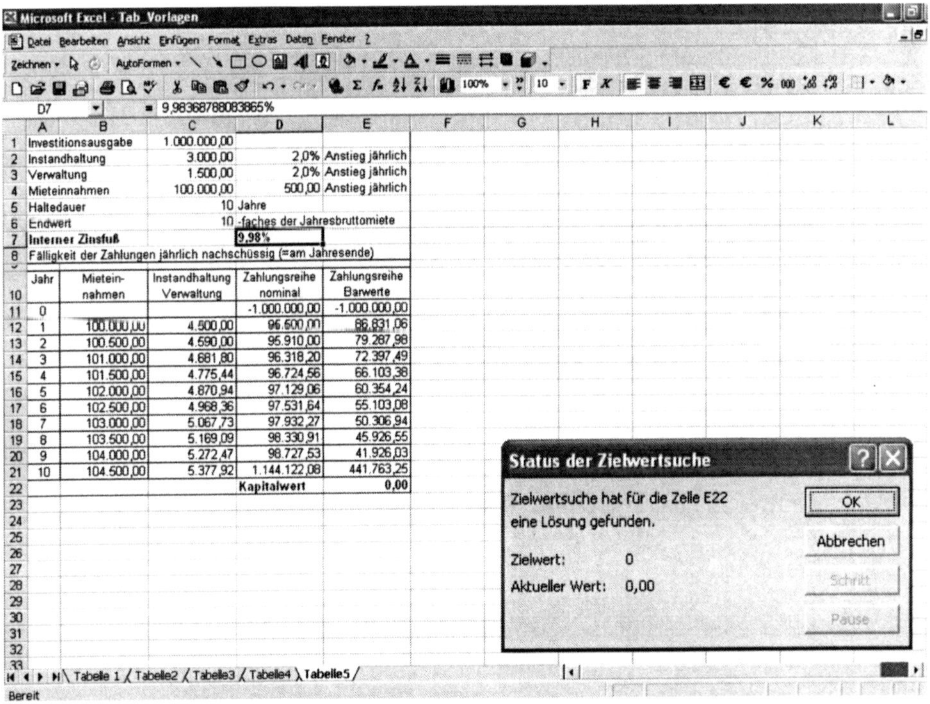

Investitionsausgabe		1.000.000,00		
Instandhaltung		3.000,00	2,0%	Anstieg jährlich
Verwaltung		1.500,00	2,0%	Anstieg jährlich
Mieteinnahmen		100.000,00	500,00	Anstieg jährlich
Haltedauer		10	Jahre	
Endwert		10	-faches der Jahresbruttomiete	
Interner Zinsfuß			9,98%	
Fälligkeit der Zahlungen jährlich nachschüssig (=am Jahresende)				
Jahr	Mieteinnahmen	Instandhaltung Verwaltung	Zahlungsreihe nominal	Zahlungsreihe Barwerte
0			-1.000.000,00	-1.000.000,00
1	100.000,00	4.500,00	95.500,00	86.831,06
2	100.500,00	4.590,00	95.910,00	79.287,98
3	101.000,00	4.681,80	96.318,20	72.397,49
4	101.500,00	4.775,44	96.724,56	66.103,38
5	102.000,00	4.870,94	97.129,06	60.354,24
6	102.500,00	4.968,36	97.531,64	55.103,08
7	103.000,00	5.067,73	97.932,27	50.306,94
8	103.500,00	5.169,09	98.330,91	45.926,55
9	104.000,00	5.272,47	98.727,53	41.926,03
10	104.500,00	5.377,92	1.144.122,08	441.763,25
			Kapitalwert	**0,00**

Abb. 3: Internen Zinsfuß berechnen mit Excel: Schritt 2 (Quelle: eigene Darstellung)

drücken) und im Fall der Kreditaufnahme auch der Leverage-Effekt sind bei dieser Betrachtungsweise berücksichtigt.

Die Methode des internen Zinsfußes zur Ermittlung von Investitionsrenditen birgt einige Probleme:

- Wenn der Fall nicht so einfach gelagert ist, wie im Beispiel, sondern auch in der Bewirtschaftungsphase negative Zahlungen vorkommen, gibt es **mehrere** mathematisch **richtige Lösungen** für i, bei denen $C_0 = 0$ ist. In der Immobilienwirtschaft ist z.B. dann mit negativen Zahlungen in der Bewirtschaftungsphase zu rechnen, wenn größere Instandsetzungen oder Modernisierungen fällig sind.
- Die Methode unterstellt, dass Überschüsse stets zum ermittelten internen Zinssatz angelegt werden können (**Wiederanlagehypothese**). Diese Annahme ist problematisch, weil Haben-Zinssätze auch von Höhe und Laufzeit der beabsichtigten Geldanlage abhängen. Die Annahme wird noch problematischer, wenn der ermittelte interne Zinssatz sehr viel höher ist als übliche Haben-Zinssätze am Geldmarkt; dann wird es faktisch nicht möglich sein, Summen, die deutlich geringer sind, als für eine vergleichbare Investition erforderlich, zum ermittelten Zinssatz anzulegen. So ist im obigen Beispiel eine Wiederanlage des jährlichen Überschusses in Höhe von ca. 50 000 € zu fast 15 % Zins kaum möglich.
- Die Methode rechnet mit einem **einheitlichen Zinssatz** für Soll- und Haben-Zinsen, was realitätsfern ist. Wenn in der Bewirtschaftungsphase negative Zahlungen anfallen, müssen diese finanziert werden, was realitätsnah nur mit einem Soll-Zinssatz dargestellt werden kann, der über dem Haben-Zinssatz liegt.

Trotz dieser Probleme hat sich die Rendite nach der Methode des internen Zinsfußes als Kennzahl für die Vorteilhaftigkeit von Immobilieninvestitionen weithin durchgesetzt.

4.2 Endwert und Methode des Vollständigen Finanzplans (VoFi-Methode)

Die Probleme der Methode des internen Zinsfußes werden mit der **Methode des vollständigen Finanzplans (VoFi-Methode)** vermieden. Es handelt sich um eine Endwert-Methode. Auch die VoFi-Methode liefert als Kennzahl die Rendite.

Mit dieser Methode werden die Zahlungsströme im Zusammenhang mit einer Immobilieninvestition möglichst realitätsnah erfasst. Alle Zahlungen werden in Nominalbeträgen dargestellt zum jeweiligen Zeitpunkt, zu dem sie zu erwarten sind. Sodann werden Überschüsse verzinslich akkumuliert, wobei von geldmarktüblichen Haben-Zinssätzen ausgegangen wird. Die Zinssätze können auch nach Anlagezeitraum und Höhe des anzulegenden Betrags differenziert sein. Damit wächst aus den Überschüssen und deren Verzinsung ein Guthaben an. Auszahlungsüberschüsse werden, soweit sie durch dieses Guthaben gedeckt sind, durch dessen (teilweise) Auflösung finanziert, soweit das Guthaben nicht ausreicht, wird von einer Kreditaufnahme zu einem realistischen Soll-Zinssatz ausgegangen. Aus der Darstellung dieser Zahlungsvorgänge ergibt sich am Ende des Betrachtungszeitraums ein Guthaben und ein Restwert der Immobilie, die zusammen als **Endwert** K_n im Zeitpunkt t = n betrachtet werden können. Die Investitionsauszahlung $A = K_0$ (hier als absoluter Betrag, nicht mit negativem Vorzeichen!) im Zeitpunkt t = 0 und der Endwert K_n können als Zwei-Zahlungs-Fall („Zero-Bond") aufgefasst werden, dessen durchschnittliche Verzinsung sich nach der Formel

$$i = -1 + \sqrt[n]{\frac{K_n}{K_0}}$$

ermitteln lässt.

Das obige Beispiel (vgl. Tabelle 4, s. S. 291) wird erweitert, um die Ermittlung der VoFi-Rendite zu verdeutlichen. Wiederum wird eine Tabelle angelegt, in der die Zahlungsströme dargestellt sind. Das Jahr 0 muss in diesem Fall nicht mit dargestellt werden. Die Überschüsse werden zum Haben-Zinssatz von 2,75% angelegt – man kann sich das als Sparbuch vorstellen. Sofern das Guthaben auf dem Sparbuch nicht ausreicht, wird ein kurzfristiges Darlehen zu 11% Soll-Zinssatz aufgenommen. Man kann sich das als Überziehungs-Kredit vorstellen. Das Beispiel wird gegenüber den bisherigen um folgende Annahme erweitert: Das Objekt soll im 5. Jahr modernisiert werden mit einem Aufwand von 750 000. Das „Guthaben" (Überschüsse verzinst und kumuliert) reicht nicht aus, um diese Ausgabe zu decken. Daher werden Mittel zum Soll-Zinssatz aufgenommen. Nach zwei Jahren ist dieser kurzfristige Kredit aus den Mietüberschüssen getilgt. Die Mieten werden im Jahr nach der Modernisierung auf 175 000 angehoben, danach erfolgt keine Mietsteigerung.

Die letzte Spalte „Zahlungen verzinst und kumuliert", bildlich: der Kontostand dieses Sparbuchs am Jahresende zeigt die liquiden Überschüsse bzw. Unterdeckungen des Objekts. Der Endwert des gesamten Investition ergibt sich aus dem Restwert des bebauten Grundstücks und dem Endwert der Zahlungsüberschüsse. Der Restwert des Objekts ist wie-

Investitionsausgabe	1.000.000,00			
Modernisierungsausgabe	750.000,00	im Jahr 5		
Instandhaltung	3.000,00		2,0%	Anstieg jährlich
Verwaltung	1.500,00		2,0%	Anstieg jährlich
Mieteinnahmen vor Mod.	100.000,00		500,00	Anstieg jährlich
Mieteinnahmen nach Mod.	175.000,00	kein Anstieg nach Mod.		
Haltedauer	10	Jahre		
Endwert	10	-faches der Jahresbruttomiete		
Haben-Zinssatz	**2,75%**			
Soll-Zinssatz	**11,00%**			
Fälligkeit der Zahlungen jährlich nachschüssig (= am Jahresende)				

Jahr	Mieteinnahmen	Instandhaltung Verwaltung	Zahlungsreihe nominal	Zinserträge Zinsaufwand	Zahlungen verzinst und kumuliert
1	100.000,00	4.500,00	95.500,00		95.500,00
2	100.500,00	4.590,00	95.910,00	2.626,25	194.036,25
3	101.000,00	4.681,80	96.318,20	5.336,00	295.690,45
4	101.500,00	4.775,44	96.724,56	8.131,49	400.546,50
5	102.000,00	4.870,94	-652.870,94	11.015,03	-241.309,42
6	175.000,00	4.968,36	170.031,64	-26.544,04	-97.821,82
7	175.000,00	5.067,73	169.932,27	-10.760,40	61.350,05
8	175.000,00	5.169,09	169.830,91	1.687,13	232.868,09
9	175.000,00	5.272,47	169.727,53	6.403,87	408.999,50
10	175.000,00	5.377,92	169.622,08	11.247,49	589.869,07
				Restwert	1.750.000,00
				K_n	2.339.869,07
				K_0	1.000.000,00
				i =	**8,87%**

Tab. 5: VoFi-Berechnung (Quelle: eigene Darstellung)

derum als 10fache Jahresrohmiete angesetzt. Wenn noch eine Restschuld eines Darlehens besteht, ist diese vom Endwert abzuziehen. So ergibt sich der Endwert Kn. Der Anfangswert K_0 entspricht der Investitionsauszahlung, also Investitionsausgabe, ggf. abzüglich Kreditaufnahme. Die ermittelte VoFi-Rendite beträgt in diesem Beispiel 8,96 %.

Mit der VoFi-Methode können alle Zahlungsvorgänge abgebildet werden. Die nach der VoFi-Methode ermittelten Renditen sind realitätsnäher. Die obigen Beispiele sind nicht von gleichen Voraussetzungen ausgegangen: einmal wurde eine Modernisierung angenommen im anderen Fall nicht. Berechnet man gleiche Fälle nach beiden Methoden, so ergeben sich unterschiedliche Werte,

- wenn Phasen der Unterdeckung entstehen

oder

- wenn die Rendite der Immobilie deutlich von den für die Anlage der Überschüsse (Geldanlage) erzielbaren Zinsen abweicht.

Übersteigt die Rendite der Immobilie den Geldanlagezins, so ergibt sich eine VoFi-Rendite, die unter der nach der Methode des internen Zinsfußes ermittelten liegt. Entsprechendes gilt im umgekehrten Fall. Die VoFi-Rendite ist realistischer, da sie nicht von der Wiederanlage der Überschüsse in die Immobilie (sondern eben von einer Geldanlage) ausgeht.

5 Beurteilung von Risiken

Investitionsrechnungen arbeiten mit der Annahme, dass wir künftige Zustände bzw. Entwicklungen sicher kennen. Investitionsentscheidungen werden aber unter Unsicherheit getroffen. Diese Risiken sind zu quantifizieren und einzugrenzen.

Baupreise und Architektenhonorare, Darlehenszinssätze und Zwischenfinanzierungskosten, Bauzeiten, erzielbare Mieten und mögliche Mietsteigerungen, Vollvermietung oder Leerstand (und dessen Höhe), Verwaltungskosten und vor allem Instandhaltungs- und Instandsetzungskosten, Restwert (Verkaufserlös) am Ende des Betrachtungszeitraums, all dies sind Variablen, die die Rendite und damit die Vorteilhaftigkeit (oder Unvorteilhaftigkeit) einer Investition bestimmen. Die künftige Entwicklung dieser Variablen ist aber nicht mit Sicherheit vorhersagbar. Investitionsentscheidungen werden immer unter **Unsicherheit** getroffen. Soweit die künftigen Zustände oder Entwicklungen völlig vom Zufall abhängen, spricht man von Ungewissheit. Hinsichtlich der Möglichkeit eines Kriegs in dem Gebiet, in dem wir eine Investition planen, handeln wir unter **Ungewissheit**. Soweit die Bandbreite möglicher Entwicklungen und die Wahrscheinlichkeit, mit der sie eintreffen, abgeschätzt und quantifiziert (in Größen dargestellt) werden können, sprechen wir von **Risiko**. Risiken sind prinzipiell kalkulierbar. Wir wissen aus Erfahrung, dass sich Zinssätze für langfristige Baudarlehen niemals unter 4,0 % und niemals über 11,5 % bewegt haben und dass der Durchschnitt über die letzten Jahrzehnte bei 6,5 % gelegen hat. Wenn wir annehmen, dass sich dies auch künftig so verhalten wird, dann bewegt sich das Zinsänderungsrisiko in diesem Bereich. Dies stellt allerdings einen kühnen Schluss dar: wir gehen davon aus, dass sich Erfahrungen aus der Vergangenheit in der Zukunft bestätigen, Entwicklungsbrüche, durch die Unwahrscheinliches eintritt, sind damit jedoch nicht im Blickfeld.

Investitionsrechnungen können als Grundlage für die Kalkulation von Risiken dienen. Zunächst kommt es darauf an, für alle Eingangs-

Variablen einer Investitionsrechnung möglichst realistische und fundierte Annahmen zu treffen. Dies ist um so leichter möglich, je mehr Erfahrungen aus bereits realisierten, eigenen oder fremden Investitionsvorhaben vorliegen und ausgewertet werden können. Weitere Quellen sind für die Investitionsausgabe Preisübersichten für Bauland und Kostenschätzungen erfahrener Planungsbüros. Für laufende Kosten bieten sich folgende Quellen an: Zinskonditionen für Baukredite können den Wirtschaftsteilen der Tageszeitungen, Fachblättern oder dem Internet entnommen werden. Erfahrungssätze für Verwaltung und Instandhaltung ergeben sich aus der Kosten- und Leistungsrechnung des Unternehmens, sie lassen sich auch aus den Pauschalen herleiten, die im öffentlich geförderten Wohnungsbau zulässig sind bzw. bei gewerblicher Nutzung aus dem Vergleich mit entsprechenden Kosten bestehender Gewerbegebäude. Aber die Projektion vergangener Entwicklungen in die Zukunft kann auch leicht in die Irre führen. So sind im langfristigen Vergleich die Wohnungsmieten um jahresdurchschnittlich 4,5 % gestiegen, während sie im letzten Jahrzehnt in den meisten deutschen Regionen gesunken sind; es kommt also auch auf den Zeitraum und das Umfeld an, aus dem die Erfahrungswerte gewonnen werden. Ferner ist die Abhängigkeit unterschiedlicher Variablen voneinander zu berücksichtigen: Beispielsweise hängt die Entwicklung der Wohnungs- und Gewerbemieten von der Inflationsrate ab, die Mietsteigerungsraten lagen langfristig meist um 1 bis 2 Prozentpunkte über den Inflationsraten, das heißt: hohe Inflation geht mit hoher Mietsteigerung zusammen und umgekehrt. Die Inflationsraten schwanken ihrerseits und sind sowohl von globalen Entwicklungen als auch von der nationalen Wirtschafts-, Geld- und Finanzpolitik abhängig.

5.1 Sensitivitätsanalyse („Tornado-Diagramm")

Mit der **Sensitivitätsanalyse** wird der Einfluss der Veränderung einzelner Variablen auf die Rendite der Investition dargestellt. Diejenigen Variablen, auf die die Rendite am empfindlichsten (sensitiv) reagiert, können so identifiziert werden.

Eine Sensitivitätsanalyse kann auf der Grundlage einer VoFi-Berechnung erstellt werden. Dazu werden die Werte einzelner Variablen variiert, z.B. indem man außer einem erwarteten **mittleren Wert** jeweils noch einen Wert für den günstigsten denkbaren Fall (**best case**) und für den ungünstigsten (**worst case**) eingibt und jeweils die dazugehörige Rendite berechnet. Diese Variation erfolgt **gesondert für jede**

Variable, die als riskant eingeschätzt wird. Ordnet man die für relevant gehaltenen Variablen in einem Balkendiagramm nach dem Ausmaß ihres Einflusses auf die Rendite, so ergibt sich die anschauliche Darstellung des „Tornado-Diagramms" (so genannt wegen seiner Ähnlichkeit mit dem Anblick eines herannahenden Wirbelsturms): der oberste Balken zeigt diejenige Variable, auf deren Variation die Rendite am empfindlichsten (sensitivsten) reagiert, nach unten hin nimmt die Empfindlichkeit der Rendite auf Variation der Variablen ab. In der Entwicklung und Steuerung des Investitionsprojektes ist auf diejenigen Größen besondere Aufmerksamkeit zu richten, auf die die Rendite mit höchster Sensitivität reagiert.

Wenn im obigen Beispiel die Modernisierungskosten variiert werden, nämlich außer dem wahrscheinlichen Wert 750 000 auch noch mit 900 000 und 600 000 gerechnet wird, so ergeben sich Renditen von 7,88% – 8,87% – 9,75%. Man kann sich vorstellen, dass z.B. die Baukosten um den entsprechenden Betrag höher oder geringer ausfallen als geplant. Die Variation der Modernisierungskosten um ± 150 000 führt also zu einer Variation der Rendite um ca. ±10%. Variiert man dagegen die Kostensteigerungsrate der laufenden Instandhaltung und Verwaltung um ± 100%, nämlich zwischen + 4% und 0%, so wirkt sich dies auf die Rendite kaum aus (Schwankung um weniger als 1%). Somit wird deutlich, dass man von den untersuchten Variablen in diesem Beispiel nur die Mieterhöhung nach Modernisierung und die Höhe der Modernisierungskosten

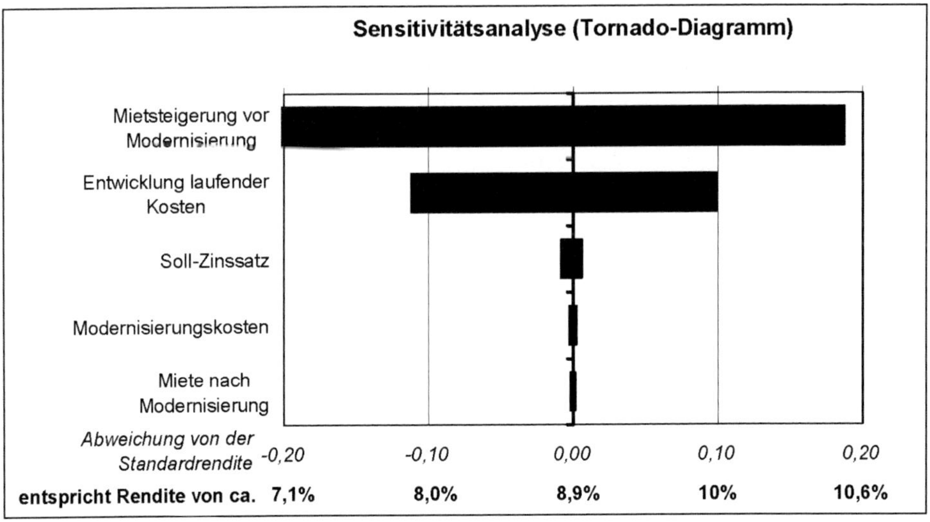

Abb. 4: Sensitivitätsanalyse (Quelle: eigene Darstellung)

im Auge behalten muss. Die anderen Variablen können vernachlässigt werden. In diesem Fall wird die Projektsteuerung sich also auf zwei Punkte konzentrieren: genaue Kontrolle der Baukosten bei Modernisierung und Akzeptanz der Modernisierungsmaßnahmen bei den Mietern und damit Akzeptanz der Mieterhöhung.

Im obigen Beispiel wurden nur fünf Variablen variiert, die willkürlich herausgegriffen wurden. Der Rechenaufwand für die Sensitivitätsanalyse ist recht gering, man kann eine größere Zahl von Variablen variieren – im Prinzip alle, die als Eingangsgrößen für die VoFi-Berechnung verwendet wurden. Die Darstellung im Tornado-Diagramm zeigt, auf welche von ihnen die Rendite besonders empfindlich reagiert. Diese stellen dann die **relevanten Variablen** dar, die genauer untersucht werden können. Es sind auch diejenigen, auf deren Entwicklung in der Steuerung des Investitionsprojektes besondere Aufmerksamkeit gelegt werden sollte.

Schließlich zeigt das Beispiel, dass es verschiedene Möglichkeiten gibt, Werte für den best und worst case festzulegen: man kann den erwarteten mittleren Wert um einen festen Prozentsatz variieren, z.B. um ± 20 %. Dann zeigt das Tornado-Diagramm die Stärke des Zusammenhangs zwischen der jeweiligen unabhängigen Variablen und der abhängigen variablen Rendite. Man kann aber auch für jede unabhängige Variable gesondert plausible Ober- und Untergrenzen wählen: in einer Niedrigzinsphase kann der Sollzinssatz vielleicht noch um einen Prozentpunkt fallen, von 5 % auf 4 % wäre das eine Variation um – 25 %, er kann aber auch auf das Doppelte steigen: für den Sollzinssatz wäre in diesem Fall also eine Variation um -25 % und + 100 % angebracht. In diesem Fall zeigt das Tornado-Diagramm, welche Variablen bei einer bestimmten Erwartung künftiger Entwicklungen den größten Einfluss auf die Rendite haben. Die zweite Vorgehensweise wird für eine anstehende Investitionsentscheidung wohl die gehaltvollere Aussage bieten.

5.2 Szenario-Technik

Mit der **Szenario-Analyse** wird dargestellt, wie sich die Rendite einer Investition verändert, wenn mehrere Variablen gemeinsam eine negative oder positive Wertausprägung annehmen. Ergebnis ist die schlechtest denkbare oder die günstigste zu erwartende Rendite. Es wird also deutlich, was schlimmstenfalls passieren könnte.

Mehrere Variablen können vom erwarteten Mittelwert in die gleiche (positive oder negative) Richtung abweichen: beispielsweise können hohe Baukosten mit hohen Fremdkapitalzinsen zusammentreffen und wegen der hohen Baukosten kann ein hoher Fremdfinanzierungsanteil erforderlich werden. Die Situation könnte einen worst case für unser Vorhaben darstellen. Natürlich können wir auch Glück haben, und alle Entwicklungen laufen parallel in die positive Richtung. Die Szenario-Methode erlaubt es, die Entwicklung von Variablen in unterschiedlicher Kombination darzustellen. Üblicherweise typisiert man die Szenarien in drei Fälle: **Standardvariante**, **worst case** und **best case**.

Excel bietet eine komfortable Möglichkeit, solche Szenarien zu erstellen. Wir nehmen weiter das obige Beispiel (vgl. Tabelle 3, s. S. 289).

Folgende Variablen sollen variiert werden

- jährlicher Anstieg der Instandhaltungskosten: 0 % – 2 % – 4 %
- jährlicher Anstieg der Verwaltungskosten: 0 % – 2 % – 4 %
- Miete nach Modernisierung: 150 000 – 175 000 – 200 000
- Modernisierungskosten im Jahr 5: 600 000 – 750 000 – 900 000
- Soll-Zinssatz: 6 % – 11 % – 14 %

Die Szenarien werden auf der Grundlage einer VoFi-Tabelle berechnet. Diese muss also zunächst erstellt werden. In unserem Beispielfall greifen wir auf die obige Tabelle 4 (s. S. 291) zurück, die bereits vorhanden ist. Sie muss geöffnet werden. In Excel findet sich unter dem Menu-Punkt „Extras" der „Szenario-Manager", der dem Anwender dialog-geführt die Erstellung von Szenarien erleichtert. Zunächst öffnet sich ein Fenster, in welchem für das zu erstellende Szenario ein Name einzugeben ist – hier wurde der Name „worst case" gewählt.

Die Schaltfläche „Hinzufügen" (bzw. für spätere Überarbeitung: „Ändern") wird angeklickt. Danach können die Zellen definiert werden, die verändert werden sollen. Es müssen also alle Zellen angeklickt werden, in denen in der ursprünglichen VoFi-Berechnung Variable stehen, die wir nun variieren wollen. Wir haben die Zellen angeklickt, in denen die Werte für die oben aufgelisteten fünf Variablen stehen. Nach Anklicken von „OK" erscheint ein weiteres Fenster, in dem diese Variablen aufgelistet sind mit ihrem „aktuellen" (d.h. ursprünglich von uns eingegebenen) Wert. Diese Werte ersetzen wir durch die Werte, die wir für die schlechtest denkbaren halten.

Danach kann man mit „Hinzufügen" ein weiteres Szenario definieren, z.B. „best case". Es können beliebig viele Szenarien definiert werden. Für dieses Beispiel haben wir uns auf die beiden „worst case“ und „best case“ beschränkt. Excel liefert ferner automatisch noch das Ausgangsszenario „Aktuelle Werte“, so dass mit den zwei von uns definierten Szenarien insgesamt drei dargestellt werden.

Mit der Schaltfläche „Zusammenfassung“ wird der Szenario-Bericht auf einem gesonderten Excel-Tabellenblatt erstellt (vgl. Abb. 5):

Szenariobericht	**standard case**	**best case**	**worst case**
Veränderbare Zellen:			
Jährlicher Anstieg Instandhaltungskosten	2,0 %	4,0 %	0,0 %
Steigerungsrate Verwaltungskost	2,0 %	4,0 %	0,0 %
Miete nach Modernisierung	175.000,00	200.000,00	150.000,00
Modernisierungskosten im Jahr 5	750.000,00	600.000,00	900.000,00
Soll Zinssatz	11,00 %	6,00 %	14,00 %
Ergebniszellen:			
VoFi-Rendite	8,87 %	11,31 %	5,67 %

Abb. 5: Szenario erstellt mit MSExcel (Quelle: eigene Darstellung)

Die grafische und textliche Nachbearbeitung erfolgt im Szenario-Bericht selber. Sollen Eingabewerte bearbeitet werden, so muss man den Szenario-Manager wieder aufrufen und unter dem jeweiligen Szenario-Namen mit „OK“ und „Bearbeiten“ erneut das Fenster „Szenariowerte“ öffnen.

In unserem Beispiel zeigt der Szenario-Bericht, dass wir im Standard-Fall mit 8,87 % Rendite rechnen können (das wussten wir bereits aus der ursprünglichen VoFi-Berechnung), dass wir im von uns definierten worst case nur 5,67 % erzielen werden, dass es aber auch eine Chance für einen best case mit 11,31 % Rendite gibt. Angesichts der Prognoseunsicherheit sollten **Nachkommastellen nicht** berücksichtigt werden. Als Aussage bleibt also, dass wir für das Vorhaben mit einer Rendite von knapp 9 % rechnen, dass wir schlimmstenfalls aber weniger als 6 % und im günstigsten Fall mehr als 11 % erzielen können. Die Entscheidungsfrage lautet also, ob bei dieser Rendite-Risiko-Struktur die Investition getätigt werden soll.

Bei der Szenario-Berechnung wurde unterstellt, dass sich alle ausgewählten Variablen unabhängig voneinander aber parallel in eine Richtung entwickeln können: alle zusammen können „besonders gut“ oder „besonders schlecht“ werden. Diese Unterstellung wird nicht für alle Variablen zutreffen. Oben wurde bereits darauf hingewiesen, dass sich beispielsweise Steigerungsraten für laufende Kosten (z.B. Instandhaltung, Verwaltung), für laufende Erträge, (insbesondere) Mieten, und Zinssätze meist parallel entwickeln. Diese Größen hängen gesamtwirtschaftlich miteinander zusammen. Ein Szenario das hohe Sollzinsen mit geringen Haben-Zinsen und einem geringen Mietanstieg kombiniert, würde den worst case schlechter darstellen, als vernünftigerweise angenommen werden muss; gleiches gilt umgekehrt. Es kommt also auch bei der Berechnung von Szenarien darauf an, Variablen und deren Werte so auszuwählen, dass sie ökonomisch plausibel sind. Sofern Daten in ausreichender Zahl aus durchgeführten Projekten vorliegen, kann mit Hilfe statistischer Methoden auch ermittelt werden, welche Variablen eng miteinander zusammenhängen (z.B. durch Berechnung des Korrelationskoeffizienten).

5.3 Ausblick auf weiterführende Methoden

Mit Hilfe von Simulationsrechnungen kann versucht werden, ein Risikoprofil einer Investition zu erstellen. Dazu müssen Eintrittswahrscheinlichkeiten für die unterschiedlichen Werteausprägungen der Variablen auf Basis statistisch fundierter Daten aus vergleichbaren, durchgeführten Investitionen geschätzt werden. In der Immobilienwirtschaft liegen solche Daten aber nur selten vor. Zudem impliziert dieser Ansatz den Schluss von der Vergangenheit auf die Zukunft, der methodisch fragwürdig ist. Da dennoch immer wieder versucht wird, Simulationsrechnungen auf Immobilieninvestitionen anzuwenden, wird der Grundgedanke dieser Verfahren im folgenden ganz knapp dargestellt.

Die bisher vorgestellten Methoden beruhen darauf, dass für ausgewählte Variable die Werte variiert werden. Anhand der Sensitivitätsanalyse wird herausgefunden, welche die relevanten Variablen sind. Mithilfe von Worst-Best-Case-Szenarien wird festgestellt, wie sich die Variation der relevanten Werte auf die Vorteilhaftigkeit der Investition auswirkt: die schlimmstenfalls hinzunehmende Rendite und die bestenfalls erzielbare werden dargestellt. Grundlage sind stets wenige Variationen, die aufgrund der (möglichst kompetenten) Einschätzung der an der Investitionsentscheidung Beteiligten vorgenommen werden. Realistischer ist aber die Annahme, dass Variable nicht nur einen schlimmsten und einen besten Wert einnehmen können, sondern auch jeden beliebigen Zwischenwert. Man kann versuchen, die Wahrscheinlichkeit, mit der verschiedene Werte jeweils eintreten können, zu schätzen. Dazu muss für jede relevante Variable ein **Verteilungsmodell** für die Eintrittswahrscheinlichkeit ihrer Werte gewählt werden. Dieses Modell drückt aus, welchen Wert die Variable mit welcher Wahrscheinlichkeit in der Zukunft annehmen wird. Häufig wird die **Normalverteilung** (deren Dichtefunktion als Grafik die Gauß'sche Glockenkurve hat – vgl. Abbildung 6) als Verteilungsmodell angenommen, aber es gibt verschiedene andere Verteilungsmodelle (weitere häufig anwendbare Modelle sind bspw. die Gleichverteilung zwischen bestimmten Grenzen, die Dreiecksverteilung oder die Lognormalverteilung).

In Abbildung 6 ist eine normalverteilte Eintrittswahrscheinlichkeit der Modernisierungskosten (aus dem Beispiel der Tabelle 5, s. S. 296) dargestellt, die um den Erwartungswert 750 000 streuen.

Man kann sich „aus dem Bauch heraus" für ein bestimmtes Verteilungsmodell entscheiden. Wenn Daten aus durchgeführten Projekten vorliegen (z.B. über die Abweichung der tatsächlichen, abgerechneten Baukosten von den ursprünglich geschätzten), aus Marktanalysen (z.B. über Verteilung von Mietsteigerungsraten bei Büromieten) oder aus Zeitreihen (z.B. über Darlehenszinssätze), so kann man unterstellen, dass diese Daten repräsentativ für die Verteilung der Werte in der Vergangenheit sind und daraus schließen, dass es in Zukunft ähnlich sein wird. Bei diesem Schluss ist allerdings Vorsicht geboten: zunächst sollte mit Sach-

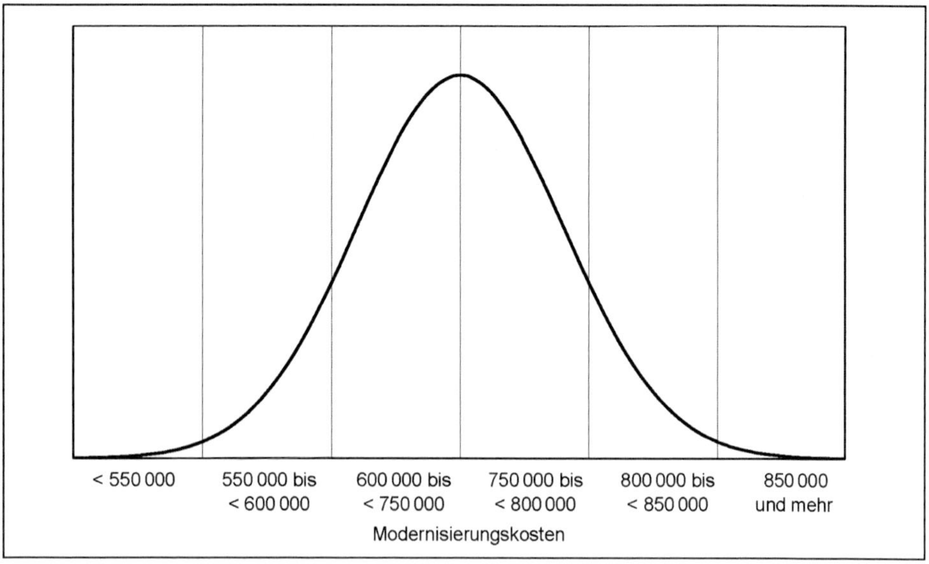

Abb. 6: Dichtekurve der Normalverteilung („Gauß'sche Glockenkurve") am Beispiel der Eintrittswahrscheinlichkeit von Modernisierungskosten (Quelle: eigene Darstellung)

kunde und Vernunft überprüft werden, ob der Schluss von der Vergangenheit in die Zukunft **plausibel** ist.

Danach kann mit **statistischen Testmethoden** geprüft werden, ob die Annahme eines bestimmten **Verteilungsmodells** angemessen ist. Allerdings vermögen solche Tests nur zu belegen, dass die Verteilung der zugrundeliegenden Daten dem getesteten Modell nicht widerspricht. Damit ist jedoch keineswegs seine Richtigkeit bestätigt. Hier kann nämlich ein Fehler zweiter Art vorliegen, der darin besteht, dass eine Verteilung der Daten vorliegt, die nicht kalkulierbar ist. Die Aussage des Tests eines Verteilungsmodells könnte beispielsweise lediglich lauten: „Mit einer Fehlerquote von nicht mehr als 5 % kann angenommen werden, dass die analysierten Daten einer normalverteilten Stichprobe entsprechen".

Man kann nun in einer Investitionsrechnung statt mit bestimmten Werten für die relevanten Variablen mit unbestimmten Werten rechnen. Dazu wird das zuvor ermittelte Verteilungsmodell der Variablen zugrunde gelegt. Für eine sehr große Zahl unterschiedlicher Werte, deren Häufigkeit dem Verteilungsmodell folgt, wird eine ebenso große Zahl von VoFi-Renditen berechnet. Das Ergebnis ist eine Vielzahl von Renditekennzahlen, die ihrerseits einer bestimmten Verteilung genügen. Diese kann wiederum als Verteilungsfunktion (Summenkurve) graphisch dargestellt werden. Die **Verteilungsfunktion** der Renditekennzahl zeigt an, welche VoFi-Rendite mit einer bestimmten Wahrscheinlichkeit nicht unterschritten wird. Beispielsweise lässt sich an einer solchen Verteilungsfunktion ablesen, welche Rendite mit 95 %iger Wahrscheinlichkeit mindestens erreicht wird.

Da mit einer solchen Vielzahl von Rechenläufen unterschiedliche Umweltzustände (z.B. höhere oder geringere Mietsteigerungsmöglichkeiten) simuliert werden, nennt man das Verfahren **Simulationsrechnung**. Es gibt verschiedene Methoden, die dazu notwendigen Zufallszahlen zu generieren, eine davon ist die sogenannte Monte-Carlo-Methode. Daher wird bisweilen die Simulationsrechnung auch unter dem Begriff „Monte-Carlo-Methode" aufgeführt, obgleich dies eigentlich nur die Art kennzeichnet, wie die Zufallszahlen erzeugt werden. Eine Simulationsrechnung ist vor allem dann aufschlussreich, wenn nicht nur eine Variable variiert wird, sondern alle relevanten; welche dies sind, lässt sich mit einer Sensitivitätsanalyse herausfiltern.

Die Kapazität der normalen Anwendungssoftware MSExcel reicht für eine Simulationsrechnung mit mehr als zwei Variablen nicht aus. Zur Risikoanalyse von Immobilien-Investitionsvorhaben ist es aber regelmäßig hilfreich, mehr als nur zwei Variablen zu variieren (Miethöhe,

Mietsteigerung, Baukosten, Fremdmittelzinssatz, Fremdmittelkonditionen et c.). Hier helfen Ergänzungsprogramme weiter: vom US-amerikanischen Software-Entwickler Palisade wird eines unter dem Markennamen „@RISK“ vertrieben, ORACLE bietet ein Konkurrenzprodukt unter dem Markennamen „Crystal Ball“ an. Diese Programme führen sehr viele Simulationsrechenläufe automatisiert durch.

Ein Ergebnis dieser Simulationsrechnung ist unter anderem eine graphische Darstellung des jeweiligen **Risikoprofils** der berechneten Investition. Daraus kann z.B. abgelesen werden, welche Rendite am wahrscheinlichsten erwartet werden kann, welche Rendite mit 95 % Wahrscheinlichkeit nicht unterschritten wird und ob ungünstige Ergebnisse mit größerer oder geringerer Wahrscheinlichkeit hingenommen werden müssen. Als weiteres Ergebnis kann der Verlust berechnet werden, der mit einer bestimmten Wahrscheinlichkeit (z.B. mit 5 %) nicht überschritten wird. Damit kann die Vorteilhaftigkeit einer Investition nicht nur danach beurteilt werden, welche Rendite voraussichtlich erreicht wird, sondern auch, welches Risiko damit eingegangen wird.

Für die Kalkulation des Risikos von Finanzinvestitionen sind Simulationsrechnungen weit verbreitet. Für die Beurteilung von Immobilieninvestitionen setzen sie sich allmählich durch. Die rechentechnische Anwendung ist, dank der erwähnten Programme, nicht sehr schwierig. Um so größer ist die Versuchung, diese Methoden einzusetzen und auf ihre Ergebnisse zu vertrauen, ohne deren Grenzen zu verstehen. Folgende Probleme werden leicht übersehen:

- Für die relevanten Variablen gibt es oft keine oder zu wenige Ausgangsdaten, um eine wohlbegründete Wahl eines Verteilungsmodells zu treffen.
- Die Wahl des Verteilungsmodells selber ist problematisch, da statistische Tests nur angeben können, ob ein Modell falsch ist, nicht aber dessen Richtigkeit bestätigen können.
- Von Daten, die aus der Vergangenheit gewonnen wurden, auf zukünftige Entwicklungen zu schließen, ist problematisch: Strukturbrüche können dazu führen, dass sich bisherige Entwicklungen nicht in die Zukunft fortsetzen.

Offenbar stößt der Versuch, Risiken zu kalkulieren, an die Grenzen menschlicher Erkenntnismöglichkeit.

Teil 4
Nachhaltige Bewirtschaftung des Immobilienvermögens

4/I
Immobilien: Mietvertrag – Nutzungsvereinbarung – Werkdienstwohnung – Werkmietwohnung

Prof. Dr. Wolf-Rüdiger Bub und Rechtsanwältin Nicola Bernhard

Wie werden Mietverträge formuliert und geschlossen, die Streitigkeiten zwischen den Vertragspartnern schon im Vorhinein vermeiden? Welche Rechte haben Mieter und Vermieter, wie berechnet sich die Miete? Und welche Unterschiede gibt es zwischen Mietern, die bei der Kirche angestellt sind, und anderen?

3.8 Abwicklung
3.8.1 Rückgabe
3.8.2 Kautionsabrechnung
4 Leihe
4.1 Voraussetzungen der Leihe
4.2 Abschluss Leihvertrag
4.3 Kündigung
4.4 Abwicklung

1 Einleitung

Mit der Idee, kirchlichen Mitarbeitern preiswerten Wohnraum zur Verfügung zu stellen und mit dem Interesse der Kirche, dass ihre Arbeitnehmer möglichst in der Nähe des Arbeitsplatzes wohnen sollen oder die betrieblichen Aufgaben der kirchlichen Mitarbeiter die Überlassung einer Wohnung erfordern, stellen sich für den Eigentümer der Immobilien zahlreiche mietrechtliche Fragen. Darüber hinaus wird heute vermehrt die unmittelbare und mittelbare kirchliche Nutzung von kircheneigenen Gebäuden aufgegeben und an nichtkirchliche Personen und Gesellschaften überlassen. Die nachfolgenden Ausführungen sollen helfen, die richtigen Entscheidungen bei der Vermietung oder der Leihe von Räumen zu treffen.

2 Abgrenzung Miete – Leihe

Zunächst ist abzugrenzen, ob das Gebäude oder die Räume *vermietet* oder *verliehen* werden sollen. Ob Miete (siehe Kapitel 3) oder Leihe (Kapitel 4) vorliegt, erfolgt nicht nach der Bezeichnung, die die Parteien gewählt haben, sondern nach dem Inhalt des Vertrags. Danach liegt Miete gem. §§ 535 ff BGB vor, wenn Räume gegen Entgelt überlassen werden. Leihe liegt hingegen vor, wenn für die Überlassung des Gebrauchs der Räume kein Entgelt vereinbart wird, § 598 BGB. Auch wenn das Entgelt für die Räume weit unter der marktüblichen Miete liegt, ist ein Mietverhältnis gegeben.[1] Etwas anderes gilt nur dann, wenn derjenige, dem eine Sache zum Gebrauch überlassen wird, lediglich die Kosten, die von ihm tatsächlich verursacht werden, übernimmt, wie z.B. Heizung etc. (ohne Grundsteuer, Gebäudeversicherung, Schönheitsreparaturen und Instandhaltung); in diesem Fall kann von einer Entgeltlichkeit nicht die Rede sein.[2]

3 Miete

Der Mietvertrag bildet die Rechtsgrundlage für das Mietverhältnis. Durch den Mietvertrag wird der Vermieter verpflichtet, dem Mieter den Gebrauch der Mietsache während der Mietzeit zu gewähren, § 535 Abs. 1 BGB; der Mieter ist verpflichtet, an den Vermieter die vereinbarte Miete zu zahlen, § 535 Abs. 2 BGB.

Der Mietvertrag bedarf grundsätzlich keiner Form, d.h. der Mietvertrag kann auch mündlich geschlossen werden. Etwas anderes gilt nur bei

Mietverhältnissen, die für längere Zeit als ein Jahr geschlossen werden. Für solche Verträge schreibt § 550 BGB die Schriftform vor, deren Nichteinhaltung grundsätzlich zur Kündbarkeit mit gesetzlicher Frist führt – bei Wohnraummietverhältnissen gegenüber dem Mieter allerdings nur, wenn ein Kündigungsgrund vorliegt. Zu Beweiszwecken empfiehlt es sich jedoch immer, einen schriftlichen Mietvertrag abzuschließen.

3.1 Vorüberlegungen

Vorab ist zu überlegen, ob und an wen die Räume vermietet werden sollen und ob insoweit der Abschluss eines eigenen Mietvertrages erforderlich ist.

Häufig setzt der kirchliche Eigentümer bei der Vermietung von Wohnungen Prioritäten. Als Mieter einer Wohnung werden zuerst insbesondere Pfarrer, Diakone, Angestellte und Arbeiter der Kirche (wie z.B. Hausmeister etc.) berücksichtigt; besteht kein Bedarf der genannten Personen, können auch Dritte Mieter einer Wohnung sein. Gewerbeeinheiten werden in der Regel an Dritte vermietet.

Bei **Kirchenangestellten** wird häufig schon mit dem Abschluss des Arbeitsvertrages entschieden, ob auch eine Wohnung zur Verfügung gestellt wird. Ist dies der Fall, ist mit diesem Mitarbeiter neben dem Arbeitsvertrag ein Mietvertrag für eine sog. Werkmietwohnung abzuschließen, für den Besonderheiten im Rahmen der Kündigung bestehen.[3] Etwas anderes gilt für die Überlassung von Wohnungen an Pfarrer; diese werden häufig verpflichtet, am Dienstsitz – meistens im Pfarrhaus – zu wohnen,[4] wobei die sog. Residenzpflicht in den Landeskirchen unterschiedlich geregelt ist. Im Dienstvertrag ist dann vorgesehen, dass ihm auch eine Dienstwohnung zur Verfügung gestellt wird, sodass kein eigener Mietvertrag abzuschließen ist; Rechtsgrundlage für die Überlassung der Wohnung ist dann der geschlossene Dienstvertrag; es handelt sich um eine sog. Werkdienstwohnung, für die ebenfalls Besonderheiten im Rahmen der Kündigung bestehen.

Werden Wohnungen oder Geschäftsräume an **Dritte** vermietet, stellt die vermietende Institution ggfs. besondere Anforderungen an die Eigenschaften des Mieters. Insoweit empfiehlt sich von dem Interessenten eine **Selbstauskunft** einzuholen, etwa in Form eines zu beantwortenden Fragebogens.

Im Rahmen einer Selbstauskunft muss der Mieter seine persönlichen Verhältnisse nicht offenbaren, wenn sie keinen Bezug zur Durchführung des Vertrages haben. Auf der anderen Seite wird aber das Interesse des

Vermieters berücksichtigt, sich über die Leistungsfähigkeit des Mieters zu informieren und unter den Mitbewerbern denjenigen auszuwählen, der seinen Vorstellungen am nächsten kommt. Deshalb sind Fragen nach dem Familienstand, dem Bestehen eines Arbeitsverhältnisses, den Einkommens- und Vermögensverhältnissen sowie zu den Lebensgewohnheiten des Mieters, wie z.B. ob der Mieter Raucher ist, zulässig.[5] Unzulässig sind hingegen Fragen nach Schwangerschaft, politischen Präferenzen oder Parteizugehörigkeit, nach einer Mitgliedschaft in einer Gewerkschaft oder im Mieterverein, nach einer Aufenthaltsberechtigung, nach Vorstrafen, nach laufenden Ermittlungsverfahren oder nach einer Entmündigung.[6]

Die unrichtige Beantwortung einer im Fragebogen gestellten Frage kann eine Anfechtung des Mietvertrages wegen arglistiger Täuschung gem. §§ 123, 142 BGB rechtfertigen, wenn die Frage zulässig war und die Falschauskunft wesentliche Bedeutung für den Fortbestand des Mietverhältnisses besitzt.

Je nach Institution ist bereits nach Eingang der Selbstauskunft die Bewerbung mit dem entsprechenden Genehmigungsorgan, z.B. dem Wohnungsvergabeausschuss, abzustimmen.

3.2 Abgrenzung Wohnraummiete – Geschäftsraummiete

Ein Wohnraummietverhältnis liegt vor, wenn der Mieter die Räume zu eigenen Wohnzwecken anmietet, ein Geschäftsraummietverhältnis ist hingegen gegeben, wenn Grundstücke, Gebäude oder Räume zu anderen als Wohnzwecken überlassen werden.[7] Ob ein Wohn- oder ein Geschäftsraummietverhältnis vorliegt, ist nach dem vereinbarten Nutzungszweck zu entscheiden und nicht nach der tatsächlichen Nutzung. Die Vermietung eines Gemeindesaals für Veranstaltungen, wie z.B. von Weight Watchers, eines Puppentheaters, oder für eine Ausstellung ist deshalb typischerweise als Geschäftsraummietverhältnis zu qualifizieren (wenn Entgeltlichkeit vorliegt).[8]

3.3 Zustandekommen des Mietvertrages

Der Mietvertrag kommt durch Angebot und Annahme gem. §§ 145 ff BGB zustande.

3.3.1 Angebot

3.3.1.1 wesentliche Vertragsbestandteile

Das Angebot auf Abschluss des Mietvertrages muss die wesentlichen Vertragsbestandteile enthalten (sog. essentialia negotii). Bei der Miete sind dies

- die Vertragsparteien (vgl. Abschn. 3.4.1),
- der Mietgegenstand (vgl. Abschn. 3.4.2),
- die Dauer der Überlassung (vgl. Abschn. 3.4.3) und
- das Entgelt für die Überlassung (vgl. Abschn. 3.4.4).

Im Übrigen sind die Parteien in Bezug auf die inhaltliche Gestaltung des Mietvertrages grundsätzlich frei. Ein Angebot auf Abschluss eines Mietvertrages liegt z.B. dann vor, wenn ein unterschriebenes Mietvertragsformular übersandt oder übergeben wird, das bereits die wesentlichen Vertragsbestandteile enthält, aber auch die Übergabe von Schlüsseln ohne Vorbehalte kann nach Abschluss von Verhandlungen als verbindliches Angebot zu verstehen sein. Bei Mietverträgen, die für einen Zeitraum von mehr als einem Jahr geschlossen werden, ist das Angebot schriftlich zu unterbreiten, d.h. in der Regel durch Übersendung eines unterschriebenen Mietvertragsformulars.

3.3.1.2 Vertragsmuster

Formulare für Mietverträge sind z.B. im Internet beim Haus- und Grundbesitzerverein kostenpflichtig unter **http://www2.haus-und-grund.com/mietvertrag.html** erhältlich; darüber hinaus haben auch einige Kirchengemeindeämter Vertragsmuster, die verwendet werden können. Aufgrund der fortwährenden Weiterentwicklung der Rechtsprechung im Mietrecht ist zu empfehlen, bei jeder neuen Vermietung ein aktuelles Vertragsmuster zu verwenden.

Bei den Vertragsmustern ist zwischen **Wohn- und Geschäftsraummietverhältnissen** zu unterscheiden, da das Gesetz insbesondere bei der Wohnraummiete Schranken zu Gunsten des als sozial schwächer vermuteten Mieters aufstellt, die in den entsprechenden Formularen berücksichtigt sind.

3.3.2 Annahme

Liegt ein verbindliches Angebot vor, muss die jeweils andere Vertragspartei das vorliegende Angebot ohne Änderungen annehmen. Die

Annahme des Mietvertrages erfolgt in der Regel durch die Unterschrift der anderen Vertragspartei auf dem Mietvertragsformular; aber auch der Einzug des Mieters und die Zahlung der Miete, die der Vermieter über längere Zeit vorbehaltlos entgegennimmt, führt zu einem Vertragsabschluss.

Durch **Änderungen oder Ergänzungen** wird das alte Angebot abgelehnt, § 150 Abs. 2 BGB, und ein neues Angebot unterbreitet, das nun von der Annahme durch den vormals Antragenden abhängig ist.

Das Angebot ist darüber hinaus rechtzeitig und – wenn es sich um einen langfristigen Mietvertrag handelt – gem. § 550 BGB in schriftlicher Form anzunehmen. Gemäß § 146 2. Alt BGB erlischt ein Angebot, wenn es nicht rechtzeitig angenommen wird, d.h. innerhalb von zwei bis drei Wochen.[9] Liegt die Annahme des Angebotes außerhalb dieser Frist, kommt zunächst kein Mietvertrag zu Stande. Die verspätete Annahme durch Unterschrift auf dem übermittelten Mietvertragsformular stellt dann vielmehr ein neues (schriftliches) Angebot auf Abschluss eines Mietvertrages dar. In diesem Fall muss der vormals Antragende den Vertrag nochmals unterschreiben und darüber hinaus dem Vertragspartner die Annahme des neuen Angebotes durch die nochmalige Unterschrift auf dem Vertrag im Original zugehen lassen, in dem er ihm den Vertrag nochmals zur Kenntnis übermittelt; nur dann ist die Schriftform gewahrt: Eine Übermittlung durch Telefax reicht zur Wahrung der Schriftform nicht aus.[10]

3.4 Notwendiger Vertragsinhalt

Notwendiger Inhalt eines Mietvertrages sind die Vertragsparteien, der Mietgegenstand, die Dauer der Überlassung und das Entgelt für die Überlassung.

3.4.1 Vertragsparteien

In das Formular sind zunächst die Vertragsparteien, d.h. Vermieter und Mieter, einzufügen.

3.4.1.1 Vermieter

Vermieter ist derjenige, der sich verpflichtet, die Immobilie einem anderen zu überlassen. Dies ist in der Regel der Eigentümer der Immobilie. Da die Immobilien meist im Eigentum der jeweiligen **Kirchengemeinde** oder einer **kirchlichen Stiftung** stehen, die gem. Art. 8 der bayerischen Kirchenverfassung (KVerf) als Körperschaft des öffentlichen Rechts eine eigene Rechtspersönlichkeit besitzt, können diese selbst Vermieter und damit Partei des Mietvertrages sein; die jeweilige Gemeinde oder Stiftung ist dann mit ihrem vollständigen Namen und der Anschrift als Partei im Mietvertrag aufzunehmen. Gleiches gilt für Kirchengemeindeämter.

Werden die Wohnungen oder Gewerbeeinheiten von einem Dritten verwaltet, kann grundsätzlich sowohl die Verwaltung als auch der Eigentümer Vermieter und damit Partei des Mietvertrages sein. Aufgrund zahlreicher sich anschließender Probleme bei einer Vermieterstellung des Verwalters (wie z.B. kein Übergang der Mietverhältnisse bei Verkauf des Grundstücks durch den Eigentümer etc.) ist zu empfehlen, nicht die Verwaltung, sondern den Eigentümer der Immobilie als Vermieter aufzunehmen; die Verwaltung sollte dann mit Vollmacht für den jeweiligen Eigentümer handeln.

Darüber hinaus ist im Mietvertrag auch der gesetzliche Vertreter aufzunehmen, d.h. diejenige Person, die berechtigt ist, die Kirchengemeinde oder Stiftung zu vertreten; dies ist bei **Kirchengemeinden** in Bayern regelmäßig der **Kirchenvorstand** gem. §§ 21, 63 Kirchengemeindeordnung (KGO), der gem. § 22 Abs. 2 Nr. 1 das Ortskirchenvermögen verwaltet. Der Vorsitzende, in der Regel der Pfarrer, ist gem. § 35 Abs. 1 S. 1 KGO mit der Geschäftsführung beauftragt.

Stiftungen werden durch den **Vorstand** vertreten, Art. 10 BayStG, § 26 Abs. 2 BGB entsprechend. Der Vertreter ist ebenfalls mit Namen und Anschrift im Mietvertrag aufzunehmen.

Es ist auf die richtige Bezeichnung der Kirchengemeinde, Stiftung oder des Kirchengemeindeamtes und die korrekte Angabe des gesetzlichen Vertreters zu achten.

Beispiel:

> ***„Mietvertrag***
> *zwischen*
> ***Kirchengemeinde St.*** *…, (Anschrift),*
> *vertreten durch den Vorsitzenden des Kirchenvorstands, Herr Pfarrer … (Anschrift)"*
> ***– Vermieter –***

3.4.1.2 Mieter

Mieter sind häufig kirchliche Mitarbeiter im Angestelltenverhältnis sowie Diakone. Es werden Wohnungen oder Gewerbeeinheiten aber auch sonstigen Personen zur Verfügung gestellt, wenn z.B. kein Bedarf für kirchliche Mitarbeiter besteht. Mögliche Partei des Mietvertrages ist dann der kirchliche Mitarbeiter, der Diakon bzw. der Dritte. Zieht der kirchliche Mitarbeiter mit seiner Familie in die Wohnung ein, kann auch die Ehefrau als Mitmieterin aufgenommen werden, selbst wenn es sich um eine Dienstwohnung handelt.[11] Als Anschrift ist die bisherige Adresse aufzunehmen; es sollte aber auch das Geburtsdatum aufgenommen werden, das im Falle ggfs. erforderlicher Vollstreckungsmaßnahmen benötigt werden könnte.

Insbesondere bei Gewerbeeinheiten kann Mieter auch eine juristische Person sein, z.B. eine GmbH oder eine AG. Die Gesellschaft kann als eigene Rechtspersönlichkeit Partei des Mietvertrages sein. Darüberhinaus ist das zuständige Organ aufzunehmen, das für die juristische Person handelt. Nur Erklärungen dieser Organe oder von Bevollmächtigten, wie z.B. Prokuristen, verpflichten die Gesellschaft. Bei Abschluss eines (langfristigen) Mietvertrages mit einer Gesellschaft empfiehlt sich die Einholung eines Handelsregisterauszugs, aus dem sich zum einen die genaue Bezeichnung der Gesellschaft und zum anderen die Vertretungsverhältnisse ergeben. Dieser ist im Internet unter **www.handelsregister.de** kostenpflichtig abrufbar.

Es ist wiederum auf die richtige Bezeichnung zu achten und die bisherige Anschrift des Mieters anzugeben.

Beispiel:

> *„und*
> *Herrn …, (Anschrift), geboren am …*
>
> ***– Mieter –„***

oder

> *„und der*
> *XY-GmbH, (Anschrift),*
> *vertreten durch den Geschäftsführer Herrn …, (Anschrift).*
>
> ***– Mieter –“***

3.4.1.3 Erklärungen

Vor der Unterschrift auf dem Mietvertrag sind etwaig erforderliche interne Genehmigungen, z.B. eines Wohnungsvergabeausschusses, einzuholen. Zu beachten ist auch, dass alle Erklärungen im Zusammenhang mit dem Mietvertrag von und gegenüber allen Vertragspartnern bzw. dessen vertretungsberechtigtem Organ abgegeben werden müssen. D.h. auch eine Einigung über den Mietvertrag muss zwischen den im Mietvertrag angegebenen Personen erfolgen, sodass auch alle im Vertrag genannten Personen diesen unterschreiben müssen; im Übrigen sind auch Schreiben, die das Mietverhältnis betreffen, an alle Mieter bzw. alle Vermieter zu adressieren. Solange nicht sämtliche Mieter den Vertrag unterschrieben haben, sollte eine Übergabe der Schlüssel nicht erfolgen.

3.4.2 Mietgegenstand

3.4.2.1 Beschreibung

Der Mietgegenstand ist im Mietvertrag eindeutig zu bestimmen, um diesen im Konfliktfall identifizieren zu können. Bei der Beschreibung sollte z.B. Vorder- oder Rückgebäude, Seitenflügel, Quergebäude, die Etage, links, Mitte oder rechts angegeben werden, wobei die Lage links oder rechts von der Treppe aus zu beurteilen ist. Sollte die Lage der Räume nur schwer zu beschreiben sein, ist ggfs. ein Plan beizulegen, in dem die Lage der Räume eingezeichnet ist; in dem Mietvertrag ist dann ausdrücklich auf den Plan zu verweisen.

Darüber hinaus ist die Anzahl der Zimmer anzugeben, die nicht Küche und Hygieneräume umfassen. Schließlich sind die vermieteten Nebenräume und deren genaue Lage anzugeben, die der Mieter darüber hinaus (alleine) nutzen darf, wie z.B. Keller, Speicher, Garage, Garten, Hobbyraum. Wird mit der Wohnung auch eine Garage vermietet, liegt grundsätzlich ein einheitliches Mietverhältnis vor, es sei denn, dass der Wille der Parteien, eine neue selbstständige Vereinbarung zu schließen, deutlich zum Ausdruck kommt; dies ist z.B. dann der Fall, wenn die Parteien unterschiedliche Vertragsformulare für die Vermietung von Wohnung und Garage verwenden und andere Kündigungsfristen für die Garage vereinbaren oder wenn nicht alle Wohnungsmieter Vertragspartner des Garagenmietvertrages sind.[12]

Insbesondere bei Geschäftsraummietverhältnissen, die auf eine bestimmte Dauer (z.B. 2, 5 oder 10 Jahre) geschlossen worden sind, ist die Lage der Mieträume im Mietvertrag genau zu beschreiben, da andernfalls das Mietverhältnis wegen eines Schriftformmangels gem. § 550 BGB kündbar ist.[13]

Die Größe der Wohnung sollte im Rahmen des Mietgegenstandes nicht angegeben werden, da ein Mangel der Mietsache vorliegt, wenn die tatsächliche Fläche von der im Mietvertrag vereinbarten Fläche um mehr als 10 % abweicht.[14] Die Parteien sollten eine Regelung treffen, dass dem Mieter die Größe der Mieträume in Natur bekannt ist.

Zubehör innerhalb der Räume, wie z.B. Küche, Haushaltsgeräte, Spiegel, Schränke und Teppiche, aber auch die Schlüssel zur Wohnung, sind entsprechend § 311 c BGB mitvermietet, ohne dass es einer besonderen Auflistung der Gegenstände im Mietvertrag bedarf.

3.4.2.2 Werkmiet- oder Werkdienstwohnung

Bei Werkmietwohnungen ist im Mietvertrag aufzunehmen, dass das Mietverhältnis nur für die Zeit des aktiven Dienstes bei dem kirchlichen Rechtsträger eingegangen ist; dies ist teilweise auch gesetzlich geregelt.[15]

(1) Werkmietwohnung

Bei der **Werkmietwohnung** handelt es sich um Wohnraum, der „mit Rücksicht auf das Bestehen eines Dienstverhältnisses" überlassen wurde. Neben dem Dienstvertrag besteht hier ein selbstständiger Mietvertrag.[16]

Insoweit ist zwischen gewöhnlichen Werkmietwohnungen und funktionsgebundenen Werkmietwohnungen zu unterscheiden. Um eine gewöhnliche Werkmietwohnung handelt es sich, wenn sich deren Funktion darin erschöpft, dass der Dienstverpflichtete darin wohnt,[17] wohingegen es sich um eine funktionsgebundene Werkmietwohnung handelt, wenn die Wohnung so gelegen ist, dass sie eine unmittelbare Beziehung zur Dienstleistung hat, wie z.B. die Wohnung für einen Hausmeister.

Auch Wohnungen, die Diakonen überlassen werden, sind Werkmietwohnungen, wenn ein selbstständiger Mietvertrag mit diesen geschlossen wird.

(2) Werkdienstwohnung

Eine **Werkdienstwohnung** liegt hingegen vor, wenn Wohnraum im Rahmen eines Dienstverhältnisses vermietet worden ist. Entscheidend ist insoweit, dass hier nicht zwei unterschiedliche Verträge miteinander verbunden werden, sondern nur ein einheitlicher Vertrag vorliegt, der sowohl Regelungen für das Dienstverhältnis als auch für die Überlassung von Wohnraum trifft.[18] Die Überlassung der Wohnung stellt dann ein Teil der Vergütung des Dienstverpflichteten dar. Abgrenzungsmerkmal ist insoweit, dass mit dem Dienstverpflichteten typischerweise eine Benutzungspflicht vereinbart ist.[19] Auf die Bezeichnung der Parteien kommt es insoweit nicht an.

Bei den Wohnungen der **Pfarrer und Pfarrerinnen** handelt es sich, soweit eine Residenzpflicht besteht, um Werkdienstwohnungen, ansonsten um Werkmietwohnungen, insbesondere dann, wenn dem Pfarrer oder der Pfarrerin allgemeinkirchliche Aufgaben übertragen sind; insoweit sind Pfarrer dann wie sonstige Kirchenmitarbeiter zu behandeln.

Die Überlassung einer Wohnung an einen Diakon ist nur dann eine Werkdienstwohnung im Sinne des § 576 b BGB, wenn eine angemessene kircheneigene Wohnung fehlt und der Rechtsträger eine angemessene Wohnung anmieten muss; diese hat der Diakon dann zu beziehen, vgl. § 26 Abs. 1 Diakonengesetz (BayDiakG).

3.4.3 Mietdauer

Gemäß § 542 Abs. 1 BGB kann sowohl ein Mietverhältnis über Wohnräume als auch über Geschäftsräume auf unbestimmte oder bestimmte Zeit (d.h. z.B. fünf Jahre) eingegangen werden. Ein auf längere Zeit als ein Jahr geschlossener Mietvertrag, bedarf der schriftlichen Form, d.h. sämtliche Vereinbarungen der Parteien sind schriftlich zu treffen; Nachträge sind mit dem Mietvertrag körperlich zu verbinden oder müssen eine Verweisung auf den Mietvertrag enthalten.

Beispiel:

„Nachtrag Nr. ...
zum Mietvertrag vom ...

zwischen
Kirchengemeindeamt München ..., vertreten durch ...
(Anschrift)
– im Folgenden: „Vermieterin“ –

und

XY GmbH, vertreten durch ihren einzeln vertretungsberechtigten Geschäftsführer ...
(Anschrift) **– im Folgenden: „Mieterin“ –**

I.
Vorbemerkung

Die Mieterin hat mit Vertrag vom ... im Anwesen (Anschrift) im ... OG mit Wirkung ab dem ... Büroräume angemietet, jedoch keinen Keller- und Archivraum. Für Lager und Archiv benötigt die Mieterin einen zusätzlichen Raum/zusätzliche Räume.

Dies vorausgeschickt schließen die Parteien folgende

II.
Vereinbarung:“

3.4.3.1 Befristungsgrund bei Wohnraummietverhältnissen

Ein **Mietverhältnis über Wohnraum** kann gem. § 575 Abs. 1 BGB nur dann auf bestimmte Zeit eingegangen werden, wenn ein gesetzlicher Befristungsgrund vorliegt. Nach dem Gesetz ist ein Grund zur Befristung gegeben, wenn der Vermieter nach Ablauf der Mietzeit

- die Räume für sich, seine Familienangehörigen oder Angehörige seines Haushalts nutzen will (Nr. 1),
- in zulässiger Weise die Räume beseitigen oder so wesentlich verändern oder instand setzen will, dass die Maßnahmen durch eine Fortsetzung des Mietverhältnisses erheblich erschwert würden (Nr. 2), oder
- die Räume an einen zur Dienstleistung Verpflichteten vermieten will (Nr. 3).

Eine Befristung des Mietverhältnisses nach § 575 BGB ist auch nur dann zulässig, wenn der Vermieter bei Abschluss des Mietvertrags die ernsthafte Absicht hat, das Mietobjekt einer der in § 575 BGB bezeichneten Verwendungen zuzuführen.[20] Eine wirksame Befristung setzt weiter voraus, dass der Vermieter dem Mieter bei Vertragsschluss die spezielle Nutzungsabsicht mitgeteilt hat. Die Mitteilung muss schriftlich (§ 126 BGB) erfolgen, muss aber nicht im Mietvertrag enthalten sein[21] und darf nicht nur schlagwortartige Angaben enthalten. Die Mitteilung des Befristungsgrundes soll dem Mieter ermöglichen, die Berechtigung der Befristung zu überprüfen.[22]

In Betracht kommt insbesondere eine Befristung wegen Baumaßnahmen (Nr. 2) oder Betriebsbedarfs (Nr. 3). Bei einer Befristung des Mietverhältnisses wegen einer wesentlichen Veränderung oder Instandsetzung der Räume (Nr. 2) muss der Vermieter die geplanten Maßnahmen so genau angeben, dass der Mieter beurteilen kann, ob diese Maßnahmen durch eine Fortsetzung des Mietverhältnisses erheblich erschwert würden und damit eine Befristung nach § 575 Abs. 1 Satz 1 Nr. 2 Alt. 2 BGB rechtfertigen.

Beispiel:

„Mietzeit

1. Das Mietverhältnis beginnt am … und endet am …
2. Die Befristung beruht auf folgendem Grund:

Nach Ablauf der Mietzeit beabsichtigt der Vermieter eine umfassende Sanierung des Anwesens. Hierbei werden insbesondere die Bäder erneuert, indem Badewanne/Dusche, Toilettenschüssel und Waschbecken ausgetauscht und die Wände neu verfliest, Versorgungsleitungen für Strom neu verlegt, die bisherigen einfach-verglasten Holzfenster durch isolierverglaste Kunststofffenster und der vorhandene Teppichboden durch Parkettboden ersetzt und die Wohnungs- und Zimmertüren ausgewechselt werden. Zusätzlich werden die nicht tragenden Zwischenwände versetzt, um die bisherige Aufteilung von vier Zimmern auf drei Räume mit offener Küche zu ändern. Im Treppenhaus wird ..."

Bei einem Abriss des Gebäudes, in dem sich die vermieteten Räume befinden, bedarf es demgegenüber keiner näheren Angaben, da eine Beseitigung der Räume – anders als eine bloße Veränderung oder Instandsetzung – zwangsläufig den Auszug des Mieters bedingt, ohne dass es auf Einzelheiten der Baumaßnahme ankommt; es reicht vielmehr die Angabe, dass das Gebäude abgerissen wird.[23]

Eine Befristung wegen eines künftigen Betriebsbedarfs (Nr. 3) ist zulässig, wenn der Vermieter die Räume nach Ablauf der Befristung z.B. einem Mitarbeiter als Werkdienst- oder Werkmietwohnung (siehe hierzu Abschn. 3.4.2.2 zur Verfügung stellen will. Bei einer Befristung wegen eines künftigen Betriebsbedarfs genügt es, wenn der Vermieter mitteilt, dass er die Räume nach Ablauf der Vertragszeit „einem Arbeitnehmer" überlassen möchte. Die Person des Arbeitnehmers muss nicht namentlich bezeichnet werden. Dies gilt schon deshalb, weil der betreffende Arbeitnehmer zum Zeitpunkt des Vertragsschlusses noch nicht feststehen muss und in der Regel auch nicht feststeht. Eine namentliche Bezeichnung ist aber auch dann nicht erforderlich, wenn der künftige Wohnungsnutzer bei Vertragsschluss bereits bekannt ist.[24]

Fehlt es an einem zulässigen Befristungsgrund oder an einer schriftlichen Mitteilung durch den Vermieter, gilt der Mietvertrag als auf unbestimmte Zeit geschlossen, § 575 Abs. 1 Satz 2 BGB.

3.4.3.2 Kein Befristungsgrund bei Geschäftsraummietverhältnissen

Für Geschäftsraummietverhältnisse ist kein Befristungsgrund erforderlich.

3.4.3.3 Dauer der Befristung

Ein Mietvertrag kann grundsätzlich auch für eine Dauer von mehr als 30 Jahren geschlossen werden. In diesem Fall kann allerdings jede Vertragspartei nach Ablauf von 30 Jahren (nach Überlassung der Mietsache) das Mietverhältnis außerordentlich mit der gesetzlichen Frist kündigen, § 544 Satz 1 BGB. Die Kündigung ist nur dann unzulässig, wenn der Vertrag für die Lebenszeit des Vermieters oder des Mieters geschlossen worden ist, § 544 Satz 2 BGB.

3.4.4 Entgelt

Das kirchliche Vermögen ist gewissenhaft, pfleglich und wirtschaftlich zu verwalten (vgl. z.B. § 81 BayKVerf); dazu gehört auch, dass für kircheneigene Wohnungen angemessene Mieten und Nebenkosten erhoben werden.[25] Maßgebend ist grundsätzlich der örtliche Mietwert einer Wohnung oder von Gewerbeflächen. Der örtliche Mietwert einer Wohnung ist durch einen Vergleich mit den Mieten zu ermitteln, die in derselben Gemeinde oder in vergleichbaren Gemeinden für nicht preisgebundenen Wohnraum vergleichbarer Art, Größe, Ausstattung, Beschaffenheit und Lage gezahlt werden. Die ortsübliche Miete ergibt sich auch aus dem Mietspiegel der Gemeinde, sofern die Gemeinde einen solchen aufgestellt hat. Dennoch können die Parteien die Miete grundsätzlich frei vereinbaren. Dabei sind jedoch von den einzelnen Landeskirchen Werte vorgegeben, die nicht unterschritten werden dürfen, wenn nicht der örtliche Mietwert nachweislich niedriger liegt.[26]

Darüber hinaus stellen die jeweiligen Landeskirchen besondere Regeln zur Berechnung des örtlichen Mietwertes auf.

3.4.5 Kaution

Die Parteien sollten im Mietvertrag für die Überlassung der Räume eine vom Mieter zu leistende Sicherheitsleistung vereinbaren. Etwas anderes gilt nur für Werkdienstwohnungen, bei denen in der Regel keine Kaution vereinbart wird.

Der Vermieter hat nur dann einen Anspruch auf eine Mietsicherheit, wenn dies im Mietvertrag vereinbart ist. Der Parteivereinbarung unterliegt auch die Art der Sicherheitsleistung. Gemäß § 551 Abs. 3 BGB kann der Mieter die Sicherheitsleistung in Geld erbringen, sog. Barkaution; in der Praxis üblich sind aber auch die Verpfändung eines Sparkontos, die Sicherungsabtretung eines Sparguthabens sowie eine Bürgschaft.

Die **Barkaution** muss der Vermieter gem. § 551 Abs. 3 BGB getrennt von seinem Vermögen bei einem Kreditinstitut zu dem für Spareinlagen mit dreimonatiger Kündigungsfrist üblichen Zinssatz anlegen, wenn nicht eine andere Anlageform vereinbart ist. Die Zinsen stehen dem Mieter zu.

In dem Mietvertragsformular ist der Umfang der Sicherheit zu regeln; insoweit sollte die Kaution der Sicherung aller Ansprüche des Vermieters gegen den Mieter aus dem Mietverhältnis, insbesondere der

Sicherung von Mietzahlungsansprüchen, Betriebskostennachforderungen, Nutzungsentschädigungen und Schadensersatz dienen.

Gemäß § 551 BGB darf die Mietsicherheit bei **Wohnraummietverhältnissen** nicht mehr als das Dreifache der auf einen Monat entfallenden Miete ohne die als Pauschale oder als Vorauszahlungen ausgewiesenen Betriebskosten betragen. Eine hiervon zu Lasten des Mieters abweichende Vereinbarung ist unwirksam. Der Mieter ist gem. § 551 Abs. 2 BGB berechtigt, bei einer Barkaution die Sicherheit in drei gleichen monatlichen Raten zu erbringen, wobei die erste Teilzahlung mit Beginn des Mietverhältnisses fällig wird und damit vom Mieter zu leisten ist; die Folgeraten sind jeweils ein bzw. zwei Monate nach Beginn des Mietverhältnisses fällig.

Die Vereinbarung einer überhöhten Sicherheit hat nicht die Unwirksamkeit der Kautionsabrede insgesamt zur Folge; der Mieter muss vielmehr einem, über die Grenze des § 551 BGB hinausgehenden Verlangen des Vermieters nicht nachkommen; unwirksam ist deshalb auch die Leistung einer Barkaution neben der Stellung eines Bürgen, soweit der Vermieter dadurch eine Sicherheit von mehr als drei Monatsmieten erlangt. Zu viel geleistete Sicherheiten kann der Mieter zurückfordern.[27]

Bei **Geschäftsraummietverhältnissen** gilt § 551 BGB nicht, so dass auch eine Kaution vereinbart werden kann, die das Dreifache der auf einen Monat entfallenden Miete übersteigen kann; eine Klausel, wonach das sechs- bis zwölffache einer Monatsmiete zu erbringen ist, ist nicht zu beanstanden, wenn das nachvollziehbare Sicherungsinteresse des Vermieters in Relation zu der geforderten Absicherung steht, und zwar unter der Berücksichtigung der gesamten abzudeckenden Risiken. Üblich ist, dass der Mieter eine Bürgschaft einer deutschen Bank stellt. Einer Barkaution hat auch der Vermieter von Geschäftsräumen zu verzinsen, wenn die Parteien keine abweichende vertragliche Vereinbarung getroffen haben.[28]

3.5 Übergabe

Gemäß § 535 Abs. 1 S. 2 BGB hat der Vermieter dem Mieter die Mietsache in einem zum vertragsgemäßen Gebrauch geeigneten Zustand zu überlassen. Eine Überlassung an den Mieter liegt dann vor, wenn der Mieter in die Lage versetzt wird, die Mietsache vertragsgemäß zu gebrauchen.[29] Dies ist regelmäßig dann der Fall, wenn dem Mieter **sämtliche Schlüssel** übergeben werden, die notwendig sind, um in die vermieteten Räume zu gelangen. Der Vermieter darf keine Schlüssel zurückbehalten.[30]

Der Mieter ist verpflichtet, die Mieträume zu übernehmen. Vor der Übergabe sollte ein **Protokoll** über den Zustand der Mieträume gefertigt werden, um festzuhalten, ob der Vermieter wegen bestehender Mängel noch Arbeiten durchzuführen hat. Bescheinigt der Mieter in einem Wohnungsabnahmeprotokoll, dass die Wohnung mangelfrei ist, kann er sich später auf bestehende Mängel nicht berufen.[31] In dem Übergabeprotokoll sollten darüber hinaus auch die Zählerstände von Gas, Strom oder Öl und Wasser, Heizung und Warmwasser festgehalten werden; außerdem sollten alle Einrichtungsgegenstände aufgeführt werden, mit denen die Wohnung ausgestattet ist.

▶ Ein Muster eines Übergabeprotokolls ist als **Anlage 1** beigefügt (siehe S. 344 f). Ein Formular kann über Haus und Grund angefordert werden.

3.6 Mieterhöhung

Die Miete von Wohn- und Geschäftsraummietverhältnissen kann während des Mietverhältnisses erhöht werden.

3.6.1 Wohnraummietverhältnisse

Für Wohnraummietverhältnisse bestehen folgende Erhöhungsmöglichkeiten:

- durch eine Vereinbarung der Parteien während des Mietverhältnisses, § 557 Abs. 1 BGB,
- durch Vereinbarung künftiger Mieterhöhungen durch Festlegung
  - einer Staffelmiete, § 557 a BGB oder
  - einer Indexmiete, § 557 b BGB
- Mieterhöhungen bis zur ortsüblichen Vergleichsmiete, §§ 558 ff BGB,
- Mieterhöhungen wegen baulicher Veränderungen, §§ 559 ff BGB,
- Erhöhungen der Betriebskostenpauschale, § 560 BGB.

3.6.1.1 Vereinbarung der Parteien, § 557 BGB

Die Parteien können während des Bestehens des Mietverhältnisses vereinbaren, die Miete für die Zukunft auf einen bestimmten Betrag zu erhöhen, § 557 Abs. 1 BGB. Der Abschluss der Vereinbarung ist formfrei wirksam.

3.6.1.2 Staffelmiete, § 557 a BGB

Eine Staffelmiete liegt vor, wenn die Miete für bestimmte Zeiträume in unterschiedlicher Höhe schriftlich vereinbart ist, wobei die jeweilige Miete oder die jeweilige Erhöhung in einem Geldbetrag auszuweisen ist, vgl. § 557 a BGB.

Beispiel:

> „Die Miete beträgt monatlich ... € zuzüglich monatliche Vorauszahlungen auf die Betriebskosten ... €, insgesamt monatlich ... €.
> Die Parteien vereinbaren, dass sich die Miete, ausgenommen die Vorauszahlungen auf die Betriebskosten, wie folgt erhöht:
> Die Miete beträgt ab
> (Datum) ... € (Wohnraum) und ... € (Garage/Stellplatz)
> (Datum) ... € (Wohnraum) und ... € (Garage/Stellplatz)
> (Datum) ... € (Wohnraum) und ... € (Garage/Stellplatz)
> (Datum) ... € (Wohnraum) und ... € (Garage/Stellplatz)."

Zwischen den einzelnen Staffeln muss die Miete mindestens ein Jahr unverändert bleiben, § 557 Abs. 2 S. 1 BGB. Während der Laufzeit einer Staffelmiete ist eine Mieterhöhung auf die ortsübliche Vergleichsmiete oder wegen baulicher Veränderungen ausgeschlossen, § 557 Abs. 2 S. 2 BGB. Es empfiehlt sich, den Zeitraum der Staffelmietvereinbarung nicht all zu weit zu spannen, um sich nicht zu weit nach oben oder nach unten von der Marktmiete zu entfernen.

Bei Vereinbarung einer Staffelmiete kann der Vermieter vom Mieter ab dem jeweiligen Erhöhungszeitpunkt die erhöhte Miete fordern. Gegebenenfalls sollte der Vermieter den Mieter auffordern, den bestehenden Dauerauftrag zu ändern.

3.6.1.3 Indexmiete, § 557 b BGB

Bei der Vereinbarung einer Indexmiete wird die Miete an den vom Statistischen Bundesamt ermittelten Preisindex für die Lebenshaltung aller privaten Haushalte in Deutschland angepasst, § 557 b Abs. 1 BGB. Auch bei der Vereinbarung einer Indexmiete muss die Miete mindestens ein Jahr unverändert bleiben, § 557 b Abs. 2 BGB. Daneben sind Mieterhöhungen nur bei baulichen Maßnahmen, die der Vermieter nicht zu vertreten hat, oder zur Erhöhung der Betriebskostenpauschale zulässig. Die Anpassung erfolgt bei der Vereinbarung einer Indexmiete nicht automatisch; die Erhöhung muss der Vermieter vielmehr durch eine schriftliche Erklärung gegenüber dem Mieter mit Wirkung für die Zukunft geltend machen. Der Verbraucherpreisindex wird vom Statistischen Bundesamt veröffentlicht und ist unter **www.destatis.de** erhältlich. Das Statistische Bundesamt hilft grundsätzlich auch bei (telefonischen) Anfragen weiter.

3.6.1.4 Ortsübliche Vergleichsmiete, §§ 558ff BGB

Ist eine Staffel- oder Indexmiete nicht vereinbart, so kann der Vermieter eine Anhebung der Miete an die ortsübliche Vergleichsmiete verlangen, § 558 BGB. Die Miete darf jedoch innerhalb von drei Jahren nicht um mehr als 20 % erhöht werden, sog. **Kappungsgrenze**, § 558 Abs. 3 BGB. Die Vergleichsmiete ist aus der Miete der letzten vier Jahre – gerechnet ab dem Zeitpunkt der Geltendmachung des Mieterhöhungsverlangens – einer in Art, Größe und Ausstattung, Beschaffenheit und Lage vergleichbare Wohnung zu ermitteln.

Das Mieterhöhungsverlangen hat der Vermieter **schriftlich** zu stellen und zu **begründen**, § 558 a Abs. 1 BGB. Zur Begründung kann der Vermieter gem. § 558 Abs. 2 BGB Bezug nehmen auf

- den (qualifizierten) **Mietspiegel** der Gemeinde – sofern einer existiert –,
- ein **Gutachten** eines öffentlich bestellten und vereidigten Sachverständigen,
- die Auskunft aus einer **Mietdatenbank**, die von der Gemeinde oder von Interessenvertretern der Vermieter und Mieter gemeinsam geführt oder anerkannt sein muss, § 558 e BGB (insoweit ist bei der jeweiligen Gemeinde nachzufragen, ob eine solche Mietdatenbank geführt wird, da eine solche Datenbank bislang nur in Hannover und Schaumburg existiert),
- die Mieten für mindestens drei **Vergleichswohnungen**, die genau bezeichnet werden müssen.

Dem Mieter steht nach Zugang des Mieterhöhungsverlangens eine Überlegungsfrist von zwei Monaten zu. Stimmt er der Mieterhöhung zu, schuldet er ab dem dritten Monat nach Zugang des Mieterhöhungsverlangens die erhöhte Miete, § 558 b Abs. 1 BGB; stimmt der Mieter hingegen nicht zu, kann der Vermieter auf Erteilung der Zustimmung klagen; die Klage muss er innerhalb weiterer drei Monate erheben. Die Klagefrist schließt sich unmittelbar an den Ablauf der Überlegungsfrist an, § 558 b Abs. 2 BGB. (Vgl. Abschn. 3.6.1.7 zum Sonderkündigungsrecht des Mieters.)

3.6.1.5 Bauliche Veränderungen, §§ 559ff BGB

Des weiteren kann der Vermieter die Miete bei baulichen Maßnahmen, die die allgemeinen Wohnverhältnisse auf Dauer verbessern oder nachhaltig die Einsparung von Energie oder Wasser bewirken, sog. Modernisierung, oder bei baulichen Veränderungen, die aufgrund von Maßnahmen durchgeführt werden, die er nicht zu vertreten hat – wie z.B. Maßnahmen zum Denkmalschutz oder Einbau von Rauchmeldern, die gesetzlich vorgeschrieben sind –,[32] um 11 % der für die Wohnung aufgewendeten Kosten erhöhen. Wurden die Maßnahmen für mehrere Wohnungen durchgeführt, so sind die Kosten angemessen auf die einzelnen Wohnungen zu verteilen. Die Mieterhöhung muss im Mieterhöhungsverlangen des Vermieters berechnet und erläutert werden. Kosten, die der Vermieter aus öffentlichen Mitteln erhalten hat, dürfen nicht auf den Mieter umgelegt werden, § 559 a BGB. Der Mieter schuldet die erhöhte Miete drei Monate nach Zugang des Mieterhöhungsverlangens. Die Frist verlängert sich um sechs Monate, wenn der Vermieter dem Mieter die Erhöhung nicht mitgeteilt hat oder diese 10 % höher ist, als tatsächlich mitgeteilt, § 559 b Abs. 2 BGB. (Vgl. Abschnitt 3.6.1.7 zum Sonderkündigungsrecht des Mieters.)

3.6.1.6 Betriebskostenpauschale

Haben die Parteien eine Betriebskostenpauschale vereinbart[33] und haben sich die Betriebskosten insgesamt erhöht, kann der Vermieter die Pauschale erhöhen, wenn dies im Mietvertrag vereinbart ist, § 560 Abs. 1 BGB.

Die Erhöhung der Pauschale muss in Textform erfolgen, wobei der Grund für die Umlage zu bezeichnen und zu erläutern, insbesondere zu berechnen ist.

Wichtigster Anwendungsfall ist die Erhöhung der Grundsteuer, weil die betreffenden Bescheide regelmäßig mit Rückwirkung erlassen werden.

3.6.1.7 Sonderkündigungsrecht des Mieters

Dem Mieter steht ein Sonderkündigungsrecht zu, wenn der Vermieter die Miete auf die ortsübliche Vergleichsmiete erhöht hat, § 558 BGB (vgl. Abschnitt 3.6.1.4), oder eine Erhöhung aufgrund baulicher Veränderungen, § 559 ff BGB (Abschnitt 3.6.1.5) vorgenommen hat. Der Mieter kann das Kündigungsrecht nur zwei Monate nach dem Zugang des Mieterhöhungsverlangens ausüben, und zwar zum Ablauf des übernächsten Monats. Kündigt der Mieter, tritt die Mieterhöhung nicht ein, § 561 BGB.

3.6.2 Geschäftsraummietverhältnisse

Bei Geschäftsraummietverhältnissen gelten die §§ 557 ff BGB nicht. In Geschäftsraummietverträgen werden zur Mietanpassung häufig Indexklauseln (siehe 3.6.1.3) oder Staffelmietvereinbarungen (3.6.1.2) verwendet; welche Voraussetzungen der Vermieter einzuhalten hat, ist hierbei in der Klausel zu regeln.[34]

3.7 Beendigung

Das Mietverhältnis, das **auf bestimmte Zeit eingegangen** ist, endet mit Ablauf dieser Zeit, sofern es nicht außerordentlich gekündigt oder verlängert wird, § 542 Abs. 2 BGB. Bei Wohnraummietverhältnissen ist eine Befristung allerdings nur zulässig, wenn die Voraussetzungen für den Abschluss eines Zeitmietvertrages vorliegen (siehe oben 3.4.3).

Ist die **Mietzeit nicht bestimmt**, kann gem. § 542 Abs. 1 BGB jede Vertragspartei das Mietverhältnis nach den gesetzlichen Vorschriften kündigen. Vorab sollte jedoch der Vermieter ein Gespräch mit dem Mieter, insbesondere wenn dieser ein kirchlicher Mitarbeiter ist, führen. Besonderheiten bestehen bei der Kündigung von Werkdienst- und Werkmietwohnungen.

3.7.1 Ordentliche Kündigung

3.7.1.1 Geschäftsräume

Für **Geschäftsräume** ist die ordentliche Kündigung gem. § 580 a Abs. 2 BGB spätestens am dritten Werktag eines Kalendervierteljahres zum Ablauf des nächsten Kalendervierteljahres zulässig, was einer Kündigungsfrist von sechs Monaten entspricht. Die Angabe eines Kündigungsgrundes ist nicht erforderlich, jedoch empfehlenswert.

3.7.1.2 Wohnraummietverhältnisse

(1) Kündigungsfrist

Bei **Wohnraummietverhältnissen** beträgt die Kündigungsfrist für **ab dem 01.09.2001** geschlossene Mietverträge gem. § 573 c BGB grundsätzlich drei Monate und verlängert sich nach fünf und acht Jahren seit der Überlassung des Wohnraums um jeweils drei Monate. Der Gesetzgeber räumt eine Karenzfrist von drei Werktagen ein, so dass die Kündigung noch rechtzeitig erklärt ist, wenn sie am dritten Werktag des

Monats zugeht. Bei der Berechnung der Karenzfrist von drei Werktagen, ist der Samstag als Werktag mitzuzählen, wenn nicht der letzte Tag der Karenzfrist auf diesen Tag fällt;[35] in diesem Fall läuft die Frist zum Zugang der Kündigung am darauf folgenden nächsten Werktag ab.

Bei Mietverträgen, die **vor dem 01.09.2001** geschlossen wurden und in denen die Parteien die Kündigungsfristen vereinbart haben, gelten die vereinbarten Kündigungsfristen fort, Art. 229 § 3 X EGBGB. Ist in einem Altmietvertrag hingegen bestimmt, dass die gesetzlichen Kündigungsfristen gelten, tritt bei einer ab dem 01.09.2001 zugegangenen Kündigung an die Stelle der früheren längeren Kündigungsfrist des § 565 BGB die kürzere Kündigungsfrist des § 573c BGB.

(2) Berechtigtes Interesse

Für die Kündigung von Wohnraummietverhältnissen bestehen jedoch Besonderheiten: Die Kündigung bedarf gem. § 568 Abs. 1 BGB der Schriftform und der Vermieter kann gem. § 573 Abs. 1 S. 1 BGB nur dann kündigen, wenn er ein berechtigtes Interesse an der Beendigung des Mietverhältnisses hat. § 573 BGB führt nicht abschließend auf, wann ein berechtigtes Interesse des Vermieters vorliegt; insbesondere ist danach aber eine ordentliche Kündigung dann möglich, wenn

- der Mieter seine vertraglichen Pflichten schuldhaft nicht unerheblich verletzt hat,
- der Vermieter die Räume für sich, seine Familienangehörigen oder Angehörige seines Haushalts benötigt (Eigenbedarf) oder
- der Vermieter durch die Fortsetzung des Mietverhältnisses an einer angemessenen wirtschaftlichen Verwertung des Grundstücks gehindert ist und dadurch erhebliche Nachteile erleiden würde.

Vertragswidriger Gebrauch gem. § 573 Abs. 1 S. 1 Nr. 1 BGB liegt z.B. dann vor, wenn der Mieter

- unerlaubt und trotz Abmahnung Tiere in der Wohnung hält,[36]
- die Wohnung nicht beheizt wird[37] oder
- der Mieter eine gewerbliche Tätigkeit in den zu Wohnzwecken überlassenen Räumen ausübt.[38]

Wirksamkeitsvoraussetzung einer Kündigung ist, dass die Gründe für ein berechtigtes Interesse gem. § 573 Abs. 3 BGB in dem Kündigungsschreiben angegeben sind; andere Gründe werden danach nur berücksichtigt, soweit sie nachträglich entstanden sind.

Eine vorherige **Abmahnung** ist nach dem Wortlaut des § 573 BGB nicht erforderlich. Allerdings gibt es Vertragsverletzungen, die ihr besonderes Gewicht dadurch erhalten, dass sie trotz Abmahnung wiederholt oder fortgesetzt werden. In diesen Fällen ist – soweit die Rechte des Vermieters in erheblichem Maße verletzt werden – eine fristlose Kündigung nach § 543 BGB möglich, bei der der Mieter vor Ausspruch der Kündigung abgemahnt werden muss. Für die ordentliche Kündigung nach § 573 Abs. 2 Nr. 1 BGB kann nichts anderes gelten, weil die Interessenlage dieselbe ist.[39]

(3) Widerspruch des Mieters

Der Mieter von Wohnraum kann gem. § 574 BGB einer Kündigung des Vermieters widersprechen und die Fortsetzung des Mietverhältnisses verlangen, wenn die Beendigung des Mietverhältnisses für den Mieter, seine Familie oder einen anderen Angehörigen seines Haushalts eine Härte bedeuten würde, die auch unter Würdigung der berechtigten Interessen des Vermieters nicht zu rechtfertigen ist.

3.7.2 Außerordentliche Kündigung

Gemäß § 543 BGB, der auch für Geschäftsraummietverhältnisse gilt, kann das Mietverhältnis außerordentlich fristlos gekündigt werden, wenn ein wichtiger Grund vorliegt. Ein **wichtiger Grund** liegt gem. § 543 Abs. 1 S. 2 BGB vor, wenn dem Kündigenden unter Berücksichtigung aller Umstände des Einzelfalls, insbesondere eines Verschuldens der Vertragsparteien, und unter Abwägung der beiderseitigen Interessen die Fortsetzung des Mietverhältnisses bis zum Ablauf der Kündigungsfrist oder bis zur sonstigen Beendigung des Mietverhältnisses nicht zugemutet werden kann. Ein wichtiger Grund liegt gem. § 543 Abs. 2 BGB ferner dann vor, wenn

- dem Mieter der vertragsgemäße Gebrauch der Mietsache ganz oder zum Teil nicht rechtzeitig gewährt oder wieder entzogen wird,
- der Mieter die Rechte des Vermieters dadurch in erheblichem Maße verletzt, dass er die Mietsache durch Vernachlässigung der ihm obliegenden Sorgfalt erheblich gefährdet oder sie unbefugt einem Dritten überlässt oder
- der Mieter entweder
  a) für zwei aufeinander folgende Termine mit der Entrichtung der Miete oder eines nicht unerheblichen Teils in Verzug ist – gem. § 569 Abs. 3 Nr. 1 BGB ist der rückständige Teil der Miete nur dann als nicht unerheblich anzusehen, wenn er die Miete für einen Monat übersteigt – oder

b) in einem Zeitraum, der sich über mehr als zwei Termine erstreckt, mit der Entrichtung der Miete in Höhe eines Betrages in Verzug ist, der die Miete für zwei Monate erreicht.

Insbesondere bei einer Kündigung eines Wohnraummietverhältnisses wegen Zahlungsverzugs sollte auch eine Schuldnerberatung angeregt werden, wenn der Mieter die Miete nicht zahlen kann. Die Schuldnerberatung gibt Hilfestellung für Menschen mit Zahlungsproblemen in Form von Rat und Hilfe in psychosozialer, finanzieller und rechtlicher Hinsicht. Diese wird von Schuldnerberatungsstellen angeboten und durchgeführt. Solche Beratungsstellen gibt es in der Regel bei Diakonie, Caritas und bei den Kommunen. Grundsätzlich ist zu empfehlen, das Mietverhältnis mit einem Mieter, der nicht zahlt, möglichst bald zu beenden.

Für Wohn- und Geschäftsraummietverhältnisse gelten außerdem als wichtiger Grund gemäß § 569 BGB, wenn
- der gemietete Wohnraum so beschaffen ist, dass seine Benutzung mit einer erheblichen Gefährdung der Gesundheit verbunden ist oder
- eine Vertragspartei den Hausfrieden nachhaltig stört.

Besteht der wichtige Grund in einer Verletzung einer Pflicht aus dem Mietvertrag, so ist gem. § 543 Abs. 3 S. 1 BGB die Kündigung erst zulässig, wenn der Berechtigte eine Frist zur Abhilfe gesetzt hat oder erfolglos abgemahnt hat. Dies gilt nur dann nicht, wenn die Fristsetzung oder Abmahnung offensichtlich keinen Erfolg verspricht, die Kündigung aus besonderen Gründen gerechtfertigt ist – wie z.B. dann, wenn eine besonders schwere Pflichtverletzung vorliegt[40] – oder wegen Zahlungsverzug gekündigt wird.

Auch die fristlose Kündigung muss bei Wohnraummietverhältnissen gem. § 568 BGB schriftlich erfolgen und die Kündigungsgründe müssen gem. § 569 Abs. 4 BGB angegeben werden; dies gilt sowohl für den Mieter als auch den Vermieter.

Bei einer außerordentlichen Kündigung wegen Zahlungsverzugs gem. § 543 Abs. 2 BGB wird die Kündigung gem. § 569 Abs. 3 Nr. 1 BGB unwirksam, wenn der Mieter die rückständige Miete bis zum Ablauf von zwei Monaten nach Eintritt der Rechtshängigkeit der Räumungsklage (sog. Schonfrist) zahlt; dies gilt nur dann nicht, wenn der Mieter bereits eine frühere fristlose Kündigung, die nicht mehr als 2 Jahre zurückliegt, durch Zahlung während der Schonfrist zu Fall gebracht hat. Aufgrund dieser Regelung sollte der Vermieter im Falle des Zahlungsverzugs neben der außerordentlichen Kündigung hilfsweise die ordentliche Kündigung erklären; denn die ordentliche Kündigung kann nicht durch nachträgliche Zahlung unwirksam werden.

Ein Widerspruch des Mieters gegen die außerordentliche Kündigung ist gemäß § 574 Abs. 1 S. 2 BGB nicht möglich.

▶ Ein Muster eines Kündigungsschreibens wegen Zahlungsverzugs ist als **Anlage 2** beigefügt (siehe S. 346).

3.7.3 Fortsetzung des Mietverhältnisses

Setzt der Mieter nach Ablauf der Mietzeit den Gebrauch der Mietsache fort, so verlängert sich gem. § 545 BGB das Mietverhältnis auf unbestimmte Zeit, sofern nicht eine Vertragspartei ihren entgegenstehenden Willen innerhalb von zwei Wochen dem anderen Teil erklärt. In der Regel ist die Anwendbarkeit des § 545 BGB bereits im Mietvertrag ausgeschlossen.

Im Übrigen sollte aber auch im Kündigungsschreiben nochmals darauf hingewiesen werden.

Formulierungsbeispiel:

> „Sollten Sie den Gebrauch der Räume über diesen Termin hinaus fortsetzen, widersprechen wir schon jetzt der Fortsetzung des Mietverhältnisses. Zahlungen für die Zeit nach Zugang der Kündigung werden wir als Nutzungsentschädigung entgegennehmen; deren Annahme bedeutet kein Einverständnis mit der Fortsetzung des Mietverhältnisses."

3.7.4 Werkdienst- und Werkmietwohnungen

Besonderheiten bestehen bei der Kündigung von Werkdienst- oder Werkmietwohnungen:

3.7.4.1 Werkdienstwohnung

Bei der Werkdienstwohnung ist die Rechtsgrundlage für die Überlassung der Wohnung der Dienstvertrag, sodass die Wohnung während der Dauer des Dienstverhältnisses nicht allein gekündigt werden kann. Eine Kündigung der Dienstwohnung unabhängig von dem Arbeitsverhältnis ist als unzulässige Teilkündigung unwirksam, vgl. § 573 b BGB.

Wird das Dienstverhältnis beendet oder wird ein Pfarrer unter Enthebung seiner Stelle beurlaubt, z.B. zum Dienst eines Religionslehrers, wird er auf eine andere (Pfarr-)Stelle versetzt oder tritt er in den Ruhestand, verliert er den Anspruch auf einen Dienstwohnung; sie ist freizumachen, vgl. § 45 Abs. 3 BayPfG. Mit der Beendigung des Dienstverhältnisses endet damit auch der Mietvertrag. Eine gesonderte Kündigung ist nicht erforderlich.

Stirbt ein Pfarrer oder eine Pfarrerin und war der Verstorbene im Genuss einer Dienstwohnung, so sind in Bayern gem. § 48 Pfarrbesoldungsgesetz (BayPfBesG) sein Ehegatte und die ehelichen Kinder und als Kind angenommenen Kinder, die unmittelbar vor dem Tod mit ihm in seinem Haushalt gelebt haben, berechtigt, die Wohnung während der auf den Sterbemonat folgenden drei Monate unentgeltlich weiter zu benutzen. Die für den dienstlichen Gebrauch bestimmten Räume sind jedoch alsbald freizumachen. Eine gesonderte Kündigung ist aufgrund der Befristung auf drei Monate nicht erforderlich.

3.7.4.2 Werkmietwohnung

Ein auf bestimmte Zeit geschlossenes Mietverhältnis über eine Werkmietwohnung kann nicht ordentlich gekündigt werden. Allerdings muss für die Befristung einer Werkmietwohnung ebenfalls ein Befristungsgrund – wie unter 3.4.3.1 ausgeführt – bestehen.

Ein auf unbestimmte Zeit geschlossenes Mietverhältnis über eine Werkmietwohnung kann grundsätzlich nur durch Kündigung beendet werden. § 576 BGB gibt dem Vermieter (nicht dem Mieter) das Recht, mit verkürzten Fristen zu kündigen, wenn das Dienstverhältnis beendet ist. Gemäß § 576 Abs. 1 Nr. 1 BGB kann deshalb Wohnraum, der mit Rücksicht auf das Bestehen eines Dienstverhältnisses vermietet ist, abweichend von § 573 c Abs. 1 S. 2 Nr. 1 BGB spätestens am dritten Werktag eines Kalendermonats zum Ablauf des übernächsten Monats gekündigt werden, wenn der Mieter weniger als 10 Jahre darin gewohnt hat und der Wohnraum für einen anderen zur Dienstleistung Verpflichteten benötigt wird. Ist die Wohnung länger überlassen, gelten die allgemeinen Vorschriften, mithin § 573 c BGB. § 576 BGB enthält keinen eigenständigen Kündigungsgrund. Deshalb kann der Vermieter das Mietverhältnis trotz der Beendigung des Dienstverhältnisses nur kündigen, wenn der Tatbestand des § 573 BGB erfüllt ist.[41] Der Zweck der Vorschrift erschöpft sich also in der Verkürzung der Kündigungsfrist. Die Kündigung des Arbeitsverhältnisses beinhaltet – anders als beim Werkdienstverhältnis – nicht auch die Kündigung des Mietverhältnisses und umgekehrt. Die Kündigung des Mietverhältnisses muss nach Beendigung des Dienstverhältnisses zugehen, sie muss aber nicht alsbald nach Beendigung des Dienstverhältnisses ausgesprochen werden.[42] Während der Dauer des Dienstverhältnisses kann die Wohnung unter Beachtung der allgemeinen Kündigungsfristen gekündigt werden.

Handelt es sich hingegen um eine **funktionsgebundene Werkmietwohnung** gem. § 576 BGB, die in unmittelbarer Beziehung oder Nähe zum Arbeitsplatz steht, und wird der Wohnraum aus dem gleichen Grund für einen anderen zur Dienstleistung Verpflichteten benötigt, kann die Kündigung gem. § 576 Abs. 1 Nr. 2 BGB spätestens am dritten Werktag zum Ablauf dieses Monats erklärt werden, die Kündigungsfrist beträgt demnach lediglich einen Monat.

Bei der Kündigung einer „normalen" Werkmietwohnung kann der Mieter der Kündigung widersprechen und die Fortsetzung des Mietverhältnisses gem. § 574 BGB verlangen; gem. § 576 a BGB sind dabei allerdings die Belange des Dienstberechtigten zu berücksichtigen. Das Widerspruchsrecht gem. § 574 BGB gilt hingegen nicht, wenn der Mieter das Mietverhältnis ohne Anlass des Dienstberechtigten gelöst hat oder der Vermieter das Mietverhältnis aufgrund des Verhaltens des Mieters gekündigt hat.

Bei funktionsgebundenen Werkmietwohnungen kann der Mieter hingegen der Kündigung nicht widersprechen, § 576 a Abs. 1 Nr. 1 BGB.

3.7.5 Allgemeines zur Kündigung

3.7.5.1 Berechtigung zur Kündigung

Die Kündigung können grundsätzlich nur die Parteien des Mietvertrages erklären. Dritte, die nicht Vertragspartei sind – wie z.B. der Eigentümer, der nicht Vermieter ist – sind nicht zur Kündigung berechtigt. Personenmehrheiten können auch nur gemeinschaftlich kündigen bzw. gekündigt werden; eine Kündigung ist von allen Vermietern an alle Mieter zu erklären und deshalb auch an alle Mieter zu adressieren.

Die Kündigung kann allerdings auch von einem Stellvertreter erklärt werden. Der rechtsgeschäftliche Vertreter kann deshalb für den Vertretenen kündigen, so z.B. der Verwalter als Vertreter des Eigentümers. In diesem Fall sollte dem Kündigungsschreiben eine schriftliche **Originalvollmacht** beigefügt werden, aus der sich ergibt, dass der Stellvertreter zur Kündigung im Namen des Vermieters berechtigt ist. Gleiches gilt, wenn sich der Mieter bei der Kündigung vertreten lässt, z.B. durch einen Rechtsanwalt. Fehlt die Vollmacht, so kann der Empfänger die Kündigung gem. § 174 BGB unter Hinweis auf die fehlende Vollmacht zurückweisen. In diesem Fall ist die Kündigung unwirksam; der Fehler kann auch nicht geheilt werden.

Etwas anderes gilt bei gesetzlicher Stellvertretung, d.h. wenn der im Gesetz vorgesehene Vertreter, z.B. der Kirchenvorstand, der Vorstand einer Stiftung oder der Geschäftsführer einer GmbH, kündigt. In diesem Fall ist § 174 BGB nicht anwendbar.

3.7.5.2 Zugang der Kündigung

Aus der Kündigung muss sich eindeutig ergeben, dass das Mietverhältnis auch beendet werden soll. Eine Kündigung liegt deshalb nicht vor, wenn lediglich der Wunsch geäußert wird, das Mietverhältnis zu beenden.

Die Kündigung muss darüber hinaus dem Empfänger zugehen, andernfalls ist die Kündigung nicht wirksam. Bei der Versendung der Kündigung mit der **Post durch einfaches Schreiben** ist dies grundsätzlich ausreichend; allerdings kann im Falle des Bestreitens des Zugangs der Kündigung dieser nicht nachgewiesen werden, da der Beweis des Absendens des Briefes nicht als Beweis für den Zugang ausreichend ist. Deshalb sollte die Kündigung per Einschreiben/Rückschein übermittelt werden, da der Zugang auf dem Rückschein vermerkt wird; legt allerdings der Postbote, der den Empfänger nicht antrifft, das Schreiben bei der Post nieder, ist die Kündigung nicht zugegangen, da die in den Briefkasten eingeworfene Aufforderung, den Brief abzuholen, nicht den Zugang des Kündigungsschreibens bewirkt.

In kritischen Fällen, sollte die Kündigung durch einen **Boten** übermittelt werden. Der Nachweis des Zugangs bei Zustellung durch einen Boten kann allerdings auch nur dann geführt werden, wenn der Bote bestätigen kann, dass sich in dem Kuvert, das er übermittelt hat, das Original des Kündigungsschreibens befunden hat; er muss also auch sehen, wie das Schreiben in das Kuvert gelangt. Bei der Übermittlung durch einen Boten erfolgt der Zugang des Schreibens dann, wenn damit zu rechnen ist, dass der Empfänger seinen Briefkasten leert. Wird die Post vormittags ausgetragen, geht deshalb ein am Nachmittag eingeworfener Brief erst am nächsten Tag zu. Der Bote sollte sich eine Notiz fertigen, wo und wann er das Kündigungsschreiben eingeworfen hat.

3.7.6 Aufhebungsvertrag

Alternativ zur Kündigung können die Parteien das Mietverhältnis auch einvernehmlich durch den Abschluss eines Vertrages, einen sog. Mietaufhebungsvertrag, beenden. Der Abschluss eines Mietaufhebungsvertrages empfiehlt sich insbesondere dann, wenn zwischen den Parteien ein langfristiger Mietvertrag besteht und eine Partei ein Interesse daran hat, den Vertrag vorzeitig zu beenden.

Der Mietaufhebungsvertrag kommt durch Angebot und Annahme zustande und ist von den Parteien des Mietvertrages zu schließen. Ein Mietaufhebungsvertrag bedarf grundsätzlich keiner Form, auch wenn es sich um einen Mietvertrag handelt, der die Schriftform vorsieht. Denn auch die Schriftform kann mündlich wieder aufgehoben werden.[43] Aus Beweisgründen sollte der Aufhebungsvertrag jedoch schriftlich geschlossen werden.

Vertragsinhalt ist, dass die Parteien das Mietverhältnis zu einem bestimmten Zeitpunkt beenden wollen; insoweit ist auch eine Regelung bezüglich etwaig mit angemieteter Nebenräume, wie z.B. einer Garage, zu treffen. Nehmen die Parteien keinen Beendigungszeitpunkt auf, ist der aus der Vertragsbeendigung folgende Räumungs- und Herausgabeanspruch sofort fällig, d.h. der Mieter hat die Räume sofort zurückzugeben.

Die Art und Weise der Rückgabe können die Parteien frei vereinbaren. Insoweit sollten die Parteien jedoch noch regeln,

- ob und welche Leistungen der Mieter noch zu erbringen hat, wie z.B. Schönheitsreparaturen oder Beseitigung von Schäden und
- ob und welche Zahlungen noch zu leisten sind,
- ob der Mieter von ihm eingebrachte Einrichtungen zu beseitigen hat oder ob der Vermieter diese übernimmt und
- ob und welche Zahlung der Vermieter insoweit zu leisten hat bzw. ob der Mieter berechtigt ist, diese an den Nachmieter zu verkaufen.

Darüber hinaus sollte eine Regelung getroffen werden, bis wann der Vermieter über die Kaution abrechnet, wobei der Vermieter zu einem Einbehalt der Kaution in angemessener Höhe für die Ansprüche aus der Betriebskostenabrechnung berechtigt ist. Schließlich ist eine Regelung aufzunehmen, bis wann der Vermieter über die Betriebskosten abrechnet.

▶ Das Muster eines Mietaufhebungsvertrages ist als **Anlage 4** beigefügt (s. S. 349 ff).

3.8 Abwicklung

3.8.1 Rückgabe

Gemäß § 546 BGB ist der Mieter verpflichtet, die Mietsache nach Beendigung des Mietverhältnisses zurückzugeben.

Der Mieter ist grundsätzlich nicht nur verpflichtet, sondern auch berechtigt, Einrichtungen, mit denen er die Mietsache versehen hat, wegzunehmen, § 539 BGB; er hat insoweit den früheren Zustand wieder herzustellen. Etwas anderes gilt allerdings dann, wenn die Parteien im Mietvertrag eine hiervon abweichende Regelung getroffen haben.

Der Vermieter ist vor dem Ende des Mietverhältnisses nicht verpflichtet, die Mietsache zurückzunehmen.[44] Insbesondere wenn der Mieter die Räume erhebliche Zeit vor dem Vertragsende zurückgeben will, beabsichtigt der Mieter damit in der Regel nur, die Obhutspflichten auf den Vermieter zu überbürden.[45] In diesem Fall kann der Vermieter die Entgegennahme der Mietsache verweigern, ohne damit in Annahmeverzug zu geraten und gegebenenfalls den Anspruch auf Nutzungsentschädigung gemäß § 546a BGB, der dem Vermieter dann zusteht, wenn der Mieter nach Beendigung des Mietverhältnisses die Mietsache nicht zurückgibt, zu verlieren.[46] Will aber der Mieter die Räume nur unerhebliche Zeit vor dem Vertragsende zurückgeben, kann eine solche Absicht, die Obhutspflichten auf den Vermieter zu überbürden, regelmäßig nicht angenommen werden. Der Vermieter gerät dann mit der Rücknahme der angebotenen Mietsache in Annahmeverzug, so dass der Mieter nach § 300 BGB nur noch Vorsatz und grobe Fahrlässigkeit zu vertreten hat, was seine Obhutspflicht reduziert.[47]

Die Rückgabe der Mieträume setzt voraus, dass der Mieter dem Vermieter den unmittelbaren Besitz an dem Mietobjekt einräumt, ihm also die Mietsache zur freien Verfügung zurück gibt.[48] Zweckmäßigerweise vereinbaren die Parteien zur Rückgabe – ebenso wie bei der Übergabe der Räume an den Mieter – einen Termin im Mietobjekt. Bei diesem Termin sollte der Mieter dem Vermieter sämtliche Schlüssel zurückgeben, und zwar einschließlich der selbst angefertigten Nachschlüssel[49] –, da andernfalls der Mieter wegen der jederzeitigen Zugriffsmöglichkeit zumindest Mitbesitzer des Objekts bleibt, was einer Rückgabe im Sinne des § 546 BGB entgegensteht.

Bei diesem Termin sollte eine Ablesung der Zählerstände (Gas, Heizung, Wasser, Strom etc.) erfolgen.

Schließlich sollten die Parteien die Mietsache nochmals gemeinsam besichtigen, um Beschädigungen, die über die normale Abnutzung hinausgehen, festzustellen. Über die festgestellten Mängel sollte ein Übergabeprotokoll erstellt werden, das von beiden Parteien unterschrieben werden sollte. Sinn eines Übergabeprotokolls ist nämlich in erster Linie, spätere Streitigkeiten über das Vorhandensein und die Art von Schäden an der Mietsache zu verhindern. Liegen erhebliche Schäden vor, sollte der Vermieter einen Gutachter mit der Aufnahme der Schäden beauftragen.

Der Termin sollte unmittelbar nach dem Auszug des Mieters bzw. nach Rückgabe der Schlüssel erfolgen, da Ersatzansprüche des Vermieters wegen einer Verschlechterung oder Veränderung der Mietsache gem. § 548 BGB innerhalb von sechs Monaten ab Rückgabe der Räume verjähren,[50] d.h. der Anspruch kann verjähren, bevor das Mietverhältnis beendet ist. Dies gilt insbesondere für nicht durchgeführte Schönheitsreparaturen. Das gilt sowohl für Wohn- als auch für Geschäftsraummietverhältnisse.

Gibt der Mieter die Mietsache nicht rechtzeitig zurück, so kann der Vermieter gem. § 546 a Abs. 1 BGB die vereinbarte oder die ortsübliche Miete verlangen. Daneben schuldet der Mieter Schadensersatz wegen nicht rechtzeitiger Rückgabe der Mietsache, § 546 a Abs. 2 BGB, wenn die Rückgabe infolge eines schuldhaften Verhaltens des Mieters unterblieben ist.

3.8.2 Kautionsabrechnung

Nach Beendigung des Mietverhältnisses ist der Vermieter verpflichtet, dem Mieter eine Abrechnung über die Kaution zu erteilen. Diese muss gem. § 259 BGB eine geordnete Zusammenstellung der Einnahmen und Ausgaben und insbesondere die Höhe der Kaution einschließlich Zinsen enthalten. Entsprechende Gegenforderungen müssen nach Grund und Höhe ausgewiesen sein. Dem Vermieter steht eine angemessene Frist zur Abrechnung zu. Insbesondere darf der Vermieter die Kaution über den regulären Abrechnungszeitraum hinaus zurückbehalten, wenn ein Nachzahlungsanspruch für noch nicht fällige Betriebskosten zu erwarten ist,[51] wobei zu empfehlen ist, nicht die gesamte Kaution, sondern lediglich das zwei- bis dreifache des zu erwartenden Nachzahlungsbetrages einzubehalten. Das Zurückbehaltungsrecht an der Kaution endet jedoch mit Ablauf der Abrechnungsfrist des § 556 Abs. 3 S. 2 BGB, wonach die Abrechnung bis zum Ablauf des zwölften Monats nach Ende des Abrechnungszeitraumes zu erteilen ist.

▶ Ein Muster über eine Kautionsabrechnung ist als **Anlage 3** beigefügt (siehe S. 347).

4 Leihe

4.1 Voraussetzungen der Leihe

Werden Räume unentgeltlich an einen Dritten überlassen, liegt eine Leihe vor; das gleiche gilt, wenn die Räume lediglich gegen Ersatz der tatsächlich verursachten Kosten überlassen werden, wie z.B. Heizkosten etc.[52]

Durch die Leihe wird der Verleiher gem. § 598 BGB verpflichtet, dem Entleiher den Gebrauch der Sache zu gestatten.

4.2 Abschluss Leihvertrag

Bei der Leihe von Räumen ist ebenso vorzugehen wie bei der Miete. Die Parteien sollten auch einen schriftlichen Vertrag über die Überlassung der Räume schließen, in dem die Räume bezeichnet und die vom Entleiher zu tragenden Kosten aufgenommen sind. Das Entgelt sollte sich an der Höhe der tatsächlichen Kosten orientieren. Staffelungen nach der kirchlichen Nähe der Nutzer sind häufig anzutreffen.

Darüber hinaus sollten die Parteien den Zeitpunkt der Rückgabe, Reinigungspflichten etc., die Haftung für etwaige Schäden und die Höhe der Kaution festlegen. Insbesondere ist zu überlegen, ob der Entleiher verpflichtet werden soll, die Kosten zur Beseitigung gewöhnlicher Verschleißschäden zu übernehmen oder solche Schäden zu beseitigen, da er zu deren Beseitigung gem. § 602 BGB nicht verpflichtet ist. Insoweit sind die Beseitigung von und die Kosten für Schönheitsreparaturen von Bedeutung.[53]

Der Zustand der Räume bei Übergabe und Rückgabe sollte ebenfalls in einem Protokoll festgehalten werden, für das das oben aufgeführte Muster verwendet werden kann.

4.3 Kündigung

Anders als bei Mietverhältnissen kann der Verleiher die Leihe gem. § 605 BGB kündigen, wenn

- er infolge eines nicht vorhergesehenen Umstandes der verliehenen Sache bedarf oder
- der Entleiher einen vertragswidrigen Gebrauch von der Sache macht, insbesondere unbefugt den Gebrauch einem Dritten überlässt, oder die Sache durch Vernachlässigung erheblich gefährdet.

Die Kündigung kann formlos und ohne Angabe eines Grundes erfolgen, auch wenn sich die Angabe des Grundes empfiehlt. Die Kündigung ist im Zweifel fristlos.

4.4 Abwicklung

Der Entleiher ist nach § 604 BGB verpflichtet, die geliehene Sache nach dem Ablauf der für die Leihe bestimmten Zeit zurückzugeben. Die verursachten Schäden durch den Entleiher sind im Rückgabeprotokoll aufzunehmen, wenn diese über den vertragsgemäßen Gebrauch hinausgehen, Verschleißschäden aber nur dann, wenn der Entleiher verpflichtet ist, diese zu beseitigen oder die Kosten hierfür zu tragen.

Hierbei ist zu beachten, dass auch für die Leihe eine kurze Verjährungsfrist gem. § 606 BGB gilt. Danach verjähren Ersatzansprüche des Verleihers wegen Veränderung oder Verschlechterung der verliehenen Sache in sechs Monaten ab dem Zeitpunkt der Rückgabe der Räume. Die oben gemachten Ausführungen[54] gelten insoweit entsprechend.

Anmerkungen

1 BGH Urteil vom 12.2.2003 – XII ZR 324/98, NZM 2003, 372 zum kostendeckenden Entgelt.
2 OLG Dresden, Beschluss vom 7.11.2002 – 4 W 1324/02, ZMR 2003, 250; Münchner Kommentar/Häublein, vor § 535 BGB Rn. 10; aA Blank „Mietvertrag" S. 612.
3 Siehe Abschn. C. Ziff. 4 lit. b) bb) (1).
4 Vgl. § 45 bayerisches Pfarrergesetz (BayPfG).
5 Bub, in: Bub/Treier, Handbuch der Geschäfts- und Wohnraummiete, 3. Aufl. 1999, II Rn. 669.
6 Hinz, in: Börstinghaus, MietPrax, Stand September 2006, Fach 1 Teil 1 C Rn. 152.
7 BGH, Versäumnisurteil vom 16.7.2008 – VIII ZR 282/07, NJW 2008, 3361.
8 Siehe oben B.
9 OLG Naumburg, Urteil vom 7.9.2004 – 9 U 3/04, NZM 2004, 825; OLG Dresden, Urteil vom 31.8.2004 – 5 U 946/04, NZM 2004, 827; aA KG, Urteil vom 22.03.1999 – 23 U 8203/98, WuM 1999, 323: Annahme nach mehr als fünf Tagen verspätet.
10 BGH, Urteil vom 30.7.1997 – VIII ZR 244/96, NJW 1997, 3169.
11 Palandt/Weidenkaff, Kommentar zum BGB, 68. Aufl. 2009, Vorb v § 576 Rn 8.

12 LG München I, Urteil vom 17.7.1991 – 14 S 10344/90, WuM 1992, 15; LG Wuppertal, Urteil vom 26.10.1995 – 9 S 356/94, NJWE- MietR1996, 122.
13 Vgl. BGH, Urteil vom 2.11.2005 – XII ZR 233/03, NJW 2006, 140.
14 BGH, Urteil vom 22.2.2006 – VIII ZR 219/04, NJW-RR 2006, 801.
15 Wie z.B. in Nr. 4 Abs. 2 MietPrBek der Evangelisch-Lutherischen Kirche in Bayern.
16 Palandt/Weidenkaff, Komm. z. BGB, 68. Aufl. 2009, Vorb v § 576 Rn. 9.
17 Palandt/Weidenkaff, Kommentar zum BGB, 68. Aufl. 2009, § 535 Rn. 4.
18 Buch NZM 2000, 167.
19 Palandt/Weidenkaff, Kommentar zum BGB, 68. Aufl. 2009, Vorb v § 576 Rn. 10.
20 BGH, Urteil vom 18.4.2007 – VIII ZR 182/06, NJW 2007, 2177, 2179.
21 Palandt/Weidenkaff, Kommentar zum BGB, 68. Aufl. 2009, § 575 Rn. 9.
22 Vgl. BT-Dr 14/4553, S. 70.
23 BGH, Urteil vom 18.4.2007 – VIII ZR 182/06, NJW 2007, 2177.
24 Schmidt-Futterer/Blank, Kommentar zum Mietrecht, 9. Aufl. 2007, § 575 Rn. 26.
25 Vgl. auch Nr. 1 der Bekanntmachung über die Mietpreisbildung bei kircheneigenem Wohnraum und kircheneigenen Garagen und auch Gewerbeflächen (MietPrBek) der Evangelisch-Lutherischen Kirche in Bayern.
26 Vgl. für Bayern die Tabellenansätze, die in Anlage 1 zur MietPrBek aufgeführt sind.
27 BGH, Urteil vom 30.6.2004 – VIII ZR 243/03, WuM 2004, 473.
28 BGH, Urteil vom 21.9.1994 – XII ZR 77/93, NJW 1994, 3287.
29 BGH, Urteil vom 15.11.2006 – XII ZR 120/04, NJW 2007, 2394; Palandt/Weidenkaff, Kommentar zum BGB, 68. Aufl. 2009, § 535 Rn. 35.
30 LG Berlin, Urteil vom 20.6.1985 – 61 T 32/85, GE 1985, 1259.
31 BGH, Urteil vom 10.11.1982 – VIII ZR 252/81, NJW 1983, 446.
32 Palandt/Weidenkaff, Kommentar zum BGB, 68. Aufl. 2009, § 559 Rn. 12.
33 Vgl. Teil 4 Kapitel IV, 3 Ausgaben, Aufwendungen und Betriebskosten bei der Bewirtschaftung von Immobilien.
34 Vgl. zur Mieterhöhung bei Geschäftsraummietverhältnissen im Einzelnen: Fritz, Gewerberaummietrecht, 4. Aufl. 2005, III Rn. 107 ff.
35 BGH, Urteil vom 27.4.2005 – VIII ZR 206/04, NJW 2005, 2154
36 LG Hildesheim, Beschluss vom 28.2.2006 – 754/06, WuM 2006, 525.
37 LG Hagen, Urteil vom 19.12.2007 – 10 S 163/07, DWW 2008, 180.
38 LG München II, Urteil vom 25.7.2006 – 12 S 2128/06 ZMR 2007, 278.
39 Schmidt-Futterer/Blank, Kommentar zum Mietrecht, 9. Aufl. 2007, § 573 Rn. 14.
40 OLG Düsseldorf, Urteil vom 7.10.2004 – 10 U 70/04, NJW-RR 2005, 13.
41 Einzelheiten s. oben unter 3.4.1.2.
42 Schmidt-Futterer/Blank, Kommentar zum Mietrecht, 9. Aufl. 2007, § 576 Rn. 6.
43 Schmidt-Futterer/Blank, Kommentar zum Mietrecht, 9. Aufl. 2007, Anh. zu § 542 Rn. 6.

44 KG, Urteil vom 6.5.1999 – 8 U 1700/98, NZM 2000, 92; OLG Dresden, Urteil vom 20.6.2000 – 23 U 403/00, NJW-RR 2001, 79.
45 OLG Dresden, Urteil vom 20.6.2000 – 23 U 403/00, NJW-RR 2001, 79.
46 Vgl. OLG Düsseldorf Urteil vom 16.1.1997 – 10 U 6/96, NJWE-MietR 1997, 200.
47 Wolf/Eckert/Ball, Handbuch des gewerblichen Miet-, Pacht- und Leasingrechts, 9. Aufl. 2004, Rn. 973 und Rn. 1065.
48 BGH, Urteil vom 30.6.1971 – VIII ZR 147/69, NJW 1971, 2065.
49 OLG Düsseldorf, Urteil vom 14.03.1995 – 24 U 163/94, NJW-RR 1996, 209.
50 OLG Düsseldorf, Urteil vom 31.8.2006 – 10 U 46/06, NJW-RR 2007, 13.
51 BGH, Urteil vom 18.1.2006 – VIII ZR 71/05, NJW 2006, 1422.
52 Münchner Kommentar/Häublein, vor § 535 BGB Rn. 10.
53 Münchner Kommentar/Häublein, aaO, § 601 BGB Rn. 3.
54 Siehe oben, Abschn. 3.8.

Anlage 1

Anlage zum Mietvertrag vom ...

Übergabeprotokoll

Die in § 1 des Mietvertrages aufgeführte Wohnung (Baujahr _______)
ist abgeschlossen ☐ Ja / ☐ Nein

sie bestehend	____ Zimmer(n)	____ Nebenraum	____ Balkon/Loggia
aus:	____ Kammer	____ Dusche	____ Terrasse
	____ Küche/Kochnische	____ WC	____ Kelleranteil
	____ Speisekammer	____ Diele/Flur	____ Speicheranteil
	____ Bad mit WC	____ Bad ohne WC	____
	____	____	____

dem Mieter werden vom Vermieter für die Mietzeit ausgehändigt:

____ Hausschlüssel	____ Kellerschlüssel	____ Hoftorschlüssel
____ Wohnungsschlüssel	____ Speicherschlüssel	____ Zählerschrankschlüssel
____ Zimmerschlüssel	____ Briefkastenschlüssel	____ Aufzugschlüssel

Ein Mitbenutzungsrecht besteht hinsichtlich des vorhandenen Waschraumes – Trockenraumes – Trockenplatzes – Gartens

Die Wohnung ist ausgestattet mit:
Zentralheizung – zentraler Wasserversorgung – Etagenheizung – Ofenheizung – Anschluss an Gemeinschaftsantenne /Breitbandkabel – Boiler(n) – Einbauküche – Kühlschrank – Gas-, Elektro-, Kombiherd – Parkettboden, Laminatboden, Teppichboden – Gegensprechanlage – Aufzug

Vermieter und Mieter haben die Wohnung einschließlich aller Anlagen und Einrichtungen gemeinsam besichtigt.

Folgende Mängel wurden festgestellt:

____

____

____

____

____

____

____

____

____

____

Zählerstände:

Gaszähler	Nr. __________	Stand: __________
Stromzähler	Nr. __________	Stand: __________
Kaltwasser	Nr. __________	Stand: __________
Warmwasser	Nr. __________	Stand: __________
________	Nr. __________	Stand: __________
________	Nr. __________	Stand: __________

Vorstehendes Übergabeprotokoll ergänzt den Mietvertrag.

München, den __________
Datum

____________________ ____________________

Vermieter Mieter

Anlage 2

Vermieter (Anschrift)
Per Boten
Mieter (Anschrift)
München, den …

Mietverhältnis Musterstr. 3, 80000 München
Kündigung

Sehr geehrter Herr …,
sehr geehrte Frau …,

hiermit
kündige

ich den zwischen uns am … geschlossenen Mietvertrag über die Wohnung Musterstr. 3, … München im 4. OG, bestehend aus 4 Zimmern, 1 Küche, 2 Bädern/WC, 1 Keller und einem Balkon, sowie über den Tiefgaragenstellplatz Nr. …

außerordentlich fristlos,

sowie hilfsweise

ordentlich

unter Einhaltung der gesetzlichen Kündigungsfrist des § 573 c BGB von 3 Monaten fristgerecht zum

28. Februar 200….

2.
Sie sind Ihrer Verpflichtung zur Zahlung der vereinbarten Miete einschließlich Vorauszahlungen auf die Betriebskosten für Heizung und Warmwasser sowie der Miete für die Garage/Stellplatz für den Monat August 2008 sowie für den Monat November 2008 in Höhe von jeweils € … nicht nachgekommen. Der Mietrückstand beträgt daher insgesamt € ….

3.
Ich fordere Sie hiermit auf, die Wohnung einschließlich Tiefgarage und Keller bis zum … zu räumen und einschließlich sämtlicher Schlüssel und in vertragsgemäßem Zustand an mich zurückzugeben.

4.
Sollten Sie den Gebrauch der Räume über diesen Termin hinaus fortsetzen, widerspreche ich schon jetzt der Fortsetzung des Mietverhältnisses. Zahlungen für die Zeit nach Zugang der Kündigung werde ich als Nutzungsentschädigung entgegennehmen. Deren Annahme bedeutet kein Einverständnis mit der Fortsetzung des Mietverhältnisses.

Mit freundlichen Grüßen

Vermieter

Anlage 3

Abrechnung der Kaution (2-fach)

Mieter: (Name)
Mietverhältnis: (Anschrift) – Wohnung – Nr. ... –
Mieterwechsel zum 19. Mai 2009

Kaution gemäß beiliegender Abrechnung (Abrechnung der Bank beifügen)		1.583,35 €
Mietüberzahlung vom 20.05. – 31.05.2007		241,00 €
abzüglich:		
Nachzahlungsbetrag aus Betriebs- und Heizkosten- abrechnung vom 15.03.2006 – 31.12.2006		243,51 €
Einbehalt Betriebs- und Heizkostenabrechnung vom 01.01.2007 – 19.05.2007	300,00 €	543,51 €
verbleibt ein Saldo zu Ihren Gunsten in Höhe von		1.280,84 €

Dieser Betrag wird von uns überwiesen auf Ihr Konto-Nr. ....
bei der ....
BLZ ....

....
– Unterschrift –

Bitte senden Sie eine ausgefüllte Ausfertigung der Kautionsabrechnung unterschrieben an uns zurück.

Anlage 4

Mietaufhebung/Räumungsvereinbarung

zwischen

Herrn Mustermann, Beispielgasse 1, 80001 München

– Mieter –

und

Evangelisch-Lutherische Kirchengemeinde Johannes,
vertreten durch Herrn Pfarrer Müller, Kirchplatz 1, 80002 München

– Vermieter –

I.
Präambel

Herr Hans Mustermann als Mieter und die Evangelisch-Lutherische Kirchengemeinde Johannes als Vermieter haben am ... einen Mietvertrag über die Wohnung Nr. ... im X. OG des Anwesens Beispielgasse 1, 80003 München (nachfolgend „Mietsache" genannt) sowie den Tiefgaragenstellplatz oben links im Viererparker Nr. ... im Untergeschoss des Anwesens (nachfolgend „Tiefgaragenstellplatz" genannt) geschlossen.
...
(Grund, warum der Mietvertrag aufgehoben werden soll)
Dies vorausgeschickt treffen die Parteien folgende

II.
Vereinbarung

§ 1
Mietaufhebung

1. Die Beteiligten heben den in der Präambel genannten Mietvertrag übereinstimmend mit Wirkung zum ... auf.

2. Der Mieter verzichtet – soweit gesetzlich zulässig – auf Räumungsschutz.

3. Sollten der Mieter den Gebrauch der Räume über den in Ziff. 1. genannten Termin hinaus fortsetzen, widerspricht der Vermieter schon jetzt der Fortsetzung des Mietverhältnisses. Zahlungen für die Zeit nach Zugang der Kündigung werden als Nutzungsentschädigung entgegen genommen.

§ 2
Räumung/Rückgabe

1. Der Mieter verpflichtet sich, die Mietsache spätestens zum ... zu räumen und an den Vermieter zurückzugeben.

2. Der Mieter ist berechtigt, die Mietsache jederzeit vorher zurückzugeben, wenn er dies mit einer Frist von 2 Wochen angekündigt hat. Eine frühere Rückgabe der Mietsache durch den Mieter begründet keine weiteren Ansprüche des Mieters.

3. Der Mieter ist verpflichtet, Einrichtungen, mit denen er die Mietsache versehen hat (z.B. Regale) oder die er vom Vormieter übernommen hat (z.B. Einbauküche), zu entfernen.

4. Der Mieter hat die Mietsache vollständig geräumt und einschließlich sämtlicher Schlüssel zu oben genanntem Termin zurückzugeben.

5. Der Mieter verpflichtet sich, die Wohnung in fachmännisch renoviertem Zustand zurückzugeben.

§ 3
Kaution, Abrechnung

Der Vermieter verpflichtet sich, über die von den Mietern geleistete Kaution in Höhe von .... € nebst Zinsen abzüglich eines Einbehaltes in Höhe von € .... für eventuelle Nachforderungen für Betriebskosten für das Jahr 2007 innerhalb von 2 Wochen nach Räumung und Rückgabe der Mietsache zu überweisen. Der Vermieter verpflichtet sich, über die Betriebskosten für das Jahr 2007 bis spätestens 31.12.2008 abzurechnen.

§ 4
Schriftform

Änderungen und Ergänzungen dieser Vereinbarung bedürfen der Schriftform.

§ 5
Salvatorische Klausel

Sollten einzelne Bestimmungen dieser Vereinbarung ganz oder teilweise unwirksam sein oder werden oder sollte der Vertrag eine Lücke aufweisen, so berührt dies die Gültigkeit der übrigen Bestimmungen nicht.

München, den ____________	München, den ____________
____________	____________
Vermieter	Mieter

4/II
Sonstige Miet- und Überlassungsverhältnisse

Hans Mahlstedt

Auch ganz wenig bekannte Mietverhältnisse muss eine Kirchengemeinde bedenken. Wer trägt eigentlich die Verantwortung für den Kirchplatz, den nicht nur Kirchenbesucher, sondern auch Einheimische und Touristen nutzen? Wie werden Verträge mit Anbietern von Mobilfunk geschlossen? Wie steht es um Pachten für Jagd- und Fischereirechte?

1 Kirchenplätze

Kirchengebäude im ländlichen Raum oder in Altstädten befinden sich vielfach in zentraler Lage und sind nicht selten von einem Kirchplatz umgeben, der oftmals durch die Öffentlichkeit genutzt wird, ohne dass – in Ermangelung einer räumlich sichtbaren Abgrenzung – den Nutzern bekannt oder für diese erkennbar ist, dass es sich um ein Grundstück der Kirchengemeinde und nicht etwa um ein Grundstück der Kommunalgemeinde oder der Stadt handelt. Der unbefangene Spaziergänger kann vielfach nur ausnahmsweise erkennen, wo das kirchliche Grundstück, der Kirchplatz, beginnt und wo er endet.

Leider sind die Kirchengemeinden in aller Regel finanziell nicht in der Lage besonderes Augenmerk auf eine angemessene Gestaltung ihres Kirchplatzes zu legen. Meist verbleibt es bei den notwendigsten Instandhaltungs-, Verkehrssicherungs- und Pflegemaßnahmen.

Dabei ist gerade die Gestaltung von Kirchplätzen ein wichtiger Bestandteil der Attraktivität eines Dorfzentrums oder einer Altstadt. Hier ist erfreulicherweise in jüngerer Zeit ein verstärktes Interesse der Kommunalgemeinden und Städte (auch und gerade durch Fördermittel für die Dorf- oder Altstadtsanierung) an der Mitgestaltung eines Kirchplatzes, sei es als Geh- oder Ruheraum oder auch zur Nutzung als Markt und für sonstige Veranstaltungen, zu verzeichnen.

Aus der Sicht der Kirchengemeinde ergibt sich hierdurch die Möglichkeit, ihre Kirche und ihre kirchlichen Interessen und Bedürfnisse als unverzichtbaren Bestandteil in die Planungen und Nutzungen zum Kirchplatz einzubringen. Zumal die öffentliche Hand ein umso größeres Interesse an einer Mitnutzung hat, weil häufig Kirchen als „ältestes Gebäude vor Ort“ eine Sehenswürdigkeit sind.

Bei der vertraglichen Ausgestaltung einer Vereinbarung über die Gestaltung und die Nutzung eines Kirchplatzes sollte insbesondere Wert auf die gegenseitigen Rechte (z.B. Nutzung für kirchliche Zwecke zu bestimmten Zeiten und Ausschluss bestimmter Nutzungsarten) und Pflichten (z.B. Bau-, Erhaltungs- und Verkehrssicherungspflichten) gelegt werden.

Eine vertragliche Vereinbarung wird, neben den kirchenrechtlichen Möglichkeiten, insbesondere von den örtlichen Gegebenheiten und Interessen geprägt sein, sodass an dieser Stelle lediglich angeregt werden kann, die Beratung der zuständigen Kirchenverwaltung in Anspruch zu nehmen.

2 Mobilfunk, WLAN-, Windkraft-, Fotovoltaik- und Solaranlagen

Sofern Dritte sich um die Nutzung kirchlicher Gebäude, insbesondere Kirchengebäude, für Kommunikationszwecke (z.B. Mobilfunkanlage im Kirchturm) oder Energieerzeugung (z.B. Solaranlage auf dem Kirchendach) oder als Station für eine WLAN-Anlage[1] bemühen, sind die Interessen vor Ort häufig widerstreitend.

2.1 Mobilfunkanlagen

Dem wirtschaftlichen Interesse des Betreibers einer Mobilfunkanlage stehen oftmals Bedenken wegen der Risiken des Mobilfunks entgegen. Eine Handreichung zur Entscheidungsfindung für Kirchengemeinden kann hier die Untersuchung „Mobilfunk auf dem Kirchturm" Informationen und Entscheidungshilfen für Kirchengemeinden sein.[2]

Sollte es zu einer vertraglichen Vereinbarung (z.B. Mietvertrag[3]) über die Nutzung eines Kirchengebäudes für Mobilfunkzwecke kommen, so ist zu bedenken, dass zwar technische und juristische Aspekte vertraglich geregelt werden können, die etwaigen gesundheitlichen Auswirkungen und Risiken jedoch nur schwerlich einer rechtssicheren Regelung zugänglich sind.

2.2 WLAN

Die Datenübertragung mittels WLAN erfolgt lokal und kabellos, d.h. entweder per Funk (Mikrowellen) oder per Infrarot. Auf diese Weise erfolgt die Netzübertragungsunterstützung örtlich dort, wo sie für die Geräte benötigt wird. Zugleich wird die Strahlenbelastung näher an die Haushalte und die Aufenthaltsorte von Menschen herangeholt.[4] Auch in diesem Fall wird das Vertragsverhältnis in aller Regel als Mietvertrag ausgestaltet.[5]

2.3 Windkraft- und Fotovoltaikanlagen

Windkraft- und Fotovoltaikanlagen und deren Nebeneinrichtungen werden grundsätzlich auf unbebauten Grundstücken errichtet. Sofern kein Bau einer Windkraftanlage erfolgt, werden kirchliche Grundstücke in einigen Fällen als Abstandsflächen benötigt.

Da Windkraft- und Fotovoltaikanlagen und deren Nebeneinrichtungen einen erheblichen Platzbedarf haben, beeinträchtigen sie die Nutzung eines Grundstücks in hohem Maße. Darüber hinaus können mit dem Betrieb von Windkraftanlagen und den damit verbundenen Reparatur- und Instandhaltungsarbeiten nicht bloß unerhebliche Beeinträchtigungen der Grundstücksnutzung verbunden sein.

Andererseits sind Windkraft- und Fotovoltaikanlagen für den Grundstückseigentümer finanziell durchaus attraktiv. Neben der weiterhin möglichen, wenn auch eingeschränkten landwirtschaftlichen Nutzung des kirchlichen Grundstücks sind aus der Gestattung zum Bau, Betrieb und zur Unterhaltung derartiger Anlagen erhebliche wiederkehrende Einnahmen zu erzielen, die sich in aller Regel aus einer regelmäßigen (jährlichen) Grundentschädigung und einer weiteren, jährlich abzurechnenden Entschädigung aus der prozentualen Beteiligung an dem Ertrag dieser Anlagen errechnet.

Verträge über den Bau und die Nutzung von Windkraft- und Fotovoltaikanlagen werden grundsätzlich als Gestattungsverträge[6] abgeschlossen, zumal die Betreiber derartiger Anlagen ein erhebliches Interesse an der Sicherung ihrer Anlagen durch Gewährung einer beschränkten persönlichen Dienstbarkeit mit Eintragung in Abteilung II des Grundbuchs des kirchlichen Eigentümers haben.

2.4 Solaranlagen

Solaranlagen sollen überwiegend auf bereits vorhandenen Baulichkeiten, insbesondere auf Kirchendächern errichtet werden. Die großräumigen Dachflächen einer Kirche machen diese Alternative zur Errichtung einer Solaranlage für die Betreiber besonders interessant.

Aber auch für kirchliche Rechtsträger kann eine eigene Solaranlage auf dem Kirchendach zur Erzeugung und Deckung von Energie eine wirtschaftlich sinnvolle Alternative sein. Dabei bestehen jedoch nicht selten Bedenken wegen des Denkmalschutzes. Die Interessen des Denkmalschutzes sollten in jedem Fall Vorrang genießen.

3 Jagd- und Fischereipacht

Diese Verpachtungsarten sind neben der Verpachtung von Weinbergen oder Weingütern[7] – soweit ersichtlich – in allen Gliedkirchen der EKD eher selten anzutreffen. Lediglich Kirchen, die über einen großen Besitz an land- oder forstwirtschaftlich nutzbaren Flächen[8] verfügen, machen hier eine Ausnahme.

Besonderheiten, die bei der Verpachtung von Jagd- und Fischereirechten zu beachten sind, ergeben sich hauptsächlich aus landesrechtlichen Vorschriften.

Anmerkungen

1 WLAN = Wireless Local Area Network.
2 Herausgegeben von Hans Diefenbacher, Gudrun Kordecki u.a., Iserlohn 2003, ISBN 3–931845–70–2.
3 Vgl. hierzu das Muster in den AHGF der EKD.
4 So in den AHGF der EKD mit weiteren Quellenangaben zu Informationen über das WLAN.
5 Vgl. hierzu das Muster in den AHGF der EKD.
6 Vgl. ebd.
7 Verpachtung von Weinanbauflächen z.B. in der Evangelischen Kirche von Hessen und Nassau.
8 So z.B. die Evangelische Kirche in Mitteldeutschland.

4/III
Unbebaute Grundstücke

Hans Mahlstedt

Wie kann ein kirchlicher Eigentümer unbebaute Grundstücke am besten nutzen? Mehrere Möglichkeiten mit je eigenen rechtlichen Konsequenzen bieten sich an. Mit Hilfe des Erbbaurechts kann Kirche sozial verträglich zum Beispiel Familien unterstützen. Das Betreiben von Friedhöfen erfordert ebenso die Befolgung spezieller Gesetze und Verordnungen wie die Verpachtung an Landwirte oder Kleingärtner.

1 Erbbaurecht

Über die Anzahl bestehender Erbbaurechte[1] liegen neuere Untersuchungen nicht vor. Dennoch kann gesagt werden, dass die Vergabe von Erbbaurechten im Hinblick auf die häufig sehr hohen und weiterhin steigenden Bodenpreise eine zunehmend interessante Alternative zum Grundstückskauf darstellt, insbesondere für Familien mit Kindern.

1.1 Erbbaurechtsausgeber

Erbbaurechte werden überwiegend durch Kommunen und Kirchen und in wenigen Fällen durch private Grundstückseigentümer ausgegeben. Gerade die Kirchen jedoch haben – nicht zuletzt aufgrund des Grundsatzes der Unveräußerlichkeit ihres Grundbesitzes – seit jeher Erbbaurechte ausgegeben.

Häufig wird in den kommunalen Erbbaurechtsverträgen den Erbbaurechtsnehmern im Erbbaurechtsvertrag der Ankauf des Grundstücks nach Ablauf einer bestimmten Zeit angeboten oder eine Ankaufsverpflichtung in den Erbbaurechtsvertrag aufgenommen.

Dies mag auf Seiten der kommunalen Erbbaurechtsausgeber zum einen in haushaltsrechtlichen Bestimmungen und den Möglichkeiten ihrer Haushaltslage begründet sein. Wesentlich ist jedoch, dass die Vergabe von Erbbaurechten auch als ein wohnungspolitisches Instrument eingesetzt wird. Es ist nicht zu verkennen, dass zumindest in der Anfangszeit das Ersparen der Kosten für den Grundstückskauf für Bauwillige ein zusätzliches Motiv zur Ansiedlung gerade in dieser Kommunalgemeinde oder Stadt ist.

Im Gegensatz zu kommunalen Erbbaurechtsausgebern sind die Kirchen in der Mehrzahl der Fälle jedoch aufgrund des Unveräußerlichkeitsgrundsatzes gehindert, ein Ankaufsrecht oder Ankaufsverpflichtung für die Erbbauberechtigten vertraglich zu verankern.

Obgleich das Erbbaurecht kein Besitz minderer Klasse ist, wird dennoch in Deutschland von den Bauwilligen das Eigentum an einem Grundstück höher bewertet.[2] Insofern dürfte sich in Deutschland die Zahl bestellter Erbbaurechte gemessen an den Grundstückskäufen weiterhin auf maximal 3 Prozent bewegen,[3] obgleich das Erbbaurecht eine der Möglichkeiten ist, kostengünstig zu bauen. Dies gilt insbesondere angesichts der langen Laufzeit der Erbbaurechte, deren Vererblichkeit und der Möglichkeit der Beleihung und des Verkaufs sowie der Aussicht, das Erbbaurecht nach dessen Ablauf zu verlängern.

Dem steht gegenüber, dass ein Grundstück irgendwann abgezahlt sein wird, der Erbbauzins hingegen für die gesamte Laufzeit des Erbbaurechts zu zahlen ist.

1.2 Attraktivität des Erbbaurechts durch günstigen Erbbauzins

Dennoch kann – wie dargestellt – ein Erbbaurecht eine kostengünstige Alternative zum Grundstückskauf sein, weil gerade in jüngerer Zeit die Kirchen verstärkt auf eine sozial gerechte Ausgestaltung der Erbbaurechtsverträge achten, insbesondere hinsichtlich der Höhe des Erbbauzinses in Gebieten mit hohen Grundstückspreisen. Hier sind die kirchlichen Grundstückseigentümer grundsätzlich bemüht, gerade jungen Familien mit Kindern „Starthilfen“ zu geben.

Viele Gliedkirchen der EKD gehen daher dazu über, für eine begrenzte Anzahl von Jahren gestaffelte Nachlässe auf den Erbbauzins zu gewähren, um die größten finanziellen Belastungen gerade in der Anfangszeit zu mindern. Ein weiterer Nachlass wird häufig für jedes im Haus wohnende Kind (teilweise gestaffelt nach Alter des Kindes) gewährt. Es bestehen darüber hinaus – allerdings noch am Anfang stehend – Überlegungen, den Erbbaurechtsnehmern im Falle der Zugehörigkeit zur evangelischen Kirche dauerhaft einen Nachlass auf den Erbbauzins einzuräumen.

Ob und welche Möglichkeiten einer Erbbauzinsminderung in der jeweiligen Gliedkirche der EKD bestehen, kann in aller Regel bei der zuständigen Kirchenverwaltung erfragt werden.

2 Friedhöfe

Das Friedhofs- und Bestattungswesen ist nach deutschem Recht Pflichtaufgabe der Kommunen. Historisch begründet und in den meisten Staatskirchenverträgen verankert, ist es darüber hinaus das Recht der kirchlichen Körperschaften, Friedhöfe zu betreiben und Bestattungen vorzunehmen. In jüngerer Zeit gehen einige Bundesländer dazu über, auch privatrechtlich organisierten Unternehmen das Recht zu gewähren, Friedhöfe zu betreiben.[4]

2.1 Kirchliche Friedhöfe

Nach der juristischen Definition ist (grob gesagt) ein Friedhof ein in der Örtlichkeit räumlich abgegrenzter und umfriedeter Bereich (ein oder mehrere Grundstücke), welcher der Beisetzung Verstorbener dient.

Nach geltendem Recht können kirchliche Körperschaften des öffentlichen Rechts (z.B. Kirchengemeinden oder kirchliche Zweckverbände, die von Kirchengemeinden getragen werden), eigene Friedhöfe unterhalten. Sie müssen dies jedoch nicht.

Sofern kirchliche Körperschaften des öffentlichen Rechts einen Friedhof betreiben, erfüllen sie eine öffentlich-rechtliche Aufgabe, die eine Aufgabe der öffentlichen Daseinsvorsorge[5] ist und daher grundsätzlich den Kommunalgemeinden obliegt.

Kirchliche Friedhöfe sind seit jeher Stätten der Verkündigung des Glaubens an die Auferstehung. Friedhöfe dienen der Trauerbewältigung. Der würdigen Bestattung, der Ehrung und des Gedächtnisses der Verstorbenen (insbesondere, aber nicht nur der Gemeindeglieder) sowie der Gestaltung des Friedhofes und der Ruhe der Verstorbenen widmen die kirchlichen Friedhofsträger besondere Aufmerksamkeit. Die Erwartungen der Menschen an die Kirche sind gerade in diesem Bereich besonders hoch.

2.2 Der Haushalt und die Finanzierung kirchlicher Friedhöfe

Im Gegensatz zur sonstigen Verwaltung kirchlicher Grundstücksflächen werden aus dem Betreiben eines Friedhofs keine oder nur marginale Einnahmen erzielt, denn Friedhöfe (gleich ob kirchlich oder nicht) werden nicht zu Ertragszwecken betrieben. Darüber hinaus muss nach der überwiegenden Zahl kirchlicher Vorschriften der kirchliche Friedhof einen eigenen Haushalt führen, der mit anderen Haushaltsstellen außerhalb des Friedhofshaushalts nicht deckungsfähig sein darf.

Die Unterhaltung kirchlicher Friedhöfe erfolgt – wie im staatlichen Bereich auch – in aller Regel durch Erhebung von Gebühren. In Ausnahmefällen werden landeskirchliche Finanzzuweisungen gewährt. In anderen Fällen beteiligen sich auch die Kommunalgemeinden an den Unterhaltungskosten eines Friedhofs.

Friedhöfe sind öffentliche Einrichtungen. Daher finden Friedhofs- und Gebührensatzungen aufgrund der öffentlich-rechtlichen ausgeprägten Trägerschaft des Friedhofs ihre Grundlage im Verwaltungsrecht. Jeder Friedhof bedarf daher einer Friedhofs- und Gebührensatzung, die

die Rechtsverhältnisse des Friedhofsträgers zu den Benutzern und anderen Dritten (z.B. Gewerbetreibende) regelt.[6]

3 Landpacht, Kleingärten, Gartenpachtgrundstücke

3.1 Landpacht

Die Eigenbewirtschaftung landwirtschaftlich nutzbarer Flächen durch kirchliche Rechtsträger findet heutzutage allenfalls noch in Ausnahmefällen statt. Die Regel ist die Verpachtung an Dritte, aus welcher nicht wenige Kirchen einen Hauptteil Ihrer Einnahmen aus der Verwaltung kirchlicher Grundstücke erzielen.

Durch einen Landpachtvertrag[7] wird ein Grundstück derart verpachtet, dass es landwirtschaftlich genutzt werden kann. Unter landwirtschaftlicher Nutzung versteht der Gesetzgeber die Bodenbewirtschaftung und die mit der Bodennutzung verbundene Tierhaltung, um pflanzliche oder tierische Erzeugnisse zu gewinnen, sowie die gartenbauliche Erzeugung (§ 585 Abs. 1 BGB).

Sofern ein Landpachtvertrag eine längere Laufzeit als zwei Jahre hat, muss er schriftlich abgeschlossen werden (§ 585 a BGB). Dabei sollen Verpächter und Pächter bei Beginn des Pachtverhältnisses gemeinsam eine Beschreibung der Pachtsache anfertigen, die den Umfang und den Zustand der Pachtsache feststellt (§ 585 b BGB).

Sollte sich eine Vertragspartei weigern, bei der Anfertigung einer Beschreibung mitzuwirken, oder ergeben sich bei der Anfertigung Meinungsverschiedenheiten tatsächlicher Art, so kann jede Vertragspartei verlangen, dass eine Beschreibung durch einen Sachverständigen angefertigt wird, es sei denn, dass seit der Überlassung der Pachtsache mehr als neun Monate oder seit der Beendigung des Pachtverhältnisses mehr als drei Monate verstrichen sind; der Sachverständige wird auf Antrag durch das Landwirtschaftsgericht ernannt.[8]

Als typische Pflicht aus dem Landpachtvertrag hat der Verpächter dem Pächter die Pachtsache in einem zu der vertragsmäßigen Nutzung geeigneten Zustand zu überlassen, währenddessen der Pächter im Wesentlichen zur ordnungsgemäßen Bewirtschaftung der Pachtsache (vgl. § 586 Abs. 1 BGB) und zur Entrichtung des Pachtzinses verpflichtet ist (vgl. § 587 BGB).

Soweit vor Ort vorhanden, kann im Einzelfall anstelle der Verpflichtung zur ordnungsgemäßen Bewirtschaftung auch die Verpflichtung zur Bewirtschaftung nach den „Leitlinien der ordnungsgemäßen Landbewirtschaftung" der örtlichen Landwirtschaftskammern bzw. Landwirtschaftsämter aufgenommen werden. Diese sind jedoch nicht für alle Bereiche der Gliedkirchen der EKD verfügbar.[9]

In einigen Gliedkirchen der EKD gehört zur ordnungsgemäßen Bewirtschaftung der Pachtsache auch das vertragliche Verbot zu Aufbringung gentechnisch veränderten Saat- und Pflanzguts.[10]

Macht der Pächter von der Pachtsache vertragswidrig Gebrauch, wie z.B. trotz vertraglich bestehenden Verbots das Aufbringen gentechnisch veränderten Saat- und Pflanzguts, und setzt er den Gebrauch trotz Abmahnung fort, kann der Verpächter auf Unterlassung klagen (§ 590 a BGB). Die Möglichkeit, darüber hinaus Schadensersatz zu verlangen, bleibt unberührt.

Grundsätzlich ist eine Nutzungsüberlassung der Pachtsache durch den Pächter an Dritte nicht zulässig (§ 589 Abs. 1 BGB). Es hat sich jedoch herausgebildet, dass es in Ausnahmefällen zweckmäßig ist, den Pflugtausch zuzulassen. Beim Pflugtausch überlässt der Pächter einem Dritten die Bodenbearbeitung seiner Pachtsache oder eines Teils davon und dieser überlässt dem Pächter seine ihm zustehende Bodenbearbeitung.

Unzulässig ist hingegen stets die Änderung der landwirtschaftlichen Bestimmung der Pachtsache durch den Pächter ohne Zustimmung des Verpächters (§ 590 Abs. 1 BGB).

Inhalt eines Landpachtvertrages können in einer Zusatzvereinbarung auch Vereinbarungen über sogenannte Prämienrechte und deren Übertragung sowie Ablösung sein.[11]

3.2 Kleingärten

Obgleich in einigen Bundesländern besonders gefördert, kann einem kirchlichen Grundstückseigentümer nur angeraten werden, die Neuerrichtung einer Kleingartenanlage auf einem kirchlichen Grundstück zurückhaltend zu behandeln.

Häufig bereitet die Abwicklung einer Kleingartenanlage nach Beendigung einzelner oder aller Nutzungsverhältnisses erhebliche Schwierigkeiten. Sei es, weil einzelne Pächter das Pachtverhältnis nicht aufgeben wollen oder weil der Pächter an einer Abwicklung nicht mitwirkt. Auch können Fragen zur Bebauung mit Gartenlauben und deren Größe, zur Unterhaltung von Wegen, Wasser- und Abwassereinrichtungen, zur Tragung der Kosten dieser Anlagen, zur Frage der Kosten der Straßenreinigung und dergleichen mehr zu zeit- und geldaufwendigen Auseinandersetzungen führen. Darüber hinaus steht der mit einer Kleingartenanlage zusammenhängende Verwaltungsaufwand oft in keinem angemessenen Verhältnis zum Ertrag. Ist eine Kleingartenanlage in Betrieb, sollte geprüft werden, ob die Verwaltung auf einen professionellen Dienstleister (z.B. ein kirchliches Wohnungsunternehmen) ausgelagert werden kann.

Sollte dennoch ein Kleingartenpachtvertrag neu begründet oder verlängert werden, so sollten folgende Anforderungen und gesetzliche Vorgaben beachtet werden.

Zunächst ist die Frage zu klären, wann ein Kleingarten vorliegt. Entsprechend der gesetzlichen Definition in § 1 Abs. 1 des Bundeskleingartengesetzes (BKleinG) ist ein Kleingarten ein Garten, der

1. dem Nutzer (Kleingärtner) zur nichterwerbsmäßigen gärtnerischen Nutzung, insbesondere zur Gewinnung von Gartenbauerzeugnissen für den Eigenbedarf und zur Erholung dient (kleingärtnerische Nutzung) und
2. in einer Anlage liegt, in der mehrere Einzelgärten mit gemeinschaftlichen Einrichtungen, zum Beispiel Wegen, Spielflächen und Vereinshäusern, zusammengefasst sind (Kleingartenanlage).

Zu beachten ist demnach, dass ein Kleingarten im Sinne des BKleinG nur dann vorliegt, wenn in der Örtlichkeit mehrere Einzelgärten mit gemeinschaftlichen Einrichtungen zusammengefasst sind.

Grundsätzlich soll ein einzelner Kleingarten nicht größer als 400 Quadratmeter sein, wobei die Belange des Umweltschutzes, des Naturschutzes und der Landschaftspflege bei der Nutzung und Bewirtschaftung des Kleingartens berucksichtigt werden sollen (§ 3 Abs. 1 BKleinG).

Obgleich demnach die Größe eines Kleingartens gesetzlich vorgegeben ist und obgleich in einem Kleingarten eine Laube in einfacher Ausführung mit höchstens 24 Quadratmetern Grundfläche (einschließlich überdachtem Freisitz) gebaut werden darf und diese Lauben nach ihrer Beschaffenheit, insbesondere nach ihrer Ausstattung und Einrichtung, nicht zum dauernden Wohnen geeignet sein dürfen (vgl. § 3 Abs. 2 BKleinG), ist in der Praxis zu verzeichnen, dass hiergegen häufig verstoßen wird. Eine weitere Besonderheit, die nicht selten zu Auseinandersetzungen zwischen Verpächter und Pächter führt und den kirchlichen Grundbesitzer vielfach beschäftigt.

Für Kleingartenpachtverträge gelten grundsätzlich die Bestimmungen des BGB über den Pachtvertrag (§ 4 BKleinG).Als Pacht darf höchstens der vierfache Betrag der ortsüblichen Pacht im erwerbsmäßigen

Obst- und Gemüseanbau, bezogen auf die Gesamtfläche der Kleingartenanlage verlangt werden (§ 5 Abs. 1 BKleinG).

Ein weiter zu beachtender Nachteil für den Grundstückseigentümer besteht darin, dass ein Kleingartenpachtvertrag nur auf unbestimmte Zeit geschlossen werden darf. Sollte ausnahmsweise ein befristeter Kleingartenpachtvertrag abgeschlossen worden sein, so gilt dieser als unbefristet (§ 6 BKleinG).

Zwar sind schriftliche Kündigungen des Kleingartenpachtvertrages grundsätzlich zulässig (§ 7 BKleinG), doch sind die Kündigungsmöglichkeiten für den Verpächter außerordentlich eingeschränkt (vgl. §§ 8 bis 10 BKleinG).

3.3 Gartenpachtgrundstücke

Gartenpachtgrundstücke fallen in aller Regel nicht unter den Geltungsbereich des BKleinG. Insofern bestehen im Einzelfall, insbesondere wenn das Grundstück ersichtlich und auf Dauer keiner eigenen Nutzung oder anderen wirtschaftlichen Verwertung, z.B. zur Bebauung oder zur landwirtschaftlichen Nutzung, zugeführt werden kann, keine grundsätzlichen Bedenken gegen die Verpachtung eines einzelnen Grundstücks als Gartengrundstück.

Bei der Verpachtung eines einzelnen Grundstücks zur gärtnerischen Nutzung unterliegen die vertraglichen Verpflichtungen von Verpächter und Pächter nicht den Vorgaben des BKleinG; sie können sich jedoch in einzelnen Bereichen an den Vorschriften des BKleinG, z.B. zur Größe und Nutzung einer Laube, orientieren. Im Übrigen gelten die Vorschriften des BGB.

Die Höhe der Gartenpacht sollte sich an der Ortsüblichkeit orientieren. Diese kann beim zuständigen Liegenschaftsamt erfragt werden.

Anmerkungen

1 Zu den rechtlichen Grundlagen und den Besonderheiten von Erbbaurechten vgl. oben Teil 3, Kapitel V. 2.4.1.

2 Vgl. Dorothea Hinze, DIE ZEIT 03/2001: In Italien sind hiernach 70 % aller Grundstücke Erbbaurechte, ähnliches gilt für Holland oder Großbritannien.

3 Vgl. hierzu die Angaben bei v. Oefele/Winkler, Handbuch des Erbbaurechts, 4. Aufl., München 2008, Rz. 1.15.

4 Z.B. der Friedwald GmbH in Hessen.

5 Vgl. dazu ausführlichen Ausführungen mit Erläuterungen im Teil „Friedhofswesen" der AHGF der EKD (Merkblatt).

6 Vgl. die Muster zu Friedhofssatzungen, Übertragungsverträge mit der Kommunalgemeinde und dgl. mehr im Teil „Friedhofswesen" der AHGF der EKD.

7 Vgl. zum Muster eines Landpachtvertrages die AHGF der EKD.

8 So der Hinweis in den AHGF der EKD.

9 AHGF der EKD ebd.

10 So z.B. in der Evangelischen Kirche in Mitteldeutschland.

11 Vgl. hierzu sowie zur Zulässigkeit derartiger Vereinbarungen die Erläuterungen und Ausführungen von A. Schmidt in den Hinweisen und Empfehlungen der Grundstücks- und Baurechtskommission der EKD in den AHGF.

4/IV
Ausgaben, Aufwendungen und Betriebskosten

Dagmar Reiß-Fechter, Rechtsanwältin

Strom und Schornsteinfeger, Müllabfuhr und Treppenhausbeleuchtung: Es fallen viele Ausgaben und Aufwendungen an, die berechnet und den Mietern in Rechnung gestellt werden müssen. Ein Betriebskosten-Benchmarking kann helfen, Betriebskosten vergleichbar zu machen.

1 Ausgaben und Aufwendungen

Im nachfolgenden Beitrag werden Ausgabenarten und Aufwendungen sowie Betriebskosten dargestellt, die im Zusammenhang mit der Bewirtschaftung von Immobilien stehen. Ausgaben/Aufwendungen können tatsächlicher oder aber auch fiktiver Art[1] sein. Auf den tatsächlichen Geldabfluss kommt es nicht an.

In der unternehmerischen Grundstücks- und Immobilienwirtschaft haben sich für Ausgaben und Aufwendungen Zuordnungen entwickelt, die sich auch auf den Bereich der kirchlichen Immobilien übertragen lassen und Grundlage der weiteren Darstellung sind.

1.1 Kosten aus dem Finanzierungsbereich

Hierunter werden Finanzierungskosten, Renten, Erbbauzinsen und sonstige wiederkehrende Leistungen verstanden. Dazu zählen Finanzierungskosten, die durch den Betrieb der Immobilie entstehen, z.B. Schuldzinsen für Darlehen zur Finanzierung von Instandhaltungsmaßnahmen, aber auch Geldbeschaffungskosten dieser Finanzierungsmittel. Weiter fallen Erbbauzinsen und Renten darunter, z.B. Leibrenten, die häufig mit einer Schenkung von Immobilien an kirchliche Rechtsträger verbunden sind.

1.2 Kosten aus dem Bewirtschaftungsbereich

Die wesentlichen Kosten und Aufwandsbereiche, die mit der Bewirtschaftung der Immobilien entstehen, werden nachfolgend dargestellt.

1.2.1 Abschreibung – Substanzerhaltungsrücklage

Abschreibungen erfassen den Werteverzehr für materielle und immaterielle Gegenstände des Anlagevermögens, d.h. des Vermögens, das dauerhaft der Aufgabenerfüllung dienen soll.[2] Die Abschreibung ist ein Vorgang aus dem Bereich der kaufmännischen Buchhaltung und dient dazu den Werteverzehr einer Sache auf die Zeit der Nutzung zu verteilen. Das kameralistische Buchungssystem kennt eine Abschreibung nicht. Trotzdem besteht ein Bedürfnis, den mit der Nutzung des abnutzbaren Wirtschaftsgutes verbundenen Werteverzehr abzubilden.[3] Dies wird im evangelischen Bereich bei Immobilien durch die Bildung der Substanzerhaltungsrücklage sowohl in der erweiterten Kameralistik als auch in der doppischen Buchführung erreicht.[4]

Die Höhe der Substanzerhaltungsrücklage orientiert sich an den Grundsätzen der handelsrechtlichen Gepflogenheiten. Besonderheiten der kirchlichen Immobilien werden berücksichtigt und sind in den Empfehlungen der Abschreibung des kirchlichen Anlagevermögens der EKD-HH Richtlinie enthalten.[5] Die Landeskirchen setzen diese Empfehlungen um. Abweichungen sind möglich. So werden teilweise Pauschalen gebildet, teilweise sind die Substanzerhaltungsrücklagen finanzgedeckt zu bilden.[6]

1.2.2 Erhaltungsaufwendungen – Instandhaltungskosten

Erhaltungsaufwendungen bzw. Instandhaltungskosten werden in der gewerblichen Immobilienwirtschaft von Anschaffungs- und Herstellungskosten abgegrenzt. Letztere werden über den Zeitraum des Lebenszyklus abgeschrieben, erstere sind im Jahr der Entstehung sofort als Aufwand zu buchen und belasten damit das Jahresergebnis. Die Abgrenzung erfolgt primär unter handelsrechtlichen und steuerrechtlichen Gesichtspunkten.

Im kirchlichen Bereich versteht man unter Instandhaltung die laufende Unterhaltung der eigenen Gebäude einschließlich Zubehör und Grundstück, soweit diese für den bestimmungsgemäßen Gebrauch anfällt und damit keine Veränderung des Gebäudes verbunden ist, die ansonsten zur Neubewertung des Gebäudes führen würde.[7]

1.2.3 Verwaltungskosten

Dazu gehören:

- Verwaltergebühr bei Fremdverwaltung;
- Eigenkosten der Verwaltung. Dazu gehören u.a. Kosten für Mietersuche, Objektüberwachung, Kontoführungsgebühren für Mieter und Nutzer, Büroraumkosten, Inkassokosten, nicht auf den Mieter umlegbare Betriebskosten, andere Verwaltungskosten;
- Abstandszahlungen an Mieter für eine vorzeitige Aufhebung von Mietverträgen.

1.2.4 Betriebskosten

Betriebskosten sind die Kosten, die dem Eigentümer (oder Erbbauberechtigten) durch das Eigentum des Grundstücks (Erbbaurecht) oder durch den bestimmungsgemäßen Gebrauch des Gebäudes entstehen.[8] Zum Gebäude gehören auch Nebengebäude (z.B. Garagen), Anlagen (z.B. Glocken), Einrichtungen (z.B. Orgeln) und das Grundstück. Betriebskosten sind nur solche Kosten, die durch die Immobilie verursacht sind und laufend entstehen. Damit erfolgt eine Abgrenzung zu einmaligen Kosten. Allgemein lässt sich sagen, dass Betriebskosten dann entstehen, wenn es objektbezogene wiederkehrende Kosten sind und wenn es Kosten der ordentlichen Bewirtschaftung sind.

Die Abgrenzung der Betriebskosten zu anderen Bewirtschaftungskosten ist im Einzelfall nicht einfach und ist vor allem dann von Bedeutung, wenn Betriebskosten gegenüber Mietern bei Wohnraummiete abgerechnet werden können.[9]

1.3 Behandlung der Ausgaben und Aufwendungen im kirchlichen Rechnungswesen

1.3.1 Kameralistik – kaufmännische Buchführung

Die sich bei der gewerblichen Immobilienbewirtschaftung herausgebildeten Definitionen für Ausgaben und Aufwendungen sollten auch im kirchlichen Bereich durchgängig angewandt werden. Insbesondere sollten alle Buchungsvorgänge den jeweiligen Immobilien und ihren eventuell verschiedenen Nutzungsarten zugeordnet werden können.

Das kameralistische Buchungssystem, das in der überwiegenden Zahl der Landeskirchen nach wie vor üblich ist, steht dem grundsätzlich entgegen. Die Kameralistik hat das Ziel, (nur) nachzuweisen, woher Finanzmittel kommen und wohin sie geflossen sind (Finanzrechnung). Sie ist nach Titeln und Handlungsfeldern geordnet und ermöglicht damit keine unmittelbare immobilienbezogene Betrachtung aller Ausgaben und Aufwendungen, die im Zusammenhang mit der Bewirtschaftung bzw. dem Halten von Immobilien stehen. In der Kameralistik bedarf es daher entsprechender Nebenrechnungen (erweiterte Kameralistik). Die von den Mitgliedsunternehmen des Evangelischen Siedlungswerkes in Deutschland durchgeführten (Pilot)Beratungsprojekte zeigen, dass dies möglich ist,[10] wenn auch aufwendig.

Mit Einführung der Doppik werden sowohl Erfolgs-, Vermögens- und Finanzrechnung als auch die Kosten- und Leistungsrechnung umfasst. Über die Kostenleistungsrechnung ist eine Immobilienbetrachtung grundsätzlich möglich und sollte zum Standard des kirchlichen Verwaltungshandelns werden.

1.3.2 Notwendigkeit der Zuordnung von Betriebskosten zu Betriebskostenarten

Soweit Gebäude vom Eigentümer selbst genutzt werden und keine Vermietung an Dritte erfolgt, was im kirchlichen Bereich überwiegend der Fall ist, und damit auch keine Abrechnung gegenüber Dritten durchgeführt wird, ist nach der Sinnfälligkeit der Untergliederung der Bewirtschaftungs- und der Betriebskosten in Betriebskostenarten zu fragen, da letztlich alle Kosten vom Eigentümer zu tragen sind. Die Unterteilung und Zuordnung der verschiedenen Bewirtschaftungskosten und Betriebskostenarten ist notwendig, weil nur so die verschiedenen Kosten ausreichend analysierbar sind und Kostenoptimierungspotenziale erkennbar werden. Im Übrigen schafft die Möglichkeit der Anwendung der immobilienwirtschaftlichen Systematik die Voraussetzung, Kennzahlenvergleiche im innerkirchlichen und im außerkirchlichen Bereich vorzunehmen. Eine Vereinheitlichung der Kostenzuordnung und -definition innerhalb von Landeskirchen, der EKD aber auch der Diözesen ist, um Vergleichbarkeiten herzustellen, dringend geboten (vgl. auch unter Punkt 5).

2 Aufstellung der einzelnen Betriebskostenarten

In der nachfolgenden Darstellung werden wesentliche Punkte einzelner Betriebskostenarten aufgezeigt. Ausgangspunkt ist die Betriebskostenverordnung.[11] Die Darstellung beschränkt sich auf wesentliche Grundaussagen. Im Einzelfall wird empfohlen, insbesondere wenn es um die Abgrenzung zu umlegbaren und nicht umlegbaren Betriebskosten geht, auf entsprechende Fachliteratur[12] zurückzugreifen. Da die Lebensverhältnisse sehr komplex sind, existiert gerade in diesem Bereich eine umfangreiche Rechtsprechung in einer Vielzahl von Einzelfällen, die an dieser Stelle nicht dargestellt werden kann.

Die Betriebskostenverordnung ist auf Wohnraummietverhältnisse (§ 556 Abs. 1 BGB, § 19 Abs. 2 WoFG) anzuwenden und regelt, welche

Kosten unter die einzelnen Kostenarten fallen und dass diese, aber auch nur diese, gegenüber dem Wohnungsmieter, soweit dies wirksam vereinbart ist, abgerechnet werden können.

Im Gewerberaummietrecht können bei entsprechender Vereinbarung nahezu alle Kostenarten umgelegt werden. Es ist möglich, den gewerblichen Mieter an Verwaltungskosten, Managementkosten und auch anteiligen Instandhaltungskosten des Gebäudes zu beteiligen, solange die Umlage der jeweiligen Kostenarten klar und deutlich vereinbart ist und der Mieter nicht überrascht wird.

2.1 Laufende öffentliche Lasten (§ 2 Nr. 1 BetrKV)

Hierzu zählt namentlich die Grundsteuer. Es können aber auch andere Lasten, die auf dem Grundstück ruhen, umlegbar sein, wie z.B. Beitragspflichten von Mitgliedern der Wasser und Bodenverbände.[13] Besonderheiten sind bei Umwandlung von Wohnraum und Gewerbeflächen in Wohnungseigentum zu beachten.

2.2 Kosten der Wasserversorgung (§ 2 Nr. 2 BetrKV) und Kosten der Entwässerung (§ 2 Nr. 3 BetrKV)

Nach Ziffer 2 des Katalogs ist es möglich, auch die Zählerkosten umzulegen. Selbst der Austausch von Zählern ist umlegbar, wenn dieser Austausch wegen abgelaufener Eichfrist erfolgt. Bei den Entwässerungskosten fallen vor allem die Kanal- oder Sielkosten an. Zu Entwässerungskosten zählen auch die Kosten für Oberflächenwasser, also Regenwasser von Grundstücks- oder Dachflächen. Dies gilt auch, wenn die Kosten vom Versorgungsträger getrennt berechnet werden.

2.3 Kosten der zentralen Heizungsanlage (§ 2 Nr. 4 a-d BetrKV), Kosten der zentralen Warmwasserversorgung (§ 2 Nr. 5 a-c), Kosten der verbundenen Heizungs- und Warmwasserversorgungsanlage (§ 2 Nr. 6 a-c BetrKV)

Dazu zählen verbrauchte Brennstoffe, d.h. die Anfangs- und Endbestände sowie unterjährige Zukäufe sind zu ermitteln und der tatsächliche Verbrauch ist zu errechnen. Weiter zählen dazu Lieferungskosten für Brennstoffe, Betriebsstrom, Kosten der Bedienung, Pflege und Überwachung, Kosten der regelmäßigen Prüfung der Betriebsbereitschaft und Betriebssicherheit, Einstellarbeiten durch eine Fachkraft, Reinigungskosten, Immissionsschutzmessungen, Mietkosten der Verbrauchserfassungsgeräte einschließlich Kosten der Eichung, Heizkostenabrechnung und Heizkostenaufteilung, Reinigung und Wartung von Etagenheizungen und Gaseinzelfeuerstätten.

Nicht dazu zählen Instandsetzungskosten, die entstehen, wenn Mängel einer Heizungsanlage Reparaturen oder den Ersatz schadhafter Teile erforderlich machen.

Zu den Kosten der zentralen Warmwasserversorgung gehören die Kosten der Erwärmung sowie Kosten der Reinigung und Wartung von Warmwassergeräten und Einstellarbeiten durch eine Fachkraft.

Bei verbundenen Anlagen, d.h. den Anlagen, bei denen Warmwasser und Raumwärme in einer technischen Anlage erfolgen, sind die gleichen Kosten wie bei getrennten Anlagen umlegbar. Für die Verteilung der Kosten der Versorgung mit Wärme und Warmwasser ist bei verbundenen Anlagen § 9 HeizKV maßgeblich. Der Anteil der Brennstoffkosten für die Erwärmung des Wassers kann durch Messung, Errechnung und, wenn diese beide Möglichkeiten ausscheiden, pauschal mit 18 % an der insgesamt verbrauchten Wärmemenge ermittelt werden.

2.4 Kosten des Betriebs des Personen- und Lastenaufzugs (§ 2 Nr. 7 BetrKV)

Grundlage für den Betrieb von Aufzügen ist die Aufzugsverordnung. Neben den Kosten des Betriebsstroms für das Betreiben der Aufzugsanlage sind entsprechend der Aufzugsverordnung nachfolgende Kosten den Betriebskosten zurechenbar:

- Kosten der Beaufsichtigung, der Bedienung, Überwachung und Pflege der Anlage,
- Kosten der regelmäßigen Prüfung der Betriebsbereitschaft und Betriebssicherheit und
- Kosten der Reinigung.

Die Kosten der Notrufbereitschaft sind Betriebskosten. Vollwartungsverträge, die in der Regel Instandhaltungsleistungen beinhalten, sind auf Mieter nicht vollständig umlegbar. Da der Anteil für Wartung nur schwierig zu ermitteln ist, empfiehlt es sich grundsätzlich getrennte Wartungs- und Reparaturverträge abzuschließen.

2.5 Kosten der Straßenreinigung und Müllbeseitigung (§ 2 Nr. 8 BetrKV)

Diese sind in der Regel unproblematisch umlagefähige Betriebskosten. Es zählen dazu auch Winterdienstkosten, Reinigungsmittel und Streugut.

Entstehen im erhöhten Maße Sonderkosten, weil z.B. der Müll nicht ordnungsgemäß getrennt wird, sind auch solche Kosten in der Regel Betriebskosten. Die Kosten der Sperrmüllabfuhr sind dann umlagefähige Betriebskosten, wenn sie laufend entstehen und der Vermieter im Einzelnen darlegt, dass sie nicht vermeidbar waren.[14]

2.6 Kosten der Gebäudereinigung und Ungezieferbekämpfung (§ 2 Nr. 9 BetrKV)

Die Kosten der Hausreinigung sind umlagefähige Betriebskosten, soweit diese für gemeinschaftlich genutzte Gebäudeteile entstehen. Es zählen dazu Personalkosten, Reinigungsmittel sowie Reinigungs- und Wartungskosten für Geräte. Bei der Beauftragung von Firmen sind die entstehenden Kosten grundsätzlich umlegbar. Auf das Wirtschaftlichkeitsgebot ist besonders zu achten, d.h. Kosten, die über den üblichen Kosten des Marktes liegen sind nicht umlagefähig. Es empfiehlt sich daher den Auftrag unter mehreren Firmen auszuschreiben, um die Marktüblichkeit im Bedarfsfalle nachweisen zu können. Kosten für die Beseitigung von Graffiti sind keine Betriebskosten.

Kosten zur Ungezieferbekämpfung sind dann umlagefähige Betriebskosten, wenn sie zumindest turnusmäßig entstehen.[15]

2.7 Kosten der Gartenpflege (§ 2 Nr. 10 BetrKV)

Umlagefähig sind Außenreinigungskosten sowie allgemeine und regelmäßig wiederkehrende Pflegekosten der Gartenflächen, inklusive Spielplatzflächen, Zugänge, Zufahrten, auch wenn der Mieter diese nicht nutzen kann.[16] Bei der Gartenpflege ist streitig, ob Kosten für den Austausch von Pflanzen umlagefähig sind. Entscheidend sind hier jeweils der Einzelfall und die Gesamtumstände. Dies gilt auch für die Beseitigung von Sturmschäden.

2.8 Kosten der Beleuchtung (§ 2 Nr. 11 BetrKV)

Dies sind die Kosten des Stroms für Außenbeleuchtung und Beleuchtung von Gemeinschaftsflächen. Andere Kosten des Allgemeinstroms, wie z.B. für die Heizung, sind der jeweiligen Kostenart zuzurechnen.

2.9 Kosten der Schornsteinreinigung (§ 2 Nr. 12 BetrKV)

Diese Kostenart hat an Bedeutung verloren, da sie nur bei Einzelofenversorgung relevant ist. Ansonsten werden diese Kosten im Rahmen der Abrechnung nach der Heizkostenverordnung berücksichtigt.

2.10 Kosten der Sach- und Haftpflichtversicherung (§2 Nr. 12 BetrKV)

Dazu zählen die Kosten für Feuer-, Sturm und Wasserschadenversicherungen, sowie Glasschadenversicherung, wenn sie allen Nutzern zugutekommt, Gebäudehaftpflichtversicherung, Schwamm- und Hausbockversicherung und Elementarschadenversicherung, zumindest wenn sie landesrechtlich vorgeschrieben sind. Für Eigentümer von Öltanks ist der Abschluss einer Gewässerschädenhaftpflichtversicherung überlegenswert.[17]

2.11 Kosten für den Hauswart (§ 2 Nr. 14 BetrKV)

Die Kosten des Hauswartes oder Hausmeisters sind umlagefähige Kosten. Sie beinhalten Personalkosten, Sozialversicherungsbeiträge etc. Unproblematisch sind all die Tätigkeiten, die sich auf Kontroll- und Überwachungsarbeiten beziehen, wie z.B. Kontrolle der Wege, Türen, Beleuchtung, Rettungs- und Fluchtwege, Überwachung der Hausreinigung usw. Darüber hinausgehende Arbeiten laufen Gefahr, als Verwaltungs- und Instandhaltungsarbeiten klassifiziert zu werden. Wird der Hauswart für solche Tätigkeiten eingesetzt, ist nachzuweisen, in welchem Umfang Hauswarttätigkeiten und sonstige Tätigkeiten erbracht wurden. Dies geschieht sinnvollerweise durch das Führen von Stundenzetteln, oder mit Hilfe technischer Aufzeichnungsmöglichkeit, wie Smart check u.ä.

Die aufgrund eines Hausmeistervertrages an ein Unternehmen geleistete Vergütung ist dann umlegbar, wenn die Vergütung dem Wirtschaftlichkeitsgebot entspricht und die Vergütung nur für Hausmeistertätigkeiten im Sinne von § 2 Nr. 14 BetrKV anfällt.

2.12 Kosten für Gemeinschaftsantennenanlage bzw. Breitbandkabel (§ 2 Nr. 15 a-b BetrKV)

Hierzu gehören die Kosten des Betriebsstroms, der regelmäßigen Prüfung der Betriebsbereitschaft, das Nutzungsentgelt für eine nicht zu dem Gebäude gehörende Antennenanlage sowie Gebühren nach dem Urheberrechtsgesetz und beim Breitbandkabel die laufenden monatlichen Grundgebühren für den Anschluss.

2.13 Kosten des Betriebs der Einrichtungen für Wäschepflege (§ 2 Nr. 16 BetrKV)

Hierzu gehören die Kosten des Betriebsstroms, Kosten der Überwachung, Pflege und Reinigung der Einrichtung, Prüfung der Betriebsbereitschaft und -sicherheit sowie Kosten der Wasserversorgung, wenn diese Kosten nicht schon bei der Kostenart des § 2 Nr. 2 berücksichtigt sind.

2.14 Sonstige Betriebskosten (§ 2 Nr. 17 BetrKV)

Sonstige Betriebskosten sind solche, die in § 2 Nr. 1–16 BetrKV nicht erfasst sind. Auf den Mieter umlegbar sind sie dann, wenn die Tragung der Betriebskosten vereinbart ist und im Mietvertrag die sonstige Betriebskostenart spezifiziert wurde. Dazu reicht auch eine stillschweigende Vereinbarung aufgrund jahrelanger Zahlung entsprechender Betriebskosten aus. Sonstige Betriebskosten sind auch umlegbar, wenn sie ihrem Charakter nach den anderen Betriebskostenarten vergleichbar sind und aufgrund einer technischen oder wirtschaftlichen Weiterentwicklung bis Vertragsabschluss noch nicht entstanden waren.

Durch Wartungsverträge mit einem auch mehrjährigen Zyklus können nicht umlegbare Betriebskosten wie z.B. Dachrinnenreinigung oder Gartenpflegeschnitt zu umlegbaren werden und Instandhaltungskosten sparen.

3 Abrechnung der Betriebskosten gegenüber Dritten

Entscheidend für die Umlage von Betriebskosten im konkreten Mietverhältnis ist die ausreichende Vereinbarung derselben im Mietvertrag, da das gesetzliche Leitbild des Mietvertrages von einer Inklusivmiete ausgeht (§ 556 Abs. 1 BGB), d.h. ohne ausdrückliche Vereinbarung kann keine Umlage erfolgen. Die Betriebskosten können auf den Mieter abgewälzt werden in Form von Vorauszahlungen oder als Pauschale (§ 556 Abs. 2 GBG). Auch dies ist ausdrücklich zu vereinbaren.

Nach der Rechtsprechung des Bundesgerichtshofes ist es für die wirksame Einbeziehung der Betriebskosten in den Mietvertrag ausreichend, wenn auf § 2 BetrKV verwiesen wird. In den gängigen Wohnungsmietvertragsformularen ist dies regelmäßig der Fall. Es wird auf § 2 BetrKV verwiesen und der dazu gehörende Betriebskostenkatalog abgedruckt. Der Rückgriff auf solche Formulare wird empfohlen. Eine ausdrückliche Vereinbarung bestimmter Betriebskostenpositionen birgt das Risiko in sich, wesentliche Punkte zu vergessen oder dass durch unklare Formulierungen die beabsichtigte Einbeziehung scheitert.

In besonderen Fällen hat der Bundesgerichtshof entschieden, dass die Vereinbarung von Betriebskosten auch durch langjährige Zahlung bzw. Übung möglich ist.[18]

Bei Gewerberaummietverträgen empfiehlt es sich dagegen in dem Vertrag die Kostenarten und Verteilungsschlüssel (wobei dies, wie oben schon dargestellt, weiter gehen kann als beim Wohnungsmietvertrag) aufzunehmen.

3.1 Abrechnungseinheit, Abrechnungszeitraum, Kostenerfassung, Ausschlussfrist, Verjährung, Kontrollrechte, Einwendungsschluss

Nur wenn mit dem Mieter Vorauszahlungen vereinbart wurden, erfolgt auch eine Abrechnung.

3.1.1 Abrechnungseinheit

Normalerweise ist das Gebäude auch die Abrechnungseinheit. Bei Gebäuden mit gemischter Nutzung (Wohnen und Gewerbe) ist bei der Entstehung der Betriebskosten zwischen Wohnraum und Nichtwohnraum zu trennen. Die Zusammenfassung mehrerer Gebäude zu einer Abrechnungseinheit ist nur dann möglich, wenn der Größenumfang der entstandenen Abrechnungseinheit dem Mieter die sachgerechte Ausübung der Kontrolle ermöglicht.

3.1.2 Abrechnungszeitraum

Über die Vorauszahlungen ist jährlich abzurechnen (§ 556 Abs. 3 S 1 BGB, § 20 Abs. 3 NMV). Jährlich bedeutet nur, dass der Abrechnungszeitraum weder überschritten noch unterschritten werden darf. Es bedeutet nicht, dass der Abrechnungszeitraum einem Kalenderjahr gleichgesetzt sein muss. Die Parteien können aber aus sachlichen Gründen eine kürzere Abrechnungsfrist vereinbaren, z.B. bei Erstbezug oder Mieterwechsel während der Abrechnungsperiode. Außerdem muss der vereinbarte Abrechnungszeitraum mit dem tatsächlichen Abrechnungszeitraum übereinstimmen.

3.1.3 Kostenerfassung

Überwiegend wird vertreten, dass die im Abrechnungszeitraum angefallenen Kosten berücksichtigt werden dürfen (Abflussprinzip), ohne Rücksicht darauf, ob sie für diesen Zeitraum angefallen sind (Verbrauchsprinzip, Zeitabgrenzungsprinzip). Das Abflussprinzip bedeutet zum Beispiel, dass bei Lieferung von Heizöl im Dezember 2008 und Bezahlung der Rechnung im gleichen Monat der gesamte Rechnungsbetrag im Abrechnungszeitraum 2008 berücksichtigt, obwohl das Heizöl erst zum Großteil im Jahr 2009 verbraucht wird. Wird nach dem Verbrauchsprinzip abgerechnet, heißt das in dem Beispielfall, dass zum Jahresende 2008 der Restbestand des Öls erfasst wird und nur die anteiligen Kosten des tatsächlichen Verbrauchs abgerechnet werden. Im Jahr 2009 werden dann die anteiligen Kosten des Jahres 2008 berücksichtigt. Dies muss in der Betriebskostenabrechnung erläutert werden, warum und in welcher Höhe ein Bruchteil dieser Kosten aus den Vorjahren eingestellt wird.[19] Ohne eine entsprechende Erläuterung kann die Betriebskostenposition nicht berücksichtigt werden.

3.1.4 Ausschlussfrist

Soweit keine andere wirksame Vereinbarung vorliegt, ist gemäß § 556 Abs. 3 BGB S 2 spätestens bis zum Ablauf des zwölften Monats nach Ende des Abrechnungszeitraums abzurechnen. Nach Ablauf dieser Abrechnungsfrist kann der Vermieter von Wohnraum keine Nachforderung geltend machen, die sich aus dieser verspäteten Abrechnung ergibt. Etwas anderes kann nur gelten, wenn er den Ablauf der Abrechnungsfrist nicht zu vertreten hat.

3.1.5 Verjährung

Die Ansprüche des Vermieters auf Zahlung der Miete verjähren grundsätzlich in drei Jahren ab dem Schluss des Jahres, in dem der Mietzahlungsanspruch fällig geworden ist (§ 199 Abs. 1a). Dies gilt grundsätzlich auch für Mietnebenkosten, insbesondere Nachforderungen aus Betriebskostenabrechnungen. In diesem Zusammenhang ist darauf hinzuweisen, dass unter bestimmten Voraussetzungen vor Ablauf der Verjährungsfrist der Nachzahlungsanspruch verwirkt sein kann. Dies ist dann möglich, wenn seit Fälligkeit der Forderung längere Zeit verstrichen ist (sog. Zeitmoment) und Umstände vorliegen, nach denen der Mieter davon ausgehen durfte, dass der Vermieter die Forderung nicht mehr geltend macht (sog. Umstandsprinzip).

3.1.6 Einsicht in Abrechnungsunterlagen

Der Mieter hat Anspruch auf Einsicht in die Abrechnungsunterlagen. Wenn ihm die Einsichtnahme am Sitz des Vermieters oder der Verwaltung nicht zumutbar ist, hat er auch Anspruch auf Übersendung von Kopien gegen Kostenerstattung. Die Höhe dieser Kostenerstattung wird von den Gerichten unterschiedlich beurteilt und liegt zwischen 0,25 € und 0,50 € je Kopie.

3.1.7 Einwendungsschluss

Einwendungen gegen eine zumindest formal den Mindestanforderungen genügende Abrechnung kann der Mieter bis zum Ablauf eines Jahres nach Zugang der Abrechnung vorbringen. Nach Ablauf dieser Frist kann er keine Einwendungen mehr geltend machen, es sei denn, er hat die verspätete Geltendmachung nicht zu vertreten (§ 556 Abs. 3 S 5 und 6 BGB).

3.1.8 Anforderung an die Betriebs- und Nebenkostenabrechnung

Neben den schon oben dargestellten Grundlagen ist an den Inhalt der Abrechnung folgende Forderung noch zu stellen:

- die Abrechnung ist rechtsverbindlich und schriftlich auszufertigen;

- die Abrechnung ist klar und schlüssig darzustellen, sodass sie gedanklich und rechnerisch für den Mieter nachvollziehbar ist;
- der Grundsatz der Wirtschaftlichkeit muss gewahrt sein, d.h. es dürfen nur solche Betriebskosten umgelegt werden, die bei ordnungsgemäßer Geschäftsführung gerechtfertigt sind (z.B. das Nutzen von Preisvorteilen).

Inhaltlich muss die Betriebskostenabrechnung folgende Mindestangaben enthalten:
- Darstellung der Gesamtkosten und deren Zusammensetzung in den einzelnen Betriebskostenarten;
- Erläuterung und Zuordnung der verwendeten Umlageschlüssel für die einzelnen Betriebskosten und diese müssen mit den mietvertraglich vereinbarten Umlageschlüsseln übereinstimmen;
- Berechnung des individuellen Anteils des jeweiligen Mieters für seine Wohnung an den Gesamtkosten;
- Berücksichtigung der Vorauszahlungen bei der Ermittlung des Abrechnungssaldos.

3.1.9 Sonderfall der Abrechnung der Heiz- und Warmwasserkosten

Außer bei Gebäuden mit nicht mehr als zwei Wohnungen, von denen eine der Vermieter selbst bewohnt, sind die Heizkosten immer anteilig und verbrauchsabhängig zu erfassen. Dies gilt sowohl für Wohnungs- wie für gewerbliche Mietverträge, soweit eine Kostenverrechnung erfolgt. Grundlage der Abrechnung ist die Heizkostenverordnung, die das Nutzerverhalten zum sparsamen Energieverbrauch beeinflussen soll.

Der Vermieter hat deshalb die Räume mit Geräten der Verbrauchserfassung für Wärme und Warmwasser auszustatten bzw. nachzurüsten. Er hat das Recht, die Kosten für Wärme und Warmwasser anzusetzen (vgl. oben). Der Vermieter hat die Pflicht, die Kosten nach einem Verteilungsmaßstab für Wärme und Warmwasser zu verteilen.

Die Verordnung zur Änderung der Heizkostenverordnung, die am 1.1.2009 in Kraft trat, bringt eine Reihe neuer Regelungen, die dem Ziel der Energieeinsparung dienen. Hervorzuheben ist, dass bei Gebäuden, die dem Anforderungsprofil der Wärmeschutzverordnung vom 16. August 1994 nicht entsprechen, grundsätzlich 70 % der Kosten des Betriebs der zentralen Heizungsanlage nach Verbrauch abzurechnen sind.

4 Wirtschaftlichkeitsgebot

In § 556 Abs. 3 BGB ist für Wohnraummietverhältnisse das Wirtschaftlichkeitsgebot ausdrücklich geregelt. Das Wirtschaftlichkeitsgebot bezieht sich sowohl auf die Umlage von Betriebskosten dem Grunde nach als auch der Höhe nach. Ausgangspunkt ist die Definition gemäß § 20 Abs. 1 Neubaumietenverordnung. Danach sind nur solche Kosten umlegbar, die bei „gewissenhafter Abwägung aller Umstände und bei ordentlicher Geschäftsführung gerechtfertigt sind".

4.1 Betriebskostenmanagement

Im Einzelfall kann streitig sein, ob Positionen überhaupt notwendig sind, oder ob sie der Höhe nach angemessen sind. Die umfangreiche Einzeljudikatur ist zu beachten. Grundsätzlich gilt, dass bei Vergabe von Arbeiten an Dritte Vergleichsangebote einzuholen sind, damit im Streitfalle nachweisbar ist, dass die Kosten in einem angemessenen Kosten-Nutzen Verhältnis stehen. Auch während des Mietverhältnisses sind Kostenkontrollen vorzunehmen und Kostensenkungsmöglichkeiten zu nutzen. Ein aktives Betriebskostenmanagement ist nicht nur aus rechtlichen Gründen erforderlich, sondern auch betriebswirtschaftlich geboten. Der Anstieg der laufenden Kosten einer Immobilie belastet (bei umlegungsfähigen Kosten) nicht nur den Mieter sondern auch den selbstnutzenden Eigentümer.

Im kirchlichen Bereich besteht hier noch ein deutlicher Optimierungsbedarf. Kleinteilige Eigentümerstrukturen erschweren die Umsetzung. Gleichwohl sollten alle Möglichkeiten der Kostensenkung genutzt werden.

4.2 Contracting

Contracting ist die Übertragung von eigenen Aufgaben des Immobilieneigentümers auf ein Dienstleistungsunternehmen. Die Hauptanwendungsform bezieht sich auf die Bereitstellung von Anlagen und Lieferung von Betriebsstoffen, z.B. Wärme. Die Aufgaben des Contractors (des ausführenden Unternehmers) bestehen in Beratung, Planung, Finanzierung und Betrieb der Anlagen innerhalb des vertraglich festgelegten Zeitraums. Der Contracting-Nehmer (Auftraggeber) ist der Empfänger der Contractingleistung.

Es haben sich unterschiedliche Vertragsvarianten entwickelt, die für den energetischen Bereich in DIN 8930 Teil 5 definiert werden.

Danach werden unterschieden:

- Energieeinsparcontracting oder Performancecontracting,
- Energielieferungscontracting, Anlagencontracting oder Nutzenergie-Contracting,
- Finanzierungscontracting, Third-Party-Finanzierung oder Anlagenbau-Leasing,
- Betriebsführungscontracting oder technisches Gebäudemanagement.

Die Zielrichtung aller Vertragsvarianten ist laufende Bewirtschaftungskosten zu reduzieren.

Während beim Performancecontracting oder Einsparcontracting das Einsparpotenzial im Vordergrund steht und der Contractor an den eingesparten Kosten unmittelbar beteiligt ist, steht beim Anlagencontracting die Optimierung und Investition in die Anlage im Vordergrund. Der Einspareffekt besteht in der Optimierung der Anlage und Finanzierung der Investition durch den Contractor, dessen Finanzierung wiederum z.B. über den Wärmelieferpreis erfolgt.

In der Praxis haben sich eine Reihe von Mischformen entwickelt. Allen ist gleich, dass die Vertragsgestaltung großer Sorgfalt bedarf, da die Vertragslaufzeiten in der Regel zwischen fünf und zwanzig Jahren liegen. Typischerweise wird daher die Vorbereitung und Umsetzung stufenweise vorgenommen. Nach der Grobanalyse erfolgt der Projektierungsvertrag, dem sich die Feinanalyse anschließt und die vertragliche Festlegung des Kosteneinsparpotenzials und erst dann erfolgt der Contractingvertrag mit seiner Umsetzung. Bei vermieteten Objekten ist außerdem zu prüfen, inwieweit im konkreten Fall Contractingverträge mietvertraglich möglich sind.[20]

5 Objektbezogener Betriebskostenansatz im Benchmarking

Der aus der Geodäsie stammende Begriff Benchmark dient als Bezugspunkt, als Standard, an dem etwas gemessen oder beurteilt werden kann (benchmark = Maßstab festlegen). Benchmarking ist vereinfacht die Suche nach den besten Lösungen – best practices –, die zu Spitzenleistungen führen. Es bezeichnet einen kontinuierlichen Prozess, Produkte, Dienstleistungen und Abläufe mit denen anderer Institutionen zu vergleichen. Ziel ist, dadurch Anregungen zur Verbesserung von Effektivität und Effizienz zu erhalten. Internes Benchmarking bezeichnet dabei im Allgemeinen einen Vergleich innerhalb einer Organisationseinheit, sprich im kirchlichen Bereich innerhalb einer Landeskirche oder Region in der Landeskirche. Externes Benchmarking ist der Vergleich zwischen Behörden, hier Landeskirchen und/oder Privatwirtschaft. Um im externen Benchmarking zu Ergebnissen zu kommen, die allgemein akzeptiert werden, ist eine große Homogenität der zu vergleichenden Institutionen (und/oder Kostenpositionen) Voraussetzung. Auf der Ebene der EKD kann dies bei Betriebskosten durch die Einführung eines gleichartigen Kontenrahmens und gleichartiger Buchungsgrundsätze in allen Landeskirchen erreicht werden.

5.1 Beurteilung von Betriebskosten

Zurzeit fehlt es an den Grundlagen für ein Betriebskosten-Benchmarking im kirchlichen Bereich. Gleichwohl lohnt es sich, die Grundlagen für ein solches Vergleichssystem zu schaffen, weil nur so Optimierungspotenziale sichtbar und nutzbar werden. Vorbild könnte die „Geislinger Konvention – Betriebskosten-Benchmarking für Immobilien“[21] sein. Sie wurde für die Immobilienwirtschaft entwickelt und berücksichtigt sowohl Strukturdaten wie Betriebskostenarten.

An einem Beispiel soll die Notwendigkeit eines Betriebskosten-Benchmarking verdeutlicht werden.[22] In den Jahren 2005 und 2006 wurden die Betriebskosten aller kirchlichen Gebäude eines Dekanatsbezirks in Bayern untersucht und einem Vergleich unterzogen. Nachfolgende Tabelle zeigt das Beispiel der Gemeindehäuser der Gemeinden A und B.

	Anzahl der Gemeindeglieder	Anzahl der Veranstaltungen	Anzahl der Besucher	Betriebskosten				
				nom. €/ per anno	je qm/ anno	je qm/ Monat	je Veranstaltung	je Besucher
Gemeinde A	2.547	558	11.480	2.192 €	5,56 €	0,46 €	3,93 €	0,19 €
Gemeinde B	5.098	1.404	18.121	13.516 €	68,57 €	5,71 €	9,63 €	0,75 €

Unter Berücksichtigung der Gemeindegröße, der Anzahl der Veranstaltungen und Besucher liegt die Kostenbelastung durch das Gemeindehaus bei der Gemeinde B deutlich über der der Gemeinde A. Die Gemeinde B erhält bei Vergleich der Betriebskostenarten konkrete Hinweise für Handlungsansätze und kann damit Handlungsoptionen entwickeln. Die Gemeinde A weiß hingegen, dass in ihrem Gemeindehaus kein weiteres Einsparpotenzial liegt.

5.2 Maßstäbe zur Beurteilung von Betriebskosten

Die nachfolgende Matrix zeigt, welche Kennzahlen regelmäßig ermittelt werden sollten:

Auswertungsmatrix für Bewirtschaftungskosten/Cashflow/ Instandhaltungs- und Modernisierungskosten					
	Kirche	Gemeinde-haus	Pfarr-haus	Kinder-garten	sonstige Gebäude*
€ absolut	x	x	x	x	x
je Gemeindeglied	x	x	x	x	x
je Veranstaltung	x	x			
je Besucher	x	x			
je cbm oder Sitzplatz	x				
je qm		x	x	x	x
je Kindergartenplatz				x	

(* weitere Kennzahlen können bei Sonderimmobilien sinnvoll sein.)

Die Kostenbelastung je Gemeindeglied zeigt, insbesondere in den Landeskirchen, in denen die Kirchensteuerzuweisung von der Anzahl der Gemeindeglieder abhängt, wie hoch die Belastungsquote durch laufende Immobilienkosten liegt. Es könnten für Kirchengemeinden Richtwerte für eine derartige Belastungsquote entwickelt werden.

Das Wissen um die Bewirtschaftungskosten je Veranstaltung erleichtert die Kalkulation von Nutzungs- und Mietgebühren bei Überlassung der Räume an Dritte. Die Kostenbetrachtung je Kubikmeter/Sitzplatz oder Quadratmeter erlauben Aussagen zur Wirtschaftlichkeit der Betriebskosten der Immobilie. Die Umrechnung auf den Kindergartenplatz schafft Grundlagen, um bei Bedarf mit der politischen Gemeinde in Verhandlungen treten zu können.

Häufig wird im kirchlichen Bereich das Ermitteln von Kennzahlen kritisch gesehen, weil damit die Qualität der Arbeit in einer Gemeinde nicht gemessen werden kann. Es ist richtig, die Qualität der gemeindlichen Arbeit ist damit nicht messbar, aber es kann gemessen werden, was die Arbeit kostet und ob sie wirtschaftlich erbracht wird. Letzteres ist Grundaufgabe haushalterischen Handelns. Kennzahlen geben dazu Hinweise.

Anmerkungen

1 Z.B. Substanzerhaltungsrücklage gem. § 69 Abs.1 EKD-HH Richtlinie vom 5.9.2008, Abl. EKD S. 476.

2 Vgl. § 84 Nr. 5 EKD-HH Richtlinien.

3 § 84 Nr. 2 EKD-HH Richtlinie vom 5.9.2008, Abl. EKD S. 476.

4 § 69 Abs.1 EKD-HH Richtlinien vom 5.9.2008, Abl. EKD S. 476.

5 Vgl. Regelung der EKD, § 69 Abs. 1 u. 4, i.v.m. § 67 Abs. 2 und Anlage IV EKD-HH Richtlinie vom 5.0.2008.

6 Vgl. z.B. Regelung der Evangelischen Landeskirche in Baden ...; Regelung der Evangelischen Kirche im Rheinland § 2 Abs. 1 Beschluss der KL vom 9.5.2008 zu § 19 Abs. 5 KF-VO: finanzgedeckte Substanzerhaltungspauschale.

7 Vgl. Grundlagen der Haushaltssystematik der EKD: Gruppierung 5 –51 vom 30.8.2006, S 38, laufende Unterhaltung der eigenen ... Gebäude einschließlich Zubehör (beim Zubehör handelt es sich um Teile, die mit dem Gebäude fest verbunden sind oder die üblicherweise zum Gebrauch gehören ...), der Grundstücke, Außenanlagen und Wege. Laufende Unterhaltung sind Wartung- und Reparaturmaßnahmen, die keine erhebliche Veränderung der Grundstücke und Gebäude in ihrem Bestand zur Folge haben (Unterhaltung = Instandhaltung – zur Erhaltung des bestimmungsgemäßen Gebrauchs- und Instandsetzung).

8 § 1 Abs. 1 S 1 BetrKV; § 19 Abs. 2 WoFG; § 27 Abs. 1 S 1 II.BV.

9 Vgl. Teil 5, VI 3.

10 Vgl. Ergebnisbericht Kirchliches Immobilienmanagement, 2007.

11 BetrKV vom 25. November 2003, BGBl. I S. 2346.

12 Vgl. Buchempfehlung am Ende.

13 Vgl. LG Hamburg, Urteil vom 20.4.2000 – 307 S 14/00.

14 LG Berlin, Urteil vom 15.2.2002, 64 S289/01.

15 KG Berlin, Urteil vom 8.4.2002, 8 U/01.

16 BGH, Urteil vom 26.5.2004, VIII ZR 135/03.

17 Vgl. zum Thema Versicherung und die Möglichkeit der Umlage auf den Mieter: Teil 6 III Versicherung des Grundstücks und des Eigentümers.

18 Z.B. BGH, Urteil vom 7.4.2004, VIII ZR 146/03, 14 Jahre unbeanstandete Zahlung einer Betriebskostenart.

19 Harald Kinne: Miet- und Mietprozessrecht in Kinne, Schach, Bieber, 2005, Freiburg, § 556 BGB Rn. 78a.

20 Contractingverträge werden in der Wohnungswirtschaft vor allem im Bereich der Wärmelieferung, des Müllmanagements, der Gemeinschaftswaschmaschinen und dem Betrieb von Aufzügen eingesetzt. Vgl. auch Förderrichtlinien der KfW-Bank für Anlagencontracting.

21 Arbeitskreis Geislinger Konvention an der Hochschule für Wirtschaft und Umwelt Nürtingen-Geislingen; http://www.hfwu.de/de/geislinger-konvention.

22 Ergebnis aus dem Untersuchungsgebiet Dekanat Hof; vgl. Ergebnisbericht Kirchliches Immobilienmanagement, Evangelisches Siedlungswerk in Deutschland e.V. 2007.

4/V
Bestandspflege und Erhaltung

Prof. Dr. Ulrich Bogenstätter und Dipl. Kaufm. Jörn von der Lieth

Viele Instandhaltungen müssten durchgeführt werden, aber nur wenig Geld steht zur Verfügung? Dann heißt es, Prioritäten zu setzen. Auch für die Bestandspflege ist es ratsam, bewährte Methoden und strukturierte Verfahren anzuwenden. Viele Prozess-Schritte führen zum Ziel: einem Handeln, den Immobilien wie dem eigenen Geldbeutel angemessenen.

1 Erläuterungen/Vorbemerkungen

1.1 Begriffserläuterungen

Der Begriff Instandhaltung wird nicht einheitlich verwendet. Je nachdem, ob er im innerkirchlichen Bereich, im Bereich des Wohnraum- bzw. Gewerberaummietrechts, aus rein technischer Sicht oder im Rahmen der Erstellung von Bilanzen betrachtet wird, erfolgt jeweils eine andere inhaltliche Ausgestaltung.[1] Die Begriffe werden auch umgangssprachlich, meist ausgehend von der Nutzung, unterschiedlich gebraucht.[2]

Beispiel:

> Eine Kirchengemeinde plant die vollständige Reparatur und/oder Erneuerung der Kirche, des Kindergartens, der an die Diakoniestation gGmbH vermietet ist, des, mit öffentlichen Mitteln gebauten Wohngebäudes, eines freifinanzierten Einfamilienhauses und einer Wohnung in einer Eigentumswohnanlage.

Bei der selbst genutzten Kirche werden die Maßnahmen umgangssprachlich Sanierung genannt. Bei den anderen Gebäuden kann es sich um Instandsetzungs- oder Modernisierungsmaßnahmen im Sinne der mietrechtlichen Bestimmungen handeln. Öffentlichrechtliche oder kirchliche Förderbestimmungen können wiederum zu einem anders zu definierenden Instandsetzungsbegriff führen.

Aus Sicht der Bautechnik wird die Instandhaltung mit Inspektion, Wartung, Instandsetzung und Verbesserung beschrieben.[3] Ergänzt wird diese Definition – außerhalb der DIN Norm – durch Modernisierungsmaßnahmen. Unter Sanierungsmaßnahmen können demnach sowohl Instandsetzungs-, Verbesserungs-, als auch Modernisierungsmaßnahmen verstanden werden. Die Abgrenzung entsprechend der DIN Norm hat zum Ziel, auf einer einheitlichen Definitionsgrundlage Arbeiten am Gebäude, Personalaufwand und Budgets zu planen und zu schätzen, um damit im Geschäftsverkehr für die entsprechende Vertragssicherheit zu sorgen. Der nachfolgende Artikel geht vom technischen Instandsetzungsbegriff aus und befasst sich mit der Instandhaltung im umfassenden Sinn.

1.2 Abgrenzung zum Mietrecht und zur Bilanzierung

Soweit Gebäude durch die Kirchengemeinde nicht selbst genutzt werden, sondern an Dritte durch Vertrag überlassen wird, stellen sich bei

Instandhaltungsmaßnahmen eine Reihe mietrechtlicher Fragen. Muss der Mieter/Nutzer die Instandsetzungsmaßnahme dulden? Kann der Mieter/Nutzer die Maßnahme fordern? Kann der Mieter/Nutzer an den Kosten beteiligt werden oder kann der Eigentümer eine Erhöhung des Mietzinses fordern.

Für die Beantwortung dieser Fragen ist entscheidend, wie zum einen die vertragliche Vereinbarung ist und ob es sich um ein Wohnraummietverhältnis oder um ein Nichtwohnraummietverhältnis handelt. Hierzu gibt es eine umfangreiche Rechtsprechung zu einer Vielzahl von Einzelfällen. Die grundlegenden Ausführungen hierzu werden unter Teil 4 in Kapitel I und IV dargelegt, auf die hier verwiesen wird. An dieser Stelle soll lediglich nochmals darauf hingewiesen werden, dass auf die Vertragsgestaltung einerseits und auf das richtige Instandsetzungsmanagement andererseits ausreichend Sorgfalt zu verwenden ist, um die Kostentragungslast für den kirchengemeindlichen Eigentümer reduzieren zu können.

Soweit kirchliche Rechtsträger bilanzieren, sind die entsprechenden Bilanzierungsvorschriften für die Behandlung der Investitionsmaßnahmen zu beachten. Die Grundlagen der Bilanzierung im kirchlichen Bereich werden in Teil 3 Kapitel 3 behandelt. Landeskirchliche Regelungen sind ebenfalls zu beachten. Soweit kirchliche Rechtsträger die handelsrechtlichen Regelungen der Bilanzierung zugrunde legen, sind diese zu beachten.

Bauliche Maßnahmen sind daher immer in einer Gesamtschau zu betrachten und zu bewerten. Diese beinhaltet die Fragen:

- der Investitions- und Betriebskosten (technische Sicht),
- der Kostenübernahmepflicht und Umlagefähigkeit (rechtliche Sicht) und
- der wirtschaftlichen und bilanziellen Auswirkung (kaufmännische Sicht).

Die Differenzierungen sind in Tabelle 1 zusammengefasst.

1.3 Instandhaltungsstrategien

Die Instandhaltungsstrategien sind Teil der Gesamtstrategie der jeweiligen kirchlichen Organisationseinheit. Die strategische Instandhaltungsplanung ist dabei kein einmaliger Akt, sondern ein vielstufiger, immer wieder zu leistender Prozess. Sie soll den Eigentümer in die Lage versetzen, längerfristig vorteilhaft das Gesamtziel zu erreichen. Die operative

DIN 31051 2003-06	Inspektion	Wartung	Instandsetzung	Verbesserung	Modernisierung
Ziel	Feststellung und Beurteilung des Ist-Zustandes	Bewahrung des Soll-Zustandes	Wiederherstellung des Soll-Zustandes	Steigerung der Funktions-sicherheit	Gebrauchswert der Mietsache nachhaltig, erhöhen, die allg. Wohnverhältnisse auf Dauer verbessern; nachhaltige Einsparungen von Energie / Wasser
Maßnahmen	Prüfen, messen, beurteilen, Konsequenzen ableiten, Verbesserungen aufzeigen	Prüfen, nachstellen, Verschleißteile auswechseln, ergänzen, schmieren, konservieren, reinigen, Funktion prüfen	Reparieren, Ersatzteile austauschen, gangbar machen	Planen, nachstellen, austauschen, umbauen, Funktion prüfen	Planen, austauschen, umbauen
Beispiele	(Alters-) Verschleiß per Augenschein prüfen	Reinigen und abschmieren; Dichtungen und Filter austauschen	Laufende Instandhaltung: Wasserhahn austauschen Maßnahmen: Fenster austauschen	Fenster mit verbessertem Sonnenschutz einbauen, insbesondere 4 Bereiche Heizung, Sanitäranlagen, Elektroinstallation oder Fenster	Neue Heizungsanlage, neue energiesparende Fenster, Wärmedämmung der Außenhaut, Linoleum mit Parkett austauschen
Betriebskosten-verordnung und Mietrecht	Laufende, wiederkehrende, nicht einmalige Kosten: § 1 BetrKV		Erhaltungsaufwand: § 535 BGB, § 28 II. BV, § 1 BetrKV	Abgrenzung zur Modernisierung, Um-, An, oder Erweiterungsbauten	Modernisierung nach § 559 BGB (Mietrecht)
Umlagefähigkeit (Wohnungsmietrecht soweit vertraglich vereinbart)	Ja, nach BetrKV	Ja, nach BetrKV	Nein (Ausnahme: ggf. kleine Instandhaltung entsprechend §28 Abs. II. BV oder Versicherungsschäden)	nein	Mieterhöhung nach § 559 BGB
Umlagefähig im Gewerbemietrecht	Abhängig von der Gestaltung des Mietvertrages, Differenzierung der Instandsetzung nach Mietobjekt und „Dach und Fach"				
Bilanz: Aktivierungsfähig im Sinne der kirchlichen Vorschriften und HGB	Nein	Nein	Gegebenenfalls, möglich	Gegebenenfalls, möglich oder zwingend erforderlich	

Tab. 1: Abgrenzung Betriebs- und Instandhaltungskosten

Planung gibt, unter Berücksichtigung der strategischen Ziele, den Orientierungsrahmen für das tägliche Handeln. Die Instandhaltung ist damit kein Selbstzweck sondern notwendig um rechtliche Vorschriften einzuhalten und den Eigentümerwillen hinsichtlich der mit der Immobilie verfolgten Strategie, entsprechend der Klassifizierung der Immobilie umzusetzen.

Beispiel:

> Das grundsätzliche strategische Ziel lautet, dass Pfarrhäuser bei Wegfall der Pfarrstelle im Stellenplan und Freiwerden der Stelle verkauft werden. Geht der Stelleninhaber mittelfristig in Ruhestand, werden die Instandhaltungsmaßnahmen des Pfarrhauses auf das Notwendigste reduziert und Modernisierungsmaßnahmen nicht mehr durchgeführt.

Beispiel:

> Die Kirche und das Gemeindehaus sollen auch in den nächsten Jahren von der Gemeinde genutzt werden. Es zu klären, wie hoch der zukünftige Aufwand sein wird und ob die Kirchengemeinde diesen finanzieren kann. Gleichzeitig ist zu prüfen, ob das gleiche Ziel auch mit geringerem Aufwand erreichbar wäre.

1.3.1 Zukunftsorientierung der Instandhaltungsstrategie

Bei den Instandhaltungskosten wird vielfach der bisher benötigte und ermittelte Aufwand den zukünftigen Budgets zugrunde gelegt. Das ist dann richtig, wenn bereits in der Vergangenheit alle Optimierungspotenziale ausgeschöpft wurden. Dies ist jedoch selten der Fall.

Es gilt daher einen operativen Planungs- und Controllingprozess in den kirchlichen Instandsetzungsablauf einzurichten, mit dem Ziel die bisherigen Aufwände (IST-Werte) zu unterschreiten. Optimierungspotenziale ergeben sich aus dem Vergleich der IST-Werte zu Kennzahlen.[4] Maßnahmen zur Reduzierung der bisherigen Instandhaltungskosten können sein: Planung der Instandhaltung nach strategischen Vorgaben (Portfoliosteuerung), Bauvermeidung, höhere Ausnutzung bestehender Gebäude und Stilllegung von nicht genutzten Gebäuden oder Gebäudeteilen, Wirtschaftlichkeitsberechnung von Varianten bei energetischen Maßnahmen, zentraler Einkauf von Bauleistungen, Bündelung von Instandhaltungsmaßnahmen, Einbau von Bauteilen in Abhängigkeit von der Lebensdauer ganzer Bauteilsysteme usw.

Beispiel:

Der Einbau eines langlebigen Bodenbelags in einem selbst genutzten Gebäude ist dann sinnvoll, wenn sichergestellt ist, dass die Lebensdauer der Fußbodenheizung darunter mindestens die gleiche Lebensdauer aufweist. Der Schaden an der Fußbodenheizung führt ansonsten zum Verlust des vergleichsweise teueren Bodenbelags.

1.3.2 Notwendige und sinnvolle Instandsetzungsmaßnahmen

Eine Instandsetzung kann aus rechtlichen und technischen Gründen notwendig und/oder sinnvoll oder aus wirtschaftlichen Gründen sinnvoll sein. Notwendig ist eine Instandsetzung immer dann, wenn rechtliche Forderungen hierfür bestehen, ein Unterlassen der Instandsetzung höhere Folgeschäden oder eine ungewollte bauliche Verschlechterung des Gebäudezustandes nach sich ziehen würde. Technisch sinnvoll erscheinen kann eine Maßnahme dann, wenn das Objekt in einen zum Zeitpunkt der Maßnahme üblichen technischen (z.B. Wärmedämmfassade) oder optischen (z.B. Fassadenanstrich) Zustand gebracht werden soll. Wirtschaftlich sinnvoll ist eine Instandsetzung immer dann, wenn im Rahmen einer Investitionsberechnung durch sinkende Aufwendungen (selbst genutzte Gebäude) und/oder steigende Erträge eine wirtschaftliche Verbesserung eintritt.

Beispiel:

Der Ersatz der, in früheren Jahren eingebauten direkt beheizten elektrischen Fußbodenheizung in einer Kirche erscheint unter umweltschützenden und energetischen Gründen sinnvoll. Bei einer Wirtschaftlichkeitsbetrachtung unter Einbeziehung der tatsächlichen Laufzeit der Heizung und der erzielten Energieeinsparung kann dies als nicht sinnvoll erscheinen, da zu berücksichtigen ist, dass die Betriebszeiten der Kirchenheizung sehr niedrig sind (300 bis 500 Jahresbetriebsstunden; im Vergleich zu einer Kindertagesstätte, Gemeindezentrum oder einer sozialen Einrichtung mit 1 500 bis 2 000 Jahresbetriebsstunden).[5]

Steht die Instandsetzungsplanung an, lassen sich für Bauteile oder Einbauten, d.h. Teilsysteme verschiedene Instandhaltungsstrategien unterscheiden[6]

- Risikobasierte Instandhaltung:
  Hier werden die Bauteile bzw. Teilsysteme danach beurteilt, welche Auswirkungen ein eventueller Störfall hat. Die Auswirkung bestimmt

die Priorität und die Instandhaltungsstrategie. Beispiel: Bei Regeneintritt im Altarraum kann kein Gottesdienst stattfinden.

- Inspektionsstrategie oder zustandsabhängige Instandhaltung:
  Nach vorangegangener Inspektion wird die Instandsetzung im Voraus geplant und bei Überschreitung von Grenzwerten ausgetauscht oder instand gesetzt. Hierzu gehört die Inspektion mit Verschleißprognose und messtechnischer (Online-)Zustandsdiagnose. Die Verfügbarkeit ist mit zusätzlichen Parametern (z.B. Betriebslaufzeiten) kalkulierbar. Beispiel: der Ölwechsel erfolgt nach Herstellervorschrift nach einer Jahresbetriebsleistung von 15.000 Stunden. Der Ersatzzeitpunkt wird optimal bestimmt.
- Präventivstrategie oder periodisch vorbeugende Instandhaltung:
  Teilsysteme werden nach festen Intervallen ausgetauscht oder zu festen Zeitpunkten instand gesetzt. Beispiel: der Ölwechsel erfolgt nach Herstellervorschrift periodisch alle 2 Jahre. Die Verfügbarkeit ist kalkulierbar. Der Ressourceneinsatz lässt sich z.B. über Fristenpläne langfristig planen. Nachteilig ist, die Teilsysteme werden ausgetauscht, obwohl diese noch nicht abgenutzt sind.
- Ausfallstrategie/Feuerwehrstrategie oder störungsbedingte Instandhaltung:
  Schäden werden nur bei Ausfall, z.B. bei Ausfall der Glühbirne, repariert, eine hohe Anlagenverfügbarkeit kann nicht garantiert werden. Dafür werden schnelle Reaktionszeiten der Handwerker notwendig, Personal ist für den Bedarfsfall vorzuhalten (z.B. der Hausmeister).

1.3.3 Bewertung von Instandsetzungsmaßnahmen

Bei Berücksichtigung der langfristigen strategischen Ziele ist bei Bewertung der geplanten operativen Maßnahme auch einzubeziehen, welche Instandsetzungs- und Betriebskosten (Folgekosten) in den nachfolgenden Jahren anfallen werden. In der nachfolgenden Grafik werden 4 Investitionsszenarien gezeigt. Die Investitionen im 1. Jahr sind als senkrechte Striche, die Kosten der nachfolgenden Jahre als schräge Striche dargestellt.

Die langfristige Betrachtung zeigt, dass in den Fallbeispielen 1 und 3 die Variante B wirtschaftlicher ist. Im Fallbeispiel 2 sind die Varianten A und B gleichwertig, da sie Investitions- und Folgekosten in gleicher Höhe verursachen. Im Fallbeispiel 4 unterscheiden sich die Varianten in der

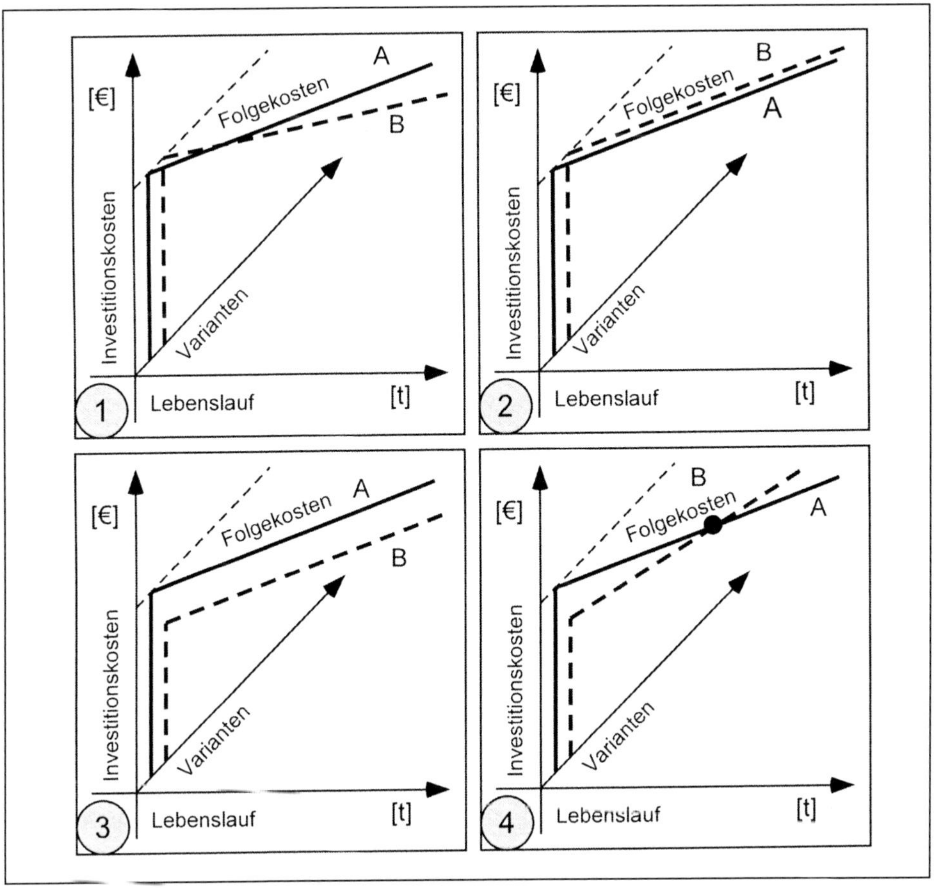

Abb. 2: Strategien hinsichtlich Investitions- und Folgekosten von Bauteilen[7]

Höhe der Investitionskosten und der Folgekosten, wobei Variante B ist kurzfristig bis mittelfristig, Variante A langfristig wirtschaftlicher.

Eine Entscheidung, welche Maßnahme wirtschaftlicher ist, ist daher nur dann möglich, wenn die Nutzungs- und Lebensdauer der Bauteile berücksichtigt wird.

Die Beurteilung der Wirtschaftlichkeit der Maßnahme hängt außerdem davon ob, ob der Eigentümer die Immobilie selbst nutzt, d.h. die Investitions- und Folgekosten selbst trägt und ob er die Immobilie kurz oder langfristig nutzen möchte. Für selbst genutzte Immobilien, die unmittelbar der Auftragserfüllung dienen, ist es ausreichend die Investitions- und Folgekosten zu betrachten. Bei vermieteten Immobilien und solchen, die mittelbar der Auftragserfüllung dienen, sind zusätzlich Kostendeckungsberechnungen notwendig und die Berechnung, welcher Ertrag bei einer alternativen Verwendung des eingesetzten Kapitals für den Eigentümer erzielbar wäre (Opportunitätskosten). Für Immobilien des Fiskalvermögens sind darüber hinaus Investitionsberechnungen zur Gesamtbeurteilung der geplanten Maßnahme notwendig.

2 Instandhaltung planen

Kirchlichen Eigentümern stehen in der Regel nicht die finanziellen Mittel zur Verfügung, um alle notwendigen und gewünschten Instandhaltungsmaßnahmen durchzuführen. Maßnahmen müssen daher priorisiert werden. Dazu ist es erforderlich, die Instandhaltung zu planen und die Kosten in folgenden Schritten zu bestimmen: Gebäudezustand erfassen und Daten pflegen, Bauteilzustände bewerten und Risiken einschätzen, Maßnahmen planen, Maßnahmen priorisieren, Budgets und Kapazitäten planen.

2.1 Gebäudezustand erfassen und Daten pflegen

Die Gebäudeerfassung erstreckt sich nicht alleine auf Gebäudezustandsbeschreibungen und sollte grundsätzlich für die gesamte Landeskirche oder das Bistum systematisiert und einheitlich durchgeführt werden. Es ist der Betrachtungszeitraum (1, 5, 10, oder 20-Jahresplanung) festzulegen, vergangene Instandsetzungsmaßnahmen sind aufzunehmen, Mittelabflüsse, besondere Ereignisse sowie Jubiläen und grundsätzliche Festlegungen der Ergebnisse der Portfoliostrategie. Die Ergebnisse der Sicherheits- und Baubeschau sowie ungeplante Ereignisse, z.B. Sturm- oder Wasserschäden, sind zu dokumentieren. Eine Bestandserfassung und Datenpflege ist ohne eine einfache, quantitative Beschreibung des Bestandes nicht möglich. Sofern keine ausreichenden Objektbeschreibungen in den Bestandssystemen auswertbar vorliegen, ist eine Bestandserfassung mit sinnvollem Aufwand durchzuführen, mit dem Ziel, eine Mehrjahresplanung, entsprechend dem festgelegten Betrachtungszeitraum vornehmen zu können. Die Bestandserfassung sollte so erfolgen, dass subjektive Einflüsse der Personen, die die Bestandserfassung durchführen, minimiert werden und dass die Anforderungen aus den Verkehrssicherungs- und Betreiberpflichten des Eigentümers mit erfasst werden. Um diese Anforderungen zu erfüllen, bedarf es einer einheitlich systematisierten Erfassung, die für größere Immobilienbestände mit einer geeigneten Software unterstützt werden muss (vgl. dazu Teil 2 Kapitel VI. Informationssystem für das kirchliche Immobilienmanagement). Die quantitative Beschreibung hat sich an Optimalanforderungen (so wenig wie möglich, so viel wie nötig) auszurichten. Die Datenpflege ist langfristig sicherzustellen. Nur so ist eine Priorisierung und seriöse Budgetfestlegung für Instandsetzungsmaßnahmen möglich.

2.2 Zustände bewerten und Risiken einschätzen

Die Zustandsbewertung hat zum Ziel, die anstehenden Instandsetzungskosten konkret zu benennen. Durch eine differenzierte Bewertung nach Leistungsbereichen ist die Grundlage für Ausschreibungen mit Bündelung von Instandsetzungsmaßnahmen an mehreren Gebäuden gelegt. Damit können Preisvorteile (Skalierungseffekte) durch bessere Ausschreibungsergebnisse erreicht werden. Gleichzeitig wird der Instandhaltungsrückstau quantitativ beschrieben. Diese Ergebnisse können wiederum in die Berechnung der Verkehrswerte einfließen.

Der technischen Bewertung der notwendigen Instandsetzungsmaßnahmen folgen die Risikoeinschätzung und die sich daran anschließende Priorisierung. Die Einschätzung des Schadensrisikos kann danach beurteilt werden, welche Konsequenzen die „Unterlassung" der Maßnahmen hätte. Die Berechnung des Schadensrisikos ergibt sich aus der Berechnungsformel:

Schadensrisiko = Schadensausmaß * Eintrittswahrscheinlichkeit * Häufigkeit in einer Periode.

Bei Beurteilung des Schadensausmaßes sind auch Folgeschäden sowie nicht realisierte Chancen/Ertragssteigerungen, wie z.B. Ertragssteigerung Mietanpassungen, Gemeindeleben aktivieren und Ertragseinbußen, wie Ertragseinbuße Mietminderungen, nicht reduzierte Energiekosten, Nicht-Nutzbarkeit von Räumen zu berücksichtigen.

Auch bei geringer Eintrittswahrscheinlichkeit eines Schadens können die Risiken bei unterlassener Instandhaltung für die Haftenden, idR den Eigentümer erheblich sein. Es empfiehlt sich daher Instandsetzungsklassen zu unterscheiden, die das Haftungsrisiko beschreiben. Unter die Instandsetzungsklasse A fällt der Sachverhalt, dass auch bei geringer Eintrittswahrscheinlichkeit Personenschäden eintreten können. Die sich daraus ergebende Haftung kann bis zu strafrechtlichen Maßnahmen (z.B. Verurteilung wegen fahrlässiger Körperverletzung) führen. Die Instandsetzungsklasse B beschreibt mögliche Folgen, die ein hohes

Schadensrisiko für die Immobilie darstellen, die Instandsetzungsklasse C solche, die weder ein hohes Personen- noch Sachschadensrisiko haben.

2.3 Maßnahmen priorisieren und planen

Das Verhältnis des Schadensausmaßes zu der Höhe der beabsichtigten Instandsetzungskosten gibt Hinweise zur Priorisierung. Ist das zukünftige Schadensausmaß höher als die Instandsetzungskosten, lohnt sich eine sofortige Maßnahme.

Die Bewertung der Instandsetzungsmaßnahmen entsprechend der Instandsetzungsklasse ermöglicht auch festzulegen, mit welcher Instandhaltungsstrategie vorangegangen wird. Inspektionsstrategie für die Maßnahmen, die einer regelmäßigen Überprüfung bedürfen, z.B. Überprüfung des Daches zum Schutz der Passanten. Präventivstrategie bei z.B. turnusmäßigem Austausch von Verschleißteilen am Aufzug. Ausfallstrategie steht für Instandsetzung im Bedarfsfall, das heißt, wenn die Instandsetzungsmaßnahme tatsächlich erforderlich ist. Auch diese Maßnahmen sind planbar, da die Lebensdauer von Bauteilen bekannt ist. Die Landeskirchen reagieren auf diese Tatsache z.B. mit der Substanzerhaltungsrücklage.

2.4 Budgets und Kapazitäten planen

Auf Grundlage der Instandhaltungsstrategie lassen sich die Budgets nach außerplanmäßiger und planmäßiger Instandhaltung differenzieren. Mittels Zustandsbewertung und Einschätzung des Schadensrisikos lassen sich außerdem die Vorgaben des Portfolio-Managements überprüfen und die Maßnahmen für einen bestimmten Zeitraum priorisieren. Durch die Bestimmung der Reihenfolge werden die Planung der Finanzierung (Eigenkapital, Zuschüsse, Spenden, Kredite usw.) und die Liquiditätssteuerung möglich und es wird letztendlich auch überprüft, ob die geplanten Maßnahmen finanzierbar sind, oder ob grundsätzliche (Neu-)Überlegungen zum Portfolio getroffen werden müssen.

Die Budgetplanung beinhaltet den notwendigen Instandhaltungsbedarf und das Personal, das bei der Umsetzung der Instandhaltungsstrategien der Mehrjahresplanung notwendig ist. Sie beinhaltet die Unterscheidung nach außerplanmäßigen und planmäßigen Instandhaltungsmaßnahmen und geht über mehrere Jahre. Die Mehrjahresplanung ermöglicht damit, gleichartige Maßnahmen an verschiedenen

Objekten in einer Ausschreibung zusammenzufassen (Skalierungseffekte) oder verschiedene Maßnahmen für ein Objekt zu bündeln, um Vorleistungen (z.B. Gerüstarbeiten) zu reduzieren. Auf Grundlage der anstehenden Instandhaltungsmaßnahmen werden die Kapazitäten und der Personalbedarf ermittelt. Danach folgt die Planungs- und Ausführungsphase von mehreren, parallel laufenden Maßnahmen mit den Methoden des Baumanagements.

3 Bestandspflege und Bestandserhaltung in einem strukturierten Verfahren

Die nachfolgende Darstellung des Prozesses „Bestandspflege und Bestandserhaltung" hat zum Ziel, bereits im Vorfeld auf eine bedarfsgerechte, realistische Planung hinzuwirken, um während des Projektverlaufes kostenintensive Fehlinvestitionen, Umplanungen oder ineffiziente Prozessabläufe zu vermeiden. Der Darstellung liegt der, für die Evangelische Stiftung Pflege Schönau (ESPS) entwickelte Ablaufplan zugrunde und berücksichtigt die Erfahrungen des Zusammenspiels zwischen Kirchengemeinden, Verwaltungsbehörden und Landeskirche. Wenn kirchliche Organisationseinheiten systematisch und strukturiert die Arbeitsabläufe des Prozesses Bestandspflege und Bestandserhaltung einführen wollen, wird empfohlen die dargestellte grundsätzliche Systematik zu übernehmen und dort Anpassungen vorzunehmen, wo dies aufgrund von Verwaltungs- und Entscheidungsstrukturen veranlasst ist.

Ausgangspunkt ist die Feststellung der Konferenz der Bauamtsleiter der Gliedkirchen der EKD, die in ihrem Handbuch schreiben: „Einer der entscheidenden Planungsschritte ist die Klärung der zukünftigen Aufgaben und Ziele der Kirchengemeinde. Die Analyse eines auf Zukunft abgestellten Handlungskonzeptes ist die Grundlage der Planung. Daraus abgeleitet wird ein Raumprogramm, das die sinnvollen und notwendigen Ansprüche der Kirchengemeinden in Flächen und deren Nutzung ausdrückt." Weiter heißt es: „Diese Bedarfsanalyse als verbindliche Zielfeststellung, von der während der Bauphase nicht mehr abgewichen werden sollte, dient als Ausgangspunkt der Projektvorbereitung".[8] Die Projekte orientieren sich an der Zielsetzung der Kirchengemeinde.[9] Planerische Grundsätze im Umgang mit kirchlichen Immobilien werden in diesem Handbuch ausführlich beschrieben, eine „Checkliste" unterstützt die Kirchengemeinden bei der Bewältigung der Aufgaben.[10] Tatsächlich sind die Baumaßnahmen im Hinblick auf Sinnhaftigkeit zu klären: Bei geringer „Nutzungsfrequenz von Kirchengebäuden sind nachträgliche

Wärmedämmmaßnahmen besonders kritisch zu betrachten und historische Kirchenräume in der Regel wegen der damit verbundenen nachteiligen bauphysikalischen Eingriffe nicht zu dämmen".[11]

Es ist unstrittig, dass die Abstimmung im Vorfeld späteren Aufwand und Ärger vermeidet. Ebenso sind „überzogene" Anforderungen der Beteiligten zu unterbinden, da diese zu einem unangemessenen Instandsetzungs-, Verbesserungs- oder Modernisierungsaufwand führen und damit zu vergleichsweise ungewöhnlich hohen Gebäudenutzungskosten. Für eine realistische und koordinierte Gesamtbetrachtung sind viele angedachte Einzelmaßnahmen an einem Gebäude zu einem Projekt zusammenzufassen. Die Durchführung wird damit wesentlich kostengünstiger.

Der Prozess „Bestandspflege und Bestandserhaltung" berücksichtigt eventuelle Genehmigungsvorbehalte, sodass auch die Genehmigungsverfahren bei den Prozessschritten beachtet werden. Die Detaillierungstiefe der Kostenermittlung kann in den jeweiligen Planungsphasen abweichend zur HOAI 2001[12] vorgezogen werden. Wenn dies gewollt ist, dann ist dies bei eingeschalteten Auftragnehmern vertraglich zu fixieren. Dies gilt auch für die Festlegung der Daten, die nach Abschluss der Baumaßnahme bei der Objektinbetriebnahme zur Verfügung gestellt werden müssen.

Für jeden einzelnen Planungsschritt muss klar sein, welches Ergebnis mit diesem Schritt erreicht werden soll, z.B. Angaben zu Kosten, Terminen, Qualität und Güte oder Planungstiefe mit den entsprechenden Planungsunterlagen. Dies ermöglicht die Prüfung der Schlüssigkeit aufeinander aufbauender Ergebnisse. Im Laufe des Geschäftsprozesses nimmt hierbei die Detaillierungstiefe zu. Der Projektverlauf wird im internen Berichtswesen über Statusverfolgung von 0 bis 8 laufend dokumentiert.

Nachfolgend wird der Prozess „Bestandspflege und Bestandserhaltung" dargestellt und in die Prozessschritte „Bedarfsplanung" (Abb. 3), „Projekt vorbereiten" (Abb. 4), „Genehmigungen planen" (Abb. 5), „Leistungen beschreiben" (Abb. 6), „Leistungen bestellen" (Abb. 7), „Leistungen ausführen" (Abb. 8) und „Objektnutzung vorbereiten" (Abb. 9) zerlegt. Die Detaillierungstiefe ist abhängig vom Umfang der Baumaßnahme.

3.1 Bedarfsplanung

Bedarf kann z.B. durch Anforderung von Kirchengliedern, Kunden/Mietern, durch gesetzliche Regelungen oder durch Unwetterschäden

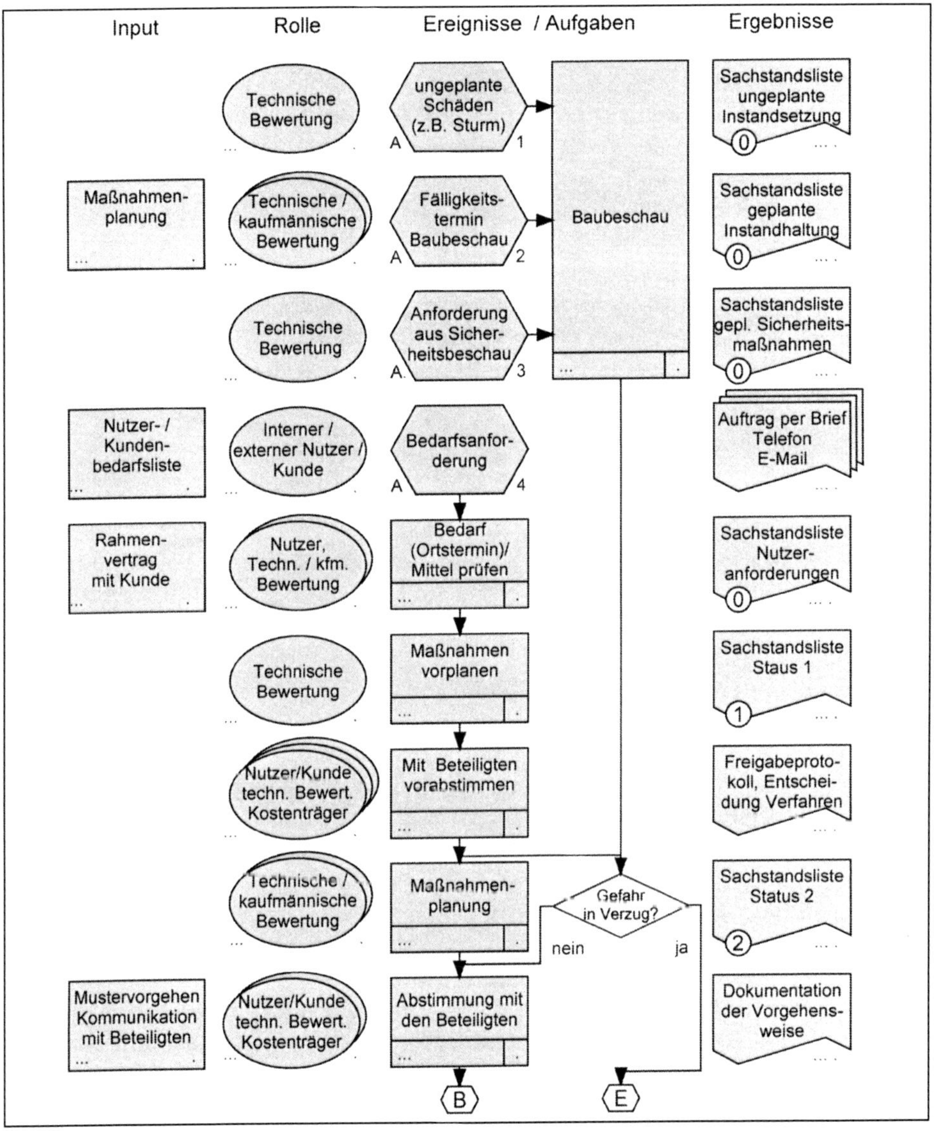

Abb. 3: Bedarfsplanung

und aufgrund der Ergebnissen der Gebäudebegehung (Bau- oder Sicherheitsbeschau) entstehen. Der Bedarf ist (schriftlich) zu fixieren.

- Der tatsächliche Bedarf sollte kritisch geprüft worden sein. Energetische Maßnahmen sollten nach einer Baubeschau mit einer überschlägigen Wirtschaftlichkeitsberechnung unter Berücksichtigung der Instandhaltungs- Modernisierungs- und Betriebskosten begründet werden.

- Die Kosten sollten von einer Kostenidee bis hin zu einem Kostenverteilungsplan in der Version 1 näher beschrieben werden.
- Die Termine sollten die Dringlichkeit berücksichtigen, bei Maßnahmen ein Generalterminplan in der ersten Version vorgelegt werden.
- Die Qualitäten sollten zunächst als Schadens-, Zustands-, Protokollbericht oder als Ideenbeschreibung (Lastenheft) vorliegen und bei Maßnahmen in einem Nutzerbedarfsprogramm, Flächenbedarf und Maßnahmenbeschrieb münden.
- Pläne liegen skizzenhaft vor, ggfs. werden Bebauungspläne, Kataster- und Lagepläne eingeholt.

3.2 Projekt vorbereiten

In der Projektvorbereitung werden die Mittelfreigabe zur Vorplanung, die Auswahl der Fachingenieure und Sachverständigen im Einklang zur ausführenden Organisation vorgenommen und die erwarteten Ergebnisse dargestellt.

- Der Kostenrahmen wird anhand von Vergleichsobjekten festgelegt, eine Vorplanungsbudgetfreigabe erteilt, eine Kostenberechnung mit Leitpositionen bei vorgezogener Kostenermittlung aufgestellt, auf Grundlage einer Kostenschätzung Kostenverteilungsplan in der Version 2 näher angefertigt.
- Die Termine werden zunächst als Meilensteine festgelegt und in einem Terminplan in der Version 1 festgelegt.
- Das Lastenheft wird fortgeschrieben, der Flächenbedarf ist zusammen mit einem Maßnahmenbeschrieb festgelegt und mündet in einer (Mengen-), Flächen, Volumenermittlung.
- Auf Grundlage von Bebauungsplänen, Kataster- und Lageplänen werden ggfs. Bestandspläne und die (Vor-)Entwurfspläne angefertigt.

3.3 Genehmigungen planen

In der Genehmigungsplanung liegt der Schwerpunkt darauf, die internen und externen Genehmigungsinstanzen (kirchlichen und sonstigen Genehmigungsinstanzen) ausreichend zu berücksichtigen und einen

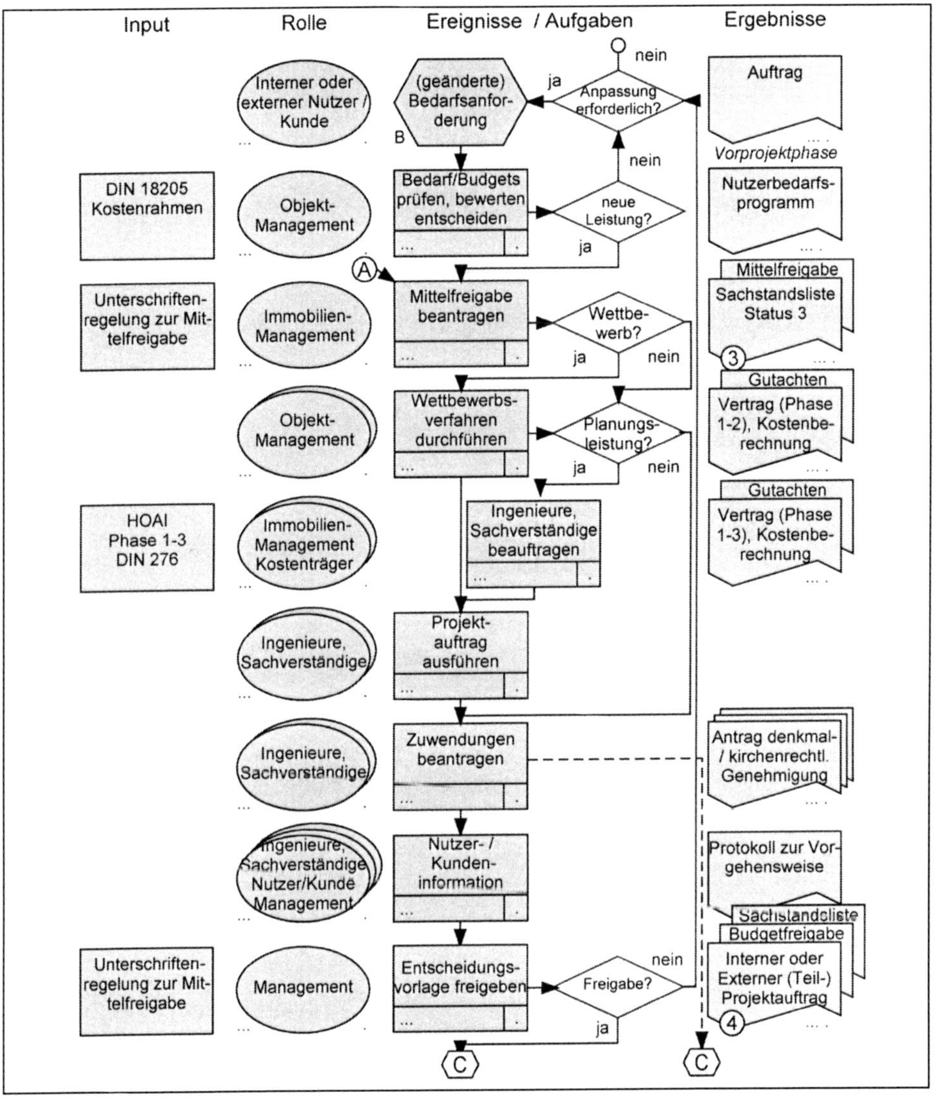

Abb. 4: Projekt vorbereiten

(letzten) Abgleich zwischen Bedarf und Planung herzustellen. In dieser Phase sind Planungsänderungen noch relativ einfach vorzunehmen.

- Die Beschreibungen werden genauer, auf Grundlage einer Kostenberechnung nach Bauelementen wird ein Kostenverteilungsplan in der Version 2 näher angefertigt.

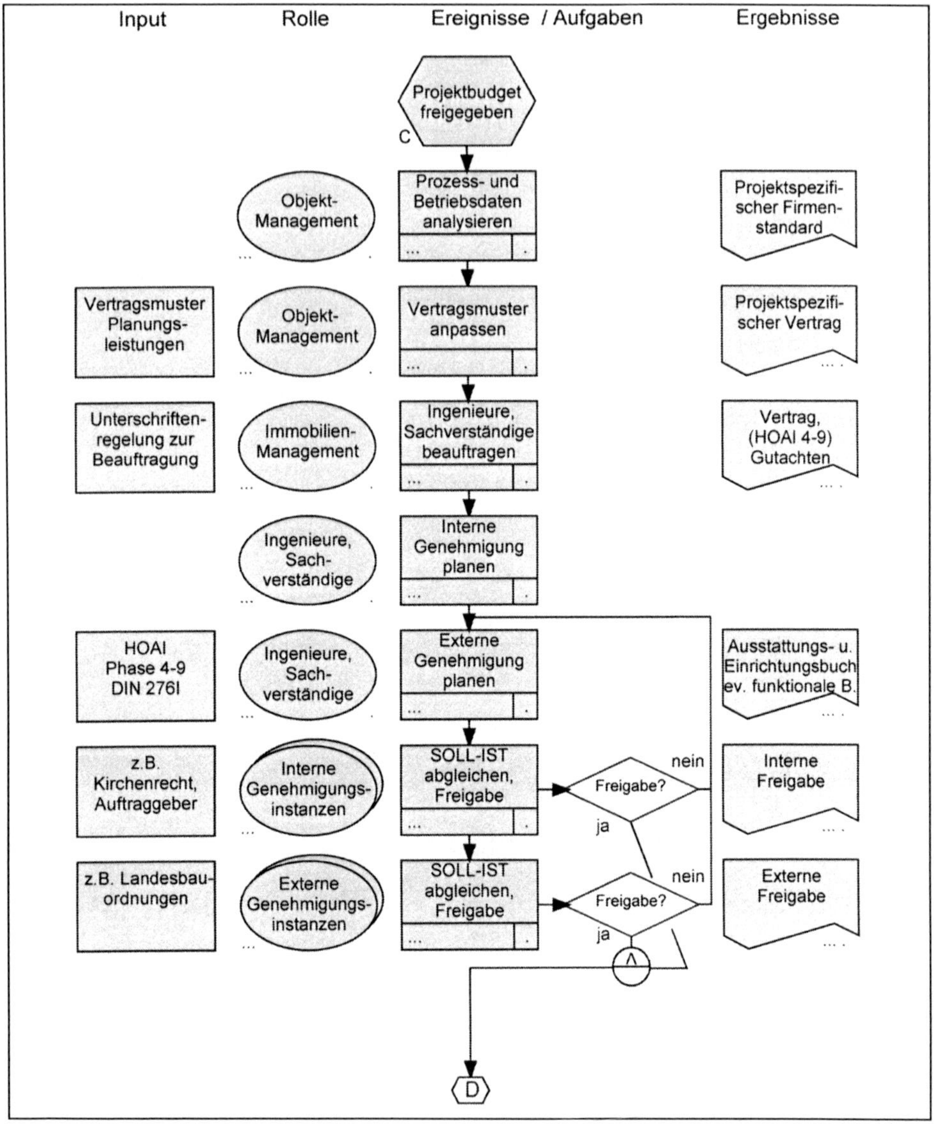

Abb. 5: Genehmigung planen

- Der Terminplan wird konkretisiert als Terminplan in der Version 2 festgelegt.
- Objektspezifische Qualitäten werden beschrieben, Flächen und Volumenermittlung in Version 2 fortgeschrieben.

- Die (Vor-)Entwurfsplanung wird bis zur Baugenehmigungsreife erstellt.

3.4 Leistungen beschreiben

Der Prozessschritt „Leistung beschreiben" entspricht weitgehend der Phase 5 nach § 15 HOAI 2001,

- Die Kostenermittlung wird nach Leistungsbereichen in einem Kostenanschlag festgehalten.
- Der Terminplan wird als Ausführungsplan festgelegt.
- Objektspezifische Qualitäten werden beschreiben, Flächen und Volumenermittlung in Version 3 fortgeschrieben.
- Es erfolgt die Werkplanung.

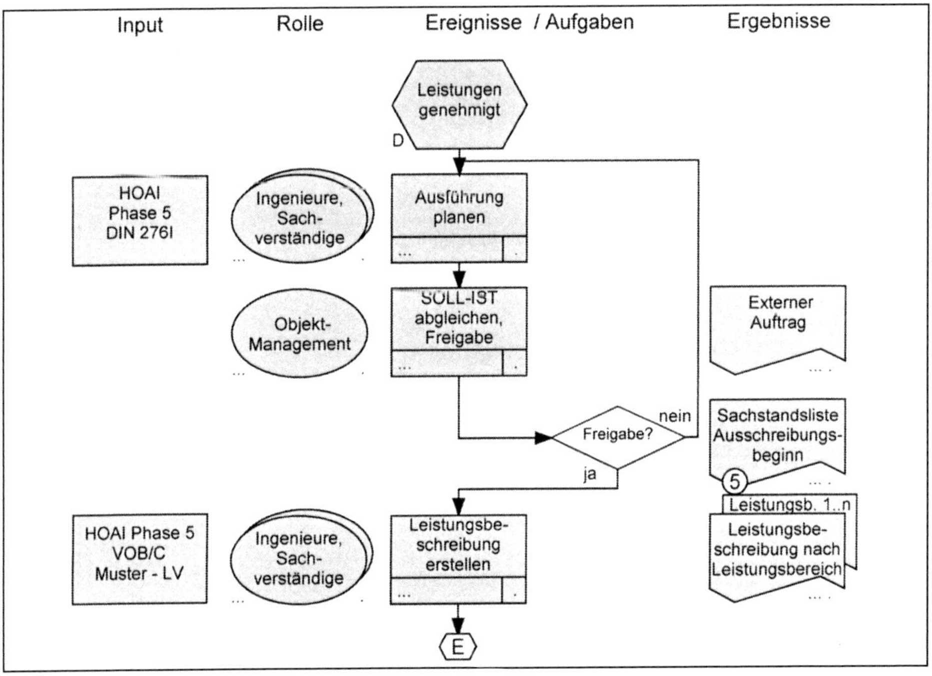

Abb. 6: Leistungen beschreiben

3.5 Leistungen bestellen

Der Prozessschritt „Leistungen bestellen" entspricht Phase 6 und 7 nach § 15 HOAI 2001. Bei der Erstellung der Leistungsbeschreibung fließen auch die Anforderungen der Baustoffwahl ein.[13]

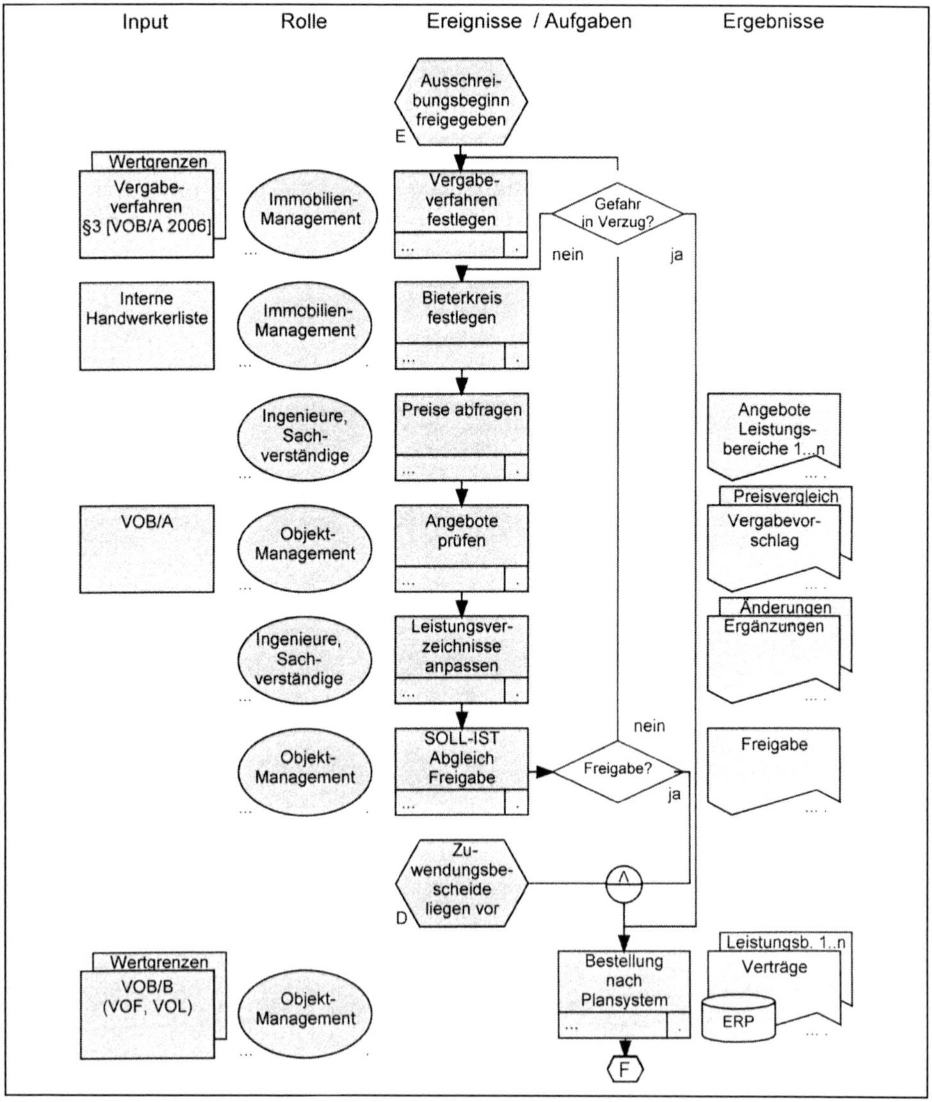

Abb. 7: Leistungen bestellen

- Die Kostenübersicht erfolgt nach Leistungsbereichen und Vergabenachweise werden aufgestellt.
- Der Terminplan wird ggf. fortgeschrieben.
- Flächen und Volumenermittlung werden ggf. fortgeschrieben.
- Die Werkplanung wird ggf. fortgeschrieben.

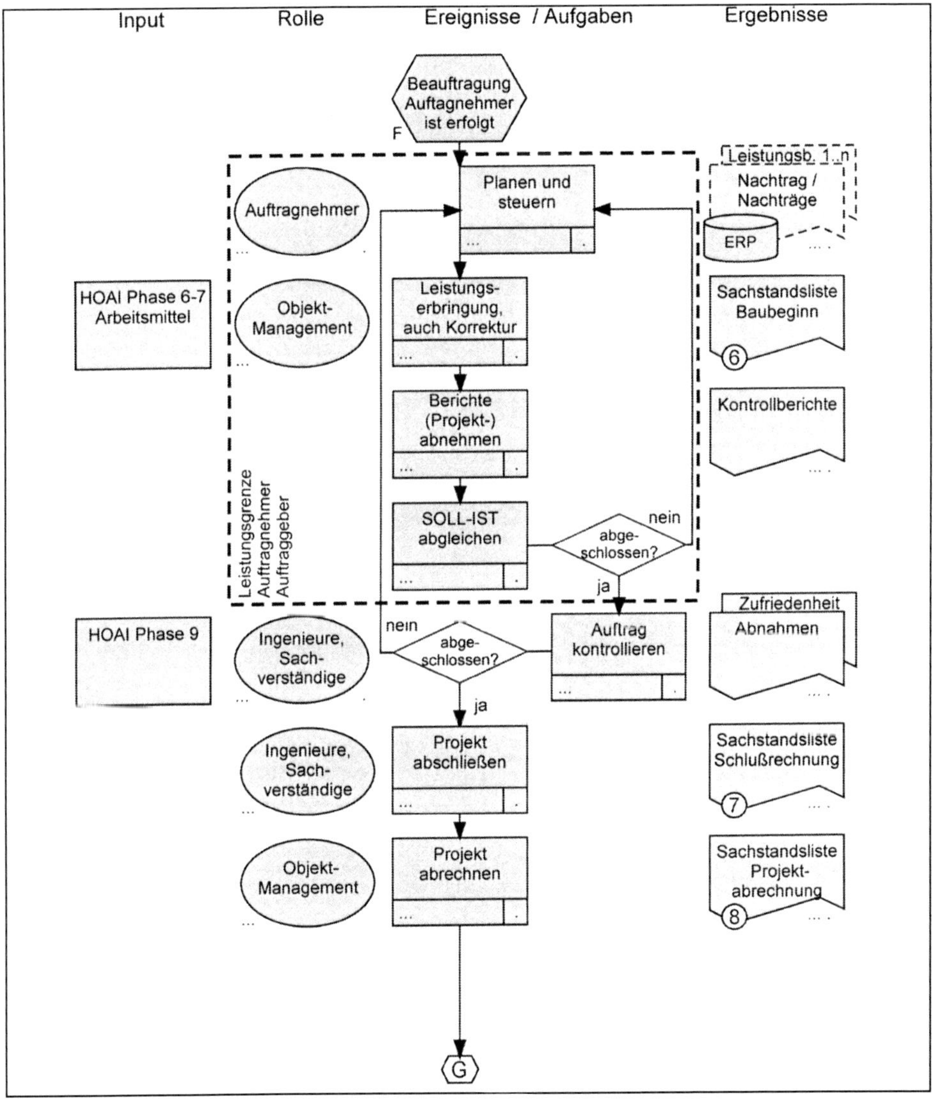

Abb. 8: Leistungen ausführen

3.6 Leistungen ausführen

Der Prozessschritt „Leistungen ausführen" Phase 8 nach § 15 HOAI 2001:

- Die Maßnahmen werden durchgeführt.
- Die Projektkosten werden überwacht und dokumentiert.
- Die Projektzeiten werden dokumentiert.
- Flächen und Volumenermittlung werden dokumentiert.
- Die Planung wird als Bestandsplanung fortgeschrieben.

3.7 Gebäudenutzung vorbereiten

Der Prozessschritt „Objektnutzung vorbereiten" beinhaltet neben Phase 9 § 15 HOAI 2001 die Zusammenstellung aller notwendigen Unterlagen für eine erfolgreiche Inbetriebnahme und den laufenden Betrieb eines Gebäudes aus Sicht des Betreibers. Das beinhaltet:

- Abschließende Kostenfeststellung des Projektes.
- Übernahme ins Raum- und Gebäudebuch.
- Übergabe der Dokumentation.

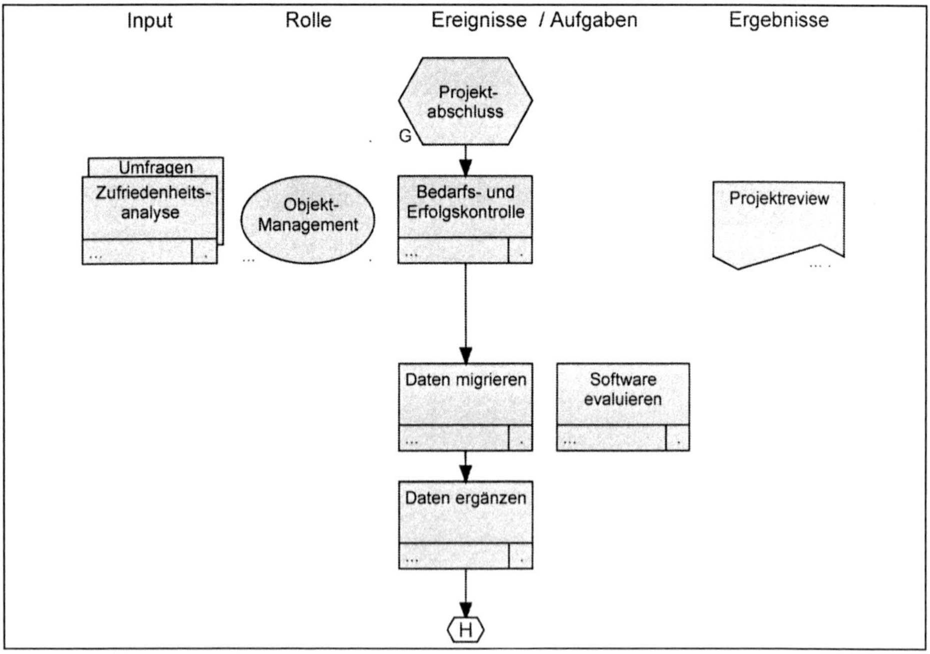

Abb. 9: Objektnutzung vorbereiten

4 Sonderheiten bei der Kostenermittlung

4.1 Kostenaufteilung

Die Kostenermittlung erfolgt auf Grundlage der DIN 276–1 2006–11 und wird nach Baulastenverteilung aufgestellt, wenn verschiedene Kostenträger die Finanzierung der Maßnahme bauteilbezogen übernehmen werden. Die Baulastenverteilung kann sich aus rechtlichen Verpflichtungen ergeben.

Die Kostenermittlung gliedert sich in die Phasen Kostenrahmen, Kostenschätzung, Kostenberechnung, Kostenanschlag und Kostenfeststellung, die Genauigkeit erhöht sich im Laufe der Kostenermittlungsphasen. In dem Planungsprozess können sich Änderungen ergeben, weil zusätzliche Maßnahmen in das Bauprogramm übernommen werden. Die Gründe hierfür können vielfältig sein, wie z.B. Erhöhung der Massen, weil bei Planung der Fundamente die tatsächliche Tragfähigkeit des Grundes nicht ausreichend berücksichtigt wurde, zusätzliche Leistungen, die von den Baubeteiligten während des Planungsprozesses gefordert werden oder weil Spender für bisher als nicht finanzierbar geltende Maßnahmen gewonnen werden konnten. Um eine hohe Kostensicherheit zu erreichen, ist eine frühzeitige, für alle Beteiligten verbindliche Festlegung des Bauprogramms notwendig und die Durchführung der notwendigen Voruntersuchungen um Kostenschätzungen auf realistischer Grundlage vornehmen zu können. Änderungen im Bauablauf sind aufwendig und zu vermeiden.

Ziel ist es, Planungs- und Kostensicherheit für alle Kostenträger zu erlangen und bei der Kostenfeststellung eine sachgerechte Kostenverteilung der Baulasten nach Abschluss des Bauprojektes zu ermöglichen. Durch die (eventuelle) Möglichkeit der Baulastenverteilung ergibt sich ein höherer Aufwand während der Kostenermittlung. Die frühzeitige Berücksichtigung der Baulastenverteilung hat aber den Vorteil, dass alle Kostenträger die Entwicklung „ihrer" Kosten immer verfolgen und frühzeitig reagieren können, sodass dann die Endabrechnung ohne Störung durchgeführt werden kann.

Ein Beispiel zur Baulastenverteilung ist in Abbildung 10 dargestellt. Die Kosten werden je nach Bauteil von unterschiedlichen Kostenträgern übernommen. Im Beispiel sind diese Kostenträger kommunale Gemeinde, Kirchengemeinde, Stiftung und Spender für ausgewählte Bauteile.

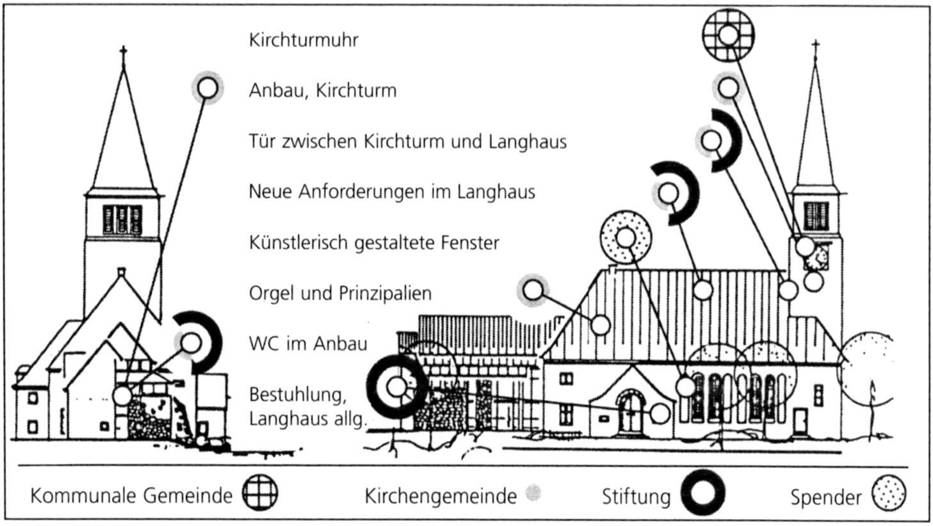

Abb. 10: Kostenverteilung nach Kostenträgern innerhalb eines Projektes[14]

In einem praxisnahen Beispiel der Evangelischen Stiftung Pflege Schönau (ESPS) sind die Kostenübernahmen der Kostenträger aufgeführt:

- Kirchturmuhr: Kommunale Gemeinde zu 100 %;
- Bauunterhalt des Kirchturms: Kirchengemeinde zu 100 %;
- Tür zwischen Kirchturm und Langhaus: Kirchengemeinde zu 50 %, Stiftung zu 50 %;
- Neue Anforderungen im Langhaus (z.B. Elektrische Beleuchtung anstatt Kerzenlicht, Beheizung mit Gas anstatt Kohlen-/Holzheizung): Kirchengemeinde 40 % und Stiftung 60 %;
- (Bauzeitlich bedingte) Maßnahmen am Langhaus: Stiftung zu 100 %;
- Künstlerische gestaltete Fenster: Spender zu 100 %;
- WC im Anbau für die Sakristei als Teil-Ersatz für bereits bestandene Sakristei: Kirchengemeinde 40 % und Stiftung zu 60 %;
- Orgel und Prinzipalien: Kirchengemeinde zu 100 %;
- Bestuhlung: Stiftung zu 100 %;
- ansonsten der nicht bauzeitliche Anbau: Kirchengemeinde zu 100 %.

In diesem Beispiel refinanziert sich die Kirchengemeinde nach nicht festgelegtem Verteilerschlüssel durch Darlehen und Baubeihilfen der Landeskirche. Der Baulastenbeschrieb enthält in dem Beispielsfall auch eine Position Frondienst, die als Eigenleistung der Kirchengemeinden vorgesehen ist. Rechtsgrundlage ist die Verpflichtung zu Hand-, Spann- und Fuhrdiensten. Der Frondienst wird seitens der Kirchengemeinde mit einer Frongebühr in Höhe von 8–15 % an die Stiftung abgegolten. Zuschüsse Dritter – wie z.B. Denkmalpflegezuschüsse – kommen dem jeweiligen Kostenträger zugute, der die Finanzierung des Bauteils trägt, für das die Zuschüsse geleistet werden.

Bei Beauftragung von Architekten und Ingenieuren ist daher frühzeitig auf die ggfs. aufwendige Kostenverteilung in den Kostenermittlungsphasen hinzuweisen. Der Detailierungsgrad hängt von der jeweiligen Baumaßnahme ab und inwieweit mehrere Kostenträger zur Verfügung stehen. Je komplexer die Baumaßnahme ist, umso mehr ist ein Einweisungsgespräch notwendig, in dem die Festlegungen zu Beginn eines Bauprojektes getroffen werden.

4.2 Kostenkennwerte

Kostenkennwerte dienen zur Kostenschätzung, um strategische Entscheidungen treffen zu können und der Plausibilitätskontrolle. Für Kirchen und Gemeindehäuser gibt es heute kaum allgemein zugängliche, aussagekräftige und gültige Kennzahlen. Trotzdem sollten im kirchlichen Bereich anhand eigener einfacher Dokumentationen Kostenkennwerte erarbeitet werden. Für Kirchengebäude können entsprechende Kennzahlen für Bautypen nach umbautem Volumen, wenn dieses nicht bekannt ist nach Brutto-Grundfläche oder Besucherplätzen entwickelt werden. Die Evangelische Landeskirche in Baden hat hier für eine eigene Immobiliendatenbank aufgebaut.

Kennzahlen können sich nicht nur auf das gesamte Gebäude erstrecken, sondern auch auf Bauteile. So sind z.B. die Kennzahlen für die Erneuerung eines Daches von der Dachdeckung, Fläche und der Dachform abhängig aber nicht von der Nutzung des Gebäudes. Entsprechende „Baukosten-Atlasse“ für Neubau, Sanierung und Bauteile können im Fachhandel erworben werden.

Kennzahlen helfen, die eigene Planung zu plausibilieren und zu überwachen. Im Mietwohnungsbau hat sich z.B. eine einfache Kennzahl für laufende Instandhaltungskosten (Instandhaltungskosten/12*m^2 Wohnfläche) etabliert. Der Wert liegt zwischen 0,46 € in den alten und 1,14 € in den neuen Bundesländern je qm Wohnfläche im Monat. Als kritischer Wert gilt 0,41 € da unter diesem nicht mehr von einer ordnungsgemäßen Instandhaltung des Wohnungsbestandes ausgegangen werden kann.[15] Entsprechende einfache Kennzahlen gibt es auch für die Kosten der Vollsanierung von Wohngebäuden in verschiedenen Baualtersklassen und aus dem kommunalen Bereich für Gebäude der Daseinsvorsorge.

5 Kosteneinsparungspotenziale

5.1 Nutzer

Kosten können dadurch reduziert werden, dass Größe und Ausstattung dem Nutzungskonzept und dem Nutzerkreis entsprechen. Räume für eine klar definierte Nutzergruppe können kostenoptimiert geplant werden. Das Vorhalten von Angeboten für möglichst unterschiedliche Nutzungsmöglichkeiten kann u.U. sehr kostenintensiv sein. Anforderungen an die Ausstattung für Senioren- und Jugendräume unterscheiden sich z.B. erheblich, sodass zu überprüfen ist, ob der eventuell vorgesehene Nutzermix wirklich sinnvoll ist.

Weitere Einsparungspotenziale können generiert werden, wenn die Ausstattungsqualität der tatsächlichen Nutzung entspricht, z.B. kostengünstige Fußbodenbeläge bei geringer oder untergeordneter Nutzung der Räume, strapazierfähige Fußböden bei intensiver Nutzung. Das gleiche gilt, wenn die Lebensdauer des Einzelprodukts der Dauer der vorgesehenen Nutzung entspricht.

Weiter ist es möglich, den oder die Nutzer der Immobilie verursachungsgerecht an den Kosten zu beteiligen, sodass Kosteneinsparungen auch ihm zugutekommen und umgekehrt Kostensteigerungen auch von ihm mitgetragen werden müssen. Die Art der Beteiligung kann dabei unterschiedlich sein, zum einen durch unmittelbare Kostentragung der Instandhaltungskosten oder andererseits durch Verrechnung im Rahmen einer Kosten-Leistungsrechnung.

5.2 Organisation

Der Prozess des Organisierens der Instandsetzung muss gewährleisten, dass Mängel frühzeitig erkannt werden, damit Folgeschäden oder Kostenerhöhungen unterbleiben. Hilfreich ist hierbei, Qualitätssicherungsmaßnahmen in den einzelnen Bauphasen zu installieren, wie z.B. Materialkontrollen, Ausführungskontrollen, die dokumentiert und gegebenenfalls mit einem Sachverständigen durchgeführt werden. Diese Maßnahmen sind im Ablaufplan und in die Verträge mit Architekten, Ingenieuren und ausführenden Firmen aufzunehmen. Durch eine Schnittstellen vermeidende Organisation können Mängel und Folgeschäden minimiert werden.

Bereits mit der Aufnahme des Mangels muss sichergestellt werden, dass die Kosten der Mängelbeseitigung auch von dem Verantwortlichen behoben werden. Der Mieter muss die Kosten zur Beseitigung der Schäden übernehmen, zu denen er vertraglich oder aus Gesetz verpflichtet ist, der Versicherer einen Versicherungsschaden, der Hausmeister Schäden, die aus Verletzung seiner arbeitsvertraglichen Verpflichtung entstehen und der Handwerker muss die Gewährleistung übernehmen.

Auch im kirchlichen Bereich kann die Effektivität der Maßnahmen durch Kunden-/Nutzerbefragung überprüft und sichergestellt werden, dass Mängel schnell und kundenorientiert abgestellt werden. Nur so können Imageschäden, Ertragsausfälle oder Folgeschäden vermieden werden. In diese Befragungen sollte auch die eigene Organisation mit einbezogen werden. Bei Qualitätsdefiziten sind diese umgehend abzustellen.

5.3 Ressourcen

Instandhaltungsintensive und schadensanfällige Bauteile sollten grundsätzlich vermieden werden. Sind sie trotzdem notwendig, ist auf die fachgerechte Ausführung zu achten. Die Ausstattung des Gebäudes mit technischen Anlagen ist auf das notwendige und wirtschaftlich sinnvolle zu beschränken, da technische Anlagen grundsätzlich wartungs- und instandhaltungsintensiv sind. Nicht erprobte Baustoffe und technische Anlagen sollten grundsätzlich ausgeschlossen werden bzw. im Vorfeld eine Risikoabwägung, wie oben beschrieben durchgeführt werden.

Deutliche Kostenreduktionen sind möglich durch Bündeln der Instandhaltungsmaßnahmen, Vereinbaren von Einheitspreisen und dem Abschluss von Rahmenverträgen, um Mengenrabatte zu verhandeln.[16]

5.4 Prozesse

Wie oben dargestellt, sollte durch entsprechende organisatorische Maßnahmen die Mehrjahresplanung und die Umsetzung der Inspektion-, Prävention- und Ausfallstrategie eingeführt werden, um Risiken zu erkennen, zu vermeiden bzw. zu reduzieren, Folgeschäden zu verhindern und Kostenpotenziale zu nutzen.

5.5 Potenziale

Die Humanressourcen, die in Kirchengemeinden und in den kirchlichen Verwaltungen vorhanden sind, sind zu nutzen. Wer mit offenen

Augen durch ein Gebäude geht, kann Schäden frühzeitig erkennen. Die Nutzer sollten in die Gesamtorganisation mit eingebunden werden, z.B. durch die Möglichkeit, unkompliziert Schadensmeldungen an die Verwaltung zu geben (Briefkasten im Gemeindehaus). Technisches und kaufmännisches Personal sind ausreichend zu schulen und mit allen Betroffenen ist zu kommunizieren, um was es beim Thema Instandhaltung geht.

Anmerkungen

1 Vgl. Grundlagen der Haushaltssystematik der EKD: Gruppierung 5–51 vom 30.8.2006, S 38, laufende Unterhaltung der eigenen ... Gebäude einschließlich Zubehör (beim Zubehör handelt es sich um Teile, die mit dem Gebäude fest verbunden sind oder die üblicherweise zum Gebrauch gehören ...), der Grundstücke, Außenanlagen und Wege. Laufende Unterhaltung sind Wartung- und Reparaturmaßnahmen, die keine erhebliche Veränderung der Grundstücke und Gebäude in ihrem Bestand zur Folge haben (Unterhaltung = Instandhaltung – zur Erhaltung des bestimmungsgemäßen Gebrauchs- und Instandsetzung).

2 von der Lieth, Jörn: Kirchliches Immobilienmanagement Teil 2 Kapitel IV.3.

3 DIN 31051 2003-06: Instandhaltung: Begriffe und Maßnahmen, Deutsches Institut für Normung (Hrsg.), DIN 31051, 1.1985.

4 Bogenstätter, Ulrich: Property Management und Facility Management, 1. Aufl., München, 2008, Seite 91 ff.

5 Konferenz der Bauamtsleiter der Gliedkirchen der EKD (Hrsg.): Kirchliches Bauhandbuch: Energiesparendes und umweltschonendes Bauen in der Evangelischen Kirche; Ergänzungswerk, Stuttgart: Evangelischer Presseverband für Westfalen und Lippe 2.2007, Abschnitt 7.

6 Vgl. Wiegand, Bodo; Langmaack, Ralf; Baumgarten, Thomas: Lean Maintenance System: Instandhaltungszeit Null – volle Wertschöpfung, 1. Aufl.; Mannheim: Druckerei Schwörer 11.2005, S. 14, Bogenstätter, Ulrich: Property Management und Facility Management, 1. Aufl., München, 2008, Seite 60.

7 Bogenstätter, Ulrich: Property Management und Facility Management, 1. Aufl. München 2008, S. 64.

8 Konferenz der Bauamtsleiter der Gliedkirchen der EKD (Hrsg.): Kirchliches Bauhandbuch: Energiesparendes und umweltschonendes Bauen in der Evangelischen Kirche; Ergänzungswerk; Stuttgart: Evangelischer Presseverband für Westfalen und Lippe 2.2007, Kapitel 3.1: 1 (1).

9 Ebd. Kapitel 3.1: 1 (9 f).

10 Ebd. Kapitel 3.1/Anhang.

11 Ebd. Kapitel 3. 2 (5).

12 Verordnung über die Honorare für Leistungen der Architekten und Ingenieure in der Fassung vom 4. März 1991 (BGBl. I S. 533) geändert durch die Verordnung vom 21. September 1995 (BGBl. I S. 1174), berichtigt durch die Verordnung vom 15. November 1995: (Honorarordnung für Architekten und Ingenieure), in: Bundesgesetzblatt; Bd. I, Nr. 58, HOAI, 14.11.2001.

13 Hinweise finden sich hierbei in: Bauamtsleiter der Gliedkirchen der EKD (Hrsg.): Kirchliches Bauhandbuch: Energiesparendes und umweltschonendes Bauen in der Evangelischen Kirche; Ergänzungswerk; Stuttgart: Evangelischer Presseverband für Westfalen und Lippe 2. 2007, Kapitel 3 ff.

14 Grafisches Darstellung einer Kirche nach Konferenz der Bauamtsleiter der Gliedkirchen der EKD (Hrsg.): Kirchliches Bauhandbuch: Energiesparendes und umweltschonendes Bauen in der Evangelischen Kirche; Ergänzungswerk; Stuttgart: Evangelischer Presseverband für Westfalen und Lippe 2.2007, Abschnitt 3.2.2.

15 Vgl. Risiko-Managementsystem in Wohnungsunternehmen“, herausgegeben vom GdW Bundesverband deutscher Wohnungs- und Immobilienunternehmen e.V., S. 42 ff, 1. Aufl. 2000.

16 Vgl. Bogenstätter, Ulrich: Property Management und Facility Management; München: Oldenbourg Wissenschaftsverlag 2008, S. 195 ff.

Teil 5

Umwelt-, Eigentümer- und Nutzerschutz

5/I
Kirchliches Umwelt- und Energiemanagement

Dr. Volker Teichert

Umweltschutz ist zu teuer? Wer so denkt, denkt zu kurz. Denn die Erfahrung belegt: Wo ein konsequentes Umwelt- und Energiemanagement eingeführt wurde, verringern sich nach wenigen Jahren die Kosten für Strom, Heizenergie, Wasser und Abfall. Aber nicht nur wegen Kosteneinsparung sollten kirchliche Träger umweltbewusst agieren, sondern auch aus Verantwortung für die Schöpfung.

1 Klimaschutz als Aufgabe von Gemeinden und Kirchen

1985 enthielt eine gemeinsame Erklärung des Rates der Evangelischen Kirche in Deutschland und der Deutschen Bischofskonferenz mit dem Titel „Verantwortung wahrnehmen für die Schöpfung“[1] das Eingeständnis, dass die christliche Theologie die drohenden Gefahren für die Umwelt nicht rechtzeitig erkannte und in Verlegenheit geriet, als die Bedrohung der Umwelt plötzlich mit Macht ins allgemeine Bewusstsein trat. In jahrzehntelanger ökumenischer Diskussion ist die allzu vereinfachende und bequeme Interpretation des göttlichen Weltauftrages nach der Formel „Macht Euch die Erde untertan!“ allmählich vom Leitbegriff einer verantwortlichen Haushälterschaft abgelöst worden, die sowohl Ökonomie als auch Ökologie umfasst. In dieser gemeinsamen Erklärung werden zum Ökologieproblem drei Richtlinien für verantwortliches Handeln genannt: die Ehrfurcht vor dem Leben, eine vorausschauende Gefahrenabschätzung und eine nicht nur am ökonomischen Kalkül orientierte Abwägung von Schaden und Nutzen menschlicher Eingriffe in die Natur. Die damals formulierten Forderungen für ein „neues Denken und Handeln“ lesen sich auch heute noch überraschend aktuell: Angemahnt wird ein neuer, umweltverantwortlicher Lebensstil, das Denken in ökologischen Systemzusammenhängen, ökologisch verträgliches Wirtschaften, hier vor allem die Entwicklung von „sanften“ und „alternativen“ Technologien sowie ein Engagement bei selbst organisierten, kleinen und überschaubaren Betriebsformen. Von der Politik wird die Setzung von Rahmendaten verlangt, die ökologisch sinnvolles Verhalten nicht durch Wettbewerbsnachteile bestrafen.

2007 und 2008 ist der globale Klimaschutz so stark in das Bewusstsein der kirchlichen Öffentlichkeit gelangt wie noch nie zuvor. „Im Vertrauen auf Gott, den Schöpfer des Himmels und der Erde, und aus unserem gelebten Bekenntnis zu Christus wenden wir uns als leitende Geistliche von Kirchen in Europa an unsere Regierungen und an die Europäische Union. Wir wollen sie in ihren Bemühungen stärken, die Herausforderungen des Klimawandels anzunehmen“[2] – so beginnt ein gemeinsamer Brief des anglikanischen Erzbischofs von Canterbury, Rowan Williams, des Erzbischofs der lutherischen Kirche von Schweden, Anders Wejryd, und des Vorsitzenden des Rates der Evangelischen Kirche in Deutschland (EKD), Bischof Wolfgang Huber, Anfang Dezember 2007. Knapp ein Jahr später hat die 7. Tagung der 10. Synode der Evangelischen Kirche in Deutschland im November 2008 in Bremen in der Kundgebung mit dem Thema „Klimawandel – Wasserwandel – Lebenswandel“ die besondere treuhänderische Verantwortung des Menschen angemahnt.[3]

Der 4. Bericht des Intergovernmental Panel on Climate Change (IPCC)[4] ist ein weiteres Indiz dafür, dass die Voraussetzungen für das Leben auf der Erde nicht sicher sind, sondern immer häufiger durch lebensfeindliche und offenkundig nicht umkehrbare Veränderungen des Klimas bedroht werden. Der Bericht mahnt uns, dass wir mit verantwortlich sind, den Lebensraum, den Gott geschaffen hat, auf eine zukunftsfähige und heilsame Weise zu nutzen. Im gemeinsamen Brief der Bischöfe heißt es weiter: „Wir müssen Gott Rechenschaft ablegen, ob wir diesen Auftrag erfüllen. Die Schöpfungsgeschichte der Bibel kann nicht als Auftrag verstanden werden, die Erde unbegrenzt auszubeuten. Sie ist vielmehr das Versprechen eines Segens, dem die Menschheit versuchen sollte gerecht zu werden."[5]

Nun ist es eine Sache, in eindringlichen Stellungnahmen von Politik und Bürgerinnen und Bürgern ein verantwortliches Handeln für die Schöpfung einzufordern. Über längere Zeit ist dies jedoch nur vertretbar, wenn die eigene Praxis sich auch an diesen Forderungen und den daraus folgenden Leitlinien orientiert. Die Notwendigkeit, sich aus Gründen der eigenen Glaubwürdigkeit vermehrt mit Umwelt- und Klimaschutz in der eigenen Einrichtung zu befassen, wird gerade in letzter Zeit zusätzlich gestützt durch im engen Sinn ökonomische Überlegungen: Ständig steigende Preise für Strom und Heizenergie, wachsende Kosten für Wasser, Abwasser und Abfälle sowie zunehmende Kosten für den Betrieb der Dienstfahrzeuge, all das sind einzelne Anlässe, sich Gedanken darüber zu machen, wie Kirchengemeinden und kirchliche Dienststellen, Schulen und Krankenhäuser sowie diakonische Einrichtungen diese Kostenexplosion in den Griff bekommen können. Helfen könnte zudem der Beschluss der Synode vom November 2008, vonach alle kirchlichen Einrichtungen eine zertifizierung nach EMAS einführen, Energie effizent einsparen und vorhandene Gebäude mit Techniken zur Nutzung erneuerbarer Energien ausstatten sollten.

2 Einführung eines kirchlichen Umweltmanagements

2.1 Grundlage EMAS-Verordnung

In zahlreichen Kirchengemeinden und kirchlichen Einrichtungen wird schon seit Jahren versucht, durch vielfältige umweltbezogene Aktivitäten auf diese Herausforderungen des Umgangs mit den Energie- und Rohstoffressourcen zu antworten. In den meisten Fällen existiert in diesen Einrichtungen jedoch kein Gesamtkonzept für umweltgerechtes

Handeln, die entsprechenden Projekte stehen oft unverbunden nebeneinander. Zwar sind in den kirchlichen Einrichtungen das entsprechende Bewusstsein und der gute Wille vorhanden, möglichst umfassend für die Bewahrung der Schöpfung zu arbeiten, jedoch wird dieses Leitbild meist nicht systematisch umgesetzt. Es fehlen oftmals bereits die entscheidenden Daten und Instrumente, um den Ressourcenverbrauch einzuschränken, und die Zuständigkeiten der Mitarbeiterinnen und Mitarbeiter sind ungeklärt. Genau an dieser Stelle hilft die Einführung eines Umweltmanagements nach der „Verordnung (EG) Nr. 761/2001 des Europäischen Parlaments und des Rates vom 19. März 2001 über die freiwillige Beteiligung von Organisationen an einem Gemeinschaftssystem für das Umweltmanagement und die Umweltbetriebsprüfung (EMAS)“.[6] Das systematische Vorgehen nach dem so genannten Öko-Audit zeigt Einsparpotenziale auf, die sich sowohl auf die Umweltressourcen als auch auf finanzielle Aspekte beziehen. Unter Öko-Audit ist ein Verfahren zu verstehen, bei dem eine kirchliche Organisation ihr Umweltverhalten überprüft, verbessert und offenlegt. Kernpunkt ist der Aufbau eines Umweltmanagements, mit dem eine kontinuierliche Verbesserung des betrieblichen Umweltschutzes verbunden ist. Nach einem erfolgreich absolvierten Prüfverfahren, das von einem unabhängigen Gutachter durchgeführt wird, erhält die Organisation eine Urkunde.

2.2 Verbreitung des kirchlichen Umweltmanagements

In Deutschland haben gegenwärtig rund 500 Kirchengemeinden, kirchliche und diakonische Einrichtungen der evangelischen und katholischen Kirche ein Umweltmanagement eingeführt. Sie konzentrieren sich derzeit schwerpunktmäßig auf fünf Landeskirchen der Evangelischen Kirche in Deutschland, nämlich auf die Evangelische Landeskirche Baden, die Evangelisch-Lutherische Kirche in Bayern, die Evangelisch-Lutherische Landeskirche Hannovers, die Evangelische Landeskirche in Württemberg und die Evangelische Kirche in Westfalen. In den anderen Landeskirchen verfügen nur wenige Kirchengemeinden oder kirchliche Einrichtungen über ein Umweltmanagement. In der katholischen Kirche sind die Diözese Rottenburg-Stuttgart und die Diözese Eichstätt die Spitzenreiter.

Ausgehend von der Landeskirche in Württemberg und in Abstimmung mit der Arbeitsgemeinschaft der landeskirchlichen Umweltbeauftragten (AGU) ist in der jüngeren Vergangenheit eine Initiative entstanden, die speziell für den Bereich von Kirchengemeinden ein inhaltlich sehr stark an EMAS angelehntes eigenes Verfahren der Einführung eines

Umweltmanagementsystems entwickelt hat. Der wichtigste Unterschied besteht darin, dass die beteiligten Gemeinden nicht von einem kirchenexternen Auditor validiert werden, sondern von Gutachtern, die in einem kirchenintern organisierten Qualifizierungsverfahren ausgebildet werden. Diese Gutachter können dann natürlich nicht das EMAS-Zertifikat vergeben, sondern das kircheninterne Gütesiegel, das – je nach Dialekt-Prägung – im Süden Deutschlands als „Grüner Gockel“, im Norden Deutschlands als „Grüner Hahn“ firmiert. Die Anforderungen des „Grünen Gockels“ beziehungsweise „Grünen Hahns“ sind dabei keine „light“-Versionen des EMAS-Ansatzes; bevorzugt werden sogar so genannte „Konvois“, bei denen mehrere Einrichtungen gemeinsam einen Prozess der Einführung eines Umweltmanagementsystems durchlaufen und bei denen dann jeweils mindestens eine der beteiligten Kirchengemeinden oder kirchlichen Einrichtungen des Konvois nach EMAS validiert werden soll. Die 7. Tagung der 10. Synode der Evangelischen Kirche in Deutschland hat vor diesem Hintergrund beschlossen, dass „das Umweltmanagement ‚Grüner Hahn/Gockel‘ oder eine Zertifizierung nach der EMAS-Verordnung für alle kirchlichen Einrichtungen eingeführt, Energie effizient eingespart und vorhandene Gebäude mit Techniken zur Nutzung erneuerbarer Energien ausgestattet werden“ sollten.[7]

3 Schritte eines kirchlichen Umweltmanagements

Das Umweltmanagement versteht sich als umfassende Überprüfung des Umweltzustandes einer Kirchengemeinde, einer kirchlichen oder diakonischen Einrichtung. Entlang eines strukturierten und festgelegten Kreislaufprozesses wird versucht, die Umweltbelastungen kontinuierlich zu verringern (siehe Abbildung 1, siehe S. 420).

3.1 Projektstart

Da ein Umweltmanagement ohne breite Zustimmung aller Mitglieder oder Mitarbeiter/innen einer Kirchengemeinde, kirchlichen oder diakonischen Einrichtungen nicht erfolgreich durchgeführt werden kann, ist es dringend angeraten, im Vorfeld die Zustimmung der entscheidenden Gremien (z.B. Ältestenrat, Presbyterium, Mitarbeitendenversammlung) zur Durchführung eines Umweltprozesses einzuholen.[8] Bereits im Vorfeld sollte zudem festgelegt werden, was mit den möglicherweise eingesparten Geldern bei Heizenergie, Strom, Wasser und Müll in der

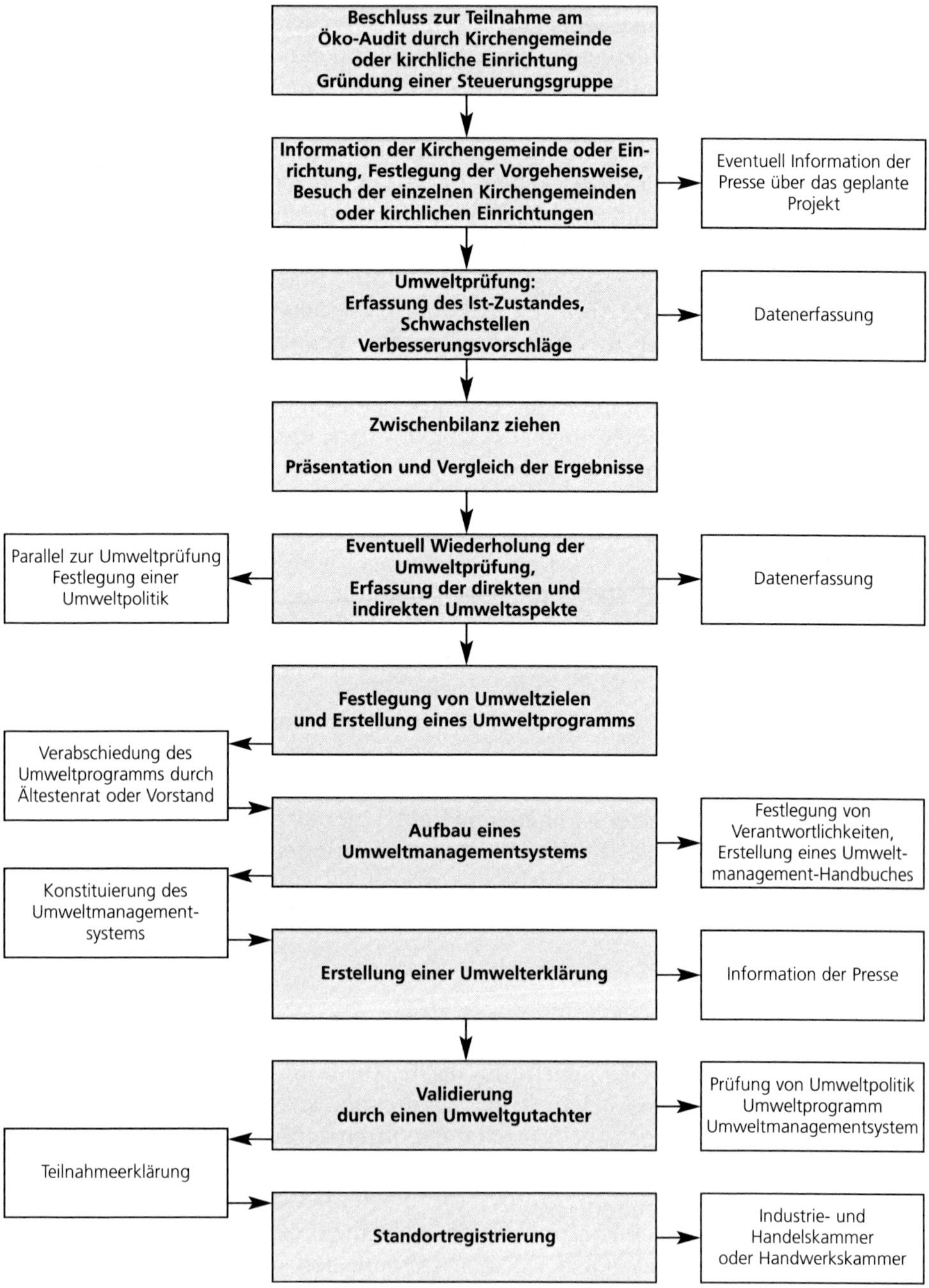

Abb 1: Schritte eines kirchlichen Umweltmanagements

Kirchengemeinde oder der kirchlichen Einrichtung gemacht wird. So könnte ein bestimmter Prozentsatz der eingesparten Gelder im Haushalt verbleiben, ein weiterer Prozentsatz könnte zur freien Verfügung für andere Projekte gestellt werden, und ein Rest könnte in energietechnische Innovationen (verbesserte Dämmung, Austausch von Fenstern, Bau einer Fotovoltaik- oder Solaranlage) investiert werden. In dieser Phase sollte auch eine Steuerungsgruppe gegründet werden, in der in einer Kirchengemeinde etwa der Hausmeister (Küster), ein Vertreter des Ältestenrates, der Pfarrer und ein/e Mitarbeiter/in des Kindergartens vertreten sein könnten. In einer kirchlichen oder diakonischen Einrichtung könnten der Steuerungsgruppe ein Mitarbeiter aus der Verwaltung, der Hausmeister, ein Mitglied des Vorstandes und interessierte Mitarbeiter aus einzelnen Abteilungen angehören. Im Endeffekt sollte das Gremium nicht mehr als fünf bis sechs Personen umfassen.

3.2 Durchführung der Umweltprüfung

Der Prozess beginnt mit der Umweltprüfung, einer detaillierten Bilanz der Umweltbelastungen. Mit Hilfe von Checklisten werden allgemeine Angaben zur Kirchengemeinde, kirchlichen oder diakonischen Einrichtung erhoben und die Gebäudestruktur, die Außenanlagen, der Energieverbrauch, der Wasserverbrauch, die Abfallsituation, die Nutzung von Büromaterialien, die Reinigung des Gebäudes, der Einsatz von Reinigungsmitteln, die Verkehrsanbindung und die Benutzung verschiedener Verkehrsmittel, die Lärmbelastung sowie die Sicherheitssituation (Brand- und Unfallschutzmaßnahmen) untersucht. Die Daten werden zu einer Verbrauchsbilanz übersichtlich zusammengefasst. Dieser Einstieg ins Umweltmanagement ist zeitlich aufwendig und benötigt deswegen die Unterstützung durch die Steuerungsgruppe und die Bereitschaft zur Zusammenarbeit all der Stellen, die zur Informationsbeschaffung benötigt werden.[9]

3.3 Verabschiedung einer Umweltpolitik

Parallel zur Umweltprüfung muss die Kirchengemeinde, kirchliche oder diakonische Einrichtung eine sogenannte Umweltpolitik erstellen, in der realistische Umweltleitlinien für die kommenden fünf bis zehn Jahre schriftlich fixiert werden. Sie ist quasi die umweltbezogene „Verfassung" der Gemeinde oder Einrichtung. Die Umweltpolitik sollte in allen entscheidenden Gremien debattiert und verabschiedet werden.

3.4 Erstellung eines Umweltprogramms

Nach einer kritischen Durchsicht der bilanzierten Umweltsituation (Schwachstellen und Lücken aufdecken!) muss nun auf Basis der Umweltprüfung ein Umweltprogramm erstellt werden, in dem konkrete Ziele und Maßnahmen zur Verbesserung der Umweltsituation in den bilanzierten Bereichen mit Zeitvorgaben und Verantwortlichkeiten festgehalten werden. Die Integration des Umweltmanagements in die kirchliche Arbeit sollte als Programmteil eine wichtige Rolle einnehmen. Das Umweltprogramm sollte vom Ältestenrat oder von der Mitarbeitendenversammlung beraten und verabschiedet werden. Letztlich muss das Umweltprogramm durch Qualifikation in die „Köpfe der Menschen“ gebracht werden. Dazu eignen sich viele Kleinigkeiten auf dem Weg zum Arbeitsplatz oder über den PC, in dem dort beispielsweise wöchentlich ein kleiner Tipp, ein kleines Erfolgserlebnis dargestellt werden. Informationen mit den aktuellen Ergebnissen und Erfolgen ermutigen jeden Tag neu.

3.5 Aufbau eines Umweltmanagements

Spätestens jetzt müssen Verantwortlichkeiten festgelegt werden, das heißt ein Umweltmanagement muss geschaffen werden. Auf allen Ebenen beziehungsweise aus allen Bereichen der Kirchengemeinde, der kirchlichen oder diakonischen Einrichtung müssen Personen gefunden werden, die sich für die Umweltsituation verantwortlich fühlen. Diese bilden das Umwelt-Team und wählen aus ihrer Mitte den kirchlichen Umweltbeauftragten oder die kirchliche Umweltbeauftragte. Ein solches Umweltmanagement unterstreicht die Notwendigkeit eines Prozesses von unten nach oben (bottom up), der kreativ und vor allem partizipativ gestaltet wird.

3.6 Abfassen eines Umweltmanagement-Handbuches

Eine für die meisten Einrichtungen eher mühsame und bürokratisch anmutende Arbeit ist das Erstellen des Umweltmanagement-Handbuches, in dem das Umweltmanagementsystem in seinem Aufbau, in seinen Aufgaben und in seiner Arbeitsweise beschrieben und dokumentiert wird. Letztlich ist dieses Handbuch die Gesamtdokumentation des Umweltmanagements und dringt tiefer ins Detail als die nachfolgend beschriebene Umwelterklärung. Das Handbuch muss beständig aktualisiert und gepflegt werden und ist Grundlage für die gutachterliche Prüfung im Rahmen der Validierung. Bei der Anlage des Handbuches liegt es nahe, die Bereiche Arbeitssicherheit, Qualität und Umwelt miteinander zu verbinden. Wer ein Managementsystem aufgebaut hat, kann es leicht in die eine oder andere Richtung erweitern. Die Überwachung der Arbeitssicherheit stellt auch eine Verpflichtung des Umweltmanagements dar, weil sich die einzelnen kirchlichen Einrichtungen zur Einhaltung und Überprüfung der rechtlichen Vorschriften bereit erklärt haben. So müssen beispielsweise für Gefahrstoffe die entsprechenden Sicherheitsdatenblätter im Bereich Arbeitssicherheit[10] vorliegen, gleiches wird auch vom Umweltmanagement verlangt.

3.7 Erstellung der Umwelterklärung

Der letzte Baustein des ersten Durchgangs im Kreislaufprozess eines Umweltmanagements ist das Verfassen der Umwelterklärung, in der das geschaffene Umweltprofil der kirchlichen Einrichtung dargestellt wird. Sie enthält neben einer Selbstdarstellung der Einrichtung im Wesentlichen die Umweltpolitik, das Umweltprogramm, eine Beschreibung des Umweltmanagements, die Ergebnisse der Umweltprüfung in komprimierter Form, eine Kennzahlenberechnung zum Vergleich der Daten mit anderen kirchlichen Einrichtungen und eine Bewertung der direkten und indirekten Umweltaspekte hinsichtlich ihrer Umweltrelevanz und der Möglichkeit, sie kontinuierlich zu verbessern. Die Umwelterklärung ist die Veröffentlichung der geleisteten Umweltarbeit, sie kann benutzt werden, um für die Einrichtung zu werben, vor allem aber, um vergleichbaren Einrichtungen diese Form der Umweltarbeit zu vermitteln und näher zu bringen. In der Regel achten die Einrichtungen darauf, dass ihre Umwelterklärung aus dem Internet herunter geladen oder bei der jeweiligen Einrichtung bestellt werden kann.

3.8 Registrierung

Wenn die Kirchengemeinde, kirchliche oder diakonische Einrichtung ins entsprechende Register der zuständigen Industrie- und Handelskammer oder Handwerkskammer eingetragen werden will, muss eine Validierung nach EMAS durch einen unabhängigen Umweltgutachter durchgeführt werden, der die Umweltpolitik, das Umweltprogramm, das

Umweltmanagement-Handbuch und die Umwelterklärung prüft und der sich etwa einen Tag vor Ort, also in der Kirchengemeinde oder kirchlichen Einrichtung, aufhält, um sich einen Eindruck von der Praxis des Umweltmanagements zu machen. Die Kosten sind von der Größe der Einrichtung abhängig.

3.9 Revalidierung und Durchführung von internen Audits

Gut ein bis zwei Jahre dauert dieser erste Durchgang des Prozesses. Das Zertifikat selbst ist drei Jahre gültig. Drei Jahre darf das EMAS-Logo verwendet werden. Um es zu erneuern, muss die Einrichtung nach dieser Zeit die Validierung (jetzt Revalidierung genannt) wiederholen. Zwischenzeitlich gilt es, das Umweltprogramm abzuarbeiten und die Aktualisierung der Input-Output-Bilanz durchzuführen, mithilfe derer Erfolge und Misserfolge der Umweltarbeit belegt beziehungsweise aufgedeckt werden sollen. Jedes Jahr müssen interne Audits durchgeführt werden, die die Weiterentwicklung des Umweltmanagements dokumentieren und zur Revalidierung vorgelegt werden müssen.

3.10 Vorlage einer erneuten Umwelterklärung

Eine erneute Umwelterklärung schließt dann den zweiten Durchgang nach drei Jahren ab. Zwischenzeitlich ist je nach Größe der kirchlichen oder diakonischen Einrichtung, eine aktualisierte Umwelterklärung vorzulegen: In ihr werden die Verbrauchsdaten für Strom, Heizenergie und Wasser fortgeschrieben, die Ergebnisse der internen Audits zusammengefasst und die Abarbeitung des Umweltprogramms vorgestellt. Einige Kirchengemeinden, kirchliche oder diakonische Einrichtungen haben sich zwischenzeitlich revalidieren lassen.

4 Einführung eines Energiemanagements

Wenn eine Kirchengemeinde, kirchliche oder diakonische Einrichtung das Umweltmanagement nach EMAS bzw. dem Grünen Hahn als zu kompliziert und umfänglich ansehen, haben sie die Möglichkeit, sich zunächst auf die Energienutzung und Energieeffizienz ihrer Gebäude zu konzentrieren. Grundlage hierfür ist der Norm-Entwurf „Energiemanagementsysteme – Anforderungen mit Anleitung zur Anwendung“ (EN

16001: 2008), der zurzeit auf europäischer Ebene erörtert und kommentiert wird; 2009 soll die Norm dann endgültig in Kraft treten. Mit ihr werden die Anforderungen an ein Energiemanagement beschrieben, die eine Kirchengemeinde oder Einrichtung in die Lage versetzen, seine energetischen Leistungen systematisch und kontinuierlich zu verbessern sowie alle gesetzlichen Anforderungen einzuhalten. Diese Energiemanagement-Norm ist zur eigenständigen Anwendung vorgesehen, sie kann jedoch an andere Managementsysteme, etwa ein Umwelt- oder Immobilienmanagement, angepasst oder in dieses integriert werden.

Vergleichbar der EMAS-Verordnung sieht die Energiemanagement-Norm folgende Phasen vor, die auf jeden Fall zu erfüllen sind:

- Festlegung, Einführung und Aufrechterhaltung einer Energiepolitik durch die oberste Leitung;
- Ermittlung und Überprüfung von Energieaspekten;

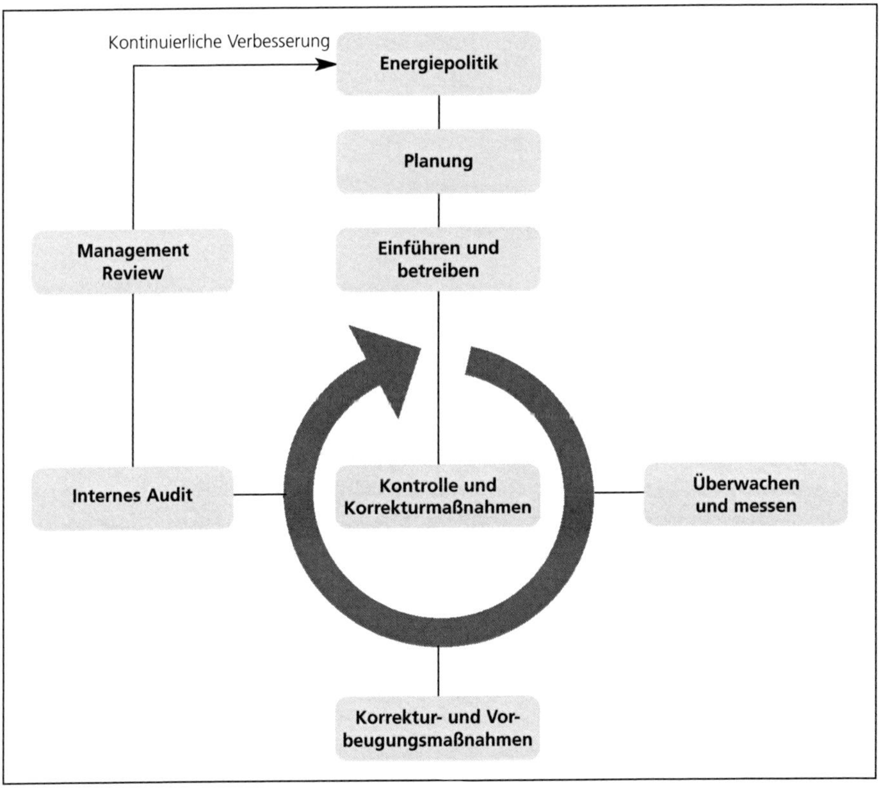

Abb. 2: Modell des nach der europäischen Norm beschriebenen Energiemanagementsystems

- Berücksichtigung von rechtlichen Verpflichtungen und anderen Anforderungen;
- Festlegung von strategischen und operativen Energiezielen und Programmen;
- Sicherstellung von finanziellen Ressourcen für die Einführung, Verwirklichung, Aufrechterhaltung und Verbesserung des Energiemanagementsystems durch die oberste Leitung;
- Schulung aller Mitarbeiter und aller im Namen der Organisation arbeitenden Personen zum Energiemanagement;
- Gewährleistung einer internen Kommunikation über die energetische Leistung und das Energiemanagementsystem;
- Dokumentation des Energiemanagementsystems;
- Lenkung und Dokumentation: Kontrolle von Aufzeichnungen und anderen Dokumenten;
- Ablauflenkung: Ermittlung der Abläufe;
- Regelmäßige Messung, Überwachung und Aufzeichnung der wesentlichen Energieverbräuche und Faktoren, die hierauf Einfluss haben;
- Interne Auditierung des Energiemanagementsystems;
- Überprüfung des Energiemanagementsystems durch die oberste Leitung.

5 Zukünftige Entwicklung

Die bisherigen Erfahrungen mit der Einführung eines Umweltmanagements zeigen etwa drei bis vier Jahre nach Beginn des systematischen und sich kontinuierlich wiederholenden Umweltprozesses eine stetige Verringerung bei den Kosten für Strom, Heizenergie, Wasser/Abwasser und Abfall. Damit verbunden ist in aller Regel auch eine Reduzierung der CO_2-Emissionen. Bislang hat sich aber weder auf evangelischer noch auf katholischer Seite der Gedanke des Umweltmanagements in der alltäglichen Praxis flächendeckend etabliert. Hier besteht in allen Landeskirchen und Diözesen ein sehr großer Handlungsbedarf, um von hervorragenden Pilotprojekten in die Breite der kirchlichen Einrichtungen zu gelangen. Nach wie vor haben wir es mit einem Nord-Süd- und mit einem Ost-West-Gefälle zu tun. Aber nur durch ein gemeinsames Handeln vieler kirchlicher Institutionen kann eine öffentlichkeitswirksame „kritische Masse" erreicht werden, verbunden mit einer entsprechenden Innen- und Außenwirkung, die die Langfristigkeit der Umwelt- und Klimaschutzmaßnahmen sicherstellt. Durch Einführung eines konsequenten Umweltmanagements können eine Steigerung der Energieeffizienz, eine Verbesserung des Nutzerverhaltens und ein vermehrter Einsatz erneuerbarer Energien erreicht werden. Diese führen darüber hinaus zu weiteren Umweltentlastungen – auch im Klimaschutz.

Das von einem wirksamen Klimaschutz geforderte kooperative, zielgerichtete Handeln vieler Akteure kann auf institutioneller Ebene besonders gut mit der Einführung von Umweltmanagementsystemen organisiert werden.[11] Deren Verbreitung kann durch den Nachweis und die Veröffentlichung der Effizienz und der Erfolge im Bereich Klimaschutz, Ressourcenschutz sowie der Betriebskosteneinsparungen befördert werden. Trotzdem darf nicht übersehen werden, dass der kontinuierliche Prozess eines Umweltmanagements auch Zeit und Kosten verursacht, etwa indem die Stelle einer Umweltbeauftragten oder eines Umweltbeauftragten geschaffen wird oder eine Umwelterklärung erstellt werden muss. In den nächsten beiden Jahren sollte eine Evaluation der in der evangelischen und katholischen Kirche durchgeführten Umweltmanagementprojekte vorgenommen werden, aufgrund derer dann die dadurch verursachten Kosten und die erzielten Einsparpotenziale sowie die Entlastungen für die Umwelt gegenübergestellt werden können.

In den letzten Jahren hat sich auch ein Netzwerk für kirchliches Umweltmanagement gegründet,[12] das zur Verbreitung der beschriebenen Aktivitäten beitragen will. Einzelne kirchliche Einrichtungen können durchaus Promotoren für andere sein, indem sie durch den erfolgreichen modellhaften Aufbau eines Umweltmanagementsystems, durch Kooperation in Netzwerken und durch ihre Kommunikation nach innen und außen den Nachweis einer veränderten Unternehmenskultur führen können. Insbesondere diakonische und karitative Einrichtungen, kirchliche Immobilienverwaltungen und andere, bereits bestehende Netzwerke müssen in diese Aktivitäten mit eingebunden werden. Je schneller dies geschieht, umso größer werden die Vorteile insgesamt sein.

Das Projektbüro Klimaschutz an der Forschungsstätte der Evangelischen Studiengemeinschaft könnte bei dieser Aufgabe behilflich sein. Zu dessen Aufgaben zählen die Beratung und Hilfe bei der Antragstellung im Rahmen der Klimaschutzinitiative des Bundesumweltministeriums. Außerdem umfasst die Tätigkeit Informationsmaßnahmen über Fördermöglichkeiten, die Unterstützung und Koordinierung in der Vorplanungsphase eines Antrages, die Beratung bei der eigentlichen Antragstellung sowie die Unterstützung bei der Ausführung der Maßnahmen nach einer Bewilligung der Fördergelder. Die Arbeit findet in enger Abstimmung mit den jeweiligen landeskirchlichen Umweltbeauftragten statt.[13]

Anmerkungen

1 Kirchenamt der Evangelischen Kirche in Deutschland/Sekretariat der Deutschen Bischofskonferenz (Hrsg.): Verantwortung wahrnehmen für die Schöpfung. Gemeinsame Erklärung des Rates der Evangelischen Kirche in Deutschland und der Deutschen Bischofskonferenz. Gütersloh, 1985, Seite 32.

2 http://www.ekd.de/presse/pm264_2007_brief_klimaschutz.html

3 http://www.ekd.de/synode2008/kundgebung/beschluss_kundgebung_klima_wasser_lebenswandel.html : „Wir alle sind ein Teil von Gottes guter Schöpfung und leben als Menschen mit vielen anderen Geschöpfen auf diesem Planeten ... ‚Die Erde ist des Herrn und was darinnen ist, der Erdkreis und die darauf wohnen' heißt es in der Bibel (Psalm 24,1). Diese Überzeugung prägt unseren Glauben: Gott ist der Schöpfer und Ursprung alles Lebens. Er hat die Erde zum Wohnen geschaffen (Jesaja 45,18) und dem Menschen als seinem Haushalter auf Erden eine besondere treuhänderische Verantwortung zugewiesen. Er soll die Erde bebauen und bewahren (1. Mose 2,15) und Verantwortung für die Mitgeschöpfe – für Tiere, Pflanzen und die unbelebte Natur – übernehmen. Die Gott-Ebenbildlichkeit des Menschen (1. Mose 1,26) stellt ihn in diese Verantwortung hinein. Sie für die Schöpfung wahrzunehmen, ist uns hier und heute dringender denn je aufgegeben."

4 Vgl. Intergovernmental Panel on Climate Change (Hrsg): IPCC Fourth Assessment Report – Climate Change 2007, im Internet unter http://www.ipcc.ch/ipccreports/assessments-reports.html

5 http://www.ekd.de/presse/pm264_2007_brief_klimaschutz.html

6 EMAS steht für Eco Management and Audit Scheme.

7 http://www.ekd.de/synode2008/kundgebung/beschluss_kundgebung_ klima_wasser_lebenswandel.html

8 Vgl. auch Zeilinger Thomas, Teil 2, Kapitel V, Die kommunikative Aufgabe im kirchlichen Immobilienmanagement.

9 Vgl. auch von der Lieth, Jörn, Teil 2, Kapitel IV, Immobilienmanagement in der Kirche, Punkt 5 Kirchliche Immobilienanalyse.

10 Vgl. auch Schielein, Jörg, Teil 5, Kapitel II, Überwachung und Verkehrssicherung.

11 Umgekehrt kann die Einführung eines Immobilienmanagementsystems mit den Anforderungen an das Umweltmanagementsystem verbunden werden.

12 E-Mail: geschaeftsstelle@kirum.org, Internet: www.kirum.org

13 E-Mail: oliver.foltin@fest-heidelberg.de

5/II
Überwachung und Verkehrssicherung

Jörg Schielein, Rechtsanwalt, LL.M

„Ich habe eine Verantwortlichkeit delegiert – mir kann nichts passieren!" Solch ein Denken kann fatale Folgen haben. Denn eine Pflicht zur Überwachung bleibt immer. Geht es um das Thema Verkehrssicherung, spielen die Begriffe Verantwortung und Haftung eine große Rolle, auch bei eventuellen gerichtlichen Auseinandersetzungen.

1 Verkehrssicherung – Was ist damit gemeint?

Wer in den einschlägigen Gesetzen nach einer Vorschrift sucht, die den Begriff der Verkehrssicherung definiert, wird nicht fündig. Die Verkehrssicherung ist eine Notwendigkeit, die sich aus dem Anspruch herleitet, mit seinem Verhalten keine Nachteile für Dritte herbeizuführen. Die Verkehrssicherung als bedeutendes Thema des täglichen Zusammenlebens wurde daher über viele Jahre im Rahmen der Rechtsprechung entwickelt und konkretisiert. Zentrale Ausgangsnorm dieser Rechtsprechung ist § 823 BGB.[1] Demnach ist jedermann verpflichtet, Schäden, die sein Verhalten an den Rechtsgütern anderer auslöst, zu ersetzen.

Unter dem Stichwort der Verkehrssicherungspflichten werden unter anderem die konkreten Pflichten, die zur Vermeidung solcher Schäden erfüllt werden müssen, zusammengefasst.

Verkehrssicherungspflichten werden dabei in der Rechtsprechung regelmäßig sinngemäß wie folgt definiert:

> *Denjenigen, der innerhalb seines Verantwortungsbereichs eine Gefahrenlage schafft, etwa einen Verkehr eröffnet oder duldet, trifft die Pflicht, die erforderlichen, möglichen und zumutbaren Vorkehrungen zum Schutz Dritter zu treffen.*[2]

Für Eigentümer von Immobilien spielt somit ein grundlegendes Verständnis des Themas Verkehrssicherung, der Erfüllung der damit verbundenen Aufgaben und der Frage der Überwachung dafür eingesetzter Mitarbeiter oder Dienstleister eine bedeutende Rolle.

Um diese Rolle in der Praxis der kirchlichen Immobilienbewirtschaftung ausfüllen zu können, ist es von zentraler Bedeutung, zunächst die konkreten Aufgaben („Vorkehrungen“) zu identifizieren, die im jeweiligen Arbeitsumfeld, beziehungsweise den zu bewirtschaftenden Immobilien, ihren Anlagen und Komponenten, den Außenanlagen und Zuwegungen etc., zur Vermeidung von Schäden erfüllt werden müssen. Dies ist nicht immer einfach, da sich Schäden durch alle möglichen Ursachen, Zufälle oder unvorhersehbare Ereignisse ergeben können. Letztere werden nie vollständig vermeidbar sein. Verkehrssicherung kann deshalb „nur“ zum Ziel haben, die vorhersehbaren und mit entsprechender Sorgfalt vermeidbaren Schäden zu verhindern.

Mehr kann eine angemessene und damit auch wirtschaftlich vertretbare („zumutbare“) Verkehrssicherung nicht leisten und mehr erwartet auch der Gesetzgeber von den jeweiligen Akteuren nicht. Die Frage der

Angemessenheit der zu ergreifenden Maßnahmen ist für eine realistische Bewältigung der in Immobilienbewirtschaftung anstehenden Aufgaben entscheidend. Eine hundertprozentige Schadensvermeidung in allen Fällen sollte dabei durchaus das Ziel jeder Organisation sein, eine juristische Verpflichtung, insbesondere im haftungsrechtlichen Sinn ist sie nicht. Dies soll einleitend deutlich hervorgehoben werden, weil mit der Beschäftigung mit dem Thema Verkehrssicherung und Haftung häufig die Sorge der individuellen Verantwortung einhergeht. Der Satz „Wir stehen doch ohnehin mit einem Bein im Gefängnis" wird vermutlich ebenso häufig zitiert, wie er überzogen ist. Im Zusammenhang mit der Verkehrssicherung und damit verbunden mit Fragen der zivilrechtlichen oder gar strafrechtlichen Haftung, sind Sensibilität und hohe Aufmerksamkeit angebracht, übertriebene Sorge oder gar Angst sicher nicht.

Für die Einschätzung, was Verkehrssicherung praktisch fordert, wird herangezogen, wie Schäden Dritter mit vergleichsweise hoher Wahrscheinlichkeit vermieden werden können. Dabei sind Erfahrung, technischer Sachverstand und die detaillierte Kenntnis der konkreten Situation sowie deren Beurteilung erforderlich. Hierbei helfen grundsätzlich zahlreiche Gesetze, Verordnungen und untergesetzliche oder sonstige Normen (nachfolgend allgemein als „Regelwerke" bezeichnet), deren Einhaltung regelmäßig einer weitgehend vollständigen Aufgabenerfüllung auch im Bereich der Verkehrssicherung gleichgestellt wird. Bei Anlagen und Geräten werden diese Regelwerke durch Herstellerangaben mit Wartungs- und Instandhaltungsempfehlungen ergänzt. Werden diese Regelwerke eingehalten, wird bei der Beurteilung von Schadensfällen regelmäßig davon ausgegangen, dass der Aufgabenträger alles Erforderliche getan hat, um seinen Verkehrssicherungspflichten nach zu kommen.

Im Einzelnen gehören neben dem technischen Regelwerk mit den zentralen DIN-Normen und den Vorschriften des VDE, das Bau- und Sonderbaurecht, insbesondere die Vorgaben der Landesbauordnungen, zum Brandschutz und die Versammlungsstättenverordnung sowie die Betriebssicherheitsverordnung zu den wichtigsten Regelwerken. Sie konkretisieren, wenn auch nie abschließend, gemeinsam mit den Auflagen in Genehmigungsbescheiden regelmäßig die Forderungen des § 823 BGB und der damit verbundenen Verkehrssicherungspflichten bezogen auf eine konkrete Immobilie.

Die Zahl der Regelwerke, aus denen sich immobilienbezogene Aufgaben und Handlungsanweisungen im Hinblick auf die Verkehrssicherung ergeben, lässt sich nicht abschließend beziffern. Es ist aber davon auszugehen, dass mindestens 2.000 Regelwerke unterschiedlicher Regelsetzer (europäischer, nationaler Gesetzgeber, Verwaltungen, Verbände und

Institutionen) in Frage kommen. Dazu kommt, dass jährlich erfahrungsgemäß zwischen 20 und 25 % der bestehenden Regelwerke überarbeitet, ergänzt oder ersetzt werden. Die Bewältigung dieser umfangreichen Anforderungen sollte wegen der bestehenden Komplexität und Dynamik auf der Grundlage eines systematischen Verständnisses und damit verbundener wesentlicher Kriterien erfolgen, die nachfolgend näher vermittelt werden sollen.

Typische Einzelfälle von Verkehrssicherungspflichten in der Immobilienbewirtschaftung in diesem Beitrag aufzuführen, führt zu weit. Die hier vermittelten Grundsätze sind jedoch auf der Grundlage einer intensiven Analyse der bisher zu diesem Thema ergangenen Rechtsprechung entwickelt und geben deren wesentliche Aspekte ohne Bezug auf den Einzelfall wieder.

2 Wie geht man mit dem Thema Verkehrssicherung um?

Eine allgemeingültige Annäherung an die Verkehrssicherung und die damit verbundenen Pflichten ist für ein grundsätzliches Verständnis der Aufgaben des Immobilienmanagements im Bestand von wesentlicher Bedeutung, im beruflichen Alltag aber nur der erste Schritt auf dem Weg zu der individuellen Aufgabenerfüllung. Es ist deshalb notwendig, eine „Übersetzung" in den täglichen Berufsalltag vorzunehmen. Dies gelingt regelmäßig nur, wenn der jeweilige Aufgabenzuschnitt ermittelt und in Abgrenzung zu anderen Organisationen, zu anderen Bereichen der eigenen Organisation oder sonstigen Partnern wie Fremdfirmen ausreichend klar definiert ist. „Verantwortung" entsteht häufig in Abgrenzung zu diesen Partnern innerhalb und außerhalb der eigenen Organisation.

2.1 Im Zentrum der Aufmerksamkeit – Die Begriffe „Verantwortung" und „Haftung"

Verantwortung ist im täglichen Sprachgebrauch ein subjektiv geprägter Begriff. Man „fühlt" sich verantwortlich und deshalb ist die Definition von Verantwortung zum Teil sehr unterschiedlich und unter anderem von der jeweiligen Risikoneigung des Befragten geprägt. Für Juristen und damit für die Frage der Haftung sind solche subjektiven Kategorien als Beurteilungsmaßstab nicht geeignet. Sie erschweren eine objektive und neutrale Bewertung und können deshalb für eine allgemeine Auslegung von Regelwerken, für Rechtsprechung und damit auch für die Konkretisierung von Verkehrssicherungspflichten nicht herangezogen werden. Verantwortung im juristischen Sinne ist deshalb ein Annex, der notwendig mit objektiven, beweisbaren Kriterien verbunden sein muss. Verantwortung ist die notwendige Folge einer Kombination von Aufgaben und Kompetenzen. Haftung ist wiederum die Folge einer nicht ordnungsgemäßen Aufgabenerfüllung.

Wer sich also mit der Verkehrssicherung und der Überwachung der damit verbundenen Pflichterfüllung beschäftigt, muss sich zunächst mit seinen Aufgaben und der dazu gehörigen Organisation in Abgrenzung zu anderen (sogenannte „Schnittstellen") beschäftigen.

Dies ist in der Praxis, insbesondere in bereits seit längerem existierenden Organisationen, meist schwieriger als zunächst vermutet. Häufig sind bestimmte Abläufe seit Jahren eingespielt, externe Anforderungen sind teilweise nicht – oder nicht mehr – bekannt und mangels Schäden fallen etwaige Defizite nicht auf. Die bereits angesprochene Subjektivität bei der Interpretation von Verantwortung findet sich erfahrungsgemäß schließlich auch bei der Diskussion von Aufgaben wieder. Auch für die Erfüllung von Aufgaben „fühlen" sich teilweise mehrere Mitarbeiter oder Organisationseinheiten zuständig, teilweise findet sich aber auch kein Zuständiger.

Letzteres ist insbesondere dann der Fall, wenn gesellschaftsrechtliche oder interne organisatorische Veränderungen stattgefunden haben und der Grund für die Reorganisation nicht unmittelbar mit der direkten Aufgabenerfüllung zu tun hatte.

Im Ernstfall – also wenn sich beispielsweise tatsächlich ein Arbeitsunfall oder ein sonstiger Personen- oder Sachschaden ereignet – verändert sich dieses „Verantwortungsgefühl" regelmäßig zugunsten einer nüchternen Betrachtung der dokumentierten Aufbau- und Ablauforganisation[3] beziehungsweise der konkreten Gestaltung vertraglicher Leistungen und Haftungsbeschränkungen. Gerade bei der unterlassenen Wahrnehmung von Aufgaben kommt der nachweisbaren Zuordnung von Aufgaben im Haftungsfall dann besondere Bedeutung zu.

Es sollte also ein zentrales Anliegen der obersten Leitung einer Organisation beziehungsweise des Eigentümers oder Eigentümervertreters einer Immobilie sein, die für die Wahrnehmung der Verkehrssicherung zu erfüllenden Aufgaben so konkret wie möglich zu definieren und – nachdem diese Funktionen die wenigsten Aufgaben der Verkehrssicherung selbst erfüllen werden – zu verteilen.[4]

Verantwortung entsteht aber nicht durch die bloße Definition und Zuordnung von Aufgaben. Sie entsteht im juristischen Sinne nur dann,

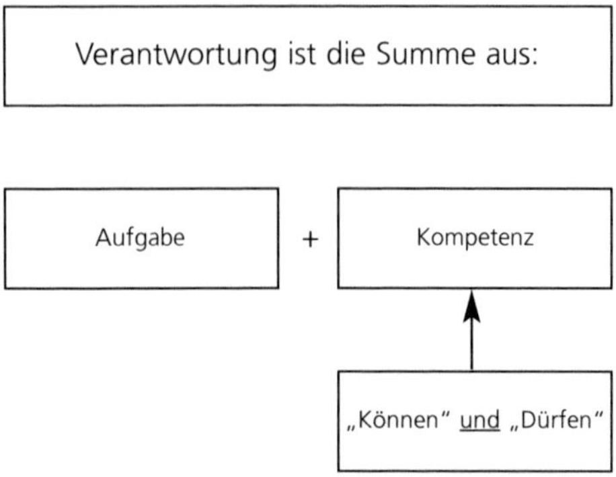

Abb. 1: Juristische Interpretation des Begriffs „Verantwortung"

wenn der jeweilige Aufgabenzuschnitt auch mit der für die Aufgabenerfüllung notwendigen Kompetenz korrespondiert.

Ein Mitarbeiter oder der Leiter einer Organisationseinheit wird dann nicht für die Wahrnehmung bestimmter Aufgaben der Verkehrssicherung einstehen müssen, das heißt verantwortlich sein, wenn er offenkundig nicht über das für diese Aufgaben notwendige „Können" (Qualifikation, Eignung) verfügt. Manche Aufgaben erfordern Qualifikationsnachweise (z.B. Führerscheine, gültige Lehrgangsbescheinigungen oder Zertifikate), andere erfordern Erfahrung oder eine besondere Einweisung. Ist das „Können" bei einem Mitarbeiter oder Dienstleister für eine bestimmte Aufgabe nicht vorhanden und war das erkennbar, fehlt es an der erforderlichen Kompetenz und es entsteht für diesen Mitarbeiter oder Dienstleister keine oder eine geringere rechtlich relevante Verantwortung. Auch eine zeitliche Überforderung kann zum Fehlen des Merkmals „Können" führen, wenn die zugeteilten Aufgaben nach objektiven Maßstäben aus Kapazitätsgründen nicht ordnungsgemäß leistbar sind und dies für denjenigen, der die Aufgabenverteilung organisiert offenkundig ist.

Das Gleiche gilt, wenn die Qualifikation zwar grundsätzlich vorhanden ist, die organisatorischen Rahmenbedingungen für die Aufgabenerfüllung aber dennoch nicht geschaffen wurden. Wenn ein Mitarbeiter für die Erfüllung einer Aufgabe bestimmte Entscheidungen treffen muss (z.B. den Einsatz von Budgets), dies aber aufgrund interner Organisationsvorgaben oder vertraglicher Festlegungen nicht darf, ist er im Sinne des Organisationsrechts ebenfalls nicht „kompetent" und eine Verantwortung für die Folgen einer mangelnden Aufgabenerfüllung scheidet regelmäßig aus.

In allen Fällen hat derjenige, der mit der Erfüllung einer Aufgabe betraut wird, selbstverständlich die Pflicht, den Delegierenden über Hindernisse bei der Aufgabenerfüllung zu informieren. Unterlässt er dies, kann ihn ein Mitverschulden und damit eine Haftung im Sinne des § 823 BGB ebenfalls treffen.

2.2 Eigen- oder Fremdleistung bei der Aufgabenerfüllung – Unterschiedliche Anforderungen an die Organisation

Grundsätzlich hat zunächst der Eigentümer alle mit einer Immobilie verbundenen Aufgaben, auch die der Verkehrssicherung, zu erfüllen. Dies ändert sich regelmäßig dann, wenn der Eigentümer nicht selbst der Nutzer der Immobilie ist oder er einen externen Dienstleister zur Wahrnehmung der mit der Gebäudebewirtschaftung, inklusive der Verkehrssicherung, verbundenen Aufgaben beauftragt hat. Dies können eine oder mehrere, rechtlich selbständige oder unselbständige Organisationseinheiten des Eigentümers selbst sein oder fremde Dritte. Die Delegation, der mit der Verkehrssicherung im Zusammenhang stehenden Aufgaben ist grundsätzlich ohne weiteres möglich. Dies gilt insbesondere für die Ausführung dieser Aufgaben. Im öffentlich-rechtlichen Bereich ist eine Delegation dem Grunde nach häufig nicht möglich, so dass auch bei der Übertragung von Aufgaben auf fremde Dritte eine entsprechend große Mitverantwortung erhalten bleibt.

Für die Erfüllung von Aufgaben stehen dem Aufgabenträger somit dem Grundsatz nach regelmäßig zwei Wahlmöglichkeiten zur Auswahl. Entweder er nimmt eine Aufgabe selbst beziehungsweise mit eigenen Mitarbeitern wahr oder er überträgt die zunächst eigene Aufgabe einem anderen, etwa einem internen oder externen Dienstleister. Davon abhängig ergeben sich unterschiedliche Aspekte in Bezug auf die Sicherstellung der Verkehrssicherung und Überwachung.

Für den Fall der Wahrnehmung von Aufgaben in Eigenleistung bezüglich der Verkehrssicherung bei der Immobilienbewirtschaftung hat der Vorgesetzte sicherzustellen, dass er nur für die jeweilige Aufgabe qualifiziertes Personal einsetzt. Er muss sich in regelmäßigen Abständen von dem dauerhaften Vorhandensein den formalen Qualifikationsvoraussetzungen überzeugen (z.B. durch regelmäßige Kontrolle der Führerscheine) und durch entsprechende Anweisungen, Einweisungen und regelmäßige Unterweisungen da-

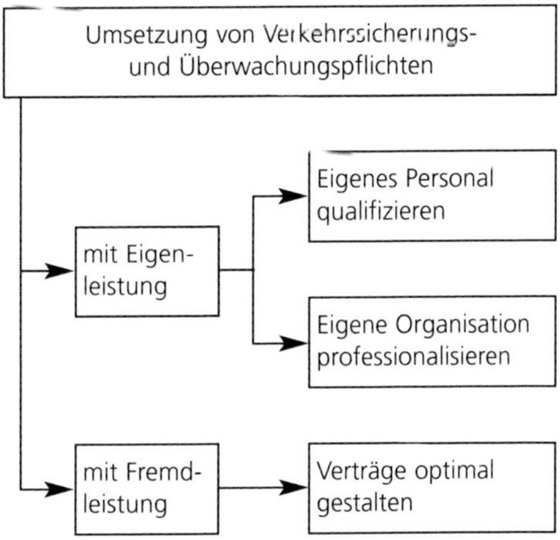

Abb. 2: Unterschiedliche Anforderungen an die Umsetzung von Verkehrs- und Überwachungspflichten bei Eigen- und Fremdleistung

für Sorge tragen, dass die Voraussetzungen für eine ordnungsgemäße Aufgabenerfüllung gegeben sind. Im Hinblick auf die Arbeitssicherheit der eingesetzten Mitarbeiter müssen für alle Tätigkeiten und Arbeitsplätze Gefährdungsbeurteilungen erstellt werden, aus denen gegebenenfalls notwendige Schutzmaßnahmen abgeleitet werden können. Auch der Verstoß gegen Pflichten des Arbeitsschutzes ist der Verkehrssicherung zuzurechnen. Verkehrssicherung und die damit verbundenen Pflichten beziehen sich nicht ausschließlich auf fremde Dritte oder die Öffentlichkeit, sondern durchaus auch auf eigene Mitarbeiter.

Zudem müssen alle für die Erfüllung der Aufgaben notwendigen Rahmenbedingungen, z.B. Materialien und Geräte, Budgets oder externe Unterstützung, etwa durch Sachverständige, gewährleistet sein. Für die organisatorischen Voraussetzungen, dass diese Rahmenbedingungen dauerhaft erfüllt sind, muss der Vorgesetzte im Detail sorgen beziehungsweise entsprechende Delegationen vornehmen.

Die Delegation kann mündlich, schriftlich, dauerhaft oder für den Einzelfall erfolgen. Sie muss, um wirksam werden zu können, lediglich ein ausgewogenes Verhältnis zwischen der übertragenen Aufgabe und der Kompetenz des Mitarbeiters im oben definierten Sinne berücksichtigen. Die Delegation muss verbindlich sein, eine höflich formulierte Bitte genügt dabei den Anforderungen nicht. Gerade bei schriftlichen Delegationen ist dabei immer darauf zu achten, dass der Imperativ verwendet wird („Die nass gereinigten Flächen sind wegen Rutschgefahr ausreichend kenntlich zu machen", nicht „Es wird begrüßt, wenn …"). Auch die Einhaltung der ausgegebenen Anweisungen muss in regelmäßigen Abständen durch den Delegierenden überwacht werden.

In der Praxis bewährt hat sich gerade im Zusammenhang mit der Verkehrssicherung die Einführung eines Systems von Anweisungen (= Delegation), bei dem die Anweisungen zeitlich befristet werden. Durch die nach dem Ablauf der Frist veranlasste Wiedervorlage beim Delegierenden wird sichergestellt, dass die Anweisungen jeweils den aktuellen Vorstellungen und Anforderungen entsprechen. Gleichzeitig kann so besser vermieden werden, dass neuere Anweisungen im Widerspruch zu bestehenden Anweisungen stehen, weil die einzelnen Regelungen bei allen Beteiligten präsenter sind.

Werden die Grundregeln der Delegation nicht eingehalten, reißt die Delegationskette. Die delegierte Aufgabe verbleibt im haftungsrechtlichen Sinn dann bei dem jeweils übergeordneten Mitarbeiter in einer Organisation. Fehlgeschlagene Delegationen sind in der Praxis ebenso häufig wie unzureichende Aufgabenzuordnungen. Beides ist vermeidbar und für einen wirkungsvollen Umgang mit der Verkehrssicherung und ihrer Überwachung von entscheidender Bedeutung.

Eine besondere Form der Delegation, die gerade im Bereich des Facility Managements häufig gewählt wird und sich damit unmittelbar auf die Verkehrssicherung auswirkt, ist die Delegation auf einen fremden Dritten („Outsourcing"). Bei der Auswahl eines Dienstleisters gelten grundsätzlich die gleichen Regeln wie bei der Auswahl eigener Mitarbeiter. Auch diese müssen die für die übertragenen Aufgaben notwendigen Kompetenzen nachweisen und dauerhaft erhalten. Die Anforderungen an den entsprechenden Nachweis sind allerdings von der übertragenen Aufgabe und dem beauftragten Unternehmen sowie den damit bestehenden Erfahrungen abhängig. An ein langjährig vertrautes oder großes und renommiertes Unternehmen werden dabei geringere Anforderungen zu stellen sein, als beispielsweise an ein unbekanntes Unternehmen, das zudem möglicherweise noch in einem besonders gefahrgeneigten Bereich (etwa in der Wartung von Hochspannungsanlagen oder der Verbringung gefährlicher Abfälle) tätig ist.

Gerade aus haftungsrechtlicher Sicht kommt der Konkretisierung bei der Übertragung von Aufgaben auf einen Dritten mit eigener Rechtspersönlichkeit besondere Bedeutung zu. Eine pauschale Übertragung der Verkehrssicherungspflichten auf einen externen Dritten ist vertragsrechtlich beispielsweise nicht ohne Weiteres wirksam möglich. Es muss deshalb bei der Vertragsgestaltung darauf geachtet werden, die Aufgaben möglichst konkret zu benennen und die dabei zu erzielenden Ergebnisse hinreichend genau zu definieren. Gerade im Bereich des Facility Managements und der aktuellen Tendenz zur funktionalen Leistungsbeschreibung in Ausschreibungen bestehen insoweit einige Herausforderungen.

Um eine im Ergebnis sinnvolle Delegation auf einen Dienstleister sicher zu stellen, sollte auch dem beizubringenden **Versicherungsschutz**[5] große Aufmerksamkeit gewidmet werden. Hier besteht in der Praxis ein breites Spektrum von Optimierungen, von kostenintensiven Doppelversicherungen bis zu signifikanten Deckungslücken, die jeweils aus einem fehlenden Verständnis der Formulierungen in den Versicherungspolicen oder der mangelnden Aussagekraft beigebrachter Bestätigungen resultieren. Die Frage eines wirksamen Versicherungsschutzes bei der Fremdvergabe von Facility Management-Leistungen wird in der Branche noch nicht ausreichend thematisiert und führt im Schadensfall zu erheblichen wirtschaftlichen Nachteilen. Das gilt auch im Bereich der Verkehrssicherung.

Bei der Delegation von Verkehrssicherungspflichten ergeben sich zudem sehr häufig Unsicherheiten in **Mietverhältnissen**. Auch hier sollte bei der Vertragsgestaltung der Zuordnung von Aufgaben im Bereich der Verkehrssicherung ein hoher Stellenwert eingeräumt werden. So besteht insbesondere bei der Anwendbarkeit bestimmter Regelwerke etwa im Bereich der Elektrotechnik große Unsicherheit, ob die im Arbeitsumfeld allgemein gültigen Vorschriften auch auf Wohnraum und die dazugehörigen Mietverhältnisse anzuwenden sind. Für die Frage der regelmäßigen Überprüfung elektrischer Anlagen wie etwa Steckdosen hat der BGH kürzlich (Urteil vom 15.10.2008, Az.: VIII ZR 321/07) eine Übertragung des Regelwerks abgelehnt. Ein Vermieter ist damit nicht verpflichtet, in einer Mietwohnung einen regelmäßigen sogenannten E-Check durchführen zu lassen. Für die Anwendung anderer Vorschriften liegen vergleichbare Entscheidungen noch nicht vor, sie muss deshalb jeweils anhand konkreter Einzelfälle fachkundig geprüft werden.

2.3 Überwachung als Bestandteil der Verkehrssicherung

Sind die Aufgaben für eine wirksame Verkehrssicherung identifiziert, zugeordnet und den Delegationsempfängern die notwendigen Kompetenzen erteilt, ist der nächste Schritt eines sicheren Umgangs mit der Verkehrssicherung die Überwachung. Hier besteht häufig das Missverständnis, man brauche sich bei wirksamer Delegation um eine Aufgabe nicht mehr zu kümmern. Eine delegierte Aufgabe wird dann regelmäßig aus dem eigenen Aufgabenbereich vollständig „gestrichen". Eine so verstandene vollständige Delegation einer einmal übernommenen Aufgabe ist allerdings rechtlich nicht möglich. Auch bei einer wirksamen Delegation bleibt eine angemessene Überwachung immer erforderlich. Wird diese Überwachungsfunktion nicht **nachweisbar** wahrgenommen, kann dennoch eine Haftung für den Delegierenden entstehen.

Art und Umfang der Überwachung ist wie vieles in dem Bereich der Verkehrssicherung nicht eindeutig definiert und hängt deshalb vom Einzelfall ab. Grundsätzlich darf aber unterstellt werden, dass die Intensität der Überwachung mit der Qualifikation und der Erfahrung, die man mit einem Delegationsempfänger oder einer Fremdfirma gemacht hat, abnehmen darf. Gerade bei einer erst kurzen Zusammenarbeit oder bei einer besonders gefährlichen Aufgabe ist eine erhöhte Überwachungsfrequenz empfehlenswert. Nicht sinnvoll ist eine übermäßige Überwachung, da sonst der Sinn der Delegation möglicherweise stark eingeschränkt werden würde. Bei bewährten Dienstleistern oder Fachabteilungen sollte deshalb in der Regel eine halbjährliche oder jährliche

Überwachung, die auch durch eine entsprechende Berichtspflicht als „Bringschuld" ausgestaltet werden kann, ausreichen. Es bietet sich an, die Überwachung delegierter Aufgaben ebenfalls zum Gegenstand von innerbetrieblichen Anweisungen oder der vertraglichen Gestaltung zu machen. Im Hinblick auf die Überwachung kann im Sinne einer effektiven Delegation insbesondere auch dann von einer höheren Intensität abgesehen werden, wenn bei der Auswahl des Delegationsempfängers mit entsprechender Sorgfalt vorgegangen wurde.

Die Überwachung der ordnungsgemäßen Leistungserbringung setzt allerdings auch ein Mindestmaß an Fachkunde und Grundverständnis für die übertragene Aufgabe voraus. Bei vollständigem Outsourcing in modernen Organisationen ist dies teilweise nur schwer abzubilden. Aus organisationsrechtlicher Sicht werden dem Outsourcing hier, wesentlich bestimmt durch Fragen der Verkehrssicherung, gewisse Grenzen gesetzt.

2.4 So wenig wie möglich, so viel wie nötig – Dokumentation als Schlüssel im Ernstfall

Die Dokumentation der Aufbau- und Ablauforganisation und damit verbunden der Erfüllung der mit der Verkehrssicherung zusammenhängenden Aufgaben wird üblicherweise als bürokratisch und nutzlos betrachtet. Das mag solange richtig sein, solange alles den Anforderungen entsprechend funktioniert und weder Störungen in der Leistungserbringung noch Schäden festzustellen sind. Im Normalbetrieb ist Dokumentation, insbesondere die Nachweisdokumentation über erbrachte Leistungen, deshalb meist ein notwendiges Übel, das als unnötiger Verwaltungsaufwand missachtet wird und entsprechend motivationshemmend wirkt.

Sobald allerdings ein Schaden eintritt, wird die Dokumentation – sowohl die Anweisungs- als auch die Nachweisdokumentation – zum Schlüssel der (ggf. gerichtlichen) Aufarbeitung eines Sachverhalts. Sie dient im Verfahren regelmäßig als Beweis und kann gerade bei länger zurückliegenden Ursachen oder Maßnahmen die einzige Möglichkeit einer sachgerechten Rekonstruktion des tatsächlichen Ablaufs darstellen.

Um den alltäglichen betrieblichen Erfordernissen angemessen Rechnung zu tragen und die Erfüllung der Verkehrssicherungspflichten nicht unangemessen aufwendig zu gestalten, sollte daher in jeder FM-Organisation, zusätzlich zu den organisatorischen Vorkehrungen, ein sinnvolles Dokumentationssystem etabliert werden. Dabei können für die grundlegende Dokumentation intranetgestützte Systeme sehr hilfreich und anwenderfreundlich gestaltet sein. Für die tägliche Bearbeitung der Aufgaben der Verkehrssicherung und ihrer Überwachung sind mobile Systeme unter Einbeziehung von tragbaren Computern und eine mit den notwendigen wiederkehrenden Prüfungen programmierte Software inzwischen gut bewährt und etabliert. Die Dokumentation muss deshalb mit Unterstützung moderner IT-Lösungen nicht mehr gleichbedeutend mit lästiger Bürokratie sein.

3 Zusammenfassung und Schlussfolgerungen für die betriebliche Praxis

Die Verkehrssicherung dient der Vermeidung von Schäden an den Rechtsgütern Dritter. Fehler bei der Wahrnehmung der damit verbundenen Verkehrssicherungspflichten können zur Haftung für entstandene Schäden führen. Die Konkretisierung der Verkehrssicherungspflichten muss individuell erfolgen. Wesentliche Grundlage dafür ist eine Vielzahl sich regelmäßig ändernder Regelwerke. Die Verkehrssicherung ist damit komplex und nicht mathematisch exakt definierbar.

Im Umgang mit der Verkehrssicherung, der dazu gehörigen Aufgabenverteilung und der damit verbundenen Notwendigkeit zur Überwachung, sind Sensibilität und Gewissenhaftigkeit, aber keine übertriebene Sorge angezeigt. Angemessene organisatorische Vorkehrungen und die nötige Umsicht in der täglichen Praxis bieten ein hohes Maß an Schutz vor Schäden und damit an individueller Sicherheit. Unfälle werden damit dennoch nicht vermeidbar sein, individuelle Risiken der handelnden Personen und Organisationen, einschließlich der strafrechtlichen Verantwortlichkeit, können so allerdings auf ein Minimum reduziert werden.

Dazu ist die eindeutige Zuordnung von Aufgaben und Kompetenzen erforderlich. Diese sollte nach Möglichkeit nachweisbar dokumentiert sein (Aufbauorganisation).

Auf der Basis dieser Zuordnung sollten die externen Anforderungen, die mit den wahrzunehmenden Aufgaben verbunden sind in die betriebliche Praxis „übersetzt" werden (Gefährdungsbeurteilungen, Prüfintervalle, Maßnahmenpläne, etc.). Die notwendigen organisatorischen Vorkehrungen, die die Erfüllung dieser Anforderungen und ihre Überwachung dokumentieren, sollten ebenfalls getroffen werden (Ablauforganisation).

Bei der Festlegung der Dokumentationsanforderungen sollte übermäßiger Aufwand vermieden werden, um eine effiziente Aufgabenerfüllung nicht zu behindern und die Motivation der eingesetzten Mitarbeiter nicht unnötig zu die belasten.

Die Aufgaben, die an Dritte (Fremdfirmen, Mieter) delegiert werden, sollten mit besonderer Sorgfalt übertragen werden. Bei der Formulierung von entsprechenden Verträgen sollte der Verkehrssicherung und den damit verbundenen Anforderungen besondere Aufmerksamkeit geschenkt werden.

Besonderes Augenmerk sollte bei der Zusammenarbeit mit Dritten auch auf die Frage des Versicherungsschutzes gelegt werden.

Anmerkungen

1 § 823 Abs.1 BGB lautet: „Wer vorsätzlich oder fahrlässig das Leben, den Körper, die Gesundheit, die Freiheit, das Eigentum oder ein sonstiges Recht eines anderen widerrechtlich verletzt, ist dem anderen zum Ersatz des daraus entstehenden Schadens verpflichtet."

2 Vgl. Palandt-Sprau, Bürgerliches Gesetzbuch 67. Aufl. München 2008, § 823 RdNr. 46.

3 Vgl. auch Abschnitt 2.4.

4 Vgl. auch Abschnitt 2.2.

5 Vgl. Teil 5 Kapitel III. Dettmer, Lutz, Klocke, Manfred Versicherung des Grundstücks- und des Eigentümers.

5/III
Versicherung des Grundstücks und des Eigentümers

Lutz Dettmer und Manfred Klocke

Immobilienbesitz bedeutet Risiko. Um dem Risiko hoher Schadenssummen zu begegnen, ist der Abschluss von Versicherungen unerlässlich. Es lässt sich mehr absichern als allgemein bekannt. Sammelverträge sehen umfassende Absicherung vor.

1 Vorbemerkungen

1.1 Zielsetzung

Die Themen und Fragestellungen rund um den Versicherungsschutz für kirchliche Immobilien sind komplex, so dass im Folgenden nur ein allgemeiner Überblick gegeben werden kann. Die Ausführungen sind im Wesentlichen auf die Versicherungssituation in originär kirchlichen Strukturen ausgerichtet und geben den Haupt-, Neben- und Ehrenamtlichen Orientierung, bestehende Absicherungen einzuordnen und anzuwenden bzw. Lücken im Versicherungsschutz erkennen und bewerten zu können.

1.2 Kirchliche Sammelversicherungsverträge – bestehender Versicherungsschutz

Zu den wichtigsten Versicherungssparten (Gebäude, Inventar, Haftpflicht etc.) haben die Landeskirchen wie auch die (Erz-)Diözesen regelmäßig Sammelversicherungsverträge abgeschlossen, die eine obligatorische Absicherung der verfasst kirchlichen Strukturen vorsehen. Durch diese Absicherung wird erreicht, dass

- für jede/jedes Kirchengemeinde, kirchliche Aktivität, kirchliche Objekt Versicherungsschutz besteht;
- Einkaufsmacht gebündelt wird, d.h. Absicherung zu bevorzugten Bedingungen und Preisen erfolgt;
- durch diese Gefahrengemeinschaft auch Risiken Absicherung erlangen, für die eventuell keine separaten Versicherungslösungen am Markt erhältlich sind.

Informationen über die abgeschlossenen Sammelversicherungsverträge können den Versicherungsmerkblättern entnommen werden, die die Landeskirchen bzw. Diözesen herausgeben.

1.3 Refinanzierung von Versicherungsprämien

Während die Möglichkeit der Refinanzierung von Versicherungsprämien bei der Abrechnung mit externen Kostenträgern beispielsweise im Kindergarten- oder Altenheimbereich regelmäßig wahrgenommen wird, so wird dieses Instrument beim Erstellen von Nebenkostenabrechnungen für abvermietete/n Gewerbeflächen/Wohnraum etc. teilweise immer noch nicht berücksichtigt.

Einzelverträge oder kirchliche Gebäude-Sammelversicherungsverträge, die Einzelwerte je Objekt führen, weisen auch separate Gebäudeprämien aus. Im Bedarfsfall können Einzelprämienrechnungen geschrieben werden.

Kirchliche Sammelversicherungsverträge, die pauschal – d.h. ohne Einzelwerte – konzipiert wurden, ermöglichen Rückrechnungen, so dass je qm abvermietete/m Gewerbefläche/Wohnraum nach Art des Objektes (Einfamilienhaus, Zweifamilienhaus, Mehrfamilienhaus etc.) ein Prämienanteil ausweisbar ist.

Ungeklärt ist oftmals, wem refinanzierte Prämienanteile zufließen. Die Prämien der Sammelversicherungsverträge werden regelmäßig zentral vom Landeskirchenamt bezahlt, so dass kirchliche Gliederungen, die Versicherungsprämien auf ihre Mieter umlegen, die so refinanzierten Beträge eigentlich abführen müssten.

2 Sachversicherungen

2.1 Wesen der Sachversicherung

Die Sachversicherung bezieht sich grundsätzlich auf das Interesse des Versicherungsnehmers an Sachwerten. Es kann sich dabei um eine Absicherung des Eigentums, des Besitzes oder fremder Werte handeln. Versichert sind die in den Policen genannten Sachen. Dieses kann ein Einzelgegenstand – z.B. Gebäude mit Zubehör – oder eine Gruppe von Sachen („Sachinbegriff") sein wie beispielsweise das gesamte Inventar, das sich aus technischer und kaufmännischer Betriebseinrichtung, Waren und Vorräten etc. bildet.

Ursprünglicher Ersatzwert in der Sachversicherung ist der objektiv messbare und feststellbare Zeitwert. Die meisten Versicherungssparten sehen eine (gleitende) Neuwertversicherung vor. Vertragspartner des Versicherungsgebers (Versicherers) ist immer der Versicherungsnehmer. Ohne sein Einverständnis kann keine Entschädigung an Dritte ausgezahlt werden (Ausnahme: Ansprüche von Realrechtsgläubigern). Ist fremdes Eigentum mitversichert/geschädigt (z.B. überlassene Gegenstände, Wohnungseinbauten, Mitarbeiter- oder Besucherhabe), können die Eigentümer die Entschädigungsleistung nur über den Versicherungsnehmer erhalten.

2.2 Gebäudeversicherung

2.2.1 Versicherungsort

Versicherungsschutz besteht für den/die im Versicherungsschein genannten Ort/Orte.

Kirchliche Sammelversicherungsverträge gewähren oftmals pauschale Deckung für alle kircheneigenen Gebäude bzw. für Gebäude, für die die Kirche die Verantwortung trägt.

2.2.2 Gleitende Neuwertversicherung

Die gleitende Neuwertversicherung ist die gängigste Vertragsvariante bei Gestaltung des Gebäudeversicherungsschutzes für kirchliche oder diakonisch/karitative Objekte.

Als Berechnungsbasis/Ausgangsversicherungssumme dient die von Sachverständigen durch Rückrechnung ermittelte Versicherungssumme 1914. Bei Neubauten, bei denen eine Kostenberechnung nach DIN 276 vorliegt, kann die Festsetzung der Versicherungssumme 1914 durch Rückrechnung auf Basis der in der Versicherungswirtschaft bekannten ortsüblichen Baukostenindizes vorgenommen werden.

2.2.3 Ermittlung der Gebäudeversicherungssumme

Der Neuwert von Gebäuden ist der ortsübliche Neubauwert einschließlich Architektengebühren und sonstiger Konstruktions-/Planungskosten. Sofern keine Berechtigung zum Vorsteuerabzug besteht, ist die Mehrwertsteuer in die Versicherungssumme einzukalkulieren.

Bei Neubauten ist die Ermittlung der Versicherungssumme anhand der Baukostenendabrechnung – wie bereits geschrieben – relativ einfach.

Bei der Wertermittlung für bestehende Gebäude ist regelmäßig die Einschaltung eines Sachverständigen (Gebäudesachverständiger, Architekt, Baubeauftragter des Versicherers oder des Versicherungsmaklers) notwendig. Es gibt umfangreiches statistisches Material, um anhand des cbm-umbauten Raumes (Kubatur) oder der Quadratmeter-Nutzfläche Bewertungen vorzunehmen.

Die Bewertung historischer Bauwerke (z.B. Kirchen) ist selbst für Experten eine besondere Herausforderung. Die enorme manuelle Arbeit insbesondere bei Bruch- oder Sandsteingebäuden lässt nur Annäherungswerte zu und die einzusetzenden Versicherungssummen liegen deutlich über den Preisen, die bei der Fertigung nach konventioneller Bauweise notwendig sind.

2.2.4 Absicherungsstruktur – versicherbare Gefahren

Die möglichen Vertragsmodelle zeigt folgendes Schaubild:

Konventionelle Gebäudeversicherung	**Elementarschaden-versicherung**	**Allgefahren-versicherung**
Feuer		Alle Sachschäden sind versichert (Ausnahme – Negativkatalog). Zum Beispiel auch – Fahrzeuganprall – Wind – Nagetierschaden
Leitungswasser		
Sturm/Hagel	Sturm/Hagel Erdbeben Erdfall Erdrutsch Lawinen Schneedruck Überschwemmung Hochwasser	
	Sturmflut	

Die kirchlichen Sammelversicherungsverträge sehen oftmals einen konventionellen Deckungsumfang vor. In Baden-Württemberg existieren traditionell ergänzende Elementarschadenversicherungen.

2.2.5 Kostenposition – Erweiterungen im Rahmen kirchlicher Gebäude-Sammelversicherungsverträge

Bis zu bestimmten Entschädigungshöhen sehen kirchliche Sammelversicherungsverträge beispielsweise die Mitversicherung folgender Kosten vor:

- Feuerlöschkosten, Abbruchkosten, Aufräumungskosten,
- Sachverständigenkosten,
- Dekontaminationskosten,
- Überspannungsschäden durch Blitz,
- Mietausfall.

2.3 Inventarversicherung

2.3.1 Versicherungsort

Bewegliche Sachen (Inventarien) sind regelmäßig nur in den in den Policen genannten Gebäuden/Räumen versichert. Kirchliche Sammelversicherungsverträge gewähren oftmals pauschale Deckung für kircheneigenes Inventar ohne Nennung der einzelnen Risikoorte.

2.3.2 Neuwertversicherung

In der Neuwertversicherung gewährt der Versicherer bei richtig gewählter Versicherungssumme die kostendeckende Wiederherstellung/Neubeschaffung des zu Schaden gekommenen Inventars. Anders als in der gleitenden Neuwertversicherung gibt es keinen Anpassungsmechanismus, so dass eine individuelle Fortschreibung bedingt durch Zu- und Abgänge, aber auch durch allgemeine Preissteigerungsraten vorzunehmen ist.

2.3.3 Ermittlung der Inventarversicherungssumme

Zum Inventar zählen u.a. die technische und kaufmännische Betriebseinrichtung, Waren und Vorräte. Bei der Festsetzung der Inventarversicherungssumme sind keine abgeschriebenen Werte zu berücksichtigen, sondern, wie bereits dargelegt, die Neuwerte. Es liegen Erfahrungswerte – je nach Art des Objektes – zur pauschalen Bildung der Inventarversicherungssumme vor. Im kirchlichen Bereich erfolgt oftmals ein pauschaler Wertansatz, indem ein prozentualer Anteil aus dem Gebäudeneubauwert zur Bildung der Inventarversicherungssumme herangezogen wird.

2.3.4 Absicherungsstruktur – versicherbare Gefahren

Bezüglich der am Markt offerierten Vertragsmodelle/der versicherbaren Gefahren wird auf 2.2.4) verwiesen. Ergänzend der Hinweis, dass zur konventionellen Inventarversicherung auch der Baustein – Einbruchdiebstahl/Vandalismus – angeboten wird. Im Inventarbereich sehen die kirchlichen Sammelverträge oftmals die konventionelle Deckungsvariante vor.

2.3.5 Kostenpositionen

Die kirchlichen Sammelversicherungsverträge bieten Absicherung – bis zu bestimmten Entschädigungshöhen – u.a. für folgende Kosten:
- Aufräumungskosten,
- Wiederherstellungskosten für Akten, Pläne, Geschäftsbücher, Karteien, Dateien,
- Gebäudebeschädigungskosten bei Einbruchdiebstahl oder Einbruchdiebstahlversuch,
- Verlust von Bargeld, auch durch Raub.

2.4 Glasversicherung

Ursachenunabhängig leistet diese Versicherung bei jeder Art von Glasbruch für alle erfassten Glasflächen. Dazu gehören sämtliche Außen- und Innenverglasungen, die fest mit dem Gebäude verbunden sind.

Neben den Standardleistungen
- Kostenersatz für zerbrochene Verglasung,
- Aufwendungen für den Ausbau der zerstörten Scheiben,
- Einbau der neuen Scheiben

ist auch darauf zu achten, dass die sonstigen Kostenpositionen ausreichend abgesichert sind. Zu nennen sind beispielsweise Gerüstkosten, die bei der Reparatur künstlerischer Verglasungen in Kirchengebäuden anfallen.

Die angebotenen Vertragsmodelle sind vielfältig und reichen von der Pauschaldeckung für sämtliche Außen- und Innenverglasungen bis zur Absicherung einzelner Scheiben.

Das Blindwerden von Isolierverglasungen ist nur über gesonderte Absprachen versicherbar. Oberflächenschäden durch Kratzer, Schrammen, Absplitterungen etc. sind nicht versicherbar.

Die Glasversicherung gehört nach allgemeiner Auffassung nicht zum betriebsnotwendigen Versicherungsschutz. Empfehlungswert ist der Abschluss von Verträgen beispielsweise für künstlerisch wertvolle Verglasungen oder Objekte in sozialen Brennpunkten.

2.5 Fotovoltaikversicherung

Die Ausstattung von Gebäuden mit Fotovoltaik- und Solaranlagen nimmt zu, so dass eine erkennbare Nachfrage nach dieser Spezialdeckung besteht. Auf Gebäuden installierte Fotovoltaik- oder Solaranlagen sind versicherungstechnisch als Gebäudebestandteil zu betrachten und im Rahmen bestehender Gebäudeversicherungen mitversichert. Die Wertsteigerung ist zum Gebäudevertrag anzumelden, da eine Erhöhung des Gebäudewertes erfolgt.

Schadenpotenzial liegt jedoch nicht nur in den klassischen Gefahren Feuer, Leitungswasser und Sturm. Spezialdeckungen für Fotovoltaikanlagen sehen u.a. Versicherungsschutz vor für

- Vorsatz Dritter, Fahrlässigkeit, Ungeschicklichkeit,
- Diebstahl von Teilen oder der kompletten Anlage,
- Konstruktions-, Material- oder Ausführungsfehler,
- Kurzschluss, Überspannung, Überstrom,
- höhere Gewalt.

Fällt die Anlage durch einen ersatzpflichtigen Schaden aus und das Einspeisen von Strom ins Netz ist nicht möglich, ist auch dieser Nutzungsausfall im Rahmen dieser Spezialdeckung versicherbar. Auf die Absicherung ausreichender Kostenpositionen ist zu achten. Da die Anlagen regelmäßig auf Dächern installiert werden, sollten Gerüste etc., die aufgebaut werden müssen, um Schäden zu beseitigen, ebenso abgesichert werden wie Eil- und Expresskosten bei der Beschaffung von Ersatzteilen.

2.6 Schlüsselversicherung

Die Ausstattung von Gebäudekomplexen mit Schließanlagen birgt für den Einrichtungsträger das Risiko des Verlustes von General-, Haupt- oder Gruppenschlüsseln, so dass Teile der Anlage bzw. die gesamte Schließanlage ausgetauscht werden müssen.

Ein rechtlicher Exkurs: Verlieren Mitarbeitende ihren Dienstschlüssel, so sind diese Schäden oftmals nur auf ein einfach fahrlässiges Verhalten zurückzuführen. In diesem Fall besteht keine Regressmöglichkeit durch den Dienstherrn.

Beim Abschluss einer Schlüsselversicherung ist darauf zu achten, dass diese nicht auf Haftpflichtbasis, die ein nachweisbares Verschulden und die Inanspruchnahmemöglichkeit des Mitarbeitenden voraussetzt, gestaltet wird, sondern als Sachversicherung konzipiert ist. Versicherungsschutz wird dann gewährt für Aufwendungen durch das Abhandenkommen und den Diebstahl eines General-, Haupt- oder Gruppenschlüssels der Schließanlage. Der Wert der Schließanlage bildet die Versicherungssumme. Bewachungskosten, Sofortaustauschkosten von Außentüren und Türen zu besonders schutzbedürftigen Bereichen sowie Austauschkosten für Teile oder die gesamte Schließanlage sind bis zur Höhe der Versicherungssumme absicherbar.

3 Haftpflichtversicherungen

3.1 Wesen der Haftpflichtversicherung

Im Gegensatz zur Sachversicherung deckt die Haftpflichtversicherung Ansprüche, die sich gegen den Versicherungsnehmer und/oder die mitversicherten Personen richten.

Es geht um den Ausgleich und/oder die Abwehr zivilrechtlicher Schadenersatzansprüche, die sich direkt aus gesetzlichen Normen oder der dazu ergangenen Rechtsprechung ergeben. Vertragliche Schadenersatzansprüche sowie Erfüllungsansprüche aus Verträgen (Konventionalstrafe, Nachbesserung, Mangelbeseitigung) fallen nicht unter die Ersatzleistung.

3.1.1 Leistungen der Haftpflichtversicherung

Der Versicherer ist verpflichtet, den Versicherungsnehmer von Ansprüchen freizustellen, die von einem Dritten aufgrund der Verantwortlichkeit des Versicherungsnehmers für eine während der Vertragszeit eintretende Tatsache geltend gemacht werden und unbegründete Ansprüche abzuwehren (vgl. § 100 VVG). Die versicherten Leistungen des Versicherers umfassen

- Prüfung der Haftpflichtfrage,
- Freistellung von berechtigten Schadenersatzverpflichtungen,
- Abwehr unberechtigter Schadenersatzansprüche.

3.1.2 Versicherungssummen

Versicherbar sind Personen- und Sachschäden sowie auf besonderen Antrag Vermögensdrittschäden. Die Versicherungssummen sind zukunftsorientiert zu wählen, da sie beispielsweise bei der Verrentung eines Personenschadens ausreichen müssen, mögliche Unterhalts- und Versorgungsansprüche auch in 10, 20 oder 30 Jahren zu decken.

Die Versicherungssummen sollten nicht unter
- 5 000 000 € pauschal für Personen- und/oder Sachschäden (ohne Begrenzung für die einzelne Person),
- 50 000 € für Vermögensdrittschäden

betragen. Die Höhe der Versicherungssummen ist primär vom Tätigkeitsprofil der abzusichernden Einrichtung/Aktivität/der Mitarbeitenden abhängig. Für spezielle Aktivitäten, beispielsweise Angebote im medizinischen Bereich, sollten höhere Versicherungssummen vereinbart werden.

3.2 Betriebs-Haftpflichtversicherung (inkl. Haus- und Grundbesitzer-Haftpflichtversicherung)

In Kirche und Wohlfahrtspflege ist es Trägersache, den Haftpflichtversicherungsschutz individuell abzuschließen. Das persönliche gesetzliche Haftpflichtrisiko aus der dienstlichen Tätigkeit aller Mitarbeitenden wird im Rahmen dieser Betriebs-/Vereins-Haftpflichtversicherungen ebenso abgesichert wie auch die Haus- und Grundbesitzer-Haftpflichtdeckung.

3.2.1 Versicherte Risikobereiche – Erweiterungen im Rahmen kirchlicher Haftpflicht-Sammelverträge

Den kirchlichen Sammel-Versicherungsverträgen, aber auch den Separatverträgen diakonischer/karitativer Einrichtungen liegen regelmäßig qualifizierte und individuell gestaltete Deckungskonzepte zugrunde, deren Inhalt über den Umfang der Allgemeinen Versicherungsbedingungen (AHB) weit hinausgeht.

Neben der Absicherung der kirchentypischen Aktivitäten (Gottesdienste, Freizeiten etc.) gilt beispielsweise auch mit Blick auf das kirchliche Immobilienmanagement mitversichert:
- Das Risiko als Eigentümer, Mieter, Pächter, Nutznießer von Grundstücken, Friedhöfen, Gebäuden, Baulichkeiten, Sälen und Räumen (Haus- und Grundbesitzer-Haftpflichtrisiko);
- das Risiko als Bauherr, Planer oder Unternehmen von Bauarbeiten auf den versicherten Grundstücken (Bauherren-Haftpflichtrisiko);
- das Risiko aus der Unterhaltung von Friedhöfen etc.

3.2.2 Drittschäden – Eigenschäden

Grundsätzlich besteht Versicherungsschutz für Schäden, die Dritten zugefügt werden. Kein Versicherungsschutz besteht für sog. Eigenschäden, d.h. Schäden, die die Mitarbeitenden ihrem Dienstherrn zufügen.

3.3 Gewässerschaden-Haftpflicht-/Umweltschadensversicherung

Die Integrierung von Umweltaspekten in das deutsche Haftungsrecht ist nicht neu. Mit der zivilrechtlichen Umwelthaftung nach § 22 des Wasserhaushaltsgesetzes (WHG) und dem Umwelthaftungsgesetz (UHG) liegt eine langjährige Praxis vor. Hierin liegt auch begründet, dass die Gewässerschaden-Haftpflichtversicherung regelmäßig von Eigentümern und Betreibern von Anlagen zur Förderung oder Lagerung gewässerschädlicher Stoffe wie beispielsweise Heizöl abgeschlossen wird.

Zum 15.11.2007 ist das Umweltschadensgesetz (USchadG) in Kraft getreten. Neu ist der Schutz der Umwelt „an sich". Folgende Schadensarten sind konstruierbar:

- Bodenschäden – jede Verunreinigung im, auf oder unter dem Boden, die ein erhebliches Risiko für die menschliche Gesundheit darstellt;
- Gewässerschäden – jeder Schaden, der den ökologischen, chemischen und/oder quantitativen Zustand bzw. das ökologische Potenzial von Gewässern in erheblicher Weise negativ beeinflusst;
- die Schädigung geschützter Arten und natürlicher Lebensräume (Biodiversität) – gemeint sind erhebliche negative Einflüsse auf solche in der EU-Richtlinie über die Erhaltung wild lebender Vögel und der EU-Richtlinie zur Erhaltung natürlicher Lebensräume verzeichnet sind.

Die zivilrechtlichen Ansprüche sind über bestehende Betriebs-/Vereins-Haftpflichtdeckungen abgesichert – für den sich neu ergebenden öffentlich-rechtlichen Anspruch ist unter Umständen eine Umweltschadensdeckung erforderlich. Eine individuelle Beratung zu dieser komplexen Thematik ist notwendig!

3.4 Vermögensschaden-Haftpflichtversicherung

Für den kirchlichen und wohlfahrtspflegerischen Bereich wurden spezielle Deckungskonzepte zur Vermögensschaden-Haftpflichtversicherung entwickelt. Die hiernach abgeschlossenen Vermögensschaden-Haftpflichtversicherungen decken Schäden durch schuldhafte Pflichtverletzungen (Organe, leitend Mitarbeitende bis hin zum Kassenwart – egal, ob diese haupt-, neben-, ehrenamtlich tätig werden) und bieten Versicherungsschutz bei Dritt- und Eigenschäden. Die angesprochenen Vertragskonzepte sehen die Möglichkeit vor, für Organe und leitende Mitarbeitende höhere Versicherungssummen zu vereinbaren und/oder die wissentliche Pflichtverletzung abzusichern.

Immobilienverwaltung in verfasst kirchlichen Strukturen ist regelmäßig über die kirchlichen Sammelversicherungsverträge mitversichert – ansonsten sind Spezialpolicen zu gestalten.

4 Bauversicherungen

4.1 Bauleistungsversicherung

Zu dieser Sparte bestehen regelmäßig keine Sammelversicherungsverträge. Der Versicherungsschutz ist individuell für die einzelne Baumaßnahme zu beantragen. Bei Bauvorhaben mit einem kalkulierten Kostenvolumen von mehr als 150.000 € sollte die Bauleistungsversicherung obligatorisch abgeschlossen werden, zumal eine Prämienumlage auf die am Bau beteiligten Handwerker möglich ist.

Die Bauleistungsversicherung stellt eine Art Kaskoversicherung für die erbrachten Bauleistungen dar. Versicherte Risiken sind z.B.:

- Elementarereignisse sowie Witterungseinflüsse (Regengüsse, Überflutung, Grundwasser, Sturm, Orkan, Sturmflut);
- Konstruktions- und Materialfehler, Fehler in der statischen Berechnung;
- Fehler in der Bauausführung;
- Handlungen unbefugter oder unbekannter Personen;
- Ungeschicklichkeit, Fahrlässigkeit oder Böswilligkeit.

Bauleistungsversicherungen sind so zu gestalten, dass sämtliche am Bau Beteiligten mitversichert sind, d.h., versichert sind die Risiken des Bauherrn (Auftraggeber) und der Bauunternehmer (Auftragnehmer). Bei Bauvorhaben an vorhandener Substanz – insbesondere mit Eingriff in die tragende Konstruktion des Altbaus – ist die Bauleistungsversicherung um spezielle Klauseln zu ergänzen, um beispielsweise den Ganz- oder Teileinsturz des Altbaus unter Versicherungsschutz zu stellen.

4.2 Rohbau-Feuerversicherung

Die unter 4.1 beschriebene Bauleistungsversicherung gewährt keinen Feuerversicherungsschutz. Für Baumaßnahmen muss daher ergänzender Feuerversicherungsschutz besorgt werden. Kirchliche Sammelversicherungsverträge sehen den Rohbau-Feuerversicherungsschutz obligatorisch und prämienfrei für Bauvorhaben bis zu einem bestimmten Maximum (z.B. 10 Mio. € Baukostenvolumen für das Einzelvorhaben) vor, in der Regel wird auch darüber hinaus nach Anzeige prämienfreie Deckung gewährt.

4.3 Bauherren-Haftpflichtversicherung

Verwiesen wird auf die bereits abgegebenen Informationen zur Haftpflichtversicherung. Gesetzliche Haftpflichtansprüche gegen den Bauherrn werden speziell aus Verletzungen des Verkehrs- und Überwachungspflichten gestellt. Die Bauherren-Haftpflichtversicherung sollte grundsätzlich der Versicherungsgesellschaft angetragen werden, die auch die Betriebs-Haftpflichtversicherung zeichnet, um Abgrenzungsschwierigkeiten im Schadensfall zwischen allgemeinen Betriebsrisiken und speziellen Risiken im Zusammenhang mit der Baumaßnahme zu vermeiden. Kirchliche Sammelversicherungsverträge sehen regelmäßig eine obligatorische und prämienfreie Mitversicherung aller Bauvorhaben – unabhängig von der Höhe der Bausumme – vor.

4.4 Bau-Vermögensschaden-Haftpflichtversicherung

Verwiesen wird auf die Ausführungen zur Vermögensschaden-Haftpflichtversicherung. Die Bau-Vermögensschaden-Haftpflichtversicherung bietet Versicherungsschutz für die rechtliche und finanzielle Abwicklung des Bauvorhabens. Exemplarische Schadenursachen:

- Abschluss fehlerhafter Verträge, insbesondere Kaufverträge, Verträge mit Behörden, Architekten, Ingenieuren, Statikern, Bauunternehmen usw.;
- Nichtbeachtung behördlicher Auflagen;
- Fehler bei der Ausschreibung, Einholung und Prüfung von Angeboten;
- Fehler bei der Vergabe von Bauarbeiten.

Kirchliche Vermögensschaden-Haftpflicht-Sammelverträge sehen unter Umständen eine Mitversicherung des Bau-Vermögensschaden-Haftpflichtrisikos vor. Es ist eine detaillierte Prüfung vorzunehmen.

Teil 6
Erfahrungen aus der Praxis

6/I
Ergebnisse aus zwölf Pilotprojekten

Dagmar Reiß-Fechter, Rechtsanwältin

Grau ist alle Theorie. Um die derzeitige Praxis an der Basis kennen zu lernen, hat das Evangelische Siedlungswerk in Deutschland zwölf Pilot-Projekte vor Ort durchgeführt. Kirchengemeinden, Gemeindeverbünde, Dekanate nahmen teil. Die Ergebnisse haben gezeigt, dass und warum die Einführung eines kirchlichen Immobilienmanagements ratsam und kostensparend ist.

Die Kirchen in Deutschland stehen vor erheblichen Veränderungen, die Auswirkungen auf die Lebens- und Arbeitsfähigkeit der Kirchengemeinden und auf deren oft reichen und vielfältigen Bestand an Grundstücken und Gebäuden haben. Das Evangelische Siedlungswerk in Deutschland, der Dachverband der evangelischen Wohnungs- und Siedlungsunternehmen, führte daher in den Jahren 2005 bis 2006 das Projekt „Kirchliche Immobilien – Kirchliches Immobilienmanagement“ durch, um zu untersuchen, wie Landeskirchen und Kirchengemeinden in diesem Prozess unterstützt werden können. Ziel der Untersuchung war es, ein System der Entscheidungshilfe zu finden für die möglichst zweckmäßige, effektive und gewinnbringende Nutzung, ggf. auch die gewinnbringende Verringerung des Immobilienbestandes einer kirchlichen Körperschaft. Die Initiatoren luden zu dem Projekt Vertreter von Landeskirchen sowie Vertreter der Grundstückskommission der EKD ein.

Die zu untersuchenden Pilotgemeinden wurden von den Landeskirchen benannt. Ausgewählt wurden Kirchengemeinden im ländlichen Raum und Stadtgemeinden sowie größere Gemeindeverbünde wie Dekanate bzw. Kirchenkreise. Das kleinste Untersuchungsgebiet umfasste drei, das größte rund 130 Gebäude. Die Auswahl repräsentierten die unterschiedlichen Verhältnisse, der verschiedenen Landeskirchen und Regionen.

1 Ausgangslage

Mit dem Projekt wurde erforscht, ob ein einheitliches, standardisiertes Vorgehen beim Thema „Kirchliche Immobilien“ möglich ist – trotz der Vielfalt der evangelischen Kirchen und der Unterschiedlichkeit in Organisations- und Verwaltungsform.

Die an dem Projekt beteiligten Mitgliedsunternehmen des Evangelischen Siedlungswerkes in Deutschland gingen davon aus, dass die Methoden des Portfolio-Managements der Immobilienwirtschaft grundsätzlich auch für kirchliche Immobilien anwendbar sind. Der Unterschied der kirchlichen Gebäude zu sonstigen Immobilien liegt in der Besonderheit der Gebäude und ihrer Nutzungen, insbesondere der Kirchen, der Heterogenität der Gebäude, der Anzahl und Lage sowie der Kleinteiligkeit der Eigentümerstrukturen.

Gleichzeitig wurde angenommen, dass Kerninformationen ausreichen, um kirchliche Immobilien und ihren Nutzen für den Eigentümer beurteilen zu können. Welche Informationen erforderlich sind, sollte erforscht werden.

Außerdem wurde untersucht, ob bei entsprechender Arbeitsablauforganisation auf den Verwaltungsebenen der Kirche alle wesentlichen Daten laufend ermittelt werden können, sodass auch die Nachhaltigkeit solcher Projekte gewährleistet werden kann.

2 Erwartungshaltung der Beteiligten

Die Beteiligten erhofften sich durch die Teilnahme im Wesentlichen eine Verbesserung der Bewirtschaftung ihrer Immobilien. Es bestand bei allen eine große Aufgeschlossenheit gegenüber dem Projekt. Die Ergebnisse sind bei allen Pilotprojekten als ausgesprochen hilfreich für die weitere Arbeit empfunden worden.

Grundsätzliche Fragen nach der Notwendigkeit der Immobilien bzw. inwieweit die Immobilien in Zukunft gebraucht werden, wurden zumindest zu Beginn der Pilotprojekte nicht artikuliert. Die Beschäftigung mit dem Thema „Immobilien" war anfänglich vorrangig dominiert von der Frage der Betriebskosteneinsparung und nicht von der Grundsatzfrage, welche Immobilie(-n) die Kirchengemeinde für ihre Auftragserfüllung benötigt und ob die vorhandenen Immobilien diese Anforderungen erfüllen.

3 Kommunikation

Bei den beteiligten Gemeinden war anfänglich eine gewisse Reserviertheit zu verspüren gegenüber der Transparenz von Daten im Vergleich zu anderen Gemeinden und im Verhältnis zur Aufsichtsbehörde. Diese Vorbehalte bestätigten sich auch in Beratungsprojekten, die den Pilotprojekten nachfolgten. Diese Ängste und Befürchtungen müssen aufgenommen und entkräftet werden. Nur eine ausreichend gute und offene Kommunikation mit allen Betroffenen und eventuell auch mit der Öffentlichkeit schafft, gerade im evangelischen Bereich, die notwendige Grundlage, Entscheidungen zu treffen und diese auch erfolgreich umzusetzen. Bei den Pilotprojekten wurde die Kommunikationsaufgabe durch Einbeziehung eines neutralen Moderators gelöst. Die Erfahrungen waren ausgesprochen positiv. Dieser hatte darüber hinaus die Aufgabe, die Vielzahl der Beteiligten, auch auf den verschiedenen Hierarchieebenen, zu koordinieren.

4 Datenlage

Bei allen Pilotprojekten konnten gebäudebezogene Daten bezüglich Bewirtschaftungskosten, Verwaltungs- und Finanzierungskosten sowie Einnahmen, die mit dem Gebäude erzielt werden, nur mit erheblichem Rechercheaufwand ermittelt werden. Es lagen keine einheitlich und strukturiert ermittelten Kosten für den Instandhaltungs- bzw. Modernisierungsbedarf der Gebäude vor. Es gab auch keine Arbeitsinstrumente, mit denen solche strukturierten Daten hätten ermittelt werden können. Die Initiatoren gehen davon aus, dass diese Ausgangslage auch heute noch die typische Situation in den Landeskirchen ist.

5 Grundsätzliches Ergebnis

Ein standardisiertes Vorgehen mit Methoden des Portfolio-Managements ist möglich. Die wesentlichen Daten konnten ermittelt werden (wenn auch teilweise nur mit Mühe). Unter Berücksichtigung der laufenden Betriebs- und sonstigen Kosten der Immobilien, des notwendigen Instandsetzungs- und Modernisierungsbedarfs und der Bildung der erforderlichen Instandhaltungsrücklage (Abschreibung) war keine Kirchengemeinde in der Lage, diese finanzielle Last zu tragen. Die prekäre wirtschaftliche Situation der Kirchengemeinden wird nicht wahrgenommen, weil insbesondere die Höhe der notwendigen Instandhaltungsrücklage, die Höhe des Instandsetzungsstaus und des notwendigen Modernisierungsbedarfs nicht bekannt sind. Von daher ist es nachvollziehbar, dass die Erwartungshaltung der am Projekt Beteiligten anfänglich vorwiegend auf die Verbesserung der Bewirtschaftung gerichtet war.

6 Grundsätzliche Empfehlungen

Landeskirchen, die ein strukturiertes Immobilienmanagementsystem einführen wollen, wird folgendes empfohlen:

■ Arbeitsabläufe und Organisation

Die Pilotprojekte zeigten sehr deutlich, dass viele Informationen vorhanden sind, jedoch nicht standardisiert erfasst und verarbeitet werden.

Durch entsprechende Anpassung der Arbeitsabläufe auf der Ebene der Kirchengemeinden und der Verwaltungsbehörden können wesentliche Informationen, d.h. Daten, die heute schon verarbeitet werden, laufend generiert und aktualisiert werden. Es ist dann ein Regelkreislauf der Ermittlung der Daten und Auswertung einzurichten, sodass die Eigentümer der Immobilien mit aktuellen Informationen ihre Entscheidungen treffen können.

■ EDV-System

Nur eine leistungsfähige EDV-Software kann den Anforderungen, die an ein Immobilienmanagementsystem zu richten sind, gerecht werden. Die Software ist in das Gesamtsystem der EDV-Landschaft der Landeskirche zu integrieren, wobei durch standardisierte Verknüpfungen ein Datenaustausch herzustellen ist. Durch entsprechende Zugangsberechtigungen ist der Schutz der Daten zu gewährleisten. Es sollte außerdem eine möglichst „offene" Software zur Verfügung stehen, die innerhalb eines allgemeinen Rahmens individuelle Anpassungen zulässt.

■ Errichtung eines Strukturatlas der Landeskirche mit der Möglichkeit, Immobilien- und Gebäudedaten zu integrieren.

Die Strukturdaten sollten modular ausbaubar sein und Pflichtinformationen, -auswertungen und -aktualisierungen enthalten.

Die Module sollten wie folgt gestaltet werden:

- ❑ Modul 1:
  Gemeindekenndaten inkl. Zukunftsentwicklung;

- ❑ Modul 2:
  Grundstück- und Gebäudegrunddaten mit allen wesentlichen statischen Merkmalen der Gebäude;

- ❑ Modul 3:
  kaufmännische Daten; die durch den Betrieb des Gebäudes entstehenden Kosten und Einnahmen;

- ❑ Modul 4:
  technische Daten; Verkehrssicherungs- und Instandhaltungsbedarf bzw. -stau und Instandhaltungsrücklage;

- ❑ Modul 5:
  Nutzungsdaten insbes. für Kirchen, Gemeindehäuser, sonstige gemeindlich genutzte Räume;

- ❑ Modul 6:
  Auswertungen, Bewertung und Visualisierung.

■ Kenngrößen und Kennzahlen

Von Seiten der landeskirchlichen Verwaltung sind Kennzahlen und Vergleichszahlen zu entwickeln, die Orientierung geben für Entscheidungen.

7 Initiierung und Integration eines kirchlichen Immobilienmanagementsystems

Ohne eine Gesamtsteuerung und Erstinvestitionen durch die Kirchenleitung kann ein solches System nicht installiert werden. Dies beinhaltet insbesondere die Bereitstellung des Strukturatlasses, die Verständigung darauf, welche Grundinformationen notwendig sind und die Entscheidung, mit welchem EDV-System gearbeitet werden soll. Außerdem sind Rahmenbedingungen (Anreize) zu schaffen, damit sich Kirchengemeinden und Kirchenkreise bzw. Dekanate an dem Immobilienmanagementsystem beteiligen.

Das kirchliche Immobilienmanagement ist eine Führungsaufgabe und geht wie alle Führungsaufgaben von der strategischen Entscheidung zu operativen Maßnahmen. Es handelt sich um eine abzustimmende Aufgabe zwischen Landeskirchenleitung, mittlerer Ebene und Kirchengemeinden. Insellösungen in Kirchenkreisen, Dekanaten und Kirchengemeinden können zwar dort zu sehr wirksamen Ergebnissen kommen, lassen aber die Chance ungenützt, für eine gesamte Landeskirche und landeskirchenübergreifend die Immobiliensituation zu verbessern. Kosten- und Ressourcenpotenziale werden dadurch auch nicht genutzt.

Bei der Ermittlung der Daten ist vom Groben zum Feinen zu gehen. Damit können Kosten optimiert und individuelle Besonderheiten berücksichtigt werden. Bei Anpassung von Organisation und Arbeitsabläufen kann nach Erstinstallation ohne Zusatzaufwand ein Regelkreis des Informationsflusses aufgebaut werden, der allen Beteiligten nutzt.

Die Kirchen erfinden das Immobilienmanagementsystem nicht neu. Die vorhandenen und bewährten Instrumente aus der Immobilienwirtschaft sind, angepasst an die kirchlichen Besonderheiten, tauglich und nutzbringend in Landeskirchen, Kirchenkreisen und Kirchengemeinden anwendbar.

Der gesamte Ergebnisbericht kann über das Evangelische Siedlungswerk in Deutschland e.V. angefordert werden.

Anhang

Autorenverzeichnis

Thomas Begrich, Oberkirchenrat. Studium der Betriebswirtschaft im Fernstudium sowie der Rechtswissenschaften an der Humboldt-Universität zu Berlin. 1972–1980 Abteilungsleiter für Wirtschaftskontrolle in einem volkseigenen Betrieb in Erfurt; 1981–1990 Verwaltungsleiter am evangelischen Krankenhaus Genthin; 1990–2003 Finanzdezernent der Evangelischen Kirche der Kirchenprovinz Sachsen, Magdeburg; seit 2003 Abteilungsleiter für Finanzen im Kirchenamt der EKD. Schwerpunkt: Verbindung finanzwirtschaftlicher Aufgaben mit inhaltlichen und strukturellen Erfordernissen.

Nicola Bernhard, Rechtsanwältin. 1996–2001 Studium der Rechtswissenschaften in München; 2001–2003 Referendariat in München. Seit 2004 Rechtsanwältin bei Bub, Gauweiler & Partner. Schwerpunkte: Privates Immobilienrecht/Miet- und Wohnungseigentumsrecht.

Prof. Dr.-Ing. **Ulrich Bogenstätter**. Ausbildung; 10/1980–07/1987 Studium der Architektur an der Universität Karlsruhe (TH); 2001 Fachübergreifende Dissertation (Baukosten und Bauwirtschaft – Rehabilitationswissenschaften) zum Thema „Interdisziplinäres Modell zur Bewertung von Wohnstätten (für schwer geistig behinderte Menschen) in frühen Planungsphasen". 12/1987–1/1995 Architekt u.a. bem Hochbauamt der Stadt Frankfurt am Main, (Sachgebietsleiter Planung, Schulen und Kindertagesstätten) und Albert Speer & Partner; 4/1995–3/2000 wiss. Mitarbeiter an der Universität Karlsruhe (TH), Fachgebiet Planungs- und Bauökonomie; 4/2000–2008 Teamleiter Management-Consulting bei der Aareon (System- und Beratungshaus für betriebswirtschaftliche/bautechnische Anwendungen in der Immobilienwirtschaft), seit 2008 Produktmanager; seit 9/2002 Inhaber einer 50 %-Professur Immobilienwirtschaft, insbesondere DV-gestützte Informationssysteme, an der Hochschule für Wirtschaft und Umwelt – Nürtingen-Geislingen; 09/2007 Gründer des Instituts „Building Operations Research" (ifBOR) an der Hochschule für Wirtschaft und Umwelt. Schwerpunkte: (Forschungs-)Aufgaben zur Beantwortung von Fragen der Unternehmensführung bei Immobilien, z.B. Prozess- und Datenflussmodellierung, Personalbedarf, technisches Gebäudemanagement.

Prof. Dr. rer. pol. **Petra Brockhoff** MRICS. Studierte nach Bankausbildung bei Merck, Finck & Co., Privatbankiers Betriebswirtschaftslehre mit Schwerpunkt Immobilienökonomie an der European Business School Schloß Reichartshausen in Oestrich-Winkel, in Dijon (Frankreich) und in San Francisco (USA); Promotion an der European Business School zum Thema „Corporate Real Estate Management". Von 1999 bis Mitte 2003 war sie in leitender Funktion verantwortlich für die Bestandsimmobilien der Deutschen Bank AG in Deutschland sowie für die Entwicklung von Portfolio-Analysetools. Aufgabenschwerpunkte: Nutzungs- und

Renditeoptimierung der Immobilienbestände. Seit 7/2003 geschäftsführende Gesellschafterin der Brockhoff Objekt GmbH, Essen (bietet immobilienbezogene Beratungsdienstleistungen an wie die Entwicklung von Umnutzungskonzepten für Bestandsobjekte, Erarbeitung von Verwertungskonzepten). Honorarprofessorin an der Universität Duisburg-Essen, Vorlesungen im Bereich Bauingenieurwissenschaften im Masterstudiengang zur Immobilienwirtschaft.

Prof. Dr. **Wolf-Rüdiger Bub**, Rechtsanwalt. 1967–1971 Studium der Rechtswissenschaften an der Ludwig-Maximilians-Universität München; 1971–1975 Referendariat in München und Landshut; 1993 Promotion an der Rechtswissenschaftlichen Fakultät der Universität Münster. Berufliche Tätigkeiten: 1969–1971 Generalbevollmächtigter in einem mittelständischen Unternehmen (Bauunternehmung, Wohnungsunternehmen, Bauträger, Hotelier) mit ca. 1 500 Mitarbeitern; 1971–1979 Geschäftsführender Gesellschafter einer Immobilienverwaltungsgesellschaft; 1975 Zulassung als Rechtsanwalt und Partner einer Münchner Anwaltssozietät; 1979–1989 Vorstand einer mit der Immobilienverwaltung befassten AG (mit einem Bestand von bis zu 42 000 Immobilien); seit 1981 Geschäftsführender und namensgebender Partner der Kanzlei Bub, Gauweiler & Partner; 1987–2003 Aufsichtsratsvorsitzender mehrerer Aktiengesellschaften u.a. im Bereich der Immobilienwirtschaft und in der Metall verarbeitenden Industrie; 1993–2000 Lehrbeauftragter an der Universität Potsdam; 1998–2007 Partner einer Steuerberatungsgesellschaft (Bub, Gauweiler, Jatzek und Haupt); seit 2000 Honorarprofessor an der Universität Potsdam; 2003–2005 Verwaltungsratspräsident eines Schweizer Luftfahrtunternehmens. Schwerpunkte: Privates Immobilienrecht, Vorinsolvenzberatung, Gesellschaftsrecht und gesellschaftsrechtliche Transaktionen, Erbrecht, Prozess- und Schiedsverfahrensrecht.

Lutz Dettmer, Versicherungskaufmann und Versicherungsfachwirt, Prokurist der Ecclesia Versicherungsdienst GmbH. 1981 Beginn der Tätigkeit für die Ecclesia Versicherungsdienst GmbH, Detmold; 1997 Ernennung zum Fachlehrer an den Berufsbildenden Schulen des Kreises Lippe – Versicherungsfachkunde; 1998 Ernennung zum Honorardozenten – Studium Versicherungsfachwirt; 2004 Berufung durch die IHK Lippe zu Detmold in den Prüfungsausschuss für den Ausbildungsberuf – Versicherungskaufmann.
In der Ecclesia trägt Lutz Dettmer bundesweit Verantwortung für den Bereich Kirche. Neben der konventionellen Absicherung kirchlicher Sach- und Vermögenswerte bzw. der Konzeptionierung alternativer Risikotransfermodelle beschäftigt er sich intensiv mit den Fragen zum Versicherungsschutz Ehrenamtlicher. Zu diesem Themenschwerpunkt berät er auch die zuständigen Ministerien diverser Bundesländer.

Prof. Dr. **Thomas Erne**, verheiratet mit der Künstlerin Gabi Erne. Studium Evangelische Theologie und Musik; Vikariat in Tübingen und Stuttgart; Repetent am Evangelischen Stift Tübingen; Promotion 1984; Gemeindepfarrer in Köngen/Neckar von 1990–2005; Habilitation 2002; 2005–2007 Dozent Kirchliche Hochschule Bethel; Professor für Praktische Theologie und Direktor des EKD-Instituts für Kirchenbau in Marburg.

Schwerpunkte: Religionsästhetik mit Schwerpunkt auf Theologie des Kirchenbaus und der Gegenwartskunst, Medienreligion.

Steffen Heitmann, Staatsminister a.D., Oberkirchenrat a.D., Theologe/Jurist; evangelisch-lutherisch; verheiratet mit der Bildhauerin Christine Heitmann. Studium der Theologie/Altphilologie in Leipzig; 1969 theol. Staatsexamen; 1972 2. theol. Examen; 1971/73 Pfarrvikar und Pfarrer in der Studentengemeinde Dresden. Kirchenjuristische Ausbildung; 1980 1., 1982 2. jur. Examen. Ab 1982 Leiter des Bezirkskirchenamtes Dresden; 1990–2000 Staatsminister der Justiz des Freistaates Sachsen. Oktober 1989 Berater der „Gruppe der 20"; April 1990 Vors. der „Gohrischer" Arbeitsgruppe „Verfassung"; Mitglied im Koordinierungsausschuss für die Bildung des Landes Sachsen; seit 1994 Mitglied des Landtages; Präsident der Kulturstiftung des Freistaates Sachsen; Mitherausgeber der Wochenzeitung „Rheinischer Merkur"; stellv. Vorsitzender des Stiftungsrats der Stiftung Frauenkirche Dresden; Präsident des Evangelischen Siedlungswerkes in Deutschland.

Bischof Prof. Dr. Dr. h.c. **Wolfgang Huber**. Studium der Theologie in Heidelberg, Göttingen und Tübingen; Promotion 1966; 1972 Habilitation; 1966–1968 Vikar und Pfarrer in Württemberg; 1968–1980 Mitarbeiter und stellv. Leiter der Forschungsstätte der Evangelischen Studiengemeinschaft in Heidelberg; 1980–1984 Prof. für Sozialethik in Marburg; 1984–1994 Prof. für Systematische Theologie in Heidelberg; 1983–1985 Präsident des Deutschen Evangelischen Kirchentages; 1989 Lilly Visiting Professor an der Emory University in Atlanta/USA; 1994 Bischof der Evangelischen Kirche Berlin-Brandenburg-schlesische Oberlausitz, seit 1997 Mitglied des Rates der EKD; 1998–2001 Mitglied des Zentral- und des Exekutivausschusses des Ökumenischen Rates der Kirchen; 2001–2003 Mitglied des Nationalen Ethikrats; 2003–2009 Vorsitzender des Rates der EKD; 2008 Ehrendoktorwürde der Christlich-Theologischen Akademie Warschau. Schwerpunkte der wissenschaftlichen Tätigkeit: Systematische Theologie, Theologische Sozialethik.

Prof. Dr. **Stephan Kippes**, Professur für Immobilienmarketing und Maklerwesen. Studium an der LMU-München; bis 1994 Referent in der international agierenden Zentralabteilung für Öffentlichkeitsarbeit und Marktkommunikation der BASF. 1999 erhielt er einen Ruf an die FHTW-Berlin, den er zu Gunsten der Professur an der HfWU Nürtingen ablehnte. Lehrt an der Hochschule für Wirtschaft und Umwelt Nürtingen-Geislingen; Inhaber der im deutschsprachigen Raum einzigen ordentlichen Hochschul-Professur für Immobilienmarketing. Zudem steht er dem IVD-Institut – Gesellschaft für Immobilienmarktforschung und Berufsbildung mbh in München vor.
2004/2005 Forschungssemester in Sydney. Autor der Fachbücher „Immo-Profitexter" „Hausverwaltungsmarketing" und „Professionelles Immobilienmarketing" sowie zahlreicher weiterer Veröffentlichungen; Mitglied im Gründungs-Fachbeirat der Expo Real; gefragter Trainer; Mitglied im Editorial Board der Zeitschrift für Immobilienökonomie (ZIÖ). Aktuelle Forschungsschwerpunkte: Immobilien-Marktforschung, Shopping-Center, Büroimmobilien, Mar-

keting-Controlling, Internet-Marketing, wohnungspolitische Grundsatzfragen und Bauträger-Marketing.

Prof. Dipl.-Ing. **Wolfgang Kleiber**, Ministerialrat a.D., FRICS. Nach dem Studium an der Technischen Universität Berlin und der zweiten höheren Staatsprüfung für den höheren vermessungstechnischen Verwaltungsdienst (Assessor) zunächst tätig in verschiedenen Funktionen der Liegenschaftsabteilung der Bundesbahndirektion Frankfurt, des Hessischen Landesvermessungsamtes und an der Universität Dortmund; seit 1975 im Bundesministerium für Verkehr, Bau- und Stadtentwicklung (Bundesministerium für Raumordnung, Bauwesen und Städtebau) in verschiedenen Funktionen tätig. Schwerpunkt der dortigen Tätigkeiten im Bereich der Gesetzgebung des besonderen Städtebaurechts des BauGB (Sanierungs- und Entwicklungsmaßnahmen), Umlegung und Enteignung von Grundstücken, der Bodenpolitik und Wertermittlung von Grundstücken, Grundsatzfragen des Städtebaus, Kleingartenrecht. Derzeit Senior Partner der VALEURO Kleiber und Partner, Grundstückssachverständigengesellschaft, einer bundesweit tätige Partnerschaft von Sachverständigen für die Bewertung unbebauter und bebauter Grundstücke. Lehrbeauftragter der Albert-Ludwigs Universität Freiburg, der Bergischen Universität Wuppertal, der international Real Estate Business School (Universität Regensburg), der Deutschen Immobilien Akademie (DIA) und der Berlin-Brandenburgischen Akademie der Wohnungs- und Immobilienwirtschaft e.V. (MBA Real Estate). Herausgeber und Gesamtschriftleiter der Zeitschrift „Grundstücksmarkt und Grundstückswert" (GuG); Autor oder Mitautor zahlreicher Veröffentlichungen, z.B.: Kleiber/Simon: Verkehrswertermittlung von Grundstücken, und Simon/Kleiber: Schätzung und Ermittlung von Grundstückswerten. Fellow of the Royal Institution of Chartered Surveyors (FRICS) und Mitglied des Gutachterausschusses für Grundstückswerte in Bonn.

Manfred Klocke, Versicherungsfachwirt, Hauptgeschäftsführer Ecclesia Gruppe, stieg auf vom Auszubildenden zum Hauptgeschäftsführer und hat maßgeblichen Anteil daran, dass der ehemals reine Kirchenmakler heute zu den größten Versicherungsmaklern Deutschlands gehört. Das Unternehmen beschäftigt rund 1.200 Mitarbeiter und ist international ausgerichtet. Meilensteine in der Unternehmensentwicklung, die Klocke erfolgreich mitgestaltete, waren die Erweiterung der Dienstleistungen auf Industrie und Gewerbe (1987), der Aufbau der Ecclesia in den neuen Bundesländern (1990), der Markteintritt in Österreich (1991), die Einführung von klinischem Risikomanagement (1994), der Aufbau der konfessionellen Zertifizierungsgesellschaft proCum Cert (ab 1998) und der Erwerb von Miteigentum an der internationalen Maklerallianz EOS RISQ (2004). In der Unternehmensgruppe, die von drei gleichberechtigten Hauptgeschäftsführern gesteuert wird, trägt Klocke die Verantwortung für den Bereich Kirche (bundesweit), die Schadensabteilung und die Regionen Ostdeutschland und Bayern sowie für Österreich und die übergreifend tätige Gesellschaft für Risikoberatung mbH.

Hans Mahlstedt, Juristischer Referent im Landeskirchenamt der Evangelischen Kirche von Mitteldeutschland (EKM), Kaufmann. 1982–1989 Studium der Rechtswissenschaften an der Universität Bremen; 1986/1989 1./2. Juristisches Staatsexamen. 1990–1992 selbständiger Rechtsanwalt; 1992–1996 Mitarbeiter in einer Steuerberater- und Anwaltssozietät, Schwerpunkt: Insolvenzrecht; seit 1996 Juristischer Referent bei der EKM. Schwerpunkte: Immobilien-, Zwangsversteigerungs- und Insolvenzrecht, besondere Rechtsverhältnisse im Bereich des Grundstückswesen in den neuen Bundesländern.

Silvia Marianek, Dipl.-Kauffrau (FH). Studium Betriebswirtschaftslehre an der Fachhochschule Hannover, dabei studienbegleitende Praktika im Controlling und im Qualitätsmanagement in einer Klinik (inkl. Diplomarbeit). Beruflicher Werdegang: Landkreis Hannover, Amt für Finanzen, dann Region Hannover, Dezentrales Controlling und Service Finanzen: betriebswirtschaftliche Beratung und Kalkulationen für Jugend- und Sozialamt, Abfallwirtschaft, Einführung Neues Steuerungsmodell, insbesondere KLR in diversen Ämtern, Servicezentren und Einrichtungen, Einführung kommunale Doppik. Seit 2007 Projektleitung Novellierung kirchliches Finanzwesen in der EKD: Koordination und Standardisierung der Fachkonzepte in den Gliedkirchen, Erstellung Arbeitshilfen. Schwerpunkte: Neues Steuerungsmodell und Überleitung Kameralistik zur Erweiterten Kameralistik oder Doppik – im kommunalen und im kirchlichen Bereich einschließlich Umsetzung in der Finanzsoftware. Controlling, Qualitätsmanagement, betriebswirtschaftliche Beratung.

Erich Rapp, Kirchenoberverwaltungsrat. Ausbildung: Handelslehranstalt Bruchsal, Finanzverwaltung Baden-Württemberg (Oberfinanzdirektion Nordbaden, Finanzamt Bruchsal und Finanzamt Pforzheim). 1967–1971 Finanzverwaltung Baden-Württemberg; 1971–1972 Evangelische Landeskirche Baden; 1973–1979 Südwestliche Bauberufsgenossenschaft Karlsruhe; seit 1980 Evangelische Landeskirche Baden: Sachgebietsleitung Bauaufsicht und Baufinanzierung, Abteilungsleiter der Finanzabteilung bei der Evangelischen Stiftung Pflege Schönau Heidelberg; Abteilungsleiter Gemeindefinanzen und Liegenschaften beim Evangelischen Oberkirchenrat Karlsruhe. Schwerpunkte: Gemeindeberatung, Haushaltssicherungskonzepte und Gebäudestrukturanalysen; Seminare und Workshops über kirchliches Finanzwesen, Haushaltssicherungskonzepte, Budgetierung und Instrumente der Haushaltsüberwachung.

Dagmar Reiß-Fechter, Rechtsanwältin und Wirtschaftsmediatorin. Studium der Informatik und Rechtswissenschaft in Erlangen; Referendariat in Nürnberg und Fürth. Von 1980 bis 1990 Beamtin der Evangelisch-Lutherischen Kirche in Bayern; davon sechs Jahre zuständig für Beratung und Kirchenaufsicht der Kirchengemeinden in Bau- und Grundstücksfragen sowohl für privat-, öffentlich-rechtliche und kirchenrechtliche Fragen und drei Jahre Leiterin des Liegenschaftsreferates der Evangelisch-Lutherischen Kirche in Bayern. Ausscheiden aus dem Beamtenverhältnis und Übernahme der kaufmännischen Geschäftsführung des Evangelischen Siedlungswerkes in Bayern GmbH, das mit ca. 20 000 Verwaltungseinheiten das größte evangelische Wohnungsunternehmen

in Deutschland ist. Nach 15-jähriger Geschäftsführungstätigkeit Wechsel als hauptamtlicher Geschäftsführender Vorstand zum Evangelischen Siedlungswerk in Deutschland e.V., dem Dachverband der evangelischen Wohnungs- und Siedlungsunternehmen.
Schwerpunkte: Immobilienmanagement, Prozessorganisation insbesondere in Immobilienunternehmen und im kirchlichen Kontext, außergerichtliche Streitbeilegung.

Prof. Dr. rer. pol. **Wolfgang Schäfers**. Nach Studium der Betriebswirtschaftslehre an der Universität Mannheim und seiner Promotion zum Dr. rer. pol. an der EUROPEAN BUSINESS SCHOOL bei Prof. Dr. Karl-Werner Schulte arbeitete er bis 2002 zuletzt als Partner bei Arthur Andersen (heute Ernst & Young), wo er für den Bereich Real Estate Corporate Finance in Frankfurt verantwortlich war. 2002 wurde er als Managing Director mit der Führung des Bereichs Real Estate Investment Banking beim renommierten Bankhaus Sal. Oppenheim betraut. Im Oktober 2004 Ruf auf den Lehrstuhl für Immobilienmanagement am IREIBS Institut für Immobilienwirtschaft der Universität Regensburg. Seit Anfang 2009 zudem Mitglied des Vorstands der IVG Immobilien-AG mit Sitz in Bonn. Autor und (Mit-)Herausgeber diverser Veröffentlichungen zu immobilienwirtschaftlichen Themen wie z.B. der Handbücher „Corporate Real Estate Management“ (1998/2004), „Immobilien-Banking“ (2002), „Immobilienmanagement der Öffentlichen Hand“ (2005) und „Real Estate Investment Trusts“ (2008). Gründungsmitglied der Gesellschaft für Immobilienwirtschaftliche Forschung (gif), Mitglied der European Real Estate Society (ERES) und Mitglied im Editorial Board der „Zeitschrift für Immobilienökonomie“.

Jörg Schielein, LL.M., Rechtsanwalt. Studium der Rechtswissenschaften an der FAU Erlangen/Nürnberg und in Alcalá de Henares (Spanien). Seit 1999 Mitarbeiter von Rödl & Partner; 1/2000 Zulassung zum Rechtsanwalt im Januar 2000; seit 2008 Partner bei Rödl & Partner. Leiter des Arbeitskreises „FM-Recht“ beim Branchenverband GEFMA. Tätigkeitsschwerpunkte: Rechtliche Beratung öffentlicher und privater Unternehmen an der Schnittstelle zwischen Organisation, Technik und Recht; FM-Recht, insbesondere immobilienbezogenes Organisations- und Haftungsrecht, Vertragsgestaltung im FM sowie Fragen des Technikrechts (Arbeitssicherheit, rechtliche Interpretation von Normen und Regelwerken, BetriebssicherheitsV). Regelmäßige und umfassende Beratung im Rahmen von PPP-Projekten; Verantwortung des juristischen Projektmanagements von komplexen Immobilienbezogenen Projekten; regelmäßige Vorträge; Veröffentlichungen u.a. zum Thema Betreiberverantwortung im FM. Gemeinsam mit Dipl. Ing. Ulrich Glauche zeichnet er verantwortlich für das Regelwerksinformationssystem REG-IS von Rödl & Partner.

Adalbert Schmidt, Oberlandeskirchenrat. Studium der Rechtswissenschaften mit wirtschaftswissenschaftlicher Zusatzausbildung an der Universität Osnabrück; Referendariat beim Oberlandesgericht in Oldenburg; wiss. Mitarbeiter an einem Lehrstuhl für Handels- und Wirtschaftsrecht an der Universität Osnabrück; seit 1995 Tätigkeit im Landeskirchenamt der Evangelisch-lutherischen

Landeskirche Hannovers in den Bereichen Personalrecht, Rechnungsprüfung, Dienstwohnungsrecht, Bau-, Grundstücks- und Umweltrecht. Seit 2005 Leiter des Dezernates für Bau-, Grundstücks- und Umweltangelegenheiten im Landeskirchenamt der Evangelisch-lutherischen Landeskirche Hannovers; seit 2005 Vorsitzender der Baurechts- und Grundstückskommission des Rates der EKD.

Prof. Dr.-Ing. **Fritz Schmoll genannt Eisenwerth**. Studium der Architektur in Stuttgart; Promotion an der Universität Stuttgart mit einer Arbeit über die Wohnungsnot und die Anfänge gemeinnütziger Wohnungsunternehmen in Deutschland (1850–1870).
Assistent für Geschichte, Theorie und Kritik der Architektur an der Hochschule der Künste (HdK – heute: UdK) Berlin; wiss. Mitarbeiter in verschiedenen Forschungsprojekten zur Stadterneuerung und städtischen Umstrukturierung unter Prof. Dr.-Ing. E.h. Hardt-Waltherr Hämer; Geschäftsführer der städtischen Wohnungsbaugesellschaft Potsdam; seit 1995 Professor für BWL/Immobilien an der Berufsakademie Berlin; seit 2003 Fachbereich II der Fachhochschule für Wirtschaft Berlin, seit 2009 der Hochschule für Wirtschaft und Recht Berlin. Lehre und Forschung auf dem Gebiet der Wohnungswirtschaft, insbesondere Investition, Finanzierung und Risikomanagement, Management kleiner und mittlerer Wohnungsunternehmen.

Dr. rer. pol. **Volker Teichert**. 1973–1979 Studium der Volkswirtschaftslehre an der Universität Heidelberg, 1975–1981 Studium der Erziehungswissenschaften an der Universität Heidelberg, Dipl.-Volkswirt 1979, Dipl.-Pädagoge 1981; 1992 Promotion. 1981–1985 wiss. Mitarbeiter im Forschungsprojekt „Wirkungen der Mitbestimmung, insbesondere des Mitbestimmungsgesetzes von 1976" am FB Wirtschaftswissenschaften der Universität Kassel. 1986–1990 wiss. Mitarbeiter am Fachgebiet „Theorie privater und öffentlicher Unternehmen" der Universität Kassel. 1990–1996 stellv. Leiter des Regionalbüros Baden-Württemberg des Instituts für Ökologische Wirtschaftsforschung (IÖW) Heidelberg und Lehrbeauftragter an den Fachhochschulen Karlsruhe und Mainz sowie der Berufsakademie Mannheim. Seit 1996 wissenschaftlicher Referent für Ökonomie im Arbeitsbereich Frieden und Nachhaltige Entwicklung der Forschungsstätte der Evangelischen Forschungsstätte Heidelberg (FEST). Seit 2005 Vorsitzender der Jury Umweltzeichen des Bundesministeriums für Umwelt, Naturschutz und Reaktorsicherheit. Seit 1990 Durchführung von diversen Forschungsprojekten zu den Themengebieten Nachhaltige Entwicklung, Indikatorenforschung, Umweltmanagement und Produktinnovation.

Herwig Teufelsdorfer, Dipl.-Ing., Corporate Real Estate Manager (ebs), Member of the Royal Institution of Chartered Surveyors (MRICS). Studium des Wirtschaftsingenieurwesens an der TU Graz (Österreich), Studium Corporate Real Estate Management an der european business school – Oestrich/Winkel. Beruflicher Werdegang: GCI Management AG, Wien – Consultant; Vivico Real Estate GmbH, Frankfurt a.M. – Leiter Unternehmens- und Portfoliostrategie; Bundesimmobiliengesellschaft mbH – Leiter Portfolio-Management; Bank Austria Real Invest Asset Management GmbH, Wien – Geschäftsführer; Hypo Real Invest AG, Wien – Mitglied des Vorstandes. Schwerpunkte: Immobilieninvestment und -management in A, D, CEE und SEE. Vorlesungen im Bereich Real Estate Management an der TU Wien, FH Wien und FH Wiener Neustadt sowie am Center for Urban and Real Estate Management in Zürich.

Asc. Prof. (FH) Dipl.-Kfm. **Michael Trübestein** studierte Betriebswirtschaftslehre an der European Business School (ebs) in Oestrich-Winkel, an der University of Illinois at Urbana-Champaign (IL/USA) und an der Ecole Supérieure de Commerce de Dijon (F). Von Oktober 2004 bis Oktober 2008 forschte und lehrte Michael Trübestein als wissenschaftlicher Assistent und Promotionsstudent bei Herrn Prof. Dr. Wolfgang Schäfers am Lehrstuhl für Immobilienmanagement des IRE|BS Institut für Immobilienwirtschaft der Universität Regensburg. Im September 2008 erhielt Michael Trübestein einen Ruf auf die Professur für Immobilienmanagement an der Hochschule Kufstein. Der Schwerpunkt seiner wissenschaftlichen Tätigkeit liegt in den Bereichen Immobilieninvestition, Real Estate Asset Management und Immobilienbewertung.

Jörn von der Lieth, Geschäftsführer. Kaufmann der Grundstücks- und Wohnungswirtschaft, Diplom-Volkswirt. Nach der Ausbildung bei einem großen bundeseigenen Wohnungsunternehmen Abschluss des berufsbegleitenden Studiums der Volkswirtschaftslehre an der Universität Hamburg. Die berufliche Tätigkeit umfasste in der Folge die stellvertretende Niederlassungsleitung und Abteilungsleitung bis hin zur Geschäftführung von verschiedenen Wohnungsbaugesellschaften. Schwerpunkt: Sanierung und Umstrukturierung notleidender Immobilienbestände. Neben der Unterrichtung des Faches Immobilienmanagement an der FHW Berlin liegt der Schwerpunkt der wissenschaftlichen Arbeit auf der systematischen Betrachtung kirchlicher Immobilienbestände.

Dr. theol. **Thomas Zeilinger**. Studium der evangelischen Theologie in Neuendettelsau, Hamburg und Heidelberg. Vikar in Neu-Ulm; Pfarrer in Berlin, Detroit/Michigan, Baiersdorf und München; Klinische Seelsorge-Ausbildung; Gemeinde- und Organisationsberater; Promotion über die theologische Deutung korporativer und transindividueller Phänomene (Zwischen-Räume. Theologie der Mächte und Gewalten, Stuttgart 1999); Gründung des Instituts persönlichkeit+ethik (Institut zur ethischen Orientierung in beruflichen Kontexten); wiss. Begleitung des Projekts „Vernetzte Kirche" der Evang.-Luth. Kirche in Bayern; LMU München – Habilitation an der Friedrich-Alexander-Universität Erlangen-Nürnberg im Themenbereich Internetethik. Schwerpunkte: Organisationsentwicklung und Unternehmensethik unter besonderer Berücksichtigung der kommunikativen Aspekte; Medienethik.

Abkürzungsverzeichnis

aaO	am angegebenen Ort
ABl.	Amtsblatt
Abs.	Absatz
AHGF	Arbeitshilfen für das Grundstücks- und Friedhofswesen
Art.	Artikel
BAnz	Bundesanzeiger
BauG	Baugesetzbuch
BauNVO	Baunutzungsverordnung
BauROG	Bau- und Raumordnungsgesetz
BayKVerf	Verfassung der Evangelisch-Lutherischen Kirche in Bayern
BayObLG	Bayerisches Oberstes Landesgericht
BayObLGZ	Bayerisches Oberstes Landesgericht für Zivilsachen
BayPfG	Bayerisches Pfarrergesetz
BelWertV	Beleihungswertverordnung
BetrKV	Betriebskostenverordnung
BeurkG	Beurkundungsgesetz
BGB	Bürgerliches Gesetzbuch
BGBl.	Bundesgesetzblatt
BGH	Bundesgerichtshof
BGHZ	Bundesgerichtshof in Zivilsachen
Breg	Bundesregierung
BSC	Balanced Scorecard
BT-Dr	Bundestagsdrucksache
BVerwG	Bundesverwaltungsgericht
CREM	Corporate Real Estate Management
DIN	Deutsches Institut für Normierung e.V.
DVO-EWV	Verordnung zur Bewertung von Grundstücken samt aufstehenden Gebäuden nach dem Ertragswertverfahren gem. Anlage 4 KF-VO
ebd.	ebenda
EKD	Evangelische Kirche in Deutschland
EMAS	Eco Management and Audit Scheme
ErbbauRG	Erbbaurechtsgesetz
EREM	Ecclesiastic Real Estate Management
ESWiD	Evangelisches Siedlungswerk in Deutschland
EzGuG	Entscheidungssammlung zum Grundstücksmarkt und zur Grundstückswertermittlung
GBBerG	Grundbuchbereinigungsgesetz
GBV	Verordnung zur Durchführung der Grundbuchordnung
gem.	gemäß
GeVVO	Grundvermögensverordnung
GG	Grundgesetz
GIM	Grundwert Immobilien Management GmbH
GmbH	Gesellschaft mit beschränkter Haftung

GuG	Grundstücksmarkt und Grundstückswert
HGB	Handelsgesetzbuch
HHO	Haushaltsordnung
HOAI	Honorarordnung für Architekten und Ingenieure
Hrsg.	Herausgeber
IAS	International Accounting Standards
I-EREM	Integrated Ecclesiastic Real Estate Immobilienmanagement
II. BV	Zweite Berechnungsverordnung
InsO	Insolvenzordnung
KF-VO	Verordnung über das neue kirchliche Finanzwesen in der Evangelischen Kirche im Rheinland
KG	Kammergericht
KGSt	Kommunale Geschäftsstelle für Verwaltungsmanagement
KIM	Kirchliches Immobilienmanagement
KStZ	Kommunale Steuer-Zeitschrift
m.w.Nachw.	mit weiteren Nachweisen
MietPrBek	Mietpreisbekanntmachung der Evangelisch-Lutherischen Kirche in Bayern
NJW	Neue Juristische Wochenschrift
NJWE-MietR	NJW-Entscheidungsdienst Miet- und Wohnungsrecht
NJW-RR	NJW Rechtsprechungsreport Zivilrecht
NVwZ-RR	Rechtsprechungsreport Verwaltungsrecht
NWVBl.	Nordrhein-Westfälische Verwaltungsblätter
NZM	Neue Zeitschrift für Miet- und Wohnungsrecht
OLG	Oberlandesgericht
OVG	Oberverwaltungsgericht
PREM	Public Real Estate Management
Rn	Randnummer
SWOT-Analyse	Strength/Weakness, Opportunities/Threats Analyse
UHG	Umwelthaftgesetz
Urt.	Urteil
USchadG	Umweltschadengesetz
VG	Verwaltungsgericht
VoFi	Vollständiger Finanzplan
Vorb	Vorbemerkung
VwO	Kirchliche Verwaltungsordnung
WB	Wirtschaftlichkeitsberechnung
WERTR	Wertermittlungsrichtlinien
ZevKR	Zeitschrift für evangelisches Kirchenrecht
ZKF	Zeitschrift für Kommunalfinanzen
ZMR	Zeitschrift für Miet- und Raumrecht
ZPO	Zivilprozessordnung
ZR	Zivilrecht
ZVG	Gesetz über die Zwangsversteigerung und die Zwangsverwaltung
ZVG DDR	Zivilgesetzbuch der DDR

Stichwortverzeichnis

Literaturhinweise und Fundstellen befinden sich am Ende des jeweiligen Beitrages.

Förderer der Publikation

Die nachfolgend genannten Mitglieder des Evangelischen Siedlungswerkes in Deutschland e.V. förderten das Buch „Kirchliches Immobilienmanagement – Der Leitfaden“:

- *ASG Antoniter Siedlungsgesellschaft mbH, Köln*
- *Aufbaugemeinschaft Espelkamp GmbH, Espelkamp*
- *Evangelisches Siedlungswerk in Bayern Gemeinnützige Bau- und Siedlungs-GmbH, Nürnberg*
- *Evangelische Stiftung Pflege Schönau, Heidelberg*
- *Hilfswerk Siedlung GmbH Evangelisches Wohnungsunternehmen, Berlin*
- *Kirchenkreis Bielefeld, Bielefeld*
- *Wichern Baugesellschaft mbH, Hamburg*

Weitere Informationen über die Förderer können den nachfolgenden Seiten entnommen werden.

Die Herausgeber bedanken sich für das Engagement.